专家寄语（按姓氏笔画排列）

根索水而入土，叶迎阳而向天。明华起于草根，然志存高远，敦品励学，在教育及出版方面业绩卓然。复于繁忙公务之余，搜采先贤为学谛论，撮述其要，成此粲然宏编。此书秉持我国“人”“文”合一优良传统，以“核心素养”现代教育理念加以观照，旧学新知两相融通，亦即荀子《劝学》所云“诵数以贯之，思索以通之，为其人以处之”。相信此书问世，对广大教育工作者提升和丰富自身学养，追求更高的精神境界，必将起到有力的推动作用。

方智范　华东师范大学教授、博士生导师
教育部语文课程标准研制组核心成员

煌煌五千载中华文化，源远流长，如何流进莘莘学子的血液，成为他们核心学养不可或缺的一部分？万明华的《为学之道——中国先贤的核心学养》做了很好的尝试。该书将中国文化先贤凝重厚实、博大精深的思想，提炼成一部“中国先贤核心学养的简史”，以期将先贤们的思想——特别是经过精心筛选的“核心素养”用言简意赅、清楚明白的语言表述出来，无论作为大学生们的课外读物还是教师们的参考书，都能起到引领入门而见微知著、充分领略先贤学养的作用，在“高山流水”和“蜻蜓点水”之间走出了一条新路。明华强调以现代理论为依据，在新时代的背景下“述往思来，推陈出新”，从而“转识成智”，这才是真正的“为学之道”啊！

明华在繁忙的工作之余，不忘治学，而且始终不离多年来致力的语文教学，奉献出如此五十万余字大著，可见他的勤奋和投入。可以期待在日益成为教育主旋律的核心素养形成中，这部著作会渐渐显现出它的巨大影响。

刘大为　复旦大学教授、博士生导师
《当代修辞学》原主编

中华文化在世界发达最早，穿越万年的原始公社，经历了四千年文字记载文明。中华文化的原始布局产生了辩证张弛脉动，几经跌宕、绵延至今，成为唯一不曾断流的文化，并几度领先世界。中华文化自近代吸纳了马列主义之后，逐步走向自己的黄金时代。在习近平总书记带领下，从中华文化中寻求智慧和方案贡献世界，正当其时。为开发中华文化的宝藏，为人类和平发展作大贡献，万明华先生挖掘求索、扬沙淘金，提炼中华文化瑰宝，形成五十万余言大作，值得赞扬！

刘书林　清华大学教授、博士生导师
《思想理论教育导刊》常务副总编

万明华的新作《为学之道——中国先贤的核心学养》，从先贤“为学”“为道”的核心部分，钩玄发微，叙事与释“道”结合，先贤博大精深的思想、如千峰并立的人格修养、可资世代后学效法的学习方法，等等，寓于叙事而形神兼备，向读者展示了四十八位中国先贤的“人物素描”，构筑起绵延两千多年的中华优秀文化瑰丽长廊。作者力求言浅义丰，即深入浅出，去色彩，描本真，每位先贤都写得气韵生动，是普通读者都能读得懂的先贤，也是能让广大立志成才的青少年学子“可望”而又“可及”的先贤，能激发他们“见贤思齐”的人生价值追求。

吴立岗　上海师范大学研究员
《外国中小学教育》主编

万明华的《为学之道——中国先贤的核心学养》一书，从“核心学养”这一独特的全新的视角，通过学术探讨，生动而深刻地阐释了群贤的学习思想和道德修养，对他们的人格、人品与学问、学品等方面的特色进行了很精到的描述，展示了历代群贤为学与为人的风范。阅读此书，我们不仅可以走近先贤，与先贤对话，去领悟和内化他们的为学为人之道，还可以从先贤们家学渊源中得到“教育之道”的很多启示。先贤们从“敏于学”的学子到文化思想的巨擘都是植根于家庭早期教育的深厚沃土的，优质的家庭教育也正是群贤生命成长的源头活水。我想，本书的问世，对当今家庭教育如何继往开来也将有极大的启示。

赵忠心　北京师范大学教授

中国教育学会家庭教育专业委员会原理事长

江西才俊，万君明华。语文出身，教研名家。

教育期刊，新蕾勃发。图书出版，风云叱咤。

送教赠书，作育新芽。参政议政，胸怀天下。

潜心治学，数历冬夏。先贤思想，深厚博大。

核心学养，精神奇葩。爬罗剔抉，含英咀华。

钩沉致远，探赜汲纳。宏文面世，可喜堪夸。

书以为贺，锦上添花。

戊戌年仲秋于两不厌居

顾之川　浙江师范大学教授，人民教育出版社编审

中国教育学会中学语文教学专业委员会理事长

勤奋努力、持续上进，和善于捕捉身边的机遇就是一种重要的素养，万明华也称得上是这方面的典型。我和明华相识于2001年课程改革起步之时，后来有十几年的交往，他是个刻苦好学，不断进取的人，他能够在繁忙的工作之余坚持学习、研究。他重视自我素养的历练，或许这也是他在新著中特别关注先贤核心学养的缘起。他的新著《为学之道——中国先贤的核心学养》是他历经数年精心打造的新成果。新书重点挑选了中国历代四十八位先贤，主要从他们的“核心学养”，也就是“道德修养”和“为学治学”两个方面展开探究与论述，再现了先贤的大家风范，带给读者深刻的启迪。先贤的“核心学养”也折射出“立德树人”等中国教育传统和“德才兼备”的人才观，应该视为我们教书育人的“传家宝”。

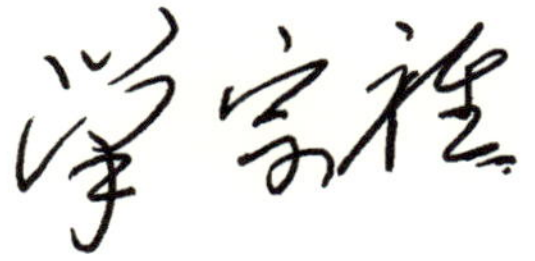

巢宗祺　华东师范大学教授、博士生导师
教育部语文课程标准研制组组长

為學之道

中國先賢的核心學養

万明华◎著

北京大學出版社
PEKING UNIVERSITY PRESS

图书在版编目(CIP)数据

为学之道：中国先贤的核心学养/万明华著. —北京：北京大学出版社，2019.1
ISBN 978-7-301-29855-8

Ⅰ.①为… Ⅱ.①万… Ⅲ.①中华文化－青年读物 Ⅳ.①K203-49

中国版本图书馆 CIP 数据核字(2018)第 197289 号

书　　名	为学之道——中国先贤的核心学养 WEIXUE ZHIDAO——ZHONGGUO XIANXIAN DE HEXIN XUEYANG
著作责任者	万明华　著
责任编辑	吴坤娟　万小芳
封面题字	寇学臣
装帧设计	邓家钰
标准书号	ISBN 978-7-301-29855-8
出版发行	北京大学出版社
地　　址	北京市海淀区成府路 205 号　100871
网　　址	http://www.pup.cn　　新浪微博：@北京大学出版社
编辑部邮箱	zyjy@pup.cn
总编室邮箱	zpup@pup.cn
电　　话	邮购部 010-62752015　发行部 010-62750672　编辑部 010-62756923
印　刷　者	涿州市星河印刷有限公司
经　销　者	新华书店
	720 毫米×1020 毫米　16 开本　30.75 印张　557 千字
	2019 年 1 月第 1 版　2023 年 8 月第 5 次印刷
定　　价	118.00 元

序言

为学日益　为道日损

2017年年底民进中央全会期间，明华专程见我，说他刚刚完成《为学之道——中国先贤的核心学养》的书稿，希望我能够写一个序言。他告诉我，这部书的撰写，历经五年多时间，也非常得益于我的《中国教育思想史》等诸多学术著作的启发，得益于当前中小学核心素养问题的探讨，得益于新时代弘扬社会主义核心价值观的启迪，得益于对中华优秀文化核心价值的特别关注，特别得益于十八大以来习近平总书记重要讲话精神的引领。

明华是我多年前就认识的朋友，在他担任江西教育期刊社副总编辑的时候，我曾经是他们社的作者，经常为他们的刊物《教师博览》撰写文章，我关于教育理想的系列长文，有的在这本刊物首发，有的被其转载，产生了较大的影响。后来我才知道，他也是民进会员，也知道他几十年来在工作之余坚持潜心治学、笔耕不辍，在省级以上报刊发表了近百篇论文，出版了《有效的语文教学》等多部著作，还多次获得了省级以上研究成果奖。基于这些原因，本书序言我是写定了。

我虽然答应了明华，却一直没有细读他的大作，也没有动笔撰写序言。今年3月29日，他寄来了北京大学出版社的审校稿，这自然意味着我必须尽快完成序言，不能耽误出版。于是，我用了一些时间陆陆续续读书稿，也看了一些关于书稿之外的资料，更加深了对明华的了解。

明华是苦孩子出身，在他8个月大的时候，父亲因故去世，母亲含辛茹苦带大了他们兄妹三人。1982年，他以全乡中考总分第一名的成绩考入南昌师范学校，1985年毕业后他被择优分配到江西省教育厅教研室担任图书资料员。在这个岗位上，他有更多机会接触典籍和学术理论著作。三年后，他从事了语文教研工作，先后在南昌大学、江西师范大学和华东师范大学进修读书，从专科、本科一直到获得文艺学硕士学位，专业职称也从中学二级、一级晋升到中学高级教师，然后转评聘为副编审。2007年，他42岁时，被破格评聘为编审。

2009年，他还入选“江西省新世纪百千万人才工程人选”。

2004年，明华竞争上岗，被任命为江西教育期刊社副总编辑。这期间，他主要分管经营工作，临危受命，兼任过数年江西省新蕾教育文化传播中心总经理，在全国报刊业发展遇到较大困难的环境下，他创新媒体宣传、运营方式，团结和带领期刊社的经营人员，克服了重重困难，创造了年年快速增长的经营业绩，在全国同类期刊中名列前茅。2014年，他被任命为江西教育期刊社有限责任公司总经理。2016年，他调入江西高校出版社有限责任公司，担任总经理。

明华不仅在专业和工作上兢兢业业，成绩斐然，对参政议政也非常热心，卓有成效。他是政协江西省第十、十一和十二届委员会委员，能认真履行职责，积极参加调研，撰写的调研报告和提案，多次得到省委、省政府领导的批示，取得了很好的社会反响。作为民进江西省委会教育委员会主任、民进江西省直教育综合总支部委员会主任委员，他倡导并组织“名师送教”“名编赠书”“扶贫助学”等活动，多次荣获民进江西省委会的表彰，还被民进中央评为“全国先进个人”。

在读这部书稿的过程中，我参悟出了明华能够做出如此丰富、卓越成绩的重要原因，就是他一直自觉地以先贤为榜样做人做学问。用新教育的生命叙事理论来分析，这部书中四十八位中国先贤，应该就是明华的“生命原型”、自我镜像和人生楷模。

这是一部中国教育思想史的专题史，也是一部中国思想家、哲学家、文学家和教育家关于学习与德育的思想史。本书凡七篇，每一位大家的核心学养都从道德修养和治学修养两个方面展开论述，并提炼出其核心价值。明华用“核心学养”，显然是借鉴了当下流行的“核心素养”概念，他用心深究与凝练了“核心学养”的内涵。“学养”者，学问与修养也。正如牟宗三先生所说，“生命中的真性情、真智慧、真志气要靠‘学养’来充实才可以支撑起来。”“核心”者，关键也。所以，本书中的先贤人物是经过反复筛选的；每个朝代核心学养的概述，也是经过精心提炼的；每一位先贤核心学养的阐释，更是经过用心探究的。书中的“为学之道”，其实包括了“学问之道”和“修养之道”。

这让我想起了老子《道德经》第四十八章中的一句话，“为学日益，为道日损。”无疑，这句话讲的正是这个道理。其中，“为学”，主要是指向外追求和拓展经验与知识，这是需要通过积累才能逐渐获得的；而“为道”，主要是指向内追求和反省并提升精神境界，这是需要摒弃自己内心的偏执、妄见和机巧的。“‘为学日益，为道日损’就是求学一天比一天增加（知见），求道一天比一天减少（智巧）”[①]。

---

① 陈鼓应：《老子注译及评介》（修订增补本），中华书局1984年版，第245页。

其实，一个人的成长，或者说，一个人学养的提升，就是这样一个不断向外追寻和向内反思的过程，也是一个不断获得新知与体验的过程，还是一个不断去除成见和私欲的过程。

愿意以这句话与明华和读者诸君共勉。

2018年5月10日写于北京滴石斋

叙言

中华文化自信的一个重要标本

万明华同志是江西高校出版社的总经理，我因承担了该社一本国家“十三五”出版规划重点图书的主编工作，与他渐渐地熟悉起来。在我的印象中，出版社总经理的主要工作是经营与管理。2018年10月初，他在北京出席民进中央的宣传工作会议，说想要和我见见面。我以为他是要谈由我主编书稿的进度、质量等问题，没有想到，他给我送来了一大摞书稿大样，也就是这部即将由北京大学出版社出版的《为学之道——中国先贤的核心学养》书稿大样，说是请我指导并想请我为该书写叙言。这使我一下子感到有些吃惊，没有看出这位擅长经营管理的出版社领导还是一位孔孟之道、传统文化的饱学之士！完全没有想到这位肩负着出版社经营管理任务的社领导，还能在十分繁重而多元的管理业务工作中，挤出时间写出这么一部关于先贤思想的大书。这不是一本在不同时段、不同情景下所写的短文或杂文的集子，而是一部有着内在逻辑关系和严格历史进程的传统文化的精粹读本。我不由得对明华同志肃然起敬。

这应该是一本关于文化自信的大书，作者如果没有足够的文化自信，如何能够写得出来？又如何能被北京大学出版社隆重推出？其实，我自己承担的任务已经相当之多，仅就文字方面的任务也相当之重，但是被明华同志对于我国优秀传统文化的忠诚度所感动，为他的文化自信精神所感染，加上我想借此机会梳理和加强一下自己传统文化基础的“私心”，还是欣然接受了这个任务。这部书稿读起来较慢，但很受用。后因时间紧，只好在未读完书稿的情况下，完成写叙言的任务。我暗暗地告诫自己，书稿虽未读完，但叙言不能敷衍。

就已阅读的内容而言，我以为该书至少有三个亮点，或者说三个特点值得咀嚼。在此，笔者愿意负责任地向读者朋友推荐。

其一，“为学之道”与“核心学养”的定位有智慧、好作为。作者在后记中讲到了定位“核心学养”的心理进程(轨迹)：最初是习近平总书记关于“弘扬中国传统文化”的论述，唤醒了他长期作为教育工作者及教育书刊出版者的写作欲望，使他确定了最初的写作目标，并开始搜集资料，进行大量研读，与诸多先贤跨时空对话交流。其间，他又不断地伏案挥笔，不断地否定自己。“为人不易，为学实难”的境况表现得淋漓尽致，终于在那个万籁俱寂的深夜，梦寐难求的灵感乍现，他把写作的中心聚焦于“为学之道”“核心学养”。这种情形真像是在夜色朦胧的茫茫大海上，寻觅到了一盏明亮的航道灯一样，让人狂喜。作者这种定位其实是极高明的，也是作者在心路历程中，跋山涉水，几乎望断天涯路，而峰回路转取回的真经。想想看，中华民族五千年文明史，其中卷帙浩繁，学说林立，且每一位先贤就是一个体系，如果不“攻其一点，不及其余”，那怎么得了？那不就等于否定自己，难以作为吗？黑格尔说：“一个人在特定的环境内，如欲有所成就，他必须专注一事，而不可分散他的精力于多方面。”[①]把整部书稿写作限定聚焦在“核心学养”，除了作者在中华优秀传统文化长期研读中被浸润，长期从事书刊编辑出版工作，为教育事业服务的缘由之外，最根本的其实就是今日中国对民族良好道德传统之强烈需求，是整个社会对道德文化建设之迫切要求。正是这种需求和要求，坚定了作者写作的方向，也保证了作品出版后的蓬勃生命力。实际上体现了习近平总书记关于“问题意识”的论断，验证了意大利学者克罗齐关于“一切真历史都是当代史”[②]的结论。

其二，与这个领域的其他图书相比较，该书是在思想性和学术性方面做文章、用气力，这是有相当难度的。它既不是讲先贤的成长历程，也不是讲先贤的文韬武略，更不是讲先贤的人文轶事，而是着力阐述先贤的道德文章和学术思想。如果说，先贤的成长历程、文韬武略、人文轶事反映的是先贤人生表象的话，那么，他们的道德文章与学术思想才能彰显出先贤的本质与本质特征，这才是先贤精华所在、精锐所系。老子的“绝圣弃智”“绝仁弃义”“绝巧弃利”是不要圣智、否定仁义、抛弃机巧并拒绝货利的诱惑吗？如何理解他的“大象无形”“大音无声”“无为而治”“反者道之动”？孔子的“上智下愚”“唯小人与女子难养也”能简单地只从字面解释吗？孟子的“人性善”与荀子的“人性恶”是简单的对立吗？墨子的“兼爱”“非攻”，名家的“白马非马”是在什么意义上讲的？有时，一个概念就是一篇大文章，一组概念就是一本大著述，要想把先贤的学术思想和概念范畴说清楚、写明白，是多么的不容易！但唯其之难，才显现出作者思想的深邃与学术的努力；唯其深邃与努力，才使得“思想”有其无限的价值和传世的功用。当我们跟随作者，一间间地拜访学术与思想的殿堂，向一位位先贤虔诚地求教，沉浸其中，你才会深刻感受到思想的乐趣和精神的享受。这种获得感与幸福感往往是其他感受所不能比拟的，这种体悟与获得可能让我们享用终生。

---

① 〔德〕黑格尔著，贺麟译：《小逻辑》，商务印书馆 2016 年版，第 174 页。

② 〔意〕贝奈戴托·克罗齐著，〔英〕道格拉斯·安斯利英译，傅任敢译：《历史学的理论和实际》，商务印书馆 1982 年版，第 2 页。

其三，是这本书的逻辑性与历史性。也就是说，它的逻辑是按历史的朝代更替来展开先贤的思想内核及其学术脉络的，它的历史是按照思想演进与批判继承的逻辑进行描述的。这使读者容易紧紧抓住横向的“核心学养”的绳索，并沿着“核心学养”的纵向路径不断地追溯下去，同时注意比较每一位先贤之思想与上一位（前者）的不同，与下一位（后者）的差异。全书重点阐述的四十八位先贤都是按照时间顺序、朝代顺序出现的。比如，孟子的道德核心学养在于树“四端之心”、立“浩然之气”；学术核心学养在于“学贵立志，反求诸己”，这是正面论证和叙述。而荀子的道德修养理念则是“治乱在于心之所可，亡于情之所欲”“以诚养心”“修己安人”；学术核心学养在于“学无止境”“兼权之，孰计之”。这是既有客观分析，又有学习方法告诫的独特探索，等等。我们恰恰可以从这种先贤学养的差异中，历史演进的变化中，较好地把握其中思想的丰富多彩、学术的相克相生、道德的相辅相成，从而兼收并蓄，汲取营养；或者辨认出其中的某些糟粕与不妥，规避和警觉，从而预防损失，节省精力，获得更多的长进，成为新时代心智更加健全、德性更加纯粹、价值观更加正确，对社会和国家也更加有用的人。另外，本书不仅思想深邃，而且文笔优美，感情充沛，读起来很有味道，比较容易读得下来。完全可以作为一本关于传统文化核心修养、核心学养问题入门的简明读本，不限于教育教学领域，所有那些没有时间读大部头的传统文化丛书的人们，不妨一读，或者作为进一步深读的理想读物。

是为叙言。

2018 年 11 月 7 日

弁言

以文化自知助力文化自信

感谢明华兄寄来大作《为学之道——中国先贤的核心学养》。收到他的著作初稿，我非常高兴，甫一到手，便迫不及待地翻阅。

20世纪90年代初，我还是刚刚走上工作岗位的青年。那时，我的老师骆承烈先生邀我参加一套书《三教慧海》的写作，该书从故事、名言、人物等不同角度展现儒、释、道三家智慧，老师希望我负责其中儒家人物（“儒教名流”）部分的稿件。那时，我对这些人物并不怎么熟悉。在写作过程中，如何选取人物，以怎样的标准去看待他们在儒学史上的地位，怎样表述他们的成就与贡献，都是需要我认真思考的问题。写完书稿之后，我发现自己收获甚丰。因此，看到本书的目录人物，便不由自主地回想起了那段读书、写作、为学的经历，真的很有意义，很值得怀念！

众所周知，中华文明的形成，是一个漫长的过程。早在龙山文化时期，礼制便已形成。为什么礼制先行呢？儒家有言：“礼者，理也。”中华文明有自己的鲜明特色，中华文明之所以绵延不断，是有着深刻道理的。这些道理，在历史的漫漫长河之中，逐步凝结成中华民族传统文化的精髓，一代一代传承至今天。

中华优秀传统文化是中华民族的‘根’和‘魂’。习近平总书记高度重视中华优秀传统文化，并将其作为治国理政的重要思想文化资源。他反复强调，中华优秀传统文化是中华民族的突出优势，中华民族伟大复兴需要以中华文化发展繁荣为条件，必须结合新的时代条件传承和弘扬好中华优秀传统文化。

中华文化博大精深，应该如何弘扬和发展？确实是当前面临的关键问题。明华兄耕耘教育研究与传媒行业数十载，根基深厚，此时出版这本书，恰恰应和了党和国家的号召，于中华传统文化的传承大有裨益。

读书治学的根本目的是“学以成德”“学以成人”或“学成大人”，不言而喻，其内在基础便是道德修养，二者相辅相成，密不可分。习近平总书记一再强调道德建设的重要性，他说：“国无德不兴，人无德不立。如果一个民族、一个国家没有共同的核心价值观，莫衷一是，行无依归，那这个民族、这个国家就无法前进。”[①]中国文化重“道”，“道前定而不穷”，研究几千年来优秀传统文化的发展，发掘中华民族的文化特性中深层次的道德、信仰，这是弘扬中华传统文化时最为核心、最为根本、最为精髓的东西。我们应该将其变成社会主义文化建设的资源，形成尊道德、敬道德的社会风气，用传统的“四维”“四端”“五常”“八德”滋养我们的价值观，以之作为搭建中华文化大厦的“四梁八柱”。

我曾经讲过“文化自知”和“文化自信”的关系问题，文化自信一定基于文化自知。比如孔子的自信就源自他对礼乐本质的把握，源自他对人性和人的价值的思考。具备文化自知的能力，才能发挥文化自信的作用。明华兄的《为学之道——中国先贤的核心学养》便是为此而作，于文化自知的发掘方面，可谓别具一格，自有特色。以《董仲舒——在“天人合一”的追求中复兴新儒学》篇为例，全篇分为三个部分，以“道德涵养”“为学之道”和“思想精髓”为主线，叙议结合，在发掘董仲舒道德涵养和为学精神的同时，与当今社会追求和弘扬的社会主义核心价值观相联系，巧妙引导读者的思想发展与行为规范。见微而知著，《为学之道——中国先贤的核心学养》以全新的立意，阐述了近现代教育理论、学习理论和认知理论的核心，述往事，思来者，透过历史重重迷雾，推陈出新，详细地论证了诸家先贤为人、为学的核心智慧，为广大青少年树立了成功的榜样。

幼儿养性，童蒙养正，少年养志，成年养德。每个人的成长，都是一个“明理”“正心”的过程。青少年时期恰是获得身心发展、养成美好人格、建立正确价值观念的关键时期。孔子说：“坏国、丧家、亡人，必先去其礼。”又说：“不学礼，无以立。”《礼记》则讲：“凡人之所以为人者，礼义也。”人与禽兽的区别，无非就是人所具有的社会性。也就是说，在对青少年的教育中，我们需要让他们了解到，其自身作为“自然人”的同时，也必须成为一个“社会人”，要无条件地遵循社会的基本规范，遵道而行，循理而动。礼之本在于“仁爱”，这一“明礼”的过程，便是对往圣先贤们核心学养的体悟过程。

明华兄的大作选题新颖，该书以历史发展为轴，融合当代教育思潮，按朝代顺序分为七篇，详细阐释了包括孔子、孟子、韩愈、王阳明、鲁迅等在内的四十八位往圣先贤，鲜活地展现了他们为人为学的风范。该书的“核心学养”一词画龙点睛，与当代提倡的“核心素养”一致一脉，主要指道德修养与治学方法。这两个部分，在儿童与青少年的成长中，应该都极其重要。

中华文化以人格养成为教育目标，道德精髓的延续，价值观念的弘扬，最需

---

① 中共中央文献研究室编：《十八大以来重要文献选编》(中)，中央文献出版社 2016 年版，第 3 页。

要青少年学子的文化认同。我们要培养具有文化自知的时代新人，以优秀传统文化为指引，言则忠信，行则笃敬，从而带动文化的自信。从这个意义上来讲，明华兄的大作谈为学之道，谈往圣先贤的核心学养，委实切中肯綮、很合时宜。该书囊括中华数千年的思想文化、道德修养与治学为学精髓，为青少年学子的成长与发展，提供了积极的榜样，使他们可以从中获得知识与成长。

杨朝明

2018年11月9日

前言

作为世界四大文明之一，中华文明历史悠久，五千余载薪火相传。习近平总书记曾说：

> 中华文明历史悠久，从先秦子学、两汉经学、魏晋玄学，到隋唐佛学、儒释道合流、宋明理学，经历了数个学术思想繁荣时期。在漫漫历史长河中，中华民族产生了儒、释、道、墨、名、法、阴阳、农、杂、兵等各家学说，涌现了老子、孔子、庄子、孟子、荀子、韩非子、董仲舒、王充、何晏、王弼、韩愈、周敦颐、程颢、程颐、朱熹、陆九渊、王守仁、李贽、黄宗羲、顾炎武、王夫之、康有为、梁启超、孙中山、鲁迅等一大批思想大家，留下了浩如烟海的文化遗产。①

如此丰厚的民族文化，有对诸子学说的传承与坚守，又有一代代后学对先辈的智慧与精神的接力和发展。

遥想当年，稷下学宫中，儒家弟子手持书卷，昂首吟诵。一句“朝闻道，夕死可矣”，昭示了孔夫子对真理和信仰的执着追求；墨家学者粗布麻衣，扶危济困，一声“不能如此，不足谓墨”，淡薄天下名利。当道名两家在“谁知鱼之乐”的命题中争论不休之时，法家开始书写“以法治国”的不朽篇章。

一眨眼，汉朝太学之中，儒学大师董仲舒，紧握手中的刀笔，横扫百家，将儒学奉上神坛，尊之为治国经世的至高典范。汉武帝决定罢黜百家，独尊儒术。儒家思想一旦与治国理政、民生社会相碰撞，随即产生辉煌的光焰，在这段时间，英贤辈出，思想家、文学家、军事家、科学家，灿若星辰。武帝时期先后开通了陆上和海上“丝绸之路”，建立了国际贸易体系，使中华民族第一次融入世界。同时，在那个辉煌的角落里，一位为历史谱写悲歌的崚嶒史家司马迁，面对强权和厄运，他忍辱负重，发愤著书，写下一部成就“一家之言”的皇皇巨著——《史记》。鲁迅称赞它是“史家之绝唱，无韵之离骚”。

当中华历史进入一个敢于直言“凡日月所照，江河所至，皆为汉土”的强大王朝时，一群文人墨客站在时代的风口浪尖，峨冠博带，洒脱不羁，他们以特有的时代风貌，充分展现了“建安文骨”“魏晋风度”。紧接着，历史的发展却突

① 习近平：《在哲学社会科学工作座谈会上的讲话》(2016年5月17日)，《人民日报》2016年5月19日。

然“变轨”——五胡乱华，衣冠南渡……芸芸众生，历经了长期战乱苦难的无情折磨……直到杨坚平北征南，天下复归一统。隋朝抑门阀，开科举，三征高句丽，开凿大运河，功在当下，利在千秋，却因苛政太过，国祚不长。然而，正因为有了这样的国力基础，才有了后来“贞观之治”“开元盛世”的大唐。这是一个充满诗意、繁华而浪漫的时代，出现了高唱“君不见黄河之水天上来，奔流到海不复回”的谪仙人李太白，出现了高呼“安得广厦千万间，大庇天下寒士俱欢颜”的杜子美，还诞生了“文起八代之衰”的韩退之。

五代十国的战乱纷争，跨越了年代变迁，给各民族百姓都带来了无尽的痛苦。“杯酒释兵权”，意味着和平时代的开启。北宋一代，文化日益繁荣，思想家辈出，有“先天下之忧而忧，后天下之乐而乐”的范仲淹，有理学开山祖师周敦颐，有“为往圣继绝学，为万世开太平”的张载，有坚守自我、遗世独立的苏轼。一时间，赵宋文化登峰造极。“靖康之耻”，宋室被迫南迁，然而，南宋文化依然昌盛；至“崖山之难”，宋王朝已然衰败，文化也随之逐渐衰退。

在曾号称“不和亲、不赔款、不割地、不纳贡”的明王朝，还有苦苦追寻“良知”的王阳明，有坚守“赤子之心”的李贽。纵然顾宪成写下了“风声雨声读书声声声入耳，家事国事天下事事事关心”的千古绝对，却也没有办法挽回那个曾日月当空的明王朝的颓势。

紧随其后的是清朝，这是中国历史上最后一个大一统的封建王朝。它的前期国力极盛，助长了帝王刚愎自用之心，闭关锁国，最终被坚船利炮打穿国门，造成了中晚期漫长的屈辱岁月。而清朝的学者们却能够皓首穷经、焚膏继晷，醉心于考据，虽不能经世致用，但“乾嘉朴学”也自成特色。《四库全书》《古今图书集成》，这些大型的丛书、类书便是有清一代文化昌盛的最好证明。侵略者击碎了清朝统治者“天朝上国”的美梦。“师夷长技以制夷”的洋务大臣们失败了，坚持了百日变法的“戊戌六君子”们也失败了。昏睡百年终须醒，中华民族绵延传承数千载，从来就没有放弃、从来就没有服输——“拼将十万头颅血，须把乾坤力挽回”。于是，那个“驱除鞑虏，恢复中华”的孙逸仙来了，“思想自由，兼容并包”的蔡元培来了，“弃医从文，摇旗呐喊”的周树人来了……一批批志士仁人，在民族危亡之际，挺起了中华民族的铮铮铁骨。直到有一天，石破天惊，一位划时代的伟人毛泽东横空出世，他领导一批有梦想、有抱负、有作为的中国共产党人，历尽沧桑，不屈不挠，以“敢教日月换新天”的宏伟气魄，经过艰苦卓绝的斗争，终于推翻了“三座大山”，建立了中华人民共和国，从此，中华大地又重新焕发出勃勃生机。

在数千年的历史演绎中，多少仁人志士、文化巨匠闯出了一条条智慧之路，其闪耀的光辉犹如一盏盏明灯，指引着人们去航行；其博大精深的文化思想就像一座座宝矿，吸引着人们去开采；其扛在肩头的一面面大旗更似一个个精神标杆，引领着人们去学习、校正和超越。

“为学之道，必本于思”，只有充分了解中华民族的悠久历史，体会中华历代先贤的博大智慧，才能更好地实现中华民族伟大复兴的“中国梦”。

中华民族有着勤于学习、崇尚读书的传统，中国人素以聪明好学、善于钻研、勇于创新而著称。从孔子“韦编三绝”到董仲舒的“三年不窥园”，再到江泌“映月读书”、李密“牛角挂经”，人们能深深地体会到其中蕴含的贵学、勤学精神。从“学无止境”“学以致用”等谚语警句和无数勉励读书学习的诗词佳句中，也足以窥见人们对勤学精神的崇尚。孔夫子说：“我非生而知之者，好古，敏以求之者也。”[①]唐代韩愈勤奋好学，刻苦读书，“口不绝吟于六艺之文，手不停披于百家之编……焚膏油以继晷，恒兀兀以穷年”[②]，终成一代大家。季羡林谈到这一点时，曾自豪地说：“中国是世界上最喜爱藏书和读书的国家。”

“耕读传家”“书香门第”“文道相兼”，多么美好的词语！我们感慨孔夫子好学，更倾慕他的仁爱；我们钦佩孟子的勤勉，更赞赏他的“舍生取义”。唐代韩愈认为继承先贤的“道统”，不仅仅是继承先贤的艺术修养和写作方法，更是传承他们的道德与风骨。黄炎培在创建职业教育制度的过程中，始终将“人格修养”和“爱国精神”放在第一位。梁漱溟更是将伦理道德修养视为家庭乃至社会稳定的根本。

“质胜文则野，文胜质则史。文质彬彬，然后君子”[③]，道德修养与读书学习，从来都是密不可分的，这是古今中外共通的道理。读书学习的根本目的是学会做人，做人的基础就要有良好的道德修养。孟子说“人之所以异于禽兽者几希”，人有“四端”，也是指人的道德修养，这就是人与“禽兽”最本质的区别。“德才兼备”才是先贤们一直追求的目标，只有才华而没有道德，在先贤们看来，无异于“衣冠禽兽”。

今天，身处新时代的我们，仍然会感觉这个社会还存在不少问题，我们不禁要叩问：是因为在经济社会的发展中，人们过分追求物质的满足而忽略了精神的提升？还是因为在为学求知的过程中，人们太注重知识与技能的精进而忽视道德的修炼？或许更因为，在创新与超越的格局中，我们常常忘记了“再回首”——回过头来领悟先贤的智慧？

“前事之不忘，后事之师”[④]，要持续、健康地发展，无论是东方还是西方，都必须经常地“再回首”，总结并传承民族的优秀传统文化；无论是何种身份者，想

① 程树德撰，程俊英、蒋见元点校：《论语集释·述而》，中华书局2013年版，第555页。

② 孙昌武注：《韩愈选集·进学解》，上海古籍出版社2013年版，第316页。

③ 程树德撰，程俊英、蒋见元点校：《论语集释·雍也》，中华书局2013年版，第462页。

④ 缪文远、缪伟、罗永莲译注：《战国策·赵策一》，中华书局2012年版，第498页。

要更加进步，也需要经常地“再思索”，总结并反省自己的荣辱与得失。在总结、反思和体悟中，我们可以获得更丰富的营养，凝练更为鲜活的智慧，从而激活新思维、产生新动能、创造新辉煌。

诚如著名学者楼宇烈所言：“我们要把中国传统文化和现代社会联系起来。只有继承了传统文化，才能有本民族的特色。”①

那么，我们又该如何回首、探求先贤的智慧呢？仅仅学习中小学教科书中的一些古诗文、大学课程中的几部典籍，那是远远不够的！我们需要通过阅读、品味先贤的典籍，感受他们在那个时代的风云际会、人情冷暖、人生历程、品行业绩和经验体悟，从而更好地领悟中国先贤的人生修炼和道德提升，把握其“学养”。

什么是学养呢？“学养”者，学问与修养也。著名学者牟宗三认为，所谓学养，就是对问题要做“客观的了解”，要有正确的知识，不误解，也不笼统，是融化在生命中的东西。生命中的真性情、真智慧、真志气要靠“学养”来充实才可以支撑起来。简而言之，“核心学养”就是关键的学问和修养。在2016年9月正式发布的《中国学生发展核心素养》报告中，将“学会学习”“人文底蕴”“科学精神”“健康生活”“责任担当”和“实践创新”并列为六大核心素养。而“学会学习”作为学生“自主发展”的关键，它主要指学生在学习意识形成、学习方式方法选择、学习进程、评估调控等方面的综合表现，包括乐学善学、勤于反思、信息意识等要点，“学会学习”被纳入基础教育“最关键”“最必要”的培养目标中。埃德加·富尔在《学会生存——教育世界的今天和明天》序言中写道：“我们再也不能刻苦地一劳永逸地获取知识了，而需要终身学习如何去建立一个演进的知识体系——‘学会生存’。”②可以说，“核心学养”有两项主要指标：一是“学习者的道德修养”，二是“学习者学会学习”。

长期以来，对于古代先贤道德修养和治学为学的研究，或过于专业，似深谷的幽兰、高山的杜鹃，“高山流水”知音难觅；或通俗浅显、蜻蜓点水、浅尝辄止，不愿意细嚼慢咽、尽情品味。

本书另辟蹊径、巧妙构思，从先贤的“核心学养”这一全新的视角，通过学术性探讨，用通俗的语言，阐释他们的道德修养和学习思想，从他们的人格、人品与学问、学品等方面进行描述，鲜活地展现了往圣先贤为人与为学的风范。

中国古代文、史、哲不分家，先贤们往往是文学、历史、哲学等兼修，融会贯通，各臻其妙。因此，本书精心选择、认真策划，按照时代先后，分先秦、两汉、魏

① 楼宇烈：《中国文化的根本精神》，中华书局2016年版，第5页。

② 联合国教科文组织国际教育发展委员会编著：《学会生存——教育世界的今天和明天》，教育科学出版社1996年版，第2页。

晋南北朝、隋唐、宋明、清代、近现代七个章节，对中国哲学、历史、文学、教育等领域有代表性的四十八位思想大家进行专题阐释，主要讨论了他们的道德修养以及学习理念、学习方法等，通过对有关材料的挖掘、梳理、提炼，回溯了他们的家学渊源和求学历程；通过对其经典文本和相关典籍、评论的读解，阐释了他们的德行修养、治学方式；透过对有关资料的读解，提炼出他们思想、学术的核心价值以及创见性思想和成就，鲜明生动地展现他们的“核心学养”。其中，涉及人物主要包括儒家学派创始人孔子、道家学派创始人老子和代表人物庄子、法家代表人物韩非子、被誉为“亚圣”的大思想家孟子、先秦思想集大成者荀子、西汉经学大师董仲舒、东汉哲学家王充、隋朝思想家王通、唐朝大教育家韩愈、北宋理学家程颢和程颐、南宋理学集大成者朱熹、南宋心学发端者陆九渊、明代新儒学总代表与心学集大成者王阳明、明末清初大儒王夫之、清学“开山始祖”顾炎武，以及近现代学者梁启超，教育家叶圣陶等。真可谓大家云集，群贤毕至。

陈寅恪认为：“一时之学术，必有其新材料与新问题。取用此材料，以研求问题，即为此时代学术之新潮流。治学之士，得预于此潮流者，谓之预流。”[①]如果站在时代潮流之外，知识的学习可能会变成读死书和死读书，根本不能达到“转识成智”的愿景。因此，本书以现代教育理论、学习理论和认知心理学理论为依据，运用哲学思辨和史学梳理方法，结合新时代背景，述往思来，推陈出新，挖掘和提炼我国各个历史时期的大师的“核心学养”，意在彰显中华民族先贤们的风采，勾勒他们学习智慧的轮廓，梳理中国传统治学的发展主线，再现东方学习思想的特质，凸显中国文人的治学风貌。特别是将这些先贤学习经验、价值与新时代社会主义核心价值观相结合，这对于我们把握先贤的智慧，汲取其精华，推进新时代“立德树人”，改进我们的学习，都将会起到较大的借鉴与启迪作用。

> “人才有高下，知物由学。”梦想从学习开始，事业靠本领成就。广大青年要自觉加强学习，不断增强本领。人生的黄金时期在青年。青年时期学识基础厚实不厚实，影响甚至决定自己的一生。广大青年要如饥似渴、孜孜不倦学习，既多读有字之书，也多读无字之书，注重学习人生经验和社会知识。“纸上得来终觉浅，绝知此事要躬行。”所有知识要转化为能力，都必须躬身实践。要坚持知行合一，注重在实践中学真知、悟真谛，加强磨练、增长本领。[②]

---

① 陈寅恪：《金明馆丛稿二编·陈垣敦煌劫余录序》，生活·读书·新知三联书店2015年版，第266页。

② 习近平：《在知识分子、劳动模范、青年代表座谈会上的讲话》（2016年4月26日），《人民日报》2016年4月30日。

愿我们通过对先贤核心学养的探究，从他们的人生修炼中，体味人情的冷暖；从他们的求学经历中，感受价值的提升；从他们心忧天下的家国情怀中，增进爱国的情愫；从他们的创新创造中，洞见未来之路！“人事有代谢，往来成古今”，让我们学习先贤、踵事增华、集智聚力，为中华优秀传统文化的繁荣贡献自己一分力量！

目　录

第一篇

『诸子百家』的竞放时代

先秦时期先贤的核心学养概述

广义上的先秦，是从"三皇五帝"到春秋战国的一段历史进程；狭义上的先秦，则是中国从进入文明时代直到秦王朝建立这段历史，主要指夏、商、西周、春秋、战国这几个时期。当然，这是一种学术上的划分，大多数人印象中，提起先秦，想到的必然不会是夏商周，而是春秋战国这个波澜壮阔的时代。

春秋战国是一段漫长的历史，是周朝历史的一部分。春秋，开始于周平王东迁之后，周王室由于实力的下降，其统治地位开始动摇，诸侯国开始坐大，形成了群雄争霸的局面。之后，齐桓公、宋襄公、晋文公、秦穆公和楚庄王相继称霸，史称"春秋五霸"。到战国时期，社会更加动荡不安，孟子曾评价说"春秋无义战"，但是，与战国时期比起来，春秋时期相对还是算安定的了，战国时期可以说是无不战之时。春秋时期有"春秋五霸"，战国时期与之相对应的则是秦、魏、韩、赵、楚、燕、齐等"战国七雄"，最后，其他六国被秦国所灭，成就了秦始皇"八荒六合、唯我独尊"的功绩。

然而，春秋战国时期最受人关注的并不是"春秋五霸"，也不是"战国七雄"，而是那一群在诸侯之间游走，试图改变当时社会现状的诸子。诸子思想奠定了中国两千多年的文化基础，其光芒照破万古。为了构建一个和谐安定的社会，无论是道家、儒家、墨家还是法家，他们各说各话，各展其长，其学说最本质的目的都是为了改变当时纷争的社会，结束战争和痛苦，他们在思想方法上出现了争议，形成了"百家争鸣"的局面。正如郭齐勇、吴根友《诸子学通论》所论述：

> 周秦之际，诸子蜂起，大家辈出，学派林立，著作繁富，云蒸霞蔚，气象万千，是我国文化思想史、学术史和教育史上第一个光辉灿烂的黄金时代。[①]

一

"诸子百家"最古老的应该算是道家，在古代很长一段时期，大家把道家的创始人追溯到黄帝，因此，道家在汉代初期也被称为黄老道家。在现代学术界，根据思想的差异将道家分为老庄道家和黄老道家两派。老庄道家注重思想和个人道德修养上的超越，黄老道家则更加注重政治上无为而治的理念。当然，无论是老庄道家还是黄老道家，最关键的人物还是老子，两者思想的主要来源还是来自老子，或者说《老子》这部书。

---

① 郭齐勇、吴根友：《诸子学通论》，商务印书馆2015年版，第3页。

老子的核心学养是“以道为学”。老子希望人们能够向“道”学习，努力向“道”靠近。在老子看来，社会之所以纷乱，爆发战争，主要是因为人心中存在很多欲望，这些欲望的来源是他们所学的“知识”，所以，老子说要“绝圣弃智”“绝仁弃义”“绝巧弃利”。老子并不是说“圣”“智”“仁”“义”等不好，而是想强调：人们只有在失去了“仁”“义”之后，才会去强调“仁”“义”，如果人人都有“仁”“义”，谁又会特意强调呢？所以，老子希望大家能够抛弃对这些现实概念的认识，向“道”学习，向“道”靠近，这样，人的内心就会淳朴，少私寡欲，社会自然会和谐安定了。同时，道家“水”文化，也可以说是根植于中华民族的文化基因之中，“上善若水”“海纳百川”等成语至今活跃在人们的日常生活中。

老子思想的继承者——庄子对老子的“以道为学”进行了变革，提出了“悟道求真”。庄子不再追求向“道”学习，而是追求做“真人”，在学做“真人”的过程中体悟“道”。那么，什么是“真人”呢？实际上，“真人”就是老子所说的少私寡欲之人，也就是心灵上的超脱者。“真人”无所畏惧，也无所牵挂，世间的种种烦恼都与其无关。当然，庄子在描述的过程中还赋予这个“真人”许多特异功能，以彰显“真人”的卓越才干。为了达到“真人”的要求，庄子提出了“去故与知”“心斋坐忘”等一系列具体方法。实际上，这些方法，一般人很难做到。所以，不能简单地理解为道家思想就是强调出世、是消极的，而要考虑道家诸子们提出这些思想，也是为了改变当时社会的道德现状，消解人心中过多的私欲，从而达到促进社会和谐稳定的目的。老子强调“无为”，不强求你能否做到，而是希望每个人能做到，别人不做也不强迫他们。因此，同儒、墨、法三家相比较，许多人觉得道家思想比较消极。

二

汉代之后，“罢黜百家、独尊儒术”，儒家文化成为中国文化的主流。

儒家的创始人——孔子，也是《论语》中的主角。他是人们心中的“圣人”，也是一位普通人，有喜有悲；他坚持不懈，却有时迷茫；他孜孜以求，也常常不尽如人意。人们总是钦羡于他思想的深邃、睿智和广博，然而，却难以深切体会孔子内心的悲伤。他看到当时社会“礼崩乐坏”、道德沦丧、秩序混乱，内心充满焦虑和悲伤。他身体力行，努力恢复和践行周礼，用实际行动来培养自己的道德修养。他发现个人的力量微不足道，于是广开私学、传授知识，门人弟子达数千人之多。他教导弟子们要“先行后知”，先在实践中完成道德修养，再学习具体的礼乐等。后来，他觉得仅仅靠教导弟子还是很难达成目标，于是，开始周游列国，游说各国君主，希望君主们能接受他的学说，推行“礼治”“德政”。在孔子看来，只要君主崇尚礼乐、德政并推行下去，整个国家就会变得安定和谐，从而影响周围国家。孔子一生，孜孜以求，却没有真正实现自己的政治抱负，他晚年退修诗书，内心深处恐怕也有些许遗憾。

孔子的思想光照千秋，他的学说万世传承。他建构了以“仁”为核心的思想体系，以恢复周礼为目标，其核心学养则是以实践为主，“先行后知”；他提出的“仁爱”“孝悌”精神一直受到历代推崇，已融入中国文化的骨髓；他提出了温故知新、学思并重、不耻下问等许多行之有效的学习理念与方法，极大地影响着中国乃至世界学习思想与实践的发展。

孔子之后，儒家出现孟子和荀子两位著名人物。孟子认为人性本善，每个人在现实生活中都会不自觉地流露出善的一面，这是推行“礼治”“德政”的基础。推进“礼治”“德政”的方式，把人善的方面激发出来，社会自然就会安定了。孟子认为，学习者首先要树立明确的目标，目标明确才有前进的方向。他还认为，人们在修炼过程中要“动心忍性”、夯实基础，循序渐进地向既定目标迈进。孟子反复强调“内求诸己”，广泛地涉猎、学习、辨别与积累知识，准确地把握知识的核心内容。

荀子认为“人性本恶”，“善”是在后天环境、教化等影响下产生的结果。所以，荀子认为，我们应该“修己安人”，首先自己努力地学习，改变自身“恶”的本性，然后帮助那些难以克服自身“恶”的本性之人，帮助的方式就像辅佐国君治理朝政、推行教化。荀子所说的“学不可以已”，是一种终身学习态度，针对有些人学习能力的局限，荀子还提出“善假于物”的观点，即学习要充分利用身边的各种条件和资源，这些理念都有较强的时代价值。

三

墨家在后世没有产生儒、道两家那么大的影响，然而在先秦时期，它却是和儒家并列的“显学”。墨家的许多思想都是与儒家针锋相对的，儒家讲礼乐之治，墨家就有非礼、非乐；儒家提倡厚葬，墨家就说节葬；儒家说要敬畏天命，墨家就说要非命。

非常有意思的是，墨家的创始人墨子却出身于儒家，早年也隶属于儒家学派。孔子死后，儒家绝大部分弟子热衷于研究那些烦琐复杂，却不能给百姓带来实际利益的礼制。墨子目睹这种情况，感到内心沉重，他是一位通过学习而由庶民上升为士的学者，对老百姓的困苦感同身受，于是另立学派，效仿当年的孔子踏上了周游列国、救民水火的道路。这期间，他的思想也日臻成熟，提出了“兼爱”“非攻”等十种观点，建立起墨家学派。

墨子在核心学养上，十分注重实践，更倾向于从实践中总结理论。他认为在学习的过程中，要始终保持一种积极向上的精神，勇于突破、勇于创新，不仅要突破前人思想的束缚，也要突破自身的惰性，不能止步不前。所以，墨子成为先秦诸子中少数几个在诸多领域都有所突破的学者，特别在数学、物理学方面，墨子有很高的造诣。

2016年8月16日，我国发射的全球首颗量子科学实验卫星，被命名为“墨子号”，这不仅是因为墨子在光学领域的显著成就，更是因为他那种积极进取、勇于突破创新的科学精神令世人敬仰。墨子还明确提出“非攻”的主张，也就是反战思想，他曾依靠自身的学识和努力，阻止过多场战争的爆发。他的“兼爱”“非攻”，作为一种思想世代流传下来，表现了对人类和平事业的美好向往和崇高愿景。

四

法家的影响力一点都不比儒、墨、道三家逊色。“春秋五霸”中的齐桓公、秦穆公都是在法家的帮助下，发展壮大自己的国家，成为一代霸主。“战国七雄”中的秦国，更是在法家的帮助下，一统六国，建立了秦帝国。法家的创始人到现在也没有一个很明确的定论，部分学者认为法家出自道家，也就是我们现在所说的黄老道家一派，也有学者认为法家是出自儒家学派，因为像法家著名的代表人物韩非和李斯都出自荀子门下，而荀子则是儒家学派的代表人物。其实，儒家也是很复杂的一个学派，墨子出身儒学却建立了墨家学派，并与儒家学派针锋相对，荀子是儒家的代表人物，却培养出了韩非这样的法家集大成者。

法家代表人物有商鞅、申不害等，最具有影响力的还是韩非。他也是先秦最后一位被称为子的大家，史称韩非子。韩非子深爱自己的祖国，却不被韩王所重视，秦王却十分赏识韩非，《史记·老子韩非列传》中写道：“人或传其书至秦。秦王见《孤愤》《五蠹》之书，曰：‘嗟乎，寡人得见此人与之游，死不恨矣！’”[①]秦王为此马上出兵攻韩，意在得到韩非其人。韩国本来就没有把韩非放在眼里，正好顺水推舟，派韩非为“特使”赴秦。在思想上，韩非子将商鞅的“法”、申不害的“术”和慎到的“势”集于一身，是法家思想的集大成者，其后又将老子的辩证法、朴素唯物主义与法家思想融为一体，他的《解老》《喻老》篇是现存最早的《老子》注疏。由于李斯的进谗，韩非子最后也没有得到秦始皇的任用，而是屈死于狱中。但是，他提出的“以法为教、以吏为师”，为秦灭六国之后，快速地稳定社会秩序起到了重要作用，他提出的中央集权制为秦帝国的建立奠定了思想基础。在核心学养上，韩非子提出以朴素唯物主义的观点看待事物，他强调不要迁就世俗，要按照事实来判定是非，根据验证出来的结果鉴别言论

① (汉)司马迁撰，韩兆琦主译：《史记·老子韩非列传》，中华书局2008年版，第1328页。

的真伪，这个观点，对于现代学习思想也有指导意义。学习既不能盲目迷信教材中的内容，犯“本本主义”错误，也不能主观地猜测、臆想各种知识，犯“自由主义”毛病，正确的方法是：将所学知识与具体事物有效沟通、联系，理论联系实际，立足文本、创新文本，融入自己的“读解”，这样，才称得上是创造性学习。

五

名家，在当时的影响虽然比不上前述几家，但也是先秦十分重要的学派之一。庄子的对手与知己——惠施，是名家的开山鼻祖和主要代表人物。惠施没有著作流传下来，后人只能从《庄子》《荀子》《吕氏春秋》等著作中侧面了解他。惠施，宋国商丘人，是当时合纵抗秦最主要的组织者和支持者，在各诸侯国中享有很高声望。惠施的政治生涯主要在魏国，也经常因外交事务被魏王派到其他国家。《庄子·天下》篇保存了惠施提出的十个命题，即“历物十事”。惠施的核心学养在于对事物的分类把握，他认为就算是同一类事物，具体到个体的时候也会有所不同，却不妨碍其本质是同一类事物。每一种属性都有其各自的特点，很难将其合并到一起，这个就是“大不同”。在学习的过程中也需要这样的思维，善于发现事物之间的共同点，善于区分事物之间的不同特性，这样才能准确地把握事物与事物之间的联系。

名家的代表人物还有公孙龙。公孙龙，战国时期赵国人，著有《公孙龙子》一书。在历史上，名家受到过不少来自其他诸家的批判。《庄子·天下》篇说公孙龙是“饰人之心，易人之意，能胜人之口，不能服人之心”[①]。阴阳家邹衍评价他：“烦文以相假，饰辞以相惇，巧譬以相移，引人声使不得及其意，如此，害大道。”[②]当代学者周昌忠认为：“公孙龙的哲学和差不多时代的柏拉图-亚里士多德哲学——西方哲学的历史基础和逻辑生长点——颇多相似之处，而且现代西方语言哲学的不少思想可以在它那里找到胚芽。”[③]公孙龙的学说体现出一种逻辑学和语言学的智慧。他最著名的观点是“白马非马”，分析了“白马”与“马”这两个概念的差别，即个别与一般的差别。认为事物由种种要素构成，构成的要素不同，事物也就不同。公孙龙追求“名实相符”，这也可以概括为他的核心学养。“名实相符”，就是追求概念与物体之间的联系，要求人们不仅要记住这一个定义，还要学会追问，探究知识背后的本质。他提出要善于将事物进行合理分类、归纳，从而找到事物的共同之处，这有利于对事物准确、系统、完整地把

① （晋）郭象注，（唐）成玄英疏：《庄子注疏·杂篇·天下》，中华书局2011年版，第574页。

② 曾枣庄主编：《宋代序跋全编·〈公孙龙子〉序》，齐鲁书社2015年版，第135页。

③ 周昌忠：《公孙龙子新论·自序》，上海社会科学院出版社1991年版，第2页。

握，也有利于对于事物本质的探究与发现。也就是说，在学习的过程中既要有整体性的目光，也要有差异性的目光，不能因为共性而忽略了个性，也不能因为过分注重个性而忽视了共性。这也是公孙龙传承给后世弥足珍贵的学习智慧。

诸子百家，《汉书·艺文志》中称得上"子"的就有189位，按照学派来分，可以分为12家，即法家、道家、墨家、儒家、阴阳家、名家、杂家、农家、小说家、纵横家、兵家和医家，其中"道家、儒家、法家、墨家、名家、阴阳家、杂家、农家和纵横家"合称为"九流"，加上"小说家"合称为"十家"，也就是我们常说的"九流十家"。

著名哲学家蔡仁厚在阐述儒、道、墨三家学说时说："墨家显实利性，带寒碜气——硁硁孜孜，而实不足以康济生民；道家显个体性，带山林气——清光逸气，冷漠苍凉，而又期待空谷之足音；儒家显理想性，带富贵气——日新之谓盛德，富有之谓大业，故能开出人文世界，成就人文价值。"[①]

先秦诸子思想是中国传统文化的瑰宝。后世的人们通过对文本的读解，通过实践的体悟，不断挖掘出其宝贵的资源，吸收其丰富的营养，发现其时代的价值！

---

① 蔡仁厚：《中国哲学史大纲》，吉林出版集团有限责任公司2009年版，第23页。

老子

——以道为学的“众妙之门”

老子(约前571—前471),中国古代伟大的思想家、哲学家,道家学派的创始人。老子生平事迹至今仍存争议。据《史记》记载,老子姓李名耳,字聃。老子对于中国文化的影响颇深,先秦诸子中有很多都曾受到老子思想的影响。传说孔子曾向老子学礼,韩非子则撰写过《解老》《喻老》两名篇。老子是世界文化名人,被西方世界誉为“东方三大圣人”之首,美国《纽约时报》曾评价老子为“世界古今十大作家”之首。

老子思想的核心在于他所说的“道”,他的核心学养也在于“求道”。老子认为,要抛弃对于传统经验性知识的学习,去追求真正的智慧,追求与“道”相关的内容,追求与道为一。追求“道”的智慧,就是达到“少私寡欲,见素抱朴”,以及“上善若水”的境界。达到这样的境界,需要通过“勤能行之”“正反观之”等方法“涤除玄览”,这样,就是老子所说的“为学日益,为道日损”了。

一、道德境界:唯不争,故无尤

老子的道德修养,用一个词语来概括就是“不争”,“不争”分为两个主要方面:第一是“见素抱朴,少私寡欲”,内心没有过多欲望,也就不会有争名夺利之心;第二是“上善若水”,人们也常常将其称为“水德”,“水”不仅不争,还滋养天地万物,这是真正的圣人胸怀。

(一)见素抱朴,少私寡欲

“见素抱朴,少私寡欲”是老子修养论中很重要的一个方面,它出自《老子·十九章》:

> 绝圣弃智,民利百倍;绝仁弃义,民复孝慈;绝巧弃利,盗贼无有。此三者以为文不足,故令有所属:见素抱朴,少私寡欲。绝学无忧。①

这一段话主要涉及两个层面:一个层面是指个人道德修养;另一个层面是指国家治理。

---

① 汤漳平、王朝华译注:《老子·十九章》,中华书局2014年版,第73页。

从个人道德修养层面来讲。什么是"见素抱朴"呢？"素"是指没有染色的丝，"朴"是指没有雕琢的木，因此"素朴"在这里指的是归于自然的本性，回到没有雕琢的状态。强调内心的纯洁性，不矫揉造作，也不阴险狠辣。南怀瑾说：

> 我们的心地胸襟，应该随时怀抱这种原始天然的朴素，以此态度来待人接物，处理事务。如此，思想纯洁无瑕，不落主观的偏见。平常做事，老老实实，当笑即笑，当哭即哭。哭不是为了某个目的，哭给别人看；笑不是因为他讲一句笑话，我不笑对不起他，只好矫揉造作裂开嘴巴，露出牙齿装笑。这就不是"见素抱朴"的生命境界。[①]

"少私寡欲"则与"上善若水"一脉相承，讲究尽量排除私欲对自身的影响，使自身的心灵尽可能地靠近"道"的境界。后来，佛教讲"六根清净"，理学家讲"存天理，灭人欲"，在修养方法上，都同"少私寡欲"有相似之处。

"见素抱朴，少私寡欲"，也是老子提出的养生不二法门。人的生命终结一般有两种情况，一种是突然结束，另一种是寿终正寝。绝大部分人都做不到寿终正寝，为什么呢？因为大部分人都有许多欲望，适度的欲望有时是好事，也可以称之为"理想"；然而，太强的欲望，不太切合实际，又费尽心机去努力，就会出现争强好胜甚至争名夺利的现象，这样过分的欲望往往会给人带来身体和心理的损伤，有些是直接的，有些是间接的。现代医学表明，心理压力过大也会导致人的衰老，那么，心理压力是哪里来的呢？大多数都是源于对名利的追逐！老子说："盖闻善摄生者，路行不遇兕虎，入军不被甲兵；兕无所投其角，虎无所措其爪，兵无所容其刃。夫何故？以其无死地。"[②]在老子看来，善于养生的人只不过是不去做一些不该做的事情罢了，如果内心对于名利没有过多的渴望，又怎么会有很大的心理压力呢？

从国家治理角度来讲，就是说要用正确的价值观引导百姓，不强制干扰百姓的生活。国家公务人员也要有正确的价值观，特别是身处要职的官员，太多的私欲，便容易侵害国家、百姓的利益。党的十八大以来，中央高度重视培育和践行社会主义核心价值观，正是注重用正确的价值观来引导改善社会的道德风气。可以说，这也是老子"见素抱朴"思想的体现。

（二）上善若水

"上善若水"的说法被老子提出后，一直作为道德修养的代名词被沿用。老

---

① 南怀瑾：《老子他说》，复旦大学出版社 2016 年版，第 215 页。

② 汤漳平、王朝华译注：《老子・五十章》，中华书局 2014 年版，第 199 页。

子为什么要用水来作为喻体呢？水又具有哪些品性呢？

> 上善若水，水善利万物而不争。处众人之所恶，故几于道。居善地，心善渊，与善仁，言善信，正善治，事善能，动善时。夫唯不争，故无尤。①

可以说，万事万物的生长发育都离不开水，水是自然界不可缺少的元素。中国古代五行学说中有水的存在，印度佛教思想的创世论中也有水，古希腊哲学家在一段时期内也将水作为构成世界的基本物质。对于"水"的德行，老子主要是从两个方面去体悟：一是"善利万物"，水滋养万事万物生长发育；二是"不争"，水养育了万物，它却从来没有想过凭借它的养育之恩要求万物对其有所回报，这是老子认为的"水"最为可贵的品质。

那么，水获得的回报又是什么呢？老子进一步阐释：

> 以其不争，故天下莫能与之争。②
>
> 天下莫柔弱于水，而攻坚强者莫之能胜，以其无以易之。弱之胜强，柔之胜刚，天下莫不知，莫能行。③

水，柔弱无比，却又无坚不摧。巨大的浪潮能够冲垮一切，一点一滴的水也能滴穿巨石。水，初心不改，遵守着自然的规律，顺应着外在的变化，没有什么特别的追求，追求的也从来不是自身利益，却"天下莫能与之争""攻坚强者莫之能胜"，真正是"无欲则刚""柔弱胜刚强"！

俄国大文豪列夫·托尔斯泰说过："做人应该像老子所说的如水一般。没有障碍，它向前流去；遇到堤坝，停下来；堤坝出了缺口，再向前流去。容器是方的，它成方形；容器是圆的，它成圆形。因此它比一切都重要，比一切都强。"④这里说的就是水的不争与包容。水从来都只是顺应外在的环境，而不是让环境来适应它。无论它的形状、存在发生怎样的变化，其本质都没有改变，它始终就是水啊！

老子"上善若水"的观念，也给我们带来深刻的启示：如何在纷纷扰扰的世界中坚持自我？是一味刚强不折，如铁石一般吗？显然不是，即使是铁石，也会随着世态的变化而磨平棱角。有时，学一学柔弱的水，在处理一些事情时，懂得示弱，懂得变通，反而能够达到更好的效果。

---

① 汤漳平、王朝华译注：《老子·八章》，中华书局2014年版，第30页。

② 汤漳平、王朝华译注：《老子·六十六章》，中华书局2014年版，第259页。

③ 汤漳平、王朝华译注：《老子·七十八章》，中华书局2014年版，第294页。

④ 〔俄〕列夫·托尔斯泰著，陈馥、郑揆译：《列夫·托尔斯泰文集》第17卷，人民文学出版社2000年版，第126页。

二、为学观念：以学为道

老子学说的核心就是“以道为学”。老子认为，学习经验性的知识越多，追求名利等的欲望也就越强，只有通过“以道为学”的方式，才能保持“见素抱朴”的境界。如何“以道为学”？老子认为，要有“绝学无忧”的学习态度，通过“勤能行之”“辩证思考”等方法，最后达到“涤除玄览”的境界，这也就已经接近老子所说的“道”了。

（一）绝学无忧

“绝学无忧”，这个词语也表达了老子对于学习的基本态度，只有抛弃对经验性知识的学习，才能免去很多烦恼。当然，我们要注意的是，老子反对的学习，只是一般外在经验意义上的知识学习，而不是反对学习这个概念或者行动，因为除了“为学”之外，还有“为道”。

> 为学日益，为道日损。损之又损，以至于无为。无为而无不为。[①]

研究世俗学问，伪诈奸邪一天天增多；修行自然天道，私欲私爱一天天减少。减少再又减少，一直到无为的状态。

陈鼓应认为，“‘为学日益’是求外在的经验知识，经验知识愈积累愈增多。‘为道日损’是摒除偏执妄见，开阔心胸视野以把握事物的本根，提升主体的精神境界”[②]，从而达到“无为而无不为”的人生格局。不仅要“为学”，更要“为道”，也就是说，人要追求最根本的智慧，也就是“道”。

老子反对一般意义上知识的学习。他说：“智慧出，有大伪。”[③]老子认为，一般意义上的知识，很大程度上是为了满足人们自身的欲望、为了达到某种目的。如在以物易物的原始社会，大家各取所需，基本上不存在欺诈、买卖假货等行为。到了货币交换时代，人们有了交易的经验，有的人就会试图通过自己的经验去谋取更多的利益，于是，一些假冒伪劣产品，甚至假币就出现了。老子认为，经验性知识的出现有时会刺激欲望的膨胀，甚至一发不可收，所以他极力反对学习经验性知识，提出以“道”为学、少私寡欲、绝学无忧。

所以，老子所主张的“为学”，并不是指要追求现实知识的学习，而是指进行减损私欲、邪念、妄见，返璞归真，复归于自然。也就是“彻底摆脱妨碍人的自然本性发展的各种政治伦理的束缚，让人的精神境界超越于现实而得到升华与充

---

① 汤漳平、王朝华译注：《老子·四十八章》，中华书局2014年版，第190—191页。

② 陈鼓应：《老子注译及评介》，中华书局1984年版，第245页。

③ 汤漳平、王朝华译注：《老子·十八章》，中华书局2014年版，第70页。

实，达到一种神秘而玄妙的理性人格境界，'以至于无为'，而实现'为道'。"[①]

（二）勤而行之

人们要"为道"而不是"为学"，怎么去"为道"呢？老子说：

> 上士闻道，仅能行之；中士闻道，若存若亡；下士闻道，大笑之——不笑不足以为道。[②]

这就是说，修炼好、境界高的"上士"听到"道"，他就知道需要修行，努力向"道"靠近，像传说中"佛祖拈花、迦叶一笑"一样，你不需要说，他自己就知道该努力去做了。也有些人，听到"道"之后，似懂非懂，修行起来又左右摇摆，犹豫不决。这就是老子所谓的"中士"；还有些人（也就是"下士"）听不懂"道"，也不愿意去修行，而且不以为耻，反而嘲笑他们。老子认为，这正是反映了"道"的高远玄妙。南怀瑾认为，"道"是"世界上最高的东西，是很难讲清楚的；最世俗的东西，反而是大家最喜欢的"[③]。老子又说："合抱之木，生于毫末；九层之台，起于累土；千里之行，始于足下。为者败之，执者失之。是以圣人无为，故无败；无执，故无失。民之从事，常于几成而败之。慎终如始，则无败事。"[④]

老子认为，不管是学习还是做别的事情，都需要坚持与努力。艰难的事情，只要努力去做，就有可能成功。再简单的事情，如果不努力，也常常做不好。不能持之以恒，又没有动力，就容易懈怠，这样的学习方式是不值得称道的。重要的是"无懈无滞"，坚持不懈地学习，铢积寸累，就一定能学有所成。

（三）辩证思考

老子非常注重事物的辩证法，认为应该从事物的正反两面、多个角度思考问题，在学习过程中也要重视事物的两面性、辩证法。老子说：

> 故有无相生，难易相成，长短相形，高下相倾，音声相和，前后相随。[⑤]

著名学者吕振羽说："在其（老子）思想体系中，曾应用了一个辩证的观点。在他的全部著作中常常把事物的现象从对立的范畴方面去说明……"[⑥]有无在对立中互相生成，难易在对立中互相转化，长短在对立中互相显现，高下在对立中互相依存，音声在对立中互相和谐，前后在对立中互相跟随。用辩证统一的

---

① 王炳照、阎国华主编：《中国教育思想通史》第1卷，湖南教育出版社1994年版，第399页。

② 汤漳平、王朝华译注：《老子·四十一章》，中华书局2014年版，第158页。

③ 南怀瑾：《老子他说·初续合集》，东方出版社2014年版，第453页。

④ （魏）王弼注，楼宇烈校释：《老子道德经注》，中华书局2011年版，第170页。

⑤ 汤漳平、王朝华译注：《老子·二章》，中华书局2014年版，第8页。

⑥ 吕振羽：《中国政治思想史》，人民出版社2008年版，第52页。

观点思考问题，就能把握问题的实质，更全面地了解某一个问题或者事物。

“这种使用认识对立面的转化，即用反面进行启发的教学，与儒家举一反三或正面启发具有异曲同工之妙，可以作为一种互补。对古代教学论思想也予以一定的充实。”[①]在学习、工作过程中，也要有这样全面思考问题的意识。当学习和工作有所收获时，不应该过分喜悦甚至得意，应该思考学习、工作过程中遇到的困难以及还没有解决的问题。工作、学习和生活遇到困难、挫折时，不能自暴自弃，正如老子对“祸福”观念的阐释：“祸兮，福之所倚；福兮，祸之所伏。”[②]万事万物都存在利弊的两面性。我们应该以老子为师，辩证地分析和判断问题，思考如何解决问题。

（四）涤除玄览

可以说，“涤除玄览”是老子学习中的最高阶段。老子说过：“涤除玄览，能无疵乎？”[③]“玄览”，帛书乙本作“玄鉴”。览，鉴古代通用。高亨认为“玄鉴者，内心之光明，为形而上之镜，能照察事物”[④]，故河上公解释说：“心居玄冥之处，览知万物，故谓之玄览也。”[⑤]人的内心像一面镜子，透过这面镜子，可以知晓世间万事万物。要达到这样一个境界，首先要洗涤人的主观欲念、成见和迷信，使内心变得像镜子一样纯净清明。

> 致虚极，守静笃。万物并作，吾以观复。夫物芸芸，各复归其根。归根曰静，是谓复命。复命曰常，知常曰明。不知常，妄作，凶。知常容，容乃公，公乃全，全乃天，天乃道，道乃久，没身不殆。[⑥]

通过“致虚极，守静笃”的方式，排空内心。“即让内心清静、虚寂到极点。只有这样，心灵才能在不受任何干扰和污染的情况下，达到与‘道’玄同合一的境地。因此，‘致虚’‘守静’实际上成了个人接近、通达‘道’的必要前提。”[⑦]做到“涤除玄览”之后，就可以达到老子所说的：“不出于户，以知天下；不窥于牖，以知天道。”[⑧]将人们认识到的事物本质与法则融会贯通、综合概括，从而形成对事物整体、全面的认识，进而触及万事万物最本质的内容，这就不再需要外求什么知识了。

---

① 王炳照、阎国华主编：《中国教育思想通史》第 1 卷，湖南教育出版社 1994 年版，第 402 页。

② 汤漳平、王朝华译注：《老子・五十八章》，中华书局 2014 年版，第 235 页。

③ 汤漳平、王朝华译注：《老子・十章》，中华书局 2014 年版，第 36 页。

④ 陈鼓应：《老子译注与评介》（修订增补本），中华书局 1984 年版，第 95 页。

⑤ 王卡点校：《老子道德经河上公章句》，中华书局 1993 年版，第 35 页。

⑥ 汤漳平、王朝华译注：《老子・十六章》，中华书局 2014 年版，第 61 页。

⑦ 冯达文、郭齐勇主编：《新编中国哲学史》上册，人民出版社 2004 年版，第 58 页。

⑧ 汤漳平、王朝华译注：《老子・四十七章》，中华书局 2014 年版，第 184 页。

"老子主张的这种最高境界的学习方法，完全是依靠自我内心对自然之'道'的直观或直觉，它无须任何理性的客观评价。这正是道家直觉主义的学习方法论的特点之所在。"[①]我认为，用直觉主义来概括老子"涤除玄览"的求道方法可以说十分准确。

三、智慧之光："道法自然"与"无为之道"

老子学术思想博大精深、内涵丰富、意蕴生动、包罗万象。其核心价值是"道法自然"和"无为之道"。我们在知晓老子为学方法的同时，也需要领悟一下老子的思想核心，这样有助于准确地把握老子的智慧。

（一）道法自然

老子说："人法地，地法天，天法道，道法自然。"[②]人生活在大地上，以大地为根本，大地被天所包覆，大地以天为根本，天地万物都是由道而生，所以，天地万物以道为根本。"老子哲学体系的核心是'道'，整个世界万事万物都是从'道'那里派生出来的。"[③]人们特别关注其"法自然"的属性。那么，"道法自然"中的"自然"是什么呢？是我们常说的自然界吗？胡适说："自是自己，然是如此，'自然'只是自己如此。"[④]也就是说，"道"以其自身为原则，自由不受约束。事实也是这样，天地万物都是由"道"所派生，又有什么东西能够约束"道"呢？"如果'道'也要依赖他物的话，那么它就变成一种有限之物，而有限之物总是有形有象、有生有灭的，因而根本无法作为万物之本。"[⑤]

人类诞生在天地之间，有所依凭，不可能像"道"一样超脱于天地万物。所以，老子在"道法自然"前面加上"人法地，地法天，天法道"。天地运行要遵守"道"的法则，人类社会的存在要遵守天地的法则。随着科技不断进步，有些人以为自己看清了世界，掌握了世界。实际上，他们所掌握的只是天地运行规律中很小的一部分。这些人认为，人类是万物之灵长，自然的掌控者，这也是很幼稚的想法。更有甚者，任意开采山林、随性挖掘矿藏，还美其名曰"利用资源，改造自然，建设现代文明"。他们没有想到，这带来的往往是"毁坏自然""破坏环境"的后果，会受到自然界无情的报复。这些人创造的所谓人类社会的"丰功伟绩"，在大自然面前显得何等的渺小、何等的微不足道！而他们对自然的破坏却祸及子孙万代。有时候，人们所创造的财富与破坏资源所造成的损失相比，简

① 王炳照、阎国华主编：《中国教育思想通史》第1卷，湖南教育出版社1994年版，第400页。

② 汤漳平、王朝华译注：《老子·二十五章》，中华书局2014年版，第95页。

③ 北京大学哲学系中国哲学教研室主编：《中国哲学史(第二版)》，北京大学出版社2003年版，第28页。

④ 胡适：《胡适文集·老子》第6卷，北京大学出版社2013年版，第179页。

⑤ 冯达文、郭齐勇主编：《新编中国哲学史》上册，人民出版社2004年版，第47页。

直是"得不偿失"!

（二）无为之道

"无为"是老子思想中很重要的一部分。对此，我们可以从两个层面理解：一个是个人行为处事层面；另一个是国家治理层面。

从个人处世层面讲，老子说的"无为"并不是什么都不做，更不是"妄为"，而是"不为"与"妄为"的中道。老子说"为而不恃"[①]"人之道，为而弗争"[②]。"无为"并不是要人们无所作为，老子鼓励人们发挥主观能动性，有所作为之后，不要居功自傲，也不要付出了就谋取回报，这是老子所说的"无为"的内涵。"道常无为，而无不为"[③]又是什么意思呢？陈鼓应在《老子注译与评介》一书中说："'无为而无不为'即是不妄为，就没有什么事情做不成的。"[④]人们为人处事时，要像老子所说的，不要妄为，不要胡作非为，注意自身言行，那么，就能够保全自身，没有什么事情不能做了。

从国家治理层面讲，老子主张"无为而治"。老子说：

> 不尚贤，使民不争；不贵难得之货，使民不为盗；不见可欲，使民心不乱。是以圣人之治：虚其心，实其腹，弱其志，强其骨，常使民无知无欲。使夫知者不敢为也。为无为，则无不治。[⑤]
>
> 以正治国，以奇用兵，以无事取天下。吾何以知其然哉？天下多忌讳，而民弥叛；民多利器，国家滋昏；人多知而奇物滋起；法令滋章，盗贼多有。是以圣人之言曰："我无为，而民自化；我好静，而民自正；我无事，而民自富；我无欲，而民自朴。"[⑥]

老子反对统治者过度干预百姓的生活，认为这会导致国家混乱不堪。老子认为：统治者应该宽刑简政、轻徭薄赋，让百姓休养生息，尽量依靠百姓自身的创造力。

> 太上，下知有之；其次，亲而誉之；其次，畏之；其下，侮之。[⑦]

老子认为，最好的君王是仅仅做好榜样就够了，让下面的人知道你的存在

---

① 汤漳平、王朝华译注：《老子·二章》，中华书局2014年版，第8页。
② 汤漳平、王朝华译注：《老子·八十一章》，中华书局2014年版，第302页。
③ 汤漳平、王朝华译注：《老子·三十七章》，中华书局2014年版，第138页。
④ 陈鼓应：《老子译注与评介》(修订增补本)，中华书局1984年版，第203页。
⑤ 汤漳平、王朝华译注：《老子·三章》，中华书局2014年版，第12页。
⑥ 汤漳平、王朝华译注：《老子·五十七章》，中华书局2014年版，第231页。
⑦ 汤漳平、王朝华译注：《老子·十七章》，中华书局2014年版，第67页。

就好了。

老子提出这样的主张，恐怕与当时的社会形势有关。对现代社会来说，老子“无为而治”思想有其“顺其而为”“因势利导”的价值。这对一个资源相对宽裕，面临大发展机会的社会来说，无疑有着十分重大的意义。同时，这个主张也有其明显的局限性。如西方国家历史上多次发生过金融危机，主要是由于过分相信市场经济的自我调节能力，没有有效发挥政府调控作用所造成的。

孔子

——德与行并重的至圣先师

孔子(前551—前479),名丘,字仲尼。中国古代著名的思想家,教育家,他开创了对中国影响最大的学派——儒家。春秋时期,孔子开创了私人讲学的风气,广收门徒,据《史记》记载,孔子有弟子三千,其中贤者就有七十二人。从汉武帝"罢黜百家,独尊儒术"之后,孔子的地位不断地上升,最终被神化为"圣人",直到现在,人们还常用"孔圣人"或者"至圣先师"来尊称孔子。

在孔子三岁时,他父亲叔梁纥就去世了。据《史记·孔子世家》记载,孔子父母当初可能是以不符合礼法的形式结合在一起的。孔子父亲死后,他母亲颜徵在便带着年幼的孔子迁居到鲁国国都曲阜,住在一条叫阙里的小巷里,孤儿寡母,相依为命。

孔子十五六岁时,他的母亲也去世了,孔子靠给人做杂事谋生。在孔子为母亲守丧期间,他遇到了人生的第一次挫折。据《史记·孔子世家》记载:

"孔子要绖。季氏飨士,孔子与往。阳虎绌曰:'季氏飨士,非敢飨子也。'孔子由是退。"[①]有一次季氏设宴招待士人,孔子的身份也应当算是士,但是季氏的家臣阳虎却嘲笑孔子:"我们邀请的都是名士,没有邀请你啊。"也许这件事激发了孔子,自此,他更加发愤为学,正如孔子晚年所说:"吾十有五而志于学。"[②]最终成为"万世师表"。

孔子的核心学养在于德与行并重,主要包括道德修养和理论实践两个方面。孔子认为道德修养要先于知识的学习,道德修养达到一定程度后,才能开始知识的学习,这样才不会犯错,也就是"修己治人"。同时,孔子认为,道德修养和理论知识的学习,必须应用到实践当中,或者在实践中学习体验。在孔子看来,如果不能将学到的知识应用于实践,再多的理论知识也是毫无用处的。

一、道德修养:孝悌、仁爱

当代著名学者彭林说:"孔子学问的旨趣,是如何使仁爱、中和、忠信、诚

① (汉)司马迁撰,韩兆琦主译:《史记·孔子世家》,中华书局2008年版,第1066页。

② 程树德撰,程俊英、蒋见元点校:《论语集释·为政》,中华书局2013年版,第82页。

敬、孝悌等内化为人的本质，强调的是内化。”[①]我认为，这种内化的东西就凝成了道德修养。

孔子说：“弟子入则孝，出则弟，谨而信，泛爱众。而亲仁。行有余力，则以学文。”[②]“孝悌忠信仁爱”是他道德修养的核心。在孔子看来，人们学习之前，要具备足够的道德修养，不然，就会成为一个“小人儒”而不是“君子儒”。就道德修养而言，孔子主要强调两个方面，分别是“孝悌”与“仁爱”。

（一）孝悌，为仁之本

《论语·学而》篇记载：

> 有子曰：“其为人也孝弟（通“悌”），而好犯上者，鲜矣；不好犯上，而好作乱者，未之有也。君子务本，本立而道生。孝弟也者，其为仁之本欤！”[③]

这句话虽然不是孔子亲口所说，然而，孔子思想中到处都表达了他对于“孝悌”的重视。什么是“孝悌”呢？许慎在《说文解字》中写道：“孝，善事父母者。”“悌，善兄弟也。”所谓“孝悌”，其实就是处理好一个家庭内部的关系。

《论语》中有许多孔子关于孝的解释。如：

> 子曰：“父在，观其志；父没，观其行；三年无改于父之道，可谓孝矣。”[④]

孔子认为，子女是父母生命的延续，不仅仅要继承父母的物质遗产，更要继承父母的精神遗产，努力去完成父母生前未完成的目标，这样的人才可以说是为父母尽孝了。这里说的是父母死后子女如何尽孝的问题。父母在世时，子女如何尽孝？对此，孔子也提出了要求：

> 子夏问孝。子曰：“色难。有事，弟子服其劳；有酒食，先生馔，曾是以为孝乎？”[⑤]

在物质上赡养父母是每个子女都应该做到的事情，孝顺父母的难处在于始终对父母保持和颜悦色的态度，从外表到内心都对父母保持敬重的态度。那么，与父母发生矛盾怎么办呢？孔子则提出这样一个解决方案：

---

① 彭林：《礼乐文明与中国文化精神　彭林教授东南大学讲演录》，中国人民大学出版社 2016 年版，第 182 页。

② 程树德撰，程俊英、蒋见元点校：《论语集释·学而》，中华书局 2013 年版，第 31 页。

③ 同上书，第 11 页。

④ 同上书，第 50 页。

⑤ 程树德撰，程俊英、蒋见元点校：《论语集释·为政》，中华书局 2013 年版，第 102 页。

事父母几谏。见志不从，又敬不违，劳而不怨。[①]

意思是侍奉父母，若父母有过错应委婉地劝阻，看到自己的意思不被听从，仍然恭恭敬敬而不冒犯他们，只是内心忧愁，而不怨恨。

程水金指出："'孝道'的实用场合是在一家一族之内，注重的是家庭或家族内部的伦理亲情。但是，在以家族血缘关系为纽带的宗法社会，家庭与家族就是国家与社会的基石；而家庭或家族的伦理，也就是社会的普式伦理。"[②]这也是为什么孔子重视"孝悌"的原因。

孔子的弟子宰我就因为不遵守孝道而被孔子批评，这就是著名的关于"三年之丧"的讨论。在宰我看来，为父母守丧一年就够了，孔子问他："仅仅守丧一年之后，你就去吃好的，穿好的，你心安吗？"宰我回答说："心安。"孔子等到宰我离开后就批评他说：

予之不仁也！子生三年，然后免于父母之怀。夫三年之丧，天下之通丧也。予也有三年之爱于其父母乎！[③]

在孔子看来，人从生下来到能够生活自理，这么长时间都是由父母细心地照顾，父母死后，子女守丧三年，是最基本的孝道，也是对父母之爱的基本回报，如果一个人对父母都没有敬爱之心，那他的道德修养一定存在很大的问题。

从以上材料可以看出，孔子认为"孝悌"的根本，在于对父母、对家人发自内心的敬与爱。因此，他在与宰我的对话中，一再问他是否"心安"，其实是在强调这种孝道要发自内心。在对待父母的态度上，孔子还一再强调和颜悦色，孝不止是一种责任，更多的是出于对家庭、对家人的温情。孔子关于孝道的解释，在今天依然很有价值，法律虽然规定了人们有赡养父母的义务，然而，人们有没有去想一想，这种义务背后，是否蕴含了对父母发自内心的敬爱呢？

（二）仁爱，尧舜之境界

孔子说："苟志于仁矣，无恶也。"[④]如果你的内心想做好人，即使被欲望所诱惑，企图做坏事，你追求的"仁"的信念也会及时阻止你的行为。这正是孔子提倡道德修养的原因所在。仁爱，是孔子道德修养中的至高境界，孔子曾谦虚地说：

① 程树德撰，程俊英、蒋见元点校：《论语集释·里仁》，中华书局 2013 年版，第 312 页。
② 程水金：《中国早期文化意识的嬗变》第 2 卷，武汉大学出版社 2004 年版，第 365 页。
③ 程树德撰，程俊英、蒋见元点校：《论语集释·阳货》，中华书局 2013 年版，第 1417 页。
④ 程树德撰，程俊英、蒋见元点校：《论语集释·里仁》，中华书局 2013 年版，第 267 页。

若圣与仁，则吾岂敢？抑为之不厌，诲人不倦，则可谓云尔已矣。[①]

什么是“仁”呢？《说文解字》的解释为：“仁，亲也。”冯友兰先生认为：“仁者，即人之性情之真的及合乎礼的流露，而即本同情心以推己及人者也。”[②]孔子自己对“仁”的解释，大多都保存在《论语》中。

樊迟问仁。子曰：“爱人。”[③]

子贡曰：“如有博施于民而能济众，何如？可谓仁乎？”子曰：“何事于仁！必也圣乎！尧舜其犹病诸！夫仁者，己欲立而立人，己欲达而达人。能近取譬，可谓仁之方也已。[④]

孔子提出，“仁”即爱护他人，许慎说的“亲也”就是这个意思。但是，孔子的“爱人”并不是平等地爱所有人，而是讲究远近亲疏，不然就成了墨家的“兼爱”了。孔子说的“爱人”，讲求推己及人，先做好自己，然后孝顺父母，友爱兄弟，接着再进一步地爱护其他人。在孔子看来，这就是追求“仁”的方法。

如何达到“仁”的境界？孔子说：需要靠自我的修养，讲求自我约束。

颜渊问仁。子曰：“克己复礼为仁。一日克己复礼，天下归仁焉。为仁由己，而由人乎哉？”颜渊曰：“请问其目。”子曰：“非礼勿视，非礼勿听，非礼勿言，非礼勿动。”颜渊曰：“回虽不敏，请事斯语矣。”[⑤]

追求“仁”的境界，是一个持之以恒的过程，不可能一蹴而就。只有在日常生活中坚持以“仁”的要求约束自己，才能逐渐提高自身的道德修养。这是个艰难而漫长的过程，孔子的弟子中也只有颜回实现了。“子曰：‘回也，其心三月不违仁，其余则日月至焉而已矣。’”[⑥]并不是说“仁”很难达到，就可以因此放弃不做了。一分坚持带来一分收获，孔子批评冉求时就说过：“力不足者，中道而废。今女画。”[⑦]努力做了才知道结果，还没开始就望而却步是最糟糕的结果。

“仁”是一个极高的境界。孔子不要求所有人都能达到“仁”，只是希望每个人能够立志学习“仁”，向“仁”的目标努力，从而追求至高的道德境界。

---

① 程树德撰，程俊英、蒋见元点校：《论语集释·述而》，中华书局 2013 年版，第 577 页。

② 冯友兰：《冯友兰文集·中国哲学史·孔子及儒家之初起》第 2 卷，长春出版社 2008 年版，第 59 页。

③ 程树德撰，程俊英、蒋见元点校：《论语集释·颜渊》，中华书局 2013 年版，第 1005 页。

④ 程树德撰，程俊英、蒋见元点校：《论语集释·雍也》，中华书局 2013 年版，第 493—494 页。

⑤ 程树德撰，程俊英、蒋见元点校：《论语集释·颜渊》，中华书局 2013 年版，第 942—947 页。

⑥ 程树德撰，程俊英、蒋见元点校：《论语集释·雍也》，中华书局 2013 年版，第 437 页。

⑦ 同上书，第 448 页。

二、为学之道：择其善者而从之，其不善者而改之

“三人行，必有我师焉；择其善者而从之，其不善者而改之。”①这句话很精彩地概括了孔子治学的核心。这句话的意思是：三人同行，其中一定有人可以作为我的老师；我择取他们的优点而学习效法，看到他们的缺点而借鉴改正。如果将其与孔子的“教学相长”“不耻下问”和“温故知新”思想联系起来，就可以理解“不耻下问”本身就是一个“择善而从”的过程，“温故知新”实际上也包含了这一过程，“温故”本身就是一种“择善”的过程，每个人都不会选择错误的内容去温习，“知新”便是“从之”的进一步深入了。

（一）有教无类，教学相长

在孔子之前，学问都是掌握在少数贵族手中，国家虽然有学校，但是，只有卿大夫以上阶层的子弟才能够入学。直到孔子开始广授门徒，不分贵贱，才在一定程度上打破贵族阶级对于学问知识的圈禁。

孔子说：“自行束脩以上，吾未尝无诲焉。”②孔子说，只要你能拿出一点束脩，那么就愿意教你，不管你的身份地位如何。孔子之所以要收束脩，并非贪求束脩，而是“礼闻来学，不闻往教”，一个人只有真诚地发心学习，尊师重道，学习才能有所收获。郑重地送上束脩是表达尊师重道之义。孔子明确地说过：“有教无类。”③最终，孔子在教育上取得了非常突出的成效：“孔子以诗书礼乐教，弟子盖三千焉，身通六艺者七十有二人。如颜浊邹之徒，颇受业者甚众。”④

孔子认为：在教育弟子过程中，也在实践自己的学问，教师不仅能够温习已经学到的知识，与弟子的交流过程中也能收获新的知识。

子夏问曰：“‘巧笑倩兮，美目盼兮，素以为绚兮。’何谓也？”子曰：“绘事后素。”曰：“礼后乎？”子曰：“起予者商也！始可与言《诗》已矣。”⑤

子贡曰：“贫而无谄，富而无骄，何如？”子曰：“可也。未若贫而乐、富而好礼者也。”子贡曰：“《诗》云：‘如切如磋，如琢如磨’，其斯之谓与？”子曰：“赐也，始可与言《诗》已矣，告诸往而知来者。”⑥

这一段生动地描绘了孔子在与他的弟子子夏、子贡的“课堂交流”，孔子在同弟子交流中，不仅传授了知识，传递了智慧，也从他们身上都获得了启发，增

① 程树德撰，程俊英、蒋见元点校：《论语集释·述而》，中华书局2013年版，第557页。
② 同上书，第515页。
③ 程树德撰，程俊英、蒋见元点校：《论语集释·卫灵公》，中华书局2013年版，第1290页。
④ （汉）司马迁撰，韩兆琦主译：《史记·孔子世家》，中华书局2008年版，第1100页。
⑤ 程树德撰，程俊英、蒋见元点校：《论语集释·八佾》，中华书局2013年版，第182—185页。
⑥ 程树德撰，程俊英、蒋见元点校：《论语集释·学而》，中华书局2013年版，第63—65页。

进了新知，取得了教学相长的效果。所以，孔子广收弟子这一方式，本身就是他对自身知识的一种实践方式，通过与弟子之间的交流，不仅可以巩固原有的知识，并且在传授过程中，自己可以获得新的启发，碰撞出思想的火花。

现代教育强调师生平等和教学合作，主张老师与学生对话式的教学方式，摈弃那种单纯老师讲学生听的“填鸭式”教学模式。我们要向孔子学习，积极鼓励和引导学生在课堂上进行师生、生生之间的“深度对话”，在互动交流中，加深学生对于知识的理解，树立学生的自信心，引导学生进行创造性思维。

（二）敏而好学，不耻下问

孔子认为，具备一定的道德修养之后，便可以开始学习。对于如何学习，孔子提出了他自己的见解，其中，第一步就是“不耻下问”。

孔子说：“敏而好学，不耻下问，是以谓之‘文’也。”[①]“不耻下问”是孔子学习方法中最核心的内容，其思想基础在于孔子所说的：“三人行，必有我师焉；择其善者而从之，其不善者而改之。”孔子认为，所有人都可以成为自己的老师，别人有好的地方，你可以去学习；别人身上不好的地方，你就要反省自己是不是存在同样的问题。保持这种态度，就不会因对方身份地位的不同、学识的高低而不愿意向他学习了。

孔子终身保持这样的学习态度，《论语·八佾》篇中记载了这么一件事情：

> 子入太庙，每事问。或曰：“孰谓鄹人之子知礼乎？入太庙，每事问。”子闻之，曰：“是礼也。”[②]

“每事问”，正体现了孔子虚心好学的态度。他没有因为自己的学识而自满自傲，而是始终认为别人身上有值得自己学习的地方。他虚心地向太庙中的礼官询问，可能是对当时一些礼制不是很了解，也可能是想验证自己所学礼制的对错，还可能是想了解太庙礼官对礼制的新见解。

唐代文学家韩愈在《师说》一文中，专门论述了孔子“无常师”：

> 圣人无常师。孔子师郯子、苌弘、师襄、老聃。郯子之徒，其贤不及孔子。孔子曰：“三人行，则必有我师。”是故弟子不必不如师，师不必贤于弟子，闻道有先后，术业有专攻，如是而已。[③]

孔子为什么要强调“不耻下问”呢？《列子·汤问》中记载了这么一个故事：

---

① 程树德撰，程俊英、蒋见元点校：《论语集释·公冶》，中华书局2013年版，第375页。

② 程树德撰，程俊英、蒋见元点校：《论语集释·八佾》，中华书局2013年版，第214页。

③ （唐）韩愈著，马其昶校注：《韩昌黎文集校注》，上海古籍出版社2014年版，第47页。

孔子东游，见两小儿辩斗。问其故。

一儿曰："我以日始出时去人近，而日中时远也。"一儿以日初出远，而日中时近也。

一儿曰："日初出大如车盖，及日中则如盘盂：此不为远者小而近者大乎？"一儿曰："日初出沧沧凉凉，及其日中如探汤：此不为近者热而远者凉乎？"

孔子不能决也。两小儿笑曰："孰为汝多知乎？"[①]

这个故事也从侧面说明：每个人的知识面都存在局限性，没有人是全知全能的，只有愿意向他人学习，才能尽可能地拓宽知识面，取得更多成绩。

（三）温故知新

德国著名心理学家艾宾浩斯通过实验发现遗忘曲线理论，人在学习之后，如果不及时复习，学习到的东西就会随着时间的推移而逐渐被遗忘，所以要经常及时温习。早在春秋战国时期的孔子，就鲜明地提出了这个非常重要的治学观点"温故知新"。

朱熹对"温故知新"的解释是：

故者，旧所闻。新者，今所得。言学能时习旧闻，而每有新得，则所学在我，而其应不穷，故可以为人师。若夫记问之学，则无得于心，而所知有限。[②]

朱熹从哲学角度论证了"新"与"故"的关系："故"是"新"的基础，"新"是"故"的发展，联系"新"与"故"的纽带是"时习"。保持这样的学习方法，才能保证对知识的掌握，毕竟绝大部分人都不是天才，做不到过目不忘，也做不到直接创新。

孔子又说："学而时习之，不亦说乎？"[③]学习之后，经常复习，才有利于加深对所学知识的记忆。并且，孔子强调抱着一种快乐的态度去学习。他认为，学习本身就是一件快乐、幸福的事情。此外，孔子不仅强调了对所学知识的保存与记忆，更进一步强调通过不断温习，记忆与巩固旧知识，进而推知和体悟新知识。

"温故知新"除了指对已学知识进行温习，从中获得新的启发之外，还包括对前人知识进行总结，形成新思想的意思。前人知识是宝贵的财富，具有学习

① 叶蓓卿译注：《列子·汤问》，中华书局2011年版，第131—132页。

② （宋）朱熹：《四书章句集注·论语集注·为政》，中华书局2011年版，第58页。

③ 程树德撰，程俊英、蒋见元点校：《论语集释·学而》，中华书局2013年版，第1页。

的价值。孔子说:“述而不作,信而好古,窃比于我老彭。”[①]著名物理学家牛顿也说:“如果我比别人看得远,那是因为我站在巨人的肩膀上。”

三、一贯之道:为政以德,譬如北辰

孔子说:“诵《诗》三百,授之以政,不达;使于四方,不能专对;虽多,亦奚以为。”[②]可见,孔子思想在本质上还是为其政治理想服务的,其学术的核心价值,用一句话说,就是“为政以德,譬如北辰”。

(一)德政

“德政”思想是孔子政治思想的核心内容之一。

> 子曰:“道之以政,齐之以刑,民免而无耻;道之以德,齐之以礼,有耻且格。”[③]

孔子主张为政要以内在的道德教化为主,他反对用严酷的刑罚和杀戮来震慑百姓,认为这样做即使百姓表面不敢触犯法律,对统治者恭恭敬敬,但内心深处并不是十分情愿的。

> 季康子问政于孔子曰:“如杀无道,以就有道,何如?”孔子对曰:“子为政,焉用杀?子欲善而民善矣。君子之德风,小人之德草。草上之风,必偃。”[④]

孔子认为上行下效是社会的必然,上有所好,下必从之。他希望统治者自身能够谨守善道,以身作则,搞好自己的道德修养,然后,进一步推行道德教化,百姓必然会效仿,这样,整个国家就会兴旺发达了。

> 子曰:“小人哉,樊须也!上好礼,则民莫敢不敬;上好义,则民莫敢不服;上好信,则民莫敢不用情。夫如是,则四方之民襁负其子而至矣,焉用稼?”[⑤]

孔子说:“樊须真是个小人啊!在上位者如爱好礼,百姓没有敢不尊敬的;在上位者如爱好义,百姓没有敢不敬服的;在上位者如爱好信,百姓没有敢不忠诚的。如果做到了这些,四方的百姓就会用襁褓背负儿女前来投奔,哪里用得

① 程树德撰,程俊英、蒋见元点校:《论语集释·述而》,中华书局2013年版,第498页。
② 程树德撰,程俊英、蒋见元点校:《论语集释·子路》,中华书局2013年版,第1036页。
③ 程树德撰,程俊英、蒋见元点校:《论语集释·为政》,中华书局2013年版,第79页。
④ 程树德撰,程俊英、蒋见元点校:《论语集释·颜渊》,中华书局2013年版,第997页。
⑤ 程树德撰,程俊英、蒋见元点校:《论语集释·子路》,中华书局2013年版,第1032—1033页。

着亲自去种庄稼呢?”

如何保证“德政”思想顺利实行呢?孔子提出了“礼治”,也就是依靠各种礼仪规范作为外在的调节手段来维持“德政”的实行。对于个体来说,各种“礼”具有一定的强制性,对人的行为能起到约束作用。

当前,我国强调依法治国,但是,并不是不需要“德政”,再完备的法律也是有局限的,一些问题上升不到法律的层面,却会给他人造成影响和伤害,这时能够约束人的只有内心的道德意识以及社会舆论的力量。因此,“德政”十分必要,公民的道德修养同样需要加强。

(二)正名

“正名”也是孔子的政治理想之一。它可以分成两个部分:一是正名分,主要是纠正当时社会政治伦理生活中名分等级混乱的现象;二是正名实,主要是针对具体器物在名实关系上的混乱。

先看“正名分”。“孔子谓季氏:‘八佾舞于庭,是可忍也,孰不可忍也?’”① 孔子认为鲁国季氏这种僭越的行为,严重违背了原本的社会等级,破坏了正常的社会秩序,因此他强烈反对这种行为:

> 子路曰:“卫君待子而为政,子将奚先?”子曰:“必也正名乎!”子路曰:“有是哉,子之迂也!奚其正?”子曰:“野哉,由也!君子于其所不知,盖阙如也。名不正,则言不顺;言不顺,则事不成;事不成,则礼乐不兴;礼乐不兴,则刑罚不中;刑罚不中,则民无所措手足。故君子名之必可言也,言之必可行也。君子于其言,无所苟而已矣。”②

孔子认为,当时社会的混乱就是由于人们不遵守原本名分等级所造成的。因而,当子路问政时,孔子首先强调“正名”,认为只有“正名”,才能挽救当时即将崩溃的社会,才能恢复社会的正常秩序,才能使法度正常、合理地运行起来。《论语·颜渊》中说:

> 齐景公问政于孔子。孔子对曰:“君君,臣臣,父父,子子。”公曰:“善哉!信如君不君,臣不臣,父不父,子不子,虽有粟,吾得而食诸?”③

孔子认为,正名分的关键主要是恢复原本的社会阶层,做到“君君、臣臣、父父、子子”,每个人都做好自己的事情,不要试图去僭越,做不该做的事情,这样,

---

① 程树德撰,程俊英、蒋见元点校:《论语集释·八佾》,中华书局2013年版,第158页。
② 程树德撰,程俊英、蒋见元点校:《论语集释·子路》,中华书局2013年版,第1019—1028页。
③ 程树德撰,程俊英、蒋见元点校:《论语集释·颜渊》,中华书局2013年版,第985—987页。

国家、社会才会重新安定下来。

再看“正名实”。子曰：“觚不觚，觚哉！觚哉！”[①]觚是当时社会祭祀时候用的一种酒杯状的礼器，孔子感叹，连礼器都不按照原本的规矩来制作了，可见当时社会秩序的破坏程度。所以，孔子竭力主张以“正名”的方式来重新整顿价值观念和符号体系，并理顺二者之间的表里关系，重新构建社会秩序。

孔子的“正名”思想，虽然有着划分阶级的时代局限性，但从积极的一面看，对现代社会也有意义，是强调一个社会的责任分工问题。如警察有维护社会治安的责任，消防员有灭火救灾的责任。

① 程树德撰，程俊英、蒋见元点校：《论语集释·雍也》，中华书局 2013 年版，第 476 页。

墨子

——追求“知”“行”统一的“科圣”

墨子(生卒年不详),名翟。《史记·太史公自序》中记载有墨家学派,而在列传之中并无墨子,只在《孟子荀卿列传》中有一句记述,可见,汉初之时墨家学派已然没落,不是主流的思想流派了,故对墨子的生平也没有确切记录。现在已知的是:墨子应当是没落贵族后裔,生前曾担任过宋国大夫,是墨家学派的创始人,也是战国时期著名的思想家、教育家、科学家、军事家。墨家在先秦时期影响很大,与儒家并称“显学”,当时百家争鸣,有“非儒即墨”之说。墨子死后,墨家分为相里氏之墨、相夫氏(或作“伯夫氏”)之墨、邓陵氏之墨三个学派。其弟子根据史料,收集其语录,完成了《墨子》一书。

墨子早年受学于儒家学派,自孔子死后“儒分八派”,每一派都只是继承了孔子的部分思想,导致儒家学派在一段时间走入误区。“儒家自孔子死后,那一班孔门弟子不能传孔子学说的大端,都去讲究那丧葬小节。”[①]墨子在学习儒家的过程中也发现了这个问题,那些儒生们死守各种礼节,而不事生产,也不会治理国家。在墨子看来,这样的学问再多也是没有多大意义的。于是,墨子结束了自己安定的学习生活,效法孔子,孤身一人走上了周游列国的道路。在这个过程中,墨子逐渐找到了自己的学术方向,明确了其思想核心,最终开创了显赫一时的墨家学派。

墨子的核心学养是“知行统一”。他认为只有理论知识是远远不够的,在某种程度上实践高于理论,应该用实践的方式检验理论。他不只是口头上说说,还始终坚持践行。墨子提出“兼爱”,主张平等,墨家学派中的确没有地位的区别;墨子倡导“非攻”,强调和平,他自己亲身阻止过许多次战争。“知”与“行”的统一在墨子这里得到了充分的体现。

一、道德涵养:勤俭为先,以义为重

墨子的道德修养中有两个最基本原则:一是勤俭为先的生活作风;二是以义为重的人格追求。

① 胡适:《胡适文集·墨子》第6卷,北京大学出版社2013年版,第231页。

（一）勤俭为先

墨子一生以大禹为榜样，身体力行。他教育弟子要勤劳做事，吃苦耐劳，反对儒家的礼乐之教。墨子认为，繁复的礼乐仪式，特别是厚葬之礼不仅是对资源的浪费，也会荼毒人的精神。《庄子·天下》篇记载：

> 墨子称道曰："昔禹之湮洪水，决江河而通四夷九州也。名川三百，支川三千，小者无数。禹亲自操橐耜而九杂天下之川。腓无胈，胫无毛，沐甚雨，栉疾风，置万国。禹大圣也，而形劳天下也如此。"使后世之墨者，多以裘褐为衣，以跂蹻为服，日夜不休，以自苦为极，曰："不能如此，非禹之道也，不足谓墨。"①

"以裘褐为衣，以跂蹻为服"是多么朴实的形象，从这些叙述中可以想见庄子对墨者的看法。庄子认为，墨子继承了大禹的品质，是那种为了天下不辞辛劳，勤俭节约的人。整个墨家学派的学者都以艰苦朴素为荣，甚至认为，如果接受不了艰苦朴素的生活，就称不上是墨家弟子。

墨子对勤俭节约的生活提出了两条明确要求，即"节葬"和"非乐"，这都是针对当时的儒家而言。

那时的儒家对于丧葬特别重视，认为厚葬之礼是合乎孝合于仁的。墨子对此特别反对。他认为，"厚葬久丧"对整个国家的百姓来说没有任何益处，还分别从"求以富家""以众民人""以治刑政""禁止大国之攻小国"等四个方面批判儒家所谓的"厚葬久丧"。墨子说："故衣食者，人之生利也，然且犹尚有节；葬埋者，人之死利也，夫何独无节于此乎？"②人活着的时候尚且知道勤俭节约，为什么死后就不能在棺椁丧服上节俭呢？事实上，"厚葬久丧"对于已经逝去的人和活着的人来说都没有任何益处。现在，国家大力推行火葬，一是从环境、卫生、安全的角度考虑；二是从土葬的成本考虑，土葬占用宝贵的土地资源，浪费大量的人力物力。可以说，这也是墨子节葬观的有效传承。

至于"非乐"，在《墨子·非乐》一文中阐释了四条理由，分别是耗费大量钱财、浪费劳动力、加重经济负担、容易使人沉迷。墨子认为，在当时的情况下追求这种毫无意义的娱乐活动，会加重百姓负担，影响国家发展。特别是，人们一旦沉溺于音乐不可自拔，官员就会无心处理政事，百姓也无心从事生产，整个国家都会陷入混乱。因此他说："孰为大人之听治而废国家之从事？曰：乐也。"③

---

① （晋）郭象注，（唐）成玄英疏：《庄子注疏·杂篇·天下》，中华书局2011年版，第559页。
② 方勇译注：《墨子·节葬下》，中华书局2011年版，第210页。
③ 方勇译注：《墨子·非乐上》，中华书局2011年版，第280页。

墨子的"非乐"思想至今仍然有重要的借鉴作用。如欣赏音乐是一项十分有益的休闲活动,它能够陶冶心灵,放松身体,但如果为它大费周章,甚至玩物丧志,就得不偿失了。对待其他休闲娱乐活动也是如此,不能沉迷娱乐而忘记了自己的本职工作。可以说,墨子艰苦奋斗、勤俭节约的精神提醒了我们:在物质生活不断充裕的今天,需要继续保持生活俭朴和对事业的追求。

(二)以义为重

墨子十分重视"义",他认为"义"是所有品德中最为根本的,"万事莫贵于义"①,那么,什么是"义"呢?为什么要重视"义"呢?

> 所为贵良宝者,可以利民也,而义可以利人。故曰:义,天下之良宝也。②

在墨子看来,"义"就是天下最好的宝贝,因为"义"可以使他人得利,换句话说,"义"就是帮助他人。讲"义"最重要的是什么呢?墨子说:

> 譬若筑墙然,能筑者筑,能实壤者实壤,能欣者欣,然后墙成也。为义犹是也,能谈辩者谈辩,能说书者说书,能从事者从事,然后义事成也。③

每个人贡献自己的力量就是"义",就像造墙一样,有专业技巧的人就去造墙,没有这一技巧的人,就去搬砖、挑水,都可以说是"义",并不是像孟子说的那样要舍生取义的行为才能算作"义"。

同时,墨子在《修身》篇中也明确地说:"君子之道也,贫则见廉,富则见义,生则见爱,死则见哀,四行者不可虚假,反之身者也。"④在墨子看来,贫穷时表现出廉洁,富足时表现出恩义,对生者表示出慈爱,对死者表示出哀痛,如果能够做到这四条,就是在实践"君子之道",也就是"义"了。

"义"很好,也很重要,但是,墨子知道,并不是所有人都愿意朝着"义"去努力。所以,他说:"为义而不能,必无排其道。譬若匠人之斲而不能,无排其绳。"⑤工匠削木材不能做得很好,不能诋毁他的墨绳;奉行道义而不能做好,一定不能诋毁道义本身。也就是,即使你自己不能做到"义"或者不愿意努力向"义"靠近,也不能说"义"不好,只是你自己不愿意而已。

---

① 方勇译注:《墨子·贵义》,中华书局2011年版,第411页。
② 方勇译注:《墨子·耕柱》,中华书局2011年版,第400页。
③ 同上书,第395页。
④ 方勇译注:《墨子·修身》,中华书局2011年版,第10页。
⑤ 方勇译注:《墨子·贵义》,中华书局2011年版,第416页。

二、为学态度：士虽有学，而行为本

墨子认为，人们应该积极进取，突破创新，古人未必胜今人，今人未必逊古人。他学说的核心在于知与行的统一，讲究用实践来验证知识的真实性，其所有的学习思想都是由此展开的。

（一）知与行合一

墨子没有明确提出“知行合一”的理论，却努力践行着这一思想。当然，墨子的“知与行合一”与王阳明的“知行合一”还是略有不同。“简单说来，墨子是主张‘义外’说的，阳明是主张‘义内’说的。阳明的‘知行合一’说，只是要人实行良知所命令。墨子的‘知行合一’说，只是要把所知的能否实行，来定所知的真假，把所知的能否应用来定所知的价值。这是两人的根本区别。”[①]

“墨子认为，‘行’是学习的最根本最重要的任务……能‘行’、能‘为’是为学的基本出发点，也是为学的归宿所在。”[②]这指出了“行”在“知行”关系范畴中的重要性。

墨子“知与行合一”思想最集中体现在“三表法”上：

> 子墨子言曰：必立仪。言而毋仪，譬犹运钧之上而立朝夕者也，是非利害之辨，不可得而明知也。故言必有三表。何谓三表？子墨子言曰：有本之者，有原之者，有用之者。于何本之？上本之于古者圣王之事。于何原之？下原察百姓耳目之实。于何用之？废以为刑政，观其中国家百姓人民之利。此所谓言有三表也。[③]

墨子认为言论要有一定的标准，通过这些标准就能判断言论是否正确，是否有价值。而判断言论的标准一共有三个，这就是墨子提出的“三表法”：“本之”“原之”“用之”。所谓“本之”就是说，言论要有根据，主要是看前代的贤人是否说过类似的话，是否总结过相关的经验；所谓“原之”，则是说从身边的人和直接经验中寻找立论的依据；所谓“用之”，就是将其运用到具体的实践中，观察是否能够实行。

墨子最重视“用之”。墨子说：“用而不可，虽我亦将非之。且焉有善而不可用者？”[④]墨子认为，如果不能被运用到实际情况中，即使是他自己提出的观点，也不会认同。“言足以迁行者，常之；不足以迁行者，勿常。不足以迁行而常

① 胡适：《胡适文集·墨子》第6卷，北京大学出版社2013年版，第237页。
② 乔炳臣、潘莉娟：《中国古代学习思想史》，人民教育出版社1996年版，第36页。
③ 方勇译注：《墨子·非命上》，中华书局2011年版，第286页。
④ 方勇译注：《墨子·兼爱下》，中华书局2011年版，第139页。

之，是荡口也。”[1]墨子认为如果学说、言论足以对实际情况产生影响，那么它们就是值得被承认的。而没有任何用处的言论应该及时地放弃，这种学说就算是被保存下来了，也只是在嘴上说说罢了。墨子批评当时的儒家存在这种情况：

> 今天下之君子之名仁也，虽禹汤无以易之。兼仁与不仁，而使天下之君子取焉，不能知也。故我曰：天下之君子不知仁者，非以其名也，亦以其取也。[2]

在学习过程中，也要重视“用之”，即理论在实践上的运用。因此，老师在课堂上，不仅要传授深奥的理论知识，还要注意理论与实践相结合，向学生传授和指导这些知识在实践中的运用，这样才能使学用结合，融会贯通。

（二）重视科学

墨子是先秦诸子中唯一一个在数学、物理学等方面上都有所造诣的人，这些成就正是他“知与行合一”思想的生动体现。

在数学方面，他提出了一系列数学概念的命题和定义，这些命题和定义大多具有较高的抽象性和严密性。如墨子说：“平，同高也。”[3]也就是说同样的高度可以称为“平”。这与欧几里得的几何学定理中“平行线间的公垂线相等”的意思是相同的。墨子说：“圆，一中同长也。”[4]是说从一个中心点到边上的距离都相等的图形叫作“圆”。现代数学中将“圆”定义为在同一平面内到定点的距离等于定长的点的集合。这一定义与墨子所说的基本相同。

在物理学上，墨子是第一个进行光学实验，并对几何光学进行系统研究的科学家。英国科学家李约瑟在《中国科学技术史·物理卷》中提到，墨子关于光学的研究，“比我们所知的希腊的为早”“印度亦不能比拟”。其中最为著名的就是墨子发现了“小孔成像”现象，并借此说明了光是沿直线传播的：

> 景：光之人煦若射，下者之人也高，高者之人也下。足敝下光，故成景于上；首敝上光，故成景于下。在远近有端，与于光，故景障内也。[5]

墨子能在物理学、数学上都有所成就，与其“知与行合一”的学习态度密不可分。正因为他有着积极实践、善于观察具体事物的习惯，才能发现并总结出众多自然规律。墨子的实践成果横跨人文与自然两大学科领域，充分说明文与

---

① 方勇译注：《墨子·贵义》，中华书局2011年版，第415页。

② 同上书，第416—417页。

③ 方勇译注：《墨子·经上》，中华书局2011年版，第326页。

④ 同上。

⑤ 方勇译注：《墨子·经说下》，中华书局2011年版，第353页。

理、自然学科与人文学科并非壁垒森严，而是可以互联互通的。

三、千古遗声：友爱修睦，选贤与能

从本质上讲，墨子的学习理念还是为其思想核心服务的。墨子有“十说”：兼爱、非攻、尚贤、尚同、尊天、事鬼、非乐、非命、节用与节葬，这“十说”表现在墨子身上无不是“知”与“行”的统一。下面主要讨论：兼爱、非攻、尚贤、尚同。

（一）“兼爱”与“非攻”

墨子看到当时的社会战争不断，许多人因此失去生命，人民穷困不堪：

> 今若国之与国之相攻，家之与家之相篡，人之与人之相贼，君臣不惠忠，父子不慈孝，兄弟不和调，此则天下之害也。[①]

造成这种局面的原因是什么呢？墨子认为，人与人之间失去原本友善的关系，每个人只关注自己而不爱护别人。针对这一情况，墨子提出了“兼相爱，交相利”的主张。

“‘兼爱’的基本含义是视人如己，不分亲疏远近、贫富贵贱，同等程度地爱一切人。”[②]单纯从道理上来说，如果每个人都能做到这一点，的确不会再有战争，社会也变得和谐而安定。墨子本人甚至他的弟子可以做到这一点，但是，对于普通的百姓来说，这种设想是很不现实的，有的人连自己的生命都没办法保障，怎么可能去爱护别人呢？墨子怎么解决这个问题呢？他在“兼相爱”后面加了一句“交相利”，明确地告诉所有人，“兼相爱”是会给人带来好处的，是有实际利益的。

> 夫爱人者，人必从而爱之；利人者，人必从而利之；恶人者，人必从而恶之；害人者，人必从而害之。此何难之有！[③]

“非攻”是墨子“兼爱”思想的直接体现，也是墨子一生努力的方向。墨子生长在春秋战国交接时期，当时，各国之间战乱不断，大国欺凌小国，侵占土地，掠夺百姓与财产。孟子说过：“春秋无义战。”意思就是，春秋时期的战争都是以侵略为目的，都是不义的。

墨子一生都在为阻止不义的战争而努力。大家都熟知墨子与公输盘的故事：有一次，楚国打算攻打宋国，巧匠鲁班为楚国特地设计制造了一种云梯，准备攻城之用。墨子听到这个消息后，奔走了十天十夜，赶到楚国的都城去求见

---

① 方勇译注：《墨子·兼爱中》，中华书局2011年版，第124—125页。

② 冯达文、郭齐勇主编：《新编中国哲学史》上册，人民出版社2004年版，第63页。

③ 方勇译注：《墨子·兼爱中》，中华书局2011年版，第127页。

楚王。他和鲁班在楚王面前模拟攻打宋国的场景，鲁班的种种手段都被墨子破解了，于是楚王放弃了攻打宋国的想法。此外，墨子还阻止了鲁阳文君攻打郑国，晚年还到齐国，企图劝阻项子牛讨伐鲁国，但没有成功。

墨子主张“非攻”，但他并不是笼统地反对一切战争。墨子认为一个国家为了获得土地、财产、百姓等目的去侵略一个“无罪之国”，这种行为叫作“攻”，应当受到谴责；但是“有道之国”讨伐无道的暴君，这种行为叫作“诛”，应当受到支持和赞扬。墨子的“非攻”理念受到了下层民众的普遍认同，可是，对于上层统治者来说并不能接受，因此才会出现墨子晚年劝阻项子牛讨伐鲁国失败的情况。

进入新时代，墨子“兼爱”“非攻”思想也产生了积极的影响，特别是在处理国际关系方面。2023 年 3 月 15 日，中共中央总书记、国家主席习近平在北京出席中国共产党与世界政党高层对话会并发表主旨讲话。习近平指出，中国共产党将致力于维护国际公平正义，促进世界和平稳定。中国式现代化不走殖民掠夺的老路，不走国强必霸的歪路，走的是和平发展的人间正道。

（二）“尚同”与“尚贤”

“尚同”“尚贤”也是墨子思想中浓墨重彩的两笔。

关于“尚同”。墨子说：“上之所是必皆是之，所非必皆非之。上有过则规谏之，下有善则傍荐之。上同而不下比者，此上之所赏，而下之所誉也。”[①]也就是“一切有关善恶、是非的意见都必须统一、服从上级”[②]。那么，处于最高位的天子是不是就可以无所顾忌了呢？并不是这样，天子最后还要统一于上天。“只有天的意志才是最高的意志，是衡量一切事物的最高和最后的标准。”[③]这就和墨子的“天志”思想有关了，墨子认为只有天是完满的，是没有任何偏私的。

墨子的“尚同”思想在很多时候被认为是专制主义，从事实来看，的确如此。但墨子的“尚同”思想也有它的优点：一是在墨子的“尚同”思想中，君主不再是最高统治者，他同样会受到上天的监察，理论上限制了君权；二是在“尚同”思想中，上行下效，可以极大地提高行政效率，也能够保证法令的准确实行。

如何保证统治者在“尚同”框架下正确治理国家呢？墨子提出了“尚贤”的说法，可以说，“尚贤”是“尚同”的前提和基础。墨子说：

> 故古者圣王之为政，列德而尚贤。虽在农与工肆之人，有能则举之，高予之爵，重予之禄，任之以事，断予之令。

---

① 方勇译注：《墨子·尚同上》，中华书局 2011 年版，第 86—87 页。

② 冯达文、郭齐勇主编：《新编中国哲学史》上册，人民出版社 2004 年版，第 65 页。

③ 北京大学哲学系中国哲学教研室主编：《中国哲学史（第二版）》，北京大学出版社 2003 年版，第 46 页。

故官无常贵，而民无终贱，有能则举之，无能则下之，举公义，辟私怨，此若言之谓也。①

墨子想打破当时已有的以血缘关系为纽带的世卿世禄制，改之为以才能为任用标准的选官制度。“由‘贤良之士’来治理国家，国家就能富裕，人口就能富庶，社会就能安定，所以‘尚贤事(使)能’是治国的根本措施。”②

墨子的思想在当时具有划时代的意义。然而，“尚贤”思想与儒家思想有着激烈的冲突，动摇了当时所有统治者的权威，不被统治者所接受。孔子一向希望恢复周礼，强调“正名”，强调君臣名分，希望恢复周代的宗法制度。墨子则认为，宗法制度是造成社会动乱的根本原因，必须采用“尚贤”“尚同”的制度，才能结束社会动乱，保障国家长治久安。

“尚贤”制度显然对当今世界也有十分重大的价值。我国正处于重要战略机遇期，各行各业都需要大量的人才。培养人才、发现人才、人尽其才，是管理者的当务之急。如今，各级行政部门实施的干部管理制度，正在有效推动形成能者上、庸者下、优者胜、劣者汰的行政风气。可以说，这是“尚贤”精神在新时代的传承和发扬光大。

2016 年 8 月 15 日，中国量子科学实验卫星首席科学家、中国科学院院士潘建伟在酒泉卫星发射中心接受媒体采访时透露，量子科学实验卫星已正式命名为“墨子号”。这是量子卫星的名字首次公开。卫星之名取自于中国科学家先贤，体现了中国的文化自信。

---

① 方勇译注：《墨子·尚贤上》，中华书局 2011 年版，第 52 页。

② 张岂之：《中国思想史(修订本)》，西北大学出版社 2016 年版，第 34 页。

孟子

——“反求诸已”的学习智慧

孟子(前372—前289),姓姬,名轲,字子舆。战国时期邹城人。我国古代伟大的思想家、教育家。先秦儒家学派的代表人物之一,后世将其与孔子并称“孔孟”。元朝时追封孟子为“亚圣公”,尊称为“亚圣”。宋人朱熹称:“孟轲氏没,圣学失传,天下之士,背本趋末。”[①]孟子在儒家地位很高,所以,他死后一段时间之内,儒学的正统就失传了。

孟子能够取得后来的成就,与他小时候接受的家庭教育有着密切关系,下面两个故事生动地描绘了孟母教子的情境:

孟母三迁——孟子很小的时候,父亲就去世了,母子两人相依为命,生活十分贫困。为了选择一个良好的居住环境,以有益于孟子的学习,母亲连续搬了三次家,最终选择了在学宫旁边居住。这个学宫,每月夏历初一,就有官员到文庙,行礼跪拜,彼此礼貌相待。孟母深知良好的居住环境对孩子成长的重要性,她说:“这才是我儿子应该住的地方呀!”“遂居之。及孟子长,学六艺,卒成大儒之名。君子谓孟母善以渐化。《诗》云:‘彼姝者子,何以予之?’此之谓也。”[②]

断织喻学——有一段时间,孟子像普通孩子一样贪玩,经常逃学。一次,孟子逃学回家,被母亲发现了,母亲一怒之下,把快织好的布给剪了。当时,孟子一家全靠母亲织布做工换点钱财,维持生活。母亲告诉孟子:“你逃学的行为就像剪坏这块布,学问都是靠一点一滴积累起来,一旦荒废了,就会像这块剪坏的布一样,没有任何用处了。”“孟子惧,旦夕勤学不息,师事子思,遂成天下之名儒。君子谓孟母知为人母之道矣。《诗》云:‘彼姝者子,何以告之?’此之谓也。”[③]子学不进,断机示焉,孟母的断织喻学,使孟子从此发愤读书、不断求知,最终成为一代圣贤。

孟子的核心学养在于“反求诸已”,他认为:无论是道德修养还是学习,主要依靠自身的努力,而不是依赖外在的帮助。孟子的这个理念是在孔子“为仁

---

① 曾枣庄主编:《宋代序跋全编·读〈唐志〉》,齐鲁书社2015年版,第4407页。

② (汉)刘向:《古列女传·母仪》,中华书局1985年版,第34页。

③ 同上。

由己，而由人乎哉”[①]以及“我欲仁，斯仁至矣”[②]基础上继承与发展的，并由此构成了一套完整的思想体系。

一、修养方法：修心与养气

孟子倡导独善其身与兼济天下的统一，他道德修养的核心是修心与养气。“得志，泽加于民；不得志，修身见于世。穷则独善其身，达则兼善天下”[③]在孟子看来，首先要做到的就是修养人们的四端之心，也就是恻隐之心、羞恶之心、是非之心、辞让之心，孟子认为，这是人人都具有的善端，也是人之所以为人的基础。修养好善端之后，才能养浩然之气，提升道德品格。无论是修养善端还是养浩然之气，都是人们自己的追求，无法假手于外人。

（一）修“四端之心”

“四端之心”又被总称为“不忍人之心”或者说是“善端”，在《孟子》一书中出现了两次。

第一次是在《孟子·公孙丑上》篇中：

> 由是观之，无恻隐之心，非人也；无羞恶之心，非人也；无辞让之心，非人也；无是非之心，非人也。恻隐之心，仁之端也；羞恶之心，义之端也；辞让之心，礼之端也；是非之心，智之端也。人之有是四端也，犹其有四体也。[④]

孟子说这“四端之心”就像人的四肢一样，没了这“四端之心”，人就不能被称之为人了。孟子说：“人之所以异于禽兽者几希，庶民去之，君子存之。”[⑤]在孟子看来，人与禽兽的主要区别就在于是否具有这“四端之心”。

第二次是在《孟子·告子上》篇中：

> 乃若其情，则可以为善矣，乃所谓善也。若夫为不善，非才之罪也。恻隐之心，人皆有之；羞恶之心，人皆有之；恭敬之心，人皆有之；是非之心，人皆有之。恻隐之心，仁也；羞恶之心，义也；恭敬之心，礼也；是非之心，智也。仁义礼智，非由外铄我也，我固有之也，弗思耳矣。故曰：“求则得之，舍则失之。”或相倍蓰而无算者，不能尽其才者也。[⑥]

---

① 杨伯峻译注：《论语译注·颜渊》（典藏版），中华书局2015年版，第178页。
② 杨伯峻译注：《论语译注·述而》（典藏版），中华书局2015年版，第110页。
③ 方勇译注：《孟子·尽心上》，中华书局2010年版，第261页。
④ 方勇译注：《孟子·公孙丑上》，中华书局2010年版，第59页。
⑤ 方勇译注：《孟子·离娄下》，中华书局2010年版，第157页。
⑥ 方勇译注：《孟子·告子上》，中华书局2010年版，第218页。

“四端之心”是人本来就具有的，是每个人心中善的种子。然而，为什么会有人善、有人不善呢？那是因为有些人的“四端之心”被蒙蔽了，孟子进一步解释：

今人乍见孺子将入于井，皆有怵惕恻隐之心，非所以内交于孺子之父母也，非所以要誉于乡党朋友也，非恶其声而然也。①

一个人看到有小孩快要掉进井里，下意识就会产生担心同情的心理，与外界的种种利益纠葛都没有关系，这就是每个人都具有“四端之心”的体现。时刻反省自身，修养自己的“四端之心”，使其不至于被蒙蔽，这是做人的基本要求。

孟子的“四端之心”“性善论”在学术史上获得了高度评价。徐复观说：“‘性善’两字，直到孟子始能正式明白地说出。‘性善’两字说出后，主观实践的结论，通过概念而可诉之于每一个人的思想，乃可以在客观上为万人万世立教。”②

（二）养“浩然之气”

保持自身的“四端之心”，便是养自身的“浩然之气”。孟子认为，自身的长处就在于“知言”和“善养浩然之气”。那么，“浩然之气”是指什么呢？《孟子·公孙丑上》云：

难言也。其为气也，至大至刚，以直养而无害，则塞于天地之间。其为气也，配义与道；无是，馁也。是集义所生者，非义袭而取之也。行有不慊于心，则馁矣。③

孟子所说的“浩然之气”，是指自身的道德修养，是刚正不阿的态度，仁爱正义的品质，这要在长期而艰苦的实践与磨炼中才能培养出来。“富贵不能淫，贫贱不能移，威武不能屈，此之谓大丈夫。”④孟子所说的这种“大丈夫”品格，正是对“浩然之气”内涵的最好阐述。

孟子讲的“浩然之气”，一直是古代仁人志士追求的目标，千百年来，一直受到中国学子的推崇和追求，它激励了无数青年为之奋斗。“如果说‘浩然之气’是学习者在学习过程中逐步养成的优秀品格，是在量变积累中形成的渐变品质，那么‘大丈夫’就是学习者在学识既成之后，为适应社会变迁与政治变革的需求而具有的一些应变世态的高尚品质，以使自己永远成为改革社会的先锋和

① 方勇译注：《孟子·公孙丑上》，中华书局2010年版，第59页。
② 徐复观：《中国人性论史·先秦篇》，九州出版社2014年版，第146页。
③ 方勇译注：《孟子·公孙丑上》，中华书局2010年版，第49页。
④ 方勇译注：《孟子·滕文公下》，中华书局2010年版，第109页。

抵制腐蚀的楷模。”[①]孟子讲的“浩然之气”，从古至今都融汇在中华民族的灵魂之中。文天祥曾将孟子的“浩然之气”书写成了一首《正气歌》，他列举了中国历史上许多可歌可泣的历史人物，如宁死也要秉笔直书的晋国史官董狐，坚贞不屈、誓死不降、牧羊十九载的苏武等，所表达的正是历朝历代长存于中华民族的一股浩然正气，这股正气，也是中华民族传统文化中最值得继承与发扬的伟大精神之一。

二、学说的核心：学贵立志，反求诸己

孟子认为：学习是一个循序渐进的过程。首先是立志，明确自己的目标；然后摆脱外界的种种干扰、一心学习。学习的方式是脚踏实地，一步一步地前进，时刻反省自身有没有犯错；广博地学习，不迷信自己所学的知识，有自己独到的见解。

（一）志为气之帅

在孟子看来，不管是为人，还是为学，首先要立志，也就是说，要有自己的努力目标。孟子说：“夫志，气之帅也；气，体之充也。夫志，至焉；气，次焉。故曰：‘持其志，无暴其气。’”[②]

有明确的目标，就有了前进的动力，才能坚持努力学习。如果没有目标，就会对学习产生迷茫，不知道自己学习是为了什么。同时，这个志向也要远大，过于短视、现实的目标起不到有效的激励和有力的促进作用。当然，我们可以先确立一个个小目标，再一步步地逼近大目标。确定远大志向之后，便要专心致志地为之努力，为之奋斗。孟子说：

> 无或乎王之不智也，虽有天下易生之物也，一日暴之，十日寒之。未有能生者也。吾见亦罕矣，吾退而寒之者至矣。吾如有萌焉何哉！今夫弈之为数，小数也；不专心致志，则不得也。弈秋，通国之善弈者也。使弈秋诲二人弈，其一人专心致志，惟弈秋之为听。一人虽听之，一心以为有鸿鹄将至，思援弓缴而射之，虽与之俱学，弗若之矣。为是其智弗若与？曰：非然也。[③]

如果不能专心致志，三天打鱼，两天晒网，就算有远大的志向也必然一事无成。正像孟子所说，下棋虽是无关宏旨的娱乐活动，但是，如果一个人“专心致志，惟弈秋之为听”，另一个人学习时却想着“鸿鹄将至，思援弓缴而射之”。虽

---

① 申国昌，史降云：《中国学习思想史》，科学出版社2006年版，第29页。

② 方勇译注：《孟子·公孙丑上》，中华书局2010年版，第49页。

③ 方勇译注：《孟子·告子上》，中华书局2010年版，第233—234页。

然两人在禀赋与智商上，可能没有太大的差别，但长此以往，两人的能力可能会出现“天壤之别”。可以说在一定程度上，学习的态度是决定其成就的关键要素。专心致志者一定会学有所成，三心二意者必然是虚度光阴。

（二）反求诸己

学习过程中，人们肯定会遇到许多问题。孟子认为，这个时候首先要做的就是“反求诸己”。孟子说：“仁者如射，射者正己而后发，发而不中，不怨胜己者，反求诸己而已矣。”[①]

曾经有这样一种说法：“没有教不好的学生，只有不会教的先生。”从关注每一位学生成长，不让一位学生掉队的角度来说，这种说法是成立的。但是，从学习的视角来分析，这种观点是不全面的。绝大多数老师在教学时都会尽心尽责、倾囊相授。然而，有些学生还是学不会，或者学得没有别人好，这个问题真的出在老师身上吗？有的学生拿这句话推卸责任，其实，很多时候，学生也应反省自己有没有专心学习。

孟子说：“万物皆备于我矣。反身而诚，乐莫大焉。强恕而行，求仁莫近焉。”[②]“孟子的意思就是说，对于一个通过自己努力成就最高德行的人而言，他什么都不缺了，因为他已经拥有宇宙中最珍贵的东西，这也就是拥有了一切；他的快乐和满足，并不取决于向外求得什么，求得多少，而在于反躬自问：我做得怎么样？我是不是以诚待人？”[③]所以，无论是学习还是待人接物，最重要的还是做好自己。

（三）博学之，审问之

《中庸》说学习要“博学之，审问之，慎思之，明辨之，笃行之”。孟子传承了子思的思想，也十分强调学习的广泛性和准确性。

孟子说：“博学而详说之，将以反说约也。”[④]学习时要注意学习的广度，不能单纯地注重某一点，偏废了其他方面。阐述时要注意阐述的深度和精度，准确地把握知识的要领，而不能泛泛而谈。“守约而施博者，善道也。”[⑤]孟子认为，博与精从来都不是对立的，而是不同时候的选择而已。

有的老师在教学中注重课本，对课本的内容能够深入细致地剖析，却忽略了或者缺乏相关内容的有效延伸、拓展。这也是过分在意精度上的要求，而忽略了广度的把握。

---

① 方勇译注：《孟子·公孙丑上》，中华书局2010年版，第60—61页。

② 方勇译注：《孟子·尽心上》，中华书局2010年版，第258页。

③ 冯达文、郭齐勇主编：《新编中国哲学史》上册，人民出版社2004年版，第100页。

④ 方勇译注：《孟子·离娄下》，中华书局2010年版，第156页。

⑤ 方勇译注：《孟子·尽心下》，中华书局2010年版，第299页。

在广博的学习过程中，也要注意对所学知识进行辨别。孟子曰："尽信《书》，则不如无《书》。吾于《武成》，取二三策而已矣。"[①]孟子认为，无论什么文本，都有其局限性，即使是经典的《尚书》，也是不能完全相信的。总之，在学习的过程中，要做到广博地涉猎各种知识，对重要的学问，要深入地学习。同时，对所学习的知识，也要持怀疑的态度，不能全盘接受，也不能盲目否定。

三、 思想价值：民本与平等

孟子"反求诸己"的学习理念值得人们深思，"民贵君轻"的民本思想、人格平等意识更值得我们借鉴。在探究孟子的核心学养时，我们不能仅仅局限于他的道德修养以及治学理念，他那超前的思想理念同样是其核心学养中不可分割的重要内容。

（一）民贵君轻

孟子明确地提出了"民贵君轻"的思想，孟子说："民为贵，社稷次之，君为轻。"[②]"儒家确实有一种'民惟邦本'的思想传统。"[③]儒家学者一直以来非常关心普通百姓的疾苦，相对而言，孔子更加重视上位者。孔子说过："君子之德风，小人之德草。草上之风，必偃。"[④]对于上位者来说，下位者顺着他们摆动就够了。孔子的"正名"思想也特别强调君臣尊卑。但是，孟子则不然——"君之视臣如手足，则臣视君如腹心；君之视臣如犬马，则臣视君如国人；君之视臣如土芥，则臣视君如寇仇"[⑤]。孟子认为，得民心者得天下。历史上夏桀与商纣之所以会失去天下，是因为他们失去了百姓的支持，失去了民心。他在"仁政"学说中告诫统治者：要重视百姓，重视民心。

正因为如此，孟子的学说在很长一段历史时期不被统治者重视。在汉代，《汉书·艺文志》中把《孟子》放在诸子略中，视为子书，没有将其列入经部，奉为经典。五代十国的后蜀时，后蜀主孟昶令人楷书十一经刻石，其中包括了《孟子》，这可能是《孟子》列入经书的开始。直到南宋的孝宗时，理学家朱熹将《孟子》与《论语》《大学》《中庸》合在一起，称为"四书"，《孟子》的地位才被推到了高峰。明太祖朱元璋不满孟子的民本思想，曾命人删减《孟子》中的有关内容。"孟子的仁义五行和性善，被儒者盛大提倡，而民贵君轻一类见解，却被轻轻地

---

① 方勇译注：《孟子·尽心下》，中华书局2010年版，第285页。

② 同上书，第289页。

③ 冯达文、郭齐勇主编：《新编中国哲学史》上册，人民出版社2004年版，第102页。

④ 杨伯峻译注：《论语译注·颜渊》（典藏版），中华书局2015年版，第186页。

⑤ 方勇译注：《孟子·离娄下》，中华书局2010年版，第151页。

抹杀。"[1]孟子的"民贵君轻"思想，倡导了"民主、民权和民生"，"治国有常，而利民为本"。党的二十大报告指出："坚持以人民为中心的发展思想。维护人民根本利益，增进民生福祉，不断实现发展为了人民、发展依靠人民、发展成果由人民共享，让现代化建设成果更多更公平惠及全体人民。"[2]可以说，孟子等先贤倡导和向往的"民生"思想在新时代的中国真正开始闪烁着耀眼的光芒。

（二）人格平等

孟子认为，每个人在人格上是平等的，并没有谁优谁劣的区别。孟子说：

何以异于人哉？尧、舜与人同耳。[3]

夫道一而已矣。成覸谓齐景公曰："彼丈夫也，我丈夫也，吾何畏彼哉？"颜渊曰："舜何？人也。予何？人也。有为者亦若是。"[4]

孟子认为每个人的人格是平等的，在本质上都"性善"，都具有"四端之心"。有些人的"四端之心"会被蒙蔽，有些人的"四端之心"则会发扬光大。但是，并不是说，被蒙蔽的人就不具备"四端之心"了。

孟子认为每个人都是平等的，但是，并不是在所有的方面每个人都是平等的。"或劳心，或劳力，劳心者治人，劳力者治于人；治于人者食人，治人者食于人，天下之通义也。"[5]虽然每个人的人格平等，每个人所擅长的东西还是存在一定的区别，这就产生了社会分工，合理的社会分工能促进社会的发展与进步。

在人格平等的基础上，这种社会分工也不是绝对的，而是可以改变的。如孟子对武王伐纣一事评价说："贼仁者谓之贼，贼义者谓之残，残贼之人谓之一夫。闻诛一夫纣矣，未闻弑君也。"[6]武王原本是臣子，纣王是君，当纣王无道时，他就失去了作为君王的地位，变成了"残贼独夫"。因此，孟子认为，人格是平等的，虽然存在社会分工，却没有绝对的区别。

著名学者王充闾说："孟子总结前代与当世治乱兴亡的规律，在如何对待人民这一根本性问题上，提出了'民贵君轻''保民而王'、以仁政与民本为核心的富有民主性精华的思想，首倡心性之学，确立士人独立品格，发展了孔子的思想学说，为后世留下了宝贵的精神财富。"[7]这一概述是精辟的。习近平总书记指出："要把中华文明起源研究同中华文明特质和形态等重大问题研究紧密结

---

① 范文澜：《中国通史简编》，河北教育出版社 2000 年版，第 106 页。
② 《习近平著作选读（第一卷）》，人民出版社 2023 年版，第 22 页。
③ 方勇译注：《孟子·离娄下》，中华书局 2010 年版，第 169 页。
④ 方勇译注：《孟子·滕文公上》，中华书局 2010 年版，第 86 页。
⑤ 方勇译注：《孟子·滕文公上》，中华书局 2010 年版，第 96 页。
⑥ 方勇译注：《孟子·梁惠王下》，中华书局 2010 年版，第 33 页。
⑦ 王充闾：《国粹——人文传承书》，北京大学出版社 2017 年版，第 45 页。

合起来，深入研究阐释中华文明起源所昭示的中华民族共同体发展路向和中华民族多元一体演进格局，研究阐释中华文明讲仁爱、重民本、守诚信、崇正义、尚和合、求大同的精神特质和发展形态，阐明中国道路的深厚文化底蕴。”①我认为，中华优秀文化基本价值中的“讲仁爱”“重民本”都与孟子思想有密切的关系。可以说，孟子思想对于我们弘扬社会主义核心价值，提供了一个最直接、最重要的源泉。

总而言之，孟子修“四端之心”、养“浩然之气”的道德修养方法，“学贵立志”“反求诸己”的为学理念，特别是“民贵君轻”、人格平等的价值追求，至今仍然闪烁着夺目的光辉，吸引着一代代学者孜孜不倦地践行，它们也早已成为中华优秀传统文化的内核。

① 习近平：《把中国文明历史研究引向深入，增强历史自觉坚定文化自信》，《求是》，2022年第14期。

庄子

——在悟道与求真中超脱世俗成见

庄子(约前369—前286,一说前275),姓庄,名周,字子休(亦说子沐)。宋国蒙人。我国古代著名的思想家、哲学家和文学家。庄周曾做过宋国的地方漆园吏,与梁惠王、齐宣王是同时期人。他崇尚自由,没有入仕,隐居著书,庄子及其学派的学术结晶,就是《庄子》一书。庄子思想对中华民族的影响可谓十分巨大。闻一多认为:"中国人的文化上永远留着庄子的烙印。"[①]鲁迅评价《庄子》:"其文则汪洋辟阖,仪态万方,晚周诸子之作,莫能先也。"[②]

庄子是继老子之后道家又一代表人物。庄子的思想对后世影响极为深远。从魏晋玄学到佛教禅宗、甚至宋明理学的出现都与庄子思想有着密切关系。庄子继承了老子的思想,但是,在其核心学养方面,他们还是有所不同。老子的核心学养是"以道为学",庄子的核心学养则在于"悟道求真",一个是"求道",一个是"求真"。庄子这个"真"是一种极致的"逍遥",是超越了自然、摆脱了肉体的束缚,解开了种种世俗枷锁之后的真正自由,这种自由是指精神上的绝对自由。

一、修养境界:圣人不凝滞于物

"圣人不凝滞于物,而能与世推移"出自屈原所著的《渔父》,这句话虽然不是庄子所说,但是,它最能够体现庄子的修养境界。在日常生活中,庄子也将"不滞于物"的道德修养充分地表现了出来。

(一)追求自由与安宁

庄子贫困,却安贫乐道,对外在物质条件没有太高要求,更多地追求内心的自由与安宁。

> 庄子钓于濮水。楚王使大夫二人往先焉,曰:"愿以境内累矣!"庄子持竿不顾,曰:"吾闻楚有神龟,死已三千岁矣。王巾笥而藏之庙堂之上。此龟者,宁其死为留骨而贵乎?宁其生而曳尾于涂中乎?"二大夫曰:"宁生而曳尾涂中。"庄子曰:"往矣!吾将曳尾于涂中。"[③]

---

① 孙党伯、袁春正主编:《闻一多全集·庄子篇》第9卷,湖北人民出版社1993年版,第7页。

② 鲁迅:《鲁迅全集·汉文学史纲要·老庄》第9卷,人民文学出版社2005年版,第375页。

③ (晋)郭象注,(唐)成玄英疏:《庄子注疏·外篇·秋水》,中华书局2011年版,第328页。

庄子说的问题其实并不复杂，就是自由和功利心之间的矛盾罢了。每个人都向往自由，不希望被种种枷锁所约束，楚王派遣的两个大夫，虽身居官位，处于庙堂之上，但面对庄子的反问，也不自觉地流露出对自由的向往——“宁生而曳尾于涂中”。匈牙利诗人裴多菲说过：“生命诚可贵，爱情价更高。若为自由故，两者皆可抛。”美国人帕特里克·亨利也说过：“不自由，毋宁死。”对于自由的渴望，是每个人与生俱来的向往，这是超越种族、地域的真实情感。怎会有人不愿去追寻自由呢？一方面，人们生活在这个世界上，本来就没有绝对自由，只能在精神世界中去追寻真正的自由，这也正是庄子所做的；另一方面，人们害怕失去，追寻自由必然要付出代价，拥有得越多，越害怕失去。

惠子相梁，庄子往见之。或谓惠子曰：“庄子来，欲代子相。”于是惠子恐，搜于国中三日三夜。庄子往见之，曰：“南方有鸟，其名为鹓鹐，子知之乎？夫鹓鹐发于南海而飞于北海，非梧桐不止，非练实不食，非醴泉不饮。于是鸱得腐鼠，鹓鹐过之，仰而视之曰：‘吓！’今子欲以子之梁国而吓我耶？”[①]

惠子和庄子原本是很好的朋友，惠子也未曾嫌弃过庄子贫困，可是，仅仅因为别人的一句话，说庄子要夺他的位置，惠子便害怕了，想把庄子抓起来，在城里搜索了三天三夜。庄子知道后，不以为然，主动前去见他，讲了这个寓言：“南方有一种鸟，它的名字叫鹓雏，你知道吗？从南海飞到北海去，不是梧桐树不栖息，不是竹子的果实不吃，不是甜美如醴的泉水不喝。此时，猫头鹰拾到一只腐臭的老鼠，鸟从它面前飞过，猫头鹰仰头看着，发出‘吓’的怒斥声。现在，你也想用你的梁国（庄子此处将梁国比喻为“腐鼠”）来‘吓’我吧？”庄子认为，不论是富贵还是贫穷，都是外在的，同内心的自由与安宁相比，都显得一文不值。正如陶渊明所说：“不戚戚于贫贱，不汲汲于富贵。”[②]庄子不仅不在乎功名富贵，也不在乎他人的目光与评价。

（二）不滞于物

《庄子·秋水》篇记载着这么一个故事：

庄子与惠子游于濠梁之上。庄子曰：“鲦鱼出游从容，是鱼之乐也。”惠子曰：“子非鱼，安知鱼之乐？”庄子曰：“子非我，安知我不知鱼之乐？”惠子曰：“我非子，固不知子矣；子固非鱼也，子之不知鱼之乐，全矣！”庄子曰：“请循其本。子曰‘汝安知鱼乐’云者，既已知吾知之而问我。我知之

① （晋）郭象注，（唐）成玄英疏：《庄子注疏·外篇·秋水》，中华书局2011年版，第329页。
② 袁行霈撰：《陶渊明集笺注·五柳先生传》，中华书局2011年版，第344页。

濠上也。”[①]

“子非鱼，安知鱼之乐”，庄子和惠子辩论的是鱼，也不是鱼。鱼到底快乐不快乐？庄子说，鱼自由从容，认为自己很快乐，其实是说自己虽然贫穷，内心却是自由快乐的。惠子则是说，鱼并没有说快乐不快乐，是庄子把自己的想法强加给鱼罢了。庄子回答说：“请把话题从头说起吧？你说‘你怎么知道鱼是快乐的’这句话，就是你已经知道我知道鱼的快乐，所以才来问我。现在我告诉你，我是在濠水的桥上知道的啊！”庄子自己游濠上而乐，则知鱼游濠下亦乐也。人心鱼心融为一体，将心比心、以心度心，多么生动传神地表达了人类与自然界和谐相处的情景呀！

庄子教导人们“不滞于物”，就是要人们除去外界的种种诱惑，除去心中的种种烦恼，遵循自己的想法，去追求内心的安宁与自由，既生活在人世间又超越人世，寻找心中真正的安宁。“在庄子看来，人一旦视世间为荒诞，在世间中，便可以通过游戏人间的方式而出世。”[②]这是很有见地的。

（三）求做“真人”

什么是“真人”？对此，庄子在《大宗师》一篇中用了大量的笔墨来描述，他分别描述了“真人”的四种特性：

一是“古之真人，不逆寡，不雄成，不谟士。”[③]庄子说，“真人”待人平等，不欺凌弱寡，也不争雄于天下，也不帮人出谋划策，这样就超越了世俗的功名利禄，不会因为失去什么而感到恐惧。

二是“古之真人，其寝不梦，其觉无忧，其食不甘，其息深深。”[④]在这里“真人”忘却的是世俗烦恼。所谓日有所思，夜有所梦，夜无所梦，则日必然是无所思，“真人”抛弃纷繁的杂念，不会因为外在的种种干扰感到烦恼。

三是“古之真人，不知说生，不知恶死。其出不欣，其入不距。翛然而往，翛然而来而已矣。不忘其所始，不求其所终。”[⑤]这里是说“真人”能正视死亡的恐惧，将生死随意地看待，把其视为天地循环的一个过程而已。

四是“古之真人，其状义而不朋，若不足而不承；与乎其觚而不坚也，张乎其虚而不华也。”[⑥]这里是说“真人”连自身的肉体都忘却了，不在乎容貌的美丑、身体的强弱，与正常人没有任何区别。

---

① （晋）郭象注，（唐）成玄英疏：《庄子注疏·外篇·秋水》，中华书局 2011 年版，第 329—330 页。

② 冯达文、郭齐勇主编：《新编中国哲学史》上册，人民出版社 2004 年版，第 125 页。

③ （晋）郭象注，（唐）成玄英疏：《庄子注疏·内篇·大宗师》，中华书局 2011 年版，第 126 页。

④ 同上书，第 127 页。

⑤ 同上。

⑥ 同上书，第 130 页。

庄子叙述了“真人”的种种特性之后，总结道：“其一与天为徒，其不一与人为徒，天与人不相胜也，是之谓真人。”①

在庄子看来，“真人”与一般人既一样，也不一样。从天地万物的角度来讲，“真人”与所有一般人都只是其中的一分子。但是，从人类社会的角度讲，“真人”有着与一般人不同的特性，最大的区别就在于：庄子所说的“真人”，本质上就是指心灵超脱者，“真人”无所畏惧，也无所牵挂，世间种种烦恼都与其无关。“真人”可以达到“天人合一”的境界，一般人则不行。至于庄子说“真人”所具有的种种类似特异功能的力量，只是庄子为了说明真人的境界而采用的夸张罢了。

二、学习态度：且有真人而后有真知

“且有真人而后有真知”出自《庄子·大宗师》，这句话生动体现了庄子对学习知识的态度。在庄子看来，先有“真人”然后才有“真知”，人们学习的目的是为了“求真”。如何“求真”呢？首先要学会“悟道”，体会“道通为一”的思想，然后再通过“去知与故”“心斋坐忘”的方法达到“真人”的境界，才能体会到“真知”。

（一）道通为一

庄子认为：人们所认识的经验世界存在着种种差异，这种差异性不是由事物本身产生的，而是由人们自身的经验认识带来的。怎么摆脱这种经验知识带来的差异、从而观察到事物的本质呢？庄子提出了“以道观之”的说法，即以“道”为基准，或者说从“道”的角度来看万事万物，就会发现万事万物的本质是一样的，也就是“道通为一”。

> 物固有所然，物固有所可。无物不然，无物不可。故为是举莛与楹，厉与西施，恢诡谲怪，道通为一。其分也，成也；其成也，毁也。凡物无成与毁，复通为一。②

庄子认为，世间万物的存在本身各有各的理由，各有各的合理性，在这个意义上，草茎（“莛”）与屋柱（“楹”）、丑陋的癞子与美人西施，在世俗的眼光中有天壤之别，千形万状、形形色色。然而，在“道”的视野中，就其本性而言，都是一样的，即“道通为一”。物与物、人与人之间也并没有本质差别，在“道”那里是相通的，“以道观之”，才能看到诸物的变化、差别都不是绝对的，形色万物竟然是同一的、平等的、没有区别的。它们都属于“道”的一部分或“道”运作的某一状态

---

① （晋）郭象注，（唐）成玄英疏：《庄子注疏·内篇·大宗师》，中华书局2011年版，第132页。
② （晋）郭象注，（唐）成玄英疏：《庄子注疏·内篇·齐物论》，中华书局2011年版，第38页。

而已，此即“凡物无成与毁，复通为一”的真意。

从学习的角度看，“以道观之”就是用“道”的观点从整体上直观地认识事物的学习方法，它超越了对认识对象起始、发展以及局部特征等的具体分析，把认识对象作为包含全部内容的整体，全息地予以把握。“这种学习法是一种超理性的理性直觉，是直观理性的学习过程。”[①]在学习与了解事物的特征时，不要使自己的思想受到外在经验的拘束，要学会全局性地把握事物的本质。

（二）去知与故，循天之理

“去知与故”，是庄子在“求真”学习过程中使用的一种方法。庄子说：

> 去知与故，循天之理。故无天灾，无物累，无人非，无鬼责。其生若浮，其死若休。不思虑，不豫谋。光矣而不耀，信矣而不期。其寝不梦，其觉无忧。其神纯粹，其魂不罢。虚无恬淡，乃合天德。[②]

去掉“知与故”，人心就能够合乎天理，便没有了天灾人祸，也没有了外物的连累。什么是“知”和“故”呢？“知”通“智”，即巧智。就是知识技巧之类，而“故”字有点不太好理解。郭庆藩在《庄子集释》里面注到：“故，诈也。”《吕氏春秋·论人篇》也有类似的话：“去巧故。”高诱注说：“巧故，伪诈也。”庄子所说的“故”，应当是欺诈的意思。“去知与故，循天之理”，就是说要去除巧智诈伪，从而遵循天理自然。

去“知”和“故”之后，就能使学习者不受外物牵累。因此，庄子极力主张“去知与故”的学习态度，一方面有利于学习者保持踏实、虚心的学习态度，另一方面，有助于学习者除故纳新，把更多精力放在“悟道”“体道”上。可以说，庄子“去知与故”与老子“绝学无忧”“绝圣弃智”在学习理念上有着异曲同工之妙。

（三）心斋坐忘

“心斋坐忘。这是道家最根本的修养方法，系庄子首创。‘心斋’指心的斋戒；‘坐忘’是说静坐而忘掉一切。”[③]“心斋”出现在《庄子·人间世》一篇中，庄子假借孔子之口教导颜渊说：“若一志，无听之以耳而听之以心；无听之以心而听之以气。听止于耳，心止于符。气也者，虚而待物者也。唯道集虚。虚者，心斋也。”[④]

学习者应当意念专一，停止游思浮想。然后，关闭听觉器官，不用耳去听，而是用心去听。用心听就是用意识去感知外界的存在。接着心也应当停止与

---

① 申国昌，史降云：《中国学习思想史》，科学出版社 2006 年版，第 103 页。

② （晋）郭象注，（唐）成玄英疏：《庄子注疏·外篇·刻意》，中华书局 2011 年版，第 292—293 页。

③ 王炳照、阎国华主编：《中国教育思想通史》第 1 卷，湖南教育出版社 1994 年版，第 412 页。

④ （晋）郭象注，（唐）成玄英疏：《庄子注疏·内篇·人间世》，中华书局 2011 年版，第 80—81 页。

环境交流，用气与外界交流。气是虚静空明而能应接万物的。只有维持“气”与“道”合，才可以达到虚静空明的境界。而达到这种虚明的境界的过程就是“心斋”。也就是说，如果要“学道”“悟道”，就必须让内心先抛弃一切旧知与杂念，使心境虚静空明。

而“坐忘”则是达到“心斋”的具体方法。“坐忘”出现在《庄子·大宗师》一文中，由孔子和弟子颜渊的精彩对话而引出：

> 它日复见，曰：“回益矣。”曰：“何谓也?”曰：“回坐忘矣。”仲尼蹴然曰：“何谓坐忘?”颜回曰：“隳肢体，黜聪明，离形去知，同于大通，此谓坐忘。”仲尼曰：“同则无好也，化则无常也。而果其贤乎！丘也请从而后也。”[①]

抛弃外在形体的束缚和种种知识的约束，扫除思想上的尘埃，同大道保持一致，这就是“坐忘”了。所以，孔子认为颜回能够与道混同为一，从而没有好恶之情，能够与变化同游，从而不会滞执守常。颜回果真成了贤人啊！孔子甚至发出“丘也请从而后也”的感叹。

张世欣认为“道家注重把思想道德教育的着力点放在发挥人的主体性作用上，让人在自我修养、自我净化的努力中实现思想道德境界的自我提升。道家倡导‘坐忘’‘心斋’，即内心修炼、心志专一、摒弃情欲、虚静其心，直接与道契合，内不觉其一身，外不识有天地，忘掉自己、忘掉世界、空明心境、虚待万物，才能自我完善、自我生成，用郭象的话即虚心则道集于怀”[②]，正道出了“心斋”“坐忘”的意蕴。

三、思想回响：“逍遥”与“齐物”

庄子继承了老子的思想，但有他自己鲜明的特点。他并不追求老子所说的作为“众妙之门”的本体论意义上的“道”，而是追求一种与天地万物融为一体、超凡于一切之上的真正自由，也就是“逍遥”与“齐物”，这也就是庄子所求的“真”。

（一）逍遥无待

“逍遥无待”是庄子的思想中最著名的一个。《逍遥游》中鲲鹏的故事，生动形象地反映了他的这一观点：

> 北冥有鱼，其名为鲲。鲲之大，不知其几千里也。化而为鸟，其名为

① （晋）郭象注，（唐）成玄英疏：《庄子注疏·内篇·大宗师》，中华书局2011年版，第156页。
② 张世欣：《中国古代德育思想教育史》，浙江大学出版社2010年版，第120页。

鹏。鹏之背，不知其几千里也。怒而飞，其翼若垂天之云。是鸟也，海运则将徙于南冥。南冥者，天池也。[1]

文中的鲲鹏是一种很厉害的动物，据说能“水击三千里，抟扶摇而上者九万里”，然而，拥有这样巨大能量的生物，还是需要大风才能飞起来。所以，庄子认为鲲鹏并没有达到真正的逍遥。接着，他讲到“蜩与学鸠”、彭祖等，在一般人看来，他们都本领高强、有独特才能，然而，在庄子看来，他们远远没有达到逍遥无待的境界。比如鲲鹏、列子，就没有摆脱对外在物质条件的依赖，彭祖也没有摆脱生死观念的束缚，至于那些能够“知效一官，行比一乡，德合一君，而征一国者”，则还没有摆脱富贵、名利的诱惑。

真正的“逍遥无待”是怎样的状态呢？庄子说：“若夫乘天地之正，而御六气之辩，以游无穷者，彼且恶乎待哉。”能够明白天地之间变化，明白六气之间的规律，自由自在，超越时间和空间的界限，这样的人才可以说是真正的“逍遥无待”了。当然，从现实的角度来讲，庄子所说的还只是一种想象，人们只能在精神世界中达到这样一个境界。

庄子追求这种精神上的绝对自由，又有什么意义呢？“庄子思想之所以在不同时代都能够产生影响，就在于庄子的学说并不仅仅源自对特定社会生存境遇的焦虑与反省，更根自于对人作为社会与文化的存在这种具有‘一般’‘普遍’意义的焦虑与反省。”[2]

现代人有各种各样的烦恼和压力，心理疾病是现代社会的常见病之一。庄子说的“逍遥无待”，要求人们不被外在的种种因素所干扰，去追求最本质的需求——精神上的自由，这正是我们需要学习的地方，这一思想能够有效地排解人的内心压力，缓解心理负担。

（二）齐同万物

“齐物论”是庄子思想中又一具有代表性的观点。庄子追求真正的自由与逍遥，试图与天地万物共游，与山川草木对话，这是一种崇高的精神境界。

如何“齐同万物”呢？这要借助“道通为一”的方法。庄子说：

以指喻指之非指，不若以非指喻指之非指也；以马喻马之非马，不若以非马喻马之非马也。天地一指也，万物一马也。[3]

无论是“马是马”，还是“马非马”，都是经验性的判断，如果摆脱了这种经验

① （晋）郭象注，（唐）成玄英疏：《庄子注疏·内篇·逍遥游》，中华书局2011年版，第2—3页。
② 冯达文、郭齐勇主编：《新编中国哲学史》上册，人民出版社2004年版，第127页。
③ （晋）郭象注，（唐）成玄英疏：《庄子注疏·内篇·齐物论》，中华书局2011年版，第37页。

性的判断，以“道”为标准来看待，那么，天地万物都是一样的。庄子说：

> 天下莫大于秋豪之末，而太山为小；莫寿乎殇子，而彭祖为夭。天地与我并生，而万物与我为一。①

在庄子看来，大小、生死等一系列经验性判断都失去了存在的价值，天地万物犹如球一样混元一体。“事物的彼此差别都是相对的，从‘道’的角度来看，此是彼，彼也是此，没有确定界限。”②

庄子“齐同物我”中也包括了“齐同人我”。当前，国际社会，霸权主义、强权政治，甚至文化侵略等现象依然存在。我们应该学习并领悟庄子“齐物论”思想，坚持文化自信，充分尊重、包容其他国家的优秀文化，取长补短，发扬光大自身的文化，并将其转化为自身文化的软实力，求同存异，共同打造人类命运共同体。

总之，庄子学识的核心在于“道的真理”的阐明与呈现，不论是其“不滞于物”的精神境界，还是其“游刃有余”的“庖丁解牛”之技艺探究，无不展现了庄子哲学思想的深邃和博大。“而‘自由’‘平等’‘和谐’则又是比较重要的三个关键词，足以表明庄子哲学的思想旨趣和精神气质。”③这些深刻的哲学思想是庄子留给我们的弥足珍贵的精神财富。

① (晋)郭象注，(唐)成玄英疏：《庄子注疏·内篇·齐物论》，中华书局2011年版，第44页。

② 北京大学哲学系中国哲学教研室主编：《中国哲学史(第二版)》，北京大学出版社2003年版，第68页。

③ 郑开：《庄子哲学讲记》，广西人民出版社2016年版，第17页。

荀子

——"学不可以已"的醇儒

荀子(约前313—前238),名况,字卿,被时人尊称为"荀卿"。我国古代著名思想家、文学家、政治家。荀子是先秦时期儒家最后一位代表人物,由于他培养了李斯和韩非两名法家弟子,所以在儒家学派一直饱受非议,他的思想直到清朝才被人重视。荀子一生也曾周游多个国家,曾经在齐国稷下学宫三为祭酒,也曾游历到赵国与临武君议兵于赵孝成王面前,后又到楚国为兰陵令,最后老死在楚国。冯友兰认为先秦儒家最后之大师为荀子,"孟子以后,儒者无杰出之士。至荀卿而儒家壁垒,始又一新"①。荀子继承了孔子思想,他阐述了"礼"的起源,进一步提出了"隆礼重法"的思想,其目的是为了推行他的政治主张。荀子的核心学养即"学不可以已",这是为他政治主张服务的。在他看来,无论是道德修养还是知识的学习,其最终目的都是为了国家建设与发展、百姓安居与乐业。

一、修养理念:治乱在于心之所可,亡于情之所欲

荀子说:"故治乱在于心之所可,亡于情之所欲。"②国家的治与乱取决于心中想得到的是否符合道理,不在于情感的欲望。荀子认为道德修养是学习、实践的前提。荀子主张"性恶论"。他首先提出"化性起伪"的思想,认为后天的教化能够改变人性恶的本性、导人向善。"化性起伪"的方法是"养心以诚","心"决定了人的思想,影响着人的行为方式,只有"养心以诚",才能保证人不会为恶。之后,通过时间的积累,最终完成道德的修养目标,成为像古代圣王那样的人物,这就是荀子说的"故圣人者,人之所积而致矣"③。但是,这只是荀子所设想的目标,人们真正要做的只有"养心以诚"而已。

(一)化性起伪

儒家一直强调人的道德修养问题,无论孔子还是孟子,都只是强调人应该加强道德修养,荀子提出的"化性起伪"说法,则将这种"应该"转变为"必须"。

① 冯友兰:《冯友兰文集·中国哲学史·荀子及儒家中之荀学》第2卷,长春出版社2008年版,第207页。
② 方勇、李波译注:《荀子·正名》,中华书局2011年版,第369页。
③ 方勇、李波译注:《荀子·性恶》,中华书局2011年版,第385页。

荀子认为："人之性恶，其善者伪也。"[①]在荀子看来，人性本来就是恶的，或者说天然地倾向于恶。荀子认为，人饿了就想吃东西，冷了就想穿衣，累了就想休息，这是人的天性。如果饿了没有食物，冷了没有衣服，累了没法休息，而别人又恰好有，这就会引起人与人之间的争斗，从而使社会产生混乱。"荀子直指'天命'之情性是恶的。因为顺任它发展，将引起人与人之间的争夺、贼杀，导致社会的混乱。"[②]"荀子既主张性恶，而其目的则在提醒人之为善"[③]，在荀子看来，人的本性都是恶的或者说倾向于恶的，如果不加以限制，整个社会就会混乱不堪，在这样的前提下，修养自身道德变成了对每个人必须的要求。为了改变性恶的本性，荀子便提出了"化性起伪"的理论。

> 今人之性恶，必将待师法然后正，得礼义然后治。今人无师法则偏险而不正，无礼义则悖乱而不治。古者圣王以人之性恶，以为偏险而不正，悖乱而不治，是以为之起礼义、制法度，以矫饰人之情性而正之，以扰化人之情性而导之也。始皆出于治，合于道者也。[④]

人性虽然是恶的，但可以通过后天的教化来矫正、引导。那么，依靠什么来教化呢？荀子指出：古代圣王制定礼义、法度，就是用来纠正人性之恶的。当然，这并不是说圣王之性就是善的，他们的人性本来也是恶的，只不过他们先通过别的方式改变了自己的本性，然后再制定礼义、法度来帮助一般人"化性起伪"。

> 故圣人化性而起伪，伪起而生礼义，礼义生而制法度。然则礼义法度者，是圣人之所生也。故圣人之所以同于众，其不异于众者，性也；所以异而过众者，伪也。[⑤]

"性恶论"思想明确了人修养自身道德的目的，即改变自身性恶的本性，并且将修养自身道德品质的要求从应该变成必须，要维持社会的稳定，就必须改变人们性恶的本性。古代圣王制定礼乐制度主要就是为了帮助人们"化性起伪"。

（二）以诚养心

荀子认为，"化性起伪"是人进行道德修养的前提，如何修养自身道德，荀子

① 方勇、李波译注：《荀子·性恶》，中华书局 2011 年版，第 375 页。
② 冯达文、郭齐勇主编：《新编中国哲学史》上册，人民出版社 2004 年版，第 177 页。
③ 徐复观：《中国人性论史·先秦篇》，湖北人民出版社 2002 年版，第 217 页。
④ 方勇、李波译注：《荀子·性恶》，中华书局 2011 年版，第 376 页。
⑤ 同上书，第 379 页。

也有独特观点：

性之好、恶、喜、怒、哀、乐谓之情。情然而心为之择谓之虑。心虑而能为之动谓之伪……人之所欲，生甚矣；人之所恶，死甚矣。然而人有从生成死者，非不欲生而欲死也，不可以生而可以死也。故欲过之而动不及，心止之也。心之所可中理，则欲虽多，奚伤于治！欲不及而动过之，心使之也。心之所可失理，则欲虽寡，奚止于乱！故治乱在于心之所可，亡于情之所欲。[①]

荀子认为，心对于外界有认识的功能，所以，在很大程度上，心对于人的行为有决定性的作用，但是，心的这种决定性作用并不能保证一个人能否为善。

心可以向善，也可以不向善。"所以心的主宰性，对于行为的道德而言，并不是可以信赖的。心的主宰性，是由其认识能力而来；心的主宰性之不可信赖，即是心的认识能力之不可信赖。"[②]那么，让心向善便是修养自身品德的目标。《荀子·不苟》篇说：

君子养心莫善于诚，致诚则无它事矣，惟仁之为守，惟义之为行。诚心守仁则形，形则神，神则能化矣；诚心行义则理，理则明，明则能变矣。[③]

荀子说"养心莫善于诚"，"诚"既是"养心"的方法，也是"养心"有所成就后，达到的一种心灵状态。古代圣王制定了一套"仁义礼智"价值体系，帮助人们理解自身情感欲望等，并指导人们对这些情感、欲望、感受等做出相应的判断和价值选择。"诚"就是真诚、不自欺地面对自我，并通过"守仁"和"行义"的方式来构建自我，最终完成道德的自我修养。同时，在荀子看来，道德修养也并不只是个人的事情，关系整个社会的和谐安定。所以，荀子才试图将人的道德修养从"应该"变成"必须"。

（三）修己以安人

"修己以安人"最早是出自《论语·宪问》。孔子认为，君子学习、修养的目的是为了使百姓安居乐业。荀子继承了这一思想，认为人们只有不断地学习，才能成为治理国家所需要的人才。

彼国错者，非封焉之谓也，何法之道，谁子之与也。故道王者之法与王者之人为之，则亦王；道霸者之法与霸者之人为之，则亦霸；道亡国之法与

---

① 方勇、李波译注：《荀子·正名》，中华书局2011年版，第357页。

② 徐复观：《中国人性论史·先秦篇》，九州出版社2014年版，第219页。

③ 方勇、李波译注：《荀子·不苟》，中华书局2011年版，第31—32页。

亡国之人为之，则亦亡。[①]

高素质人才培养关系到国家和民族的安危存亡、前途命运。由于国家的法令与政策大都是由这批人制定和发布的，他们的思想与行动在很大程度上决定着国家的实力和社会发展的走向。

故土之与人也，道之与法也者，国家之本作也。君子也者，道法之总要也，不可少顷旷也。得之则治，失之则乱；得之则安，失之则危；得之则存，失之则亡，故有良法而乱者有之矣，有君子而乱者，自古及今，未尝闻也，传曰："治生乎君子，乱生于小人。"此之谓也。[②]

荀子认为，土地、人口、政策、法度这些东西是国家的基础，然而，优秀的管理人才更为重要。一个国家制定的法律再好，没有优秀的人才对国家进行治理，也是没有用的。

在荀子看来，学习的目标除了个人对知识的追求、自身道德的修养之外，更重要的是要为国家储备人才。学习的社会价值在于：为国育才，强国富民。学习的最终目的，就是要为整个国家的和谐与发展贡献一分力量。

荀子的这一观点，在新时代也有重要的现实意义。习近平总书记说："一切科技创新活动都是人做出来的。我国要建设世界科技强国，关键是要建设一支规模宏大、结构合理、素质优良的创新人才队伍，激发各类人才创新活力和潜力。"[③]

二、治学观念：学不可以已

荀子非常重视探究学习理论，《荀子》第一篇就是《劝学》。"学"是《荀子》世界的开端环节，"这个环节自身就是一个世界，我们把它称为'学习共同体'"[④]。荀子在学习理念方面有很多独到的见解，其中有两个鲜明的观点：一是"学不可以已"的终身学习理念，强调"学无止境"；二是"修己以安人"，强调学习的目的是为了国家强盛和社会的发展。

（一）锲而不舍，金石可镂

荀子认为人的智慧并非天生的，很大程度上都来自后天的学习。人的各种才能都是在先天素质的基础上，通过后天的学习、实践与积累形成并发展起来的。先天遗传素质相同的人，经过后天的培养，完全可能造就千差万别、能力各

① 方勇、李波译注：《荀子·王霸》，中华书局2011年版，第167页。

② 方勇、李波译注：《荀子·致士》，中华书局2011年版，第221—222页。

③ 《习近平著作选读（第一卷）》，人民出版社2023年版，第498页。

④ 沈云波：《学不可以已——〈荀子〉思想研究》，上海人民出版社2016年版，第57页。

异的人。这种积累都是一步一步达成的，没有一蹴而就的方法。《劝学》中有许多关于立志学习的精辟语句：

> 君子曰：学不可以已。
>
> 故不积跬步，无以至千里；不积小流，无以成江海。骐骥一跃，不能十步；驽马十驾，功在不舍。锲而舍之，朽木不折；锲而不舍，金石可镂。[①]

没有“生而知之”的人，所有的学问都必须通过一点点的学习与实践积累起来，真可谓：铢积寸累、水滴石穿。孔子也说过：“我非生而知之者，好古，敏以求之者也。”[②]

即使是天纵英才，也存在他的极限。即便天资过人，如果他虚度光阴，一曝十寒，也终将前功尽弃，一无所获。北宋王安石撰写的《伤仲永》[③]一文里的主人公金溪方仲永就是典型的代表。方仲永少年时天资聪颖，五岁就要读书，还能赋诗四句。“自是，指物作诗，立就，其文理皆有可观者”。真可谓：“其受之天也，贤于材人远矣。”然而，其父目光短浅、不懂教育、贪图小利，“日扳仲永环谒于邑人，不使学”“受于人者不至”，耗费了光阴，没有继续学习，最后“泯然众人矣”。

邵瑞珍认为：“长期的认知领域的学习，如掌握某一门学科的知识，需要个体不断地作出积极的努力，把新观念材料组合到自己的参照系内。它要求个体具有集中注意、坚持不懈以及提高对挫折的忍受性这样一些意志与情感方面的品质。”[④]这可谓是讲到了学习的关键点。科学从来不是一次就能成功的，只有反复地实验，在失败中积累素材与经验，最终才能得出准确的结论。科学实验要求人们具有锲而不舍的精神，更要求人们不能满足于现状，要勇于突破，勇于创新。只有锲而不舍，才能“金石可镂”。

（二）善假于物

荀子认为，每个人的能力都是有限的，要实现自己的目标，就需要学会“善假于物”。

> 吾尝终日而思矣，不如须臾之所学也；吾尝跂而望矣，不如登高之博见也。登高而招，臂非加长也，而见者远；顺风而呼，声非加疾也，而闻者彰。假舆马者，非利足也，而致千里；假舟楫者，非能水也，而绝江河。君子生非

① 方勇、李波译注：《荀子·劝学》，中华书局 2011 年版，第 1—5 页。

② 杨伯峻译注：《论语译注·述而》(典藏版)，中华书局 2015 年版，第 106 页。

③ 高志忠译注：《唐宋八大家文集译注(精编本)》，商务印书馆 2016 年版，第 128 页。

④ 邵瑞珍主编：《教育心理学(修订本)》，上海教育出版社 1997 年版，第 295—296 页。

异也，善假于物也。[①]

驰骋千里之人，不一定是他跑得最快，而是借助了车马的力量；横渡江河的人，不一定都会游泳，而是他善于借助舟船。现实生活中，我们也可以借助种种工具，来更好地完成工作与学习。如现代社会网络发达，很多资源都可以在网上找到，完全可以借助网络查找资料、听名师讲课等方式优化自身的学习，提升自己的工作效率。《劝学》篇又说：

> 学莫便乎近其人。《礼》、《乐》法而不说，《诗》、《书》故而不切，《春秋》约而不速。方其人之习君子之说，则尊以遍矣，周于世矣。故曰：学莫便乎近其人。[②]

学习最便捷的道路就是亲近良师了。《礼经》和《乐经》有法度但嫌疏略，《诗经》与《尚书》古朴却远离现实，《春秋》简略而不够周详，只有仿效良师学习君子学问，才能达到既崇高又全面的境界，通达世理。《诗经》《尚书》《春秋》等书各具特色，蕴含着许多道理，然而，由于这些经典古老而久远，远离生活，因而给人“不说”“不切”“不速”的感觉。这个时候，向周围的人学习，或者得到人家的帮助，可谓是一条便捷的成功之路。孔子说过：“三人行，必有我师焉；择其善者而从之，其不善者而改之。”[③]曾子也说：“君子以文会友，以友辅仁。”[④]君子用文章学问来会聚朋友，通过朋友来促进仁德的培养。良师益友可以为人们提供便利，让人们少走弯路，也称得上是人们可以凭借的“人物”。

（三）兼权之，熟计之

荀子特别强调学习前人的知识时要持批判继承态度。他虽然学习的是儒家思想，却与孟子思想有较大的不同。

> 古为蔽，今为蔽。凡万物异则莫不相为蔽，此心术之公患也。[⑤]
> 而兼权之，熟计之，然后定其欲恶取舍。[⑥]

只了解古代会造成蒙蔽，只知道现在也会造成蒙蔽。无论是全盘接受古代的东西还是全盘否定历史，都是片面的、错误的、不可取的。后人应该在广泛学

---

① 方勇、李波译注：《荀子·劝学》，中华书局2011年版，第2—3页。
② 同上书，第9页。
③ 杨伯峻译注：《论语译注·述而》（典藏版），中华书局2015年版，第106页。
④ 杨伯峻译注：《论语译注·颜渊》（典藏版），中华书局2015年版，第189页。
⑤ 方勇、李波译注：《荀子·解蔽》，中华书局2011年版，第338页。
⑥ 方勇、李波译注：《荀子·不苟》，中华书局2011年版，第35页。

习之后，认真分析前人的思想、文化，有选择地继承，舍弃其糟粕与无益的东西。正如鲁迅《拿来主义》一文中所写："我们要运用脑髓，放出眼光，自己来拿！"荀子在理论上是这样说的，在实践中也是这样做的。他在学习和研究诸子思想的过程中，就采取批判的学习态度，吸收其合理性的因素，摒弃其错误的成分。

郭沫若说："荀子是先秦诸子中的最后一位大师，他不仅集了儒家的大成，而且可以说是集了百家的大成的……他是把百家的学说差不多都融会贯通了。先秦诸子几乎没有一家没有经过他的批判……而在他的学说思想里面，我们很明显地可以看得出百家的影响。或者是正面的接受与发展，或者是综合的统一与衍变。"[①]这对现代人学习传统文化，也极具借鉴价值。

三、突破局限："人定胜天"与"隆礼重法"

荀子的学术思想涉及很多方面，但是，许多观点与当时的主流思想不相符合。如"人定胜天"，这是荀子思想的基础，它冲击了当时占主流地位的"天人合一"思想。在政治思想上，孔子与孟子都强调王道是"仁政""礼治"，而荀子则提出了"王霸杂糅"的说法，认为应该"隆礼重法""礼法结合"。荀子这一思想对后世王朝实行外儒内法的治国方略提供了一定的理论依据。在治学上，荀子提出"修己以安人"，其实就是希望为治国提供有用人才。

（一）天行有常

先秦时期，天命观是一个很重要的观念，一般来说，先秦诸子多认同"天人合一"观，荀子则与众不同，提出了"天人相分"的观点。

"天行有常，不为尧存，不为桀亡。"[②]荀子认为：天道的运转是遵守其本身的法则的，不会因人的情感或意志而有所改变。有像尧一样的圣人，也可能发生自然灾害；有像桀纣一样的暴君，也并非一定有特别的天灾。天道只是单纯地按照自己的规律运行：

> 天有其时，地有其财，人有其治，夫是之谓能参。舍其所以参，而愿其所参，则惑矣。[③]

荀子认为，上天自有一套时令规律，大地自有其自然资源，人类则有自己的治理方法，三者能够并列共存。人如果舍弃了自身用来与天、地相并列的治理方法，而只寄希望于与自己相并列的天、地，那就是糊涂了。

---

① 郭沫若：《十批判书》，科学出版社1956年版，第209页。
② 方勇、李波译注：《荀子·天论》，中华书局2011年版，第265页。
③ 同上书，第266页。

“天止(只)是客观存在的自然物,天的功用,止(只)是寒暑风雨,生长万物。”[①]在“天人相分”的基础上,荀子进一步提出了“制天命而用之”的观点:

强本而节用,则天不能贫;养备而动时,则天不能病;修道而不贰,则天不能祸。故水旱不能使之饥渴,寒暑不能使之疾,祆怪不能使之凶。[②]

荀子说“制天命而用之”,是讲在顺应天道变化的基础上,要充分发挥人自己的主观能动性,做好足够的准备,那么,即使上天降下灾难也不用担心。

本荒而用侈,则天不能使之富;养略而动罕,则天不能使之全;倍道而妄行,则天不能使之吉。故水旱未至而饥,寒暑未薄而疾,祆怪未至而凶。受时与治世同,而殃祸与治世异,不可以怨天,其道然也。[③]

荀子认为,如果人连最基本的耕种之类的事情都没做好,即使上天不降下灾难,人本身就会引起灾难了,这种灾难都是人自己造成的,不能埋怨。“荀子这一朴素的‘人定胜天’的唯物主义思想,是在与天命论和消极无为的天道观的斗争中总结出来的,它对古代朴素唯物主义哲学的发展,有着十分重要的意义。”[④]

(二)隆礼重法

荀子的思想的重点还是在政治理念方面,他提出的性恶论、法后王等观点都是为其政治思想所服务的。荀子政治思想的核心是“王霸之道”,也就是“隆礼重法”。“隆礼重法,则国常有”这一思想与之前儒家强调的“礼治”存在一定的差异,因此也常常受到后世儒家的诟病,认为荀子的这一思想是“儒皮法骨”。

荀子继承了传统儒家“礼治”的思想,为此,他特意提出了关于“礼”之起源的说法:

礼起于何也?曰:人生而有欲,欲而不得,则不能无求;求而无度量分界,则不能不争;争则乱,乱则穷。先王恶其乱也,故制礼义以分之,以养人之欲,给人之求,使欲必不穷于物,物必不屈于欲,两者相持而长,是礼之所起也。[⑤]

① 范文澜:《中国通史简编》,河北教育出版社 2000 年版,第 105 页。
② 方勇、李波译注:《荀子·天论》,中华书局 2011 年版,第 265 页。
③ 同上。
④ 北京大学哲学系中国哲学教研室主编:《中国哲学史(第二版)》,北京大学出版社 2003 年版,第 97 页。
⑤ 方勇、李波译注:《荀子·礼论》,中华书局 2011 年版,第 300 页。

这里，荀子讲的“礼”实际上与传统儒家的“礼”已经有所不同了。“是经过改造，有了新的内容封建等级制度。荀子在一定程度上看到了社会物质生活与社会政治制度的关系。”①

> 礼之于正国家也，如权衡之于轻重也，如绳墨之于曲直也。故人无礼不生，事无礼不成，国家无礼不宁。②

“礼”是治理国家的基本方略，如果不以“礼”行事，整个国家都不得安宁，君臣、父子、兄弟、夫妇之间的关系都会发生混乱。“在这里，‘礼’不仅为治理国家、控制社会的基本手段，而且也体现为人类的一种价值关怀。”③

“礼”是为了平衡人的欲望与外界物质增长的关系而存在的，但是，其不具备强制性，在“礼”与人的欲望冲突的时候，往往会处于弱势地位。所以，荀子在“礼”的基础上，又提出了带强制性的“法”。在《荀子》中，就有很多“礼”“法”连用的情况。例如：“治之经，礼与刑”④“隆礼至法则国常有”⑤“《礼》者，法之大分、类之纲纪也”。⑥

荀子认为，“礼”是介于“仁义”与“刑法”之间的概念，与“义”连称时是指伦理道德，与“法”连称时是指社会制度。郭齐勇、冯达文认为，“‘法’的制定与行使不纯属利益分配问题，还要有一个道义问题；‘法’的一律化打破了贵族与平民的界限，使一切人平均化了，但‘礼’的持守却仍然使得有学养的人们不至于沉落。荀子可以说是顾及了现实的利欲追求和利益分割而又不失道德理想，顾及了用‘法’来管制公共社会的必然性和必要性而又坚持道德理想，力求在两者之间保持平衡的思想家”⑦。在社会主义核心价值观中，也有荀子所提倡的“礼”，它属于道德修养的层面。荀子提倡的“隆礼重法”，无论是从个人道德修养、社会公德意识培养还是国家法制建设方面来看，都值得借鉴。

① 北京大学哲学系中国哲学教研室主编：《中国哲学史（第二版）》，北京大学出版社2003年版，第91页。

② 方勇、李波译注：《荀子・大略》，中华书局2011年版，第443页。

③ 冯达文、郭齐勇主编：《新编中国哲学史》上册，人民出版社2004年版，第182页。

④ 方勇、李波译注：《荀子・成相》，中华书局2011年版，第404页。

⑤ 同上书，第199页。

⑥ 方勇、李波译注：《荀子・劝学》，中华书局2011年版，第7页。

⑦ 冯达文、郭齐勇主编：《新编中国哲学史》上册，人民出版社2004年版，第184页。

第二篇

儒学独尊的辉煌时代

两汉时期先贤的核心学养概述

两汉时期是中国历史上第一个大一统的时期，也是儒家学说发展繁荣的重要时期。这一时期，儒家学说从诸子百家中脱颖而出，并一跃而成为封建社会的正统思想，影响中国社会达两千年之久。从秦始皇焚书坑儒、一统天下，到汉武帝罢黜百家、独尊儒术，伴随着历史的演进，中华民族的文化也得到了长足的发展，呈现出繁荣的景象，涌现出许多具有代表性的名流大家。他们刻苦求知，精研博览，逐步形成了其独特的为学之道，在两汉儒学发展的脉络中代代传承。

一

公元前221年，秦灭六国，秦王嬴政改号称皇帝，结束了自春秋战国以来五百年间诸侯分裂割据的社会局面，建立起中国历史上第一个中央集权的专制封建王朝。登基之后的嬴政采取了一系列维护封建统治的极端措施。这一时期的思想文化刚刚经历了战国百家争鸣的盛况，本应是一片繁盛的景象，但“焚书坑儒”的文化高压政策，却将这一切繁荣扼杀于摇篮之中。当时，一些儒生、游士，希望复辟贵族割据局面，他们“入则心非，出则巷议”，引证《诗》《书》、百家语，以古非今。致力于维护王朝统一的当权者自然不会允许此种状况的长期存在。于是，在秦始皇的命令下，“焚书坑儒”的惨案就这样发生了。自公元前213年始，各郡、县查禁了所有《诗》《书》及与诸子百家相关的书籍，将其焚烧殆尽，咸阳城内的方士儒生也被搜捕，惨遭坑杀。“焚书坑儒”是对中国文化的一次严重摧残，它致使大量珍贵文献失传，一些思想流派也就此绝迹，春秋战国的百家言论支离破碎，思想文化陷入了极度的低迷。在秦始皇诸多“国策”中，“皇帝具有至高无上的权力”和“焚书坑儒”这两项维护其专制统治的极端残暴措施，对中华民族的历史发展走向和中华民族的原动力都带来极其严重的负面影响。秦始皇在位十一年，秦朝国力空前强盛，然而，由于各方面原因和弊病，秦朝二世执政三年之后，强大的秦王朝便在历史上彻底陨落了。

这一时期，诸家沉寂，人人自危，文化领域一片凋敝，正如鲁迅先生所言，“秦代文学仅一人而已”，他说的“一人”，即是李斯。李斯，字通古。战国末期楚国上蔡（今河南上蔡）人。秦代著名的政治家、文学家和书法家。对于这位“千古名相”，后世褒贬不一。本书暂且不去探讨他政治方面的功过得失，主要介绍他的学习思想。《史记·李斯列传》载：“李斯……年少时，为郡小吏，见吏舍厕中鼠食不洁，近人犬，数惊恐之。斯入仓，观仓中鼠，食积粟，居大庑之下，不见人犬之忧。于是李斯乃叹曰：‘人之贤不肖譬如鼠矣，在所自处耳！’”[①]李斯出

① （汉）司马迁撰，韩兆琦主译：《史记·李斯列传》，中华书局2008年版，第1730页。

身卑微，他强调环境对个人塑造的决定作用，认为一个人才学品德的养成就如同“厕中鼠”与“仓中鼠”一般，直接取决于自身所处环境。李斯崇尚儒家“学而优则仕”的出仕理念，早年不满于郡县小吏的平庸生活，有鸿鹄之志。“乃从荀卿学帝王之术”，学成后入秦，很快就受到了秦相吕不韦的赏识，被任用为郎。之后，逐步佐政于秦王，灭诸侯、成帝业、定邦国，终于位列权臣，得偿所愿。李斯秉承儒士人格的同时，又有着对功名利禄的强烈渴望与不懈追求，甚至一度成为其求学为学的根本，这是一种现实的求学观，满含着对未来的深切期待。李斯文采斐然，尤以散文见长，上承战国荀卿，下启西汉枚乘，说理透辟，议论纵横，在当时渐趋寂寥的秦代文坛上一枝独秀，影响深远。他主张“构思严谨，文质互生”，从文学创作层面来讲，就是注重文章的构思和布局，强调文采与内容的并重。其传世名作《谏逐客书》，文采卓绝如行云流水，又兼具战国纵横家遗风，内容上从跨海内、制诸侯、成帝业等方面入笔，运用举例对比手法，紧扣秦国利弊得失，论述驱逐客卿的危害，可以说是贯彻其“构思严谨，文质互生”理论的典型力作。

二

公元前 207 年，刘邦率部攻入关中，秦三世子婴降，曾经统一了六国的秦帝国就此破灭。历经长达四年的楚汉之争，刘邦终于力挫另一个农民起义领袖项羽，取得胜利，建立汉王朝，登基称帝，中国历史正式进入两汉时期。这一时期，政局相对稳定，除经历两汉之际及东汉末期诸如王莽篡权、军阀混战等约合半个多世纪的严重动荡外，大一统的政治局面得到了基本维持，至西汉武、宣二帝时期，凭借强盛的国力，声威远播。国家政权的稳定促进了思想学术的发展，在经历春秋“百家争鸣”和秦朝“焚书坑儒”之后，儒家文化逐渐从诸子学说中脱颖而出，并迅速占据了统治地位，以它为代表的汉文化圈正式形成，“汉学”蓬勃发展。在此基础上，统治者积极吸取秦朝灭亡的历史教训，在中央和地方大力推行教化，以儒学为核心内容的教育体系日益发达，“四海之内，学校如林，庠序盈门”[①]，中华文明得到了广泛继承和弘扬，“使汉有弘文之人，经传汉事，则《尚书》《春秋》也。儒者宗之，学者习之”[②]。这一时期是儒家文化发展的决定性时期，涌现出了诸多儒学研究的名士先贤。

作为汉代第一位力倡儒学的思想家，陆贾早年以幕僚身份追随高祖刘邦平定天下，他能言善辩，常出使游说各路诸侯，深得帝王赏识，被誉为“有口辩士”。

① (南朝宋)范晔撰，(唐)李贤等注：《后汉书·班彪列传》，中华书局 1998 年版，第 1083 页。

② (汉)王充著，黄晖撰：《论衡校释·宣汉》，中华书局 1990 年版，第 821 页。

在道德修养方面，陆贾提倡“崇德尚仁，修身中和”“治以道德为上，行以仁义为本”，认为自身性情的养成应以道德为上，日常的行为规范要将仁义作为根本。他认为，上位者应当不贪于财，不弱于武，上位者之所以失败是因为无道德存身，无仁义加下。同理，如果君主不能崇德尚仁，修身自律，那么再霸道的统治也会瓦解，再强大的国家也会消亡。陆贾在求学治学的过程中偏向于“专心一意，通经致用”，所谓“怀异虑者不可以立计，持两端者不可以定威”，学习更是如此，它需要求学者的专注和用心，在读书思考的过程中沉心静气，不能左顾右盼，心浮气躁。他认为，人的思想就如同眼、耳、口、鼻、手、足一般，各自具有固定的性能，所以凡事都要做到专心一意，脚踏实地。“通经致用”则要求人们在求学过程中注重自身对传世经典的学习与继承，能够联系实际，对所学知识融会贯通，学以致用。与此同时，陆贾还反对迷信圣人，重古轻今。他指出，“道近不必出于久远，取其致要而有成”[①]，学习的目标是针对当下的实际提出解决方案，而不是一味地崇古，恪守圣人之治。可以说，在当时动荡不安的政治背景下，陆贾对自身为学主张的宣扬与实施，在一定程度上整顿了汉初的政治结构和社会秩序，为汉代教育制度的形成和发展提供了理论指导。

三

至汉武帝继位，西汉国力已臻于大盛，经济得到长足的发展，汉武帝认为加强中央集权和确立正统思想已迫在眉睫。此时，出现了一位极其重要的人物，就是董仲舒。董仲舒，西汉时期儒家学派的代表人物之一。出生于一个大地主家庭，自幼便受到了父亲的良好教育。他天资聪颖，又能潜心苦读，成就斐然。董仲舒的道德修养重在对儒家“仁德智慧，义以养身”的提倡。他认为，仁德和智慧是衡量一个人是否为君子的重要参照，即所谓“莫近于仁，莫急于智”。诚恳爱人，恭谨和合而与人无争是为“仁”；能以自身智慧指引身边之人，言行遵循一定的法度，有所依据是为“智”；而“义”，则是用于供养内心的优秀品德。重利轻义并非不对，但是生而为人，总要有些更高的追求，我们需要圣人的教化来引导，培养对义的尊崇，从而达到一种更为高尚的人生境界。在为学之道上，董仲舒则提倡“积少成多，专心致志”，要求人们在读书学习过程中注重积少成多，见微知著，在文学作品的创作中把握细节，深思熟虑。在他看来，学习是一件需要专心的事情，需要全身心地投入，一心为忠，二心则患，顺应天道，方可成才。董仲舒指出，为人处事要顺应上天的意志，听从上天的安排，即“承天意以从事”，并由此而衍生出了“天人合一，君权神授”的思想和“推明孔氏，抑黜百家”的主

---

① (汉)陆贾撰，王利器撰：《新语校注・术事》，中华书局2012年版，第41页。

张。他在充分研习春秋公羊学中“大一统”理论之后，引进道家天命、阴阳观念，创立了“天人合一，君权神授”的封建神学体系。他在上汉武帝的《天人三策》中，提出了“诸不在六艺之科孔子之术者，皆绝其道，勿使并进”[1]的大一统主张，有力地稳固了封建政权的统治。自此，儒家思想的正统与主导地位得到了确立，一跃而成为中国封建社会唯一的统治思想，影响长达两千年之久。

四

儒家正统地位的确立，使得解读经书与仕宦利益之间具备了一定的关联，形成了“公卿大夫士吏彬彬多文学之士”[2]的局面。据《汉书·艺文志》载，西汉中期子论，道家类有婴齐十二篇，纵横家类有主父偃十八篇，杂家类有东方朔二十篇。在这一历史阶段中，诞生了一位惊世之才子，他奉诏对当时已濒临亡佚的散乱诸子残篇进行了搜集记录，齐整五经秘书、诸子诗赋近二十年，对古籍的整理保存做出了巨大贡献，他就是刘向。刘向，原名更生，字子政。楚国彭城(今江苏徐州)人，祖籍沛郡丰县(今江苏丰县)。我国西汉时期著名的经学家、目录学家、文学家。他出生于汉朝宗室之家，以父荫任辇郎，汉宣帝时擢任谏大夫。两度下狱，闲居十余年，一生专心学术，著述颇丰。刘向提倡“勤学修德，知仁守礼”，认为人性本无善恶之分，所以要“勤于学问，以修其性”，引导世人积极向善。“不学不明古道，而能安国者，未之有也”[3]，意思是世上本无天生的圣贤，人只有勤于学问，善修德行，向先哲看齐，才可能有成才成名、立身保命的机会，才能提高其各项能力。刘向提倡“知仁守礼”，希望以儒家传统的“仁”“礼”观念教化百姓，宣扬仁义之道。他要求人们在日常的生活学习过程中，能够以儒家仁义思想为引导，心存仁德，不断上进，遵守规章制度，行之以礼。刘向的治学理念主要以“六经”为核心，提倡“六经为本”，即是将“六经”作为做学问的根本，一切围绕“六经”展开，围绕“六经”结束，以“六经”的思想诠释现实和典籍，巩固和提高儒家经学的正统地位，促使人们秉承认真刻苦的学习精神，心无旁骛，治学求知。他将儒家经典正式推上了思想统治的地位，有力地助推了儒家学说，遑论其利弊如何，所谓一代有一代之文学，理应受到人们的尊崇和效仿。在刘向看来，人们求学、为学的核心价值在于“文饰益才，兼容百家”。所谓“文饰益才”，是他对知识修习的肯定，他认为学习可以改变人的性情，促进人类由粗野向文明的迈进，装点和充盈内心，改变人的气质，同时，可以增进人的才能，促进

① (清)皮锡瑞著，周予同注释：《经学历史·经学极盛时代》，中华书局1959年版，第104页。
② (清)皮锡瑞撰，吴仰湘编：《经学历史·经学昌明时代》，中华书局2015年版，第25页。
③ (清)马骕撰，王利器整理：《绎史·孔门诸子言行三》，中华书局2002年版，第2423页。

学识的增长。只有不断学习，不断进步，学有所用，才能使自身的才华大放异彩。而“兼容百家”则与其校勘皇家藏书、整理和研究诸子百家著作密切相关，他非常推崇《汉书·艺文志》的“九家之说，蜂出并作，各引一端崇其所善，以此驰说，取合诸侯”①。儒墨道法释名农等各家，均有各自的特色和魅力，只有一视同仁，取百家之所长，才“可以通万方之略矣”②。

五

经过二百余年的发展与演变，汉代的思想体系到东汉时期已逐渐偏离正轨，由今文经学派生、兴于西汉末的谶纬神学受到了统治者的青睐。佛学逐渐萌芽，道家学说的影响力也愈来愈大，王充，就是其中的一位典型代表。王充，字仲任。会稽上虞（今浙江上虞）人。我国东汉时期著名的思想家、教育家。他出身于没落世族，自幼就受到了父母的精心教育，勤奋刻苦，通读百家之言，为文不守章句，多有自己的独到见解。王充非常重视个人的道德修养，认为人性和道德是求学、为学的基础，讲求实事求是为学的精神，他十分强调教育环境对人性发展的影响，提出父母的品性和外在环境会对一个人善恶的养成产生直接影响。而且，王充也特别崇尚“言必有验”的君子人格，“凡论事者，言必有验”，在个人道德的约束下，要对自己所说的话和所做的事情负起责任，实事求是，不虚伪，不妄言。他一生未求仕进，倾尽毕生精力治学教授，在学习品格上独有建树。王充非常重视学习的作用，认为“所谓圣者，须学以圣”“不学不成，不问不知”，没有什么圣人是天生就能够通晓学识的，他们都需要不断地学习和进步，强调人自身对外界事物的感知都源于亲力亲为的学习。他主张“学以致用”，认为做学问就是为了“齐家治国平天下”，再不济也要对现实产生一些助益，要能够直接抒发自己心中的思想，论述世俗间的万事万物，而不仅仅是停留在背诵古经、续写旧文的阶段。王充的学术思想多有创新，在前人研究的基础上，结合当时社会实际提出了所谓“鸿儒之教”的人才培养方案，将培育目标定位于具有创新能力的“鸿儒”。同时，针对汉代儒学发展的弊病，王充又提出了“敢于矩师”的学习理念，认为做学问最难的就是打破崇拜古人、崇拜权威的迷信心理。教师是传授知识的主体，理应受到学生的崇拜和尊重，但学生也不能盲目迷信，要敢于反驳，敢于指正，教学相长，才能真正有所进步。

东汉时期，今文经学和古文经学争斗的主流思想之外，出现了一位今古文兼通的大家——班固。班固，字孟坚。扶风安陵（今陕西咸阳）人。东汉时期著名的史学家、文学家。他生于儒学世家，父亲和伯父皆为当时的著名学者。班

① （汉）班固撰，（唐）颜师古注：《汉书·艺文志》，中华书局2012年版，第1546页。

② 同上。

固自幼便深受儒家正统思想的影响，于儒家经典无所不通，尤其是在经学和辞赋方面颇有造诣，代表了同一时期学术发展的最高水平。在治学理念上，班固似乎更加钟爱于“直书实录”基础上的“继承创新”。他要求人们在创作文学作品时将事件最真实的一面还原出来，“不虚美、不隐恶”，《汉书》的写作也遵循了这一理念，他毫不掩饰自身的情感，憎恶分明，对重大的历史事件和人物都有自己独到的看法和见解，始终坚守着内心的正直和客观，最大限度地还原了历史真相。“继承创新”是班固在学习和著述过程中坚持的原则。他博览群书，一丝不苟地学习前人著述，去粗取精，将其中的精华融会贯通，同时，对一些不甚完美的论述和观点进行改造与创新，为己所用。班固的学术成就极高，主要体现在他刻画人物时的“张扬个性”与《汉书》编纂时的“汇通古今”。班固认为，在编纂史书的过程中，注意人物的性格刻画非常重要，这就要求在充分尊重史实的基础上，对历史人物有一个明确的定位和生动的描写。“汇通古今”则是班固编修史书的重要理念。身为史官，他追求“篇章博举，通于上下”的全面论述，上设帝王，下列天道，包罗万象。这样一种创作思维和写作方式恰恰巧妙地规避了“断代史”体例的先天不足，为后世史书的编纂工作提供了范例，指明了正确方向，影响深远。

有汉一代，秉承儒学为尊的基本格调，多奉孔子一门，其他诸学并无显要发展。但事实上，两汉先贤对于先秦诸子的传承从未中断，诸子思想对于汉儒的影响亦不可磨灭。这一时期，是一个相对繁盛的时期，也是一个相对独立的时期，它上承先秦，下启魏晋，在无数名士贤才的共同努力之下，成就了中华民族浓墨重彩的全新篇章。

贾谊

——仁义与礼法相合的道德追求

贾谊(前200—前168),西汉初期的儒家名士,汉初著名的政论家。他少有才名,“年十八,以能诵诗属书闻于郡中”[①]。师从荀子再传弟子张苍,学习《春秋左氏传》,深受荀学一门影响。贾谊学识渊博,求学问道从不局限于一家,他转益多师,对先秦诸子均有研究,推崇儒家,又兼习道家,相较于同时代的学者而言,思想更为驳杂,有《新书》十卷、《吊屈原赋》《鹏鸟赋》等著作传世。在道德修养方面,贾谊崇尚“仁义”之道,并以此作为教育教化的核心,他认为儒家“仁义”与君主的“礼治”有着密不可分的关系,仁政行则天下治,“以民为本”的政治主张是封建政权维系的根基。

公元前169年,梁怀王刘胜坠马而死,时任其太傅的贾谊非常自责,心情十分忧郁,次年卒于任上,时年三十三岁。可以说,贾谊短暂的一生都在官场挣扎,其核心学养也多集中表现于他留传下来的政论文和辞赋创作之中。刘向曾言:“贾谊言三代与秦治乱之意,其论甚美,通达国体,虽古之伊、管未能远过也。使时见用,功化必盛。为庸臣所害,甚可悼痛!”[②]他对先秦儒家仁义与礼治的继承与发展是其思想创新的核心所在,对封建王朝统治的发展起到了积极的推动作用。

一、道德修养:以道德为上,以仁义为本

贾谊身处中国思想史的转折时期,先秦诸子百家争鸣的余韵犹在,然而,因受秦王朝“焚书坑儒”的震慑逐渐转向低迷,此时的黄老学说因其对汉初政局的适应而盛行一时,儒学的发展仍旧沿袭着战国末期荀子开创的思想路径缓慢前进。贾谊秉承儒家传统,积极入世,在个人道德修养方面,提倡道德为上、仁义为本的基本理念,认为仁义道德是修身养性的根本。

(一)性者,道德造物

先秦诸子对人性的论证各不相同,对“性”(人性)的具体定义也一直没有一个确定的解释,贾谊在研究前人观点的基础之上,提出了自己的见解,他明确指出:

① (汉)司马迁:《史记·屈原贾生列传》,中华书局2008年版,第1684页。

② (汉)班固:《汉书·贾谊传》,中华书局1998年版,第1975页。

性者，道德造物。物有形，而道德之神专而为一气，明其润益厚矣。浊而胶相连，在物之中，为物莫生，气皆集焉，故谓之性。性，神气之所会也。性立，则神气晓晓然发而通行于外矣。[①]

这是说，“性”是万物有形之后道德集聚而产生的，它“浊而胶相连在物之中”，“神气晓晓然发而通行于外”，是经过后天的努力所形成的一种道德修养。贾谊将人本性的修习看作是道德观念的养成，他认为人生而不同，可分为三等：

有上主者，有中主者，有下主者。上主者，可引而上，不可引而下；下主者，可以引而下，不可引而上；中主者，可引而上，可引而下。[②]

其中，“上主”和“中主”都可以通过道德的教化达到一种更高层次的境界，而“下主”则不可以，这是对孔子“中人以上，可以语上也；中人以下，不可以语上也”[③]思想的发挥，在一定程度上肯定了人性之间的善恶之分，与荀子的“性恶论”既有区别又有联系。

贾谊的人性观指出，人本性的养成是道德教化的结果，而道德养成的根本则是“道”，“物所道始谓之道，所得以生谓之德。德之有也，以道为本，故曰‘道者，德之本也’。德生物又养物，则物安利矣。”[④]这里的“道”是一种抽象的准则，与先秦的老庄思想相类似，是对万事万物发展规律的一个归结。

人的本性既生于道德，且可以通过后天的教化取得进步，这就要求人们在日常的生活和学习中，注重道德素质的培养，时刻坚守自己的本心。贾谊对道德教化的提倡，是其人性建设的基础，也是其个人道德修养的关键所在。习近平总书记说：“作为父母和家长，应该把美好的道德观念从小就传递给孩子，引导他们有做人的气节和骨气，帮助他们形成美好心灵，促使他们健康成长，长大后成为对国家和人民有用的人。”[⑤]可以说，这也是对贾谊等先贤道德修养思想的传承与弘扬。

（二）仁人行其礼

贾谊建立在道德之上的人性观，是以“仁义”作为根本要求的。他提出“仁人行其礼，则天下安而万理得矣”[⑥]，认为仁德之人能够遵循儒家的礼法之道，

① （汉）贾谊撰，阎振益等校注：《新书校注·道德说》，中华书局2000年版，第326页。
② （汉）贾谊撰，阎振益等校注：《新书校注·连语》，中华书局2000年版，第198—199页。
③ 杨伯峻译注：《论语译注·雍也》（典藏版），中华书局2015年版，第90页。
④ （汉）贾谊撰，阎振益等校注：《新书校注·道德说》，中华书局2000年版，第327页。
⑤ 《习近平著作选读（第一卷）》，人民出版社2023年版，第546页。
⑥ （汉）贾谊撰，阎振益等校注：《新书校注·礼》，中华书局2000年版，第217页。

天下的安宁和万事万物的道理自然就能获得。那么,这其中要遵循的儒家礼法之道具体又是什么呢?贾谊的《新书》中有专门的论述:

> 君惠臣忠,父慈子孝,兄爱弟敬,夫和妻柔,姑慈妇听,礼之至也。君惠则不厉,臣忠则不二,父慈则教,子孝则协,兄爱则友,弟敬则顺,夫和则义,妻柔则正,姑慈则从,妇听则婉,礼之质也。①

贾谊将"礼"这一抽象宽泛的概念,具体细化为君臣父子、兄弟夫妻等社会关系之间的相互要求,是对儒家传统伦理的继承和沿袭,能够确保封建君主统治的稳固,"礼者,所以固国家,定社稷,使君无失其民者也"②。

在贾谊看来,"礼可以说是一切社会制度和行为规范的准则"③,日常生活和学习中的万事万物都离不开"礼"的约束。

> 故道德仁义,非礼不成;教训正俗,非礼不备;分争辩讼,非礼不决;君臣、上下、父子、兄弟,非礼不定;宦学事师,非礼不亲;班朝治军、莅官行法,非礼威严不行;祷祠祭祀,供给鬼神,非礼不诚不庄。是以君子恭敬、撙节、退让以明礼。④

道德伦理、教育风俗、争论诉讼、亲属关系,待人处事,甚至供奉祭祀等,都要遵循礼教的原则,以君子人格作为自身的追求,恭谨谦让,明礼守信,这便是贾谊提倡"仁人行其礼"的内涵所在。

我国自古以来就被称作"礼仪之邦",这是往圣先贤为我们树立的完美形象。在数千年历史长河中,儒家礼教的传承从未间断,它已经成为中华民族溶于骨血的信仰。追求君子人格,崇尚儒家仁义,遵礼守法,是对贾谊"仁人行其礼"思想的发展和延续。随着朝代的更迭和历史的推移,在几千年后的今天,精神文明建设也进入了一个全新发展阶段。在这一阶段,我们革新了陈腐的封建礼教,但对儒家仪礼文化精髓的传承没有终止;我们破除了封建社会大小尊卑的不平等,但对长辈和领导的尊敬时刻牢记;我们摒弃了日常中三跪九叩的烦琐礼节,但过节祭祖时的传统礼仪仍然代代相传。在习近平总书记以及社会各界有识之士的大力提倡之下,中华民族的传统文化重新焕发了生机,人们对于仪礼的传承也逐渐被重视起来,中华民族"礼仪之邦"的形象正在被重塑,尊老爱幼、克己守信的正能量故事每天都发生在我们身边,这不仅仅是精神文明建

---

① (汉)贾谊撰,阎振益等校注:《新书校注·礼》,中华书局2000年版,第215页。

② 同上书,第214页。

③ 王炳照、阎国华主编:《中国教育思想通史》第2卷,湖南教育出版社1994年版,第35页。

④ (汉)贾谊撰,阎振益等校注:《新书校注·礼》,中华书局2000年版,第214页。

设的鲜明标志，更是一个国家和谐安宁的有力保障。

二、为学精粹：习与智长，化与心成

贾谊有着良好的家学传承，幼而好学，博通百家之书。他在《新书·保傅》中说："习与智长，故切而不愧，化与心成，故中道若性。"[①]一个人的智慧提升与心志成长离不开学习，或者说离不开教育的影响和引导，这是一个潜移默化的过程。由此，贾谊确定了关于学习理念和学习方法的基本思路。他强调环境对学习的影响，认为后天的教育环境是个人性格成长的决定因素；他重视胎教，是我国历史上第一个明确提出胎教思想的人；他看重教师的责任与担当，认为尊师重道是每一个求学者必然具备的道德素养。

（一）早谕教，选左右

贾谊认为，学习环境对个人的成长和性格的养成有着至关重要的作用。在贾谊看来，人的后天习染"似练丝，染之蓝则青，染之缁则黑"，什么样的环境，就可能使人养成什么样的习惯。所以，孟母宁可三迁，也要给孟子找到一个适合学习的环境。贾谊时任太子太傅，他提出的教育观念必然会与皇家教育挂钩，当权者"得善佐则存，无善佐则亡，此其不可不忧者耳。《诗》曰：'芃芃棫朴，薪之槱之；济济辟王，左右趋之。'此言左右日以善趋也，故臣窃以为练左右急也。"[②]对太子的培养与教育是关系到国家未来的大计，万万不可掉以轻心，必然要选拔善良贤德之人辅佐于左右，使太子能够耳濡目染，成长为一位明君圣主。在贾谊看来：

> 天下之命，县于太子；太子之善，在于早谕教与选左右。心未滥而先谕教，则化易成也；夫开于道术，知义理之指，则教之功也。若其服习积贯，则左右而已矣。夫胡越之人，生而同声，嗜欲不异，及其长而成俗也，累数译而不能相通，行有虽死而不相为者，则教习然也。臣故曰："选左右，早谕教最急。"夫教得而左右正，则太子正矣，太子正而天下定矣，《书》曰"一人有庆，兆民赖之。"此时务也。[③]

家国天下的命运，在于太子，太子的性情养成，在于"早谕教"与"选左右"，在心性尚未受到外界蛊惑之时，就为他创造良好的学习氛围和社会环境，使他跟随贤德之人，学习贤德之礼，自然而然地受其影响，走入正途。为了证明自己的观点，贾谊还列举了"胡越之人"的反面例证，他们的语言习俗一旦深入骨髓，

---

① 方向东译注：《新书·保傅》，中华书局2012年版，第156页。

② (汉)贾谊撰，阎振益等校注：《新书校注·连语》，中华书局2000年版，第199页。

③ (汉)贾谊撰，阎振益等校注：《新书校注·保傅》，中华书局2000年版，第186页。

即便到了另一种环境之下，也无法改变，突出了“早谕教”“选左右”的重要性。

“蓬生麻中，不扶自直”。优越的学习环境不是性情养成的全部条件，但它起到的作用是绝对不可忽视的。当今学校教育，强大的师资力量是重要方面，校园作为学生学习生活的重要场地，其环境的建设与文化氛围的营造同样也是极其重要的部分。随着人们对家庭教育的重视，对家庭环境、包括父母的态度和行为也提出了更高的要求，希望父母可以作为孩子的榜样，成为孩子在学习和生活中的指导。可以说，这也是贾谊“早谕教”“选左右”思想在现代的传承与发展。

（二）胎教之道

在贾谊有关学习的核心理念中，胎教之道可以说是比较独特的一点。从现存的文献典籍来看，贾谊应当是中国教育史上较早提出胎教思想的人，他在总结前人学习经验的基础之上，提出对后辈学习能力的培养应当从胎儿时期开始。贾谊说：

> 《易》曰：“正其本而万物理。失之毫厘，差以千里。”故君子慎始。《春秋》之元，《诗》之《关雎》，《礼》之《冠》《婚》，《易》之《乾》《坤》，皆慎始敬终云尔。[①]

《周易》中对万物根本的理解相当看重，认为万事万物，从源头开始，就要归正，失之毫厘，可能谬以千里，因此，贾谊提出“君子慎始”，这“慎始”的第一步就是胎教。

贾谊认为，胎教之道，主要包括两个方面，一是婚姻嫁娶的选择，即是注意对胎儿父母的选择；二是胎儿时期良好的教育和生长环境，即是注意母亲及其周边环境对胎儿的影响。首先来看对嫁娶对象的选择。贾谊说：

> 素成，谨为子孙婚妻嫁女，必择孝悌世世有行义者。如是，则其子孙慈孝，不敢淫暴，党无不善，三族辅之。故凤凰生而有仁义之意，虎狼生而有贪戾之心，两者不等，各有其母。呜呼！戒之哉！无养乳虎，将伤天下。故素成，胎教之道，书之玉版，藏之金柜，置之宗庙，以为后世戒。[②]

家族的长辈为子孙选择夫婿或妻子时，一定要选择那些孝悌仁义的家庭，这种家庭的后代才会是善良慈孝之辈，这就像凤凰所生的后代有仁义之心，虎狼的子孙有贪戾之心一样。不同的父母，所生养的孩童也是不同的。因此，配

---

① （汉）贾谊撰，阎振益等校注：《新书校注·胎教》，中华书局2000年版，第390页。

② 同上。

偶的选择尤为重要。贾谊的这一思想，接近于现代医学所说的人的优生优育与遗传基因密切相关的观点，为中国家庭教育研究做出了非常重要的贡献。再来看贾谊关于母亲对胎儿影响的论述：

古者胎教之道，王后有身，七月而就蒌室，太师持铜而御户左，太宰持斗而御户右，太卜持蓍龟而御堂下，诸官皆以其职御于门内。比三月者，王后所求声音非礼乐，则太师抚乐而称不习；所求滋味者非正味，则太宰荷斗而不敢煎调，而曰"不敢以待王太子"。[①]

通过对王后有身孕之后，所处环境的设定，接触人物的严谨，为尚在腹中的王太子营造了礼乐身正的温馨氛围。此外，贾谊还提出，即将为人母者还要时刻注重自己的言行，"立而不跛，坐而不差，独处不倨，虽怒不骂"[②]，一来可以保证胎儿的健康发育，二来也可以为腹中子女树立一个良好的榜样。

贾谊的胎教之道是他毕生治学、探索教育之道的智慧结晶，也与当今风行的胎教观念不谋而合，值得我们发扬和传承。

(三) 师严道尊

尊师重道是儒家文化的精髓，贾谊也不例外，他将教师放在王者"官人"六等的第一等，"王者官人有六等：一曰师，二曰友，三曰大臣，四曰左右，五曰侍御，六曰厮役"[③]。

在学习方法上，贾谊认为，知识的获取不只是个人的独立探索，还需要教师的引导和传授。作为学生，需要用心跟随老师的思路，接受和理解所学知识。因此，教师在学习过程中的作用尤为重要。那么，能够担任这个职责的人，也必然得是贤德之人。对此，贾谊也提出了具体要求。他认为，作为一个教师，应当：

知足以为源泉，行足以为表仪；问焉则应，求焉则得；入人之家足以重人之家，入人之国足以重人之国。[④]

知识足够渊博，为人答疑解惑，日常的行为严格恪守礼仪规范，足以作为学生表率，有问必答，于国于家都能尽自己最大努力来做出贡献，这样的教师，才能算作一个合格的教师。对为人师者提出如此严格的要求，那么，师者的地位必然也是备受尊崇的，"故与师为国者帝""取师之礼，黜位而朝之""师至，则清

① (汉)贾谊撰，阎振益等校注：《新书校注·胎教》，中华书局2000年版，第390—391页。

② 同上书，第391页。

③ (汉)贾谊撰，阎振益等校注：《新书校注·官人》，中华书局2000年版，第292页。

④ 同上。

朝而侍，小事不进”[①]，就是说，即便为君者也要待师以礼，给予老师充分的尊重，这样才能体现君主的仁德，保证国家的长治久安。

贾谊还著有《傅职》一篇，专门论述教师的职责，他以作为太子之师的“三公”“三少”为切入点，明确指出了他们的教育范围：

> 天子不谕于先圣人之德，不知君国畜民之道，不见礼义之正，不察应事之理，不博古之典传；不僩于威仪之数，《诗》《书》《礼》《乐》无经，天子学业之不法，凡此其属，太师之任也。[②]

太师的职责，就是要教授圣人之德，安民之道：

> 天子不恩于亲戚，不惠于庶民，无礼于大臣，不中于刑狱，无经于百官，不哀于丧，不敬于祭，不直于戎事，不信于诸侯，不诚于赏罚，不厚于德，不强于行，赐予侈于左右近臣，吝授于疏远卑贱，不能惩忿忘欲，大行、大礼、大义、大道，不从太师之教，凡此其属，太傅之任也。[③]

太傅的职责就是使统治者能够通晓“大行、大礼、大义、大道”“恩于亲戚”“惠于庶民”“诚于赏罚”“厚于德行”……凡此种种。细致而具体地提出了作为一位教师应具备的素质与职责。

贾谊对师道尊严的关注和阐释，恰恰彰显了其学习理念和学习方法的融会贯通，与当今社会的尊师重教思想一脉相承，“百年大计，教育为本。教育大计，教师为本”。2022 年 4 月 25 日，习近平总书记在中国人民大学考察时勉励广大教师“既精通专业知识、做好‘经师’，又涵养德行、成为‘人师’，努力做精于‘传道授业解惑’的‘经师’和‘人师’的统一者”“以模范行为影响和带动学生，做学生为学、为事、为人的大先生”。

三、思想核心：蓄积者，天下之大命也

贾谊一生短暂，仅仅经历了三十三个春秋。成年后，他一直在官场沉浮，撰写了许多精彩绝伦的政论文章，他学术思想的核心价值多凝结于此，其主流精神也凭借着文献的记载传承至今。贾谊认为，“夫蓄积者，天下之大命也”[④]，智慧的提升需要知识集聚和不断更新，国家的发达需要民众的聚集和支撑。所以，他在兼修儒家的基础上，广泛接触法家、道家思想，提出了民本思想，力图完

---

① (汉)贾谊撰，阎振益等校注：《新书校注・官人》，中华书局 2000 年版，第 292—293 页。
② (汉)贾谊撰，阎振益等校注：《新书校注・傅职》，中华书局 2000 年版，第 173 页。
③ 同上。
④ (汉)贾谊撰，阎振益等校注：《新书校注・无蓄》，中华书局 2000 年版，第 163 页。

善当时社会的治国理念和精神架构。

（一）礼法结合

贾谊少有才名而转益多师，他的思想精髓不仅仅体现在对儒家学说的继承和发展之上，还体现为对儒、法、道三家思想的接受和融合。侯外庐认为："从他的《鹏鸟赋》《自伤赋》，可以看出他有'老庄'思想，从他的《治安策》，可以看出他有荀子思想，这些材料还存于《史记》《汉书》之中。"①

本于儒家的贾谊，与陆贾的思想有相似之处，他们都推崇"仁义"，认为国家长治久安的根源在于实施仁政，君主要心怀"仁义"。贾谊作《过秦论》，指出秦王朝的覆灭在于"仁义不施而攻守之势异也"，秦是因暴政而亡，希望汉初统治者能够从中吸取经验教训，改革法度，兴礼正乐。贾谊认为儒家仁义，尤以礼教为先，但治国安邦，不可能仅仅依靠礼乐的教化，还需要法的辅助，应当做到"礼法相合"，建立合理的等级观念。正如金春峰所说："汉初尊卑贵贱的封建等级关系受到放任自由的经济政策的冲击。贾谊要求纠正这种状况，迅速建立等级分明的礼制，以强化专制统治秩序，加强皇帝的权势。"②贾谊指出，"夫礼者禁于将然之前，而法者禁于已然之后"③，礼的作用是教化，是用道德的力量去约束，将犯罪的心理扼杀在萌芽状态，法的手段是对罪恶的惩治，是在罪恶已经发生之后所采取的一种刑罚措施。二者相辅相成缺一不可，唯有礼法相合，社会安定，统治阶级的统治方能长久。

（二）民者，万世之本

民本思想在中国源远流长，早在《尚书》中就有提及，《酒诰》篇有云，"人无于水监，当于民监"，便是明证。此后，先秦诸子都注意到了这一问题，纷纷对其做出论述，孔子提出要"使民以时"④，正式将民本思想纳入儒家体系；孟子提出了"民为贵，社稷次之，君为轻"⑤的口号，并且敢于挑战至高无上的皇权，直指问题的要害和核心；荀子的"君者，舟也；庶人者，水也。水则载舟，水则覆舟"⑥，以水和舟的关系作比，认为民是君之基础，又进一步推动了民本思想的发展。

在此基础之上，贾谊提出了"民者，万世之本"的主张，将"民"的重要性提升到了新的层次。他说：

> 闻之于政也，民无不为本也。国以为本，君以为本，吏以为本。故国以

① 侯外庐等著：《中国思想通史》第2卷，人民出版社1957年版，第65页。
② 金春峰：《汉代思想史》，中国社会科学出版社1987年版，第94页。
③ （汉）贾谊撰，阎振益等校注：《新书校注·贾谊传》，中华书局2000年版，第467页。
④ 杨伯峻译注：《论语译注·学而》(典藏版)，中华书局2015年版，第5页。
⑤ 方勇译注：《孟子·尽心下》，中华书局2010年版，第289页。
⑥ 方勇、李波译注：《荀子·王制》，中华书局2011年版，第118页。

民为安危，君以民为威侮，吏以民为贵贱。此之谓民无不为本也。闻之于政也，民无不为命也。国以为命，君以为命，吏以为命，故国以民为存亡，君以民为盲明，吏以民为贤不肖。此之谓民无不为命也。闻之于政也，民无不为功也。故国以为功，君以为功，吏以为功。国以民为兴坏，君以民为强弱，吏以民为能不能。此之谓民无不为功也。闻之于政也，民无不为力也。故国以为力，君以为力，吏以为力。[①]

他认为民是家国政治的“本”“命”“功”“力”，封建统治者只有尊重人民，保障人民的权益，国家才能长治久安。

夫民者，万世之本也，不可欺。凡属上位者，简士苦民者是谓愚，敬士爱民者是谓智，士民命之也。故夫民者，大族也，民不可不畏也。故夫民者，多力而不可适也。呜呼，戒之哉！戒之哉！与民为敌者，民必胜之。[②]

贾谊强调普通民众是社会的主体，是统治阶层的根基所在，要尊重、争取普通民众。历史的经验同样表明，但凡与民为敌的统治者，其结局必然以失败落幕。习近平总书记在党的二十大报告中指出：“坚持以人民为中心的发展思想。维护人民根本利益，增进民生福祉，不断实现发展为了人民、发展依靠人民、发展成果由人民共享，让现代化建设成果更多更公平惠及全体人民。”[③]这充分体现了党和国家对人民群众的重视，将人民群众作为治国理政的根本，这是对包括贾谊在内的往圣先贤民本思想的更高层次解读，也是保障国泰邦兴的根基所在。

贾谊具有敏锐的观察力，善于尖锐地揭露当时的社会矛盾，并且“他吞吐百家，善于根据变化了的形势，创造性地提出一些新的政见或思想主张”[④]，他的民本思想、农本思想等，都对后世产生了极其深远的影响。

① （汉）贾谊撰，阎振益等校注：《新书校注·大政上》，中华书局2000年版，第338页。
② 同上书，第341页。
③ 《习近平著作选读（第一卷）》，人民出版社2023年版，第22页。
④ 王兴国：《贾谊评传》，南京大学出版社1992年版，第333页。

董仲舒

——在“天人合一”的追求中复兴新儒学

董仲舒(前179—前104),西汉广川(今河北枣强)人。著名的今文经学大师,西汉时期儒家学派的重要代表人物之一。他出生于一个大地主家庭,父亲董太公贤德通达,十分注重对儿子的早期教育。董仲舒天资聪颖,又能潜心苦读,少时便以博闻称名于乡里。元光元年(前134),汉武帝下诏征求治国方略,策问以古治今之道,董仲舒上《天人三策》,以“罢黜百家,独尊儒术”的主张为汉武帝所青睐,使儒家一跃而成为中国封建社会的正统思想,影响长达两千多年,为儒学的发展做出了突出贡献。

董仲舒一生历经四朝,度过了西汉王朝的极盛时期,他有卓越的政治思想和杰出的学术才华,却仕途不顺,即便受到汉武帝的赏识和器重,也是几次罢官,郁郁不得志。晚年辞官居家,潜心著书,以《公羊春秋》作为依据,结合周代以来的宗教天道观和阴阳、五行学说,同时吸收法家、道家等思想,建立了一个新的思想体系。这一体系在后期逐步成为汉代的官方统治哲学,丰富和发展了传统的儒家学说,对当时社会各方面的发展起到了巨大的推动作用。除此之外,董仲舒还在家乡招收弟子,授课讲学,宣扬儒家经典,声誉极盛,被称为“汉代孔子”。东汉著名史学家班固曾称赞他:“推明孔氏,抑黜百家,立学校之官,州郡举茂材孝廉,皆自仲舒发之。”①

一、道德涵养:躬自厚而薄责于人

同其他儒家学者一样,董仲舒也特别注重自身道德修养的提升,其核心学养亦多集中于德行品格的养成。他提出“躬自厚而薄责于人”,意思是说在日常的工作、学习或者与人交往等社会活动中,自己要有所担当,对别人的苛求能少则少,主动承担更多责任,便能减少许多不必要的矛盾和纠纷,这是君子自身品格的重要体现,也是修身养性的根本。由此,董仲舒的道德修养主要可以归结为两个方面:一是对仁和智的培养,二是对义以养身的主张。

(一)莫近于仁,莫急于智

董仲舒认为,仁德和智慧是衡量君子之所以为君子的重要参照,“莫近于

① (汉)班固撰,(唐)颜师古注:《汉书·董仲舒传》,中华书局2012年版,第2196页。

仁，莫急于智”是说在一个人的德行之中，没有比仁德更为切近的，也没有比智慧的需求更为迫切的存在。对“仁”，董仲舒有如下阐释：

> 何谓仁？仁者，憯怛爱人，谨翕不争，好恶敦伦，无伤恶之心，无隐忌之志，无嫉妒之气，无感愁之欲，无险诐之事，无辟违之行。故其心舒，其志平，其气和，其欲节，其事易，其行道，故能平易和理而无争也，如此者，谓之仁。①

能够称得上“仁”的人，必然是诚恳爱人，恭谨和合而与人无争的。他们对待自己喜欢或者厌恶的人都能做到一视同仁，不掺杂自我情绪，不隐晦，不妒忌，无欲无求，从来不会做出有悖于伦理纲常的行为，所以能够心情舒畅，平易近人。

对于“智”，董仲舒阐述道：

> 何谓之智？先言而后当。凡人欲舍行为，皆以其智，先规而后为之。其规是者，其所为得其所事，当其行，遂其名，荣其身，故利而无患，福及子孙，德加万民，汤武是也。……智者见祸福远，其知利害蚤，物动而知其化，事兴而知其归，见始而知其终，言之而无敢哗，立之而不可废，取之而不可舍，前后不相悖，终始有类，思之而有复，及之而不可厌。其言寡而足，约而喻，简而达，省而具，少而不可益，多而不可损。其动中伦，其言当务，如是者谓之智。②

所谓“智”者，就是对万事万物有正确的判断，能够以自身智慧去指引身边之人，言行均能遵循一定的法度，所讲的道理也必然简短充实，有所依据。

董仲舒对“仁”和“智”的要求，简单而明确，罗列了具体需要遵循的准则。从论述的字里行间，我们也可以感受到他对自身的严格要求。生为君子，必然要既“仁”且“智”，因为“仁而不智，则爱而不别也；智而不仁，则知而不为也”③，只有仁德而没有智慧，就会盲目地爱他人，无法把握这个人是否值得爱或尊敬；只有智慧而没有仁德的人，他即便知道什么是善事也不会主动去做。董仲舒承袭儒家思想，通过对前人的探索和整理而提出“既仁且智”的道德修养规范，是中华民族优秀传统文化的结晶，为当今道德教育的发展提供了范本。

习近平总书记在党的十九大报告上指出：“深入挖掘中华优秀传统文化蕴含的思想观念、人文精神、道德规范，结合时代要求继承创新，让中华文化展现

---

① 张世亮、钟肇鹏、周桂钿译注：《春秋繁露·必仁且智》，中华书局2012年版，第327页。

② 同上书，第327—328页。

③ 同上书，第325页。

出永久魅力和时代风采。"[1]我们要积极响应党和国家的号召，努力将自己培养成为既仁且智的栋梁之材。

（二）身之养重于义

董仲舒道德修养的另一个重要方面就是对义的培养，他认为：

> 天之生人也，使人生义与利。利以养其体，义以养其心。心不得义，不能乐；体不得利，不能安。义者，心之养也；利者，体之养也。体莫贵于心，故养莫重于义。义之养生人大于利。[2]

上天造就了人，使人拥有义和利，利可以用来供养人的身体，义可以用来供养人的内心，内心得不到义的滋养就不会快乐，身体得不到利的支撑就不能安适，义养心，利养体，而心贵于体，义贵于利。

董仲舒对义的伸张和提倡，传承于儒家"重义轻利"的思想观念：

> 今人大有义而甚无利，虽贫与贱，尚荣其行以自好，而乐生，原宪、曾、闵之属是也。人甚有利而大无义，虽甚富，则羞辱大恶，恶深，祸患重，非立死其罪者，即旋伤殃忧尔，莫能以乐生而终其身，刑戮夭折之民是也。[3]

有义而无利的人，即便贫贱，尚能以自己的品性为荣，从而使生活充满乐趣，像原宪、曾参、闵子骞等人就是如此；而有利无义的人，即使富有，却活得很耻辱，祸患重重，终生不能快乐。

> 夫人有义者，虽贫能自乐也；而大无义者，虽富莫能自存。吾以此实义之养生人，大于利而厚于财也。[4]

董仲舒通过一系列对比和阐释，论证了义在个人道德品行中的重要性，既然义如此重要，我们理应遵循它，培养它，然而，社会现实似乎并非如此：

> 民不能知，而常反之，皆忘义而殉利，去理而走邪，以贼其身，而祸其家。此非其自为计不忠也，则其知之所不能明也。今握枣与错金以示婴儿，婴儿必取枣而不取金也；握一斤金与千万之珠以示野人，野人必取金而不取珠也。故物之于人，小者易知也，其于大者难见也。今利之于人小，而

---

① 《习近平著作选读（第二卷）》，人民出版社 2023 年版，第 35 页。
② 张世亮、钟肇鹏、周桂钿译注：《春秋繁露·身之养重于义》，中华书局 2012 年版，第 330 页。
③ 同上。
④ 同上书，第 331 页。

义之于人大者，无怪民之皆趋利而不趋义也，固其所闇也。圣人事明义以照耀其所闇，故民不陷。[1]

董仲舒认为民众似乎并不能通晓义与利之间的利害关系，而纷纷弃义逐利，这本来也是正常的，不能将对圣人的要求强加于民众。因为“利”对于人们的生活影响极大，即便是加倍的追逐也无可厚非，但生而为人，总要有些更高的追求，这时候就需要通过圣人的教化引导，培养民众对义的尊崇，从而达到一种更为高尚的人生境界。因此，孙培青说：“可见，对体现封建国家利益原则的道义的追求应高于对个人利益的追求。只有这样，人生才能获得高度的和谐和最终的满足，也应是人生的基本取向。”[2]

其实，这种“重利轻义”的现象何止是西汉，当今社会依然存在。损人利己之事，也时有耳闻。小到只顾自己方便，破坏公共设施，大到为官不正，贪污受贿，利用职权谋私利。这显然是与中华传统美德背道而驰的。由此可见，董仲舒对义之重视，在当今社会仍然有着重大意义。

二、为学之道：质朴之谓性，性非教化不成

包括学习理念和学习方法在内的治学观也是董仲舒核心学养的重要方面。他提出，质朴是人的本性，这本性必须要经过教化和学习，才能成为真正的人性。董仲舒为学几十载，以博学多才而闻名于世，其对学习方法的归总和对学习理念的定位给予我们许多启示。

（一）众少成多，积小致巨

董仲舒在学习方法上追求“众少成多，积小致巨”，他指出，学问的研究是一个漫长的过程，在这个过程中要善于积累，善于发现。董仲舒说：

臣闻众少成多，积小致巨，故圣人莫不以晻致明，以微致显；是以尧发于诸侯，舜兴乎深山，非一日而显也，盖有渐以致之矣。言出于己，不可塞也；行发于身，不可掩也；言行，治之大者，君子之所以动天地也。故尽小者大，慎微者著。[3]

古往今来的圣贤之人，大多是因为积少成多才逐渐由默默无闻到声名远播，由卑微低贱到身价显赫的。尧在成为君主之前不过是一个小小的诸侯，舜从深山之中扬名，也不是一朝一夕就能完成的，他们都经历了一个漫长隐忍的

① 张世亮、钟肇鹏、周桂钿译注：《春秋繁露·身之养重于义》，中华书局2012年版，第332页。
② 孙培青：《中国教育史（修订版）》，华东师范大学出版社2000年版，第119页。
③ （汉）班固撰，（唐）颜师古注：《汉书·董仲舒传》，中华书局2012年版，第2189页。

积累过程。学习也同样，要功成名就必然要经历艰辛的磨炼、经历漫长的路程。

在读书学习的过程中，要注重积少成多，见微知著，在文学作品的创作中更要注重对细节的把握。董仲舒指出：

> 《春秋》慎辞，谨于名伦等物者也。是故小夷言伐而不得言战，大夷言战而不得言获，中国言获而不得言执，各有辞也。有小夷避大夷而不得言战，大夷避中国而不得言获，中国避天子而不得言执，名伦弗予，嫌于相臣之辞也。是故大小不逾等，贵贱如其伦，义之正也。①

《春秋》对文辞的应用就很是谨慎，征战小夷为“伐”，出征大国就是“战”，等等。

> 为《春秋》者，得一端而多连之，见一空而博贯之，则天下尽矣。鲁僖公以乱即位，而知亲任季子。季子无恙之时，内无臣下之乱，外无诸侯之患，行之二十年，国家安宁。季子卒之后，鲁不支邻国之患，直乞师楚耳。僖公之情，非辄不肖，而国衰益危者，何也？以无季子也。以鲁人之若是也，亦知他国之皆若是也；以他国之皆若是，亦知天下之皆若是也。此之谓连而贯之。故天下虽大，古今虽久，以是定矣。②

这里的“得一端而多连之，见一空而博贯之”，是对积少成多、微言大义的进一步发展，要求人们能够在“众少成多，积小致巨”的基础上，抓住一端，博贯连之，积少成多，其本义方能自现，这一方法更加强调人的主观努力。

董仲舒“众少成多，积小致巨”的学习方法，是对人们个人主观努力，从细枝末节入手，一步步掌握事情全貌的肯定与提倡，非常切合当今的科学研究方法。毛礼锐在《中国教育通史》中写道：“董仲舒提倡强勉精神，包含自强不息、脚踏实地、持之以恒等多方面的要求，可以看作是对学有所成者共同经验的概括，这对教育学生是有益的。”③

（二）君子贱二而贵一

学习是一件需要专心的事情，这对于任何人都是一样的。董仲舒认为：

> 天之常道，相反之物也，不得两起，故谓之一。一而不二者，天之行

① 张世亮、钟肇鹏、周桂钿译注：《春秋繁露·精华》，中华书局2012年版，第88页。

② 同上书，第99页。

③ 毛礼锐：《中国教育通史》第2卷，山东教育出版社1980年版，第183页。

也。[①] 故常一而不灭，天之道。事无大小，物无难易，反天之道无成者。[②]

所谓“一”，是天的运行法则。所以，阴与阳，这两个互为相反的东西才不会同时出现。“一”既然是天道，就必然要作为人们行为处事的准则，“事无大小，物无难易”，都是要遵循的，反天道之行是不可能成功的，学习亦是如此。

那么，在学习中又要如何做到“一”呢？董仲舒解释道：

> 目不能二视，耳不能二听，手不能二事。一手画方，一手画圆，莫能成。人为小易之物，而终不能成，反天之不可行，如是。[③]

这就是说在学习知识的过程中，要专心致志，目不二视，耳不二听，手不二事，眼耳手全都投入学习中去，如果时常为了一些琐碎的小事而分心，终究是成不了大事的。

> 是故古之人物而书文，心止于一中者，谓之忠；持二中者，谓之患；患，人之中不一者也，不一者，故患之所由生也。是故君子贱二而贵一。人孰无善？善不一，故不足以立身；治孰无常？常不一，故不足以致功。《诗》云：“上帝临汝，无二尔心。”知天道者之言也！[④]

所以，古人造字，也是有依据的，一心为忠，二心则患，是顺应天道而成的。“君子贱二而贵一”，也是这个道理。

董仲舒提出“君子贱二而贵一”的观点，与他的学习和工作经历有密切关系。据传，董仲舒小时候，他父亲看到小仲舒经常手捧竹简，废寝忘食，非常心疼，便在自家宅子后面修建了一座花园，以便他学习之余散心解闷。开始动工的第一年，园中阳光明媚、绿草如茵，家中姐妹邀请董仲舒到园中玩耍，一个个都碰了壁，小仲舒仍然是潜心读书、如饥似渴，对她们的邀请置若罔闻。第二年，花园里建起了假山，孩子们纷纷爬到假山上玩乐，小仲舒还是专心致志、毫不动心，在竹简上刻写诗文。后来，花园正式建成，董仲舒竟然未踏入半步，依然夙兴夜寐、苦读不辍，真可谓久久为功、终成大器。后来，人们感念董仲舒对学习的虔诚，便将他一心求学的故事讲与自己的子孙后代，世代流传，以作激励，这就是董仲舒“三年不窥园”的典故。

因此，“君子贱二而贵一”，就是要求人们在平时的学习和生活中能够做到

---

① 张世亮、钟肇鹏、周桂钿译注：《春秋繁露·天道无二》，中华书局2012年版，第454页。

② 同上书，第455页。

③ 同上。

④ 同上。

专心致志，凡事都格外用心，无论结果如何，只要曾经认真地努力过，就不会后悔。“注意力能够专一，思想能够集中，严肃认真坚持下去，就能取得预期的效果。”[①]如果人们，特别是莘莘学子在求学治学时，能“用心如一、乃凝于神”，暂且忘却其他不相关的事情，一定能更好地掌握所学，增进本领，成为对国家、对社会发挥更大作用的人。

三、思想精髓：推明孔氏，抑黜百家

汉朝建立之初，朝野萧条，百废待兴，文化教育方面也迫切地需要正统思想的指导与引领，然而，这并非容易决策的事情。处于正统地位的思想流派，必然是“既美其道，又慎其行”的积极学说，既有完善的道德理论，又需具备良好的行为规范。在董仲舒看来，诸子百家中能够担此大任的，非儒家文化莫属。于是，在顺应历史潮流的基础上，他提出了“推明孔氏，抑黜百家”主张，极大地推动了儒家官学地位的正式确立，为汉王朝乃至中华民族数千年“儒学独尊”的思想文化统治奠定了理论基础。

班固在《汉书·董仲舒传》中说：“仲舒在家，朝廷如有大议，使使者及廷尉张汤就其家而问之，其对皆有明法。自武帝初立，魏其、武安侯为相而隆儒矣。及仲舒对册，推明孔氏，抑黜百家。立学校之官，州郡举茂材、孝廉，皆自仲舒发之。”[②]这段话生动地描述了董仲舒在当时的政治地位。“推明孔氏，抑黜百家”，也就是要将孔子及其后传作为汉代封建王朝统治的正统思想，对除此之外的先秦诸子及其传承做适当的调整和抑制，以统一人民的思想，便于统治。但是，这一理念被后世逐步传为“罢黜百家，独尊儒术”，其实是有些绝对了。

先看一下董仲舒本人的说法，这一思想记载于他呈奏汉武帝的《天人三策》之中，原文如下：

> 《春秋》大一统者，天地之常经，古今之通谊也。今师异道，人异论，百家殊方，指意不同，是以上亡以持一统，下不知所守。臣愚以为诸不在六艺之科，孔子之术者，皆绝其道，勿使并进，邪辟之说灭息，然后统纪可一而法度可明，民知所从矣！[③]

董仲舒认为，大一统思想，是天地间最正常的道理，也是古往今来君主帝王的共同追求，当今的天下，诸家学说盛行，每个人所谨守的师法都各不相同，内心的价值追求也大相径庭，这使得朝廷没有一个统一的思想政策可以遵循，民

---

① 邵瑞珍：《教育心理学》，上海教育出版社 1993 年版，第 253 页。
② （汉）班固撰，（唐）颜师古注：《汉书·董仲舒传》，中华书局 2012 年版，第 2196 页。
③ 同上书，第 2194 页。

众也不知道自己应该守卫怎样的思想学说。在这样的大背景下，董仲舒提议，凡不在儒家六艺之内、孔子思想学说之中的，都不再提倡，将儒家学说提升到至高无上的地位，这样，天下的思想就会统一，民众就会有归属感，那些邪僻之说自然也就消失了，对封建政权的稳固是非常有益的。

这一思想的提出得到了汉武帝的认同和支持，很快就上升成为国家政策，设立五经博士，以儒家经典作为教材，供学子研读。在官吏的选拔上，也严格遵循儒家标准，整个汉朝的官僚系统被儒化。自此，儒家思想的正统与主导地位得到了确立，一跃而成为中国封建社会唯一的统治思想，作为一种主流意识形态引领了中国思想界达两千年之久。

当我们想起汉朝的时候，我们不禁想起汉武帝“独尊儒术”决策的重大价值，想起许多受到儒家思想感染的志士仁人，想起特别执着于理想，坚守信念的张骞和苏武……他们作为汉朝使者被匈奴扣押后，由于拒绝投降，十几、二十年来，忍受了常人难以忍受的痛苦和折磨。但是，他们心系国家，没有忘记自己肩负的神圣使命，不为匈奴的荣华富贵和百般威逼利诱所动，矢志不渝，历尽艰辛，最终完成使命。当张骞回到长安时，当年的风华少年已经两鬓斑白，就连铁打的硬汉、“九五之尊”的汉武帝看到他时都不免百感交集，为之动容……张骞和苏武的故事，在世界历史上都是罕见的。他们的完美人格和伟大精神，永远是中华民族的宝贵财富。面对他们的人生故事和传奇经历，谁敢说，儒家学说没有斗争精神，只能培育文弱书生呢？

董仲舒“推明孔氏，抑黜百家”的观点，确立了儒家学说在政治上的主导地位，其影响极为深远，有力地促进了儒家文化的发展，儒学逐渐融入人们的骨血之中，成为中华民族传统文化的重要精髓和典型代表。

司马迁

——史家著述的“一代绝唱”

司马迁(约前145—约前90),字子长。夏阳(今陕西韩城南)人。我国西汉时期著名的史学家、思想家和文学家。他出生于一个史官世家,祖上“世典周史”,父亲司马谈是一位学贯六艺、博通百家的文士,在西汉时期曾任太史令一职。深厚的家学渊源使司马迁自幼对历史产生了浓厚的兴趣,在父亲的悉心教导下,司马迁自小习字读书,加上比同龄的孩子更为聪颖,他十岁时便可诵习古文,以文才称名于乡里。

汉武帝建元年间,司马谈受命到京师长安任太史令一职。不久,司马迁跟随父亲至长安,受业于董仲舒、孔安国等大儒。今文大师董仲舒授以《春秋》,古文大师孔安国传以《尚书》,再加上父亲的职务之便,使司马迁有机会阅读大量皇家藏书,学识突飞猛进,最终得以博通百家。二十岁时,司马迁游历各地,遍访古迹,归来后入仕为郎中。元封三年,继任父亲官职为太史令,颇受武帝恩宠。天汉二年,司马迁因替李陵败降之事辩解而受到了武帝的疏远和猜忌,被捕入狱,次年受宫刑。为完成父亲的嘱托,编修史书,他忍辱负重,后重获尊崇,受命出任中书令,发愤著书。他承袭父亲的遗志,凭借着坚强的意志和扎实的文学功底,前后历时十六载,在五十五岁时,终于完成了中国历史上第一部纪传体通史——《史记》[①]。这部著作是司马迁一生的心血,也是其为学精神的汇总,集中体现了一代史学大家的核心学养,被鲁迅先生誉为“史家之绝唱,无韵之《离骚》”[②]。

一、道德修养:君子盛德,容貌若愚

作为一位有着特殊经历的史学家,司马迁对个人道德修养的追求尤为执着。他非常赞同老子的“君子盛德,容貌若愚”,认为德行是一个人应当具备的内在条件,“德者,性之端也”,道德是人性的发端,是求学为学的根本。要做一个有德之人,就要懂得抓住机遇,发展和提升个人才学,才能培养“德才兼备”的理想人格。特殊的人生经历使司马迁承受了超乎常人的磨难,这样的磨砺,造

① 亦称《太史公书》

② 鲁迅:《汉文学史纲要·司马相如与司马迁》,人民文学出版社1973年版,第30页。

就了他"笃行有道"的人格精神,培养了他坚韧不拔和宠辱不惊的品性。人生在世,难免会有"意有郁结,不得通其道"的时候,此时的逆境,恰恰需要坚韧的人格修习,发奋图强,"曾益其所不能",这也是他个人道德修养的另外一种境界。

(一)德者,性之端也

司马迁深受儒家正统学说的教育和影响,非常注重个人品性的修习,认为道德是为人的根本,是一切才学修养的前提。他说:

> 德者,性之端也;乐者,德之华也;金石丝竹,乐之器也。诗,言其志也;歌,咏其声也;舞,动其容也:三者本乎心,然后乐器从之。是故情深而文明,气盛而化神,和顺积中而英华发外,唯乐不可以为伪。①

道德是人性的发端,音乐是道德生发于外的光华,金石丝竹,则是奏乐之时所使用的器具。诗言志,歌咏声,舞动容,三者都本乎内心,再由诗、歌、舞加以表现,"乐气"方能从之。所以,情感深厚文采就会鲜明,气度宏大充盛就能化腐朽为神奇,和顺的情感聚积在心中,就会有美好的神采表现于外表,只有音乐才是最不可能伪装的存在,音乐在实质上是本乎于"德"的。在司马迁看来,一个人的德行是最不可能造假的,为善则善,为恶则恶,它可以通过"乐"这样一种外在的光华展现出来,每个人都会有所不同,但是德高者必然居上。

由此,我们可以清楚地看到,在司马迁"德才兼备"的个人道德修养观中,"德"应当位于"才"之上。正如司马光所云:"才者,德之资也;德者,才之帅也。是故才德全尽谓之'圣人',才德兼亡谓之'愚人';德胜才谓之'君子',才胜德谓之'小人'。"②有德行没有才能的,尚可以称为君子;但,有才学无德行的,却只能称为小人。我们应当追求"德才兼备"的理想境界,就算不能达到孔子所谓的"圣人"之境,起码应当具备在世为人最基本的德行。

司马迁提倡"德才兼备"并以此为目标严格要求自己,在他的著作中也时刻凸显了这一特质。例如《史记·太史公自序》部分的人物评价,"敦厚慈孝,讷于言,敏于行,务在鞠躬,君子长者,作《万石张叔列传》第四十三……守节切直,义足以言廉,行足以厉贤,任重权不可以非理挠,作《田叔列传》第四十四"③,司马迁往往先将其人的德行放于首位,继而突出其才能,颂扬其"德才兼备"的优良品性,为世人树立榜样。司马迁"德才兼备"的观点是对儒家正统思想的继承和发展,是我国几千年优秀传统文化的精髓所在,值得传承和大力弘扬。

---

① (汉)司马迁撰,韩兆琦主译:《史记·乐书》,中华书局2008年版,第452页。

② (宋)司马光编撰,沈志华、张宏儒主编:《资治通鉴·周纪》,中华书局2009年版,第14页。

③ (汉)司马迁撰,韩兆琦主译:《史记·太史公自序》,中华书局2008年版,第2588页。

（二）笃行有道，荣辱不惊

司马迁的一生经历了许多常人无法忍受的挫折，其中“李陵之祸”对他打击最大。天汉二年（前99），在讨伐匈奴的过程中，李陵率五千步兵遭匈奴八万骑兵围攻战败，不幸被俘投降。消息传回朝中，满朝文武官员察言观色，趋炎附势，纷纷指责李陵的背叛和罪过。时任太史令的司马迁对此深感痛心，他一面痛恨那些见风使舵的大臣，一面又尽力为李陵辩护，却不料因直言触怒了武帝，被囚入诏狱、判处死刑，后因家传修史事业未完，请改判宫刑，获准。这次打击对司马迁而言几乎是毁灭性的，在当时那种极度痛苦及羞辱的情境之下，他几次想引剑自裁，希望通过一死来保住其作为文人最后的风骨和气节。然而，父亲的遗愿尚未完成，《史记》的创作正入佳境，此时自尽，他一生的努力将付诸东流，生死两难之际，他想起了往圣先贤，遥见了他们创作的艰辛和经历的坎坷：

> 盖文王拘而演《周易》；仲尼厄而作《春秋》；屈原放逐，乃赋《离骚》；左丘失明，厥有《国语》；孙子膑脚，《兵法》修列；不韦迁蜀，世传《吕览》；韩非囚秦，《说难》《孤愤》……此人皆意有所郁结，不得通其道，故述往事，思来者。乃如左丘明无目，孙子断足，终不可用，退而论书策以舒其愤，思垂空文以自见。[①]

百般思索之后，司马迁猛然警醒。他从这些往圣先贤的人生际遇和奋斗中受到了巨大的感召、得到了强大的精神动力。他痛下决心、毅然决然，即使身受辱刑也要承担起记载历史的使命，即使历经磨难也要完成中华民族的恢宏史篇——《史记》。

“李陵事件”之后，司马迁俨然一位“笃行有道，荣辱不惊”的殉道者，他将编撰《史记》作为自己活下去的精神支柱，“痛定思痛，痛何如哉”？他忍辱负重，发愤著书。现实的黑暗使他绝望，波澜不惊的背后，他只能把自己的满腔愤怒全部倾注于创作之中，“字字句句都是泪”，《史记》的字里行间都潜藏着对统治阶层和黑暗现实的有力批判与极大愤懑。正如金人瑞所说：“大凡读书，先要晓得作书之人是何心胸。如《史记》，须是太史公一肚皮宿怨发挥出来，所以他于‘游侠’‘货殖’传，特地着精神。”[②]

司马迁的发愤著书立说，是对其忍辱负重、百折不挠精神的高度概括和凝练。他克服了现实和心中的种种障碍，顶住了俗世庸民的巨大压力，呕心沥血，最终完成了《史记》的编撰，也完成了个人道德品性修养上质的飞跃。这种在逆

① （汉）司马迁撰，韩兆琦主译：《史记·附录·报任安书》，岳麓书社2012年版，第1814页。

② 马蹄疾编：《水浒资料汇编》第1卷，中华书局1980年版，第32页。

境和苦难之中的超越，对我们而言，无疑是一种超现实的激励和鼓舞。人们面临困境时，要始终秉承“笃行有道，荣辱不惊”的人格修养精神，勇敢地面对苦难，才能战胜自我，化挫折为动力，对人生的坎坷坦然以对，宠辱不惊。如此，方能拥有超出常人的才学和智慧，才能出类拔萃，成就一番事业。

二、治学方法：求学贵于博，求道贵于要

司马迁一生著述的最高成就是编撰《史记》，这部巨著是他学术思想的集中体现，也是研究他求学为学精神的主要资源。司马迁指出，“求学贵于博，求道贵于要”，做学问要广开眼界、多方涉猎。当然，如果要深入研究探求真理的话，就需要专注于某一点了。他提倡“读万卷书，行万里路”，认为只有将书本知识与人生经验相互佐证，方能取得更大的进步。他主张在为学过程中要勤于思考，“好学深思”才能心领神会，通过自身的研究学习和深入思索，获得书本知识之外的观点和见解，从而避免“好读书不求甚解”的敷衍态度，这是司马迁作为一代史学家所提倡和运用的学习方法，也是其核心学养的重要体现，值得深思。

（一）读万卷书，行万里路

司马迁主张将书本知识与实践经验相结合。他生于龙门，幼时耕牧于河山之阳，“年十岁则诵古文”，在父亲司马谈的教导下，他认真学习《左传》《国语》等典籍，夯实古文功底，为以后阅读大量文献古籍奠定了基础。此后，司马谈赴京任职，司马迁在稍稍年长之后，追随父亲至京师，转益多师，对诸家学派进行了涉猎与研习。

二十岁时，司马迁学业小有成就，司马谈似乎并不满足儿子仅仅在书斋做学问，他为司马迁安排了一次周密的游学计划，希望儿子能够走出书斋，见识外面的大千世界，收集和整理史书古籍中所未载的史料，为以后《史书》的编撰做准备。于是，司马迁在具备丰富的文化知识之后，开始了他二十岁后的壮游：

> 二十而南游江、淮，上会稽，探禹穴，窥九疑，浮于沅、湘；北涉汶、泗，讲业齐、鲁之都，观孔子之遗风，乡射邹、峄；厄困鄱、薛、彭城，过梁、楚以归。[①]

据此，大致可以勾勒出他第一次游学路线，自长安出发，南游江淮，司马迁亲自吊唁了韩信的坟茔；后南下转道江西，到达庐山，“观禹疏九江”，考察了大禹所葬之地及其生前功绩；从浙江走水路进入湖南，登九嶷山，凭吊当年屈原投水的汨罗江；至此，北上到达姑苏和五湖等地，重游吴王阖闾夫差的旧地；然后，他继续北上前往齐鲁之都，亲身观瞻孔子数百年的教化遗风；在邹、峄大地举行

① （汉）司马迁撰，韩兆琦主译：《史记·太史公自序》，中华书局2008年版，第2560页。

乡射之礼；于楚汉之争的古战场彭城，探寻当年达官显贵们的逸闻趣事。后来，他又西行过梁楚之地，游览大梁的废墟和春申君的故城，见识了旧时王朝兴衰变迁的遗址，最后返回长安。此次游学，历时数载，司马迁寻访先人遗迹，考证古籍记载，收获和见证了许多史籍所未载的史料和风俗，真正做到了“读万卷书，行万里路”，建构了自身“百科全书式”的知识体系，为后世学者树立了榜样。

“读万卷书，行万里路”的学习方法，是司马迁为学实践的根基，从读书到游学，由游学到实践，他将书本学习与现实感悟紧密结合在一起，值得我们借鉴。当今社会，信息爆炸，网络传播面广、知识更新加速、产品迭代飞快，我们需要不断学习、拓宽视野。然而，由于时间、地域和资金等原因，实地考察学习显得相对薄弱，我们更应当秉承“读万卷书，行万里路”的理念：一方面阅读“有字之书”；另一方面，在条件允许的情况下多走多看，注重考察实践，注重研学与旅行，阅读“无字之书”，以期在知识和专业的学习、实践中获得质的提升。

（二）好学深思，心知其意

司马迁践行的另一种学习方法就是“好学深思，心知其意”。他说：

> 予观《春秋》《国语》，其发明《五帝德》《帝系姓》章矣，顾弟弗深考，其所表见皆不虚。《书》缺有间矣，其轶乃时时见于他说。非好学深思，心知其意，固难为浅见寡闻道也。[①]

司马迁研读《春秋》《国语》等典籍之后，发现这些书对《五帝德》《帝系姓》的阐发都很明了，人们之所以不甚明白，是因为不曾深入地考究探讨，其实书中的记述都是真实可信的，并非虚妄之说。《尚书》一本，残缺已久，虽然无法找到完本，却常常可以从其他书中找到部分散佚的记载，用以补充缺漏，也是可以研究理解的。因此，他提出，只有在日常的生活和学习中坚持好学深思，勤学精思，才能真正地领会书中所要传达的意思，而这个道理，要向那些见识短浅、孤陋寡闻的人进行解释，是非常困难的。

司马迁非常注重学习与思考的结合，并时常以此严格要求自己，这在他的著作里也可以体现出来。《史记》是在其博通百家之书的基础上写作的，司马迁对史籍史料的运用，并非仅仅简单地铺排罗列，而是有自己独特的想法，常常在客观描述的基础上，于文章结尾以“太史公曰”的形式阐发自己的见解和思考，对后世颇有启发。例如《史记·李将军列传》结尾处写道：

> 太史公曰：《传》曰“其身正，不令而行；其身不正，虽令不从”。其李将

① （汉）司马迁撰，韩兆琦主译：《史记·五帝本纪》，中华书局2008年版，第20页。

军之谓也？余睹李将军悛悛如鄙人，口不能道辞。及死之日，天下知与不知，皆为尽哀。彼其忠实心诚信于士大夫也？谚曰“桃李不言，下自成蹊”。此言虽小，可以谕大也。[①]

寥寥数语，寄托了司马迁对诸如李将军之类正人君子、士大夫的哀悼之情，可谓是整篇文章的点睛之笔，多为后世史官所效仿。

学习是一个丰富自我的过程，思考则是将所学知识转化为实践的过程，二者相辅相成，缺一不可。只学习不思考，所获得的知识不过是空谈，真正需要运用的时候必然不堪一击，只思考不学习，则会使自身逐渐落后于时代，与现实脱轨，同样没有什么补益。这就要求人们坚持学习与思考的结合，相互补充，“好学深思，心知其意”。诚如 2013 年 3 月 1 日习近平总书记在中共中央党校建校 80 周年庆祝大会上所言：“学习和思考、学习和实践是相辅相成的，正所谓‘学而不思则罔，思而不学则殆。’你脑子里装着问题了，想解决问题了，想把问题解决好了，就会去学习，就会自觉去学习。”[②]处于新时代的年轻人，更要抓住学习的大好时光，在学习过程中不能只沉浸于书本知识，要坚持动手动脑，勤于思考，在潜意识中对自身所学多加思考，养成解决问题的好习惯。

（三）兼容并蓄，采百家之长

司马迁家学深厚又博览群书，他以儒家学说为主，对其他诸家学说也多有涉猎，所以，他尊崇儒学却不局限于儒学，在当时“独尊儒术”的学术大背景之下可以算得上是一股清流。在学术思想方面，他主张“兼容并蓄，采百家之长”。

夫阴阳、儒、墨、名、法、道德，此务为治者也，直所从言之异路，有省不省耳。[③]

儒、墨、名、法等诸家都是致力于治国平天下的学派，只不过他们的学说是从不同方面阐释的，有的显明，有的不显明罢了，其追求的结果是一致的。

司马迁提出，诸家学说各有所长，各有所短：

尝窃观阴阳之术，大祥而众忌讳，使人拘而多所畏；然其序四时之大顺，不可失也。儒者博而寡要，劳而少功，是以其事难尽从；然其序君臣父子之礼，列夫妇长幼之别，不可易也。墨者俭而难遵，是以其事不可遍循；然其强本节用，不可废也。法家严而少恩；然其正君臣上下之分，不可改

① （汉）司马迁撰，韩兆琦主译：《史记・李将军列传》，中华书局 2008 年版，第 2116 页。

② 习近平：《在中央党校建校 80 周年庆祝大会暨 2013 年春季学期开学典礼上的讲话》（2013 年 3 月 1 日），《人民日报》2013 年 3 月 3 日。

③ （汉）司马迁撰，韩兆琦主译：《史记・太史公自序》，中华书局 2008 年版，第 2556 页。

矣。名家使人俭而善失真；然其正名实，不可不察也。[①]

阴阳之术禁忌避讳很多，使人受到束缚并多有畏惧，然而，他们关于一年四季运行顺序的道理却是不可丢弃的。儒家学说广博却少有要领，常常劳而少功，令人难以尽从，然而，它关于君臣、父子、夫妇、长幼的礼节却是不能偏废的。墨家俭啬，但是，其关于强本节用的主张也不可废弃。法家严刑峻法，刻薄寡恩，但是，它正君臣上下名分的主张却颇有道理。名家使人受约束而容易丧失真实性，但是，它辩正名实方面，却往往有独到见解。如此，诸家皆有所长，司马迁一一列举，就是希望世人能够清楚地辨析，不要偏执于一家，而是"采儒墨之善，撮名法之要，与时迁移，应物变化"[②]，兼容并蓄。

秉承着对各家学派兼综其长的包容态度，司马迁历时十六载，终于完成了《史记》这样一部皇皇巨著，为后世留下了宝贵的典籍和不可磨灭的精神遗产。他对"兼容并蓄，采百家之长"的提倡和践行，为我们树立了榜样。

三、学术成就：厥协六经异传，整齐百家杂语

"厥协六经异传，整齐百家杂语"，是对司马迁学术思想核心价值的归总。司马迁为学，不局限于儒家一门，儒墨道法，诸子百家都有涉猎，取其长而补其短，明辨是非，融会贯通，这是他的智慧所在，集中体现于其传世的著述《史记》之中。

（一）史家之绝唱

司马迁的《史记》是中国历史上第一部贯通古今、网罗百代的史学名著，它从传说中的黄帝开始，至汉武帝元狩元年（前 122）结束，生动地叙述了三千余年的历史，开创了纪传体通史的先例，为后世史书的撰述提供了范本。

"究天人之际，通古今之变，成一家之言"是司马迁《史记》撰写的宗旨，他在《太史公自序》中很明确地提出了自己的写作理念：

> 以拾遗补艺，成一家之言，厥协六经异传，整齐百家杂语，藏之名山，副在京师，俟后世圣人君子。[③]

他将"立言"作为自己的最终目标，自古以来，"立德""立功""立言"一直都是文人士子追求的最高目标，而司马迁为追求"成一家之言"的崇高理想，付出了毕生精力。

---

① （汉）司马迁撰，韩兆琦主译：《史记·太史公自序》，中华书局 2008 年版，第 2556 页。
② 同上。
③ 同上书，第 2594 页。

仆窃不逊，近自托于无能之辞，网罗天下放失旧闻，略考其行事，综其终始，稽其成败兴坏之纪，上计轩辕下至于兹，为十《表》，《本纪》十二，《书》八章，《世家》三十，《列传》七十，凡百三十篇。亦欲以究天人之际，通古今之变，成一家之言。草创未就，会遭此祸，惜其不成，是以就极刑而无愠色。[①]

他尽一切力量收集天下散失的历史旧闻，刻苦钻研遗文古事，考察订正，综述事实的本末，推究成败盛衰。遍访全国，寻求古迹典籍，“细史记石室金匮之书”，通读皇室典籍，广采博录，采经摭传。儒家经典、诸子百家，人物传记，历史档案，无所不包，“据统计，仅《史记》书中司马迁所见过的书总计 106 种，其中六经及训解书 23 种，子部之书 52 种，古今历史书及汉室档案 23 种，集部文学之书 7 种”[②]。其阅读数量之巨，涉及范围之广，令人咋舌。然而，这只是其“巨大工程”的基础部分，更为艰难的是，书稿草创未完，司马迁突遭人祸，他痛惜《史记》将要半途而废，为了坚守“成一家之言”的崇高信念，他忍辱含垢、毅然决然，“就极刑而无愠色”。

近代著名思想家梁启超认为：“其于孔子之学，独得力于《春秋》，而南派（老庄）、北东派（管仲齐派）、北西派（申、商韩）之精华，皆能咀嚼而融化之。又世在史官，承胚胎时代种种旧思想，磅礴郁积，以入于一百三十篇之中，虽谓史公为上古学术思想之集大成可也。”[③]

司马迁一生极为重视立言不朽，将“成一家之言”作为自己人生的支柱和目标。他克服了常人难以想象的困难，集历代史学之大成，撰写了《史记》，成为“史家之绝唱”。最终，他发愤写作的故事，也伴随着《史记》的历史生命一道名留青史、永垂不朽。

（二）无韵之《离骚》

鲁迅先生“无韵之《离骚》”的赞誉，充分肯定了《史记》的文学价值，认为它是一部足以与《离骚》相比肩的文学著作，这是对《史记》的文学价值以及司马迁的文学修养做出的极高评价。

司马迁的文学造诣深厚，在艺术手段的运用上往往恰如其分。在《史记》中，司马迁刻画人物最常用的一种写法就是“互见法”，即在本人的传记中表现这个人物主要的经历和性格特征，以突出其主要特点，其他的一些事件和性格特点则置入别人的传记中去描述。例如，《高祖本纪》主要描写刘邦的雄才大

---

① （汉）司马迁撰，韩兆琦主译：《史记·附录·报任安书》，岳麓书社 2012 年版，第 1814 页。

② 张大可：《史记教程》，华文出版社 2002 年版，第 118 页。

③ 梁启超：《饮冰室合集·文集》第 1 册，中华书局 1989 年版，第 52 页。

略，知人善任，以及得天下后仁爱保民、稳固政权的政绩等，正面描绘出一代开国帝王的风采。而刘邦性格中狡诈、残忍、无赖的一面，则穿插于其他人物的传记叙述之中。《史记》在语言风格方面不同于前代的其他史书，司马迁在充分吸取前人经验的基础之上，形成了淳朴简洁、疏宕从容、变化多端、通俗流畅的散文化风格。司马迁对于文中语言的运用十分讲究，时常通过一系列心理描写来刻画人物的性格特点和神情风貌，如刘邦的"大丈夫当如是也"一句，既表现了作为身处底层的农民渴求上进、希望主政的鸿鹄之志，又隐含了刘邦市侩小人的贪婪嘴脸，立体式地刻画了刘邦这位农民起义领袖当时的心理状态，栩栩如生地表现了他锐意进取的人物形象。《史记》具有其独特的叙事艺术，即：非常注重对事件因果关系的深层探究，讲究章法、句式、用词的独到之处，时时能够突破常规、另辟蹊径，收到颇为独特的艺术效果。例如，对荆轲刺秦王时秦廷惊变的描写：

> 轲既取图奏之，秦王发图，图穷而匕首见。因左手把秦王之袖，而右手持匕首揕之。未至身，秦王惊，自引而起，袖绝。拔剑，剑长，操其室。时惶急，剑坚，故不可立拔。荆轲逐秦王，秦王环柱而走。①

这段文字长短句有机搭配，注意选用动词，写出了事件的突发和急切，将一幅荆轲刺秦王的场景描述得惊心动魄。

总而言之，《史记》是一部极富文学价值的史学巨著，司马迁以其独特的写作手法和艺术风格树立了史传散文的典范，集中展现了其核心学养，对后世文学尤其是叙事文学的发展影响深远。

司马迁以他的血泪和生命完成了《史记》这部鸿篇巨制。它所展现出来的不仅是中华民族历史长河中一幅鲜活的画卷，还照映出司马迁丰厚的文学素养、顽强的意志品格和矢志不渝的非凡精神，更彰显了司马迁崇高而伟大的人格！

---

① （汉）司马迁撰，韩兆琦主译：《史记·刺客列传》，中华书局 2008 年版，第 1724—1726 页。

扬雄

——求学与精思相统一

扬雄(前53—18),字子云。蜀郡成都人。西汉时期的著名学者。世代以农桑为业,家中人丁不旺,五世单传至扬雄。家中前辈对他都非常照顾,对他的学业尤为重视。小小年纪的扬雄没有辜负众人的期望,勤奋好学、博览群书,讲求“好读书而不求甚解”,不为章句之学,只要能理解文句意思即可,但凡对学习有益的书籍,无不通读。

少年时期的扬雄,喜爱辞赋,尤为崇拜同乡司马相如。他善于模仿,模仿之下也创作了许多优秀作品。后跟随隐世的蜀人严君平,修习“老庄”与《周易》之学,受道家思想影响较深。年四十余,始游京师长安,凭借辞赋得到了汉成帝的赏识,任给事黄门郎,在此期间,他又相继创作了《甘泉赋》《河东赋》《校猎赋》等鸿篇大作,成为继司马相如之后西汉时期著名的辞赋家。在扬雄的作品之中,除了数篇辞赋之外,尚有《太玄》《法言》等著作流传于世,其中,尤以《法言》最为著名,它是为模仿孔子《论语》所著,主张文学应当宗经、征圣,以儒家著作为典范,是扬雄一生为学精神的集大成之作,也是体现其核心学养的关键所在。明朝时期的范涞就曾在《新修扬子云草玄堂记》中称赞道:“唯扬子云深沉圣学,体撰契神。其诸赋尚且勿论,论其大者为《法言》。”

一、道德修养:学者,所以修性也

扬雄的个人道德修养是建立在“修性”基础之上的,他认为,“学者,所以修性也。视、听、言、貌、思,性所有也。学则正,否则邪”[①]。一个人的学习,其主要目的就是为了修养心性,像视、听、言、貌、思等。这些都是人本性之中所包含的,需要通过学习使它们端正。在扬雄的道行观中,人的本性,首先有善恶之分,需要通过学习和教育的引导走上正途,此后,方能追寻更高一层的人生境界,这就是“君子的境界”。所谓“学者,所以求为君子也”,“君子”作为道德制高点的存在,并非如同圣人一般不可企及,只要经过后天的学习和自我的约束就可以达到,它是一种可及的、理想的人生模式。

---

① 韩敬译注:《法言·学行》,中华书局2012年版,第10页。

（一）“善恶混”的人性观

关于人性善恶的探讨是中国传统哲学中一个比较重要的话题。扬雄在综合孟子性善论和荀子性恶论的基础上，提出了善恶相混的人性观。他说：

> 人之性也善恶混。修其善则为善人，修其恶则为恶人。气也者，所以适善恶之马也与？①

人的本性是善恶相混的，是有善有恶的，这两种截然相反的因素共同混杂在人性之中，就使得一个人的发展具备了两种可能，修养善性的成为善人，修养恶性的成为恶人，而其中所谓的“气”，就是通往善恶两个极端的媒介。

扬雄“善恶混”的概念并非是指善恶不分，而是善和恶两种因素混杂在一起，共同构成了人性。事实上，对于这个“混”字的理解，在学术界有着不同的认识和争议。任继愈在他的《中国哲学发展史》中认为：“‘异物相杂’是‘混’字的基本含义。”而“善恶混”这一论断的提出，就在一定程度上“打破了人性三品的僵硬界限，把为善成圣的希望给予更多的人”②。郑万耕则指出：“扬雄则吸收前人的性论思想，对孟荀性善、性恶论加以综合，提出了性‘善恶混’说。”“混”即是“性善恶混杂，两者兼而有之”，“人的性中有善的因素，也有恶的因素，善恶同在一起。把善的因素发展起来，就成为善人；把恶的因素发展起来，就成为恶人”③。同时，扬雄的人性论思想与董仲舒的人性论二者之间又必然存在一定的承袭关系。这一认知与徐复观相同，徐复观认为“扬雄善恶论的说法直承董仲舒‘人之诚，有贪有仁。仁贪之气，两在于身。天有阴阳之施，身亦有贪仁之性，与天道一也’的说法”④。“仁”与“贪”分别对应“善”和“恶”，放之于人性之中，就是一种先天潜在的混杂因素，需要通过后天指引和修为走上为善的正途。

扬雄善恶相混的人性观，是在汉朝学术整合的大背景之下所提出的，他试图中和“性善论”与“性恶论”这两种极端思想的纷争，并在此基础上建立和发扬自己的人性论体系。既然人性是善恶相杂的，就势必会在不同因素的作用下走向两种截然相反的人生方向，这就需要在日常的生活和学习中能够克己修身，修养善性，朝着正确的方向努力。

扬雄的“善恶混”的人性理论是比较符合实际的。对人来说，善性的修养对个人品性的培养很重要。当今社会，有的人只从自身利益出发，不再相信善良。如路边有老人摔倒，只想到是否会被讹诈，惹祸上身，这些行为都逐渐地背离了中华民族代代相承的传统美德。我认为，作为有几千年礼义文化积淀的中华儿

① 韩敬译注：《法言·修身》，中华书局 2012 年版，第 56—57 页。

② 任继愈主编：《中国哲学发展史（秦汉）》，人民出版社 1985 年版，第 379—381 页。

③ 郑万耕：《扬雄及其太玄》，北京师范大学出版社 2009 年版，第 126 页。

④ 徐复观：《两汉思想史》第 2 册，九州出版社 2014 年版，第 473 页。

女，我们要坚守心中善念，绝不能让偶然事件败坏整个社会道德。

（二）君子之学

扬雄确立了“人之性也善恶混”的人性观后，提出人的“性”（本性）可以通过修习，也就是教化来改变，从而达到“善”的境界。人们的“善”与“正”是需要学习的，正如“螟蛉之子，殪而逢蜾蠃。祝之曰：‘类我，类我。’久则肖之矣。速哉！七十子之肖仲尼也”[①]。螟蛉的幼虫在处于静止状态时遇到了蜾蠃，蜾蠃对着它祝祷说：“像我吧，像我吧。”就这样，时间长了螟蛉的幼虫就长得像它了，孔子七十二弟子之修养等酷似老师仲尼也是同样的道理。

学习，乃是修身养性的根本方式，扬雄认为：

> 学，行之，上也；言之，次也；教人，又其次也；咸无焉，为众人。[②]

求学治学，力行为上；言传为次；某些汉儒守一师之说而传授他人，又是更次的；什么都没有的便是泯然众人了。在扬雄看来，要学习和追寻圣人之道，所谓“学者，所以求为君子也”，这里的圣人也并非是儒家传统中不可超越的存在，它是凡人经过学习与修行之后都可以达到的一种自我超然之境。他说：

> 圣人之辞，可为也；使人信之，所不可为也。是以君子强学而力行。[③]

圣人的言辞，人人都可以说；但要使人对你说的话如同对圣人的话一样信服，那就很难了。因此，君子要勉力学习，尽力实行。如此，“学”在成就圣贤人格的过程中起了决定性作用。故称：

> 学者，所以求为君子也。求而不得者有矣，夫未有不求而得之也。[④]

通过学习，人们企求修炼成为君子。想成为君子而又成不了君子的人当然有，但是，连成为君子的企求都没有，就一定不可能成为君子。我们要心存目标，留有期待：

> 睎骥之马，亦骥之乘也；睎颜之人，亦颜之徒也。
> 或曰：“颜徒易乎？”曰：“睎之则是。”
> 曰：“昔颜尝睎夫子矣，正考甫尝睎尹吉甫矣，公子奚斯尝睎尹吉甫矣。不欲睎，则已矣；如欲睎，孰御焉？”[⑤]

---

① 韩敬译注：《法言·学行》，中华书局2012年版，第5页。
② 同上书，第2页。
③ 同上书，第59页。
④ 同上书，第18页。
⑤ 同上书，第19页。

当你希望自己成为一匹像骐骥一样的骏马时，你就是骐骥的同伴了；当你希望自己成为像颜渊一样的贤人时，你也就是颜渊的同类了。扬雄认为，在学习和修习中，要向圣贤之人看齐，正如颜渊曾向孔夫子看齐，正考甫曾向尹吉甫看齐那般，无论难易，只要肯效仿、愿学习就是突破。

作为两汉时期的大儒，扬雄的思想深受儒家内圣外王观念的影响，为学方面更加偏重于道德修养的提升，他非常注重个人思想品德的修习，在“善恶相混”的人性观指导下，提出了“学为君子”的求知理念，为人们树立了积极的榜样，这是其核心学养的重要组成部分。

二、为学之道：君子强学而力行

扬雄崇尚“君子强学而力行”，他不提倡单纯片面的学习，希望能够将求学与实践相结合，人有所学，必有所知，只有将学到的知识付诸实践，才算是获得了真正的学问。扬雄自幼聪颖，刻苦求学，博览群书。在种种客观环境和内在素养的共同作用下，他对学子需要阅读何类书籍提出了自己的建议，这就是“人非圣贤之书而不读”，希望学子在求学为学的过程中坚持学习儒家经典，以圣人思想为指引，从根源上端正学习行为。此外，他还承袭了孔子“学而不思则罔，思而不学则殆”的观点，特别重视处理学习与思考的关系。他为学的理念方法等则大体来自《荀子》。

（一）非圣贤之书不读

“人非圣贤之书而不读”，扬雄打破了先秦诸子认为圣人超凡不可及的思想格局，认为人可以通过学习达到圣人之境：

> 观书者譬诸观山及水：升东岳而知众山之逦迤也，况介丘乎？浮沧海而知江河之恶沱也，况枯泽乎？舍舟航而济乎渎者，末矣！舍五经而济乎道者，末矣！弃常珍而嗜乎异馔者，恶睹其识味也！委大圣而好乎诸子者，恶睹其识道也！①

扬雄认为，读书就像是游览山水，登上泰山就会知道众山的蜿蜒曲折，何况那些小小的土堆呢？浮泛沧海就知道江河的污浊渺小，何况那些枯竭的水泽呢？舍弃舟船却想渡过大河，是本末倒置的做法。舍弃日常的珍馐而去寻求一些怪异的饮食，又怎么知道他是不是真的识得其中滋味呢？同样的道理，舍弃圣贤之书去爱好诸子异说，又怎么会通晓真正的“道”呢？

圣贤之书是经过千年历史演变沉淀下来的精华，是人们“寻真悟道”的根源

---

① 韩敬译注：《法言·吾子》，中华书局2012年版，第41页。

所在，正所谓：

> 震风陵雨，然后知夏屋之为帡幪也。虐政虐世，然后知圣人之为郛郭也。①

经历了狂风暴雨，才知道大屋广厦的遮挡作用。经历了暴政乱世，才能看透圣人的学说可以抵抗奸邪，挽救百姓。因此，他将孔子的圣人地位进一步提升：

> 好书而不要诸仲尼，书肆也；好说而不要诸仲尼，说铃也。②

喜好著书却不以孔子的学说为要领，写出来的文章便会如同书肆一般杂乱无章，喜好立说却不以仲尼的学说作为要领，说出来的话语就会像铃铛一样繁杂琐屑。

扬雄对于儒家经典的学习和推崇，是他成为汉朝一代大儒的重要原因。他的“圣贤之书”是在求学为学过程中所总结出来的儒家学说精髓，强调了圣人，尤其是孔子的智慧和道德人格，“突出强调圣人的智慧属性，是扬雄圣人观的首要特征”③。在《法言·吾子》一篇中，有这样一段对话：

> 山径之蹊，不可胜由矣；向墙之户，不可胜入矣。
> 曰：“恶由入。”曰：“孔氏。孔氏者，户也。”
> 曰：“子户乎？”
> 曰：“户哉！户哉！吾独有不户者矣！”④

这是扬雄与某位客人的对话。上坡的小路，难以经由通过，面墙而立的门户，也难以进去，这是在类比学习。客人问道：“怎么样才能进去呢？”扬子回答：“孔子的儒家学说是进去的门户所在。”客人又问：“您算是一个门户吗？”扬子回答说：“算呀！算呀！我怎么能不算门户呢！”从对话中，我们可以看到，扬雄对孔氏儒学持完全赞同的心态，他认为自己也是儒家学说的正统传承之人。所以，扬雄在学习思想和学习方法上大力提倡阅读儒家经典，并将此作为求学的正确路径。

儒家经典在中华文明中传承数千载，早已融入中华儿女的骨血，在社会发展过程中，一些古老的经典曾淡出人们视野，当中国进入新时代，大力弘扬社会

---

① 韩敬译注：《法言·吾子》，中华书局2012年版，第51页。
② 同上书，第47页。
③ 郭君铭：《扬雄〈法言〉思想研究》，巴蜀书社2006年版，第50页。
④ 韩敬译注：《法言·吾子》，中华书局2012年版，第43页。

主义核心价值观时，给我们带来精神养分的儒家经典显得愈加弥足珍贵，应该挖掘、传承和光大。

（二）思学并重

扬雄的另一种学习方法就是“思学并重”。强调思考在学习中的重要作用。他说：

> 学以治之，思以精之，朋友以磨之，名誉以崇之，不倦以终之，可谓好学也已矣！①

博学可以修身治性，深思可以抉择是非，朋友之间相互切磋，将学习作为事关名誉的大事来崇尚，终生不倦，就可以称得上是好学了吧！

“思学并重”是先秦儒家的教学原则，扬雄继承和发扬了这一传统，他不仅重视思考在学习中的巨大作用，还在发展思维能力、培养智能方面进行创新。扬雄对思考的过程做了细致分析：

> 故思心乎一，反复乎二，成意乎三，条畅乎四，著明乎五，极大乎六，败损乎七，剥落乎八，殄绝乎九。生神莫先乎一，中和莫盛乎五，倨剧莫困乎九。夫一也者，思之微者也，四也者，福之资者也，七也者，祸之阶者也，三也者，思之崇者也，六也者，福之隆者也，九也者，祸之穷者也。二五八，三者之中也，福则往而祸则丞也。②

这段话是说：思考的过程总共可以划为分九个阶段。其中，一是开始思考，二是反复思考，三是形成一定的计划，四是将计划付诸实践，第五个阶段便可以成功了，此后的四个阶段便呈现一种逐渐衰败的趋势，它是一个拱形曲线的构造，第六个阶段达到顶点，是思考的极盛阶段，过之则枉，不仅不利于学习或者事物的发展，还会对自身造成伤害。在这里，扬雄所强调的学习方法，是将学习与思考结合起来，将思考与实践结合起来，在学习的同时开动脑筋，与实际的社会现实相联系，以达到事半功倍的效果。这是非常值得学习和借鉴的，是往圣先贤留给我们的宝贵经验。当代著名学者郑万耕认为：“扬雄对‘思’——理性思维活动的探讨仅仅是初步的，但这颇有启发意义，对人类探讨理性思维的具体过程，丰富认知活动的具体内容，都有重要价值。”③

其实，不仅仅是在中国，外国也是如此。例如，苏联著名教育家苏霍姆林斯

---

① 韩敬译注：《法言·学行》，中华书局2012年版，第6页。

② （汉）扬雄著，（宋）司马光集注，刘绍军点校：《太玄集注·玄图》中华书局2013年版，第247页。

③ 郑万耕：《扬雄身心观述评》，《河北师范大学学报（哲学社会科学版）》，2004年第3期。

基在《给教师的建议》一书中多次强调思学并重的重要性："学生生活在思考的世界里——这就是教师点燃起来的勤学好问、渴求知识的火焰。只有教师才有可能向儿童揭示出：思考，这是多么美好、诱人而富有趣味的事。只有当教师给学生带来思考，在思考中表现自己，用思考来指挥学生，用思考来使学生折服和钦佩的时候，他才能成为年轻的心灵的征服者、教育者和指导者。"[①]

三、思想传承：聆听前世，清视在下

扬雄思想的核心价值在于其对往圣先贤的学习与超越，他主张"聆听前世，清视在下"，希望能够通过学习和发掘先圣的思想，指导当下的学习与研究。从学术角度来讲，扬雄认为，学习是一个永无止境的过程，随着时代的发展而变化，对于前代圣贤的思想精神，也需要不断地继承和创新；从政治角度来说，他提倡礼乐之治，认为礼乐之治是先贤流传下来的治国理政的根本，是必须坚守的治国理念。

（一）有教立道

作为两汉时期的一代大儒，扬雄始终秉承儒家正统学说，以孔子作为先师，他说："适尧、舜、文王者为正道，非尧、舜、文王者为它道。君子正而不它。"[②]能够通向唐尧、虞舜、周文王之道的是正道，背离唐尧、虞舜、周文王之道的是邪道。君子行正道而不走邪道，希望求学士子能够从根本上学习儒家经典，致君尧舜。

扬雄将儒家学说作为挽救世人的根本，认为它是唯一能够通合天人之道的所在，儒学之士自然应当是救世济民、直接服务于君主的臣子。"天之道不在仲尼乎？仲尼，驾说者也，不在兹儒乎？如将复驾其所说，则莫若使诸儒金口而木舌。"[③]天道难道不是由仲尼传达的吗？仲尼既逝，难道不是落在当代的诸儒身上吗？如果重新操持孔子抛舍下的大业，就没有使诸儒成为金口木舌的木铎更为合适的了，使他们出仕在位，号令天下，以行其道。

对孔子和儒家学说的推崇，是扬雄的一贯主张。然而，他虽以孔子为师，却又不仅仅局限于孔子的学识。他指出即便博学如仲尼，也不是不可超越的存在，学习是一个永无止境的过程，需要人们不断进步、不断超越。《法言·学行》有言：

> 曰："有教立道无止——仲尼，有学术业无止——颜渊。"或曰："立道仲尼，不可为思矣；术业颜渊，不可为力矣。"曰："未之思也，孰御焉？"[④]

---

① 〔苏〕瓦·阿·苏霍姆林斯基著，杜殿坤编译：《给教师的建议》，教育科学出版社 1984 年版，第 216 页。

② 韩敬译注：《法言·问道》，中华书局 2012 年版，第 83 页。

③ 韩敬译注：《法言·学行》，中华书局 2012 年版，第 3 页。

④ 同上书，第 28 页。

扬子说，为从事教育和创立学说而不断努力，可以达到孔子那样的境界；为从事学习和传播圣人事业而不断努力，可以达到颜渊那样的地步。有人认为孔子和颜渊的学问与境界就是无法企及的。扬子回答说，只要坚定信心、不断努力就会有进步。学无止境，谁又能阻止它的前进呢？学问不是一朝一夕的事情，文化也不是一朝一代的传承。学养需要在平时的工作和学习中坚持“常修”，面对科技迅速发展的社会形势，我们要坚守中华优秀传统文化，坚定文化自信，在学无止境的路途中不断前行。

扬雄文化自信下的学无止境精神，上升到国家层面，就是习近平总书记在党的十九大报告中所论述的文化强国战略：“没有高度的文化自信，没有文化的繁荣兴盛，就没有中华民族伟大复兴。要坚持中国特色社会主义文化发展道路，激发全民族文化创新创造活力，建设社会主义文化强国。”①

（二）以礼治国

众所周知，儒家哲学推崇礼乐文化，扬雄自然也不例外，“以礼治国”是他思想学术的重要组成部分，也反映其“求为君子”的道德追求，体现了其对儒家礼乐制度的光复。扬雄提出：

> 圣人之治天下也，碍诸以礼乐。无则禽，异则貉。吾见诸子之小礼乐也，不见圣人之小礼乐也。②

圣人治理天下，用礼乐来防止人们的淫思僻行。如果人不修习的话，那必然与禽兽无异；如果有礼乐却并非中国的，那也仅仅是蛮夷的礼节罢了。诸子可能蔑视礼乐，但圣人却从来不会将礼乐作为小事来实行。他认为礼乐是人之所以区别于禽兽的所在，是君子立身的准则，具有极高的地位。他要求个人的行为处事必须要符合儒家礼义规范，“君子动则拟诸事，事则拟诸礼。”③在扬雄的思想体系中，儒家的道德仁义礼是一个统一的整体，它与人身体的各个部分相互对应，不可分割。他说：

> 道、德、仁、义、礼，譬诸身乎！夫道以导之，德以得之，仁以人之，义以宜之，礼以体之，天也。合则浑，离则散，一人而兼统四体者，其身全乎！④

“道”引导“德”前进，“德”是修养的体现，“仁”用来培育人，使人区别于禽兽，“义”是判断是非的标准，“礼”是行为规范的约束，五者缺一不可，共同构成

---

① 《习近平著作选读（第二卷）》，人民出版社 2023 年版，第 33 页。

② 韩敬译注：《法言・问道》，中华书局 2012 年版，第 95 页。

③ 韩敬译注：《法言・孝至》，中华书局 2012 年版，第 404 页。

④ 韩敬译注：《法言・问道》，中华书局 2012 年版，第 85 页。

一个整体，就如同身手头足一般，不可分割。

扬雄的礼乐思想是他相关治国理念的根基，他“深知器械、舟车、宫室之为，则礼由已”[①]，但又不能仅仅依靠礼乐的约束，在一定情况下还需要法的制裁。在《法言·问道》篇中记载了这样一段对话：

> 太上无法而治，法非所以为治也。曰：鸿荒之世，圣人恶之，是以法始乎伏羲，而成乎尧。匪伏匪尧，礼义哨哨，圣人不取也。[②]

这段话的意思是：有人对扬雄讲，上古的时候没有法制，天下仍可大治，可见法制并非是治理天下所必需的。扬子回答说，对于远古时代的蒙昧社会，圣人是厌恶的，所以，圣人才创立了法制。法制始创于伏羲，形成于唐尧。不要伏羲，不要唐尧，让礼义荒废、遭到曲解，圣人是不会赞成的。礼乐思想与法制思想的结合，是扬雄对儒家传统的继承和创新，他深谙先王之道，讲究内圣外王，辅佐君主，以实现人生抱负，正如曾巩所言：“先王之道不明而学者靡然溺于所习，当是时能明先王之道者扬雄氏而已。”[③]

扬雄“以礼治国”思想在新时代也有其重要价值。建设新时代中国特色社会主义强国，在坚持依法治国的基础上，越来越注重以德治国。我们必须深刻把握法治与德治的辩证关系，认真汲取扬雄等先贤“以礼治国”的智慧养分，一手抓法治，一手抓德治，实现法治和礼治的完美融合。

扬雄是一位“知识型”的学者，近于西方所谓“智者”形象的人物。他“主要是以好奇好异之心，投下他整个生命去追求知识”[④]。作为一位有丰厚学养的学者，他秉承孔门斯文，“志于道，据于德，依于人，游于艺”，将自己的才情展现得淋漓尽致，令人钦羡、敬佩。正如《汉书·扬雄传》所赞：“渊哉若人！实好斯文，初拟相如，献赋黄门，辍而覃思，草《法》纂《玄》，斟酌“六经”，放《易》象《论》，潜于篇籍，以章厥身。”[⑤]这个概括是对“学力思想型”[⑥]文学家扬雄较为恰当的赞誉。

---

① 韩敬译注：《法言·问道》，中华书局 2012 年版，第 96 页。

② 同上书，第 92 页。

③ 吴功正等编著：《曾巩散文精品选·筠州学记》，陕西人民出版社 1995 年版，第 159 页。

④ 徐复观：《徐复观全集·两汉思想史·扬雄论究》，九州出版社 2014 年版，第 421 页。

⑤ (汉)班固撰，颜师古注：《汉书·扬雄传》，中华书局 2012 年版，第 3643 页。

⑥ 王守雪：《两汉文论新释》，中国社会科学出版社 1998 年版，第 177 页。

王充

——在为学与用世中自我成就

王充(27—约97),字仲任。会稽上虞(今浙江上虞)人。东汉时期著名的思想家、教育家。他家世显赫,系元城王氏之后,先祖"几世尝从军有功",受封于会稽阳亭,既有爵位功勋又有封邑奉养,风光一时。几代后逐渐败落,至王充出生之时早已十分困窘。即便如此,深厚的家学渊源在很大程度上对王充的为学之路产生了积极影响,他从小受到父母的精心栽培,六岁启蒙,八岁进入书馆,深受先生的喜爱。

东汉建武二十年前后,王充被举荐京师,入太学,"师事扶风班彪",接触到当时最正统的经学教育。在太学求学期间,他勤奋刻苦,通读百家之言,不守章句,多有自己独到见解。后步入仕途,做过几任郡县僚属,多坎坷沮阻,未曾受到重用。晚年罢官回乡,潜心著书,教徒授课,"年渐七十,志力衰耗,乃造《养性书》十六篇,裁节嗜欲,颐神自守。永元中,病卒于家"[①]。王充的一生,大部分时间都是在治学与教学中度过的,他著有《祭意》《讥俗》《养性》《论衡》等著作百余篇,今存八十五篇,编为一书,题曰《论衡》,共计二十多万字,是王充思想内涵的主要载体,也是其核心学养的重要体现,对后世影响深远。

一、道德涵养:德不优者,不能怀远

同传统的儒家学者一样,王充也非常重视个人的道德修养。他认为人性和道德是求学为学的基础,"德不优者,不能怀远",作为一个求学入仕之人,首先应该具备良好的道德品性。他论述人性的善恶,认为在所谓的人"性"中,必然有善有恶,一个人品性的养成,也势必受到周围教育环境的较大影响,需要人们自觉地接受教育的引导,为学向善。在道德要求方面,他强调在修养善性的基础上,要做到言必有验,实事求是,对自身负责,对他人负责,坚持实践出真知。王充的人性论和道德论,是对东汉文坛的一次拨乱反正,展现了一代大师对崇高道德理想的追寻。

(一)人性,有善有恶

人性善恶的论辩,是儒家学说自初创以来最朴实也最重要的研究课题之

① (南朝宋)范晔撰,(唐)李贤等注:《后汉书·王充王符仲长统列传》,中华书局2012年版,第1300页。

一。几千年来，关于它的研究和探讨仍然持续不断，未有定论。王充的人性论，总体而言，较之前人的观点有所进步，他认为人性的善恶是由于禀气的厚薄多少来决定的：

豆麦之种，与稻粱殊，然食能去饥。小人君子，禀性异类乎？譬诸五谷皆为用，实不异而效殊者，禀气有厚薄，故性有善恶也。①

人性禀气有厚有薄，如同豆麦的果实与稻谷小米一般，都可以用来充饥，味道却大有不同，因此，五谷有区分，人性自然也就有善恶，“人之善恶，共一元气。气有少多，故性有贤愚”②。

在此基础之上，王充又将人性分为三品：

亦有三性：有正，有随，有遭。正者，禀五常之性也；随者，随父母之性也；遭者，遭得恶物象之故也。③

在他看来，极善极恶之人，其本性是不易改变的，反倒是居于中间的人，最容易受到教育的引导，“夫中人之性，在所习焉，习善而为善，习恶而为恶也。至于极善极恶，非复在习。故孔子曰：‘唯上智与下愚不移。’性有善不善，圣化贤教，不能复移易也”④。中人之性，也就是平常人的“性”，完全可以通过教化修习而发生改变，习气好就成为好人，习气坏就成为坏人，很明显，这是承袭了孔子“上智”“中人”“下愚”的人性观。

王充十分强调教育环境对人性发展的影响，他认为父母的品性和外在环境对一个人善恶观念的形成会产生直接影响。为人父母者要自觉遵循礼的约束，他们品行不端或私心杂念都会影响腹中胎儿的成长：

性命在本，故《礼》有胎教之法：子在身时，席不正不坐，割不正不食，非正色目不视，非正声耳不听。及长，置以贤师良傅，教君臣父子之道，贤不肖在此时矣。⑤

同时，王充肯定外部环境和教育对人性养成的决定作用，他提出：

十五之子，犹丝也。其有所渐化为善恶，犹蓝丹之染练丝，使之为青赤

① (汉)王充著，黄晖撰：《论衡校释·率性》，中华书局 2017 年版，第 93 页。
② 同上书，第 94 页。
③ (汉)王充著，黄晖撰：《论衡校释·命义》，中华书局 2017 年版，第 58 页。
④ (汉)王充著，黄晖撰：《论衡校释·本性》，中华书局 2017 年版，第 162—163 页。
⑤ (汉)王充著，黄晖撰：《论衡校释·命义》，中华书局 2017 年版，第 60—61 页。

也。青赤一成，真色无异。[1]

十五岁左右的少年，就像丝一样，会逐渐转化为善的或恶的，如同用青色染料、红色染料渲染白丝，会使它变成不同的颜色，这种颜色一旦染成，就跟真的颜色没有区别了。

人之性善可变为恶，恶可变为善，犹此类也。蓬生麻间，不扶自直。白纱入缁，不练自黑。彼蓬之性不直，纱之质不黑，麻扶缁染，使之直黑。夫人之性犹蓬纱也，在所渐染，而善恶变矣。[2]

人的德行就像“蓬草”和“白纱”一样，其善性与恶性会随着周围环境的逐渐浸染而发生改变。

王充对后天教育环境的重视是其人性论思想的重要方面，对当今社会也十分有借鉴意义。从古至今，人都并非生而知之者，都要靠后天的环境与教育才能成才。

（二）凡论事者，言必有验

在日常生活和学习中，王充特别崇尚“言必有验”的君子人格。他指出，在个人道德约束下，人们要对自己所说的话语和所做的事情负责，实事求是，不能脱离实际，从书本中所学到的知识要运用到实践中去检验，不虚伪，不妄言。他说：

事莫明于有效，论莫定于有证。空言虚语，虽得道心，人犹不信。[3]

没有什么比有效验更能说明事情真相的了，也没有什么比有证据更能肯定论点正确的了，那些空洞虚假的语言，即使符合最根本的道理，人们仍然不会相信。所谓“知屋漏者在宇下，知政失者在草野”，只有经过亲身验证的结论，才具备让人信服的效用。

王充重视实践对真知的检验，“凡论事者，违实不引效验，则虽甘义繁说，众不见信”[4]。他提出，“两刃相割，利钝乃知；二论相订，是非乃见”[5]。如果用两把刀子去割同一种东西，就可以知道哪一把锋利，哪一把不锋利；两种不同的观点只有经过交锋，相互订正，是非曲直才能显现出来。为人做事也是如此，仅仅

① （汉）王充著，黄晖撰：《论衡校释·率性》，中华书局2017年版，第80—81页。

② 同上书，第81页。

③ （汉）王充著，黄晖撰：《论衡校释·薄葬》中华书局2017年版，第1118页。

④ （汉）王充著，黄晖撰：《论衡校释·知实》中华书局2017年版，第1261页。

⑤ （汉）王充著，黄晖撰：《论衡校释·案书》中华书局2017年版，第1361页。

凭借主观猜测很难得出正确结论，一定要经过实践检验。世间万物都是相比较而存在的，它们通过相互之间的斗争而不断发展，不同的观点和看法也只有经过论辩的交锋才能分出高下，得出是非。在王充看来，无论是为学还是求知，"实事求是"都是必须秉承的风格，"凡天下之事，不可增损，考察前后，效验自列，自列，则是非之实有所定矣"[①]。但凡天下间的事情，人们都不可以随意地夸大或缩小，要考察它的前前后后，通晓它的因果，真相自然也就表现出来了，一旦得出真相，那么，是非曲直的真实情况就可以基本判定了。

二、学习品格：所谓圣者，须学以圣

王充一生不求仕进，业儒业道，他倾尽毕生精力求学授教，总结并提炼了许多关于教育与学习的独到见解与方法。他非常重视学习的作用，认为"所谓圣者，须学以圣"，圣人也需要不断地学习和进步，扎扎实实，方能到达圣人之境。他认为，"不学不成，不问不知"，人对外界事物的感知都源于学习。"学以致用"才是求学为学的根本所在，"博我以文，贵其能用"，学问要能够活学活用，对现实产生助益，所谓"为世用者，百篇无害，不为世用，一章无补"，就是这个道理。

（一）不学不成，不问不知

王充反对"生而知之"的言论，认为知识的获得，必须经过学习的过程，即便圣人也不是生来就具备才识的。他在《实知篇》中引出儒者之论并加以反驳：

> 儒者论圣人，以为前知千岁，后知万世，有独见之明，独听之聪，事来则名，不学自知，不问自晓。故称圣，〔圣〕则神矣，若蓍、龟之知吉凶，蓍草称神，龟称灵矣。[②]
>
> 曰："此皆虚也。案神怪之言，皆在谶记，所表皆效《图》、《书》。"[③]

俗儒对圣人为"神"的崇拜和论断都是虚妄不实的，因为"明福处祸，远图未然，无神怪之知，皆由兆类。以今论之，故夫可知之事者，思虑所能见也；不可知之事，不学不问不能知也。不学自知，不问自晓，古今行事，未之有也"[④]。有些人可以预先判明事物祸福，很早就考虑到尚未出现的事情，这确实是存在的，并不是因为他们拥有传说中神怪的智慧，仅仅是由于事先察觉了先兆，现在用它来预言而已。所以，就当今的天下之事而论，能够知晓的，通过思虑就可以预见；不能够知晓的，不学不问就不可能知道。不学习就了解万物，不询问就通晓

① （汉）王充著，黄晖撰：《论衡校释·语增》中华书局2017年版，第402页。
② （汉）王充著，黄晖撰：《论衡校释·实知》，中华书局2017年版，第1241页。
③ 同上书，第1243页。
④ 同上书，第1249页。

百事，从古到今的事例中，还没有出现过。如此，学习就显得尤为重要。他说：

> 夫可知之事，惟精思之，虽大无难；不可知之事，厉心学问，虽小无易。故智能之士，不学不成，不问不知。①

那些可以知道的事情，只要深入地思考，再大再难也会明白；不可以知道的事情，即便再用心地学习或请教别人，也是不容易弄懂的。因此，即使是那些才智过人的人，不学习也不会有所成，不请教他人也不能获得学识。

在王充的认知系统中，圣人与普通人是一样的，都需要通过学习去获得知识，不同的是圣人可能较之常人更为勤奋和聪慧。人的才能有高有低，这是先天决定的，不可改变，但人们对万事万物的感知和了解来源于学习，只有通过学习才能懂得世间的道理，如果耻于向人求教，许多东西就永远都不会知晓，所谓"人才有高下，知物由学。学之乃知，不问不识"②，就是这个道理。学习是一个自主开放的过程，它需要人们积极地思考和实践，"夫河冰结合，非一日之寒；积土成山，非斯须之作"③。成功不是一蹴而就的，需要扎扎实实地学习和积累。

学习是人们通晓知识的重要途径。王充在论述学习理念和学习方法时，不断强调主动学习的重要性，强调"不学不成，不问不知"，本领不是天生的，而要通过学习和实践来获得。正如习近平总书记所说："学习的最大敌人是自我满足，要学有所成，就必须永不自满。"他强调："中国共产党人依靠学习走到今天，也必然要依靠学习走向未来。"④对当前社会现状的把控和事物发展的未来都要通过学习去掌握，走进新时代，知识更新周期大大缩短，各种新知识、新情况、新事物层出不穷。一个人必须学习一辈子，才能跟上时代前进的脚步，才能赢得主动、赢得优势、赢得未来。

（二）博我以文，贵其能用

王充反对死记硬背，提倡学以致用，而博通百家只是基础：

> 凡贵通者，贵其能用之也。即徒诵读，读诗讽术，虽千篇以上，鹦鹉能言之类也。衍传书之意，出膏腴之辞，非俶傥之才，不能任也。夫通览者，世间比有；著文者，历世希然。⑤

他提倡博学多才，通识百家，让人们将自己的所学运用到生活中。如果仅

① （汉）王充著，黄晖撰：《论衡校释·实知》，中华书局2017年版，第1249页。
② 同上书，第1256页。
③ （汉）王充著，黄晖撰：《论衡校释·状留》，中华书局2017年版，第728页。
④ 《习近平著作选读（第二卷）》，人民出版社2023年版，第300页。
⑤ （汉）王充著，黄晖撰：《论衡校释·超奇》，中华书局2017年版，第708页。

仅是到达熟读经文的程度，即便阅读千篇以上文章，也是鹦鹉学舌之类，不会有什么建树。能征引古书文意，创作美妙辞藻之人，没有卓越才能，是万万不能胜任的。博览群书之人很多，能著书写文的人却相对较少。所以，王充提出，学习文章，通览百家之言，并非为了读书而读书，而是"贵其能用"，这里所谓的"能用"，就是指能够灵活运用自己所学知识，开展学术研究，著书立说。

王充还对"贵其能用"的著书立说提出了要求，他在《论衡·对作》篇中说："圣者作经，艺者传记，匡济薄俗，驱民使之归实诚也。"①圣人写经，贤人写传记，是为了纠正挽救不良的风俗，驱使老百姓回复到质朴淳厚的风俗上来。治学的根本目的在于治世救民，著书立说的目的是为了有益于国家和社会。所以，做学问要向圣人看齐，做对国家和社会有用的学问，"盖寡言无多，而华文无寡。为世用者，百篇无害；不为用者，一章无补"②。内容充实的文章，即使再多也不会嫌多，华而不实的文章，再少也不算好。对社会有用的文章，即使写百篇也没有害处；如果不被社会采用，即使只写一篇也没有补益。在王充看来，"受天之文，文人宜遵五经六艺为文，诸子传书为文，造论著说为文，上书奏记为文，文德之操为文。立五文在世，皆当贤也"③。这就要求人们在写作文章时，能够"发胸中之思，论世俗之事，非徒讽古经、续故文也"。直接抒发自己心中的思想，论述世俗间的万事万物，不仅仅是背诵古经、续写旧文。

事实上，王充的这一学习理念，或者说学习方法，是对当时汉代儒者"好信师而是古"风气的严厉批判和着力扭转，正如毛礼锐所说："王充'学为世用'思想，在汉代章句盛行，谶纬迷信成灾的情况下，有其重要的意义，对改变汉代崇古、拟古，脱离实际学风有一定作用，在历史上有进步意义，应该予以肯定。"④

三、学术传承：积岁累月，见道弥深

"积岁累月，见道弥深"，是对王充学术思想价值的高度概括，也是其为学求知的核心学养所在。做学问是一个积年累月、铢积寸累的过程，不是一蹴而就的，需要下深功夫，功夫到了，"道"就到了。王充将学习的最终目标定位为"鸿儒"，认为应该培养或者造就"鸿儒之才"，也就是能够独立思考、著书立说的人才。同时，他还主张勇于突破儒家完全被动输入的教育思维模式，对待老师的错误之处要敢于指出，"凡学问之法，不为无才，难于距师，核道实义，证定是非也"⑤。这些思想至今仍然具有积极的意义。

---

① （汉）王充著，黄晖撰：《论衡校释·对作》，中华书局 2017 年版，第 1366 页。
② （汉）王充著，黄晖撰：《论衡校释·自纪》，中华书局 2017 年版，第 1395 页。
③ （汉）王充著，黄晖撰：《论衡校释·佚文》，中华书局 2017 年版，第 1011 页。
④ 毛礼锐：《中国教育通史》第 2 卷，山东教育出版社 1980 年版，第 241 页。
⑤ （汉）王充著，黄晖撰：《论衡校释·问孔》，中华书局 2017 年版，第 462 页。

（一）德优才大，鸿儒之教

王充在前人研究基础上，结合汉代社会与教育实际，提出“鸿儒之教”人才培养方案，提倡培育具有创新能力的“鸿儒”。

王充将人才分为四等，“能说一经者为儒生，博览古今者为通人，采掇传书以上书奏记者为文人，能精思著文联结篇章者为鸿儒。故儒生过俗人，通人胜儒生，文人逾通人，鸿儒超文人”①。能讲解一种经书的是儒生，能博览古今的是通人，能采掇传书以奏折上报的是文人，能精于思考写文著书的则是鸿儒。所以，儒生能够超越一般人，通人胜过儒生，文人胜过通人，鸿儒又胜过文人。一番对比，“鸿儒”自然而然地成为培养人才的典范与最高标准。那么，什么样的人能够被称为“鸿儒”呢？王充说：“通书千篇以上，万卷以下，弘畅雅闲，审定文读，而以教授为人师者，通人也。杼其义旨，损益其文句，而以上书奏记，或兴论立说，结连篇章者，文人、鸿儒也。”②能够通读书籍千篇以上，万卷以下，流畅熟练，雅致清闲，分析确定章节和断句，并足够为人师表教授他人的称为通人。能够通晓古书意旨，灵活运用其中词句，能上书奏记，或者提出有创意的见解和主张，串连成篇写成文章的则是文人、鸿儒。如此，“鸿儒”就是能够博览百家、具有创新思想和创新能力，足以兴论立说的人才。

王充的人才观，是一种全能型的人才观，“鸿儒”既具备强大的知识能力，又具有高尚的情操，“笔能著文”“合能谋论”“文由胸中而出”“能陈得失，奏便宜，言应经传”“能联结篇章”“抽列古今，纪著行事”“心思为谋，集札为文，情见于辞，意验于言”。他们学贯古今，有超凡的才能和缜密的心思，既有齐整的外在修为，又有良好的内在品德，入则独善其身，出能匡扶天下，是一种近乎理想化的人才。自古及今，人才一直都是国家建设和发展的主要支撑，王充“鸿儒之才”的培养，也无疑是为了巩固和辅佐封建王权，为国家建设和发展贡献力量。这种人才观对新时代中国人才强国战略也有借鉴意义。正如习总书记 2018 年 5 月 28 日在中国科学院第十九次院士大会、中国工程院第十四次院士大会上所说：“创新之道，唯在得人。得人之要，必广其途以储之。”

（二）核道实义，敢于距师

“王充年轻时，从著名经学家班彪学习，却‘才高而不苟作’，‘论说始若诡于众，极听其终，众乃是之’，独立探索的精神极强。”③他能“淫读古文，甘闻异言”，对各家的长处和弱点，采取认真分析、兼收并蓄的态度，一概不为旧例所限。

“敢于距师”是王充学术思想的另一个重要方面。汉代自董仲舒“罢黜百

---

① （汉）王充著，黄晖撰：《论衡校释・超奇》，中华书局 2017 年版，第 709 页。

② 同上书，第 708 页。

③ 金春峰：《师道师说・金春峰卷》，东方出版社 2016 年版，第 250 页。

家，独尊儒术”之后，教育界形成了“好信师而是古”的不良风气，“世儒学者，好信师而是古，以为贤圣所言皆无非，专精讲习，不知难问”[①]。当时，许多儒生，迷信老师，崇拜古人，但凡圣贤所说必然没有错，专心致志地讲述和学习，从来不进行反驳和质疑，这种风气，虽然体现了对老师的尊重，然而，当它发展到极致就会使学习变得死板。因此，王充鲜明地指出：“案贤圣之言，上下多相违；其文，前后多相伐者，世之学者，不能知也。”[②]即便是圣贤的说法，也有很多自相违背、互相矛盾的地方，然而，当时的许多学者，都没有认识到这一点，盲目地沉迷于“信师”“好古”的热潮，无法自拔。

王充认为，做学问最难的就是消除崇拜古人、崇拜权威的心理。教师是传授知识的人，理应给予尊重，但不能盲目迷信。老师也是平常之人，也可能出现或大或小的错误，学生要敢于反驳，敢于指正。“苟有不晓解之问，(追)难孔子，何伤于义？”[③]如果有什么不理解的问题或者想法，去追问责难孔子，对道理又有什么损害呢？这是一种积极的求学态度。在“距师”“问难”过程中，学生与老师一同探讨，一同分享，又有什么损害呢？可以说，王充的师生平等关系理念领先于当时的教育思想，开创了师生平等、对话、分享等理念的先河。正如竺扬雄先生所言：“王充能以大无畏的反抗精神……提倡敢于反驳老师，解放学生思想，这是有利于推动社会进步的。”[④]

① (汉)王充著，黄晖撰：《论衡校释·问孔》，中华书局 2017 年版，第 459 页。

② 同上。

③ 同上书，第 462 页。

④ 竺扬雄：《王充的教育思想》，《宁波师院学报(社会科学版)》1991 年 2 月第 13 卷，第 1 期。

郑玄

——两汉经学的集大成者

郑玄(127—200),字康成。北海郡高密县(今山东高密)人。东汉末年著名的儒家学者,两汉时期经学的集大成之人。他出身世家,先祖乃是西汉时期的高密大族,后逐渐没落,祖父郑明、父亲郑谨均未出仕,至郑玄出生时,家境已相对贫寒。郑氏一族曾经的荣耀未给郑玄带来尊崇,世家大族的家学传承却成为他为学之路的根基。得益于深厚的家学渊源,郑玄自幼聪慧,又一心向学,至八九岁时即"能下算乘除",十三岁"诵《五经》,好天文、占候、风角、隐术",十六岁便以"神童"享誉乡里。

少年时期的郑玄,受到太守杜密的赏识和提拔,进入京师太学,开始他一生之中最为关键的求学生涯。他转益多师,跟从太学博士第五元先学习《京氏易》和《公羊春秋》,又求教于学兼今古的恩师张恭祖,学习《周官》《礼记》《左氏春秋》《韩诗》等典籍,最后游学关西,追随当世通儒马融,在外游学将近二十年,学成东归后,已是一位精通今古文经的经学大师。郑玄一生清贫,未入仕途,他淡泊名利,客耕东莱,以毕生精力整理古代留存典籍,加以注疏,创立"郑学",成就卓越。其思想学说与核心学养也多体现于此,汉末魏初时的名士华歆就曾称赞他"名冠华夏,为世儒宗"①。郑玄是两汉经学的集大成者,几乎代表了汉代儒家经学的最高成就。贞观二十一年(647),郑玄被唐太宗列于二十二"先师"之列,配享孔庙,算是后世对其卓越贡献的一种追怀和肯定。

一、 道德修习: 非诗书则不言, 非礼乐则不行

郑玄继承儒家学说,非常重视个人的道德修养,他将儒家的诗书礼乐视作君子的必修课程,认为"君子乐之美者,莫过于尚论《诗》《书》、敦习道义,教之盛矣,乐斯在焉"②。提倡非诗书则不言,非礼乐则不行。他的道德品性修习主要体现在两个方面:一是"在心为德,施之为行",提出"德"是一种内在的崇高涵养,需要通过"行"来演变为外在的具体行为。君子"修德学道",以圣人之德为根本目标,应用于社会实践,是道德修养的基本条件;二是"博稽六艺,粗览传

① (晋)陈寿撰,(宋)裴松之注:《三国志·魏书·三少帝纪》,中华书局 2011 年版,第 120 页。

② (清)朱骏声:《六十四卦经解·兑》,中华书局 1953 年版,第 254 页。

记”，这是郑玄在为学求学过程中对自身的严格要求。他认为，只有精通儒家“六艺”，博览群书，才能更好地遵循道德礼教约束，在日常生活与学习中游刃有余，达到“从心所欲而不逾矩”的境界。

（一）在心为德，施之为行

郑玄以毕生精力遍注儒家经典，却没有留下关于道德论述的专著。所以，我们探究他对个人道德修养的观点，就要回归到他对古籍的注解中。

《周礼·师氏》：“师氏掌以媺诏王。……以三德教国子：一曰至德，以为道本；二曰敏德，以为行本；三曰孝德，以知逆恶。教三行：一曰孝行，以亲父母；二曰友行，以尊贤良；三曰顺行，以事师长。［注］德行，内外之称。在心为德，施之为行。至德，中和之德，覆焘持载含容者也。孔子曰：‘中庸之为德，其至矣乎！’敏德，仁义顺时者也。《说命》曰：‘敬孙务时敏，厥修乃来。’孝德，尊祖爱亲，守其所以生者也。孔子曰：‘武王、周公，其达孝矣乎。夫孝者，善继人之志，善述人之事者也。’孝在三德之下、三行之上，德有广于孝，而行莫尊焉。国子，公卿大夫之子弟，师氏教之，而世子亦齿焉，学君臣、父子、长幼之道。”①

在郑玄看来，道德是“德”与“行”的整体呈现，人们形成于心的对个人德行的认知统称为“德”，表现于外的对个人操守的秉承为“行”，“德”与“行”同为一体，共同构成道德品性的修习。这是一种实践的道德观，统筹于人心内外，要求人们身体力行。郑玄说：“学，修德学道。”学习，就是修养自身的品德，学习应有的道义。那么，何为“德”？何为“道”？简单来说，“德”与“道”都是身为一个正人君子应当修习的一部分，“德”是个人德行，是待人处事的行为方式。而“道”，据其师马融的观点：“道，六艺”，“一曰五礼，二曰六乐，三曰五射，四曰五驭，五曰六书，六曰九数。”②“德”与“道”，是分而不同的两个方面，由不同的人掌管教授，“师，诸侯师氏，有德行以教民者。儒，诸侯保氏，有六艺以教民者”③，师教以德，儒教以艺，目的在于培养德艺双全的君子品格。

郑玄的“在心为德，施之为行”，是一种进步的道德修养理念，这一理念，不仅仅表现为他的自我坚守，在其家学传承中也有体现。比如，他名传后世的《诫子书》，便是希望自己的独生子郑益恩，能够秉承父亲的操守，做一个品行高尚的君子。

咨尔茕茕一夫，曾无同生相依。其勖求君子之道，研钻勿替，敬慎威

① （汉）郑玄注，（唐）贾公彦疏：《十三经注疏·周礼注疏·师氏》，上海古籍出版社 2010 年版，第 493 页。
② （汉）郑玄注，（唐）贾公彦疏：《十三经注疏·周礼注疏·保氏》，上海古籍出版社 2010 年版，第 499 页。
③ （汉）郑玄注，（唐）贾公彦疏：《十三经注疏·周礼注疏·大宰》，上海古籍出版社 2010 年版，第 54 页。

仪，以近有德。显誉成于僚友，德行立于己志。若致声称，亦有荣于所生，可不深念邪！可不深念邪！[①]

他说，可叹的是你孤单一人，没有兄弟相依靠。期望你努力寻求君子之道，深入钻研，不要废弃，恭敬谨慎，使你的仪容庄严，逐渐成为一个有高尚德行的人。扬名显誉要依靠志同道合的朋友，树立德行在于自我心中的志向。一旦得到了荣誉与赞扬，也会给父母祖宗带来荣耀，你能不深思吗？你能不深思吗？郑玄的《诫子书》，言辞恳切，充满期望，教育后代要修身立德，养成美好的个人品性，这是一代儒学大师的家世传承，也是我们应当推崇和延续的道德理念。

（二）博稽六艺，粗览传记

郑玄注重个人道德修养的另一个重要方面，就是“博稽六艺，粗览传记”。这句话原是范晔在《后汉书》中对他的评价，甚是贴切。郑玄完全承袭其师马融关于道德的观点，认为“六艺”是儒家经典的根基，“道”即“六艺”，也包含在“六艺”之中。在郑玄看来，一个人的道德品性修养是需要学习和实践的，教育的目的也就是培养道德精神。所以，他“博稽六艺，粗览传记”，将儒家经典作为求学为学的根本，从原始典籍出发，研究礼教传承，遵循儒家君子典范，规范自身的修养。

此外，郑玄“博稽六艺，粗览传记”，在一定程度上体现了他对“圣人之道”的追寻。所谓“博稽”“粗览”，从字面意思也能看出轻重不同的问题。郑玄为学的重点多为儒家典籍，他推崇“圣人之道”，认为不属“圣人之道”的学问可以简略粗览，不用精通，即使对算术、天文等知识的研读，也仅仅是为了便于对儒家典籍的理解，都属于“小道”“末事”。

《礼记·王制》：“凡执技以事上者，祝、史、射、御、医、卜及百工。[注]言技谓此七者。凡执技以事上者，不贰事，不移官，[注]欲专其事，亦为不德。出乡不与士齿。[注]贱也。于其乡中则齿，亲亲也。仕于家者，出乡不与士齿。[注]亦贱。”[②]

郑玄的这种为学方式和轻重划分，具有明显的局限性和较为浓厚的封建色彩。然而，在当时的社会现实之下，他提倡儒家经典，宣扬圣贤之学，也是无可厚非的。郑玄将自身道德修养放于儒家“六艺”之中，自觉恪守君子人格，是我们求学为学的榜样。他在塑造个人思想品格时注重实践的精神，也恰恰是当今社会所欠缺并需要倡导和完善的。

---

① （南朝宋）范晔撰，（唐）李贤等注：《后汉书·张曹郑列传》，中华书局 2012 年版，第 957 页。

② （汉）郑玄注，（唐）孔颖达疏：《礼记正义·王制》，北京大学出版社 1999 年版，第 410 页。

二、为学精粹：统之于心，践而行之

在为学方面，郑玄与两汉诸家所持观点大致相同，多崇尚博览和精思。郑玄精于治学，文通今古，离不开自身的刻苦求知和广泛涉猎。他同司马迁一样，求学问道不拘泥于一本一家之学说，凡能够查询借阅的典籍，都要加以研读，转化为自我的知识储备。此外，他还提倡“心解”，十分重视个人思考在学习中的作用，认为人们如果仅仅依靠学习书面知识，所知所学很容易被遗忘，难以长久保持，只有经过认真思考，才会有更加深切的体验和准确的领悟。

（一）括囊大典，网罗众家

郑玄一生有志于学，涉猎广泛，求学问道转益多师，对当时社会上存在的学术流派大多有所了解。因此，在学习理念和学习方法上，也多有自己的感悟。他“括囊大典，网罗众家”，要求人们在学习的过程中勤奋刻苦，博览百家，努力破除门户之见，兼采诸家之长，以丰富自我学识，提升自我素养。

实际上，郑玄践行的这一学习方法，无外乎就是儒家学者一直倡导的“博览”之说，然而，既然出现在汉末，势必掺入一定的社会因素。南朝宋时期的史学家范晔指出：“自秦焚六经，圣文埃灭。汉兴，诸儒颇修艺文。及东京，学者亦各名家。而守文之徒，滞固所禀，异端纷纭，互相诡激，遂令经有数家，家有数说，章句多者或乃百余万言，学徒劳而少功，后生疑而莫正。”[①]自秦始皇焚书坑儒之后，儒家学说归于沉寂。至汉代方才复兴，经过一段时间的发展，名家辈出，尤以京师为盛。然而，到了后期，诸家学说各自发展，各守所见，不知变通，导致异端四起，相互诡辩，使得一经有数家解说，一家又有数种说法，章句泛滥，人们学习吃力而所获甚少，后辈学者纷纷质疑，儒家经典陷入一种非常尴尬的境地。面对这种现状，郑玄无比痛惜，他尊崇的儒家典籍不应当是这种章句泛滥的诡辩之学。于是，他开始着手作注，“括囊大典，网罗众家，删裁繁诬，刊改漏失”[②]，力图综合百家之说，使儒家思想回归到正常的发展途径，拨乱反正。汉末经学的发展，郑玄功不可没，他“打破了汉代经学派系林立、门户森严的藩篱，开创了荟萃集成、简约精要的经学研究新局面”[③]，使两汉经学进入了一个“小一统”的时代，对后世影响深远。

郑玄的“括囊大典，网罗众家”，作为一种学习理念，或者说学习方法，不是简单意义上的知识堆砌，而是一种有取舍的自我完善，是经历深思熟虑之后的广泛涉猎。要求人们在日常学习和生活中做到刻苦求知，多读书，读好书，开阔

---

① （南朝宋）范晔撰，（唐）李贤等注：《后汉书·张曹郑列传》，中华书局 1998 年版，第 959 页。

② （清）康有为著，章锡琛校点：《新学伪经考·郑玄》，中华书局 2012 年版，第 185 页。

③ 王炳照、阎国华主编：《中国教育思想通史》第 2 卷，湖南教育出版社 1994 年版，第 149—150 页。

视野，将日常所学与实践相结合，不断进步。在科学技术飞速发展的今天，相较于古人而言，我们有更多优势研究学问，却更容易受到诸多不良因素的诱惑。现在，出版的书籍越来越多，但质量参差不齐，滥竽充数者也随处可见，这更需要人们理性地思考和选择，认真选择对自身有益的文章书籍阅读。

（二）学不心解，则亡之易

“思”，也就是思考，孔子提出的“学而不思则罔，思而不学则殆”一直是儒家教育的重要原则之一，郑玄也特别尊崇这一点。

《礼记·学记》：“夫然，故隐其学而疾其师，苦其难而不知其益也。［注］隐，不称扬也。不知其益，若无益然。虽终其业，其去之必速。［注］速，疾也。学不心解，则亡之易。”①

《礼记·学记》：“故君子之教，喻也。道而弗牵，强而弗抑，开而弗达。［注］道，示之以道涂也。抑，犹推也。开，为发头角。道而弗牵则和，强而弗抑则易，开而弗达则思。和易以思，可谓善喻矣。［注］思而得知则深。”②

他认为，学习是一个思考的过程，如果不经过内心的仔细考量，所学的知识很容易被遗忘。只有经过认真思考，才能转化为真正的自我感知，获得更为深入的了解。

郑玄的“心解”，并非仅仅是思考那么简单，它是“心”与“解”的结合，是思考与启发的相互作用。“思”就是学生的自我思考，是对所学知识的质疑与运用，是一个人思维发展的具体体现。据《郑玄别传》记载，郑玄十七岁时，有一日，他正对窗苦读，忽然外面起了大风，风势迅猛非常，他仔细观察了好一段时间，又想到了书上的记载，思索良久之后，便根据自己掌握的一些方术推算了一番，预测到某日、某时、某地将要发生火灾。于是，他立即报告了县府，让他们早做准备。到了某日某时，某地果然发生了火灾，由于早有准备，并没酿成大的灾难。这件事不胫而走，从此，郑玄在当地声名鹊起。这也从侧面反映了他从小天资聪颖，具有较强的分析与思考能力。“解”，就是启发，是师长对后辈学子的点拨和引领。

《论语·述而》：“不愤不启，不悱不发，举一隅不以三隅反，则不复也。［注］孔子与人言，必待其人心愤愤、口悱悱，乃后启发为之说也。如此，则识思之深也。说则举一隅以语之，其人不思其类，则不复重教之。”③

① （汉）郑玄注，（唐）孔颖达疏：《礼记正义·学记》，北京大学出版社 1999 年版，第 1060 页。
② 同上书，第 1063—1064 页。
③ （汉）郑玄注，（唐）贾公彦疏：《十三经注疏·论语注疏·述而》，上海古籍出版社 2010 年版，第 5392 页。

孔子教学就是一种启发式教学，他所点拨的问题大多是弟子经过独立思考后仍然无法解答的疑惑。“愤悱”，描绘的就是学生遇到问题而苦思冥想无法解决的纠结状态。在这里，“愤悱”就成为“开其意”“达其辞”的前提，孔子鼓励弟子自我思考，要求为人师者能够在恰当的时间给弟子以点拨，使他们对所学知识能够举一反三，融会贯通。

“学不心解，则亡之易”的学习理念，是郑玄对个人思考和师长启发的提倡，对当时教育的发展与改革产生了积极的推动作用。当今社会，启发式教学仍然是十分重要的教学方法，我们理应重视对启发式教学的研究和运用，探究其深层次的内涵，充分发挥它在教育改革中的关键作用。

三、学术传承：下学人事，上知天命

郑玄适逢汉末乱世，不像其他儒家学者一般追求功名，他一生致力于学，“念述先圣之元意，思整百家之不齐”，留下了许多可圈可点的学术思想。首先是“小者不达，大者难识”。这是一种步步深入的思维理念，明确了分级和不同年龄阶段的内容安排，强调了循序渐进的教育内容和学习方式。其次是“顺时以养才，尊师以教民”，他遵循儒家传统，提倡顺时养才，尊师重道，以教师为学习活动的主导并对他们提出了严格的要求。

（一）小者不达，大者难识

郑玄认为，知识的掌握是一个循序渐进的过程，不可能一蹴而就。

> 《礼记·学记》：“大学之法，禁于未发之谓豫，[注]未发，情欲未生，谓年十五时。当其可之谓时，[注]可，谓年二十，时成人。不凌节而施之谓孙，[注]不凌节，谓不教长者、才者以小；教幼者，钝者以大也。施，犹教也。孙，顺也。相观而善之谓摩。不并问，则教者思专也。[注]摩，相切磋也。”①
>
> 《礼记·学记》：“发然后禁，则扞格而不胜。[注]教不能胜其情欲。格，读如‘冻冷’之‘冷’。扞格，坚不可入之貌。时过然后学，则勤苦而难成。[注]时过则思放也。杂施而不孙，则坏乱而不修。[注]小者不达，大者难识，学者所惑也。独学而无友，则孤陋而寡闻。[注]不相观也。”②

可见，郑玄对《礼记》中《学记》一章的论述持赞同观点。他指出，年十五是情欲未生之时，此时加以禁止是防患于未然，年二十正是成人阶段，是接受教育的最佳时间。与此同时，对学生的教育也要做到“不凌节”，就是根据学生的接受能力进行教学，因材施教、循序渐进。“小者不达，大者难识”，一旦错过了学

---

① （汉）郑玄注，（唐）孔颖达疏：《礼记正义·学记》，北京大学出版社 1999 年版，第 1061 页。

② 同上书，第 1062 页。

习的最佳时期,即便学生再勤奋刻苦,也是事倍功半。

此外,郑玄还特别支持《礼记·内则》中关于人在不同年龄段的规划:

《礼记·内则》:“六年,教之数与方名。[注]方名,东西。七年,男女不同席,不共食。[注]蚤其别也。八年出入门户及即席饮食,必后长者,始教之让。[注]示以廉耻。九年,教之数日。[注]朔望与六甲也。十年出就外傅,居宿于外,学书计,衣不帛襦袴,礼帅初,朝夕学幼仪,请肄简、谅。[注]外傅,教学之师也。不用帛为襦袴,为大温,伤阴气也。礼帅初,遵习先日所为也。肄,习也。谅,信也。请习简,谓所书篇数也。请习信,谓应对之言也。十有三年,学乐诵《诗》、舞《勺》,成童,舞《象》,学射御。[注]先学《勺》,后学《象》,文武之次也。成童,十五以上。二十而冠,始学礼,可以衣裘帛,舞《大夏》,惇行孝弟,博学不教,内而不出。[注]《大夏》,乐之文武备者也。内而不出,谓人之谋虑也。三十而有室,始理男事,博学无方,孙友视志。[注]室犹妻也。男事,受田给政役也。方犹常也。至此学无常在,志所好也。孙,顺也。顺於友,视其所志也。四十始仕,方物出谋发虑,道合则服从,不可则去。[注]方犹常也。物犹事也。五十命为大夫,服官政。[注]统一官之政也。七十致事。[注]致其事於君,而告老。”①

他在注解中对此给予了解说与肯定,认为“男女不同席”,是“蚤其别也”,“始教之让”,是为了“示以廉耻”,“先学《勺》,后学《象》,文武之次也”,强调不同年龄阶段的学习安排,循序渐进,由浅入深。

郑玄的“小者不达,大者难识”,指出了读书为学的阶段性特征,提倡循序渐进,认为学习是一个需要长期努力的过程,耐心与坚持很重要。

(二)顺时以养财,尊师以教民

“尊师重道”向来是儒家思想的一贯传承,郑玄自幼接受儒家正统教育,倡导经学发展,自然对“尊师重道”格外推崇。他在注解《礼记·礼运》“故天生时而地生财,人其父生而师教之”时,提出“顺时以养财,尊师而教民,而以治政则无过差矣”,认为财富的积累要顺应天时,万民的教化则要依靠尊师重道,“师尊”则“民教”,“民教”则政治清明,江山稳固。

郑玄主张尊重儒家传统,将“尊师”与“重道”看作社会教化的根本,并且一步一步提高到了封建礼教的高度。

《礼记·学记》:“凡学之道,严师为难。[注]严,尊敬也。师严然后道尊,道尊然后民知敬学。是故君之所不臣于其臣者二:当其为尸,则弗臣也;当其为师,则弗臣也。[注]尸,主也,为祭主也。大学之礼,虽诏于天子,无北面,所以

① (汉)郑玄注,(唐)孔颖达疏:《礼记正义·内则》,北京大学出版社1999年版,第869—870页。

尊师也。[注]尊师重道焉,不使处臣位也。”①

他提出教师的地位是至高无上的,尤其是在教与学的过程中,只有师生之分,没有君臣之别,君主也要暂时放下身份,对自己的老师行弟子之礼,恭敬尊崇。不仅如此,他还在这条注解之后,运用长达一百多字的篇幅,详细叙述了周武王拜吕尚为师请教问题时的完整礼仪程序,这在郑玄的注解中是非常罕见的,足见其对“尊师重道”的推崇。

在郑玄看来,为人师长的首要条件就是身正:

《礼记·曲礼》:“幼子常视毋诳。[注]视,今之示字。小未有所知,常示以正物,以正教之无诳欺。童子不衣裘裳,[注]裘大温,消阴气,使不堪苦,不衣裘裳,便易。立必正方,不倾听。[注]习其自端正。”②

幼儿从师学习之时年纪尚小,对外界事物知之甚少,所以,为师者首先要用心教育,引领他行走正途,师者身正,则学生身亦正。其次,师者要能“知不足”,具备“修业不倦”的美好品性。

《礼记·学记》:“知不足,然后能自反也;知困,然后能自强也。故曰教学相长也。[注]自反,求诸己也;自强,修业不敢倦。”③

郑玄认为,作为老师,应当时时学习,以增加自身知识储备,“学而不厌,诲人不倦”,才能真正具备教书育人的资格。纵观郑玄的一生,可谓是“修业不倦”的典型代表,他一生潜心求学,教书育人,从未中断过对知识的探究,给人们留下了丰富而宝贵的精神财富。

郑玄是通才大家,他融汇众家,编注群经,断以己意,而能自成体系,一跃而成为当时“天下所宗”之儒学,委实令人惊叹。正如皮锡瑞所说:“郑君康成,以博闻强记之才,兼高节卓行之美;著书满家,从学盈万。当时莫不仰望,称伊、雒以东,淮、汉以北,康成一人而已。咸言先儒多阙,郑氏道备。”④

---

① (汉)郑玄注,(唐)孔颖达疏:《礼记正义·学记》,北京大学出版社1999年版,第1066页。

② (汉)郑玄注,(唐)孔颖达疏:《礼记正义·曲礼》,北京大学出版社1999年版,第32页。

③ (汉)郑玄注,(唐)孔颖达疏:《礼记正义·学记》,北京大学出版社1999年版,第1502页。

④ (清)皮锡瑞撰,吴仰湘编:《经学历史·经学中衰时代》,中华书局2015年版,第141页。

第三篇

风骨与风度的年代

魏晋南北朝时期先贤的核心学养概述

东汉末年，外戚、宦官专权，把持整个朝廷。社会动荡，起义不断，百姓苦不堪言。各地军阀各怀鬼胎，有的借助起义另立山头，有的借镇压起义扩张势力，整个中原陷入混乱纷争的局面。在曹操等人的努力下，诸侯割据的局面逐渐稳定，进入魏、蜀、吴三国鼎立时期。这种局面维持了近六十年后，司马氏家族篡夺了曹魏江山，并进而吞并蜀、吴两国，历史进入了暂时统一的西晋王朝。然而，好景不长，在西晋王朝内部发生了为争夺中央政权而引发的“八王之乱”，塞外一些游牧民族陆续建立起数个非汉族政权，再一次点燃了中原纷争的战火。此后，西晋覆灭，北方被各少数民族瓜分，晋王朝立足南方，是为东晋。之后，东晋政权被刘裕篡夺，经历了宋、齐、梁、陈四代。北方则由从宇文氏手中夺得天下的杨坚统一，随之，杨坚南下，攻灭陈朝，统一天下，称为大隋。可以说，东汉末至隋这四百余年，是一个战火纷飞、群雄并起的时代。

朝廷尚且朝不保夕，文人名士更是在惶恐与不安中度日。焦虑不安与压抑无时无刻不在挑战人们的神经。在这样一种时局下，许多士大夫躲进“无何有”之乡，以逃避现世之不安、心境之困顿。由于《老子》《周易》等典籍的玄远幽深，可以让人们暂时忘却现世生活的晦暗而与道同游。所以，在三国、两晋、南北朝时期的讨论大多充斥着逃避性的玄风。这种状况在很大程度上激活、促进了以《老子》《周易》等为代表的名谈兴起。随着鸠摩罗什对般若经的重译以及印度佛教经典《中论》《大智度论》的译出，进一步刺激了名士们投入这种玄远的思潮之中。

一

展开三国、两晋乃至南北朝时期波澜壮阔的画卷，不能不提到曹操。曹操，东汉末年杰出的政治家、军事家、文学家和书法家。三国中曹魏政权的奠基人。

曹操执政刚好离“党锢之祸”不久，这个事件遗留下来的种种弊端逐渐显现出来。当时，他面临的主要问题有人才匮乏，在位之士不尽如人意等。因此，他着力解决政令确立以及人才选拔等问题。

他执政时采取的措施是“揽申、商之法术，该韩、白之奇策，官方授材，各因其器，矫情任算，不念旧恶。”[①]按照鲁迅先生的总结，曹操执政的方式可以说是“尚刑名”“尚通脱”。

“尚刑名”的措施使政令有板有眼、简约明确，这种政令推行方式，也影响到人们思维方式，具体体现在重名实。先秦时期的名辞之学，在魏晋时期悄然兴起。只不过，此时名学不是作为单独的学派出现，而是人们思考问题的基本方

---

① （晋）陈寿撰，（宋）裴松之注：《三国志·魏书·武帝纪》，中华书局 1999 年版，第 39 页。

式。当时，讨论问题先要明确关键词，然后，从这种明晰的概念出发展开。在当时的名学家看来，探讨概念本身以及概念之间的关系，就是为了更好地讨论问题。后来，名学就成为魏晋时期讨论问题的基础。如王弼《周易略例》、嵇康《声无哀乐论》、郭象《庄子注》等，论说事理就是先讨论概念、再由表及里、由现象到本质。

“通脱即随便之意”[①]。“尚通脱”很大程度上培育了魏晋时期名士“越名教而任自然”的风气，也极大地影响了曹操对生活的态度，一方面，“通脱”使他摆脱很多教条，让他不被许多负面情绪所束缚，从而保持积极进取的生活态度。另一方面，由于“尚通脱”，曹操写诗文时，就没有那么多顾忌，常常直抒胸臆、气魄雄伟。如大家耳熟能详的《龟虽寿》一诗。当时，曹操已步入晚年。人们读这首诗时，读到的不是老年的悲苦与凄凉，而是感受、品味到老当益壮的健进与乐观。“老骥伏枥，志在千里；烈士暮年，壮心不已”[②]，老马虽然卧伏马厩，无力奔驰，它的志向却是驰骋千里；想要建功立业的志士，即便到了晚年，仍然是壮怀激越、雄心勃勃。

魏晋玄学以王弼与何晏引领的“正始玄风”为标志。可以说，王弼是中国思想史上罕见的少年天才，他对于《周易》《老子》有独到的见解，把对这两部经典的研究往前推进了一大步。其最突出的思想在于倡导“得意忘象”。由“得意忘象”所引发的言意之辩、声无哀乐与养生三个核心论题，成为魏晋时期玄学讨论的主要内容。王弼借助对《周易》的注解开展言意之辨，在讨论言意之辨时，王弼经常沿用卜算时用的词语，比如“象”“卦”等。王弼认为：“尽意莫若象，尽象莫若言。言生于象，故可循言以观象；象生于意，故可寻象以观意。”[③]在他看来，每一卦象后都有着暗藏的意蕴，这种意蕴必须借助于卦象才可以明了，同时，每一卦的爻辞可以帮助人们理解卦象。但是，不应该拘泥于对象、言的理解，应该注意把握隐藏在卦象、爻辞背后的意蕴。隐藏在卦象之后的“意”已经脱离了五官所能感知的范围，需要通过理性的思考来把握。把握这种“意”之后，也不应该彻底放弃言和象，人们还需要借助于言、象来阐明其意。王弼这种通过义理解易的方式，直接开启了后世解易义理派的先河。

二

随着魏国内部司马氏与曹氏之间权力争斗的不断升级，玄学也逐渐由讨论

---

① 鲁迅：《鲁迅全集·魏晋风度及文章与药及酒之关系》第3卷，人民文学出版社2005年版，第525页。

② （魏）曹操：《曹操集·步出夏门行》，中华书局2015年版，第11页。

③ （魏）王弼：《王弼集校释·周易略例·明象》，中华书局1980年版，第609页。

幽玄深邃演变成行为任诞自然。以曹爽被司马懿所杀为标志，司马氏正式把持曹魏政权，魏晋玄学发展到了第二个阶段，这就是以“竹林七贤”为代表的“竹林时代”。为更好地把持朝政，使自己的政权获得合法性，司马家族借助于名教为自己辩护，也借助对名教的攻击大肆诛杀异己，由此，被牵连之人甚多。鉴于此，“竹林时代”的名士多用言行的任诞表达自己对这种“假名教”的不满。

嵇康作为“竹林七贤”中最核心的灵魂人物，一直是司马氏家族的眼中钉。让司马氏抓住把柄诛杀嵇康的导火线，是嵇康写给山涛的《与山巨源绝交书》。这封绝交书的起因是山涛从原来亲魏的政治立场投靠到了司马氏集团，并且举荐好友嵇康为官。嵇康出身寒门，得到曹魏集团的器重，又与魏宗室通婚，所以，他明显更加亲近曹魏集团。山涛在司马氏日兴、曹魏日衰的局势下，见风使舵，转而投靠司马氏，这种举动让清俊孤高的嵇康深感不满。《与山巨源绝交书》看似一封普通的书信，实际上隐含了对司马氏的不满，也表达出稷康不为司马氏效忠的态度，从而激怒了司马氏集团，引发了后来的杀身之祸。嵇康对那些供奉在宗庙的夫子像与文王像非常厌恶，因为，在那个时代，这种泥塑神像所代表的高雅大丈夫形象的内涵已经丧失。所以，嵇康“非汤、武而薄周、孔”[①]，厌恶这种表面崇尚而不实际践行的“假名教”，他通过对成汤、武王、文王、孔子的讥讽，将灵魂的自由诉诸不能束缚的思想。家庭可以贫困，生活可以潦倒，但是，心灵绝对不能屈服。一个人心灵一旦屈服，就可能是潮流的傀儡。通过对司马氏借名教篡位的讥讽，嵇康表达了他对自由、自我的追求，也将自己引向了一条不归之路。

“竹林七贤”的另一个重要人物是阮籍。阮籍（210—263），字嗣宗，陈留尉氏人。阮籍曾任职步兵校尉，所以世称阮步兵。年轻时候的阮籍志向宏大，有重整破碎山河之志。《晋书》载：“籍本有济世志，属魏晋之际，天下多故，名士少有全者，籍由是不与世事，遂酣饮为常。”[②]他并不是一开始就日日饮酒，也曾想为官济世。他游历楚汉对峙之地时，曾感叹：“时无英雄，使竖子成名！”[③]由于目睹那些积极济世的名士们凄惨的下场，最终，阮籍痛苦地将精神寄托于“乌何有”之乡，并借此引领了任诞之风。

当时，很多人并不能理解阮籍、嵇康这种任诞之举，以为这就是名士风范，于是竞相模仿。这种不得其意的模仿不仅当时被人嘲讽，后世还遭人讥议。但是，对嵇康、阮籍引领的这种任诞之风，大多数评论都停留于表面。如《世说新语》记载：“王平子、胡毋彦国诸人，皆以任放为达，或有裸体者。”[④]这些行为确

① （魏）嵇康：《嵇康校注·与山巨源绝交书》，中华书局 2015 年版，第 179 页。

② （唐）房玄龄等撰：《晋书·阮籍传》，中华书局 1974 年版，第 1360 页。

③ 同上书，第 1361 页。

④ 朱碧莲，沈海波译注：《世说新语·德行》，中华书局 2013 年版，第 22 页。

实符合魏晋时期名士任诞自然的言行，但乐广对这种行为的评价却是："名教中自有乐地，何为乃尔也？"[①]在乐广看来，恪守言行举止，其中自有乐趣。其实，这种评价说明乐广没有完全理解阮籍和嵇康。

想要理解嵇康、阮籍这种放达之举，不妨看看阮籍是怎么教育他儿子的。《世说新语》记载："阮浑长成，风气韵度似父，亦欲作达。"[②]阮籍之子阮浑逐渐长大，他继承了父亲的丰姿、气韵，也想加入"竹林七贤"。但是，以往醉醺醺不拘礼教的阮籍却罕见地、断然地拒绝了其子的请求："仲容已预之，卿不得复尔。"[③]仲容就是阮籍侄子阮咸，也是"竹林七贤"之一。阮籍拒绝其子，认为阮浑这辈有阮咸参加就够了，不允许阮浑效仿任诞之举。不拘礼教、任诞自然的父亲并不希望儿子学习自己的这种行为，可见阮籍"心之所往"。

无独有偶，嵇康也在《家诫》中谆谆教导其子嵇绍要为人淳朴、礼敬。可见，任放之举并不是嵇、阮初衷，那些不得嵇、阮玄心而模仿表面言行者更是无法体会到魏晋风流的玄远。在阮籍看来，人们虽然可以学习老庄幽玄放达的精神，但是并不是说就可以由此沉浸于此。阮籍被人评价为"其外坦荡而内淳至"[④]，虽然外在的行为在世人看来是荒诞不经、行为乖戾，但是，人们更应该看到此行为动机的淳朴。不是为了标新立异而举止荒诞，一切言行都应该发自至纯之心，才符合真正的魏晋风流。

三

魏晋玄学的最终阶段完成于郭象。这不仅是一种学理的完成，更是一种言行内在的完成。从学理上说，郭象在《庄子注》中倡导"万物自化"，解决了王弼"贵无"与裴頠"崇有"的学理矛盾。"夫造物者有耶，无耶？无也，则胡能造物哉？有也，则不足以物众形。故明众形之自物，而后始可与言造物耳。是以涉有物之域，虽复罔两，未有不独化于玄冥者也。"[⑤]"贵无论"看似幽玄精微，却有一个致命的矛盾无法解决，即"有"与"无"作为两个本质完全相反的存在，如何通过"无"来生"有"？如果"无"是直接生"有"，那么，就是说一个事物可以产生与其本质完全相异的另一个事物，也就是说苹果树可以结出桃子，种西瓜可以获得梨子。如果"无"是间接生"有"，那么"中介"与"无"哪一个才是根本原因？如果是那个"中介"，那么"无"则不能成为"有"的本体；如果是"无"，那么和"无"

---

① 朱碧莲，沈海波译注：《世说新语・德行》，中华书局 2013 年版，第 22 页。

② 朱碧莲，沈海波译注：《世说新语・任诞》，中华书局 2013 年版，第 725 页。

③ 同上。

④ （唐）房玄龄等撰：《晋书・阮籍传》，中华书局 1974 年版，第 1361 页，第 725 页。

⑤ （晋）郭象注，（唐）成玄英疏：《庄子注疏・齐物论》，中华书局 2011 年版，第 60 页。

直接产生“有”犯的错误没有差别。而“崇有论”的矛盾则在于，“有”作为有限的存在，怎么可能产生出无限的纷繁世界？所以，从学理上，郭象通过万物“独化于幽冥”来解决贵无、崇有的矛盾。

这种“万物独化”说法的最重要含义还不是在学理上解决两者的矛盾，而是在纠正日常行为上。继承了何晏、王弼的贵无论者，高唱“天地万物以无为本”，由此，极其容易陷入一种虚无主义，导致行为上的“任放为达，或至于狂醉裸体”。而崇有论者则肯定世间事物的合理性，倡导积极入世，表现在行为举止皆要符合世间名教，这并不足以成为名士们在魏晋时期朝不保夕的心灵慰藉。既然世间事物都有合理性，那么，良士遭迫害、恶人获利益也合理吗？所以，崇有论者对待世间事物的态度是积极可取的，却没有办法在名士的思想中站稳脚跟。而“万物独化”既不否定现世的价值，也要在现世中给人们提供心灵慰藉，这就很好地帮助名士们将困顿的心灵转向现实、正视现实，进而改变现实。

四

经过贵无、崇有乃至独化三个阶段之后，玄学开始陷入困境。《世说新语》记载：“旧云，王丞相过江左，止道声无哀乐、养生、言尽意三理而已，然宛转关生，无所不入。”[①]王丞相就是王导，西晋灭亡后，晋朝士大夫集团渡江建立了东晋王朝。这时的玄学还是在把之前讨论的声无哀乐论、养生论和言尽意论三个话题反复讨论，没有新意。虽然有些细节上的完善，从整体上没有新的学理突破。不过，由于此时般若经在士大夫集团中逐渐流传开来，这就为士大夫讨论的内容注入了新的血液。由此，玄学再一次转变，进入了玄佛合流的阶段。不过，这时的佛教由于没有系统的翻译文献，导致对其内部义理的理解也还是借助于“格义”进行，亦即：通过比附玄学中原有的词语来解释、阐发佛教的思想。这时比较突出的玄佛合流人物有支遁、道安等。这时，对佛教思想的解释多少还是带着玄学的色彩，这种情况直到鸠摩罗什来华之后才进一步改善。

鸠摩罗什来华之后，为了纠正之前中国佛教的文献错误、义理错误，翻译了很多重要的文献。为了纠正中国通过格义、比附的方式来理解佛教词语的现象，鸠摩罗什翻译了《大智度论》，这是印度大乘佛教高僧龙树一部注解《大品般若经》的百科全书式著作，其中包含着清晰的概念梳理，蕴涵着极为丰富的中道思想。通过对《大智度论》的翻译，当时的士大夫逐渐明了佛教中重要词汇的含

① 朱碧莲，沈海波译注：《世说新语·文学》，中华书局2013年版，第205页。

义。鸠摩罗什还翻译了《中论》《百论》和《十二门论》，以纠正人们对于义理的错误理解。

经过鸠摩罗什的纠正之后，中国佛教逐渐走上正轨。僧肇就是这个时候的重要人物，他传承鸠摩罗什的思想，继续纠正以往错误、阐发般若思想，对之前错误的理解进行了批评，同时，阐述了“空”“般若”“涅槃”的准确含义，显示了其比较纯正的大乘空宗观点。

五

在玄学、佛教逐渐发展、兴盛的魏晋，儒家思想作为官方正统思想却不时受到严重的冲击。究其原因，不是因为儒家思想本身戕害人性、扼杀天理，而是由于有的朝代更替是打着儒家理想中“禅让”“孝治”等旗号来完成的。这让士大夫们对这种官方授权的权威产生了深深的厌恶。当然，这种厌恶并不是针对儒家思想自身，许多士大夫身体里毕竟还流淌着“富贵不能淫，贫贱不能移，威武不能屈”的儒家血液。这段时期，谈到信奉儒家理想、恪守儒家言行的人就不得不谈颜之推。

颜之推(531—约591)，字介。琅琊临沂人。中国古代著名文学家、教育家。颜之推身处朝代反复更替、文化几经变易的南北朝时期，他学识极其广博、深厚，对南北社会风俗、政治得失、学风特点有比较全面了解，这集中体现在其撰写的《颜氏家训》一书中。这是一部非常重要的家庭教育专著，在中国家庭教育发展史上有重要的影响。《颜氏家训》希望改变士大夫弟子“四体不勤，五谷不分”[①]的情形，提倡士大夫要“知稼穑之艰难”[②]，“知几月当下，几月当收”[③]，才能更好地治国齐家。

颜之推强调教化须自上而下。他说：“夫风化者，自上而行于下者也，自先而施于后者也。是以父不慈则子不孝，兄不友则弟不恭，夫不义则妇不顺矣。”[④]颜之推认为教化一事应该推己及人，先管好自己的行为然后再去教育别人。朝代反复更替，人们的性命、官职、财物等朝夕难保。因此，颜之推说：“父兄不可常依，乡国不可常保，一旦流离，无人庇荫，当自求诸身耳。”[⑤]颜之推反复强调要通过学习内化自身，钱财可失、官职可丢，人们甚至无法确定会不会和自己家族失散，但是，通过学习内化于自身的知识却是丢不了的“内存”。基于

① 杨伯峻译注：《论语译注·微子》(典藏版)，中华书局2015年版，第282页。
② 王利器撰：《颜氏家训集解·涉务》，中华书局2014年，第306页。
③ 同上。
④ 王利器撰：《颜氏家训集解·治家》，中华书局2014年版，第39页。
⑤ 王利器撰：《颜氏家训集解·勉学》，中华书局2014年版，第149页。

这种观点，颜之推严厉地批评了当时存在的“学习无用论”。有人认为：“强弩长戟，诛罪安民，以取公侯者有矣；文义习吏，匡时富国，以取卿相者有矣；学备古今，才兼文武，身无禄位，妻子饥寒者，不可胜数，安足贵学乎?”[①]意即有人认为：可以凭借体格强壮、南征北战建立赫赫功名，也可以只学习一些皮毛就可以匡正时局、富强国家，获得功名利禄，而那些学贯古今之人，没有取得官职，穷愁潦倒，妻子、孩子也跟着受苦，这样的人非常多，读书学习还有什么用？可见，“学习无用论”古已有之。然而，颜之推认为，“所以学者，欲其多知明达耳。必有天才，拔群出类，为将则暗与孙武、吴起同术，执政则悬得管仲、子产之教，虽未读书，吾亦谓之学矣。今子即不能然，不师古之踪迹，犹蒙被而卧耳”[②]。学习的目的是为了让自己博文而多知。一些出类拔萃、有天赋的人，不论从文习武都是定国安邦之才，这一类人也是需要学习的。作为普通人，如果不努力学习，就会一事无成，还奢求有什么成就呢?

另一位极力推崇儒家思想之人是晚年皈依佛门的刘勰。刘勰本是儒家弟子，早年接受了儒家经典的教育和熏陶，晚年皈依佛教。刘勰最重要的论著是《文心雕龙》，他晚年皈依佛教后为破士大夫非议所著的《灭惑论》，也有极高的思想、文学价值。在刘勰心中，最推崇的还是儒家思想。所以，《文心雕龙》开篇的几章便是《原道》《征圣》《宗经》。对于刘勰来说，要推崇的根本是儒道，要遵循的原则是中庸，要学习的经典是“六经”。儒家中庸原则是贯穿《文心雕龙》全书的基调，刘勰提出的主要范畴都是成对的，虽然有所侧重，但绝对不能抛弃另一个。刘勰通过《文心雕龙》表达了他对文化教化的看法，认为要反对浮夸治国之风，主张踏实治国。在写作上，他反对不切实用的浮华奢靡文风，主张实用的朴实文风。刘勰的《文心雕龙》对后世的文学理论、文学创作等方面产生了极其深远的影响，它不仅仅提供了文本鉴赏、评价理论以及创作方法指导等，还表达了深入作品本身、感受领悟文章内在灵魂和风骨等精辟思想。

六

在佛教逐渐兴起的同时，作为本土宗教的道教，为了自身发展，也积极地吸收其他学派的思想。道教正式建立要追溯到东汉末年的“五斗米教”和“天师教”。从东汉末年到晋朝这短短几十年，道教迅速发展，却始终缺乏完整的宗教形式。通过陶弘景、寇谦之对佛教、儒家仪法、戒律的吸收兼纳，道教开始有了相对完整的宗教仪律。经过葛洪对于道教神谱的厘清、筛选，道教的信仰体系

① 王利器撰：《颜氏家训集解·勉学》，中华书局2014年版，第150页。

② 同上。

也逐渐建立了起来。同时，学者们对《老子》《庄子》的不断注解，以及炼丹术的持续发展，促进了道教作为一种宗教文化的发展。到晋朝，道教终于真正具备了相对完整的宗教体系。

葛洪最重要的著作是《抱朴子》《神仙传》。前者完善了道教的宗教文化、宗教理想；后者丰富、建立了道教的信仰体系。《抱朴子》包括《抱朴子内篇》与《抱朴子外篇》。《内篇》重点阐述了早期道教理论中的神仙方术，例如守一、行气、导引等，同时，又将神仙方术与儒家的纲常名教相结合，强调想要成仙必先做人这条根本准则。葛洪指出："为道者以救人危，使免祸，护人疾病，令不枉死，为上功也。欲求仙者，要当以忠孝、和顺、仁信为本。若德行不修，而但务方术，皆不得长生也。"[①]如果只修方术、不学做人，那既做不好人，更无法成仙。如果说，《内篇》是在教人要既修方术、又修德行，来追求成仙，那么，《外篇》就是教育人们如何修炼德行。在《外篇》中，葛洪几乎是从儒家立场阐述如何治国、如何学习的。在葛洪看来，只有德行、方术并修，才有成仙的可能。

在魏晋南北朝时期，"玄学"的内容几乎涵盖了名士生活的方方面面，是人们最主要的学习、研究对象。后来，以支遁、僧肇为主的般若学兴起以及葛洪、陶弘景等对道教思想的研究和发展，都明显受到"玄学"的影响，都是在"玄学"基础上逐步发展的。因此，我们讨论"魏晋南北朝时期先贤的核心学养"，尤其要关注"玄学"。

---

① 张松辉译注：《抱朴子内篇·对俗卷》，中华书局2011年版，第103页。

王弼

——不伤物性、随顺自然的英才

王弼(226—249),字辅嗣。汉魏之际山阳(今山东金乡)人。三国时期的经学家、哲学家,魏晋玄学的主要代表人物及创始人之一。王弼“幼而察慧,年十余,好老氏,通辩能言”。十多岁时,王弼痴迷《老子》,并且对《老子》提出了许多新的理解。“他以不可思议的超人智慧,刷新了儒道学说,给影响中国历史进程的《周易》《论语》《老子》三本名著注入了新的生机和活力,完成了由汉代经学向魏晋玄学的划时代转折。”①王弼的才华得到了何晏等人的认可,“一代谈宗”何晏曾赞叹王弼:“仲尼称后生可畏,若斯人者,可与言天人之际乎!”②可惜天妒英才,王弼去世时才二十四岁,这不能不说是思想界的一大损失。

王弼的继祖父是著名文学家、“建安七子”之一的王粲。王粲十四岁至长安,受当时著名文学家、大学者蔡邕礼遇,将家藏书籍文章万卷送给了王粲。这些藏书极其丰富,据史料记载,这些书籍需要数车才能装载完。后来,王粲跟随曹操征孙权的过程中,病死途中。王粲的两个儿子因追随魏讽发动暴乱而被曹丕诛杀。因而,王粲便没有了嫡嗣。也许是念于兄弟旧情,或许是曹操的嘱托,曹丕后来命王粲族兄将儿子过继到王粲家为养子,这样,王业也就成为王粲的继嗣。王业便是王弼的生父。因此,王粲留下的数车藏书都留传给了王弼。这些都为王弼的学习提供了优厚的条件。

在精神境界上,王弼吸收“老庄”思想中对“无”的体悟,将中国传统圣人的品格形象内化于身,展现了一种魏晋玄学时代的理想人格。在学理上,他深刻地思考《老子》中关于“道”的形上意义,将道论从宇宙观推进到本体论,使其更具有玄思性。因此,为了详尽《易经》的深邃意蕴,汉学家们努力追求完整注易之象数学。王弼以“得意忘象”为旨归,开创了以义解《易经》的先河。

一、修养方法:不以物累其真,不以欲害其神

王弼对于人性的观点归纳起来就是“性相近也,习相远也”③。或许有人会诧异,这不是孔子的主张吗?王弼为什么也持有相同的主张呢?这有其历史背

① 王晓毅:《王弼评传》,南京大学出版社 1996 年版,第 165 页。

② (晋)陈寿撰,(宋)裴松之注:《三国志・魏书・钟会传》,中华书局 2011 年版,第 663 页。

③ 杨伯峻译注:《论语译注・阳货》(典藏版),中华书局 2015 年版,第 263 页。

景。从汉武帝“罢黜百家，独尊儒术”之后，儒家的地位被极大地抬高。“孔子”不再是《论语》中那位平易近人的儒家先贤，而是政治神坛上受人礼拜的神明。因而，“圣人”成为高高在上的理想指代，无法通过实践完全到达。庾亮与幼年孙放的问答就说明了这个问题，“公曰：‘欲何齐?’曰：‘齐庄周。’公曰：‘何不慕仲尼而慕庄周?’对曰：‘圣人生知，故难企慕。’”[①]圣人生而知之，这让一般人难以企及，更遑论可以成为圣人。既然成为圣人只是可能且难以企及，那么，这种只具有逻辑必然性而缺乏现实可能性的修养，为什么要继续呢？于是，王弼积极吸收道家“真人”的形象来弥补儒家“圣人”的形象，让人们重新定位可行的道德理想。由此，“性相近也，习相远也”就也成了道家的“性”。

（一）人性同异

既然传统儒家的圣人无法企及，就需要有新的目标进行道德实践。从这个观点出发，王弼对人之为“人”的根本进行了考察，他通过对“性相近也，习相远也”的注释，提出了全新的人性观。他认为：“孔子曰：性相近也。若全同也，相近之辞不生；若全异也，相近之辞亦不得立。”[②]既然大家都被称为“人”，说明人与人之间本性是大致相同的。如果说人与人之间的本性完全相同，那是不可能的，难道十恶不赦的大恶人和日行一善的大善人的“性”完全一样吗？如果说人与人之间的本性完全不同，那也是不可能的，大恶人和大善人毕竟都被称为“人”。

王弼认为：“今云近者，有同有异，取其共是。无善无恶则同也，有浓有薄则异也，虽异而未相远，故曰近也。”[③]讨论人性的问题，是在承认个体差异性的基础上，寻求人的共性。通过一系列对人性的考察，王弼发现这个共性就是无善无恶，每个人的差异性就是他们人性表现出来的浓薄差异的不同程度。那么，这种无善无恶的人性具体是指什么呢？

王弼注解《老子》的“五色令人目盲，五音令人耳聋，五味令人口爽，驰骋畋猎令人心发狂”时就给出了答案：“耳、目、口、心，皆顺其性也。不以顺性命，反以伤自然，故曰聋、盲、爽、狂也。”[④]这就是说，人的日常生活有必须要满足的基本需求。换言之，人活着就需要日常饮食，否则就会饿死。即便是那些不食人间烟火的仙人，也需要以“气”为食，所以，王弼承认人类的基本需求。假如人所追求的超过了基本需求，想要满足自己过度的欲望，这种欲望就可能会违反、甚至伤害人自然的本性，这种追求可能让人的眼睛、耳朵、思维陷入欲望而不可自拔。所以，这种无善无恶的人性就是随顺“自然”本性而产生的

① （南朝宋）刘义庆著，（南朝梁）刘孝标注：《世说新语笺疏·言语第二》，中华书局2011年版，第98页。

② （魏）王弼著，楼宇烈校释：《王弼集校释·论语释疑辑佚》，中华书局1980年版，第632页。

③ 同上。

④ （魏）王弼著，楼宇烈校释：《王弼集校释·老子道德经注》，中华书局1980年版，第28页。

种种需要。

人顺应自然本性,就是最合乎人性的表现。因此,“万物以自然为性,故可因而不可为也,可通而不可执也。物有常性,而造为之,故必败也。物有往来而执之,故必失矣”[①]。万事万物都是以其自然本性为根据而变化、运动的,所以“复命则得性命之常,故曰‘常’也”[②],只要回归本性,就可以知晓人所共有的人性为何。

(二)以情近性

既然无善无恶是人所共有的自然本性,为什么还会产生有善恶性质的具体行为呢?王弼解释道,这是因为人不仅以“性”来实现具体行为,“情”也会极大程度影响人的行为。正如王弼调侃荀融时所说:“夫明足以寻极幽微,而不能去自然之性。”[③]即便是能够体察幽微之事的圣人,也是不可能完全去除本于自然而生起之情。所以,圣人“遇之不能无乐,丧之不能无哀”[④],产生与消失都是本乎“性”的“情”,又如何可能被去除呢?

虽然“情”也是本乎于“性”,但是“情”毕竟和“性”不同。如果完全相同,何必特意提出“情”来呢?所以,王弼注解“性相近也,习相远也”时进一步指出:“不性其情,焉能久行其正,此是情之正也。若心好流荡失真,此是情之邪也。”[⑤]可见,虽然“情”本于无善无恶的“性”,但是,“情”还会受外界事物的影响而有善恶,这种复杂的“情”和纯然的“性”共同影响着人的具体行为。如果“情”不能随顺“性”而生,反而受到外界事物影响而动荡放流,那么,只会生起邪情。“若以情近性,故云性其情。情近性者,何妨是有欲。”[⑥]然而,如果“情”顺“性”而起,那么,即便有欲也是无妨。这种欲望只是为了满足最基本的需要,具有其存在的合理性。所以,要通过不断抵制外在诱惑引起的欲望,使情感的生起符合本性,使人不沉溺于外在感官的虚妄享受,从而恢复本性。

既然要“以性制情”,那么该如何做呢?“情”本乎于“性”、感物而动,只需要让自己保持静观复命和不执外物的状态就好了。所以,王弼继承了《道德经》的两个重要复命方法,这就是守静与无欲。王弼说:“以虚静观其反复。凡有起于虚,动起于静,故万物虽并动作,卒复归于虚静,是物之极笃也。”[⑦]既然“情”是感物而生,并且经受不住外物的诱惑而动荡摇曳,那么,只需要让“情”处于不动

---

① (魏)王弼著,楼宇烈校释:《王弼集校释·老子道德经注》,中华书局1980年版,第77页。

② 同上书,第36页。

③ (晋)陈寿撰,(宋)裴松之注:《三国志·魏书·钟会传》,中华书局2011年版,第613页。

④ 同上书,第663页。

⑤ (魏)王弼著,楼宇烈校释:《王弼集校释·论语释疑辑佚》,中华书局1980年版,第631页。

⑥ 同上书,第631—632页。

⑦ (魏)王弼著,楼宇烈校释:《王弼集校释·老子道德经注》,中华书局1980年版,第36页。

常静的状态就好了。当然，这种常静的状态不是如同死木的枯坐，而是顺于“性”的情静。以“虚静”来审视情动的变化，其本质就是用“性”来审视“情”，看看这个“情”是否合“性”而动。这种“守静”也会被表述成“复命”。王弼说：“归根则静，故曰‘静’。静则复命，故曰‘复命’也。复命则得性命之常，故曰‘常’也。”[①]其本质还是以“性”来审视“情”，以使“情”顺“性”而动。

如果说守静是从“情”本乎“性”的角度来讨论如何制邪情，那么，无欲就是从“情”感物而起的角度来看待如何制邪情。因此，王弼说：“不贵难得之货，则民不为盗；不见可欲，则民心不乱。”[②]因为“难得之货塞人正路，故令人行妨也”[③]。人们不能贪恋那些稀奇珍宝，一旦贪恋，就会想要占有它们。这种念头生起，人们就会想方设法去实施。如果人们一开始就不起贪念，就不需要以“性”来制“情”了。故“抱朴无为，不以物累其真，不以欲害其神，则物自宾而道自得也”[④]。只要保持一颗赤子之心，以“性”起“情”，不让外物来困扰“情”，也不让邪情来损害本性，万事万物自然会随顺“道”，人们也自然而然可以体证“道”。

二、为学方法：把握规律

王弼认为，世间万物各守其性而变化。“不为乾元，何能通物之始？不性其情，何能久行其正？”[⑤]在这里，王弼说的“性”不是仅局限于“人”，也包括事物之性。这种万事万物的“性”，可以说表现为一种事物的规律。王弼认为，学习也要注意把握规律。

（一）统之有宗，会之有元

在注解“乾元者，始而亨者也；利贞者，性情也”[⑥]时，乾卦在王弼心中有着特殊的地位，在他看来：

> 刚直之物，唯乾体能用之。用纯刚以观天，天则可见矣。[⑦]
> 天也者，形之名也。[⑧]

天是世间万物所共有的根本，通过对天的观察，可以明晓万物之变化。所以，同样的“不性其情，何能久行其正”，在注解乾卦时的目的与注解“性相近也，

① （魏）王弼著，楼宇烈校释：《王弼集校释·老子道德经注》，中华书局1980年版，第36页。
② 同上书，第71页。
③ 同上书，第28页。
④ 同上书，第81页。
⑤ （魏）王弼著，楼宇烈校释：《王弼集校释·老子指略辑佚》，中华书局1980年版，第217页。
⑥ 同上书，第216页。
⑦ 同上。
⑧ 同上书，第213页。

习相远也”时已经大不相同了。在这里，王弼想要陈述的是世间万物和“性”之间的相互关系。此“性”已经不仅局限于“人”，而是将“性”的讨论推广到了他对世界的看法。

在王弼看来，万事万物的“性”表现为事物独有的规律。所以，只要把握事物的本性就可以说掌握了事物的规律。王弼说：

> 一，数之始而物之极也。①

“一”作为事物的根本性质，具有一种维持事物稳定性的能力。另一方面，王弼指出：

> 物皆各得此一以成。②

各种各样的现象都依赖于“一”，才具有某种稳定性，才被人们所认识。如果事物时时刻刻都在变化，人们就无法对事物形成稳定的认知。因此，假如事物都因为其本性而具有认识的可能，那么：

> 物无妄然，必由其理。统之有宗，会之有元，故繁而不乱，众而不惑。故六爻相错，可举一以明也；刚柔相乘，可立主以定也。③

因此，只要把握了统摄万有的“一”，就可以将杂乱的知识分门别类，有条不紊地进行学习。这样，即使知识再多、再繁杂，也是“繁而不乱”“众而不惑”，也可以循序渐进地完成。

当今时代，信息飞速迭代，知识爆发式增长，形成了所谓“知识的海洋”。人们不能毫无目的地学习，要有清晰明确的整体意识，具备建构完整知识体系的能力，有的放矢地学习。

> 故众之所以得咸存者，主必致一也；动之所以得咸运者，原必无二也。④

人们能否掌握众多的知识，关键在于能否抓住学习思想的核心。

（二）尽意若象，尽象若言

在获得对事物整体的认识后，人们就可以暂时不理会在繁杂现象中表现出来的具体形象，而是重点学习领会整体认识中的知识。因为：

---

① （魏）王弼著，楼宇烈校释：《王弼集校释·老子道德经注》，中华书局1980年版，第105页。
② 同上。
③ （魏）王弼著，楼宇烈校释：《王弼集校释·周易略例》，中华书局1980年版，第591页。
④ 同上。

夫象者，出意者也。言者，明象者也。尽意莫若象，尽象莫若言。[①]

如同解《易经》，《易经》中的“象”和“义”是密不可分的，“象”是为了阐释“义”，“义”需要通过“象”来表现。理解卦象和卦辞是为了透过这一“卦”明白其中的“义”。书本传达的内容和形式是不可分割的整体，人们借助书本来理解背后隐含的内容，也借助于文字来感受文本独有的世界。这就是：

故言者所以明象，得象而忘言；象者，所以存意，得意而忘象。[②]

汤用彤认为：“概括论之，汉人朴茂，晋人超脱。朴茂者尚实际。故汉代观人之方，根本为相法，由外貌差别推知其体内物性之不同。”[③]这种从外在到根本的理解方式本身没有错误。然而，由于过分关注外在的现象，人们容易忽视对根本含意的理解。因此，王弼指出：

定马于乾，案文责卦，有马无乾，则伪说滋漫，难可纪矣。互体不足，遂及卦变；变又不足，推致五行。[④]

意思是，按象数卜卦，定马属于乾卦，那么，就要按照《易经》来找这卦，然而，有人只看到马代表乾的表象，不了解乾卦本来的意义，就开始牵强附会地编造各种说法，这就违背了《易经》的根本。最终只能是“一失其原，巧愈弥甚。纵复或值，而义无所取”[⑤]。用这种方式解《易经》，完全失去了解《易经》的根本，使卦象本来最重要的卦意被误解。汉儒解《易经》过分强调象数，甚至于夸大了象数，最终脱离了卦意根本。王弼“得意忘象”的观点是对汉代易学家们烦琐解易方式的有力批判。

当然，人们在强调“得意忘象”时，也不应该否认文本的重要性。因为：

尽意莫若象，尽象莫若言。言生于象，故可循言以观象；象生于意，故可寻象以观意。[⑥]

人们在阅读时不能拘泥于文本，但思想的表达还需要通过文本实现。从解《易经》来看，卦象之所解释成此而不是彼，是因为此卦是为表述此意而不是彼

① （魏）王弼著，楼宇烈校释：《王弼集校释·周易略例》，中华书局1980年版，第609页。
② 同上。
③ 汤用彤：《魏晋玄学论稿（增订版）》，生活·读书·新知三联书店2009年版，第39页。
④ （魏）王弼著，楼宇烈校释：《王弼集校释·周易略例》，中华书局1980年版，第609页。
⑤ 同上。
⑥ 同上。

意，对这个卦象的解释则是根于这个卦象背后的此意。所以，人们只能通过文本来了解作者实际的意图，从宏观把握作品的整体结构。

通过这种循环的学习过程，人们可以不断感受文本形式的魅力，深刻体会文本内容的广博。一切知识都是可以被掌握的。借助文本，又不拘泥于文本，最终又回到文本，从而生成新的思想。

三、思想成就：不性其情，何能久行其正

王弼思想中最重要的是对事物“性”的把握。不同事物表现出的“性”会有不同的形式，于人表现为人性，于物表现为物性。因此，王弼思想最精要的内容可以用“不性其情，何能久行其正”来概括。而王弼对“性”两个层面的把握直接影响了魏晋时期名士的思考方式和生活方式。

（一）圣人应物无累于物

经过董仲舒“天人感应说”的改造，帝王成了上天意志的体现者和道德行为的践行者。东汉末年，打着“名教”旗号干着蝇营狗苟之事的现象层出不穷。这种现状引发了士人们对“名教”更深刻的思考，甚至儒家的理想人格——“圣人”形象，都被纳入思考的范围。传统道德实践主体的理想——“圣人”形象逐渐衰微，人们亟须新的圣人形象作为自己理想和信念的基础。

何晏说：“以为圣人无喜怒哀乐，其论甚精，钟会等述之。”[①]圣人既然是纯善本体，那么，在应物的时候，绝对是不能生起“情”这种人性之恶。何晏为了避免圣人这种纯善本体被破坏，于是将圣人看成是高悬孤立的本然。何晏之说使圣人最终只剩下那些空洞的理，成了脱离人世、不可触碰的理想象征。王弼深刻地体会到这种二分的弊端，他将这种空悬、空洞的圣人象征重新赋予了现实意义。他认为：

> 圣人茂于人者神明也，同于人者五情也，神明茂故能体冲和以通无，五情同故不能无哀乐以应物，然则圣人之情，应物而无累于物者也。今以其无累，便谓不复应物，失之多矣。[②]

王弼没有将圣人看成与众人截然不同的两类人。圣人在应物之事也会有情产生，情感的产生是圣人与凡俗无异之处。但是，圣人情感的产生却不会违背理、不会违背自然，小人则不然。所以：“圣贤与恶人之别固不在情之有无

① （晋）陈寿撰，（宋）裴松之注：《三国志·魏书·钟会传》，中华书局2011年版，第662页。
② 同上书，第662—663页。

(因均感物而动),而在动之应理与否。”[①]

王弼告诉人们,一方面圣人不完全是高高在上、不顾百姓生死的冷漠形象;另一方面,圣人可学、可成,只要顺性制情,就可以慢慢地向圣人的境界靠近。

在这种圣人观的指引下,王弼一反汉末将名教作为社会秩序根本的看法,将名教的合法性安置在圣人之性上。王弼批评当时的名教,认为名教不能成为钳制人们思想、自由的工具,因为名教是根据圣人之性所制定,发乎人性之自然的名教虽然作为一种可以名状的秩序,也应该是要合乎圣人之性的。通过对名教的遵守,众人才可以慢慢向圣人学习、靠拢。如果名教破坏社会秩序、影响人的自由、甚至损坏圣人形象,那么,这种名教就不应该继续存在。当人们按照合理的秩序规范自己言行的时候,其实是在回复自己的天性。人天性自然,但是,如果“性”随“情”动,那么也只是磨灭自己的天性。

(二)万物万形,其归一也

“万物万形,其归一也”,就是说:世间万物都是遵守其所是的根本规律,只要把握这个根本规律,就可以了解森罗万象的世界。王弼不仅在精神上重新建构了魏晋时期名士的精神理想,在学理上更是从全新的角度建构哲学思考的方式。传统的解《老子》和解《易经》大都是因袭旧法,或者是以象数解《易经》,例如汉代象数学,或者是以养性解《老子》,如《老子河上公章句》。汉代象数学家考究烦琐,精于事物之相状,但是少于义理,甚至为了符合义理的解释牵强附会。《老子河上公章句》为道教修身养性打下了理论根基,当然,其对学理的完善却没有作为。

王弼以全新的方式做注解,将《易经》《老子》的学理往前推进了一大步。以“道生一,一生二,二生三,三生万物”为例,老子的这种论述更多是从世界生成的角度解释“道”与世间万有的关系。从这种宇宙生成论的角度来解释“道”,很难与上帝创造万物的理论分割开,甚至有可能衍生出“道创天地”的神话解释。这时,王弼的解读就完全断绝了这种解释的可能:

> 万物万形,其归一也。何由致一?由于无也。由无乃一,一可谓无?已谓之一,岂得无言乎?有言有一,非二如何?有一有二,遂生乎三。从无之有,数尽乎斯?过此以往,非道之流。故万物之生,吾知其主,虽有万形,冲气一焉。[②]

---

① 汤用彤:《汤用彤学术论文集·王弼圣人有情义释》,中华书局1983年版,第259页。

② (魏)王弼著,楼宇烈校释:《王弼集校释·老子道德经注》,中华书局1980年版,第117页。

王弼认为，世间万物，都有着同样的本性。因为，事物依赖于“无者”在现象中发生、发展，呈现于人们眼前，所以，当人们可以切实地把握本性之后，就可以把握“道”，明了知识。“无者”是作为哲学本体的一种存在，世间万物并不是通过“无者”来生成，而是依赖“无者”而有。王弼通过对“一多”关系的思考，赋予道论思考浓浓的哲学意味，直接影响了玄学之后的氛围。

王弼的成功，就在于他以本末体用的新思维全面解释了儒道关系。道家倡导的“自然”“无情”“无”是本体，儒家倡导的“名教”“有情”“有”是功用，强调“崇本息末”，注重融合儒道。正如当代学者王晓毅所说：“王弼玄学的积极意义，就在于重新联结了士大夫精神世界对立的两极，使双重人格的士族知识分子心理趋于平衡，增加了生命厚度和弹性，在社会动荡黑暗的环境中继续积极地面对现实，进行新的文化创造。”①

① 王晓毅：《王弼评传》，南京大学出版社 1996 年版，第 333 页。

嵇康

——师心自然、追求自由的嵇中散

嵇康(224—263),字叔夜,人称嵇叔夜。官拜中散大夫,故又称嵇中散。嵇康为人清俊,志向别雅。司马氏篡取曹魏江山之后,他隐居不仕,屡拒为官。嵇康才学甚高,又不为司马氏所用,因而深为钟会、司马昭所忌惮,被借机杀害。嵇康是“竹林时代”的精神领袖,他被害后,“竹林时代”便宣告结束。嵇康更为人称道的是其孤高的丰姿,因此,他成为中国几千年士人自我勉励的榜样。

据《晋书》记载,嵇康“早孤”,少时,父亲去世,靠母兄抚养长大。他在《与山巨源绝交书》中说:“少加孤露,母兄见骄,不涉经学,性复疏懒,筋驽肉缓。”① 《幽愤诗》中又说:“嗟余薄祜,少遭不造。哀茕靡识,越在襁褓。母兄鞠育,有慈无威。”②这些著述都特别提到母兄对他的养育之劳。嵇康“学不师受,博览无不该通,长好《老》《庄》”③。他天赋聪慧,主要靠自学,就能精通当时的许多经典。嵇康勤奋求学,家里长辈的开心自不必说,也给了嵇康一种自由、宽松的学习环境,从而养成了他自由自在的个性,并逐渐对崇尚自由的道家产生了浓厚的兴趣。

嵇康天性崇尚自由,极其反感当时束缚人性的名教,他认为,名教成了钳制人们思想自由的枷锁。出于对自由的推崇,嵇康提出了“越名教而任自然”的思想。这种思想并不是对儒家本身的反动,而是出于对当时社会的反动。

一、 修养方法: 心无措是非,行不违道者

在嵇康看来,最美好的品格就是君子人格。那么,什么是嵇康心目中的君子呢?《释私论》说:“夫称君子者,心无措乎是非,而行不违乎道者也。”④君子之所以为君子,在于其心地通达,不被外在是非所束缚。当然,君子的行为也不是一种任意自由。君子所行“不违乎道者也”,必然有着一以贯之的核心,那就是与大道不违背。这种“道”,从他当时所处的环境来看,不是司马氏假借的仁义,而是对于人性自我追求的“真”。嵇康相信人有着对自由的内在追求,认为

---

① (魏)嵇康著,戴明扬校注:《嵇康集校注·与山巨源绝交书一首》,中华书局2015年版,第196页。

② (魏)嵇康著,戴明扬校注:《嵇康集校注·幽愤诗一首》,中华书局2015年版,第42页。

③ (唐)房玄龄等撰:《晋书·嵇康传》,中华书局2000年版,第906页。

④ (魏)嵇康著,戴明扬校注:《嵇康集校注·释私论一首》,中华书局2015年版,第368页。

人有追求自由的权力。嵇康的德行观呈现出矛盾的统一：一方面，他胸怀儒家君子济物的情怀，秉承传统儒家“养志”的传统；另一方面，他又师法自然，继承了“老庄”对于自然、自由的追求。

（一）志之所之，守死无二

从小对自由的追求并不表明嵇康会成为放浪形骸的狂徒，嵇康有一种清俊卓尔的志向。这种志向既体现于嵇康对自我理想的坚持，也体现于他对子嗣教育中表达出的誓死坚守的理想。

嵇康在《家诫》中教育儿子：

> 人无志，非人也。①

如果人生在世没有远大的志向，这种人就不足以成为君子。没有卓远的志向，人的言行就会只着眼于眼前利益，很少会关注人最根本的道德言行。所以：

> 若志之所之，则口与心誓，守死无二。②

如果已经确立自己的志向，就应该坚定地追求。这种追求不是一种表面功夫，而是要所思、所行统一，即便是为这种理想献身也不应该有所改变。所以：

> 但君子用心，所欲准行，自当量其善者，必拟议而后动。③

有这种坚定的信念和不懈的努力，想要做的事就没有不成功的。

人确立了志向，还是不够的，还要学会养志：

> 临乐则肆情，处逸则极意。故虽繁华熠燿，无结秀之勋；终年之勤，无一旦之功。④

如果无法控制自己的情绪，遇见开心的事就尽情发泄情感，身处安逸之地就精神懈怠，这种人即便是天资聪慧，也不会有任何成就。即使整年努力，也终将一事无成。所以，要学会守志。那么，该如何守志呢？嵇康列举了几位志向坚定者来说明：

---

① （魏）嵇康著，戴明扬校注：《嵇康集校注·家诫》，中华书局2015年版，第494页。

② 同上。

③ 同上。

④ 同上书，第495页。

若夫申胥之长吟，夷齐之全洁，展季之执信，苏武之守节，可谓固矣。[①]

像伍子胥、夷齐、柳下惠、苏武这样的人才是真正守志之人。汉朝时，苏武持节出使匈奴被扣留，匈奴贵族们多次威胁利诱苏武投降，但是，苏武心怀汉朝，宁死不从。于是，匈奴将苏武放逐到北海“牧羊”长达十几年，苏武的志气却“初心不改，坚如磐石”。伍子胥等人也同样是历史上“惊天地、震鬼神”的守志典范。嵇康以此表明：

以无心守之，安而体之，若自然也，乃是守志之盛者也。[②]

只有内心平静而没有贪欲、身体接近自然而没有藻饰的人，才是最能坚持理想的人。

嵇康不仅以此劝诫嵇绍，更是亲身作为表率。司马氏掌权之后，大肆杀戮异己，却由于倾慕嵇康的才华，几次三番地想要招募他。钟会曾对司马昭说：“嵇康，卧龙也，不可起。公无忧天下，顾以康为虑耳。”[③]司马氏对满腹才学的嵇康可谓是又爱又惧，数次向他抛出橄榄枝，企图招募他为官，嵇康却不屑一顾。让司马氏抓住把柄来诛杀嵇康的导火线，就是嵇康写给山涛的《与山巨源绝交书》。他在信中表明的态度直接激怒了司马氏集团，最后，嵇康被以“莫须有”罪名问罪，“康将刑东市，太学生三千人请以为师，弗许”[④]。在嵇康被行刑之前，当时太学的弟子联名上书，希望以此可以让嵇康免于一死，这种请求却被断然拒绝。嵇康本有无数次机会可以保全性命，然而，苟且偷生与自己志向相违，所以，嵇康宁死也不愿意折损自己的志向。当代著名学者杨义认为：“当时嵇康只有四十岁，竟然临刑神气自若，弹琴自祭，叹息《广陵散》绝，而不是自己命绝。不提生命，反而放大了生命的价值和亮色。《世说新语》将这一幕写入《雅量篇》，如此死得有雅量，实在是奇绝。”[⑤]《广陵散》成了嵇康生命中的最后一道彩虹，将他的生命消融于冥冥渺渺的天地之间。嵇康这种气节和风范，被后世无数人传颂、仰慕。

（二）心不存于矜尚，情不系于所欲

如果说嵇康内在的涵养是近于儒家的立志、养志，那么，嵇康本性中对自然、自由的追求却将他推向了对现实“名教”的反动。嵇康通过自身言行表现了

① （魏）嵇康著，戴明扬校注：《嵇康集校注·家诫》，中华书局 2015 年版，第 495 页。

② 同上。

③ （唐）房玄龄等撰：《晋书·嵇康传》，中华书局 2000 年版，第 908 页。

④ 同上书，第 909 页。

⑤ 杨义：《寻找大国学术风范：杨义自选集》，首都师范大学出版社 2015 年版，第 301 页。

对理想、自由的追求，他提出“越名教而任自然”[1]。一般来说，名教往往被解释成是儒家的礼法制度。所以“越名教而任自然”也被解释为要放弃儒家的礼法制度而追随道家对自然的追求。然而，这种说法没有具体地解释“名教”“自然”，因此，有必要对“名教”“自然”重新做出解释。

余敦康认为：“所谓名教，它确切的含义并不是指的儒家思想，也不是某个政治集团所推行的方针国策，而是指由长期历史发展所形成的一套完整的封建宗法等级制度。”[2]而“自然”的“确切含义并不是指道家思想，也不是指茫茫无限的自然界本身，而是指支配自然界的那种和谐规律”[3]。所以，名教不只是狭隘的儒家思想，而是潜移默化中深入人们生活的行为规范和处事方式。儒家只是恰好在以前担当了将这种规范和方式进行整理的工作而已。所以，嵇康“越名教而任自然”不是反对人们生活中的种种处事方式，而是反对司马氏以“名教”、道德作为幌子，实质上却是压抑人们天性，戕害人们自由的行为。

据此，嵇康提出了他心中的理想，他认为：

> 是故言君子，则以无措为主。[4]

“无措”就是说没有是非之心，有宽广、坦荡的胸怀。不拘泥于是非心，君子言行就合乎大道。这种道是对儒家人道、道家天道的吸收与超越。君子“无措”怎么实现呢？

> 气静神虚者，心不存于矜尚；体亮心达者，情不系于所欲。矜尚不存乎心，故能越名教而任自然；情不系于所欲，故能审贵贱而通物情。物情顺通，故大无违；越名任心，故是非无措也。[5]

这种君子的思想已经不是简单的儒家或道家可以涵盖的了。嵇康的“君子”既具有儒家的圣贤气象，又兼备道家的豁达情怀。“无措”君子遵循内心自在的行为准则，不会因为外在的规范而失去自我。

总之，嵇康认为，人生须“有志”，并能够“守志”。这个“志”以最高的善作为自身的目标。正如当代学者童强在《嵇康评传》中所描述的：“他情性温和，安于简易恬静的生活。在日常琐事面前，他随和迁就，多无喜愠之色，而事关正

---

① (魏)嵇康著，戴明扬校注：《嵇康集校注·释私论一首》，中华书局2015年版，第368页。
② 余敦康：《魏晋玄学史》，北京大学出版社2016年版，第321页。
③ 同上。
④ (魏)嵇康著，戴明扬校注：《嵇康集校注·释私论一首》，中华书局2015年版，第368页。
⑤ 同上。

义、气节时，他却秉志如一，丝毫没有让步退却。”[1]这种评价是非常精当的，嵇康是一位中国文人士大夫的典型代表，他“外荣华、去滋味”之志向，坚实而高远，他人不能屈；他率性自然、高亮任性的情志，不为外物所动，始终如一。当吕安受到不公正的待遇时，他随即挺身而出，为朋友辩解。即使遭遇不测，他也义无反顾，从容不迫。在做人最紧要的关头，他践行的正是他所追求的人格理想。

二、治学理念：智之所知，未若所不知者众也

嵇康的文章包括多种文体，骚、赋、书、论、箴、诫，多为可观、蔚为丰硕。尤其《琴赋》以及《养生论》《声无哀乐论》等堪称名篇。这些文章或华美，或质朴，或对偶齐整，或不事雕饰，既有相当哲学化的句子，又有生动形象的文学性描写，风格多样，体现了他高超的语言驾驭能力，形成了他自己独具特色的治学理念。

嵇康认为：

> 天地广远，品物多方，智之所知，未若所不知者众也。[2]

天地如此辽阔，事物如此纷杂，人们有限的知识与天地间未知的谜团相比，真的只是冰山一角。既然天地还存在那么多的未知，人们就应该努力学习、揭开未知的谜团。如果只是简单地学习以往儒家的“六经”，只能是故步自封。所以，为了打破人们思维中的枷锁，嵇康大力倡导怀疑、挑战的理性精神。这种精神也是魏晋名理之学的内在要求，是学习新事物所必须持有的态度。

（一）不学未必为长夜，“六经”未必为太阳

汉魏时期的读书人，大多推崇儒学。小孩从开始读书就要接受儒家思想的教育和熏陶。除儒家《诗》《书》《礼》《易》《春秋》，其他都被斥为旁门左道，不花几年时间背熟、参透“五经”，是没有条件接触其他经典的。经过这种长期熏陶，儒家思想已经对其产生了深刻的影响，又怎么会对名教进行反思呢？但是，从小没人“管教”的嵇康反而摆脱了思想上的束缚，开始积极反思当时名教思想。

嵇康描绘了当时的学习场景：

> 立“六经”以为准，仰仁义以为主，以规矩为轩驾，以讲诲为哺乳，由其涂则通，乖其路则滞。游心极视，不睹其外；终年驰骋，思不出位；聚族献议，唯学为贵。[3]

---

① 童强：《嵇康评传》，南京大学出版社2005年版，第311—312页。

② （魏）嵇康著，戴明扬校注：《嵇康集校注·难宅无吉凶摄生论》，中华书局2015年版，第435页。

③ （魏）嵇康著，戴明扬校注：《嵇康集校注·难自然好学论》，中华书局2015年版，第409页。

当时的士大夫以儒家“六经”作为正统思想，以儒家仁义、规矩作为自己行事的根本规则，严格遵守着儒家的教法，不敢有丝毫的逾越。因此，人们的思想被限制、禁锢于一家之言，以为其余学派的学说都不值一提。这怎么可能切实地学习真正的知识、体悟真正的智慧呢？所以，嵇康叹息道：

凡若此类，上以周孔为关键，毕志一诚；下以嗜欲为鞭策，欲罢不能。驰骤于世教之内，争巧于荣辱之间，以多同自灭，思不出位，使奇事绝于所见，妙理断于常论；以言通变达微，未之闻也。[①]

有这样一类人，他们积极效仿周孔二人的言行，努力克制自己的私欲，终日在世俗的名利中奔走不断，为了迎合大众的意见而消磨了自己独到的见解。想让这类人洞晓、明了精微的道理，那是不可能的。世俗中的条条框框无形中限制了人们的思想，如果想要有自己的思想，就不应该拘泥、固守于这种世俗的偏见，要勇敢地打破桎梏的牢笼。更不应该为了迎合多数人的意见就将自己独有的见解消抹，而要认真反思这种见解是否具有合理性。

于是，嵇康对“‘六经’为太阳，不学为长夜”的传统言论发出了挑战。“推其原也，‘六经’以抑引为主，人性以从欲为欢。抑引则违其愿，从欲则得自然。然则自然之得，不由抑引之‘六经’；全性之本，不须犯情之礼律。”[②]嵇康洞见当时儒家利用僵死的名教钳制人的思想，他对此深感厌恶。既然有些传统观念、传统习惯是错误的，那么，为什么还要这么固执地坚持呢？

以明堂为丙舍，以诵讽为鬼语，以“六经”为芜秽，以仁义为臭腐，睹文籍则目瞧，修揖让则变伛，袭章服则转筋，谭礼典则齿龋。于是兼而弃之，与万物为更始，则吾子虽好学不倦，犹将阙焉。则向之不学，未必为长夜，“六经”未必为太阳也。[③]

意思是，如果把明亮厅堂当作普通的三等房舍，把歌诵讽咏“六经”当作是鬼怪言语，把“六经”当作衰草污秽，把仁义当作臭粪腐汁，那么，在看儒学文籍时就会目光斜视，修身作揖礼让时就会变得佝偻，袭穿花纹衣时就会身体抽筋，谈论礼法经典时就会牙齿生龋虫。如果这样，就会一并抛弃儒学，与万物同为始末。那么，人们就会认识到：即使好学不倦，还是会感到缺少了什么；假如以前没有学习儒学，也未必就如处漫漫长夜之中，“六经”未必就如太阳一样不可或缺。

---

① （魏）嵇康著，戴明扬校注：《嵇康集校注·答难养生论一首》，中华书局2015年版，第276页。

② （魏）嵇康著，戴明扬校注：《嵇康集校注·难自然好学论》，中华书局2015年版，第408页。

③ 同上书，第409页。

所以，嵇康以这种批判的思维对之前的名教礼乐进行了彻底的反省。如果发现每天背诵的“六经”、每天恪守的准则竟然是戕害天性的枷锁。那么，我们有什么理由继续坚持这种错误的教育方式呢？嵇康在这里并不是完全否定世俗的准则，而是否定“长期历史发展所形成的一套完整的封建宗法等级制度”①。如果世俗中的某些准则是有益的，还是要正确选择、有效继承的。

（二）观物于微，触类而长，不以己度

嵇康“以‘六经’为芜秽”是他怀疑、挑战世俗见解的结果，推类辨物是他对这种世俗见解成功突破的方法。在不被世俗的主流蒙蔽后，就要对主流背后的根据进行反思。这种反思不是简单的喊口号，而是要求深入自己内心来探究：

夫推类辨物，当先求之自然之理。理已定，然后借古义以明之耳。今未得之于心。而多恃前言以为谈证，自此以往，恐巧历不能纪。②

通俗地说，“推类辨物”就是通过事物的类别来认识事物。“类”可以简单地理解成类别，是繁杂现象中具有类同的一类事物的总称。人们对世界的认识大多都是通过认识、理解事物的共相（“类”）来获得的。比如说，通过“羊”这个概念（“类”）来理解具有“羊性”的事物。人们先通过自己的意识把握具有“羊性”的事物，然后通过这种共相认识生活中具体的羊。如果人们没有理解什么是“类”所具有的特性，只是凭借前人认知的习惯，使用他们的言语作为谈资，长此以往，就会让人们形成不良的认识习惯。

自然界有其自身的规律，一般来说是客观的。认识事物首先要承认事物的客观性。只有承认事物有自身的客观性，人们的认识才具有普遍意义的共性，才可以相互交流，否则，人们的认识只能局限于个体。嵇康深刻地认识到这一点，他认为：“故善求者，观物于微，触类而长，不以己为度也。”③人们要细致地观察事物，通过事物之间的共相相互了解，不能随意瞎想、臆想。通过对于“类”的分析与思考，嵇康以音乐为例阐明了普遍事物都具有客观规律。

天地合德，万物贵生；寒暑代往，五行以成。故章为五色，发为五音。音声之作，其犹臭味在于天地之间。其善与不善，虽遭遇浊乱，其体自若，而不变也。岂以爱憎易操，哀乐改度哉？④

---

① 余敦康：《魏晋玄学史》，北京大学出版社 2005 年版，第 321 页。

② （魏）嵇康著，戴明扬校注：《嵇康集校注 · 声无哀乐论》，中华书局 2015 年版，第 319 页。

③ （魏）嵇康著，戴明扬校注：《嵇康集校注 · 答释难宅无吉凶摄生论》，中华书局 2015 年版，第 461 页。

④ （魏）嵇康著，戴明扬校注：《嵇康集校注 · 声无哀乐论》，中华书局 2015 年版，第 316 页。

稽康认为，自然界中有不受人影响、不以主观意志转移而改变的客观规律。音乐被人弹奏时，就好像气味飘荡在天地之间。音乐好坏，虽然会因为弹奏的乐器、演奏者的不同而不同，但是音乐的本质却是客观的，人们不可能以自己个人的情感而改变音乐的本质，外在世界的好坏，其实完全是由人感受并赋予其属性的。嵇康进一步推论：

夫喜怒哀乐，爱憎惭惧，凡此八者，生民所以接物传情，区别有属，而不可溢者也。夫味以甘苦为称，今以甲贤而心爱，以乙愚而情憎。则爱憎宜属我，而贤愚宜属彼也。可以我爱而谓之爱人，我憎而谓之憎人，所喜则谓之喜味，所怒而谓之怒味哉？由此言之，则外内殊用，彼我异名。声音自当以善恶为主，则无关于哀乐。哀乐自当以情感〔而后发〕，则无系于声音。名实俱去，则尽然可见矣。①

人们接触外物并将开心、愤怒、悲哀等情感赋予它们。这些情感属于不同的类别，不能认为主观的情感可以客观存在于外在事物之中。以此看来，情感和世界是相互差异的两个部分，事物与人也是不同属性的组成。声音有好坏差别，没有情感所属。当人们利用抽象思维的方式研究事物，涤除事物中的个性特征、情感、历史等因素后，剩下的就属于事物的客观本质。这正是我们需要学习和研究的对象。

三、风骨长存：一曲广陵散，绝世不可写

嵇康“无奈而潇洒”地冤死在司马氏的屠刀下，临刑一曲《广陵散》，却鲜活地长存于千年士大夫心中。魏晋后，嵇康不仅仅作为过往历史的名士而存在，他孤高的品节不同程度地受到士大夫的推崇和敬仰。许多士人都以嵇康作为自己的榜样，勉励自己不流滥于世俗，因此，嵇康成为一种意象活在人们心中。嵇康的思想与对自然的洞见有时反而更多地被遗忘。为了凸显嵇康的形象，人们杜撰了许多神鬼之谈，如《晋书》载：

初，康尝游于洛西，暮宿华阳亭，引琴而弹。夜分，忽有客诣之，称是古人，与康共谈音律，辞致清辩，因索琴弹之，而为《广陵散》，声调绝伦，遂以授康，仍誓不传人，亦不言其姓字。②

但《晋书》的记载并不完整，完整的故事见于《太平广记》：

---

① （魏）嵇康著，戴明扬校注：《嵇康集校注·声无哀乐论》，中华书局2015年版，第317页。

② （唐）房玄龄等撰：《晋书·嵇康传》，中华书局2000年版，第909页。

嵇康灯下弹琴。忽有一人，长丈余，著黑单衣、革带。康熟视之，乃吹火灭之曰："耻与魑魅争光。"尝行。去路数十里，有亭名月华。投此亭，由来杀人。中散心神萧散，了无惧意。至一更操琴，先作诸弄，雅声逸奏，空中称善。中散抚琴而呼之："君是何人？"答云："身是故人，幽没于此。闻君弹琴，音曲清和。昔所好，故来听耳。身不幸非理就终，形体残毁，不宜接见君子。然爱君之琴，要当相见，君勿怪恶之。君可更作数曲。"中散复为抚琴，击节。曰："夜已久，何不来也？形骸之间，复何足计？"乃手挈其头曰："闻君奏琴，不觉心开神悟，怳若暂生。"遂与共论音声之趣，辞甚清辩。谓中散曰："君试以琴见与。"乃弹广陵散。便从受之，果悉得。中散先所受引，殊不及。与中散誓，不得教人。天明，语中散："相与虽一遇于今夕，可以远同千载，于此长绝。"不胜怅然。[①]

这个故事大意是说，某日，嵇康在灯下弹琴，突然，有一人出现在房间之中。嵇康熟视良久，知是魑魅之物。嵇康个性高傲，于是将灯火吹灭，说道："我不屑于与你这般魑魅之物争光。"于是他离开房间，出门而去，走了数十里路，夜宿月华亭。月华亭素有鬼物作怪杀人的传闻，可是，嵇康心中坦荡，怡然不惧。嵇康喜好音乐，所以，在安顿好一切之后，已到一更时分，他便抚琴作乐。琴声悠扬雅致，飘逸空中，受到了一个"雅鬼"的称道。"雅鬼"生前死于非命，形貌可怖，为了不惊吓嵇康，不愿意现身。然而，嵇康觉得肉身形骸的可怖不足挂齿，可怖的是心灵丑恶。因此，他反倒很喜欢这个"雅鬼"，请"雅鬼"出来共论乐理。一人一鬼共论音声之趣，大有相见恨晚之感。临别前，"雅鬼"传授嵇康闻名于世的《广陵散》。

故事中的嵇康孤高不羁，耻于与污秽鬼物争光，映射了嵇康与污秽的社会之间不可调和的矛盾。嵇康轻视形骸破败、重视精神轻灵的做法自然也是为了彰显他的孤高。说起来，这只是一个鬼神故事，叙述了《广陵散》的来源。神鬼之事当然仅仅是趣谈，然而，由于嵇康本身气节孤高，人们便为他"安排"了许多"莫须有"的奇闻，有些奇闻甚至还写入正史，更增添了他的传奇色彩。

人们可以通过嵇康的趣事来推敲其他史料，为什么有些人会被穿插一些传奇的故事千载传扬？是想借助嵇康这个人本身的风流趣说野史？还是想借助嵇康正直刚强又风姿卓绝的形象来表达自己的倾慕与敬仰？

世间本没有鬼神，但是，文人笔下的鬼神却大有深意。该如何对待史料？我们要思考的不仅仅是主人公的性格如何，而应该深入其内心，了解为什么会这样？只有恪守严谨态度和批判精神，带着怀疑的眼光，审时度势，才可以更客

① (宋)李昉等编：《太平广记·嵇康》，中华书局1961年版，第2509—2510页。

观地了解历史事件的原委，更真实地知晓历史人物的际遇。在这里，我觉得，我们特别需要学习嵇康不屈权势的精神品节和心怀天下的志向，学习他那种敢于怀疑、推类辨物的学习方法，并将其融入自己的学习生活中。

最后，我谨借用当代著名文论家刘强在《世说三昧》中评价嵇康的话来总结其“核心学养”：“在魏晋名士的雕像中，嵇康无疑是‘海拔’最高的：他的才华最全面，风骨最刚劲，人格最完美，结局也是最悲壮，没有他，所谓‘魏晋风骨’只怕塌下半边天！”[①]

① 刘强：《世说三昧·嵇康（上）——龙性谁能驯》，岳麓书社 2016 年版，第 29 页。

郭象

——明内圣外王之道，知万物自化之理

郭象(252—312)，字子玄。河南洛阳人。西晋时期著名的玄学家。他“少有才理，好《老》《庄》，能清言”[①]，少年时便展现出了极高的玄思天赋，喜好《老子》《庄子》。他的才学得到了当时名士的一致认可。西晋著名清谈家庾敳就对郭象评价很高，《世说新语》记载：“郭子玄有俊才，能言《老》《庄》，庾敳尝称之，每曰：‘郭子玄何必减庾子嵩’。”[②]“子玄”“子嵩”分别是郭象和庾敳的字。这是庾敳夸赞郭象的话，认为郭象才气比自己高。可见，郭象当时已经是西晋时期的清俊才人。然而，他“任职当权，熏灼内外”，也因此遭到了一些清谈名士的鄙视和非议。

郭象的思想可以用他在《南华真经序》中的一句话来概括：“通天地之统，序万物之性，达死生之变，而明内圣外王之道，上知造物无物，下知有物之自造也”[③]。他的核心为学养主要体现在“知万物独化”与“明内圣外王”。在郭象看来，万物各有其自性，人们只要禀赋自性，就能体会到属于自己的逍遥自在。这是对庄子原本“逍遥”思想的继承与改造。透过对庄子“逍遥”的再诠释，郭象给魏晋名士贡献了一种新的实践理想的可能。

一、修养方法：各据性分，物冥其极，物各自足

郭象在前人“崇有论”与“贵无论”观点的基础上，提出了独化论。他认为，世间万物都不会借助他物而生灭，所以，万物只能自生。既然万物不借助他物而生灭、变化，因而，万物都有着自己独有的天性。由此，郭象在注解《齐物论》中“五者园而几向方矣”时说：“此五者，皆以有为伤当者也。不能止乎本性，而求外无已。夫外不可求而求之，譬犹以圆学方、以鱼慕鸟耳。虽希翼鸾凤，拟规日月，此愈近彼愈远，实学弥得而性弥失。”[④]所有人都不能模仿他人，因为他人的天性对于自己而言并不可知。所以，只要发现自身的天性、挖掘自身的潜能，激活自身的能量，各安其分、各守其志，就可以获得自己独有的快乐与满足。

① (唐)房玄龄等撰：《晋书·郭象传》，中华书局2000年版，第924页。

② 朱碧莲，沈海波译注：《世说新语·赏誉》，中华书局2013年版，第414页。

③ (晋)郭象注，(唐)成玄英疏：《庄子注疏·南华真经序》，中华书局2011年版，第1页。

④ (晋)郭象注，(唐)成玄英疏：《庄子注疏·齐物论》，中华书局2011年版，第48页。

(一) 物任其性，事称其能，各当其分

魏晋玄学有时又被称为“名理之学”。魏晋时期，名士们大多会讨论一些哲学伦理的基本概念，如王弼的“一”、嵇康的“君子”。郭象则是以“性”为起点，展开他对世间万有的讨论。他以马为例，与庄子遥隔时空，讨论“性”（天性）为何物。

庄子以为，“马，蹄可以践霜雪，毛可以御风寒，龁草饮水，翘足而陆，此马之真性也”[①]。在庄子看来，马的天性、真性便是驰骋在自然草原之中，渴而饮水、饥而食草，不应该任人强加给它外在的束缚。伯乐说自己擅于调教马，于是“烧之，剔之，刻之，雒之。连之以羁絷，编之以皂栈，马之死者十二三矣”[②]！为了驯服出供人骑乘的良马，人们给马套上马羁、安上马鞍，使马儿不能自由驰骋在草原，只能每日待在马厩之中，等候命令。在庄子看来，这完全是戕害天性之举。

郭象的观点则相反，他认为“惑者闻任马之性乃谓放而不乘，闻无为之风遂云行不如卧，何其往而不返哉！斯失乎庄生之旨远矣”[③]。在郭象看来，迷惑之人认为要适应马的天性，就放着良驹不骑，以为这就是顺应无为之道，其实，这恰恰是不理解“性”真正的内涵。在郭象所处的时代，《庄子》已经成为“三玄”之一，既然本于《庄子》而注解，那么，郭象就不能直接对庄子进行批驳，所以郭象借用“惑者”一词很含蓄地表达出他在对“性”的理解上与庄子的差异。

什么是“性”呢？郭象还是以驯马为例，他认为：“善御者，将以尽其能也。尽能在于自任，而乃走作驱步，求其过能之用，故有不堪而多死焉。若乃任驽骥之力，适迟疾之分，虽则足迹接乎八荒之表，而众马之性全矣。”[④]郭象认为，要根据马独有的天性对其加以训练，使马驰骋千里的天性发挥出来，日行千里的马就让它日行千里，日行百里的马就让它日行百里，通过充分训练将马的天性完全显露、展现出来。

“以形相对，则太山大于秋豪也。若各据其性分，物冥其极，则形大未为有余，形小不为不足。〔苟各足〕于其性，则秋豪不独小其小，而太山不独大其大矣。”[⑤]从各人不同表现来看，人与人可能会有种种差别，如果各人都可以充实、自得于自己的天性，那么，每个人都会自得其乐。秋毫、泰山也不会因为表面的差异而感觉不妥。因此，如果万物各适其性，那么“小大虽殊，而放于自得之场，

① （晋）郭象注，（唐）成玄英疏：《庄子注疏·马蹄》，中华书局2011年版，第182页。

② 同上。

③ 同上书，第183页。

④ 同上。

⑤ （晋）郭象注，（唐）成玄英疏：《庄子注疏·齐物论》，中华书局2011年版，第44页。

则物任其性，事称其能，各当其分，逍遥一也，岂容胜负于其间哉！”①当代著名哲学家冯达文认为：“郭象的‘自得之场’的提法，所揭示的正是每个个体尽在其自己的‘场域性’。‘场域’即命限、条件。”②所有人都顺应自己的天性，不让自己放任自然，也不让自己过分训练，那么，每个人都可以展现出自己独有的天性。在自己独有天性中，每个人都可以获得属于自己的快乐。

（二）圣人虽在庙堂之上，然其心无异于山林之中

圣人是儒家最高的理想境界。在郭象看来，这种“圣人”不同于儒家原先唐尧、虞舜的形象，更类似庄子所提倡的至人、真人。因此，郭象一改魏晋时期对入世为官的轻蔑与不屑，鼓励人们积极入世。

郭象这种思想在“尧让天下于许由”这个事例中有所体现：“尧让天下于许由，曰：‘日月出矣而爝火不息，其于光也不亦难乎！时雨降矣而犹浸灌，其于泽也不亦劳乎！夫子立而天下治，而我犹尸之，吾自视缺然，请致天下。’许由曰：‘子治天下，天下既已治也，而我犹代子，吾将为名乎？名者，实之宾也。吾将为宾乎？鹪鹩巢于深林，不过一枝；偃鼠饮河，不过满腹。归休乎君，予无所用天下为！庖人虽不治庖，尸祝不越樽俎而代之矣。’”③尧知道许由是一个隐居的贤人，于是想将王位禅让给许由。他对许由说：“天下有先生您这样的贤人来治理，已经不需要我来霸占着共主之位，我想将天下托付给先生。”许由回答道：“你治理天下，已经把天下治理得很好了。那我为什么还要来治理天下呢？天下还是还给你吧，我要天下没什么用呀。”按照庄子的原意，他是为了贬低尧而抬高许由。

郭象却不这么认为，他觉得：“若谓拱默乎山林之中而后得称无为者，此庄老之谈所以见弃于当涂，〔当涂〕者自必于有为之域而不反者，斯之由也。”④如果说，只有隐居山林是体达无为的境界，那么这种境界还需依赖环境，这还不是真正的无为。所以，郭象很明显是贬低许由，抬高尧帝。

夫圣人积极入世，他们与普通人的区别在哪里呢？这一类圣人与传统儒家所推崇的圣人的区别在哪里呢？在注“藐姑射之山，有神人居焉。肌肤若冰雪，绰约若处子”⑤时，郭象就表达了自己的思想。郭象说：

> 夫圣人虽在庙堂之上，然其心无异于山林之中，世岂识之哉！徒见其戴黄屋，佩玉玺，便谓足以缨绋其心矣；见其历山川，同民事，便谓足以憔悴

① （晋）郭象注，（唐）成玄英疏：《庄子注疏·逍遥游》，中华书局 2011 年版，第 2 页。

② 冯达文：《寻找心灵的故乡——儒道释三家学术旨趣论释》，中华书局 2015 年版，第 237 页。

③ （晋）郭象注，（唐）成玄英疏：《庄子注疏·逍遥游》，中华书局 2011 年版，第 12—14 页。

④ 同上书，第 13 页。

⑤ 同上书，第 15 页。

其神矣，岂知至至者之不亏哉！今言(王)〔圣〕德之人而寄之此山，将明世所无由识，故乃托之于绝垠之外，而推之于视听之表耳。处子者，不以外伤内。[1]

郭象借居于姑射山的神人来解释他理解的圣人。圣人虽然在朝廷任职，但是，其心地的高远和那些隐居山林的隐士们其实是一样的。凡俗之人仅仅看见圣人穿着正式衣装、腰挂玉玺，体察民情、为天下操心，便说所做之事束缚了他们的志向、损害了他们的神志，这是很片面的。要知道圣人之所以要正话反说，特地让人们把旨趣寄托于自然山水，就是害怕世人无法理解这高远的志向呀！然而，圣人与俗人"俱食五谷而独为神人，明神人者非五谷所为，而特禀自然之妙气"[2]。

圣人与俗人都以五谷杂粮为食，圣人与俗人都有着生老病死侵扰。然而，只有圣人方为圣人，俗人还是俗人，为什么呢？虽然圣人和俗人在尘世间生活，也不过是一样地屙屎送尿、着衣吃饭，但是圣人的言行遵循自我的天性，也就是秉持自然之妙气。这种自然的状态在身处庙堂的圣人身上就是：

夫体神居灵而穷理极妙者，虽静默闲堂之里，而玄同四海之表。[3]

圣人智慧通显，顺应自然，不刻意地追求外物。身处庙堂之高，心依旧悠然自若，宛如身处江湖之远，嬉戏江湖。圣人身在江湖之中，遨游自若，也禁不住心中忧国忧民。

通过对传统道家、儒家圣人新的解释，郭象提出了新的修身之路。他肯定了圣人心地高远、凡俗不及，也肯定了圣人居高位不妨碍为百姓谋福祉。外在的环境不仅不能限制、束缚圣人开阔的胸襟，恰恰成为圣人与凡俗最重要的区别。郭象这种入世也可以超然的说法成为许多混迹官场士大夫的精神归宿。只有像圣人那样，身处庙堂，依然心地高远，不为环境所动摇，这才是真正的无为而无不为。

二、治学方法：宜要其会归，而遗其所寄

郭象注《庄子》并不拘泥于传统一句一注、一字一考的方式，而是以自己对《庄子》的改造为根本，来注解诸篇。

郭象在注解时，不过分执着于文本意象的考据，比如，他就没有考证过鲲、鹏等是否确实存在。郭象善于从文章主旨入手，高屋建瓴地点出文章意趣。他

---

① (晋)郭象注，(唐)成玄英疏：《庄子注疏·逍遥游》，中华书局2011年版，第15页。
② 同上。
③ 同上书，第16页。

称自己的注解为“寄言出意”。另外，郭象也不完全赞同庄子对儒家的观点，所以，有时候郭象也不得不以自己的观点来对文本内容进行或多或少的改造。

(一) 要其会归，遗其所寄

汉代，谶纬大兴，注者解读多用荒诞奇诡的事物来注解。这种注解可以丰富人们的精神世界、磨炼想象力。然而，也容易让人信以为真，以讹传讹，导致迷信虚乱的社会风气。《庄子》采用了大量神话、寓言阐发思想，这种方式容易让人将《庄子》注解成神鬼志异。如注解《庄子》中的司马彪等人，其注解“言多诡诞，或似《山海经》，或类占梦书”[①]，将《庄子》注解成了诡异玄谈。郭象通过自己的思考，摆脱了这种不良的风气。他以为：

> 一曲之才，妄窜奇说，若《阏弈》《意修》之首，《危言》《游凫》《子胥》之篇，凡诸巧杂，十分有三。[②]

《庄子》一书援引了许多神话人物，然而，庄子的目的不是为了描写神话的仙人境界，而是借对神话的描写阐发思想。所以，郭象大胆地删减了《庄子》的篇目，留给后世一本更加符合原旨的《庄子》。

例如，《逍遥游》开篇描绘了一幅壮阔的千里鲲化为万里鹏的场景。但是，人们没有见过北冥、南海，怎么知道、又确切相信这是“逍遥游放”几千、几万里的鲲鹏呢？郭象以为：

> 鹏鲲之实，吾所未详也。夫庄子之大意，在乎逍遥游放，无为而自得，故极小大之致，以明性分之适。达观之士，宜要其会归而遗其所寄，不足事事曲与生说。自不害其弘旨，皆可略之耳。[③]

鲲鹏存在与否，人们无法亲眼确认，也无法对其详细考察，然而，人们只需牢牢把握庄子是借助鲲鹏来讨论“逍遥游放”。因此，讨论、理解这个问题就不能仅从字面了解，应该把握住庄子于此的旨趣，以“逍遥”作为核心来理解文章意味。至于其他神话、语言等，只要不影响对文章主旨的把握，都可以忽略。

所以，当我们读到姑射山的神人时，应该学习郭象“此皆寄言耳”[④]的思考方式。姑射山上是不是有风姿绰约的仙子，人们很难知道。姑射山是否存在？它在何处？都只是《山海经》中的奇诡之说，我们不可信以为真。我们应该用艺

---

① (唐)陆德明：《经典释文序录·注解传述人》，上海古籍出版社 2013 年版，第 66 页。

② 同上。

③ (晋)郭象注，(唐)成玄英疏：《庄子注疏·逍遥游》，中华书局 2011 年版，第 2 页。

④ 同上书，第 15 页。

术的眼光，欣赏文本中的神鬼奇谈，因为，文中的神鬼只是人的缩影，是文人借此表达自己心中所想的“意象”。借助妖怪神仙传说不仅可以增加文本的可读性，也可以更加触动人的感官，引人深思。

郭象这种注解方法也便于对《庄子》原本思想进行解读。庄子思想中明显有反对任何人为造作的成分。而且，为了将这种思想推之到治国，就表现为对儒家圣人的批评，如对尧帝、仲尼的讥讽。但是，郭象所要做的则是企图在名教和自然之间找到一个平衡点来安顿心灵，这就无法像庄子般彻底反对仲尼等人。所以，借助这种方法，郭象有时很明显地“采用‘寄言出意’的方法，撇开庄周的原意，而阐发他‘名教之不可废’之旨”[①]。所以，郭象说：

> 圣人未尝独异于世，必与时消息，故在皇为皇，在王为王，岂有背俗而用我哉！[②]

圣人并不需要遗世独立才可以彰显心境、顺应自然天性，即便是在世俗中，圣人心地依然不会被世俗所影响。完全不必彻底废除名教，这样的圣人就可以“用‘寄言出意’的方法形式上容纳周孔之‘名教’，实质上发挥老庄之‘自然’”[③]。

通过肯定名教不可废来容纳名教的方式，郭象才可以成功表达：

> 未有极游外之致而不冥于内者也，未有能冥于内而不游于外者也。故圣人常游外以(弘)〔冥〕内，无心以顺有。[④]

并借此来调和名教与自然之间的冲突。

（二）止于所知之内而至

郭象对学习的看法与他对“自性”的看法紧密相关。他认为：

> 惑者闻任马之性乃谓放而不乘，闻无为之风遂云行不如卧，何其往而不返哉！斯失乎庄生之旨远矣。[⑤]

如前所述，郭象不赞同顺应马的天性就要对马放任不管，认为需要对马进行训练，让马充分发挥它驰骋的潜力与天性。由此可知，郭象肯定学习、训练的重要性和合理性，马需要训练来充分开发它的特性，人则需要学习来挖掘自身

① 汤一介：《汤一介集·郭象的哲学方法》第2卷，中国人民大学出版社2014年版，第305页。
② (晋)郭象注，(唐)成玄英疏：《庄子注疏·天地》，中华书局2011年版，第242页。
③ 汤一介：《汤一介集·郭象的哲学方法》第2卷，中国人民大学出版社2014年版，第306页。
④ (晋)郭象注，(唐)成玄英疏：《庄子注疏·大宗师》，中华书局2011年版，第147页。
⑤ (晋)郭象注，(唐)成玄英疏：《庄子注疏·马蹄》，中华书局2011年版，第183页。

的潜能。当然，郭象也反对违背天性的过分训练，他说：

世以任自然而不加巧者为不善于治也；揉曲为直，厉驽习骥，能为规矩以矫拂其性，使死而后已，乃谓之善治也。不亦过乎！[①]

郭象指出，完全放任自然、不加训练，并不能显现出事物的天性，而矫枉过正，过分训练也同样不符合事物天性。

当前，有些家长在孩子教育上也存在误区。有的家长看到别人家的孩子学习钢琴、书法，却不顾自己孩子的兴趣与天赋，要求自己小孩也去学习。甚至看到当前什么专业或行业最能够赚钱就让孩子学习什么，幻想着孩子有朝一日大富大贵，这是非常令人担忧的。每个人都是不同的个体，如果不考虑自己孩子的特性，一味模仿别人，或者不讲道德，肆意摧残孩子的天性，只能是舍本逐末。郭象深刻地指出这种错误：

不能止乎本性，而求外无已。夫外不可求而求之，譬犹以圆学方、以鱼慕鸟耳。虽希翼鸾凤，拟规日月，此愈近彼愈远，实学弥得而性弥失。[②]

如果不能充分了解自己，学习不适合的东西，最终只能迷失自己的天性。鱼的天性是在水中游泳，却让它学习鸟儿飞翔，这怎么可能呢？同理，学习必须找到适合自己的方法与方向，才可以真正享受它。否则，越是努力，离自己的理想目标反而越远。所以：

所不知者，皆性分之外也，故止于所知之内而至也。[③]

郭象深刻指出，无法切实学习到的东西，都是不适合自己的，所以，应该在自己适合的方面多加努力，从而达成自己的目标。

三、 思想成就：明内圣外王之道，知有物自造

通天地之统，序万物之性，达死生之变，而明内圣外王之道，上知造化无物，下知有物之自造也。[④]

这句话可以概述郭象注《庄子》的主要思想。郭象思想中最重要的两个观

---

① （晋）郭象注，（唐）成玄英疏：《庄子注疏·马蹄》，中华书局 2011 年版，第 183 页。

② （晋）郭象注，（唐）成玄英疏：《庄子注疏·齐物论》，中华书局 2011 年版，第 48 页。

③ 同上。

④ （晋）郭象注，（唐）成玄英疏：《庄子注疏·南华真经序》，中华书局 2011 年版，第 1 页。

点即是“知万物独化”与“明内圣外王”。郭象的德行观、治学观都是和他的“独化”思想密不可分的。郭象以万物独化来表明各人有自己独有的天性，此物不借彼物而生，也不与彼物发生关系。所以，人们无法完全了解其他事物的天性。然而，人们自身的天性可以切实明了，只要禀赋自性，人们就可以自得其乐。因此，当人们自得其乐时，环境无法限制人们的心境，入世为官与出世隐居的差别就没有了。入世为官更能磨炼自己的心志，因此，郭象给魏晋名士提出了一种新的理想追求。

（一）知万物独化

郭象在注解《齐物论》中“子綦曰：‘夫吹万不同，而使其自己也。’”时写道：

> 此天籁也。夫天籁者，岂复别有一物哉！即众窍比竹之属，接乎有生之类，会而其成一天耳。无既无矣，则不能生有。有之未生，又不能为生。然则生生者谁哉？块然而自生耳。自生耳，非我生也。我既不能生物，物亦不能生我，则我自然矣。自己而然则谓之天然。天然耳，非为也，故以天言之。〔以天言之〕，所以明其自然也，岂苍苍之谓哉！①

“无者”既然是毫不存在，那么，毫不存在的事物又如何生出“有者”呢？就像苹果树不能结出桃子来，因为苹果树没有结出桃子的可能，那么，产生桃子对于苹果树来说就是“无者”。所以，“无者”不能生“有者”。“有者”又怎么生“有者”呢？苹果树作为一种特殊的“有者”，如何能够产生这么繁杂的世间事物呢？因而，“有者”也不能生“有者”。“有者”不能生，“无者”也不能生，那么，世间万有是怎么产生的呢？这些事物都是依据自己的本性而生的。并不是说自己生自己，而是说因乎自然而生，所以说：万物自生。郭象在注解《知北游》中“无古无今，无如无终”时，写道：

> 非唯无不得化而为有也，有亦不得化而为无矣。是以(无)〔夫〕有之为物，虽千变万化，而不得一为无也。不得一为无，故自古无未有之时而常存也。②

郭象在注解《齐物论》时也论及这一问题：

> 《庄子》寓言以畅玄理，故寄景与罔两，明于独化之义。
>
> 世或谓罔两待景，景待形，形待造物者。请问夫造物者有邪？无邪？

① （晋）郭象注，（唐）成玄英疏：《庄子注疏·齐物论》，中华书局2011年版，第60页。

② （晋）郭象注，（唐）成玄英疏：《庄子注疏·知北游》，中华书局2011年版，第405页。

无也则胡能造物哉！有也则不足以物众形。故明众形之自物，而后始可与言造物耳！是以涉有物之域，虽复罔两，未有不独化于玄冥者也。故造物者无主，而物各自造。物各自造而无所待焉，此天地之正也。①

世间繁杂的事物不可能有一种特殊的事物就可以生成，如果要通过“有”来产生这个千变万化的世间，就需要无数个特殊的事物。如果这样的话，以“崇有论”为代表的裴頠就无法从哲学上解释这个世界的产生与变化。如果毫不存在的东西可以形成这个纷繁的世界，那么，就会像是苹果树结出桃子一样荒谬。郭象也以此来反对何晏、王弼等为代表的“贵无论”。

通过这种对“有生于无”和“有生于有”的两重批判，郭象得以建立其“独化说”，从学理上弥补了“贵无论”和“崇有论”的缺陷。对于郭象本身的学术系统而言，也可以说是提供了“物任其性，事称其能，各当其分，逍遥一也”②的理论根据，从而更好地安顿名士们困顿的心灵。

（二）明内圣外王

魏晋名士的才华是值得人们认可、欣羡的。魏晋之后，后世对《老子》《庄子》的注解都只是在魏晋名士们绘制的框架里进行，没有人将这股玄风再推向新的巅峰。郭象对《庄子》的理解独到而新颖：他注《庄子》不是简单地继承前人的思想，而是丰富了何晏、王弼以来魏晋玄学的内涵与学理，从崭新的高度给当时的士人提供了精神归宿。魏晋时期的士人不是真的不想济世，而是在那种时局变动之际，在报国无门的辛酸不足以言、志向不展的无奈难为人道的情形下，不得不采取的明哲保身策略。郭象则鼓励士人积极入世，表明入世与出世的差别不在于形式，而在于自身心境的高远与安静。这一改魏晋士大夫逃避生活的焦虑与烦躁，为他们入世提供了一定的理论根据。

在学理上，这种入世而出世的思想，一方面帮助士大夫们更好地接受了后来传入中国的般若学思想；另一方面又跨越时空的限制，深刻影响了宋明时期的理学，很大程度上可以看成是宋明理学的先驱。宋明时期士大夫通过对于“中庸”思想的诠释，通过“极高明而道中庸”的实践，倡导和鼓励人们“活在当下”。从一定意义上，这种乐观思想也可以看成郭象“明内圣外王之道”在宋明时代的折射。

总而言之，郭象的核心学养是追求“明内圣外王之道，知万物自化之理”。他强调个体、个体任何存在方式以及表现的绝对性，和老子、庄子一样，在一切领域都讲自然无为，顺其自然，同时，又把一切出于人本性的作为都视为无为，

① （晋）郭象注，（唐）成玄英疏：《庄子注疏·齐物论》，中华书局2011年版，第60页。
② （晋）郭象注，（唐）成玄英疏：《庄子注疏·逍遥游》，中华书局2011年版，第2页。

实际上是变相的有为。正如张岱年主编的《中华的智慧》一书中所说："郭象这种无为学说，标志着道家无为学说发展到了一个新的阶段。在这个阶段上，它向儒家有为学说接近并趋向于融合为一，从而结束了自身发展的历史。"[①]我认为这种评价是十分精当的，充分地概括了郭象在儒道融合中的地位和价值。

① 张岱年主编：《中华的智慧·向秀与郭象》，中华书局2017年版，第230页。

葛洪

——隐居修德、以厉贪浊的文儒

葛洪(284—364),字稚川,自号抱朴子。丹阳郡句容(今江苏句容)人。葛洪出生于高门贵族,《抱朴子外篇校笺》中说:"其先葛天氏,盖古之有天下者也。后降为列国,因以为姓焉。"[①]按这个说法,葛洪是远古君王葛天氏的后裔,在后来降为诸侯国,于是就以国名为姓氏。他的祖上、父亲等都是具有崇高德行的儒者。或许正是得益于这种世代相传的家风,葛洪才形成了为后世称道的卓越品格。

葛洪是家中第三个儿子。因为出生得比较晚,"为二亲所娇饶,不早见督以书史"[②]。他十三岁时,父亲去世,家境逐渐没落,以至"饥寒困瘁,躬执耕穑,承星履草,密勿畴袭"[③]。为了家中生计,葛洪还要与兄长一起务农,经常早出晚归,所以读书学习的时间很少。而且,由于"累遭兵火,先人典籍荡尽"[④],农闲时,葛洪又经常因为无书可读而惆怅,只好背着书箱,去其他人家中借书。他勤奋刻苦,终成大器,成为东晋著名的道教学者、炼丹家、医药学家,有《肘后方》《抱朴子》等著作流传于世。

葛洪有着很明显的儒道合流思想倾向。他虽然是思想家、道教理论家,却有着很浓厚的入世倾向。他认为,如果只修方术,不学做人,就做不好人,这样的人一辈子都无法成仙。所以,葛洪强调的是入世而非出世。想要修炼仙术得以长生,首先就是要先做人、做好人,而做好人的标准则是儒家的那些伦理道德。通过这种整体思想的把握,葛洪尝试着将儒家和道教思想合二为一。

一、修养境界:至人无为,栖神冲漠

葛洪认为,最理想的贤人当然是"至人"。"至人"淡泊名利,醉心古代流传下来的经典,从而获得了世人所不能知晓的学问。相比之下,那些急功近利的浮躁之人,都是无知的。

---

① 张松辉、张景译注:《抱朴子外篇·自叙》,中华书局 2013 年版,第 1098 页。

② 同上书,第 1106 页。

③ 同上。

④ 同上。

（一）逍遥竹素，寄情玄毫，守常待终

在《抱朴子·外篇》中，葛洪通过描绘一些隐士与他人的对话来表达自己看法。比如《嘉遁》中的怀冰先生、《守堉》中的潜居先生、《安贫》中的乐天先生等。借助这些人物形象，葛洪表达了自己甘愿隐居乡间，不愿追求富贵的理想。

葛洪借怀冰先生的行为表达自己的志向："有怀冰先生者，薄周流之栖遑，悲吐握之良苦。让膏壤于陆海，爰躬耕乎斥卤。"①怀冰先生蔑视那些为求取功名而周游各地的人，同时，他也觉得那些求取贤才的人实在很辛劳。于是，他离开了优渥的生活环境，来到贫瘠的土地自己耕作生活。但是，这种生活经常会惹来一些赴势公子、偶俗公子的非议。他们认为葛洪"虽自以为得所，犹未免乎迂阔也"②。葛洪自认为自己得其所得，这种思想未免太过迂腐，毕竟"事无身后之功，物无违时之盛"③。人们不可能在死后才建功立业，任何事物也不可能在不合时宜的时候强盛。他们认为葛洪应该来到朝廷，为朝廷作贡献，并成就万世声名。

葛洪不完全赞成这种观点。因为"好尚不可以一概杚，趋舍不可以彼我易也"④。每个人的爱好不可能完全一致，因而取舍、兴趣也不可能完全类同。并且，由于"行业乖舛，意何可得"⑤？每个人的经历、所从事的工作等不尽相同，所以，要完全明白别人的心思实在是困难。即便如此，也不应该强制别人改变自己的理想。拿自己来说，"锐精艺文，意忽学稼，屡失有年，饥色在颜"⑥，由于他潜心研究典籍文献，忽视了耕种庄稼，所以连续几年都没有好收成，饿得面黄肌瘦。即便"藜飡之不充，而足于鼎食矣"⑦。葛洪饿得瘦骨嶙峋，每顿吃粗糙的野菜，却依然觉得自己比那些顿顿山珍海味的人还要满足。因为"收微言于将坠者，周、孔之遐武也"⑧，将那些精微玄妙的言论收集起来，这些言论中都隐含着孔子、文王的言行，而"情孳孳以为利者，孟叟之罪人也"⑨，那些孜孜不倦地追求功名利禄的人，则被孟子所不屑。更何况"造远者莫能兼通于歧路，有为者莫能并举于耕、学"⑩。葛洪自认为天性驽钝，所以，想要达到目标就不能三心二意，想要有所成就就很难兼顾耕作与学习。当他沉醉于学习时，虽然"体瘁而神

---

① 张松辉、张景译注：《抱朴子外篇·嘉遁》，中华书局2013年版，第2页。
② 张松辉、张景译注：《抱朴子外篇·安贫》，中华书局2013年版，第714页。
③ 同上书，第715页。
④ 张松辉、张景译注：《抱朴子外篇·守堉》，中华书局2013年版，第696页。
⑤ 同上书，第697页。
⑥ 同上书，第690页。
⑦ 同上书，第699页。
⑧ 同上。
⑨ 同上。
⑩ 同上。

豫,亦何病于居约”[①]!即便是饿得面黄肌瘦、瘦骨嶙峋,仍然精神充足、自得,又怎么可以因为贫困而困惑呢?因此,葛洪自称,他“方将垦九典之芜秽,播六德之嘉谷。厥田邈于上士之科,其收盈乎天地之间,何必耕耘为务哉”[②]?他想要重新使古代的各种经典散发出光华、让自己的品德在清贫中得到磨炼。这种收获,远远超过了耕作土地获得的收成,为什么一定要让自己去耕作田地呢?

(二)信心而行,毁誉皆置于不闻

葛洪身处两晋时期,但是,他与魏晋时期大部分的士人却不大一样。两晋时期的士人风气,基本上还是延续着嵇康、阮籍所倡导的“越名教而任自然”。所以,士人往往还是以行为的放任来自我标榜。在别人父母去世或者别人生病的时候,经常是不屑于、也不愿意前往。葛洪却不一样,他认为“吊大丧,省困疾,乃心欲自勉强,令无不必至”[③]。对于这类必需的礼节,葛洪经常要求自己一定要前往,却往往由于“居疾少健,恒复不周”[④],他身体孱弱,经常也不能做得很周全。因此,常遭人讥议,以为他和那些名流一样,都是故作清高。对此,葛洪“引咎而不恤也”[⑤],他承认自己的过失,但是,也不会过于困扰。因为“意苟无余,而病使心违,顾不愧己而已,亦何理于人之不见亮乎”[⑥]?假如自己的行为坦荡,也确实是由于疾病导致自己无法礼数周备,那么,只要自己问心无愧便是了,没有必要与别人争对错。

葛洪不是很善于交友,因为“世人多慕豫亲之好,推暗室之密”[⑦]。但是,葛洪认为:“知人甚未易,上圣之所难。浮杂之交,口合神疟,无益有损。”[⑧]世人交友大多追求表面的亲密,认为只有无话不说的关系才是真正的好友。葛洪认为人心隔肚皮,就算表面亲密、背后离心离德的也不在少数,所以,葛洪交友极其谨慎,不大愿意和人推心置腹。同时,那些“驰逐苟达,侧立势门者”[⑨]也往往因为葛洪与其旨趣背离而对他大加攻讦。他们认为葛洪“傲物轻俗”[⑩]。葛洪做事一直是追求本心,觉得自己言行问心无愧,即便是遭人非议,也不会放在心上,不会因此而困扰。

所以,葛洪经常借助《抱朴子》,遥隔千载叮咛人们:为人应该“信心而行,

① 张松辉、张景译注:《抱朴子外篇·守堉》,中华书局2013年版,第699页。
② 同上书,第703页。
③ 张松辉、张景译注:《抱朴子外篇·自叙》,中华书局2013年版,第1115页。
④ 同上。
⑤ 同上。
⑥ 同上。
⑦ 同上书,第1116页。
⑧ 同上。
⑨ 同上书,第1117页。
⑩ 同上。

毁誉皆置于不闻”[①]，同时也要“不为皎皎之细行，不治察察之小廉”[②]。也就是说，应该凭借本心行事，不应该过多关注行事之后的结果。另一方面，也不应该在看似高洁的琐事上故作姿态，不应该在一些看似清廉的细节上高扬自我。这是“信心而行”的不同方面。

（三）陈力秉庶事，修德厉贪浊

难能可贵的是，葛洪的隐居不是简单地逃避生活、逃避现实的黑暗，而是通过隐居来施展自己的抱负。葛洪自述：

所以逍遥于丘园，敛迹乎草泽。[③]

葛洪之所以要隐居山林，确实是因为“以才非政事，器乏治民”[④]。

多士云起，髦彦鳞萃，文武盈朝，庶事既康。[⑤]

葛洪自认为自己缺乏治国的才能，同时，朝廷之中已经有了众多的贤人、才人，自己班门弄斧，只能惹人耻笑。所以，不如退隐山林。

在葛洪看来：

盖士之所贵，立德立言。若夫孝友仁义，操业清高，可谓立德矣；穷览《坟》《索》，著述粲然，可谓立言矣。[⑥]

士人的真正价值，在于立德、立言。既然如此，就不必在朝为官，即便隐居山林，同样也可以著书立说，发挥隐士的作用。他进一步说：

夫山之金玉，水之珠贝，虽不在府库之中，不给朝夕之用，然皆君之财也。退士不居肉食之列，亦犹山水之物也，岂非国有乎？[⑦]

如同山中财宝、水中珠蚌，即便不在国库之中，依然是天下财宝；隐士虽然不在朝为官，也像山上和水中的宝物一样，属于国家。所以，为人臣者应该：

在朝者陈力以秉庶事，山林者修德以厉贪浊，殊途同归。[⑧]

---

① 张松辉、张景译注：《抱朴子外篇·自叙》，中华书局2013年版，第1117页。
② 同上书，第1120页。
③ 张松辉、张景译注：《抱朴子外篇·嘉遁》，中华书局2013年版，第42页。
④ 同上。
⑤ 同上。
⑥ 张松辉、张景译注：《抱朴子外篇·逸民》，中华书局2013年版，第68页。
⑦ 同上书，第81页。
⑧ 同上书，第80页。

隐居山林的人虽然不是直接参与朝廷政事，但是，并不代表与天下之事彻底划清界限。在朝为官的人，通过自己直接参与政治事务，治理国家，使民以时。隐居山林的人通过修行自己的德行来批判世间的污秽与黑暗，让蝇营狗苟之辈无处遁形，最终间接地影响社会。

可见，葛洪退隐山林，不过是采取另外一种教化百姓的方式，这与道家那些对天下大事采取事不关己态度的隐逸之人是完全不同的。同时，葛洪在隐居以后：

> 咏先王之道，使民知退让，儒墨不替。[1]

他隐居时，经常用以前圣王唐尧、虞舜治理天下的王道教导身边民众，让民众明晓仁义礼智，这种行为同样也是为人称道的地方。

二、 学习理念：孜孜而勤之，夙夜以勉之

葛洪通过规劝别人求学，表达了他对学习的看法。每个人都会有一些自己察觉不到的坏习惯，通过学习，可以纠正自己的恶习、陋习，追求良好的价值取向。

（一）清澄性理，簸扬埃秽

葛洪极其强调学习的重要性。有些人天性驽钝，无法立刻体会到学习带来的乐趣。他们甚至觉得，长期的学习不能带来任何实际好处。对此，葛洪指出学习的作用在于：

> 清澄性理，簸扬埃秽，雕锻矿璞，砻炼屯钝。[2]

学习能够使人明白物性道理，清除各种污秽的品德，能够雕琢璞玉，锻打矿石，磨除迟钝笨拙，让人明白事理，扫除各种不良的习气，纠正以往错误的见解，慢慢引导人走上正轨。不仅如此，学习还可以：

> 启导聪明，饰染质素，察往知来，博涉劝戒。[3]

在长期的学习中，人们可以不断开发自己的智力，改变人的气质，提升洞察力，使自己的行为受到潜在、良好的影响。从而发现“仰观俯察，于是乎在；人事王道，于是乎备”[4]，不论是天文、地理的信息，还是人际关系、治国之术等多方

---

① 张松辉、张景译注：《抱朴子外篇·逸民》，中华书局2013年版，第81页。

② 张松辉、张景译注：《抱朴子外篇·勖学》，中华书局2013年版，第88页。

③ 同上。

④ 同上。

面的知识都可以通过刻苦学习而获得。

葛洪还以捕鱼为喻，认为：

> 夫不学而求知，犹愿鱼而无网焉，心虽勤而无获矣；广博以穷理，犹顺风而托焉，体不劳而致远矣。[①]

任何知识的获取都是需要学习的，如果不去学习就想要获得知识，就像渔民想要捕鱼却没有网一样，只能心动而一无所获。失去了获取知识的途径，根本无法获得任何知识。所以，通过广泛的学习来穷究事物的道理，就容易获得许多闻所未闻、见所未见的知识。而深入研究经典，可使"高才者洞达，卤钝者醒悟"，既可使聪颖的人对事物道理理解得更加透彻、洞见发展的规律，又可以使天性驽钝的人不断觉醒、体悟出事物发展的缘由。

（二）不弃功于寸阴

学习如此重要，就应该抓紧时间。葛洪说：

> 周公上圣，而日读百篇；仲尼天纵，而韦编三绝。墨翟大贤，载文盈车；仲舒命世，不窥园门。[②]

即便是周公、孔子、墨子、董仲舒这些圣人尚且勤学不辍，普通人又有什么资格说自己不愿意学习呢？所以，人们不应该饱食终日而无所事事，也不应该浪费时间在无意义的事情上。应该果断：

> 割游情之不急，损人间之末务；洗忧贫之心，遣广愿之秽，息畋猎博弈之游戏，矫昼寝坐睡之懈怠；知徒思之无益，遂振策于圣途。[③]

为了珍惜时间，应该舍弃那些嬉戏人生、驰骋田猎的游戏之举，将那些不必要的事情从生活中逐渐剥离，最终沉醉在学习的乐趣中。

当然，葛洪没有否认不同人天生智力上的差别。他承认有些人一辈子的努力也达不到聪颖之人十年用功所到之高度。然而，这种智力上的差距不能成为不学习的理由。他明确指出：

> 才性有优劣，思理有修短，或有夙知而早成，或有提耳而后喻。[④]

---

① 张松辉、张景译注：《抱朴子外篇·勖学》，中华书局2013年版，第91页。
② 同上书，第99页。
③ 同上书，第97页。
④ 同上书，第104页。

在学习方面，人和人之间会有智商的差距，思辨能力有高下之分。有人一听就会，有人需要长期体会才可以明了，这就使不同的人在学习过程中呈现出学习进度的不同。当然，这种进度的差距也不是不可缩小：

彼虽寻飞绝景，止而不行，则步武不过焉；此虽咫尺以进，往而不辍，则山泽可越焉。[①]

即便是那些天生奇才，如果学习过程中半途而废，他学习的效果也不会很好；一些天生不是很聪颖的人，经过长期的努力，坚持不懈，铢积寸累，依然可以有所成就。

（三）正经为道义之渊海，子书为增深之川流

在学习内容上，葛洪提倡涉猎群书。他认为：

正经为道义之渊海，子书为增深之川流。[②]

正统经典就像道义的深渊和大海，诸子论著犹如增加大海水量的河流，两者相辅相成。不能因为有“正经”的存在就对“子书”嗤之以鼻，正统经典与诸子百家的著作“虽津途殊辟，而进德同归”。[③] 他又说：

百家之言，与善一揆。[④]

也就是说，虽然两者是通过不一样的方式来呈现“道”，但是他们的根本是一样的，都是在呈现“道”。所以：

通人总原本以括流末，操纲领而得一致焉。[⑤]

因而，那些思想通达之人，能够把握“道”的根本而统摄汇入“道”的支流，能够从千江百河中返回至“道”。这种态度在现代社会同样有很大的参考价值。在学习时，我们不能只精通自己的专业，更要拓宽视野，多了解一些其他专业的知识。比如，哲学虽然属于人文科学领域，西方许多哲学家却经常关注自然科学的成果，如德国哲学家康德曾写过《试论大脑的疾病》等论文，黑格尔为获得大学讲师资格也撰写了论文《论行星的轨道》。

---

① 张松辉、张景译注：《抱朴子外篇·勖学》，中华书局2013年版，第104页。

② 张松辉、张景译注：《抱朴子外篇·尚博》，中华书局2013年版，第635页。

③ 同上。

④ 同上书，第636页。

⑤ 同上书，第638页。

然而，有些人思维狭隘，认为除正统经典之外的文献都不值一提，正如葛洪所谓：

拘系之徒，桎梏浅隘之中，挈瓶训诂之间，轻奇贱异，谓为不急。或云小道不足观，或云广博乱人思。

这些人自缚于狭隘浅薄的思想中，他们虽然学习的是正经，模仿的是圣人言行，但是他们根本不了解什么是真正的知识。他们以为的正统，只是由于自己浅薄、狭隘的主观臆想，仿佛井底之蛙看天，看到的天只有井口大，就断定这便是真理。葛洪对这种不利于学术正常发展的观点进行了严厉的批判，他认为这些人：

不识合锱铢可齐重于山陵，聚百十可以致数于亿兆；群色会而衮藻丽，众音杂而韶濩和也。[①]

他们片面地否定了知识进步的道路，不明晓点滴积累可以抵达大道。所以，葛洪指出：

百家之言，虽有步起，皆出硕儒之思，成才士之手，方之古人，不必悉灭也。或有汪濊玄旷，合契作者，内辟不测之深源，外播不匮之远流。其所祖宗也高，其所紬绎也妙，变化不系滞于规矩之方圆，旁通不凝阂于一途之逼促。是以偏嗜酸咸者，莫能知其味；用思有限者，不能得其神也。[②]

诸子百家的言论虽然有所差异，但是，它们都是经过思想家们反复思考、锤炼出来的精髓，其中，或许有高屋建瓴、立意高远的言论，或许有小桥流水、细腻温婉的意境，或许有大开大合、气势澎湃的文章，这些都是在自己的领域内呈现出的“道”，不能因为自己的个人偏好而对这些著作进行肆意评论，应该具有“空杯”心态，放开心胸、摒弃主观臆断，先进入其领域，多多涉猎，浸润其中，才可以学到真正的知识。

三、思想传承：以忠孝和顺仁信为本

葛洪指出：“正经为道义之渊海，子书为增深之川流。”[③]他对其他学派采取温和而包容的态度，认为诸子百家都是值得人们学习的学问。当醉心于先贤流传下来的经典文献后，还有什么名利欲望需要追求呢？沉醉于学习足以让人在

① 张松辉、张景译注：《抱朴子外篇·尚博》，中华书局2013年版，第638页。

② 同上书，第649页。

③ 同上书，第635页。

贫困中怡然自得。

（一）反对“厚古薄今”

在葛洪所处的时代，有人认为“今世所为，多不及古，文章著述，又亦如之”[①]，常常厚古薄今，认为今不如夕。但葛洪认为，当时诸子的言论也有高低之分，但大都是出于大儒的思考，完成于才士之手，与古人相比，未必都不如。葛洪说：

> 又世俗率神贵古昔，而黩贱同时，虽有追风之骏，犹谓之不及造父之所御也。[②]

另外，世俗之人还大都特别重视古代的事物，而轻视同时代的事物。即使有能够追上风的骏马，仍然说它比不上造父所驾驭的良马。也就是崇尚古人的成就而贬低今人的成果。他们悲观地认为，这是“气运衰杀，自然之理”[③]。葛洪对这种看法进行了严厉批评。他列举了几个例子：

> 虽有起死之药，犹谓之不及和、鹊之所合也；虽有超群之人，犹谓之不及竹帛之所载也；虽有益世之书，犹谓之不及前代之遗文也。[④]

这段话大意是，即使现在有了起死回生之药，还是有人认为不如以前医和、扁鹊制作的灵药；即使有才能出众的人，还是认为不如古书所记载的可靠；即使有一些有益于社会的书籍，还是认为不如古代流传下来的文献。

这些人见过以前的医和、扁鹊吗？试用过他们制作的灵药吗？没有。他们真的看了古代留下来的书籍吗？也没有。因为这种“崇古贱今”的想法，所以：

> 仲尼不见重于当时，《大玄》见蚩薄于比肩也。[⑤]

胸有丘壑的孔子、幽玄精妙的《太玄》不被当时所待见，反而是几百年后，奉若珍宝。我们应该旗帜鲜明地反对这种厚古薄今的“倒退论”，相信今人定能胜过古人！要树立这样的自信，大步向前走、努力向前看，才可以创造更加美好的未来。

---

① 张松辉、张景译注：《抱朴子外篇・尚博》，中华书局2013年版，第649页。

② 同上书，第652页。

③ 同上书，第649页。

④ 同上书，第652页。

⑤ 同上。

（二）达者安贫乐道

在《抱朴子·安贫》中，偶俗公子认为："达者贵其知变，智士验乎不匮。"[①]检验人是否通达，可看他是否懂得应变，看一个人是否聪明，可看他是否缺乏财物。

这种观点是否正确呢？其实不对。这种人其实就是将外在的东西作为一生努力追求的东西。他们只能很痛苦地在财物、名声之间兜兜转转，一生彷徨不安、患得患失。从根本上说，这种人是不自由的。

葛洪认为：

> "六艺"备研，"八索"必该，斯则富矣；振翰摛藻，德音无穷，斯则贵矣。[②]

当人们可以潜心学术，将"六艺""八索"都学习过后，就是真正的富有了。人们的言语跨越时间向孔孟请教，人们的思维跨越空间与造物主并游。老子教导我"道可道，非常道"，庄子引导我放弃形骸的障碍，追求精神的遨游。当我想要追求仁义的时候，仁义已经在我心中流淌，除此之外，还有什么值得我苦苦追求呢？这种精神的富有远远不是物质的富足可以比拟的。

所以，葛洪进一步指出：

> 使味道者以辞饱，酣德者以义醒。超流俗以高蹈，轶亿代以扬声。方长驱以独往，何货贿之秽情？[③]

我的文章让那些读它的人沉醉，我的德行让那些沉浸美德的人清醒。我的精神离开尘世的喧嚣，我的名声流播于后世。这种目标何等远大，为什么还要执着于追求钱财、货物呢？在这种自由的天空中翱翔，又有谁可以限制得了我呢？

张岱年在《中华的智慧》中写道："葛洪的一生，一度热心政治，后又脱离政治。他是划时代的道教理论家，又是著名的自然科学家。他是一位具有二重人格，思想矛盾和特质奇异的历史人物。"[④]这是对葛洪一生的高度概括，其核心学养在于"德行""文章"并重，强调"德行、文学者，君子之本也"[⑤]"德行学问之本"[⑥]，突出了文章的经世致用功能，这些思想对后世的影响也是极为深远的。

---

① 张松辉、张景译注：《抱朴子外篇·安贫》，中华书局2013年版，第711页。

② 同上书，第719页。

③ 同上书，第726页。

④ 张岱年：《中华的智慧·葛洪》，中华书局2017年版，第241页。

⑤ 张松辉、张景译注：《抱朴子外篇·循本》，中华书局2013年版，第916页。

⑥ 张松辉、张景译注：《抱朴子外篇·逸民》，中华书局2013年版，第56页。

僧肇

——玄佛合流的改革者

僧肇(384—414),东晋时僧人,印度佛学中国化的关键人物。据《高僧传》记载,僧肇幼年家境贫穷,只好给别人抄书来谋生计。得益于抄书之举,僧肇自小阅读了大量的文献。僧肇喜欢玄远精微的思考,当时他没有办法接触到佛学,常常将《老子》《庄子》作为解闷的书籍,然而,"老庄"并不足以满足僧肇的玄远之趣。后来,僧肇读到了旧译《维摩诘经》,如获至宝,夙夜用功研读,觉得找到了自己一生向往的旨趣所在。

鸠摩罗什来华后,僧肇不辞辛苦,远行万里前去学习,之后,他便一直跟随鸠摩罗什学习完整的般若学。鸠摩罗什不仅成为僧肇学问上的老师,还成为僧肇精神、信仰上的导师。可惜天妒英才,僧肇辞世时仅有三十一岁。僧肇一生著作不多,只有《物不迁论》《不真空论》《般若无知论》和《涅槃无名论》四篇论文。从这短短四篇论文,却可窥见僧肇较完整地掌握了般若学的体系。后人将这四篇论文加上《宗本义》收录辑成《肇论》。

僧肇的思想明显受到了鸠摩罗什的影响。他对通过概念本身把握世界的传统思维方式进行了反思,指出这一思维方式内在的自我矛盾。僧肇的思想隐含了很深的辩证法。他认为,正因为人们的认识存在局限性,所以,需要对这种认识进行反思,以此来获得全新的认识。

一、道德境界:寂怕无兆,隐显同源,存不为有,亡不为无

僧肇认为,个人修行的最圆满境界就是"涅槃"。但是,他所说的"涅槃"与以往"涅槃即是死"的理解完全相反。僧肇不认可这种将死亡看成修行圆满的观点,而是将"涅槃"理解成一种理性境界,通过对这种境界的重新诠释,"涅槃"开始具有积极乐观的人生意义。

(一)学善方等,兼通三藏

僧肇幼年"家贫以佣书为业,遂因缮写,乃历观经史,备尽坟籍"[①],得益于抄书之举,僧肇遍历群经。这对年幼家贫的僧肇来说,便是极佳的学习契机。僧肇爱好玄思,对于《老子》《庄子》有独到的理解。玄学,经过何晏、王弼及后来

① (南朝梁)释慧皎:《高僧传·晋长安释僧肇》,中华书局1992年版,第249页。

嵇康、阮籍、郭象等人的学理演进，基于《老子》《庄子》文本的玄谈陷入了学理的“荒原期”。因此，僧肇读《老子》《庄子》时，就会有“美则美矣，然期神冥累之方，犹未尽善也”[①]的感觉。

佛教传入中国后，佛教对“不二”法门的理解，可以说是魏晋时期晋朝士大夫将玄学往前推进的关键点。这种“有无不二”的思考方式同样吸引了僧肇的眼球。尤其是旧译的《维摩诘经》对僧肇影响至深，我们可以从后来辑录进《肇论》的文章读解中窥得。僧肇借助对《维摩诘经》的解读，进入了佛学的大门。出家之后，他更加勤勉，“学善方等，兼通三藏”[②]。当时，我国翻译的文献并不多，但是僧肇经过很短时间的努力就达到“通三藏”的地步，这显示了僧肇极高的学习天赋，也证实了他求学治学的虔诚与用功。

《高僧传》记载：

> 及在冠年，而名振关辅，时竞誉之徒，莫不猜其早达，或千里趍负，入关抗辩。肇既才思幽玄，又善谈说，承机挫锐，曾不流滞。时京兆宿儒，及关外英彦，莫不挹其锋辩，负气摧衄。[③]

为了求学，僧肇曾徒步千里赶赴关外，向贤德之人学习。由于勤奋好学，没过多久，当时宿儒名流的学问都被他融会贯通了，不到二十岁，他就声名鹊起。

僧肇并没有因此而满足。仿佛被某种信念所驱使，他不停地向贤德之人学习更加精深的义理。得知印度佛学著名学者鸠摩罗什到达姑藏（今甘肃武威）后，他又一次千里迢迢赶赴学习。之后，他一直跟随鸠摩罗什修行直到鸠摩罗什逝世。在鸠摩罗什的帮助下，僧肇学习了原汁原味的中观思想，逐渐建立起完整的中观体系。在长期的学习中，僧肇的才华得到了鸠摩罗什的认可，也被当时的士族认可，鸠摩罗什称僧肇为“中华解空第一人”。当时被誉为“东林十八高贤”之一的刘程之，看过僧肇的《般若无知论》后也给予了极高评价：“不意方袍，复有平叔。”[④]“方袍”一般指僧人所穿的衣物，这里指代的是僧人的群体。“平叔”是何晏的字，何晏和王弼共同开创了“正始玄风”的玄谈。这句话是说，没想到在僧人之中有何晏一般的人物。这种评价可谓极高，刘程之所处的时代，正是玄学思潮趋于玄佛合流的关键时期。他把僧肇跟何晏比较，可以说是将僧肇视为中国佛教建立、成功自我转向的开创性人物。

---

① （南朝梁）释慧皎：《高僧传·晋长安释僧肇》，中华书局1992年版，第249页。

② 同上。

③ 同上。

④ 同上。

得到当时名流的普遍认可,僧肇依然觉得自己“才识闇短,虽屡蒙诲喻,犹怀疑漠漠,为竭愚不已,亦如似有解。然未经高胜先唱,不敢自决”[①]。鸠摩罗什去世之后,僧肇听姚兴与姚嵩讨论涅槃时有感而发,撰写了《涅槃无名论》。这段话一方面表现出僧肇的自谦,另一方面,人们还可以从中感受到僧肇对于老师去世后自己义理学习不够到位的无奈。当时,确实很难再找到像鸠摩罗什一样的高人,这也注定了僧肇只能在一种孤寂而困顿的境遇中艰难前行。

(二)隐显同源,存亡相对

僧肇长期对涅槃的思考,集中地体现在他的《涅槃无名论》中。他对涅槃的思考与佛教内部对涅槃的争论是分不开的。佛教之中对于涅槃就有小乘、大乘的区别,随着发展还涉及顿悟、渐悟的分别。然而,不论如何分别,涅槃作为佛教最根本的境界追求是没有差别的。究其原因,对涅槃的两种看法,差别在于对于生死看法的不同。

小乘佛教修行时,着重关注对于此生的厌离。他们通过修行,断尽贪、嗔、痴三毒以及与三毒相应的诸多烦恼,来灭除未来的轮转生死之苦。对他们来说,此岸的生活都无常变易,并没有可以让人得到大乐的根基。按照这一种说法,即便是在今生已经理解了真如妙理,但是证得的境界也仅仅称为“有余涅槃”。这只是理上的证得,而不是果上的圆满。既然是“有余”涅槃,也就是说对涅槃的证得还存在需要努力的地方。因为,此生依然有着前世积习遗留的肉身果因,尚未尽断,还没有达到无余涅槃无因无果。因此,他们的修行在于追求“死”。所以,僧肇才会借有名论者之口对无余涅槃做出“夫大患莫若于有身,故灭身以归无;劳勤莫先于有智,故绝智以沦虚。然则智以形倦,形以智劳,轮转修途,疲而弗已”[②]的解释。显然,对人生来说,这是一种极其消极的态度。

人活着怎么可能就是为了通过“死”来完成对圆满的追求?生命的意义就在于生命本身,怎么可以通过终结生命来寻找生命的意义?所以,僧肇一反小乘佛教对于涅槃的理解,将有余涅槃和无余涅槃理解成“涅槃之外称,应物之假名耳”[③]。这两种涅槃只是方便说法,并不是说真的有两种涅槃成为确实的理想之境。所以,僧肇进一步将涅槃理解成“至人寂怕无兆,隐显同源,存不为有,亡不为无”[④]的境界,并不需要等到死后断尽今生的肉身才可以彻底达到无余涅槃的境界。

---

① (晋)僧肇著,张春波校释:《肇论校释·涅槃无名论》,中华书局 2010 年版,第 172 页。

② 同上书,第 188 页。

③ 同上书,第 194 页。

④ 同上书,第 195 页。

这种区别并不是突然出现的，佛教一开始并不提倡佛像崇拜，随着历史发展，为了传播的需要不得不逐渐兴起对佛像、寺庙的建设。佛教中逐渐开始流行以佛像作为佛祖、菩萨在人间的崇拜载体，这种形式在一定程度上淡化了佛教的义理部分。外道中也有相类似的神像崇拜，比如说道教的三清信仰。外道中也同样有将人格神化成信仰的例子，这就逐渐将佛教与外道的区别淡化了。以犊子部为代表的某些部派教派为了证成佛教中三世因果轮回的观点，干脆承认补特伽罗存在，这就让佛教与外道的区别无法凸显。而以龙树、提婆为代表的中观学派，乃至后来继续发展的无著、世亲的唯识学派则将信仰从这种对人格偶像的崇拜再一次回归。他们不是通过对于信仰的崇拜、跪拜以及各种布施来达到修行的获益，而是通过对于义理的理解、体悟进行理性的跃迁。他们不再是让人成为高高在上的神明，而是让人成为自己，自己找到自己。

于是，这就不再需要刻意地远离世间，追求出世。也为人们提供了理性信仰追求的旨趣。这种涅槃的理解将人生中最根本的信仰问题从宗教的方式回归到人生的、哲学的方式，使信仰可以切实地显现在生命之中。这种信仰的追求与中国人对鬼神的态度是一致的。从孔子开始，儒家对鬼神之事的态度便是“未知生，焉知死”，只有将此世的生活、此世的行为落实贴切，才可以让此世确实成为“人”。同时，这种对于当下生活积极的态度还使佛教更好地融入生活。佛教不再仅仅是孤高悬挂的一套思想内容，而成为贴近生活，打通世间与出世间的方法。僧肇秉承了这种对于当下生活的积极态度，坚持以积极的生活态度来理解涅槃，从而给自己和后来许多士大夫提供了将理性精神旨趣与感性现实生活打通的关键结点。

二、为学方法：虚心玄鉴，闭智塞聪

在鸠摩罗什来华之前，由于人们对“空”理解不透彻，或者说对佛教的思考方式理解不到位，导致当时存在着“六家七宗”的分派。鸠摩罗什来华后，这种情况得到系统的纠正。僧肇通过对以往思考方式的批评，建立起一种全新的认识方式、思考方式。

（一）越妄想之樊，适无为之境

佛家将认识事物的能力做了真谛与俗谛的区别，这种对于真俗二谛区别的思想也被僧肇继承。因此，在讨论学习正确知识之前，僧肇先要对人的认识进行一番审查。如果人不具有认识正确知识的能力，那么，在认识过程中看到的只会是主观臆想的幻觉，就像是兔角、龟毛一样，仅仅只是想象的产物。

人是否具有认识事物的能力？佛家将认识能力分成凡智与圣智不就是否认了常人正确认识事物的可能吗？其实不然。僧肇认为凡智“夫有所知，则有所不知”[1]，这种认识带有凡俗认识的片面性与局限性，然而，每个人都是可以获得正确认识的。事物本性是客观的，之所以产生真俗之别则是由于知识主体理解的程度不同。所以，僧肇说：

如是三乘众生，俱越妄想之樊，同适无为之境。无为虽同，而乘乘各异。不可以乘乘各异，谓无为亦异。又不可以无为既一，而一于三乘也。[2]

僧肇认为三乘众生都可以获得解脱，超越。然而，人们想要获得正确的认识，首先就要正视自己以及之前的认识。只有承认从前的观点有局限性，才能努力纠正这种认识的方式，学习正确的知识。只有认真学习关于事物的本然状态，不断去除凡俗惑智，才可以切实获得关于事物正确的知识。

那么，这种凡俗惑智的表现是什么呢？通俗地说，就是人只凭感官认识把握世界。而感官获取的认识不足以帮助人形成正确的、必然的知识。比如说，人区别植物与动物的方法是“是否可以自由地运动”。但是，人们不可能比较天下所有的植物、动物，而是要通过理性的分析、归纳才能得出结论。感官认识有着时间、空间等因素限制，如果我们认识世界的方式仅仅是通过感官，那么，就永远无法形成合理、正确的认识。因此，人认识世界只能通过理性概念来把握世界。

通过对概念的分析，僧肇发现概念内部蕴含着一种对自身的否定。比如说一个人是青年，那么，这个人就必须一直是青年。一旦青年变老，那么“青年”这个定义就失去了自身的界定。如果说“青年”的意思是，暂时是青年，以后可以变成老年，这个说法也不对。因为是青年人变老，老年人自身已经是老人了，不需要再变老。同时，已经知道青年人正在变成老年了，那就应该是青年人一直在变成老年人，这个动态的过程不能停止。这不仅是一两个概念，而是所有理性概念都蕴涵着这种内部矛盾。既然所有概念都有这种矛盾，人们又如何通过概念把握世界呢？僧肇认为，只要不简单地用概念进行言说，不通过静止的概念把握动态的世界，那么，所有人都可以获得真正的智慧。

（二）不知之知，乃曰一切知

僧肇认为每个成年人都具有认识事物、学习知识的能力，而且可以正确认识事物。僧肇对凡俗惑智进行了批判，他无法再用“知”来进行诠释，所以，他干脆采用“无知”来指代“圣智”：

夫有所知，则有所不知。以圣心无知，故无所不知。不知之知，乃曰一切知。信矣。[3]

---

① （晋）僧肇著，张春波校释：《肇论校释·般若无知论》，中华书局2010年版，第68页。

② 同上书，第216页。

③ 同上书，第68页。

具体说来，该怎么做呢？僧肇回答道：

是以圣人虚其心而实其照，终日知而未尝知也。故能默耀韬光，虚心玄鉴，闭智塞聪，而独觉冥冥者矣。①

“圣人”在这里指的不是道家或儒家的圣人，更多的是指向佛教中的菩萨。僧肇认为，学习者应该排除自己的主观臆造，客观地反映出事物的本来面目。事物的本来面目就是事物本然的“理”。人们认识事物的时候，经常会被各种各样的障碍所蒙蔽，因此，认识事物时要努力排除自身观念中固有的障碍。僧肇特别反对有“知”，因为，他本身更提倡人们要拥有“智”。一般的“知”会受各种各样的缺陷限制而无法达到“智”，因此，僧肇干脆提倡“无知”。“无知”当然就是要排开惑取之知了。

这种说法在《不真空论》中还有进一步发挥：

诚以即物顺通，故物莫之逆；即伪即真，故性莫之易。②

这就是说，人认识事物，不是事物随人们的想法变化而变化，而是人们排开自己的主观成见，看见事物自身。当人们让事物呈现自身时，就会发现，事物的性质从来没有变化过，本然如是。僧肇于是以物体运动来作为例子进行解释。

怎么判断事物会运动？

夫人之所谓动者，以昔物不至今，故曰动而非静；我之所谓静者，亦以昔物不至今，故曰静而非动。③

普通人认为万物“动而非静”，是由于他们认为过去的事物不会原样地来到现在。僧肇认为事物“静而非动”，是由于他认为过去的事物永远停留于过去，绝不会来到现在。为什么呢？

求向物于向，于向未尝无；责向物于今，于今未尝有。于今未尝有，以明物不来；于向未尝无，故知物不去。复而求今，今亦不往。④

“过去的事物”存在于过去，又怎么可以出现于现在呢？事物一旦在现在出现，就是“现在的”事物了。同样的道理，“现在的”事物又怎么可能出现在未来

① （晋）僧肇著，张春波校释：《肇论校释·般若无知论》，中华书局 2010 年版，第 70 页。
② （晋）僧肇著，张春波校释：《肇论校释·不真空论》，中华书局 2010 年版，第 47 页。
③ （晋）僧肇著，张春波校释：《肇论校释·物不迁论》，中华书局 2010 年版，第 15 页。
④ 同上书，第 17 页。

呢？过去、现在、未来的概念既然已经确定，就不应该违背自身的定义。所以，“过去的”事物在时间上就应该存在于过去，这叫“古今互不相到”。僧肇欲以此来证明物不迁。僧肇通过这种概念自我否定出发，发现要想获得正确的知识就必然要“无知”。只有“无知”之人才能超越理性，不会简单地用概念来把握事物。概念无法直接把握事物，就必须采取一种对概念的超越，所以，通过对“智慧”的否定，僧肇终于选择了“无知”作为认识的终点。

三、佛学成就：即万物之自虚，不假虚而虚物

汤用彤认为“肇公之学说，一言以蔽之：即体即用”[①]。僧肇最根本的观点便是世间万物当体即“空”。僧肇之前，中国人对“空”的看法，都是通过分析万物的生成发现万物幻有。这种分析而得“空”的做法并不是纯正的龙树空宗观点，因此，僧肇通过对之前观点的分析，表达了他“即万物之自虚，不假虚而虚物”[②]的明空观点。在僧肇看来，万物之所以“空”，是由于万物没有使万物成为万物本身的自性。这种分析“空”的观点并不需要通过万物缘起或者缘灭才可以明晓，这种观点纠正了当时对“空”的错误理解，使佛教的学理更加纯正与明晰。

（一）万物自虚

对于鸠摩罗什与僧肇师徒俩来说，最重要的一件事就是纠正当时对佛教“空”不恰当的理解。鸠摩罗什反复询问僧肇，了解当时中国流传的佛教文献、人们对佛教的理解等，发现中国人对于佛教中的许多名词存在着理解的错误，这种错误会直接导致对佛教义理理解的偏差，所以，鸠摩罗什着手翻译详细阐述佛教名词的《大智度论》，还翻译了《中论》《百论》《十二门论》。在老师的影响下，僧肇写了《不真空论》，着重纠正人们对佛教文献的一些不正确理解。

东晋以来的佛教没有取得自身言语的独立性，还是通过比附玄学用语来解释佛教。这不仅在用语上缺少宗派的独立性，在学理上更是带有很多玄学的色彩。所以，僧肇在《不真空论》首要批评的便是“本无宗”和“心无宗”。“心无宗”主张“无心于万物，万物未尝无。此得在于神静，失在于物虚”[③]。人生在世，不可能完全摆脱世间物事的纷扰，但是，人们可以不断消解掉对欲望的执着，体会恬淡安然的心境。这种观点在僧肇看来，仅仅只是遣除主观方面对世界的态度，没有理解世间万有本身就是幻有。而“本无宗”的看法则是：“情尚于无，多触言以宾无。”[④]“本无宗”十分喜欢用“无”来解释佛教义理，但是这种频繁使用

① 汤用彤：《汉魏两晋南北朝佛教史》，商务印书馆2015年版，第267页。
② （晋）僧肇著，张春波校释：《肇论校释·不真空论》，中华书局2010年版，第58页。
③ 同上书，第39页。
④ 同上书，第41页。

“无”来解释“空”，很容易流于断见。即色宗比其他几宗较好地理解了“空”的含义，可是也有所欠缺。

总之，当时中国对“空”的理解，正如汤用彤所说：

> 从来佛家谈空，皆不免于偏。僧睿曰：“六家偏而不即”是矣。支愍度、竺法温之心无论旨在空心，支道林主境色无自性，从物方面说空，均有所偏。而东晋以来，佛教大师释道安以及竺法深，染当时玄学之风，亦不免偏于虚无。①

这种对“空”的理解都还是偏重于主观方面的理解，并没有很好地理解作为物之“空”。所以，僧肇说：

> 以明夫圣人之于物也，即万物之自虚，岂待宰割以求通哉？②

圣人对世间万物的理解不需要刻意排遣心中对物的执着，因为物本身就是虚幻不真的。既然事物本身虚幻不真，何必刻意不执着事物而求内心通达呢？僧肇这种“即万物之自虚，不假虚而虚物”③的观点，纠正了当时中国佛教理解方面的一些问题，为后来人们理解“空”打下了坚实基础。正如吕澂在《中国佛学源流略讲》中所说：“这种万物自虚的思想对后来的佛学的发展有巨大的影响，特别是禅宗，它们主张的立处即真（空）就彻底发挥了这一精神。”④

（二）玄宗之始

僧肇是中国佛教发展中的关键人物。在他之前，慧远、道安等人为佛教发展也作了不懈努力。然而，他们毕竟没有像僧肇这么幸运，得到与印度佛教发展同步的大贤指导。僧肇的成功得益于紧紧追随鸠摩罗什，也得益于他长期浸淫《老子》《庄子》等义理。内外各方面的影响，使僧肇对中国后世佛教产生了极其深远的影响。学者余敦康说：“《肇论》所讨论的问题是困惑中国思想界长达一百余年的玄学问题，并没有摆脱玄学的藩篱，至于所用的方法，则是印度纯正的中观思想。正是由于这种中国本土的问题与外来的佛教的思想方法相结合，才促进了佛教中国化的进程，使佛教在中国的土壤上深深地扎下根来。”⑤

吉藏在《百论序疏》中说：

---

① 汤用彤：《汉魏两晋南北朝佛教史》，商务印书馆 2015 年版，第 268 页。

② （晋）僧肇著·张春波校释：《肇论校释·不真空论》，中华书局 2010 年版，第 49 页。

③ 同上书，第 58 页。

④ 吕澂：《中国佛学源流略讲》，中华书局 1979 年版，第 106 页。

⑤ 余敦康：《魏晋玄学史（第二版）》，北京大学出版社 2016 年版，第 483 页。

若肇公名肇，可谓玄宗之始。[①]

吉藏是三论宗实际创始人，他将僧肇的“肇”义解成“开始”的意思，这给予了僧肇极高评价。三宗论立派就是以《中论》《百论》《大智度论》三论作为立论根本。这三论虽然前后都有数人翻译，但公认的最佳译本便是鸠摩罗什的译本。僧肇长期跟随鸠摩罗什求学，是接受鸠摩罗什所传以纯正的中观方法理解事物的“解空第一人”，他撰写的著作自然也是吉藏所推崇的上佳文本。慈恩宗窥基、天台宗湛然等人也广引僧肇论著，并且尊称其为“肇公”，这足以看出僧肇思想对后世影响深远。明代藕益大师智旭在《阅藏知津》凡例中写道：

此土述作，唯肇公及南岳、天台二师，醇乎其醇，真不愧马鸣、龙树、无著、天亲，故特收入大乘宗论。其余诸师，或未免大醇小疵，仅可入杂藏中。[②]

在智旭看来，中国佛教发展这么久远，只有三个人能入他的“法眼”，其中一人便是僧肇。智旭将僧肇的论著与印度马鸣、龙树等人的论著并列，足以说明僧肇在中国佛教发展史上占据的重要地位。

僧肇的思考方式在当时极其宝贵，在当今也具有重要的借鉴意义。通过这种理性的解释，将佛教的修行方式从修建寺院、塑造佛像以及佛像崇拜的风气中逐渐改正过来，为佛教注入了更多思辨的精神。

① (隋)吉藏注疏：《百论疏》，载《中论百论十二门论》，上海古籍出版社 2011 年版，第 464 页。

② (明)智旭撰，杨之峰点校：《阅藏知津·阅藏知津凡例》，中华书局 2015 年版，第 5 页。

刘勰

——以情现文、原道宗圣的文论大家

刘勰(约465—约532),字彦和,祖籍东莞莒县(今山东省莒县)。中国古代著名的文学理论家、文学批评家。他出身士族,笃志好学,幼时也曾有过前程似锦的幻想,"甫七龄,乃梦彩云若锦,则攀而采之"[①]。奈何世事无常,父亲早逝,贫困的家境带给刘勰艰难的童年,但坚强的他并未因此而消沉。他求学不辍,秉承着"摛文必在纬军国,负重必在任栋梁,穷则独善以垂文,达则奉时以骋绩"[②]的坚定信念,探究文理,研析意蕴,一步一步将中国古代文论推上了历史的巅峰。

因家贫之故,刘勰一生都未曾结婚,也没有获得显达的政治地位,只担任过微末的官职,如县令、步兵校尉、宫中通事舍人等,颇有清名。晚年遁入空门、剃发为僧,为了让佛教在中国站稳脚跟,他撰写了《灭惑论》。刘勰重要的成就不仅于此,真正奠定他在中国文学批评史上重要地位的,是《文心雕龙》。该书从儒家的立场出发,思考文章的本质问题。刘勰认为,性情在一定程度上会反映在文章之中,所以,要想写出雅正之风的文章,一定要先保养、涵守自己的心志。他提倡写作要顺随自己的性情,只有融汇自身风格、经历的创作才是真正具有品读价值的作品。《文心雕龙》被称为"当时文论之集大成者""条理绵密的文学批评之伟著者"[③],在中国文论史上占据了举足轻重的地位。

一、以文见志:情动而言形,理发而文见

在刘勰的创作理念中,写作,即是个人性情的外在呈现。一方面,人们要注重自己的性情,写出直抒胸臆、措辞华美的文章。另一方面,要通过文章的内容反观自己的性情,好的性情继续涵养,坏的性情就要通过阅读雅正之文来矫正。

(一)辞为肌肤,志实骨髓

刘勰认为,文如其人,一个人的文章是其为人品性的绝佳展现:

---

① (南朝梁)刘勰著,黄叔琳注:《增订文心雕龙校注·序跋》,中华书局2012年版,第953页。
② (南朝梁)刘勰著,黄叔琳注:《增订文心雕龙校注·程器》,中华书局2012年版,第607页。
③ 郭绍虞:《中国文学批评史》,上海古籍出版社1979年版,第59页。

夫情动而言形，理发而文见，盖沿隐以至显，因内而符外者也。然才有庸俊，气有刚柔，学有浅深，习有雅郑，并情性所铄，陶染所凝，是以笔区云谲，文苑波诡者矣。故辞理庸俊，莫能翻其才；风趣刚柔，宁或改其气；事义浅深，未闻乖其学；体式雅郑，鲜有反其习：各师成心，其异如面。①

情动而辞发。文章的创作，无外乎就是将潜藏于内心的情理外化为现实的文字，表里一致，相互应和。不同的是，人的才华有高下之分，气质有刚弱之别，学识有深浅之异，习惯有雅郑之差。而这些都是由个人的情性所决定，受后天影响而形成。每个人都按照自己的本性来写作，文风就会如同相貌一般彼此互异，从而创造了文学创作领域千变万化、众彩纷呈的盛况。

性情会有所变化，文风也会随着性情变化而变化。所以：

夫才有天资，学慎始习，斫梓染丝，功在初化，器成彩定，难可翻移。故童子雕琢，必先雅制，沿根讨叶，思转自圆。八体虽殊，会通合数，得其环中，则辐辏相成。故宜摹体以定习，因性以练才，文之司南，用此道也。②

即便是有着极高的写作天分，一开始学习时也应当谨慎选择。如果我们开始时就选择浮夸、藻丽的文章模仿，很容易会养成轻浮、奢靡的性格。刘勰以制作木器和丝绸染色为例，教导人们要在开始时考虑最终的结果，等到器具制成，颜色染定，那就不是轻易能够改变的。所以，小孩学习写作，应该从雅正的作品出发，循序渐进，思考和学习不同种类的文体。只有选择了合适的文体，养成了正确的习惯，才能够将文章写好，从而培养出自身崇高的道德品性。

刘勰指出，经典，是学习中必不可少的部分，它是圣人阐述道理的媒介，是经过历代洗礼、过滤而留存下来的瑰宝。通过研习圣人的著述，人们可以更加深刻地感悟先贤的哲理，学习圣人的处事，“文以行立，行以文传，四教所先，符采相济”③。人的品行决定文章的好坏，而德行又要借助言辞方能得以展现。《论语·述而》篇中说：“子以四教：文、行、忠、信。”④孔子将文辞放在了四教之首，正是为了强调言辞与行、忠、信三者的相辅相成。是以，刘勰强调“习亦凝真，功沿渐靡”⑤。希望能够借助对经典的解读，将优良的品性内化为自身的气质。

① （南朝梁）刘勰著，黄叔琳注：《增订文心雕龙校注·体性》，中华书局 2012 年版，第 383 页。
② 同上书，第 384 页。
③ （南朝梁）刘勰著，黄叔琳注：《增订文心雕龙校注·宗经》，中华书局 2012 年版，第 28 页。
④ 杨伯峻译注：《论语译注·述而》（典藏版），中华书局 2015 年版，第 107 页。
⑤ （南朝梁）刘勰著，黄叔琳注：《增订文心雕龙校注·体性》，中华书局 2012 年版，第 384 页。

（二）陶钧文思，贵在虚静，疏瀹五藏，澡雪精神

性情对人们的写作风格有着极大的影响，我们在日常的生活和学习中要重视涵养自己的品性。刘勰从神与身的相互关系展开他的论述：

> 夫耳目鼻口，生之役也；心虑言辞，神之用也。率志委和，则理融而情畅；钻砺过分，则神疲而气衰：此性情之数也。[①]

眼、耳、鼻、口这种身体感官会受到身体状态的影响。而心神、思虑与表达则受到精神状态的影响。所以，当人们心情畅达、心态平和时，写出来的文章往往语言优美而内容丰富。假如过分用力，精雕细刻，反而容易导致精神劳累而写不出好作品。因此，刘勰指出，要随顺自己的内心，不压抑，不强求。

> 若夫器分有限，智用无涯，或惭凫企鹤，沥辞镌思。于是精气内销，有似尾闾之波；神志外伤，同乎牛山之木。怛惕之盛疾，亦可推矣。[②]

不同的人在不同的环境下会养成不同的性格，而这种性格会极大地影响其文风的发展。所以，每个人都应该顺应自己的内心，找到适合自己的风格，竭思劳神写出来的作品往往差强人意。

“夫学业在勤，功庸弗怠，故有锥股自厉。”[③]学习时要勤奋刻苦，不可懈怠。但是写文章和学习是不同的，学习是在获取别人的观点、见解，而写文章则是抒发自己的情感，需要结合自身进行创作。所以：

> 志于文也，则申写郁滞，故宜从容率情，优柔适会。[④]

写文章的时候，要注重保护好心神，要让思绪处于一种平淡祥和的状态：

> 若销铄精胆，蹙迫和气，秉牍以驱龄，洒翰以伐性，岂圣贤之素心，会文之直理哉？[⑤]

如果殚精竭虑、耗思劳神，违背自身性情，又如何能够写出情感真挚、义理显明的好文章呢？

刘勰对这种虚构文章的态度和做法极为不屑。他认为：

---

① （南朝梁）刘勰著，黄叔琳注：《增订文心雕龙校注·养气》，中华书局2012年版，第516页。

② 同上。

③ 同上。

④ 同上。

⑤ 同上。

吐纳文艺，务在节宣，清和其心，调畅其气，烦而即舍，勿使壅滞。[①]

人们在创作时，理应注重自己的心神，努力做到宁静平和，创作过程中一旦出现思绪堵塞、无从下笔的情况，就应该立刻停笔，不执着不强求。“思有利钝，时有通塞”，每个人的思虑都会有精明和糊涂的时候，神志不清时如何能写出好的文章呢？所以，刘勰说“神之方昏，再三愈黩”[②]，只有：

意得则舒怀以命笔，理伏则投笔以卷怀，逍遥以针劳，谈笑以药倦。常弄闲于才锋，贾余于文勇，使刃发如新，腠理无滞，虽非胎息之迈术，斯亦卫气之一方也。[③]

当意有所得就放开心胸，以笔写心，一旦思绪致碍，就要停笔稍事休息。在自由自在的环境中缓解劳累，在谈笑风生的交游中消解疲倦，才能拥有源源不断的创作动力，使自己的才华在文章中得以展现。

二、 治学方法：圣人之情，见乎文辞

在刘勰看来，文章的风格可以体现人的德行和品性。圣人通过观察人伦道理，顺随自己的性情写就文章，展现自身为人处事的智慧。所以，刘勰认为“道沿圣以垂文，圣因文而明道”。世人通过不断学习与模仿，可以逐渐纠正自己不良的品性，使自己逐渐变得高雅。

（一）道沿圣以垂文，圣因文而明道

为什么要学习经典呢？刘勰说：

爰自风姓，暨于孔氏，玄圣创典，素王述训，莫不原道心以敷章，研神理而设教，取象乎河洛，问数乎蓍龟，观天文以极变，察人文以成化；然后能经纬区宇，弥纶彝宪，发辉事业，彪炳辞义。故知道沿圣以垂文，圣因文而明道，旁通而无滞，日用而不匮。[④]

伏羲通过观察天地开创八卦，孔子依据自然发挥道理。从伏羲到孔子，玄圣创制各种典章，素王陈述历代训诰，没有不根据大道的精义来铺陈文章的。他们通过观察天文穷究变化，通过学习经典完成教化，只有这样，才可以制定正确的礼法，从而达到治理天下的目的。正确的道理依靠圣人而表现在文章之

① （南朝梁）刘勰著，黄叔琳注：《增订文心雕龙校注・养气》，中华书局 2012 年版，第 516 页。

② 同上书，第 516—517 页。

③ 同上书，第 517 页。

④ （南朝梁）刘勰著，黄叔琳注：《增订文心雕龙校注・原道》，中华书局 2012 年版，第 2 页。

中，而圣人也通过文章来阐明自然之道。只有这种合"理"的文章才可以教化天下。

经过历史洗礼的经典因其自身的优秀而得以传承。但是，这样的答案远没有涉及问题的本质。经典为什么优秀呢？刘勰指出，经典是圣人依据自然文采写就的，人们通过品读经典可以学习圣人之道、明白自然之理。

传统经典为什么优秀？还存在哪些不足？只有深刻地理解本国文化，才会有明确的答案。我觉得，经典蕴藏于根深叶茂的文化之中，"道沿圣以垂文"，圣贤流传之文，必体现民族之精神，表达民族之需求，描摹民族之风物，刻画民族之情感。文化是民族的根，我们要注重培植中华民族的深厚根基，只有这样，才可以创作出更多的优秀作品，"因文而明道"，让传承经典与创作经典形成良性循环。

（二）神宝藏用，理隐文贵

一方面，我们要理解经典为什么优秀？为什么合理？并积极吸收中国传统文化中的优秀养分。另一方面，我们还要对历史传承的文化保持警醒，并非所有经过历史传承的文化都是合理的、可取的。对待传统经典要始终秉持"取其精华，去其糟粕"的基本原则。中国传统文化中哪些部分是精华？哪些部分是糟粕？经典文化，究竟是那些赏心悦目的传统节目，还是彼时留存于民间的民风民俗？

> 三极彝训，其书言经。经也者，恒久之至道，不刊之鸿教也。故象天地，效鬼神，参物序，制人纪；洞性灵之奥区，极文章之骨髓者也。[①]

只有那些深刻地揭示出天、地、人法度的书籍才可以称为"经"。它也必然合乎天德、地理和人道。圣人效仿天地，证验鬼神，制定人伦道理。可以说是洞察了人性的精微，掌握了文章的根本。但是"岁历绵暧，条流纷糅"[②]，由于历史的演变，这些经文或短缺，或亡佚，流传得越来越模糊，对这些经典的解释也愈加纷繁杂乱。"世夐文隐，好生矫诞，真虽存矣，伪亦凭焉。"[③]如果仅仅是经文晦涩难懂，其实不会造成什么可怕的后果，完全可以慢慢整理、辨析理解；然而，随着时间推移，文辞隐晦不显，就会衍生出许多假托经文、荒诞诡异的说法。这种荒诞诡异的说法就是"纬"。借助于纬书可以保存经典，但是其中荒诞言辞也会一并保留。

---

① （南朝梁）刘勰著，黄叔琳注：《增订文心雕龙校注·宗经》，中华书局2012年版，第27页。

② 同上。

③ （南朝梁）刘勰著，黄叔琳注：《增订文心雕龙校注·正纬》，中华书局2012年版，第41页。

那么,应该怎么办呢?刘勰指出“世历二汉,朱紫腾沸。芟夷谲诡,糅其雕蔚”①。从西汉董仲舒提出“人副天数”,到东汉光武帝刘秀借谶纬登位,谶纬之说大盛,“风化所靡,学者比肩”②。学习、研究谶纬的学者络绎不绝,他们利用谶纬比附经书,扰乱了经书义理,以至于纬书所言,“无益经典,而有助文章。是以后来辞人,采摭英华”③。在这种特殊情况之下,学者们也开始学习纬书中奇异瑰玮、辞采华丽的写作风格。

至于寻繁领杂之术,务信弃奇之要,明白头讫之序,品酌事例之条,晓其大纲,则众理可贯。④

人们寻找到将繁杂众多的史实统帅起来的纲领性方法,务求事实的真实可信,抛弃诡异猎奇之事,理解史实之间的条理,通晓由始至终的顺序,品评斟酌事件得失的原则,就可以贯穿各种道理了。只有从多角度理性分析、合理选择,才能真正理解事实的原貌。

对待传统文化的态度也应如此。无论是外来文化还是本土文化,作为历史发展过程中的重要组成部分,必然蕴含着对自然的臆想和猜测,这臆想和猜测中又包含了历史的糟粕和想象的动力。因此,我们要理性地对待传统文化,尊重传统文化的系统性,让传统文化在多方面、多层次发挥作用,促进其与现代化的融合。

三、学术之光:文章之用,修身治国

刘勰认为,人们通过修身、养性矫正自己的品性,又通过品性的改变写出雅正之文,而雅正的文章又反过来影响社会风气,这是一种良性的社会循环。是以,其著述《文心雕龙》继承了儒家礼乐教化的做法,进一步强化了文人文风对社会风气的影响。

(一)唯文章之用,实经典枝条

刘勰的《文心雕龙》在中国文学批评史上取得了“前无古人,后无来者”的成就,在他之前出现的诗文评论文章并不多见,佳作甚少;在他之后出现的文学批评篇章,则始终有所局限,无论是内容的深度还是作品的广度,都无法与《文心雕龙》比肩。正如《刘勰志》一书所言:“刘勰‘言为文之用心’的特点在于从不同的角度去‘言’,既站在了写作者的角度去‘言’构思、用辞、造句;又站在了读

① (南朝梁)刘勰著,黄叔琳注:《增订文心雕龙校注·正纬》,中华书局2012年版,第42页。
② 同上书,第41页。
③ 同上书,第42页。
④ (南朝梁)刘勰著,黄叔琳注:《增订文心雕龙校注·史传》,中华书局2012年版,第210页。

者的角度去审视作品的各个方面。在审视作品的同时又对作家的道德人品进行了品评，在品评的同时也对作家的德、才、文提出要求。这种从上至下，从左到右，从主观到客观，从自然到社会，从作者到读者的全方位的审视要求，构成了《文心雕龙》的主体多棱和博大精深。”[①]

刘勰写作《文心雕龙》最初是为了倡导文风、恢复古风。

去圣久远，文体解散，辞人爱奇，言贵浮诡，饰羽尚画，文绣鞶帨，离本弥甚，将遂讹滥。[②]

刘勰的创作初衷并不是为了写就一本文学批评的著述，他想要做的，其实是批判当时混乱奇诡的文风。圣人的时代愈加邈远，人们对新奇事物的追求之心越发浓重了，这种心态直接导致了当实文风的浮华与诡谲，扰乱了社会风气。所以，面对这种状况，刘勰倡导要充分发挥文章对个人、社会的教化作用。

他指出，当时的文学评论：

泛议文意，往往间出，并未能振叶以寻根，观澜而索源。不述先哲之诰，无益后生之虑。[③]

其实，在刘勰之前也是出现过文学评论或文学批评的，但往往泛泛而谈，未能抓住精髓，虽然也有不少极具见地的看法，但大多流于片面，没有追根溯源，深入文章的根本。直到刘勰，方才提出追寻前代先圣的精神，开展有益于后人的文学评论。

（二）志足而言文，情信而辞巧

刘勰关于性情影响文章的观点，至今依然具有很大的参考价值。文章受作者个人性情影响，又可以反过来塑造性情，这是儒家反复强调的诗文教化。刘勰在寺庙中居住了十多年，后来也出家为僧，但是，他撰写《文心雕龙》时，却是从纯正儒者立场论述的。他继承了儒家关于礼乐诗文对民众的教化思想，提出了性情与文风相一致的观点，在一定程度上深化了文章的教化作用，经典的、传世的文章可以长久地影响人的品性，有益于人们正确价值观的树立。

反观当代，有些作家盲目追求文艺的纯粹性，拒绝承认文艺和社会风气之间的关联，意图躲进“文艺的象牙塔”，结果，可能只是拼凑出了一些内容空洞、价值观扭曲的文艺作品，流传于社会，污染和危害了人们的精神世界。这种现

① 朱文民主编：《刘勰志》，山东人民出版社 2009 年版，第 145 页。

② （南朝梁）刘勰著，黄叔琳注：《增订文心雕龙校注·序志》，中华书局 2012 年版，第 618 页。

③ 同上书，第 619 页。

象在近年来愈演愈烈，肃清“精神污染”，扫除“黄色垃圾”，营造良好氛围，弘扬正能量，已迫在眉睫。因此，我们要正确处理文艺与政治、文艺与社会的关系问题，充分发挥诗文的教化作用，促进人与社会的和谐发展。

刘勰举例说：

> 是以远称唐世，则焕乎为盛；近褒周代，则郁哉可从：此政化贵文之征也。郑伯入陈，以文辞为功；宋置折俎，以多文举礼：此事迹贵文之征也。褒美子产，则云言以足志，文以足言；泛论君子，则云情欲信，辞欲巧：此修身贵文之征也。①

典雅的文章不仅可以培养一个人的内在修养，还可以矫正社会中的不良习气、形成健康积极的文化氛围。儒家经典教导人们安顿心灵，要有胸怀天下的担当意识。文艺作品在潜移默化中培育和影响着人的品行，其价值观对人们的熏陶与引导，是任何政策、口号都难以替代的。习近平总书记指出，文化是民族的精神命脉，文艺是时代的号角。新时代新征程是当代中国文艺的历史方位。广大文艺工作者要深刻把握民族复兴的时代主题，把人生追求、艺术生命同国家前途、民族命运、人民愿望紧密结合起来，以文弘业、以文培元，以文立心、以文铸魂，把文艺创造写到民族复兴的历史上、写在人民奋斗的征程中。②

① （南朝梁）刘勰著，黄叔琳注：《增订文心雕龙校注·征圣》，中华书局 2012 年版，第 18 页。

② 增强文化自觉坚定文化自信　展示中国文艺新气象铸就中华文化新辉煌，《人民日报》，2021 年 12 月 15 日 01 版。

第四篇

乱世之后的繁华盛世

隋唐时期先贤的核心学养概述

经过两百多年的战火纷飞，到隋唐时期，人们终于迎来了短暂的安宁。平静的生活将士大夫们的灵魂从遥远的彼岸唤醒，被遗忘了两百年的孔孟之道被重新拾起。一方面，外来佛教经历两晋、南北朝时的独立发展，也在隋唐时期迎来了学理、形式完备的鼎盛时期，在大众中的影响也越来越大，给儒家、道教带来了很大刺激。文人自发地从传统、学理等各方面拒制佛教的发展。另一方面，大唐李家将自己的祖先远溯老子，在政治上立道教为国教，因此，佛教的发展在隋唐时期受到了一定程度的抑制。

然而，这种抑制并没有完全影响佛教自身的发展。相对于儒家和道教陷入学理瓶颈，佛教经历魏晋时期通过格义吸收内化，到东晋时期文献的再翻译、再吸收，再到隋唐之际，达到了学理的顶峰。从魏晋到隋唐这一段时期，儒家和道教从情怀、习俗的角度展开文化保护，还出现过如范缜《神灭论》这样反对佛教的强烈声音。然而，儒家和道教强势的自我保护并没有限制住佛教的兴起，不少士人反而被佛教精密、严谨的义理所感染和吸引，转而崇信佛教。

为了应对外来文化的冲击，文化保护者中分成了三个阵营：第一阵营保持儒家文化的独立性，发扬儒家思想中的深邃精神，与佛教分庭抗礼，同时，也认可佛教作为外来文化的合理性与独特性，如王通等；第二阵营坚守儒家本位思想，坚持保持儒家自身独立性，同时不认可佛教思想的合理性，甚至连道教思想也一并否定，如韩愈等；第三阵营积极吸收佛教、佛学思想的精髓，丰富、完善儒家、道教的思想，使其更富有思辨性，如成玄英、李翱等。总的说来，不论国家、士大夫们对佛教秉持什么态度，佛学作为哲学，又作为信仰，在隋唐时期占据了极其重要的位置已成为不争的事实。

隋唐时期，佛教兴盛的具体表现就是佛教八宗的建立。佛教八宗的具体特性可以简要概括为："密富禅贫方便净，唯识耐烦嘉祥空。传统华严修身律，义理组织天台宗。"八宗分别指密宗、禅宗、净土宗、唯识宗、三论宗、华严宗、律宗和天台宗。密宗是唐代流传范围极广的佛教宗派。玄奘回国之后，除翻译唯识宗、般若经的文献之外，为了迎合当时需要，还翻译了大量的密宗文献。唯识宗、三论宗又称法相宗、法性宗，是比较忠实于印度本土中观学派和瑜伽行派的宗派。自唐之后，由于唯识宗学理性过强、三论宗思辨性过强，都很难继续传播推广，在中国历史上影响较小。所以，除唯识宗、三论宗两派外，其余宗派大致奠定了中国佛教发展的格局。

一

说起中国佛教的发展，就必须提到一位名气不大却非常重要的人物——嘉祥大师吉藏。吉藏的先祖为了躲避世仇而移居南海，后迁金陵（今江苏南京）。

吉藏的父亲在佛理上也颇有见地，后来归入空门。吉藏幼年时，父亲就带他去参礼中国四大翻译家之一的真谛三藏。“吉藏”这个名字就是真谛所取。在这种家庭环境下，吉藏受到了深厚佛教文化的熏陶。他宣讲三论，被世人尊称为嘉祥大师。

吉藏在佛教思想史上有着极其重要的地位，主要表现在两个方面：一方面，魏晋南北朝时期佛教思想发展兴盛，然而，长期战乱导致许多重要文献遗失。吉藏积极收集佛教文献，认真地整理、编辑，许多佛教文献得以幸存，同时，大量的文献阅读让吉藏广泛吸收了各家不同的观点，使他在撰写《三论玄义》等论著以及批评别人观点时有所依凭；另一方面，吉藏通过对“实相”的阐发与界定，将印度中观的理论进行中国化的阐发。在吉藏看来，“诸法实相，言忘虑绝，实无可破，亦无可收”[①]。既然实相无法通过言语诠释，也不能通过思虑揣度，就只能通过中道观法来契悟。如果从现象来理解事物，那么运动的事物必然静止。当老年人回忆过去的自己时，在心中认可的是同一个人在变化。那么，十年前的人和十年后的人必定也是同一人。但是，如果是同一人，为什么可以同时存在于十年前和十年后？既然是同一人，必然就只有一个老人，在回忆的时候怎么又会多出一个“年轻的自己”呢？所以，当单纯用理性来思考事物的时候，必定会产生这个悖论。因此，吉藏认为，要对理性、逻辑思考进行再超越。从根本来说，契悟不是宗教主义者宣扬的神秘主义，而是理性思维之后的理性直观。可惜的是，由于三论宗的思辨色彩过于浓厚，很难被人接受。因此，唐朝之后，三论宗与唯识宗从中国思想史中淡出。虽然后世偶有提及，但他们毕竟不是三论宗追随者，更有甚者，当时吉藏的重要论著在我国也都佚失了。民国时期，吉藏的《三论玄义》《中观疏》等重要文献是从日本寻回的。事实上三论宗在韩国、日本流传广泛、影响深远。吉藏的弟子慧灌在日本更是开创了日本的第一个佛教宗派，并一直流传。

我国佛教历史上，玄奘可能是被人们知晓程度最高的一位大师。当然，玄奘取经完全是出于自愿，并非如电视剧《西游记》中所播放的那样由皇帝选派。当时，各学派之间思想有较大的冲突，博学广闻、治学严谨的玄奘在学习、了解中国佛教思想之后，陷入了深深的困惑：为什么同为佛教义理，相互之间差别这么大？长期的困扰终于让玄奘下定决心西行学习、取得真经。他偷渡出国，历经艰难险阻，九死一生，克服了常人无法想象的困难，终于“修成正果”，学到了纯正的法相宗思想，解决了长期的困惑。学成回国后，玄奘为了让后人少走弯路，重新翻译了大量错译、漏译的文献，同时，将之前未翻译的文献翻译成华语，使中国与印度佛教思想同步化，极大地推动了佛教在中国的发展。

---

① （隋）吉藏著，韩廷杰校释《三论玄义校释》，中华书局1987年版，第12页。

人们熟知的另一位佛教中的大人物是慧能。他开创了真正具有中国色彩的宗派。慧能又称禅宗六祖，与孔子、老子并称为“中国三圣”。

慧能一改之前佛教以“苦”为根本的色彩，代之以积极乐观的人生观。慧能认为，每个人生来都是带有般若智慧的，有的人会因为无明熏习导致般若不能呈现，但是，这并不代表人们就应该消极地看待生活。只要人们扫除烦恼、顿见本性，就可以立刻明晓人们天生的般若智慧。这种般若智慧本自有之，人们不需要寄希望于亿万年后的涅槃果位，应该将生活着眼于现实、现世。只要通过修行，今生也可以成佛。如果人们必须经过13.44亿年的修行才可以离苦得乐，那么，如何处理近在咫尺的生活？他认为，只要通过明心见性就有可能在今生顿悟成佛，所以人们应该对生活保持乐观，积极前行。慧能的理论犹如漫漫黑夜中的一盏明灯，给人们提供了精神的寄托、美好的希望与心灵的慰藉。

隋唐佛教另一位具有开宗立派水准的人物是法藏。法藏原籍西域康居，自跟随祖父来长安定居，便开始接受汉族文化的熏陶。他十七岁时，跟随云华寺华严大师智俨学习华严经部类的文献，历时九年。通过长期学习与实践，法藏成为唐代重要的翻译家、思想家和佛学理论家。在法藏的大力弘扬下，以《华严经》为首要经典的华严宗在唐朝得以建立，法藏因此成为华严宗实际的创派人。

法藏创立的华严宗同唯识宗、三论宗一样，具有极高的思辨性。据传，武则天起初无法理解华严宗的根本思想，法藏就以当时比较常见的金狮子像做比喻，深入浅出地为她讲解。法藏说：“谓金无自性，随工巧匠缘，遂有师子相起。起但是缘，故名缘起。”[①]又说：“谓师子相虚，唯是真金。师子不有，金体不无，故名色空。又复空无自相，约色以明，不碍幻有，名为色空。”[②]法藏以工匠雕刻的金狮子为喻，指出金子本来没有恒常自性，但是，工匠以金子作为材料来制作狮子，金子就以“狮子”的具体形象展现出来。人们可以利用金子做成各种具体形象，可以是手镯、项链，而不仅仅是狮子的相状。狮子的具体表现是虚妄的，这个金狮子根本性质还是金子，所以说，狮子相是无自性的。同时，金子本身没有具体表现形式，只有借助种种可见形象才可以看见。法藏借助这个比喻，将认识的对象分成了本体与现象两个层面，告诫人们具体现象都是虚幻不真的。所以，要学习、领悟真正的知识，就不能仅仅着眼于眼前事物，还要超越眼前的事物，分析、理解现象背后的本质。

① (唐)法藏著，方立天校释《华严金师子章校释》，中华书局1983年版，第2页。

② (唐)法藏著，方立天校释《华严金师子章校释》，中华书局1983年版，第6页。

二

长久的战火终会熄灭，隋唐时期的士人不再担心生活朝不保夕，重新开始着眼于现世。在佛教、玄学的刺激下，不再沉湎“无何有之乡”的士人们开始正视来自佛教、道教的挑战。在这场挑战中，最引人注目的两位大家是王通和韩愈。王通称得上可以媲美孔子的儒家大贤；韩愈则可谓是高举道统、开创宋明儒家本位的文中豪杰，他们都是儒家思想的接续者。然而，他们两位先贤对于佛、老的态度却相差甚远。

自幼深受儒家经典熏陶的王通，一言一行都洋溢着哲人的睿智，这不仅表现在他教导并培养了房玄龄、李靖等唐朝开国功臣，更表现在他对于历史、时局的洞见。王通是最先以儒家立场来提倡“三教会通”理念的人，他没有贬低道教、佛教，而是采取将其纳入儒家的方式处理三教关系，以宽容、开放的胸怀，承认两教的精粹。有人曾问王通对“佛”的评价，王通开口即言：“圣人也。”[①]他对佛教的评价是：“西方之教也，中国则泥，轩车不可以适越，冠冕不可以之胡，古之道也。”[②]在王通看来，佛教作为外来文化，在印度被视为国教、圣教，但是，如果在中国也僵化地将其看成根本的学派则过于拘泥了。他一方面承认佛教文化可以丰富中国文化，另一方面，他又认为佛教文化不可以完全取代中国文化。同时，他还非常反对废除佛教，因为“真君、建德之事适足推波助澜、纵风止燎尔”[③]。王通的眼光并不拘泥于一朝一代，而是着眼于整个历史。他看到佛教经过长期发展、流行，在中国的影响越来越大。如果强制将佛教从中国文化中剥离、毁灭，最终只能像北魏太武帝、北周武帝的灭佛之举，反而促使佛教“逆袭”，导致佛教影响力进一步扩大。所以，王通采取温和的文化包容方式，认为“通其变，天下无弊法；执其方，天下无善教”[④]。只要通晓事物发展的规律，世间没有完全鄙劣的东西，佛教、道教也是一样。假如固执地认为儒家一定是最好的，那么，儒家也会丧失其合理之处，无法发挥良好的作用，所以，关键之处是善于顺应规律行事。王通这种着眼于现实与历史的洞见是极富智慧的。

相比于王通对于时局、历史智慧性的洞见，韩愈对于佛、老思想强硬的态度则显得有些稚嫩。在学理上，韩愈主张“博爱之谓仁，行而宜之之谓义；由是而之焉之谓道，足乎己，无待于外之谓德。仁与义，为定名，道与德，为虚位”[⑤]。通

① 张沛撰：《中说校注·周公篇》，中华书局2013年版，第114页。

② 同上。

③ 张沛撰：《中说校注·问篇》，中华书局2013年版，第134页。

④ 张沛撰：《中说校注·周公篇》，中华书局2013年版，第103页。

⑤ （唐）韩愈著，马其昶校注：《韩昌黎文集校注·原道》，上海古籍出版社2014年版，第15页。

过对道家所认可的“道”与“德”的贬低，韩愈抬高了儒家的思想地位。然而，在对佛教的排斥上，韩愈则显得有些肤浅。在韩愈看来，之所以不能提倡佛教，是由于佛教和传统的习俗、礼法不一样。韩愈看不到文化交流的本质，也无法触及佛、道根本。因而，在具体方式上，韩愈的主张特别激进。当全天下为崇尚佛教热烈欢呼时，韩愈竟然向唐宪宗上疏，提出将佛骨付之一炬，这种对待佛、老的强硬态度差点让其丧命。在裴度、崔群乃至皇亲国戚们的极力说情下，韩愈幸免一死，但是，他从此还是被边缘化，被逐出了政治核心。韩愈对中国传统文化保护的立场、态度值得学习，但是，他简单强硬地排斥外来文化的行为也值得后人警醒。

如果说王通、韩愈是从治国方面来看待佛、老思想，那么，刘禹锡则是从自己飘零的身世方面思考佛、老思想。更准确地说，刘禹锡不是以佛、老为对手，而是与“命”交锋。通过对历史、生活的观察，刘禹锡认为并没有一个冥冥之中的“命”或“天”在规划一切、操纵一切，每件事背后都有客观的趋势。如果违背这个趋势，即便是爱国之举也难以奏效。因此，为人做事要看重时机。透过更深层次的追问，刘禹锡思考了“天”的根源。他发现，当法治公正，惩恶扬善的时候，人们就不太会把希望寄托于神明；当法治无法惩治邪恶时，人们就会将自己的希望寄托在渺茫的神明身上。可以说，刘禹锡这种反对“命定”的观点大大动摇了以“业报轮回”为根基的佛教信仰，也动摇了以“修炼长生”为主要目的的道教信仰。当然，刘禹锡这种观点动摇的只是作为佛教、道教中的宗教信仰，并非佛、老深邃的学理。

三

魏晋玄学对道家思想的弘扬与发展，导致人们想到道家思想时，很少会关注唐代。唐代的道教确实不是简单地复制魏晋时期的思想，而是进一步发展了道家思想，最明显的表现就是“重玄学”的提出，其代表人物有著名的西华法师成玄英。

成玄英继承陈、隋道家重玄之学，援佛入道，主张重玄的“双遣二偏”之说。在《南华真经疏序》中，他明确地提出“重玄学”的构建方法：“夫《庄子》者，所以申道德之深根，述重玄之妙旨，畅无为之恬淡，明独化之窅冥，钳揵九流，括囊百氏，谅区中之至教，实象外之微言者也。”[①]成玄英也是根据“道德”“重玄”“无为”“独化”这四重结构注解《庄子》的。这四重结构中，“重玄”既是一种注解的方法，也是通过这个方法达到的境界。成玄英在《道德经开题序诀义疏》中指出：

① （晋）郭象注，（唐）成玄英疏：《庄子注疏》，中华书局2011年版，第1页。

“所言玄者,深远之名,亦是不滞之义。言至深至远,不滞不着,既不滞有,又不滞无。岂唯不滞于滞,亦乃不滞于不滞,百非四句,都无所滞,乃曰重玄。”[①]又说:“有欲之人,唯滞于有;无欲之士,又滞于无。故说一玄,以遣双执。又恐行者滞于此玄,今说又玄,更袪后病。既而非但不滞于滞,亦乃不滞于不滞。此则遣之又遣,故曰玄之又玄。”[②]在成玄英看来,“重玄”就意味着要对有无进行破斥,但是,简单的破斥有无还不代表就是终极。因为重玄的阶段是“破有”“破无”以达到“不滞有无”,更要通过“又玄”来达到“不滞于不滞”。学习知识的过程就是一种辩证上升的过程,人们暂时的认识、理解中多少包含着谬误的种子。所以,要对这种认识进行再一次的反思与剖析,并通过剖析来超越这种认识,从而达到新的高度。成玄英的“重玄”结构是极具思辨性和辩证性的。

从整体来看,佛教在唐代很少占据主流思想的位置,但是,唐代佛教对中国文化的影响却是极其深远的。六祖慧能开创的禅宗不仅影响了中国佛教上千年的格局,还使中国文化的格局发生了巨大的改变——从原先儒道并举,变成了儒释道三家分立。这种格局的改变进一步影响了中国士人对外来文化的态度,使中国文化具有了更大的包容性。所以,才会有宋明时期对儒学进行修正、改造而产生的新儒学,也就是宋明理学的出现。可以说,理学的出现,不仅在文化自觉上受到佛教的影响,更是在学理上极大地吸收了佛教的内容,也使传统儒家更具有思辨性、哲学性。

---

① 张继禹主编:《中华道藏》第 9 册,华夏出版社 2004 年版,第 231 页。

② 同上书,第 234 页。

王通

——包容各派的文中贤儒

王通(584—617),字仲淹,私谥文中子。河东郡龙门县(今山西万荣)人。隋朝著名教育家、思想家。王通十八岁被举荐为本州秀才,十九岁成为蜀州司户,后隐居于河、汾一带讲学。据薛收[①]的《隋故徵君文中子碣铭》记载:"朝端□□声节天下闻其风采,先君内史屈父党之尊,杨公仆射忘大臣之贵,汉侯三请而不觌,尚书四召而不起。"[②]可见,杨素等高居要位的达官贵人都经常拜访王通,请求王通出仕。或许是因"大业伊始,君子道消"[③]"知圣人之道不行"[④]而产生的儒学不传的忧虑感,促使王通一生潜心于儒家文化的复兴,始终未仕。

历史材料中对王通的记载极为稀少。他作为隋朝大儒,又是李密、房玄龄、杜如晦、李靖等当时政界泰斗的师长,在正式的史料中,却没有个人传记留存,这委实是一件令人遗憾的事。如今,我们唯有从王绩、王勃等人的传记中,于只言片语之间窥得些许王通的信息。如《旧唐书·王绩传》记载:"兄通,字仲淹,隋大业中名儒,号文中子,自有传。"[⑤]《新唐书·王绩传》记载:"兄通,隋末大儒也,聚徒河、汾间,仿古作'六经',又为《中说》以拟《论语》。不为诸儒称道,故书不显,惟《中说》独传。"[⑥]都不过寥寥数语。

一、修养境界:天隐者也,无往而不适矣

王通认为,只有心地高远、不被世俗束缚的人才能甘于平淡安然的生活。这种人就是他所谓的"天隐者"。"天隐者",一言一行都遵循礼法规范,且只有在礼仪之中,其悠然之心境才可以得到真正凸显。

(一)弹琴著书,讲道劝义,自乐也

王通被认为是隋朝大儒,然而,他后来并没有出仕。论才华,王通十八岁时被举为本州秀才,十九岁成为蜀州司户,想要在朝廷中为官,完全可以畅通无

① 隋内史侍郎薛道衡之子,唐初十八大学士之一。

② (清)董诰等编:《全唐文》,中华书局1983年版,第1338页。

③ 同上。

④ 同上书,第8406页。

⑤ (五代)刘昫等撰:《旧唐书·王绩传》,中华书局1975年版,第3480页。

⑥ (宋)欧阳修、宋祁撰:《新唐书·王绩传》,中华书局2000年版,第4300页。

阻。然而，王通觉得“今之仕也，以逞其欲”[①]，当时为官者只能是“任刑而弃德，故其人怨以诈”[②]，结果导致“今之从仕者养己”[③]。在王通看来，当时的环境并不值得他为政，因为为官之人与以前从政之人大不一样了。当时为官，想的不是如何治理好国家，安抚百姓，而是如何利用为官便利来搜刮油水。在王通的理想中，为政应该效仿古人，因为“古之仕也，以行其道”[④]，所以，他们会“先德而后刑，故其人悦以恕”[⑤]。王通认为，如果为官“舍道干禄，义则未暇”[⑥]，就应该隐居著书以传世，避免儒家慧命断绝。

杨素曾派人询问过文中子：“盍仕乎？”意思就是问文中子为何不出仕。文中子答：

> 疏属之南，汾水之曲，有先人之敝庐在，可以避风雨，有田可以具馕粥，弹琴著书，讲道劝义自乐也。愿君侯正身以统天下，时和岁丰，则通也受赐多矣，不愿仕也。[⑦]

于王通而言，隐居乡间的恬淡安然并非他的志向，出仕为官救济天下方是根本。然而，这个愿望在隋朝是不现实的。一句“愿君侯正身以统天下”，包含了多少难言的无奈。

王通也曾有过被逼迫出仕的经历。有一次，当朝尚书要求他出仕，王通便派弟子姚义代为呈报自己的想法：“必不得已，署我于蜀。”[⑧]蜀地，在隋朝时的位置不仅偏僻，简直算是蛮荒之地了。因而，当时人们很奇怪，以此询问于他。王通如实回答：“吾得从严、扬游泳以卒世，何患乎僻？”[⑨]我与严君平和扬雄两位高士在心灵上沟通交往，以此度过一生，有什么担忧呢？既然为官无法展现自己的抱负，又是被强制为官，倒不如躲远一点，乐得清闲。

（二）追求简单、素朴的生活方式

王通的生活，可以用清苦来形容，即便如此，他也自得其乐。王通的这种作风，承继了颜渊“一箪食，一瓢饮，在陋巷，人不堪其忧，回也不改其乐”[⑩]的贤者气象。他不是不知道如何享乐，而是根本不屑于将精力浪费在口腹之欲这种琐

---

① 王路曼，池桢注说：《文中子·事君篇》，河南大学出版社 2016 年版，第 180 页。
② 同上书，第 167 页。
③ 同上。
④ 同上书，第 180 页。
⑤ 同上书，第 167 页。
⑥ 同上书，第 190 页。
⑦ 同上书，第 167 页。
⑧ 同上书，第 171 页。
⑨ 同上。
⑩ 杨伯峻译注：《论语译注·雍也》(典藏版)，中华书局 2015 年版，第 86 页。

事上。有一次，越国公杨素送了本《食经》给王通，教他要享受生活。王通没有接受，他说："羹藜含糗，无所用也。"①每天粗茶淡饭、恬淡安然，根本不需要用到《食经》。倒是杨素"作福作威玉食，不知其他也"②，所以"答之以《酒诰》及《洪范》三德"③。他希望《酒诰》及《洪范》可以帮助杨素戒酒、端正品行。

王通不仅认为平日饮食需要清淡，日常着装也应该以素雅为主。所以，他平日"服俭以洁，无长物焉，绮罗锦绣，不入于室"④，日常穿的衣服非常俭朴、干净，没有绫罗绸缎，日常起居的房间之中，也没有花哨的装饰。当时，许多人认为，追求这种简单、素朴的生活方式是一种故作清高。但是，王通并不介怀，"恶衣薄食，少思寡欲，今人以为诈，我则好诈焉"⑤。穿粗陋的衣服，吃简单的饮食，思想单纯，欲望很少，有人认为是装模作样，我则乐意这样呢。"君子非黄白不御，妇人则有青碧。"⑥君子应该保持本色，妇女则可穿染有鲜艳颜色的衣服。

王通特别反对早期儒家重视葬礼的传统，早期儒家认为，一场正式隆重的葬礼是对死者的尊重，可以表现出举办者虔敬之心。然而，王通秉持简单朴素的生活态度，他认为："贫者敛手足，富者具棺椁，封域之制无广也，不居良田。古者不以死伤生，不以厚为礼。"⑦家境贫困，便不需要刻意地追求繁杂琐屑的葬礼，只需要简单地将死者埋葬。即便是家境富贵，先人入土时，也应防止过多的陪葬品，只需要准备简单的棺椁，不能耗费过多的财力、物力、精神，以免影响生者正常的生活。王通是这样想的，也是这样做的。他的父亲去世，也是"棺椁无饰，衣衾而举，帷车而载"，在葬礼结束之后，只给父亲"立坟高四尺，不树焉"⑧。王通简化葬礼的言行，是顺应社会发展要求的。事实上，并非所有人都懂得正式葬礼的烦琐礼仪，大多数人也没有举办隆重葬礼的财力。王通对葬礼的简化、改制，很大程度上切合了普通百姓的现实需求。这些思想对新时代"乡风文明"建设也提供了很好的借鉴。

（三）仁以为己任

在王通看来，儒家所要追求的，就在于仁者境界。什么是仁者呢？王通继承孔子"知者乐，仁者寿"的观点，提出了自己新的见解，认为："智者乐，其存物

---

① 王路曼、池桢注说：《文中子·王道篇》，河南大学出版社 2016 年版，第 141 页。
② 王路曼、池桢注说：《文中子·事君篇》，河南大学出版社 2016 年版，第 166 页。
③ 王路曼、池桢注说：《文中子·王道篇》，河南大学出版社 2016 年版，第 141 页。
④ 王路曼、池桢注说：《文中子·事君篇》，河南大学出版社 2016 年版，第 177 页。
⑤ 同上书，第 180 页。
⑥ 同上书，第 177 页。
⑦ 王路曼、池桢注说：《文中子·天地篇》，河南大学出版社 2016 年版，第 156 页。
⑧ 王路曼、池桢注说：《文中子·事君篇》，河南大学出版社 2016 年版，第 178 页。

之所为乎？仁者寿，其忘我之所为乎？”[①]只有心怀万物，对万事万物都充满悲悯与慈爱之心，才会由内而外地产生愉悦感。那些突破自我狭隘心胸的人，最终就可以和天地并游。这种人“眇然小乎！所以属于人。旷哉大乎！独能成其天”[②]。王通这种胸怀天地万物的仁爱观点，可以说是上承孟子“亲亲而仁民，仁民而爱物”[③]的观点，下启程颢“仁者以天地万物为一体”的新思路。

这种境界具体表现在生活中，便是王通对普通乡里的和善。陈叔达（后为宰相）任郡守时，向薛收询问：“吾行令于郡县而盗不止，夫子居于乡里而争者息，何也？”[④]为什么他日夜操心，用各种政令约束、限定人们的行动，依然出现许多偷盗之举，王通没有官职，也没有刻意限定他人的言行，却可以让乡间和善相处呢？薛收以王通平日言行为例劝喻陈叔达：“此以言化，彼以心化。”[⑤]之所以如此，是因为陈叔达通过政令强制别人遵守，王通则通过与他人的真心相处慢慢感化他人。所以，当陈叔达照王通之法“以心化人”后，“三月盗贼出境”[⑥]。

王通的仁者胸怀还表现在他对国家的关心。王通不出仕，不代表他不关心国家。自孟子以来，儒家一直秉承“穷则独善其身，达则兼善天下”[⑦]的原则。儒者不出仕，依然胸怀天下，时刻关注天下大事。所以，当弟弟王绩撰写《五斗先生传》一文时，他很生气。王绩自感生不逢时，经常饮酒度日，这种生活方式在王通看来极其颓废。王通认为，儒者即便是怀才不遇，隐居山间，也应该遵循“闲居俨然。其动也徐，若有所虑；其行也方，若有所畏。其接长者恭恭然如不足；接幼者，温温然如有就”[⑧]的礼仪。因而，王通对王绩说：“汝忘天下乎？纵心败矩，吾不与也。”[⑨]

二、学习态度：视之不臧，我思不远

与孔子“我欲仁，斯仁至矣”的想法一样，王通认为，学习并非遥不可及的事情。虽然看起来很苦很难，但是，只要人们将“想要学习”的愿望转化成学习的动力，不滞不懈，勤勉努力，学习也就变得不那么艰难了。

（一）诗歌明志，文以载道

在王通看来，学习需要以根本为指导。他曾经向学生们提问：“学者，博诵

---

① 王路曼、池桢注说：《文中子·天地篇》，河南大学出版社2016年版，第150页。
② 同上书，第154页。
③ 方勇译注：《孟子·尽心上》，中华书局2010年版，第281页。
④ 王路曼、池桢注说：《文中子·周公篇》，河南大学出版社2016年版，第183页。
⑤ 同上。
⑥ 同上。
⑦ 方勇译注：《孟子·尽心上》，中华书局2010年版，第261页。
⑧ 王路曼、池桢注说：《文中子·事君篇》，河南大学出版社2016年版，第181页。
⑨ 同上。

云乎哉?”“文者,苟作云乎哉?”什么是学习?难道仅仅是读书吗?什么是文章?难道只是文辞华丽吗?显然不是。王通随即自答道:学习“必也贯乎道”,而文章“必也济乎义”[①]。学习的根本在于通晓大道,写文章的目的则在于贯彻仁义。所以,诗有何用?

上明三纲,下达五常。于是征存亡,辨得失,故小人歌之以贡其俗,君子赋之以见其志,圣人采之以观其变。[②]

王通对于这种歌诗明志、文以载道的礼乐教化体会颇深,为了更好地推广文以载道、借乐教人的思想,王通认真整理了孔子以后的文献,经过九年的甄选、辨别,耗费了大量精力,终于完成了《续六经》。他对自己的成果非常自信,多次对《续六经》做出肯定的评价:

《续诗》可以讽,可以达,可以荡,可以独处;出则悌,入则孝;多见治乱之情。[③]

吾续《书》以存汉、晋之实,续《诗》以辩六代之俗,修《元经》以断南北之疑,赞《易》道以申先师之旨,正《礼》、《乐》以旌后王之失。如斯而已矣。[④]

王通评《续六经》的种种优点并不是自夸,他弟子中有一位大贤董常,酷爱《续六经》,也取得了非凡的人生成就。

夫子以《续诗》《续书》为朝廷,《礼论》《乐论》为政,化《赞易》为司命,《元经》为赏罚。此夫子所以生也。[⑤]

“天不生仲尼,万古如长夜”,如果说,孔子降世是为了给未来漫漫长夜点起一盏明灯,那么,王通天生的使命或许就是要让这漫漫长夜孤灯不暗。

(二)志于道,据于德,依于仁,游于艺

既然人需要通过歌诗明志、文以载道,那么,这个“道”又是什么呢?王通认为,这个“道”的根本就是“仁”。如果没有“仁”作为指导,即便再理智的人也可能沦落成邪佞的帮凶。所以,当李靖向王通请教“任智如何”时,王通不直接说机智好坏,反而说:“仁以为己任。小人任智而背仁为贼,君子任智而背仁为

---

① 王路曼、池桢注说:《文中子·天地篇》,河南大学出版社2016年版,第152页。
② 同上书,第152页。
③ 同上书,第163页。
④ 同上书,第218页。
⑤ 同上书,第237页。

乱。”[①]如果没有“仁”作为自己言行最根本的准则，来限定自己的行为，机智只会是欲望的帮凶。本身就一肚子坏水的小人运用机智，叛离仁义，就会无恶不作；即便是君子，执着于使用机巧、忘记仁德，也可能会导致天下混乱。

因此，当李密请教王通如何用兵的时候，王通很不以为然，他直言：

> 礼信仁义，则吾论之；孤虚诈力，吾不与也。[②]

他与李密只想讨论堂堂正正的用兵之道，那些奇巧、诡异的用兵法门他不想讨论。王通洞见了李密性格的阴暗面，认为：

> 乱天下者必是夫也。幸灾而念祸，爱强而愿胜，神明不与也。[③]

也许，李密后来的行为，王通已经预测到了，所以，王通在同其他学生讨论问题时往往就事论事，而李密询问时，他则几次三番想要李密认真听取“仁”，可见王通的良苦用心。

当人们切实地理解了仁道后，就可以通晓各种各样的道理。所以，当刘炫在王通面前滔滔不绝地讲解自己对“六经”的理解时，王通忍不住打断他：“何其多也。”[④]他认为刘炫说的太多了，“六经”的精神其实可以简略地讲述清楚。但是，刘炫不明白王通这句话的含义，认为：“先儒异同，不可不述也。”[⑤]于是在刘炫走后，王通对其他弟子说：“荣华其言，小成其道，难矣哉！”[⑥]他说，刘炫这个人呀，在语言文献方面确实下了很大功夫，但是，他在思想义理上很难把握精髓。因为“六经”“一以贯之可矣。尔以尼父为多学而识之耶”[⑦]？仲尼也没有通晓所有的知识，所以，求学不在于“贪多”，关键在于把握学问的精髓。

三、通变执中：六经既就，一德时成

王通的思想侧重于对中道的把握。通过对中道的把握，王通肯定了不同学派的长处，也洞见了诸家学派的弊端。王通认为，只要善于变通，就可以让所有学派的思想都发挥自己独特的优势。

（一）三教可一

南北朝时期，佛教与道教相互攻讦，从而导致政治混乱，两教之间的相互迫

① 王路曼、池桢注说：《文中子·天地篇》，河南大学出版社 2016 年版，第 153 页。
② 同上书，第 151 页。
③ 同上书，第 155 页。
④ 王路曼、池桢注说：《文中子·周公篇》，河南大学出版社 2016 年版，第 188 页。
⑤ 同上。
⑥ 同上。
⑦ 同上。

害，导致许多无辜的民众也深受牵连。出于对这种历史事实的洞见，王通改变了以往中国士大夫狭隘的学术观念，开始逐渐包容其他的学派。有人向王通请教“佛”如何，王通不假思索地回答说：“圣人也。”①询问者很诧异，佛教作为外来文化，从晋朝至南北朝从未停止过被非议，睿智的王通为何会认为佛教的佛祖也是圣人呢？于是，他又问王通：“其教何如？”王通回答：“西方之教也，中国则泥。”②透露出他对历史的明见与睿智。王通认为佛教在印度作为国教流行有其合理性。

王通所处的时代，佛教对中国文化产生了很大影响，再也不能靠简单废除就可以禁止它的发展了。当弟子程元问及“三教何如”③的问题时，王通从政治的角度回答：“政恶多门久矣。”④既然儒释道三教相互攻讦而导致政治混乱，不利于统治，那么，废除三教的举措是否合适呢？王通认为：

> 非尔所及也。真君、建德之事，适足以推波助澜，纵风止燎尔。⑤

“真君”“建德”分别是魏武帝、周武帝的年号。中国历史上曾有三次政府发起的限制、甚至剿灭佛教的行为，即“三武灭佛”。魏武帝、周武帝便是其中两位。他们都想通过强制手段来剿灭佛教，结果却适得其反，这在一定程度上助推了佛教的发展。因此，王通在读《洪范谠议》时就认为“三教于是乎可一矣”⑥。只要秉持无过无不及的中道思想，就可以合理地让三教逐渐达到平等。既然已经无法遏制佛教、道教的发展，不如通过接受、承认道教、佛教的合理性，让其逐渐成为维护国家稳定的一支力量。

王通不仅对于佛教、道教采取这种温和包容的态度，对待其他不同学派，也认可它们的合理处与优越处。他评价司马谈：

> 史谈善述九流。“知其不可废，而知其各有弊也，安得长者之言哉？”⑦

意思是：司马谈善于陈述先秦诸子百家之言。他明白这些流派不能完全被废除，也知道他们各有自身的弊病，从哪里获得这样成熟的观点呢？司马谈是司马迁的父亲，他曾写作《论六家要旨》，对先秦各学派的思想特点进行了深入的分析和评价。王通认为，这篇文章很客观地评价了先秦各派的长短得失，

---

① 王路曼、池桢注说：《文中子·周公篇》，河南大学出版社 2016 年版，第 189 页。
② 同上。
③ 王路曼、池桢注说：《文中子·问易篇》，河南大学出版社 2016 年版，第 201 页。
④ 同上。
⑤ 同上。
⑥ 同上书，第 202 页。
⑦ 王路曼、池桢注说：《文中子·周公篇》，河南大学出版社 2016 年版，第 184 页。

既然是各有千秋，就不能简单否定任何一家的观点了。

（二）“通变”与“执方”

王通“三教可一”的观点是基于他因地制宜、应势而变的思考。他提倡人们要根据具体的现实、具体的历史，采取不同的方针策略处理生活中方方面面的问题。他认为佛教是“西方之教也”，但是：

中国则泥。轩车不可以适越，冠冕不可以之胡，古之道也。①

王通不否定佛教在印度作为国教流行的合理性，但是，他也不会单纯地认可将佛教完全照搬到中国。他认为，想要吸收、吸纳佛教，就必须对佛教进行一定程度的改造、内化，否则，完全印度色彩的佛教不可能在中国立足。历史的进展证明了王通这种见解是完全正确的。

王通进一步指出：

《诗》《书》盛而秦世灭，非仲尼之罪也；虚玄长而晋室乱，非老、庄之罪也。斋戒修而梁国亡，非释迦之罪也。《易》不云乎：“苟非其人，道不虚行。”②

仿佛预见到韩愈会将梁武帝灭国这种罪名归咎于佛教一般，王通指出，并不是由于佛教而导致了梁武帝灭国。同样的言论还有关于儒家与秦朝，玄学与魏晋的。难道说秦朝的灭亡是由于之前孟子、荀子积极推广儒家吗？难道说魏晋战乱是由于玄学盛行吗？当然不能这样推论。为了推行仁政，荀子首入秦地；希望改变时政，以裴頠、郭象为代表的玄学家积极入仕。佛教的主张也有其积极的一面，怎么一定是导致亡国的元凶呢？实际上，由于接受这些思想的人本身没有想办法变通以适应环境的变化，才导致出现问题。所以，王通说：

通其变，天下无弊法；执其方，天下无善教。故曰：存乎其人。③

如果善于把握规律的变化，天下没有完全有害的理论。如果拘泥于一教一法不善于变通，那么，天下就没有任何有利民生的理论了。所以说，该怎么做全看实施者。王通这种观点有着深刻的现实意义，我们正处于各种文化大交流、大碰撞的时代，应该积极借鉴、学习外来文化，不断丰富本国文化，促进中国文化的现代化、世界化。

① 王路曼、池桢注说：《文中子·周公篇》，河南大学出版社 2016 年版，第 189 页。
② 同上。
③ 同上书，第 184 页。

王通曰："名愈消，德愈长。身愈退，道愈进，若人知之矣。"[①]他用自己的理论创造和亲身实践，努力实践其"新儒学"，并取得了丰富而卓越的成就。他认为"仁义"是"教之本"，主张"学以贯道""学以进道"，学而优则仕，但"仕也以行其道"。当代学者尹协理、刘海兰说："王通是天人感应论和谶纬迷信的终结者、援佛入儒重要思想的提出者、文以载道思想的先行者、新儒学即理学的开创者。"[②]这种评价是对王通的最高褒奖。总之，随着对王通思想研究的深入，他的核心学养"包容各派、博大精深"，愈来愈绽放出灿烂之光芒。

① 王路曼、池桢注说：《文中子·文中子补传》，河南大学出版社 2016 年版，第 287 页。

② 尹协理、刘海兰：《王通评传》，北岳文艺出版社 2016 年版，第 455 页。

玄奘

——为求真理不惧险阻的翻译家

玄奘(602—664),俗姓陈,名祎,洛州缑氏县人。汉传佛教史上最伟大的译经师之一,对开创中国佛教中的慈恩宗发挥了重要作用。中国著名古典小说《西游记》中唐三藏(唐僧)的原型就是玄奘,这也成为许多人知晓玄奘的主要途径。吴承恩在《西游记》中塑造的"唐三藏"形象,在民间一度代替了历史上真实的"玄奘"。为了增加小说的可读性,《西游记》通过夸张的手法设置神话背景,丰富了西天取经的内容,使这一故事读起来更加有趣味。然而,小说中塑造的"唐三藏"这一人物同历史中的玄奘完全不可相提并论:唐僧过于软弱、怯懦,玄奘则有着追求真理的果决、执着与弘扬佛法的担当。

玄奘年幼时跟随父亲学习儒家经典,表现得聪慧过人。他八岁时,父亲给他讲《孝经》的故事,讲到"曾子避席"这个典故时,玄奘立刻整理着装,侍立一旁。父亲很奇怪,进而询问原因。玄奘回答道:"曾子闻师命避席,某今奉慈训,岂宜安坐?"[①]玄奘不仅聪慧,而且知而必行。在良好家风和儒道的熏陶下,玄奘逐渐养成了"爱古尚贤,非雅正之籍不观,非圣哲之风不习"[②]的良好学习习惯。后来,玄奘因父母双亡、家境困窘,便跟随其兄长捷法师住在净土寺,学习佛经五年。其间,他涉猎了大乘、小乘等佛法理论。后来,为了学习到真正的唯识宗理论,玄奘孤身一人偷渡出境。到达印度之后,玄奘广泛地学习大、小乘,学习因明甚至一些外道的理论。经过长期不懈地学习,刻苦精进,玄奘终于成为一代佛学宗师。

玄奘一生著述不少,有的是以梵文写就,回国后没有加以翻译,有的是通过指导弟子来写就。以玄奘本人署名的文献现今几乎不存。其西行求法之所见所闻撰成《大唐西域记》十二卷,经弟子辩机编次润饰,于归国的次年,即贞观二十年(646)进上,为我们留下了这部在佛教史及古代西域印度、中亚、南亚之史地、文化上均富极高价值之巨著。特别是玄奘大师严谨翻译佛经的态度、方法,已成为现代翻译学中极具参考价值的经验。

---

① 高永旺译注:《大慈恩寺三藏法师传》,中华书局2018年版,第26页。

② 同上。

一、道德追求：不求财利，无冀名誉，但求正法

玄奘西行并不是为了求取名誉，而是出于对当时佛教差异的困惑。玄奘曾多次请求唐太宗允许他西行，都没有获得首肯。为了求取真理正法，玄奘偷偷溜出了国境，成了被通缉的逃犯。在西行的路上，玄奘更是数次差点殒命，靠着自身的坚毅和几分运气，玄奘终于在印度修到了唯识正理。

（一）不求财利，无冀名誉，为无上正法

《西游记》中的唐僧即以玄奘为原型，当然，小说中的唐僧与现实中的玄奘却又有着许多差别。《西游记》中的唐僧可以成功完成西天取经之旅，是由于天意所属。在《西游记》中，佛祖如来说：

> 圣僧，汝前世原是我之二徒，名唤金蝉子。因为汝不听说法，轻慢我之大教，故贬汝之真灵转生东土。今喜皈依，秉我迦持，又乘我教，取去真经，甚有功果，加升大职，正果汝为旃檀功德佛。[①]

如来说，唐僧是金蝉子转世，生来便背负传播佛教于东土的使命。在这种天生使命的背景下，唐僧的行为就不足以充分表现他的责任感了。然而，玄奘西行之旅的初心却是有感于当时佛教内部学理的混乱，是求取正法的责任感驱使的结果。

《西游记》中观音菩萨送了唐太宗价值连城的九环锡杖和锦襕袈裟，而太宗随后又转送给了唐三藏。在吴承恩的笔下，唐僧西天取经也就多了几分受人恩惠不得不如此的无奈。太宗收到观音简帖，问："谁肯领朕旨意，上西天拜佛求经？"[②]唐僧不得不站出来说："贫僧不才，愿效犬马之劳，与陛下求取真经，祈保我王江山永固。"[③]唐僧这边的回应是为了保佑江山社稷，这与求经旨趣相违。再看观音菩萨所说："我有大乘佛法三藏，能超亡者升天，能度难人脱苦，能修无量寿身，能作无来无去。"[④]观音菩萨本意是想让唐僧求取大乘教法，让众生离苦得乐。可是唐僧为了迎合唐太宗，只道是求取保卫江山的经文。这种由外力来所驱使的取经行为决定了他取经过程中潜在的消极态度。而他对弟子所言才是真的袒露心声："大抵是受王恩宠，不得不尽忠以报国耳。"[⑤]这分明表现了人在屋檐下、不得不低头的艰涩苦楚与无可奈何。

---

① （明）吴承恩：《西游记》，浙江古籍出版社 2015 年版，第 744 页。

② 同上书，第 89 页。

③ 同上。

④ 同上。

⑤ 同上。

与小说中唐僧这种略显无奈的境况不同，玄奘很早便立志，要去印度求取佛经，希望以此重整当时中国佛学混乱的局面。玄奘内在的责任感远远超过唐僧。玄奘与唐僧取经初衷的不同，决定了他们在取经途中面对困难时态度的迥然不同。玄奘取经，是努力克服困难，知难而上。他没有天生使命，没有神佛相助，更没有一路畅通的通关文牒。玄奘有的是与天斗的坚毅、与人斗的智慧，他的坚毅性格是唐僧远远不及的。为了西行取经，玄奘和许多人一起联名陈表，希望可以获取西行的批准，由于“国政尚新，疆埸未远，禁约百姓不许出蕃”[①]，玄奘的请求没有被批准。无奈之下，玄奘只得偷偷出境，甚至成为官方通缉犯，《三藏法师传》中记载：“有僧字玄奘，欲入西蕃，所在州县宜严候捉。”[②]

反观《西游记》中唐僧出境时的场景，不仅“太宗设朝，聚集文武”[③]，太宗聚集满朝文武给他饯行，而且有钦天监卜算良时。为了让他顺利出行，《西游记》中的太宗更是“写了取经文牒，用了通行宝印”[④]，还亲自安排出行事宜，太宗对唐僧说道：“御弟，今日是出行吉日。这是通关文牒。朕又有一个紫金钵盂，送你途中化斋而用。再选两个长行的从者，又银𩌾的马一匹，送为远行脚力。你可就此行程。”[⑤]太宗为唐僧西行之安排可谓关怀备至、体贴入微，可是真实的玄奘却甘冒被杀的危险，如“丧家之犬”一般偷偷“潜行”。

（二）宁可就西而死，岂归东而生

如果说唐僧有胜过玄奘的地方，那就是唐僧西天取经的信念从未动摇过。但是，玄奘在西行的过程中，有过内心挣扎，甚至萌生过返回中土的念头，这就是著名的“十里回头路”。在荒漠之中，玄奘孤单一人，不仅“失道，觅野马泉不得”，在下马想要饮水的时候，因为袋重，失手打翻了水袋，导致“千里行资一朝斯罄”。这时玄奘“又失路盘回，不知所趣，乃欲东归还第四烽”[⑥]，确实是萌生了退意。

但是，在回身走了十余里后，他自发誓念：“我先发愿，若不至天竺终不东归一步，今何故来？宁可就西而死，岂归东而生！”每个人都会遇到困难，面对困难也都会挣扎，但最终会由内心做出选择，玄奘也不例外。

经历了内心的自我洗礼之后，玄奘再次踏上了西行之旅：

> 是时四顾茫然，人鸟俱绝。夜则妖魑举火，灿若繁星，昼则惊风拥沙，

---

① 高永旺译注：《大慈恩寺三藏法师传》，中华书局 2018 年版，第 48 页。

② 同上。

③ （明）吴承恩：《西游记》，浙江古籍出版社 2015 年版，第 89 页。

④ 同上。

⑤ 同上。

⑥ 高永旺译注：《大慈恩寺三藏法师传》，中华书局 2018 年版，第 57 页。

散如时雨。虽遇如是，心无所惧，但苦水尽，渴不能前。是时四夜五日无一滴沾喉，口腹干焦，几将殒绝，不复能进。遂卧沙中默念观音，虽困不舍。[1]

在四夜五日身处荒漠又滴水未进的情况下，玄奘坚持前行，到最后虽然几近殒命，但是，他西行的意念却反而越发的坚定。玄奘心中反复自念：

玄奘此行不求财利，无冀名誉，但为无上正法来耳。仰惟菩萨慈念群生，以救苦为务。此为苦矣，宁不知耶？[2]

玄奘西行目的本来就不是为了要求取名利，而是为了寻求正法。追求真理是比追求名利更加高尚的、圆满的追求，也正是对追求真理的坚守和不忘初心的坚定，玄奘才能够赴汤蹈火、排除万难、披荆斩棘，最终取得真经，修得正果。

（三）不畏菩萨低眉，只怕金刚怒目

玄奘是一个很有原则的人。他成功逃离通缉、离开国境后，沿途受到许多国王和僧人的尊敬。玄奘多是以谦虚好学、脾气温和的形象示人。但面对不同情形，他有时展现菩萨般低眉慈悲相，有时展现金刚般怒目威猛状。玄奘在游历期间第一次崭露锋芒便让满座惊叹。

这次让玄奘展现金刚怒目状的对象便是居住于阿奢理儿寺的大德僧木叉毱多。《大唐西域记》对木叉毱多是这样描述的：

理识闲敏，彼所宗归，游学印度二十余载，虽涉众经，而《声明》最善，王及国人咸所尊重，号称“独步”。[3]

毱多也是一个学识极高的才人，受到当时他自己国家——高昌国的尊重。所以，在玄奘来到阿奢理儿寺之后，他仅以平常礼节接待玄奘，没有真心尊重玄奘。谈吐之间，毱多还带着傲慢：

此土《杂心》《俱舍》《毗婆沙》等一切皆有，学之足得，不烦西涉受艰辛也。[4]

在当时，高昌国的人和木叉毱多所宗的是小乘佛教，所以，对大乘佛教多少带有轻视与不屑。当听闻玄奘想要学《瑜伽师地论》，毱多更是轻蔑地说：

---

① 高永旺译注：《大慈恩寺三藏法师传》，中华书局 2018 年版，第 58 页。

② 同上。

③ 同上书，第 85 页。

④ 同上。

何用问是邪见书乎？真佛弟子者，不学是也。[①]

玄奘“从少以来，常愿生弥勒佛所。及游西方，又闻无著菩萨兄弟，亦愿生睹史多天宫，奉事弥勒。并得如愿，俱有证验，益增克励”[②]。玄奘一生最大的愿望便是想要投身弥勒身畔，听闻弥勒亲讲《瑜伽师地论》。所以，木叉毱多这种轻蔑的态度引起了玄奘的反感，他对毱多的态度也是从“初深敬”转变成“视之犹土”。在当时情况下，玄奘第一次展现了他在佛理、辩论上的天赋，与木叉毱多展开了交锋。最后，木叉毱多终于不敌玄奘。后来，玄奘再与他见面时，木叉毱多的态度便变得十分恭敬了，在《大唐西域记》中有这样的描述：“相见不复踞坐，或立或避。”[③]他见到玄奘时心怀畏惧，还私下对朋友说：“此支那僧非易酬对。若往印度，彼少年之俦，未必出也。”[④]

二、学习态度：遍谒众师，备飡其说，详考其义

玄奘在去西方取经前，虚心向当时著名的论师学习。在学习过程中，玄奘注意比较不同的师承、义理，尽可能地学习、吸收当时国内佛教界各种学派的观点。

（一）意欲远绍如来，近光遗法

个人的知识总是有限的，所以，应该多多向他人请教，学习他人的长处，见贤思齐。玄奘一生追随的老师有许多，他认真向他们学习经文、典籍。在去印度以前的一段时间，他到过洛阳、长安、成都，以后又从成都去了相州、赵州，先后师从当时十余名学者学习《涅槃》《摄论》《毗昙》《成实》等重要论著。得益于学无常师的理念，玄奘很快通晓了小大乘、内外诸学。去印度以后，玄奘的足迹遍布五印，学习的内容不局限于大、小乘门户之见，也不执着于法性、法相二宗差别。通过长期的学习、修炼，玄奘德艺精进，逐渐受到了当时印度学者的尊重。即便是在当时学者汇聚的那烂陀寺，玄奘也享有极高声望。

玄奘不仅向老师们学习，还向曾经的手下败将学习。玄奘在那烂陀寺求学期间，有一位顺世外道婆罗门写了四十条自教教义，以此来挑衅佛教，并且宣称：“若有难破一条者，我则斩首相谢。”[⑤]意即其中只要有一条被论难，他就敢自杀谢罪。玄奘最终赢得了这场论辩，然而，他并没有取这位婆罗门的性命，只

① 高永旺译注：《大慈恩寺三藏法师传》，中华书局 2018 年版，第 85 页。
② 陈尚君辑校：《全唐文补编·冥祥·大唐故三藏玄奘法师行状》第 9 卷，中华书局 2005 年版，第 111 页。
③ 高永旺译注：《大慈恩寺三藏法师传》，中华书局 2018 年版，第 86 页。
④ 同上。
⑤ 同上书，第 274 页。

对其说“今役汝为奴，随我教命”[①]。此举无疑是赢得了包括这位婆罗门在内的所有人的好感。后来，玄奘获得了小乘所写转破大乘教义的七百颂《破大乘义》，由于其中几处尚且有疑问，就虚心向这位婆罗门请教。这位婆罗门自认为自己是玄奘的手下败将，没有资格给玄奘讲解。但是，玄奘并不认为向他人请教存在不妥。他认为：“此是他宗，我未曾见，汝但说无苦。”《破大乘义》不是玄奘之前接触过的教理，没有见过、听闻，存在不解也属正常。在这位婆罗门的帮助下，玄奘很好地掌握了《破大乘义》的义理，并且制作了一千六百颂的《破恶见论》，重新阐明大乘教义。《破恶见论》得到了戒贤为首一众法师的称道。

在玄奘之前，由于文献传译过程中出现的意义偏差，导致当时不同学派之间的义理多有背离。当时的学理不仅存在着北学、南学的争论，还有印度传来的文献与中国本土产生的思想冲突。所以，为了统合这种义理的差异，判教就成为当时佛教理论的重要组成部分。它在很大程度上是为了解释这种学理差异、文献先后的问题而诞生的。虽然学者通过判教的方式将不同的学理、文献进行整理、汇合，最终成为体系，但是这种判教却都是机械的史料汇合，并没有将佛教学理进行成功的有机统合。这种驳杂的环境并不利于系统学习佛教，玄奘也曾被这些问题困扰。《大慈恩寺三藏法师传》写道：

> 法师既遍谒众师，备飡其说，详考其义，各擅宗涂，验之圣典，亦隐显有异，莫知适从。[②]

玄奘的勤奋让他很快就通晓了当时中国佛教的主流思想。随着学习的不断深入，玄奘的困惑也不断地加深，佛教中怎么会存在这么多相互背离的理论学说呢？在百思不得其解的困惑中，在“意欲远绍如来，近光遗法”[③]的责任感驱使下，他终于“誓游西方以问所惑，并取《十七地论》以释众疑，即今之《瑜伽师地论》也”[④]。玄奘西行的目的，就是想要获得真知。他为了这个目的，愿意将生死置之度外，这种在外人看来几乎是痴傻的行为，恰恰成就了玄奘无人超越的格局。

（二）提出“五不翻”的翻译原则

玄奘出国求学的本意，是想直接阅读印度佛学经典，以求解决当时中国佛教存在的问题。当时，很多人都不具备良好的外语水准，自然也不可能直接阅读外文的文献。对其他国家文化的学习，最主要的途径就是通过阅读翻译出

---

① 高永旺译注：《大慈恩寺三藏法师传》，中华书局 2018 年版，第 275 页。

② 同上书，第 42 页。

③ 同上书，第 27 页。

④ 同上书，第 42 页。

来的文本。翻译是跨越了两个语言体系的思维传达，在这一过程中一旦出现了语义表达的不严谨，就会导致理解的差错。在《大唐西域记》中，玄奘自述：

然则佛兴西方，法流东国，通译音讹，方言语谬，音讹则义失，语谬则理乖。故曰“必也正名乎”，贵无乖谬矣。[①]

早期信徒不得不采取“格义”的方式来理解佛教，很大一部分原因是无法通过当时的语言来表达佛教的原意。因此，玄奘回国的最大任务，就是纠正之前文献翻译的种种问题。玄奘在翻译的过程中，一方面注意“纠正旧失”，一方面又努力“补充疏漏”。同时，他还在译场上随译随讲，由听讲之人记下笔记并根据所讲进行注疏。在翻译过程中，玄奘提出了著名的“五不翻”原则：

唐奘法师论五种不翻：一、秘密故，如陀罗尼。二、含多义故，如“薄伽梵”具六义。三、此无故，如阎净树，中夏实无此木。四、顺古故，如“阿耨菩提”。非不可翻，而摩腾以来常存梵音。五、生善故，如“般若”尊重智慧轻浅。[②]

玄奘的“五不翻”，并不是说不翻译，而是说翻译过程中存在的这五种情况，不应该意译，而应该音译。“五不翻”原则对现在的翻译工作仍具重要的实践意义和参考价值，是翻译外语文献的一个重要参考标准。

这里有一个很有意思的故事。玄奘在准备翻译《大般若经》的时候，由于其“梵本总有二十万颂”，即便是梵文也体制庞大，背诵困难，翻译成汉语不知道需要花多少时间。所以：

学徒每请删略，法师将顺众意，如罗什所翻，除繁去重。[③]

由于《大般若经》文意广大、内容驳杂，玄奘本来打算顺从众意，将其中重复、繁杂的部分进行删减。然而，当天晚上，玄奘：

于夜梦中即有极怖畏事以相警诫，或见乘危履险，或见猛兽搏人，流汗战栗，方得免脱。[④]

在自己潜意识的暗示下，玄奘发现将文本进行删略可能会违背经文的内

① （唐）玄奘、辩机著，季羡林等校注：《大唐西域记校注》，中华书局 1985 年版，第 43 页。

② （宋）法云：《翻译名义集》，载《大正藏》第 54 卷，第 1055 页。

③ 高永旺译注：《大慈恩寺三藏法师传》，中华书局 2018 年版，第 585 页。

④ 同上。

容，所以，玄奘决定，还是按照梵本原原本本地翻译。

按照吕澂先生的看法，玄奘的翻译可以分成三个阶段："前六年（645—650）以译《瑜伽师地论》为中心，同时译了与此论学说有关的著作。……中间的十年（651—660），则以翻译《俱舍论》为中心遍及与它有关的著作。……最后四年（660—664）则以《大般若经》的翻译为中心。"①

在翻译的第一阶段，他翻译了《瑜伽师地论》。这是一部内容极其庞大的论著，其中涵盖了大量的佛教义理，被人称为"佛教百科全书"。这一论著翻译的完成，不仅完成了玄奘西行的心愿，还让中国慈恩宗有了理论根基。

在翻译的最后四年，玄奘明显感觉到体力、精力不如从前，似乎将步入暮年。他"汲汲然恒虑无常"，时常对翻译的僧人说：

> 玄奘今年六十有五，必当卒命于此伽蓝，经部甚大，每惧不终，人人努力加勤，勿辞劳苦。②

在无常将至之时，玄奘内心深处有的不是对无常将至的恐惧，而是担心留下无法亲自翻译完经文的遗憾。对于玄奘来说，翻译经文、纠正过失这一任务比他自己的生死更为重要。这种为了真理勇于自我牺牲的精神，确实值得人们学习、效仿。在坚定信念的支持下，玄奘坚持翻译完《大般若经》。在此之后，玄奘"自觉身力衰竭，知无常将至"③，然而，他并没有凡俗之人死前的恐惧、惊慌，而是与寺中众人还有一同翻译的僧人、门徒欢喜辞别。他自言：

> 玄奘此毒身深可厌患，所作事毕，无宜久住，愿以所修福慧回施有情，共诸有情同生睹史多天弥勒内眷属中奉事慈尊，佛下生时亦愿随下广作佛事，乃至无上菩提。④

此间事了，玄奘终于也是成功地证得了果位。他心中没有畏惧，只有想着未来一切众生可以凭借新译经文同登极乐的欣喜。

三、新译正果：音讹则义失，语谬则理乖

玄奘是中国历史上伟大的翻译家、哲学家和思想家。吕澂先生认为："再就翻译的文体说，玄奘也超过了各家，一般称之为新译。由于他对汉文和梵文的造诣很深，所以译文做到了既信且达。他又了解过去译家的缺点，注意改进、

① 吕澂：《中国佛学源流略讲》，中华书局1979年版，第184—185页。

② 高永旺译注：《大慈恩寺三藏法师传》，中华书局2018年版，第587页。

③ 同上书，第588页。

④ 同上书，第593页。

提高，因而译本的质量超过了各译家的水平。现在拿梵、藏文本对照看，他的译本基本上都正确。”[①]

由于翻译过程中会存在原本、立场等原因差异，玄奘的译本不能为许多受旧译影响较大的人接受。“正因为有上述的这些情况，玄奘的学说不能为一般人完全接受，即在当时的译场上，受旧译影响较多的人如法宝、灵润等，就表示了不同的意见。他的门下圆测（新罗一系）还提出了一些不同的说法。以后的贤首宗，更对玄奘所传大加攻击，如宗密（圭峰）等人甚至说，慈恩一家只是追求名相，风气浅薄，连学风都给搞坏了。以后还不断地有人批评。公正地说，印度的佛学从汉末传来中国，直到唐初的几百年间，真正能够传译印度学说的本来面目的，还要算玄奘这一家。”[②]相比于鸠摩罗什、真谛翻译过程中时常采取意译的做法，玄奘翻译时做到了准确地合乎原文。相比于之后的不空、义净等人，玄奘的译本又极富文采。从翻译上来说，玄奘可以说是很好把握了“质”与“文”的统一。

玄奘没有将自己翻译的《会宗论》《破恶见论》《三身论》等著作带回国，种种史料表明，这些论著维护了大乘佛教的立论基础，又汇通了一直以来空、有二宗存在的对立。由此表明空、有二宗并不是根本内容的对立，而是表现形式的对立，通过对于二宗的会通，可以很好地建立完整的佛教学说体系。在这种精神的引导下，中国第一次出现了系统的法相宗。法相宗的学说，是以《解深密经》《瑜伽师地论》《成唯识论》等“六经十一论”为经典论著构成的完整体系。在法相宗的学说中，吸纳了以龙树、提婆为首的中观学派的中道精神，并以这种精神作为佛教与外道的根本差异。通过中道的方法，法相宗建立了完整的“八识”学说，使印度大乘佛教的有宗在中国生根发芽。

在玄奘影响下建立的法相宗又称唯识宗、慈恩宗。由于种种原因，法相宗在中国的发展并不长久，却在各个层面影响着中国人内在的思维方式，比较有影响的要数延寿大师的《宗镜录》。它是以禅宗思想来吸纳华严、唯识的义理。这种举措可行的根本原因便在于法相宗本身学理庞大、学理严谨，可以将各派学说吸纳其中。唐代之后，法相宗就一直处于衰微的境况，然而，其在日本、韩国却获得了长足发展。民国时期，许多法相宗文献从日本被寻回，法相宗在中国也逐渐有了复兴的趋势。

赵朴初说：“我国古代忘身求法的高僧很多，尽力于翻译事业并取得成就的人物也不是少数。而目标的明确、意志的坚定、学识的丰赡、力行的彻底和成绩的宏富，则以玄奘法师为第一人。他这样伟大的人格赢得了一切佛教徒和非

① 吕澂：《中国佛学源流略讲》，中华书局 1979 年版，第 185 页。

② 同上书，第 186 页。

佛教徒的崇敬。一千多年来，他的形象一直流存在广大的群众当中。”[①]玄奘这种为了寻求心目中的真理而坚忍不拔、锲而不舍的崇高精神，显示了中华民族的高贵品质。

① 董志翘译注：《大唐西域记·前言》，中华书局2012年版，第5页。

慧能

——明心见性、直指人心的六祖

慧能(638—713),禅宗乃至整个中国历史上都极其重要的先贤之一。中国佛教中最主要的流派便是禅宗与净土宗,所以,经常有人将慧能与孔子、老子并称为中国儒释道的"三圣"。

慧能俗姓卢,于贞观十二年(638)在新州出生。幼年时,他父亲不幸去世,后来,他随母移居南海(今广州),长大后以卖柴维持生活。一天,慧能听人诵习《金刚经》有所感悟,被告知黄梅凭墓山弘忍大师讲《金刚经》,于是决定去参礼。慧能拜见五祖弘忍,初次见面就受到弘忍赏识。参礼后,慧能被派在碓房里踏碓。一日,弘忍集合门人,要求大家根据自己的理解写下对于佛法的偈语,以便付法。大弟子神秀将偈语写在廊下的壁上。慧能看到神秀偈语,感到神秀没有见性,也即兴作了一偈,请人写在壁上:

菩提本无树,明镜亦非台,佛性常清净,何处有尘埃![1]

弘忍见到慧能此偈,暗中认可慧能,并于夜中传法于他。由于担心有人陷害慧能,弘忍让他连夜离开,隐居数年才入世传法。

慧能思想的主要核心便是佛性论,他强调众生平等,人人都有成佛的可能。众生在世真如被烦恼遮盖,所以,才要扫除烦恼、还自性清净心。慧能被人尊称为禅宗六祖,他对佛学的见解与改造,使中国佛教历史上出现了跃进式的变化。慧能通过自己切身的领会和努力,使佛教这种外来文化真正在中国扎根,成为中国文化的重要组成部分。

一、修养境界:常见在己过,与道即相当

在日常生活中,人们不能时时刻刻苛责别人,相反,应该时刻反省自身,看看言行是否得体。当人们能够时刻反省自己的言行,就切实体会到正法了。

(一)人即有南北,佛性即无南北

慧能的思想中最重要、也最为人称道的部分是"顿悟",但是,这并不代表慧

① (唐)慧能著,郭朋校释:《坛经校释》,中华书局2012年版,第18页。

能的思想中只有“顿悟”。“顿悟”思想是有切实根据的，这一根据便是众生皆有佛性。众生都因为有着佛性而有成佛的可能。因而说“顿悟”，必须先理解“菩提般若之知，世人本自有之，即缘心迷，不能自悟，须求大善知识示道见性。善知识！遇悟即成智”[①]。

慧能初到黄梅山拜见禅宗五祖弘忍，他与弘忍的一段精彩对话，突出表现了岭南特殊文化环境与慧能个人特殊经历所形成的持重个性与独立精神品格。

> 汝何方人？来此山礼拜吾，汝今向吾边复求何物？[②]

弘忍的问题看似客套平常：询问对方从哪里来，又询问对方来此的目的。

> 弟子是岭南人，新州百姓，今故远来礼拜和尚。不求余物，唯求作佛。[③]

慧能开始的回答比较普通，可是，当他表明自己前来的目的时，着实出乎弘忍的意料。虽然《坛经》中没有写出来，但是，可以想见，弘忍当时心中是有些许不满的：成佛之路何其艰辛，连释迦牟尼佛修行至佛果也是经历了三大阿僧祇劫。“阿僧祇劫”是印度的时间量词，大概是多久呢？一劫为梵天的一日，人间为四亿三千二百万年，更遑论无量无边不可数的“阿僧祇劫”。因此，当慧能说出“唯求作佛”的意愿时，弘忍忍不住责问道：

> 汝是岭南人，又是獦獠，若为堪作佛！[④]

岭南在唐朝时是边缘之地，经济、文化都极其落后。慧能不仅出身低微，而且也没有文化，怎么可能具有成佛根器呢？然而，慧能天生的智慧立刻在他的回答中表露出来：

> 人即有南北，佛性即无南北；獦獠身与和尚不同，佛性有何差别！

人的出身有南北差异、职业差异，但是，众生本身所本有的佛性却没有空间、职业的差异。这一回答让弘忍心中惊叹，也使慧能在弘忍的心中留下了深刻的印象。当代著名哲学家冯达文说：“在这种情况下，慧能作为平民，而且作为被视为没有文化、没有教养的岭南‘獦獠’，敢于对上层僧侣的轻蔑提出抗争，就显得特别重要。它凸现了平民，尤其是岭南人作为人的个人平等权利，而为

① （唐）慧能著，郭朋校释：《坛经校释》，中华书局 2012 年版，第 28 页。

② 同上书，第 9 页。

③ 同上。

④ 同上。

佛教日后的平民化、世俗化走向开辟了道路。”[①]

对此，慧能在大梵寺的讲法中有更系统、更进一步的表述：

菩提般若之知，世人本自有之。[②]

这种根本的菩提般若智慧是众生本有的，也是成佛所必需的根源，众生皆有成佛的可能。既然如此，人们就不应该自恃身居要职或者以为自己有才学等原因而看低他人。只要机缘合适，任何人都可以取得同样的成就，即使在别人落魄的时候也要平等正视他们。另一方面，在自己落魄的时候，也不应该妄自菲薄、甚至自暴自弃，反而应该积极乐观，努力奋进。

（二）自修身是功，自修心是德

既然众生都是同样具有般若智慧，那么，就不应该在自己之外另求他物来顶礼膜拜。而应“自心归依觉，邪迷不生”[③]。众生既然是皈依佛门，自然是要皈依佛、法、僧三宝。什么是佛？佛的意思是觉者，这个觉不仅是自觉、觉他，还包含佛本身的觉行圆满。但是，慧能对于“佛”的理解却是一种根源于佛教本身的创造性阐发。他认为：

若言归佛，佛在何处？若不见佛，即无所归；既无所归，言却是妄。[④]

既然是要皈依佛，那么皈依哪一尊佛？是寺庙中供养的那尊泥塑像吗？当然不是。那么，能看到直接佛吗？也不可能。既然人们口口声声皈依三宝，却没有找到切实的皈依所在，那皈依的是什么？在慧能看来，这种人就是“外觅三身如来，不见自色身中三身佛”[⑤]。这些人在自性之外妄求如来，却恰恰是迷失了自性中本有的如来清净。

人们皈依的是什么？皈依的当然是佛，但不是那尊泥像，而是作为义理的根本法身。所以，慧能认为：“佛者，觉也。”[⑥]

“佛”的意思在于觉悟，而不是觉者。对此，慧能进一步阐发：

自心归依觉，邪迷不生，少欲知足，离财离色，名两足尊。[⑦]

① 冯达文：《寻找心灵的故乡——儒道佛三家学术旨趣论释》，中华书局 2015 年版，第 358 页。

② （唐）慧能著，郭朋校释：《坛经校释》，中华书局 2012 年版，第 28 页。

③ 同上书，第 56 页。

④ 同上。

⑤ 同上书，第 47 页。

⑥ 同上书，第 56 页。

⑦ 同上。

人们想要皈依“佛”，此“佛”不是作为泥塑的佛像，即便佛陀在世也不是化显面前的佛祖，而是皈依人的自性清净心。当扫除心间烦劳之后，就会发现，人本身就有最根本的般若智能，无须外假他物。当人做到“邪迷不生，少欲知足，离财离色”，也就是不被外在的尘劳牵挂，不被本身欲望所拖累之后，我们本身就是德智双显的开悟者。因此，慧能说：

> 经中只即言自归依佛，不言归依他佛；自性不归，无所依处。①

经文中只是说众生应该皈依自性，而不是另立一个他者去皈依。从这个观点出发，慧能解释了什么是真正的功德。达摩曾经评价梁武帝兴建了许多寺但是并没有功德，很多人对此不解，认为按照梁武帝这般造寺、布施、供养，应该具足无上功德。对此，慧能评价道：

> 造寺、布施、供养，只是修福，不可将福以为功德。功德在法身，非在于福田。②

耗尽家财供奉三宝，就真的是可以获得无上正果吗？显然不是。这一行为只是在积累福报，于修道却没有必然的帮助。如果仅凭布施多少、建寺多少就可以衡量人的智慧几何，那么，富人一定都是菩萨罗汉，穷人无一正果。这显然不合理。所以，修行的功能，只在于对义理的理解深浅，这就是为什么慧能说“功德在法身，非在于福田”的原因。所以，真正的修行不在布施多少钱财，而在于是否诚心恭敬、克制自己为善去恶。这就是所谓的“常行于敬，自修身是功，自修心是德”③。

二、 为学之道：佛性常清净，何处有尘埃

众生都有成佛的可能，为什么最终没有都成佛呢？慧能打了个比方：

> 自性常清净；日月常明，只为云覆盖，上明下暗，不能了见日月星辰，忽遇惠风吹散卷尽云雾，万象森罗，一时皆现。④

自性当然是清净的，自性如果不清净众生如何终将成佛？日月本性是明亮无碍、普照大地。假如乌云遮蔽了天空，人们就只能看到阴暗的天空，没办法直接看到高悬明亮的日月星辰。然而，这不能否认日月星辰就不存在了。一旦有

① （唐）慧能著，郭朋校释：《坛经校释》，中华书局 2012 年版，第 56 页。
② 同上书，第 79 页。
③ 同上。
④ 同上书，第 47 页。

风吹散了乌云，那么，晴空万里、日月高悬的情形就可以一览无余了。像是人性的清净与染污一样，所以：

世人性净，犹如青天，惠如日，智如月，知惠常明。[①]

人们的自性当然是清净的，可是一旦“于外著境，妄念浮云盖覆，自性不能明”[②]，由于本性之外事物的执着，这种妄起的执着就会干扰自性清净，让智慧不能显现。因此，这就需要通过修行来涤除干扰本性显现的烦恼尘劳。

（一）无念为宗，无相为体，无住为本

慧能为了拨扫世间尘劳妄念，而立三无法门来证求般若智慧，亦即：

立无念为宗，无相为体，无住为本。何名为无相？无相者，于相而离相；无念者，于念而不念；无住者，为人本性，念念不住。[③]

简单地说，就是要扫除心中对事物的错误认识。但是，严格按照慧能的理解，这种说法还是不确切的，它虽然强调了破除对“有”的见解，还是会陷入“无”见。人们一旦认为事物不存在了，这种“不存在者”本身就是变成了一种“不存在的存在者”。人们怎么可能看到“无”呢？“无”既然是“无”，那么，自然是无法被感官所感知，既然感官无法感知，思维又怎么触及？然而，人们毕竟还是在思考某个叫“无”的东西。因而，这种认识毕竟还是世间邪见，不是正见。以坐禅举例：

坐禅元不着心，亦不着净，亦不言不动。[④]

慧能由此反对以往通过观心的方式坐禅。如果观心就叫作坐禅：

心元是妄，妄如幻故，无所看也。[⑤]

“心”本性是空，如梦如幻，无所谓观。如果说坐禅是为了看“净”，那就本末倒置。因为：

人性本净，为妄念故，盖覆真如，离妄念，本性净。[⑥]

---

① （唐）慧能著，郭朋校释：《坛经校释》，中华书局 2012 年版，第 47 页。
② 同上书，第 48 页。
③ 同上书，第 39 页。
④ 同上书，第 43 页。
⑤ 同上。
⑥ 同上。

一方面，人本性清净，就是由于有妄念遮蔽真如本心，所以才需要坐禅。另一方面：

不见自性本净，起心看净，却生净妄，妄无处所，故知看者看却是妄也。净无形相，却立净相，言是功夫，作此见者，障自本性，却被净缚。①

如果人们不知道本就有自性清净心，坐禅看“净”，看的是什么呢？清净本心本来就没有形象，然而，没有形象，人们又如何通过坐禅来看到这个“净相”？当我们生起念头想要去看“净相”的时候，其实又无端生起了一个妄作的相来让人着迷，这又是与初衷背道而驰的。

因此，这种“无念”“无相”“无住”从根本上来说，就是念无所念、相无所相、住无所住。人们不能在“有念”“有相”上思虑、执着，又怎么可以在“无念”“无相”上起分别心妄立个“无”来思虑、执着呢？这种无念、无相法门讨论的不是有关于外境的存在与否，而是想要破除人们通过概念对外境的把握。只要有概念，就会通过概念来限定人们对于事物的认识。这种认识是认识事物的基础与方式，但是，人们不应将通过这种认识方式获取的认识等同于外境。这也是佛教想要确立、建立的根本，即通过对于言说、概念的否定来真正把握世界。

（二）道须通流，何以却滞

以《大般若经》为根本的大乘空宗，自龙树开始就坚持以破为主，以破立宗。所以，禅宗“不立文字”的传统并不是为了标榜自身的特立独行，而是根源于慧能对般若经的深刻理解。按照鸠摩罗什翻译的龙树《中论》：“定有则着常，定无则着断。”②

这就是说，当人们认为事物绝对存在时，就会陷入常见，而认为事物绝对不存在时，则会陷入断见。常、断二见都是佛教所要破除的根本邪见。这两种邪见仿佛离人们很遥远，没有人会认为肉眼可见的事物会恒常存在或者绝对不存在。然而，一旦根据现今的梵文本对《中论颂》进行重新翻译，问题就大了。因为人们时时刻刻处于常、断二见之中。现今重新翻译的文本为：“认为存在则执常，说不存在是断见。”③但是，反观慧能对三无法门的诠释，却是超越了文本暗合《大般若经》真正的精髓。

修行可以断除对“有”的执着，但是，修行还容易陷入“无”见。在提倡“无念为宗，无相为体，无住为本”的基础上，慧能进一步反对那些修行枯木禅的行者。因为坐禅追求的不是断灭念头的枯木禅，这种枯木禅很容易就让人陷入对“无”

---

① （唐）慧能著，郭朋校释：《坛经校释》，中华书局2012年版，第43页。

② 叶少勇：《中论颂：梵藏汉合校·导读·译注》，中西书局2011年版，第241页。

③ 同上。

的偏见。由此，慧能批评那些修行枯木禅的人，说：

迷人着法相，执一行三昧，直言坐不动，除妄不起心，即是一行三昧。若如是，此法同无情，却是障道因缘。道须通流，何以却滞？[①]

痴愚之人在事物的形象上起执着，以为修行就是枯坐不动，去掉生活中生起的念头，殊不知这种修行恰恰阻碍了自己得道。“前念、今念、后念，念念相续，无有断绝；若一念断绝，法身即离色身。”[②]人只要活着，就会有相续不断的念头生起，这个是必然的。即便是人们认为自己处于什么都不思考、什么都不思虑的状态，其实也会有难以察觉的念头在转动。“若百物不思，念尽除绝，一念断即死，别处受生。”[③]所以，除非已经死亡，否则，人们怎么可能达到完全没有念头的状态？

对于此，慧能以维摩诘呵斥舍利弗的例子来佐证观点。有一次，舍利弗“于林中宴坐树下”，恰好维摩诘路过。维摩诘见舍利弗于林间打坐，于是批评舍利弗道：

舍利弗！不必是坐，为宴坐也。夫宴坐者，不于三界现身意，是为宴坐；不起灭定而现诸威仪，是为宴坐；不舍道法而现凡夫事，是为宴坐；心不住内，亦不在外，是为宴坐；于诸见不动，而修行三十七品，是为宴坐；不断烦恼而入涅槃，是为宴坐。若能如是坐者，佛所印可。[④]

真正的坐禅不需要拘泥于形式，甚至都不应该刻意生起坐禅的念头。也不需要进入禅定之后才可以显现禅定境界，应该是行住坐卧之间无不是禅。这种超越了形式，直达本质的坐禅才是慧能所认可的。

可见，这种“无念”“无相”“无住”强调的不是静坐妄观的状态，而是强调一种动态、活泼的修行。从慧能对于“禅”内涵的改换开始，中国禅宗开始被注入了一种生命的气息。禅宗“挑柴运水无非道，行住坐卧皆是禅”的说法即来源于此。

三、 佛学成果：前念迷即凡，后念悟即佛

在慧能看来，想要成佛，首要便是自信，相信自己必定可以成佛。其次便是相信自己内在的自性清净心，为善去恶，不被外在的欲望所牵累。通过自身不

---

① （唐）慧能著，郭朋校释：《坛经校释》，中华书局 2012 年版，第 33 页。

② 同上书，第 39 页。

③ 同上。

④ 赖永海、高永旺：《维摩诘经》，中华书局 2010 年版，第 34—35 页。

断努力，才可以让自己拔除迷见，正信智慧。

（一）前念迷即凡，后念悟即佛

对于慧能思想的认识，在后世流传最广的是慧能关于“顿悟”的理解。然而，慧能关于“顿悟”的理解只不过是他思想的外在表现。慧能认为：

> 一切万法，尽在自身中，何不从于自心顿见真如本性。[①]

一切万法，哪怕是“真如无为法”也是根源于自性清净心，所以，与其向外在于“我”的世界寻找真正的解脱之法，不如反身审视自己固有的清净之心。一旦对于自己的清净本性有切实理解，那么“前念迷即凡，后念悟即佛”[②]。然而，“顿悟”这种说法只不过是慧能思想中的冰山一角。

如果众生不具备本有清净，如何可能解脱？所以，慧能顿悟的基础必然是“众生皆有佛性”，这也是弘忍认可慧能的原因。

> 菩提本无树，明镜亦非台，佛性常清净；何处有尘埃！[③]

众生如果天生无明，不具备如来种子，外在的环境又如何可以改变种子本质呢？就像种瓜必然得瓜，虽然风雨不顺、施肥不当的外在条件也会影响果实的大小，却不会改变果实的本质。也就是说，不管人们如何作为，种瓜不可能结出桃子来。即便是利用转基因技术，让一棵果树可以同时结出不同的果实，但是，结出果实的这个根本原因，却是在种下种子的时候就已经决定了。所以，佛教认为善有善报、恶有恶报，人们的行为善恶会决定回报的善恶。所以，众生皆有佛性是“顿悟”思想的根本基础。

然而，虽然人本来有顿悟成佛的可能，从现实角度来说，大多数人毕竟还成不了佛。为什么呢？

> 缘邪见障重，烦恼根深。犹如大云，盖覆于日，不得风吹，日无能现。[④]

人一直以来被邪见、妄见辗转熏习，邪见烦恼障碍了般若的显现。当人们无法自己开悟，明晓自性清净的时候，“须觅大善知识示道见性”[⑤]，在各位师长的帮助下：

① （唐）慧能著，郭朋校释：《坛经校释》，中华书局2012年版，第71页。
② 同上书，第62页。
③ 同上书，第18页。
④ 同上书，第69页。
⑤ 同上书，第73页。

当起般若观照，刹那间，妄念俱灭，即是自真正善知识，一悟即知佛也。[1]

利用般若来返照烦恼，就可以刹那之间断灭烦恼，证得佛地。所以，在自己无法觉解的情况下，外界对自己的指导则是顿悟的必要条件。

可见，如果看不清慧能思想关于“顿悟”从原因到条件再到顿悟的过程，我们对慧能思想的理解就会陷入片面。禅宗后期逐渐演变成一种没有根据的呵佛骂祖、不敬如来，企图通过这种形式超越对于有相、无相的执着，来达到顿悟。究其根本，就在于没有根本理解“顿悟”思想的背后深意。所以，想要正确理解“顿悟”，就不应该仅仅看到“顿悟”这种法门的方便快捷，而要从整体的思想来理解什么是“顿悟”。

（二）离世觅菩提，恰如求兔角

为了避免行者修行枯木禅，慧能将入世与出世相互打通。他认为：

若欲修行，在家亦得，不由在寺。在寺不修，如西方心恶之人；在家若修行，如东方人修善。但愿自家修清静，即是西方。[2]

如果真的想要修行求取正法，在家同样可以修行。因为：

法元在世间，于世出世间，勿离世间上，外求出世间。[3]

佛法就应该在世间才可以求取，怎么能在世间之外别立真如去求取呢？

在为大众宣讲佛法的过程中，慧能借众人心中对于西方极乐世界的渴望，为大家展现了咫尺西天的“神通”。慧能直接对众人说：“唐见西方无疑。”[4]在展现了这种神通之后，满座愕然，于是慧能解释道：

人我即是须弥，邪心即是海水，烦恼即是波浪，毒心即是恶龙，尘劳即是鱼鳖，虚妄即是鬼神，三毒即是地狱，愚痴即是畜生，十善即是天堂。[5]

世间本来是净土，由于人们本心被染污，所以才觉得生活在苦海之中。但是，一旦扫除烦恼，那么，人们就可以看见原来自己生活所在便是西方净土。慧能进一步向人们展示这片净土：

---

① （唐）慧能著，郭朋校释：《坛经校释》，中华书局2012年版，第73页。
② 同上书，第86页。
③ 同上书，第87页。
④ 同上书，第82页。
⑤ 同上书，第82页。

自心地上觉性如来，放大智惠光明，照耀六门清净，照破六欲诸天下。三毒若除，地狱一时消灭，内外明澈，不异西方。[①]

一旦自性本性觉解般若智慧，破除贪、嗔、痴三毒，本心清净，何处不道场？何处不西天？所以，慧能说：

心地但无不净，西方去此不远；心起不净之心，念佛往生难到。[②]

借助活泼、健动的心境对生活审视视角的改变，慧能一扫佛教西天难求、人生苦海的悲观态度，将一种与平民日常生活结合起来的、积极健动的、最具生命力的文化性质赋予了中国禅宗。这一改变，无疑对中国禅宗的发展影响巨大，更影响了日本、韩国佛教的格局。

当代学者陈南燕撰写的《惠能大师传》，生动传神地描绘了慧能的修道："从释迦牟尼佛和拈一朵金色波罗花，大迦叶会意微笑，开禅门以心传心法门，到禅宗五家的相继出现，禅宗发展到了它的鼎盛时期。这之间，有一个不能忘却也无法忘却的伟大人物——禅宗六祖惠能大师。一花开五叶，结果自然成。"[③]简而言之，慧能提倡"单刀直入，顿悟成佛"的思想，使得原本烦琐的佛教渐趋简易，能更好地与中国文化相结合。可以说，慧能是中国本土文化与佛教结合的一个关键人物，唐宋之后凡涉及禅宗思想者，都与慧能的思想有着十分密切的联系。正如著名学者汤一介所说："《坛经》虽有种种尚未取得一致的看法，但此经影响巨大，实于达摩禅学有重大发展，为中华佛学之创造。慧能学说要在顿悟见性，一念悟时，众生是佛，从自心中顿见真如本性。"[④]这一评价可谓一语中的。

① (唐)慧能著，郭朋校释：《坛经校释》，中华书局2012年版，第82页。

② 同上书，第81页。

③ 陈南燕：《惠能大师传》，商务印书馆2014年版，第212页。"惠能大师"即"慧能大师"。

④ 汤一介：《汤一介集·佛教与中国文化》，中国人民大学出版社2014年版，第181页。

韩愈

——雄视千年、匡正文风的大儒

韩愈(768—824),字退之,自称“郡望昌黎”,世称“韩昌黎”。河南河阳(今河南焦作孟州)人。唐代杰出的文学家、思想家、政治家和教育家。他为人率直、坦诚,对国家命运有着深切的关怀,是唐代古文运动的倡导者,提倡“文道合一”“文从字顺”等文学创作思想,对后代诗文写作产生了重要影响。

韩愈的祖辈曾在朝廷或在地方为官,其父韩仲卿时任秘书郎。韩愈三岁时,韩仲卿逝世,他转而由兄长韩会抚养成人。韩愈少年丧父,“幼刻苦学儒,不俟奖励”[①]。“日记数千百言,比长,尽能通《六经》、百家学”[②]。他每天做的笔记有好几千字,随着年龄的增长,韩愈已经精通儒家六经和儒家以外的各派学问。十六七岁时,韩愈之兄韩会病故。韩愈饱经亲人凋丧之痛,还不得不正视衣食之虞。他原以为求仕仅在“为人”,就是致君泽民,现在却认识到,不但要“为人”,还要“为己”。“及年二十时,苦家贫,衣食不足,谋于所亲,然后知仕之不唯为人耳。”[③]他要解决个人和整个家庭的衣食生计问题,“不知孤遗多,举族仰薄宦”[④]。家庭生活的重负使韩愈更意识到入仕的迫切,读书更加刻苦自励。贞元二年(786),十九岁的韩愈便独身前往长安,开始了求仕生涯。

《新唐书·韩愈传》说:“愈性明锐,不诡随。与人交,终始不少变。”[⑤]在很多人看来,韩愈是一个“死脑筋”的人,他是非观念极强,对就是对、错就是错,不会因为贬谪或者遭罪就改变自己的想法。这种性格使韩愈为官时屡遭打击,也使得他的文章、诗歌呈现出怨愤郁躁、情激调变的风格。然而,正是由于这样的性格,他才会不畏触怒君主而上谏《谏迎佛骨表》。同时,他性格率直,特别反感当时从学风、文风到为人的浮夸之气。在他看来,人品即文品,为人会直接影响文风。由此,他提倡“气盛言宜”的创作主张。在他看来,只要作家本身的修养、行为符合道德,创作时就能够文思泉涌,文通字顺。

① (五代)刘昫等撰:《旧唐书·韩愈传》,中华书局 2000 年版,第 2857 页。

② (宋)欧阳修、宋祁撰:《新唐书·韩愈传》,中华书局 2000 年版,第 4069 页。

③ 屈守元、常思春主编:《韩愈全集校注·答崔立之书》,四川大学出版社 1996 年版,第 1262 页。

④ 屈守元、常思春主编:《韩愈全集校注·崔十六少府摄伊阳,以诗及书见投》,四川大学出版社 1996 年版,第 464—465 页。

⑤ (宋)欧阳修、宋祁撰:《新唐书·韩愈传》,中华书局 2000 年版,第 4075 页。

一、德行修养：道济天下之溺，忠犯人主之怒

韩愈是儒家道统复兴的关键人物，这不仅表现在他对儒家文化的倡导，更体现在他对自身品行的涵养。韩愈积极倡导儒家的礼仪，更是亲身践行儒家的精神。在待人处事方面，韩愈深得儒家"忠恕"之道，严于律己，宽以待人。在政化治国方面，韩愈敢于为国家长远发展而顶撞君主，也不失儒生风骨。

（一）责己重以周，待人轻以约

作为儒者，最关切的问题就是如何进行个人修养的实践。韩愈继承了从孔孟以来儒家修养的传统，认为要严于律己、宽以待人。

> 古之君子，其责己也重以周；其待人也轻以约。重以周，故不怠；轻以约，故人乐为善。[①]

古代的君子、贤人对自己的要求是很严苛的，但是，待人处事时，对别人犯的错误却经常大度而宽容。严于律己时，就会发现自己种种的不足，从而向比自己更加优秀的人学习。而待人处事时，由于对别人的行为很大度、宽容，别人也就乐意与自己交往。当君子这么做的时候，就可以在与人交往的过程中，给人树立榜样。当大家都向君子学习、看齐的时候，就会促进社会的和谐稳定。

作为对比，他批评当时的不良风气：

> 其责人也详，其待己也廉。详，故人难于为善；廉，故自取也少。[②]

在现实社会，对别人要求很高，就容易和别人发生矛盾、冲突。对自己要求松懈，就难以进步。"我善是，是亦足矣。"[③]这就会演变成一种自欺欺人、不思进取的风气。所以，韩愈指出，这是"外以欺于人，内以欺于心"[④]。

韩愈这种严于律己、宽以待人的修养并不是纸上谈兵，而是能够践行的。所以，他深刻地指出这种"其责人也详，其待己也廉"风气的根源。他说：

> 虽然，为是者有本有原。怠与忌之谓也。怠者不能修，而忌者畏人修。[⑤]

学习懈怠、实践缺乏，将导致我们走下坡路。然而，有的人不止自己不思进取，还忌惮别人比他们努力，因此就会打击别人，说什么"你这么努力干什么？

---

① （唐）韩愈著，马其昶校注：《韩昌黎文集校注·原毁》，上海古籍出版社2014年版，第25页。
② 同上书，第26页。
③ 同上。
④ 同上。
⑤ 同上书，第27页。

有什么用吗？"被问者为了保持自己不是另类，就顺着大家的懈怠之风而自我放逐，最终导致"事修而谤兴，德高而毁来"①。

韩愈这种优良的品格体现在很多日常小事中。最为人称道的，要数他与贾岛之间发生的"推敲"故事。贾岛经常沉浸在诗歌的天地，仿佛被诗歌俘获了身心，所以，人称其为"诗奴"。有一次，贾岛无意间撞进了韩愈的仪仗队。当时，左右侍立将贾岛押至韩愈面前询问原因，贾岛如实回答。原来，他正纠结于诗句"鸟宿池边树，僧敲月下门"中的"敲"是否要改成"推"呢？韩愈听完会意一笑。他不仅没有怪罪贾岛的冲撞，反而立马沉思，并且给出了自己的建议（"敲"），成为"一字之师"。之后，两人并驾回府，交谈诗文，结为好友。韩愈"责己重以周，待人轻以约"的修养确实是植入他内在的品行。

（二）忠犯人主之怒，而勇夺三军之帅

佛教自传入后，经过两晋、南北朝、隋朝的发展，逐渐在中国人的精神世界中站稳了脚跟。偷偷潜出国境的玄奘回国之后，更是极大地推动佛教在中国的发展。佛教成为当时民众生活不可缺少的一部分。其实，如果仅仅是对佛教进行学理上的研究，佛教并没有什么不好。这种学理上的研究有利于将宗教转化为哲学，使佛教不再是一种迷信仙鬼神佛的宗教，而是一种有助于促进理性、锻炼理性的哲学内容。在韩愈及韩愈之前的时代对于佛教的崇信太严重，各地大兴土木，耗费了许多钱财，以至影响国家经济最根本的运行。初唐诗人韦嗣立就曾经对唐中宗上疏谏言，指出崇信佛教的弊端：

> 营造寺观，其数极多，皆务取宏博，竞崇瑰丽。大则费耗百十万，小则尚用三五万余，略计都用资财，动至千万已上。转运木石，人牛不停，废人功，害农务，事既非急，时多怨咨。②

当时，佛教营造寺院的数量、支出已经超过了信仰宗教的底线，大大影响了国家经济。所以，韦嗣立、韩愈以及不少有理性的忠臣开始警惕盲目信仰下的大肆建寺。

韩愈很早开始关注佛教建寺对国家经济造成的影响。他明确表明自己排佛立场的导火索是唐宪宗迎请佛骨一事。当时，在凤翔有座法门寺，寺中有供奉着释氏指骨的护国真身塔。按照惯例，每过三十年，法门寺就会打开护国真身塔，让佛指骨出塔受人供奉。据说，一旦供奉佛骨后，就会岁丰人泰。唐宪宗元和十四年，唐宪宗派使者去迎接佛骨，打算将佛骨迎接到皇宫之中，供奉三

---

① （唐）韩愈著，马其昶校注：《韩昌黎文集校注·原毁》，上海古籍出版社 2014 年版，第 27 页。

② （五代）刘昫等撰：《旧唐书·韦嗣立传》，中华书局 2000 年版，第 1943 页。

日。此举瞬间点燃了全国上下对于佛教的狂热，《旧唐书》中这样描述道：

王公士庶，奔走舍施，唯恐在后。百姓有废业破产、烧顶灼臂而求供养者。[①]

整个国家陷入了对佛教疯狂的追捧之中。为了避免崇奉佛教特别是大建佛院导致的各种不可控局面，韩愈在举国上下都陷入对佛教的狂热之境况下，依然冒天下之大不韪，直谏宪宗。

在《谏迎佛骨表》的开篇中，韩愈很平静地说：

必知陛下不惑于佛，作此崇奉，以祈福祥也；直以年丰人乐，徇人之心，为京都士庶设诡异之观，戏玩之具耳。[②]

即使唐宪宗是为了迎合大众对于诡异之事的崇信而供奉佛骨，但是“百姓愚冥，易惑难晓”[③]，看到朝廷如此重视佛教，就会因此跟随着陷入对佛教的狂热之中。然后：

焚顶烧指，百十为群；解衣散钱，自朝至暮；转相仿效，惟恐后时；老少奔波，弃其业次。若不即加禁遏，更历诸寺，必有断臂脔身以为供养者。[④]

这就会导致许多不可控制的后果出现。接着，韩愈直言：

伏以佛者夷狄之一法耳。自后汉时流入中国，上古未尝有也。[⑤]

在佛教没有进入中国的时候，“天下太平，百姓安乐寿考，然而中国未有佛也”[⑥]。反而是在佛教传入后，大肆供奉佛教的朝廷大多早夭，崇信佛教、三次舍身施佛的梁武帝最终得到的却是被人所逼、饿死台城的下场。所以，韩愈指出，国泰民安与是否供奉佛骨没有必然关系。反而是供奉佛教之后，导致国家经济衰退，甚至陷入崩溃。谏言并不是韩愈的分内事，但是，出于对国家大事负面影响的担心以及对事态恶化的觉察力，他发出了强烈的反对声音。这更表现出他所具有的非常难得的勇气、忠诚。韩愈最终认为迎佛骨不是正事，是误国之举，因此，他尖锐地指出：

---

① （五代）刘昫等撰：《旧唐书·韩愈传》，中华书局2000年版，第4198页。
② （唐）韩愈著，马其昶校注：《韩昌黎文集校注·论佛骨表》，上海古籍出版社2014年版，第685页。
③ 同上。
④ 同上书，第686页。
⑤ 同上书，第684页。
⑥ 同上。

乞以此骨付之有司，投诸水火，永绝根本，断天下之疑，绝后代之惑，使天下之人知大圣人之所作为，出于寻常万万也，岂不盛哉！岂不快哉！[①]

韩愈这些言论触怒了宪宗，如果不是多方求情，他恐怕早已身首异处。即便是多方周旋，韩愈最后还是被贬谪为潮州刺史。

关于迎佛骨之事，宪宗皇帝当然期望通过此方法，保佑国家风调雨顺。可是，事与愿违，大兴工程，劳民伤财，进而影响了国家经济。韩愈以及其他许多大臣都看到了这点，但是敢于直言上谏的，只有他。韩愈的谏言，使自己遭贬，似乎可以说他是率性、单纯甚至幼稚。然而，正是因为有韩愈这样一批关注国运沧桑的忠勇志士，才有了绵延不绝的中华民族精神。

二、为学态度：道之所存，师之所存

在学习方面，韩愈秉持着儒家一贯的理性精神，对鬼神存在与否存而不论。同时，韩愈又理性地借助鬼神来规范、约束人们日常的不义之举。韩愈肯定人人都有学习成才的可能性与必要性。因此，韩愈鼓励人们积极地向老师和贤者学习。

（一）欲以鬼神威吓人

从儒家角度看，韩愈对于鬼神的看法绝对是一个另类。为了纠正时人言行的浮夸、放荡，韩愈借助“鬼神”劝人学习。所以，有人认为韩愈是一个“偏儒”。他们认可韩愈借鬼神纠正言行的举措，却不认可他的“鬼神”之说，认为他不属于正统儒者。这个说法是极不确切的，儒家对鬼神的态度其实是很理性的，儒者从不正面肯定或者否定鬼神的存在，而是将鬼神降格成为一种符号，使之成为一种具体意象。正如《论语》中所说：“祭如在，祭神如神在。”[②]儒者不应该讨论鬼神存在与不存在的问题，但是，要关心如何正确地确立鬼神这一意象。所以，在祭祀的时候，不应该怀揣对于鬼神的虔敬来崇信鬼神，而应该将这种虔敬转化为一种内在的根据，来确立自己良好的行为准则。

韩愈确立“鬼”存在的看法与儒家的根本立场是一致的。韩愈认为，“无声与形者，物有之矣，鬼神是也”[③]。一旦“民有忤于天，有违于民，有爽于物，逆于伦而感于气，于是乎鬼有形于形，有凭于声以应之，而下殃祸焉，皆民之为之也”[④]。也就是说，假如我们做的事情违反了天意，违背了正常的道德准则，“鬼”就会现身来震慑我们，让人恪守正常的道德行为。

---

① （唐）韩愈著，马其昶校注：《韩昌黎文集校注·论佛骨表》，上海古籍出版社2014年版，第687页。

② 程树德撰，程俊英、蒋见元点校：《论语集释·八佾》，中华书局2013年版，第203页。

③ （唐）韩愈著，马其昶校注：《韩昌黎文集校注·原鬼》，上海古籍出版社2014年版，第29页。

④ （唐）韩愈著，马其昶校注：《韩昌黎文集校注·原鬼》，上海古籍出版社2014年版，第30页。

所以,李石评价韩愈:“退之作原鬼,与晋阮千里相表里。至作罗池碑,欲以鬼威喝人。”[①]韩愈的“鬼”并不是为了确立鬼神存在与否,而是为了让人们对于自己的行为准则有一个确定根据,用现在的话来说就是道德与行为的“底线”。这种观点有积极的现实意义。中国还有许多信仰其他宗教的人士,对于这些人,不应该强制他们改换信仰。这种强制的行为可能只会带来反抗,或者说是“逆反”。我们应该正确地引导,让人们将个人信仰转化成良好道德行为的内在根据,从而使更多人积极参与中华民族优秀传统文化的伟大复兴,不断激发中华优秀传统文化的正能量。

（二）惑而不从师,其为惑也,终不解矣

韩愈指出:“人非生而知之者,孰能无惑?惑而不从师,其为惑也,终不解矣。”[②]意思是说,人不是生下来就什么都懂,谁能没有问题、没有疑惑呢?有问题而又不去请教老师,那么,疑惑就一直不能消除。

人们不仅要重视积极地向老师学习,更要寻访优秀的老师,很多人对此很困惑,所谓“经师易得,人师难求”,品学兼优的老师太难找了!一些人自视太高,不够谦虚;有的人爱面子,老师年龄比自己小就觉得难堪,这样,当然难找老师了。对此,韩愈指出:“道之所存,师之所存也。”[③]别人知识掌握得比自己好,自己就应该主动向别人学习。因为,“闻道有先后,术业有专攻”[④]。

据史料记载,毛主席也曾引用过韩愈的这篇《师说》。1940年秋在延安时,有一次,邓力群等人去接毛泽东到马列学院作报告。一路上,大家给毛泽东介绍马列学院的情况,毛泽东对迎接他的人们说:“韩愈的《师说》有真知灼见的,‘生乎吾前,其闻道也故先乎吾,吾从而师之;生乎吾后,其闻道也亦先乎吾,吾从而师之’。一路上,你们给我介绍了很好的情况,真是‘亦先于吾,吾从而师之’,谢谢你们!”

我们要积极、主动地向他人请教,不断弥补自己在学问上的不足。学习的时机,不同的机缘,不同的人对于知识的掌握肯定会有所不同。不能因为对方身份的贵贱、地位的高低以及年龄的大小,而放弃向别人求教的机会。学习态度积极与消极的差别,就可能导致圣、愚不同:

> 古之圣人,其出人也远矣,犹且从师而问焉;今之众人,其下圣人也亦远矣,而耻学于师。是故圣益圣,愚益愚。圣人之所以为圣,愚人之所以为

---

① 同上书,第29页。

② (唐)韩愈著,马其昶校注:《韩昌黎文集校注·师说》,上海古籍出版社2014年版,第47页。

③ 同上。

④ 同上书,第49页。

愚，其皆出于此乎？[①]

圣人与愚者真正的差别不在于是不是天生聪明，而在于对知识获取的态度，积极还是消极，在于向别人请教的姿态，是谦虚还是骄傲。

（三）业精于勤，行成于思

韩愈认为，“人非生而知之者，孰能无惑？”[②]这是鼓励人们积极主动地向老师学习，要求人们不断地自我鞭策、自我督促、不断精进。

韩愈任国子博士时，曾经写文章强调了认真学习的重要性。韩愈告诫人们：

业精于勤荒于嬉，行成于思毁于随。[③]

学业想要不断地进步，就要不断勤奋学习。一旦每天嬉戏玩乐，那么，学业就会荒废。学习如逆水行舟，不进则退。当我们在游戏玩乐、原地踏步的时候，别人却在努力学习，不断进步，相比之下，自己就是退步了。因此，不论是学业还是工作，都不能消极对待、得过且过，应该认真、努力地做好每一件事，以臻完美。

有的人可能会想，每天这么努力学习，是不是有用呢？对此，韩愈指出：

诸生业患不能精，无患有司之不明；行患不能成，无患有司之不公。[④]

诸位学生只需担心学业能不能精进，不要担心主管部门官吏是否英明；只需担心“德行”能不能有所成就，不要担心主管部门官吏是否公正。韩愈还指出：

方今圣贤相逢，治具毕张。拔去凶邪，登崇畯良。占小善者率以录，名一艺者无不庸。爬罗剔抉，刮垢磨光。盖有幸而获选，孰云多而不扬？[⑤]

人才是国家栋梁，直接决定了国家未来的命运与前途，虽然选拔人才的制度现在还存在不少弊端，但是，国家也在不断完善制度，让人才选拔更加合理、公正。既然选拔越来越公正、公平，学子们怎么可以消极对待学习呢？应该积极认真地对待每一天的学习。

---

① （唐）韩愈著，马其昶校注：《韩昌黎文集校注·师说》，上海古籍出版社2014年版，第47—48页。
② 同上书，第47页。
③ （唐）韩愈著，马其昶校注：《韩昌黎文集校注·进学解》，上海古籍出版社2014年版，第50页。
④ 同上。
⑤ 同上。

(四)提倡"古文运动"

韩愈是唐代"古文运动"的倡导者之一。"古文"是相对"骈文"而言的一个名称。唐代以"古文"为旗帜的散文改革运动,是散文发展史上对骈俪文体的拨乱反正。先秦两汉文,以质朴自然、散行单句、不拘格式为特点,故称"古文"。所谓"古文运动",就文学而言,是指韩愈等人提倡秦汉时期流行的散文,反对魏晋以来盛行的骈文;就政治来看,则表面高倡复古,实则力求创新。但二者之间,是以文风、文体和文学语言的改革运动为主要内容的。

韩愈从复兴儒学出发,提出文道合一的主张。认为道是目的,文是手段;道是内容,文是形式;文道合一而以道为主,以"道"充实"文"的内容。韩愈历来尊崇儒家传统的古道,他由爱好古道进而倡导古文,反对骈文。他特别重视以道为主,即以文章内容为主,认为文章的形式应该服从内容。韩愈倡导用先秦两汉的古代散文来代替骈文,以儒家的"五经"及屈原、庄子、司马迁、司马相如、扬雄等作家的作品为学习的对象,提出"非三代两汉之书不敢观"①的学习标准。

韩愈在继承我国散文传统的基础上,提出了改革文体的鲜明主张。他力求创造一种既融化古人语言又比较接近当时口语、适合于作者表达思想反映现实的文学语言,并用它来创造一种通达流畅、直言散行的新形式,这是他文体改革的主要内容。他力主语言创新,反对模拟古语、因袭陈言,提出"唯陈言之务去"②。

韩愈不仅是古文运动的倡导者,也是古文运动成绩最卓著的一位。他著有《昌黎先生文集》四十卷,政论文则以《原毁》《师说》《谏迎佛骨表》等最为著名。韩愈倡导儒学和古文运动,表面上是在"复古"的口号下进行,实质上是在继承传统的基础上有所革新和创造。范文澜在《中国通史》中写道:"古文更大的作用,是在建立新儒学,使士人摆脱佛教思想的束缚。宋明两朝理学的广阔境界,由唐古文运动的主要推动者韩愈率先启行,这在诗人中是无与为比的。"③可谓真知灼见。从西晋夏侯湛以《昆弟诰》反对骈文以来,经过四百余年的酝酿,到唐元结年代,古文从细流变为巨流;到唐韩愈年代,又从巨流变为长江大河,波澜壮阔。"韩文影响深远,自北宋欧阳修至清桐城派,凡为古文者,无不以韩愈为不祧之祖。"④韩愈不愧为中唐古文运动的伟大领导人。

三、道济天下:手持文柄,高视寰海

韩愈一生坎坷,却从未放弃过自己对"古文"的追求。他担任国子博士期

① (唐)韩愈著,刘真伦,岳珍校注:《韩愈文集汇校笺注·答李翊书》,中华书局2010年版,第700页。

② 同上。

③ 范文澜:《中国通史》第4册,人民出版社1949年版,第358页。

④ 卞孝萱、张清华、阎琦:《韩愈评传》,南京大学出版社1998年版,第7页。

间，积极鼓励学子学习古风、古文。许多学子非常倾慕他，有的人虽然不是他的弟子，也自称是其门生。吸引这些年轻学子的不仅是韩愈超卓的文学才情，更是他言行如一的儒者风范。

（一）儒者胸怀

一位士大夫是不是具有儒者气象，要从他言行等方面判定。一是看他是否关注、重视儒家的道德修养；二是看他是否将这种儒家思想的信仰落到实处。从这两个方面来看，韩愈就是一个明显具有儒者气象的思想家。这种气象，不仅来源于幼年"刻苦学儒，不俟奖励"的勤奋学习，还来自长期实践后的内化。

韩愈在言行上不仅"其责己也重以周；其待人也轻以约"[①]，而且，为了践行仁义更是不惜自身性命。长庆元年，镇州兵变，新任成德节度使田弘正惨遭杀害。都知兵马使王廷凑自称留后，并向朝廷索求节钺。到次年二月，朝廷赦免王廷凑及成德士兵，并且任命韩愈为宣慰使，前往镇州。"既行，众皆危之。元稹言：'韩愈可惜。'穆宗亦悔，诏愈度事从宜，无必入。"[②]在韩愈即将出发之时，所有人都为他的安危感到担忧。当时，唐穆宗也很后悔，于是让韩愈先观察情形，不要立刻进入镇州。但是，韩愈"死脑筋"的性格在这里表现得淋漓尽致：

> 止，君之仁；死，臣之义。[③]

他认为，君主爱惜臣子，才会让他先观察情况再选择是否进入镇州。既然君待我以仁，自己就应该报之以义，即便在镇州遇害，也是为了回报君主的仁爱罢了。所以，韩愈毅然前往镇州，安抚军民。

韩愈继承了儒家关心他人疾苦的思想品性。当时，袁州有一种风俗，平民的子女要抵押给富人家中为奴。"逾约则没入出钱之家"[④]，一旦到了期限没有足够的钱财赎身，这辈子就要成为他人的奴隶，就失去了一生的自由，成为他人欢愉的附属品。韩愈对这种旧俗感到深恶痛绝，到袁州之后，他自己花钱"赎其所没男女，归其父母"[⑤]，为那些抵押给富人的子女缴纳了拖欠的债款，为他们赎身。同时，还下令废除了这条将他人视为奴隶的旧俗。这一举措，也彰显了韩愈的儒者品性。

（二）道济天下之溺

韩愈始终站在儒家的立场来思考社会现象。他在《原道》中痛心地描述：

---

① （唐）韩愈著，马其昶校注：《韩昌黎文集校注·原毁》，上海古籍出版社2014年版，第25页。

② （宋）欧阳修、宋祁撰：《新唐书·韩愈传》，中华书局2000年版，第4075页。

③ （宋）司马光编撰，沈志华、张宏儒主编：《资治通鉴·唐纪五十八》第242卷，中华书局2009年版，第10242页。

④ （五代）刘昫等撰：《旧唐书·韩愈传》，中华书局2000年版，第2862页。

⑤ （五代）刘昫等撰：《旧唐书·韩愈传》，中华书局2000年版，第2862页。

周道衰，孔子没，火于秦，黄老于汉，佛于晋、魏、梁、隋之间，其言道德仁义者，不入于杨，则入于墨；不入于老，则入于佛。[①]

这种儒道不传的痛心，促使韩愈树立起肩扛道统的使命感和责任感。韩愈上书反对唐宪宗供奉佛骨一事，最鲜明地表现了其儒家本位思想。上谏失败后，韩愈开始对营造寺院这种现象思考与分析。他逐渐反省，上升到民族自觉的层面。在《谏迎佛骨表》中，韩愈对举国营造寺院的思考还只是停留在外来佛教与本土风俗习惯的不同。他指出：

夫佛本夷狄之人，与中国言语不通，衣服殊制，口不言先王之法言，身不服先王之法服，不知君臣之义，父子之情。[②]

他认为，佛教是一种外来文化，按照佛教规定，人们的衣着、使用的语言、尊重的礼仪、信奉的内容与中国的传统文化不一致，这还仅仅是很肤浅的反驳。遭贬谪后，韩愈开始深入思考两种文化的差异。他从人们立身处世所遵循的道德行为出发，认为：

博爱之谓仁，行而宜之之谓义；由是而之焉之谓道，足乎己，无待于外之谓德。仁与义，为定名，道与德，为虚位。[③]

韩愈从儒家的立场将这种思考上升至文化本位的高度。他希望通过这种对文化内在本质的思考与提炼，逐渐让佛教被儒家思想所统辖，使之成为中国文化的一部分，而不是让它成为左右国家经济发展的外来力量，影响社会稳定。韩愈这种思想深刻地影响了张籍、李翱等人。李翱一直被后世儒者诟病，认为他是外儒内佛，但是，他对于儒家文化的努力却是有目共睹，不可否认的。

韩愈是儒家文化复兴极其关键的人物。从儒家文化的延续来看，韩愈的贡献是不可埋没的。后世对韩愈的这种努力也是充分肯定的。比如，苏轼就评价说：

自东汉以来，道丧文弊，异端并起。历唐贞观开元之盛，辅以房、杜、姚、宋而不能救；独韩文公起布衣，谈笑而麾之，天下靡然从公，复归于正，盖三百年于此矣。文起八代之衰，而道济天下之溺；忠犯人主之怒，而勇夺三军之帅：此岂非参天地，关盛衰，浩然而独存者乎？[④]

① （唐）韩愈著，马其昶校注：《韩昌黎文集校注·原道》，上海古籍出版社2014年版，第15页。
② （唐）韩愈著，马其昶校注：《韩昌黎文集校注·论佛骨表》，上海古籍出版社2014年版，第686页。
③ （唐）韩愈著，马其昶校注：《韩昌黎文集校注·原道》，上海古籍出版社2014年版，第15页。
④ （唐）韩愈著，马其昶校注：《韩昌黎文集校注·潮州韩文公庙碑》，上海古籍出版社2014年版，第845页。

苏轼积极肯定了韩愈对于文化复兴做出的努力。但是,苏轼对韩愈的肯定,更多是从文学角度来肯定韩愈品性、文章和气节。

理学大师程颐对韩愈的评价也同样极高,他认为:

> 韩愈亦近世豪杰之士。如《原道》中言语虽有病,然自孟子而后,能将许大见识寻求者,才见此人。至如断曰:“孟氏醇乎醇。”又曰:“荀与扬择焉而不精,语焉而不详。”若不是佗见得,岂千余年后便能断得如此分明也?……盖自是扬子已不见道,岂得如愈也?[①]

扬雄之后,儒家内在的精神已经失传了,如果不是韩愈确实对于儒家内在的精神有切实体会,也不可能遥隔千年来延续这种儒家道统。程颐是杰出的哲学家,他看重儒家的义理。虽然他认为韩愈有一些理解不够到位的地方,但他承认韩愈对儒家义理确实有深刻认识。

这些评价,高度肯定了韩愈对于文化传承所作的努力。韩愈这种热爱中华民族文化的情怀和用心传播它的态度,值得我们充分肯定与认真学习。现代社会要直面西方话语系统占据主导地位的全球化趋势,要把中华文化古国、文化大国建设成文化强国,就要确立并有力提升对我国文化的高度自信,同时努力学习并吸取前人对文化复兴的宝贵经验。韩愈等各位大师对中华文化的自信自觉,对外来文化冲击的有效防御都是值得我们学习与借鉴的。

韩愈崇儒学,倡道统,反佛老,除弊事,主张是明显的,态度是坚定的。他写的古文,不只是文体的改革,更是政治、学术思想的斗争。他敢为人师,传道授业,有意培养一批后继的卫道战士,造就了一支强大的古文队伍。这些成就充分展现了韩愈的核心学养,“即学道、博学、炼句(包括炼字)三个步骤”[②],表现了其卓越的才华和魅力,值得后世学习、传承。

---

① (宋)程颢、程颐:《二程集·端伯传师说》,中华书局2004年版,第5页。

② 范文澜:《中国通史》第4册,人民出版社1949年版,第339页。

刘禹锡

——乐天知命、矢志不渝的诗豪

刘禹锡(772—842),字梦得。河南洛阳人。唐朝著名的文学家、哲学家,有“诗豪”之称。他自幼聪颖,天赋极高,又能潜心学术,勤奋刻苦。十九岁游学洛阳、长安之时,便已在士林中树立了极高的声望。

三十岁左右,刘禹锡参加了王叔文、王伾等人主持的“永贞革新”,以改革政治弊端为目的,在短短数月时间内就推出了不少具有进步意义的政治措施,收效甚广。然而,好景不长,由于新政侵害了当时藩镇、宦官和大官僚们的利益,在保守势力的联合反扑下,很快便宣告失败。之后,等待刘禹锡的是二十余年的贬谪生涯。他的一生,可谓极其坎坷,屡次被贬,又屡次召回。直至晚年,还被排挤出朝,委实令人唏嘘。所幸的是,长期的贬谪生活并没有消磨掉刘禹锡积极乐观的心态,反而锻炼了他更为坚定的人生意志。在探寻人生答案期间,刘禹锡创作了大量脍炙人口的佳作。如感慨人事兴亡的《乌衣巷》,表达恬然自得之老的《陋室铭》,蕴含积极向上思想的《秋词》等。这些作品不仅奠定了刘禹锡“诗豪”的地位,还深深地影响了苏轼、黄庭坚等一批诗人,开辟了一代诗风。

一、道德涵养:千淘万漉虽辛苦,吹尽狂沙始到金

刘禹锡为人刚毅勇猛,虽屡遭贬谪,却并不绝望沉沦,依旧保持着积极乐观的心态。他坚信自己秉持的志向符合天理,伴随着斗转星移,岁月流逝,终究会有实现的一日。因此,刘禹锡的诗歌总是洋溢着浪漫主义的情怀、体现了乐观主义的精神,如《秋词》:

自古逢秋悲寂寥,我言秋日胜春朝。晴空一鹤排云上,便引诗情到碧霄。①

(一)不因感衰节,安能激壮心

被贬朗州的十年,是刘禹锡一生中非常重要的阶段,也是这个阶段,铸就了他不屈不挠、愈挫愈勇的刚健精神。这一时期,他“使气以命诗”,以满腔傲骨与

① (唐)刘禹锡著,瞿蜕园笺证:《刘禹锡集笺证·秋词》,上海古籍出版社1989年版,第829页。

不屈精神写成了《学阮公体三首》。“阮公”即阮籍，身处魏晋交替之际，阮籍只得将自己的满腔报国之情、济世之志用曲折隐晦的方式表达。刘禹锡的《学阮公体三首》不仅仅学习了阮籍《咏怀》诗的表达方式，更强调了学习阮籍《咏怀》诗的旨趣：

少年负志气，信道不从时。只言绳自直，安知室可欺？[①]

在刘禹锡看来，自己少年时代的为人处世过于简单了。如同“墨绳”一般，天真地认为只要坚持“墨绳精神”，做自己认为正确的事情，就可以做好每一件事。他没有想到，在复杂纷繁的社会生活中，尤其是变幻无穷的政治生活中，简单地遵循自己的原则其实不一定能做好事情。

经历了许多挫折之后，刘禹锡不由得对自己的未来充满了迷惑与怅惘。因此，在《学阮公体三首》之二，他描绘了一幅萧索、凄凉的场景：

朔风悲老骥，秋霜动鸷禽。出门有远道，平野多层阴。[②]

长路漫漫，归途何在？朔风、老骥、秋霜、鸷禽这四种常见却又充满萧瑟意味的意象，生动地展现出了刘禹锡在贬谪期间的迷茫。确实，在参加“永贞革新”的时候，他还不过是三十出头的政坛新秀，充满着对未来、对政治满腔的热忱与希冀。奈何好景不长，世事难料，没过多久便被贬谪朗州了，在那里度过了十年的光阴。可是，人生又能有几个十年呢？

然而，刘禹锡并没有因此而气馁，“百胜虑无敌，三折乃良医”[③]，只要反复挑战那些困难，失败的次数多了，自然可以从中获取经验。失败本身并不可怕，可怕的是因此失去面对失败的勇气。刘禹锡自是不甘心沉湎于这种萧索的心境之中，他以诗言志：“灭没驰绝塞，振迅拂华林。”[④]年迈的马儿尚不满足于老死马厩，渴望再次奔腾于荒茫大漠。曾经高飞于苍穹的猛禽又怎会因秋风的凛冽就躲在巢中？

困境固然让人意兴阑珊，却能磨炼自身的意志，让自己变得更加坚强。于是，刘禹锡在困境中发出了挑战的强音：“不因感衰节，安能激壮心？”[⑤]只有那种在困境之中尚能自强不息、努力奋进的人，才可以真正得到世人的肯定。

---

① （唐）刘禹锡著，瞿蜕园笺证：《刘禹锡集笺证·学阮公体》，上海古籍出版社 1989 年版，第 554 页。
② 同上。
③ 同上。
④ 同上。
⑤ 同上。

(二)蹈道之心一,俟时之志坚

在刘禹锡看来,只要坚守正道,就可以将自己平定天下的满腔志向落于实处。可是,自从政济世以来的大起大落,让他不由地对自己一直坚守的"道"进行更深层次的思考。如果自己坚持的"道"是正确的,为什么几经波折也没有办法实现呢?被贬朗州之时,他曾趁机向卖卜的老翁询问缘由:

人莫不塞,有时而通,伊我兮久而愈穷。人莫不病,有时而间,伊我兮久而滋蔓。①

正所谓"物极必反,否极泰来"。为什么有些人一辈子都处于窘境,而没有丝毫的改善呢?卜算老翁提出了自己的见解:

君问曷由?主张其时。时乎时乎!去不可邀,来不可逃。②

老翁告诉刘禹锡,万事万物的变化都是讲究一个"时机"的:

屠龙之伎,非曰不伟。时无所用,莫若履豨。作俑之工,非曰可珍。时有所用,贵于斫轮。络首縻足兮,骥不能踰跬。前无所阻兮,跛鳖千里。③

"屠龙之伎"是《庄子·列御寇》中记载的一个故事:"朱泙漫学屠龙于支离益,单千金之家,三年技成而无所用其巧。"朱泙漫学习的屠龙术难道是花拳绣腿吗?当然不是,然而,这种屠龙术一旦遇不上蛟龙盛行的时代就无用武之地。这不是说这种屠龙术无用,而是因为没遇上施展屠龙术的时机。这就好像一些技术在不同时代就有不同价值,如烧制人俑的技术并不是说有多么珍贵,由于遇上了一个需要烧制人俑的时代,这种技术便价值连城。

所以,如果时机不当,千里马也无法施展它日行千里的脚力。人们不能强求自己在不当的时机获得良好的机遇。所以:

得非我美,失非我耻。其去曷思,其来曷期!姑蹈常而俟之,夫何卜为!④

当人们明白了时机的重要性,方能看淡得失。同时,我们也应该"蹈道之心

---

① (唐)刘禹锡著,瞿蜕园笺证:《刘禹锡集笺证·何卜赋》,上海古籍出版社1989年版,第22页。
② 同上书,第23页。
③ 同上。
④ 同上。

一，而俟时之志坚”[1]。明晓时机的重要性，并且始终坚信，努力做到胸怀正道，待时而动，事半功倍便是水到渠成的事情了。

刘禹锡这种坚守正道、待时而动的精神，在他被贬谪夔州之后表现得更加坚定。正如《浪淘沙》中所言：

> 莫道谗言如浪深，莫言迁客似沙沉。千淘万漉虽辛苦，吹尽狂沙始到金。[2]

面对恶意攻击的政敌、不绝如缕的谗言，刘禹锡屡遭贬谪、远赴边荒之地，他仍旧坚守着自己的信念。在他看来，只要自己没有做错事，那么，只要时机合适、并能经受住时间的考验，世人就一定可以知晓他对天下百姓的一片赤诚之心，真金势必不会被黄沙所掩埋。

刘禹锡的这种精神，十分值得我们学习。当今社会，外界的诱惑、干扰很多，人们一不小心，就容易随波逐流，放弃自己所坚守的东西，从而迷失自我，无所适从。而那些不忘初心，坚持正道，不为外界纷扰的环境所左右的人，终能“吹尽狂沙始到金”，获得最后的成功。

二、为学方法：目视，得形粗者；智视，得形微者

刘禹锡肯定了认识事物时理性思考的重要性。他认为，只有通过理性的“智”才可以真正认识事物。理性认识不仅可以认识、处理感官接触到的信息，而且还可以思考、掌握那些无法通过感性认识获取的知识。

（一）数存，然后势形乎其间焉

刘禹锡进一步推动了有关“天”“人”关系的探讨。在他看来，“天”就是自然界。刘禹锡认为，天与人平分秋色，各有胜场。人在某些方面可以战胜天，但天（自然界）也有其客观发展的规律与趋势，这是不以人的意志为转移的。

刘禹锡所说的“数”，并不像易学中所说的玄而又玄的“数”，而是指一种隐含在现象背后的规律。“势”，则是规律在现象中所表现出来的具体趋势，事物的发展必定沿着某种确定不移的规律。刘禹锡认为，人们在日常学习过程中只要把握了这种规律，就可以成功地利用自然、战胜自然。这便如同水上行舟的“操舟”一事：

> 水与舟二物也。夫物之合并，必有数存乎其间焉。数存，然后势形乎其间焉。一以沉，一以济，适当其数，乘其势耳。彼势之附乎物而生，犹影

---

[1] （唐）刘禹锡著，瞿蜕园笺证：《刘禹锡集笺证·何卜赋》，上海古籍出版社1989年版，第23页。

[2] （唐）刘禹锡著，瞿蜕园笺证：《刘禹锡集笺证·浪淘沙》，上海古籍出版社1989年版，第864页。

响也。本乎徐者其势缓，故人得以晓也；本乎疾者其势遽，故难得以晓也。彼江、海之覆，犹伊、淄之覆也。势有疾徐，故有不晓耳。[1]

船在水上行驶的规律都是一样的。但为什么有些船会沉没、有些船却能行驶平稳呢？这完全是因为不同的操舟人对规律理解、掌握程度的不同。经验丰富的操舟人会通过水势涨落来利用内在的规律，从而平稳地行驶于水面，而技术生疏的人则不能。

因此，在学习的过程中，要善于洞察现象之间的变化趋势。人们虽然没有办法直接观察到事物背后的规律，但是，却可以观察到具体事物的变化趋势，通过感受自然界中有规律的变化并加以总结，从而更加合理、具体地利用规律。

（二）以智而视，得形之微者也

要把握并且更好地利用规律，首要的就是想办法了解规律。但是，规律是看不见、摸不着的，眼、耳、鼻、舌、身这些具体的感官是没有办法感知的。那么，我们应该如何把握规律呢？刘禹锡提出要超越简单的感性认识，上升到理性认识。

天地之间是否真的存在完全不可能被我们认识的东西呢？如果说存在一种无形、无相、无用的东西，我们又该如何认识呢？

若所谓无形者，非空乎？空者，形之希微者也。为体也不妨乎物，而为用也恒资乎有，必依于物而后形焉。[2]

那些无形之物，也不过是极其微细，肉眼不可见的东西罢了。例如，在中国古代，愚昧之人认为生病是被不干净的鬼怪之物附身了，人的心中就会对这种鬼怪之物产生无形的恐惧。现代医学证明，生病不是被鬼怪之物附身，而是被一些人体不能适应的细菌“入侵”了。这就是“无形者”的真面目。无形不是完全不存在，无形也是具体的事物，只是这种事物不能被人的肉眼直接观察到罢了。所以，这种无形之物也无法摆脱自然规律，只要这种无形的东西无法摆脱规律，那就可以被人们所认识。

如何认识这种无形之物呢？眼、耳、鼻、舌、身等感官有很大的局限性。借助于这些感官，我们能了解到的只是那些形象、具体、可见的事物。所以，刘禹锡说：“以目而视，得形之粗者也。”[3]这就是简单的对“势”的认识，还远远称不上对“数”的认识。人们若想让自己的认识上升到“数”，就必须超越这种简单的

---

① （唐）刘禹锡著，瞿蜕园笺证：《刘禹锡集笺证·天论》，上海古籍出版社 1989 年版，第 142—143 页。

② 同上书，第 143 页。

③ 同上。

感官认识，借助理性认识。这就是刘禹锡所说的："以智而视，得形之微者也。"[①]这里的"形之微者"已经不是对事物形象、趋势的认识了，而是要通过人的理性来把握、学习隐藏在事物、现象之后的规律。人们通过对具体可见、可感的"势"来把握事物的"数"，然后，通过对"数"的理解来合理利用"势"、利用自然。只有将"以目而视"和"以智而视"结合运用，才可以获得真正可靠、正确的认识。

刘禹锡曾说："观书者当观其意，慕贤者当慕其心。"[②]也就是说，看书时更应该关注的是文章的意蕴，仰慕贤人更应当仰慕他的心境。因此，当人们"循迹而求，虽博寡要，信矣"[③]。从事物的根本迹象来把握规律，才能真正抓住事物的根本。作为诗人，刘禹锡能从日常生活、风土人情中发现灵感："至则以方志所载而质诸其人民。顾山川风物皆骚人所赋，乃具所闻见而成是诗，因其自述其出处之所以然。"[④]并写下了大量反映少数民族劳作婚嫁、狩猎竞渡、语言物产、风情民俗的诗歌。如他在《莫徭歌》中写道："莫徭自生长，名字无符籍。市易杂鲛人，婚姻通木客。星居占泉眼，火种开山脊。夜渡千仞溪，含沙不能射。"[⑤]生动形象地反映了古代瑶族人的生活习俗。

三、智变天人：天与人交相胜，还相用

（一）莫道桑榆晚，为霞尚满天

刘禹锡认为，并不存在一个主宰人们命运的天。在法制、伦理方面，人类社会可以履行自己独有的职能，这是"天"无法涉猎的领域。而在自然规律方面，人们却无法改变客观规律，只能遵循顺应。因此，我们要认清社会与自然各自的规律。

如果说在刘禹锡被贬谪朗州之时他尚处中年，正是人生充满希望、热情的时候，所以拥有积极乐观的态度不足为奇，那么，他晚年闲居洛阳时依然能够对生活保持乐观态度，就显得弥足珍贵了。

刘禹锡晚年与白居易一起闲居洛阳，两人关系亲密，时常互相赠诗唱和。白居易晚年患有许多疾病，自感身为老人之不易。他便经常对刘禹锡发牢骚，感叹年老体衰。有一次，他将所写之诗《咏老赠梦得》送给刘禹锡：

> 与君俱老也，自问老何如？眼涩夜先卧，头慵朝未梳。有时扶杖出，尽日闭门居。懒照新磨镜，休看小字书。情于故人重，迹共少年疏。唯是闲

---

① （唐）刘禹锡著，瞿蜕园笺证：《刘禹锡集笺证·天论》，上海古籍出版社1989年版，第143页。
② （唐）刘禹锡著，瞿蜕园笺证：《刘禹锡集笺证·辩迹论》，上海古籍出版社1989年版，第129页。
③ 同上。
④ （唐）刘禹锡著，瞿蜕园笺证：《刘禹锡集笺证·武陵书怀》，上海古籍出版社1989年版，第605—606页。
⑤ （唐）刘禹锡著，瞿蜕园笺证：《刘禹锡集笺证·莫徭歌》，上海古籍出版社1989年版，第812页。

谈兴，相逢尚有余。[①]

在这首诗中，白居易把自己身处老年所受的病痛困扰细腻地描绘了出来，并将这种情态、心境传递给挚友。他感叹，年纪大了体力不如从前，眼睛也不大好使，连一些字体稍小一些的书都看不清楚了。感慨之中，情不自禁地掺杂了对垂暮之年的无奈与唏嘘。

然而，相较于白居易这种老年人的长吁短叹，刘禹锡的精神状态可要积极得多。收到白居易的"咏老诗"之后，刘禹锡也写了一首诗唱和，这便是著名的《酬乐天咏老见示》[②]，他安慰友人：

人谁不顾老，老去有谁怜？身瘦带频减，发稀帽自偏。

谁不担心自己老去呢？可垂暮将至这也是没有办法的事情。身形衰微，容颜不再，是最客观的规律，无法逆转。所以：

废书缘惜眼，多炙为随年。

不看书也是为了保护眼睛，多做针灸也是为了保养身体。这些都是人进入老年保持健康的办法。但是：

细思皆幸矣，下此便翛然。

老友呀，换个观点看看，老年其实也挺好的，不是吗？因为我们"经事还谙事，阅人如阅川"，毕竟活了一大把年纪了，见过这么多人，经历过这么多事，得到的经验也是一笔丰厚财富。所以，即便身至老年，也不应当如此悲观：

莫道桑榆晚，为霞尚满天。

我们虽然已经人到老年，但老年有老年的乐趣，你难道看不到傍晚的晚霞同样艳丽动人吗？所以，我们应该时刻乐观地对待生活，快乐地过好每一天。

（二）天与人交相胜耳

刘禹锡认为，天并没有主宰万物的能力，天只是"有形之大者也"[③]，它再大也是有形的。只要是具体有形象的事物，就一定有其局限性，也必定有其擅长

---

① （唐）白居易撰，谢思炜校注：《白居易诗集校注·咏老赠梦得》，中华书局2006年版，第2488页。

② （唐）刘禹锡著，瞿蜕园笺证：《刘禹锡集笺证·酬乐天咏老见示》，上海古籍出版社1989年版，第1261页。

③ （唐）刘禹锡著，瞿蜕园笺证：《刘禹锡集笺证·天论》，上海古籍出版社1989年版，第139页。

处。所以“天之能，人固不能也；人之能，天亦有所不能也。故余曰：天与人交相胜耳”[①]。天与人各有其擅长之处，完全不能用主宰万物来理解“天”。

为什么人们认为冥冥之中自有主宰呢？这是由于“法小弛”。当“法大行，则是为公是，非为公非，天下之人蹈道必赏，违之必罚”[②]。当天下法制健全，善行、恶行可以得到奖赏或者惩罚，那么，人们还会将自己的生存托付给他人吗？当然不会。所以，人们会想：“天何预乃事耶？唯告虔报本、肆类授时之礼，曰天而已矣。福兮可以善取，祸兮可以恶召，奚预乎天邪？”[③]这个时候，“天”还有什么用呢？无非就是在天气变化、晴暖雨水的时候，人们会想到“天”。“天”也就失去了主宰一切的能力与权力。

> 法小弛则是非驳，赏不必尽善，罚不必尽恶。或贤而尊显，时以不肖参焉。或过而僇辱，时以不辜参焉。[④]

一旦法治松懈，好人不一定会受到奖赏，恶人也不一定会受到惩罚的时候，人们对于“天”的看法就会发生改变。

> 彼宜然而信然，理也。彼不当然而固然，岂理邪？天也。福或可以诈取，而祸或可以苟免。[⑤]

如果造假可以得到奖赏，做好事反而会受到惩罚，人们就会觉得或许祈求上天保佑还是很有帮助的。假如法治继续恶化，到了法律完全无用的地步：

> 则是非易位，赏恒在佞而罚恒在直。义不足以制其强，刑不足以胜其非，人之能胜天之具尽丧矣。夫实已丧而名徒存，彼昧者方挈挈然提无实之名，欲抗乎言天者，斯数穷矣。[⑥]

恶人占据好处，好人接受惩罚。讲道理的人却被武力镇压，刑罚也不能惩治恶人，人们就会完全地将自己的未来寄托于上天。

> 天之所能者，生万物也；人之所能者，治万物也。[⑦]

---

① (唐)刘禹锡著，瞿蜕园笺证：《刘禹锡集笺证·天论》，上海古籍出版社 1989 年版，第 139 页。

② 同上。

③ 同上。

④ 同上。

⑤ 同上。

⑥ 同上书，第 139—140 页。

⑦ (唐)刘禹锡著，瞿蜕园笺证：《刘禹锡集笺证·天论》，上海古籍出版社 1989 年版，第 139 页。

天的用处在于生养万物，人的长处在于判定是非。如果我们可以做到“有法可依、有法必依、执法必严、违法必究”，那么，便可以扫除一切迷信之风，人们就不会将信仰和希望寄托在上天或者鬼神身上，迷信就必然会从人们的生活中完全消失。

“刘禹锡的诗歌雄豪苍劲，被白居易誉为‘诗豪’，这正是他实践自己以文为‘见志之具’，强调文以‘气为干’‘以识度为宗’的文学主张的结果。”[①]“雄豪苍劲”是其生命的本色，也是其诗文风格。他重视识度，又有辩证思维，对于国家隆替、人世沧桑、事物代谢，识见精深、议论警策、发人深省。这种文风值得我们提倡。

① (唐)刘禹锡著，瞿蜕园笺证：《刘禹锡集笺证·天论》，上海古籍出版社1989年版，第140页。

第五篇

中国古代文化史的又一座高峰

宋明时期先贤的核心学养概述

在中国思想史和哲学史上，往往将宋朝和明朝联系起来研究，将这一时期统称为宋明理学时期。在宋朝和明朝，理学历经初创、发展到兴盛，是理学思想的贯通将这两个朝代紧密地联系在一起。而元朝在经济、文化等方面的发展，明显比宋、明这两个朝代落后。

理学诞生于北宋中晚期，影响了中国近千年的历史。现在一般认为，理学最早由周敦颐所创，当时并没有称之为理学，而是以“濂学”为名。随后，比周敦颐稍小几岁的张载，开创了“关学”一派。之后，程颢和程颐两兄弟在继承周敦颐思想的基础上，将理学进一步推进，开创了“洛学”一派。周敦颐、张载、程颢、程颐和邵雍五人，被称为“北宋五子”，也是公认的理学创始人。南宋时期，朱熹继承“二程”思想，综合其他理学流派的思想，集理学之大成，在福建创建了“闽学”，形成了居正统之位的“程朱理学”。而濂、洛、关、闽四学派，也被人合称为“理学四派”。

理学一名始称于南宋，是指宋明时期以儒学为主干，融摄佛道两家的智慧，综合创造的新形态哲学。朱熹曾说“理学最难”，陆九渊也说“惟本朝理学，远过汉唐”。理学重建了“宇宙论”“本体论”和“心性修养论”，重建了道德形上学的体系。除以地域划分的濂、洛、关、闽“理学四派”之外，现代学者按照思想主体性的不同，将理学又划分了“气学”“数学”“理学”“心学”四派。

一

“气学”的代表人物是张载，他写下“横渠四句”——“为天地立心，为生民立命，为往圣继绝学，为万世开太平”——激励了后世无数学者，至今还广为流传。张载被认为是理学创始人之一，然而，他的哲学思想核心不在于“理”，而在于“气”。张载认为宇宙的本体，万物的始基是“气”，一切万物都是由“气”化而来的，形态万千的万物，都是气的不同表现形态。这一理论被称为“气本论”或者“气化论”，因此，他被认为是“气学”代表人物。张载能够提出“气本论”思想与他“博学”理念是密不可分的。张载指出：“惟博学然后有可得以参较琢磨，学博则转密察，钻之弥坚，于实处转〔笃〕实，转诚转信。故只是要博学，学愈博则义愈精微，舜好问，好察迩言，皆所以尽精微也。”[①]他广泛学习各种知识，通过对各种现象深入细致探究，从而清楚地看到万事万物的本质，他认为事物之间应该有共同的本质，结合古代的“元气论”，最终形成了他的“气本论”。

“数学”的代表人物邵雍，是“北宋五子”之一，理学的创始人。他的思想主要来自《周易》一书，他结合道家和汉代易学的思想，撰写了《皇极经世书》。这

① （宋）张载著，章锡琛点校：《经学理窟·气质》，中华书局1978年版，第270页。

是一部运用易理和易教推究宇宙起源、自然演化和社会历史变迁的著作，其本质上是对《周易》一书的进一步注解。邵雍对"道"概念的形而上理解超越了以往历代儒家，从而对于宋代理学的形成与发展起到了至关重要的作用。

相对于"理学"和"心学"两派，无论是"气学"还是"数学"，在宋明理学的思想体系中影响并不是很大。特别是朱熹集理学之大成，"程朱理学"奠定了理学的正统地位，"气学"和"数学"影响就更加微弱了。

二

"理学"也就是人们常说的"程朱理学"，占据了宋明理学中的正统地位。"程朱理学"创始人，一般都认为是周敦颐。然而，周敦颐在历史上的影响其实并不大，远远不如"二程"、朱熹等人。"二程"曾在周敦颐门下受教，但是，他们对周敦颐也有许多扬弃。直到南宋时期，周敦颐的"理学宗主"地位才被朱熹等人认可，逐渐被人们认可。其最为人们熟知的《爱莲说》一文中，"出淤泥而不染，濯清涟而不妖"成为流传千古的名句。在理学思想上，周敦颐只是做了基础性工作，他提出的"太极说"以及"诚论"对理学思想体系的建立起到了奠基作用。周敦颐比较关注个人道德修养，他认为人们应该率先注重自身道德修养，至于外在种种知识都只是技巧性的东西。在他看来，道德修养是实在的学问，文辞等知识只是外在的修饰。以一辆马车为喻，道德修养是整个马车的架子，其他种种技巧性的知识只是马车外面的修饰，如果连架子都没有，修饰又有什么用呢？这一思想在很大程度上继承了孔子对于道德修养和文辞知识的看法。

"北宋五子"中，周敦颐和张载年龄稍大，程颢、程颐两兄弟年龄稍小，但"二程"在理学中的地位远远超过周敦颐和张载。现在所说的理学思想，严格来说是"二程"建立的。提到"二程"，我们不得不说"格物致知"。这个成语最早出自《礼记·大学》篇，"二程"对其进行了阐发。在他们看来，所谓"格物致知"就是要求用心体会外在事物、知识，将其彻底地洞察、了解，明白其内在道理，通过一点一滴的积累，最后达到真知的境界。这一过程的关键，在于对一种事物或者一种知识的观察、学习过程中如何能够做到全面、透彻地了解，并把握其内涵，这是一种很难达到的状态。

"二程"的四传弟子朱熹，是理学中最具代表性的人物，也是集理学之大成者。他继承"二程"思想后，深感"格物致知"其实是很难达到的状态，他也讲"格物致知"，但是，他有一套自己的学习方法，后人将其归纳为"朱子读书法"：循序渐进、熟读精思、虚心涵泳、切己体察、着紧用力、居敬持志。其中"虚心涵泳、切己体察、居敬持志"是学习者道德修养之方法，就是要有一颗敬畏之心，不仅要敬畏他人，也要学会敬畏自己，无论做什么事情都要小心谨慎、专心致志。

“循序渐进、熟读精思、着紧用力”则主要指具体的学习方法：“循序渐进”是说，学习要打好基础；“熟读精思”讲的是，在彻底地了解文本之后，再仔细地思考其内涵，并将其内涵消化吸收；“着紧用力”则告诫我们，读书、学习要坚持不懈、持之以恒。

三

“程朱理学”在当时是主流思想，然而，也有与其意见相左者。其中最有名的就是陆九渊创立、王阳明完善的“心学”，即“陆王心学”。“心学”其实也是理学的一个派系，两者都号称是继承了思孟学派的道统，两者都承认“理”为最高存在。但是，两者之间有显著分歧，那就是“程朱理学”认为“理”是最高存在，认为心统性情，因此“心即理”；虽然“陆王心学”也承认“理”是最高存在，但是这个“理”是内在于人的，也就是陆九渊说的“心即理”。

陆九渊与朱熹是同一个时期的人，也是心学实际创始人。他创立了心学，但是并没有构建一个完整的思想体系。所以，当时“心学”始终处于“理学”的附庸地位。陆九渊独创性地提出了“优游涵泳”的学习态度。他反对朱熹所说的“着紧用力”，即人们常说的苦读学习法，但并不反对深入地学习。悠闲地学习并不是随意散漫地学习，而是要注重学习的深入度。如果人们能秉持这样的学习态度，主动与人切磋、交流，不盲从他人意见，就能收到“剥落”内心私欲与己见的效果，从而达到“发明本心”的境界。

陆九渊是心学开创者，但真正完善心学体系的却是明代王阳明。王阳明首次提出“心学”两字，认为“心学”的宗旨在于“致良知”。从此，“心学”开始有了清晰而独立的学术脉络，因此，“心学”有时也被称为“阳明心学”。王阳明思想中最广为人知的是“知行合一”理论。在王阳明看来，“知”与“行”从来不是截然分裂的两个部分，而是相辅相成的：“知”必然要“行”来验证，“行”需要“知”为支持，“知”的过程本身也是一种“行”；“行”的过程同样也是一种“知”。在王阳明看来，这一道理前人其实早就说过了，只不过后人强行把“知”与“行”割裂开来，所以，他才提出“知行合一”的理论。

“心学”在王阳明之后开始流传，并且产生了较大影响，甚至一度与“程朱理学”分庭抗礼，到了清代，“心学”再次没落下去。

四

“理学”是当时的主流思想，然而，并不是所有人的思想都被拘束在“理学”之中，明代的王廷相和李贽就是其中的代表。

王廷相既反对“理学”，又不赞成“心学”，他思想中具有浓厚的朴素唯物主义思想。王廷相在“心学”和“理学”之间“自出机杼”。以“见闻”和“心思”为例，理学家重“见闻”，心学家重“心思”。而在王廷相看来，侧重哪一方都不好，应该两者并重，“见闻”是“心思”的基础，而“心思”则是“见闻”的结果。再以“知”与“行”为例，王阳明认为，理学家将“知”与“行”割裂开来，或强调“知”，或强调“行”，都是不对的。所以，他提出“知行合一”的理论。王廷相则认为，“知”就是“知”，“行”就是“行”，两者都很重要，他提出要“知行兼举”，反对王阳明将“知行”看作一体的说法。

李贽提出“学无恒道”，也就是说，没有一个固定标准，没有一个永恒标准。那个“标准”不是“天理”，也不是孔子的理论，人们唯一应该遵从的就是自己的赤子之心。因此，李贽提出了“童心说”。从某种角度来说，李贽的思想偏向于心学，属于泰州学派的极端。但是，李贽“童心说”与“心学”有很大的不同，“心学”追求通过学习修养，达到“致良知”的境界。李贽认为，这样的方法只会使人的“真心”蒙蔽，学会用一种虚伪的“仁义道德”来掩盖人心的罪恶。李贽的“童心说”带有浓厚的禅宗意味。所以，李贽在世之时，也有人称他的这种思想为“狂禅”。

五

宋明时期，“理学”思想影响很大。这两个时代，还各有一次影响比较重大的变法。

宋代进行了“熙宁变法”，也就是著名的“王安石变法”。王安石变法以发展生产、富国强兵、挽救宋朝政治危机为目的，以“理财”“整军”为中心，涉及政治、经济、军事、社会、文化各个方面，是中国古代史上继“商鞅变法”之后，又一次规模巨大的社会变革运动。然而，由于支持者宋神宗的去世，以司马光为首的旧党极力反对，变法最后以失败告终，司马光上台后，更是将新法全部废除。对于“王安石变法”的评价，毁誉参半，有人认为“王安石变法”在当时的确起到了一定作用，充实了国家财政，加强了国防力量；也有人认为“王安石变法”中一些不恰当的举措使整个国家动荡不安，加速了北宋灭亡的进程。抛开“王安石变法”的成败不谈，他提出的“经世应物”理念以及“文武兼备”思想，对后世改革家来说很有借鉴意义。说到王安石，我们就不得不提到司马光。“司马光砸缸”的故事一直被人们津津乐道，司马光也常常被视为“智者”的典型，中国历史上第一部编年体通史《资治通鉴》就是他主持编纂的，而将“王石安变法”扫进历史尘埃中的，也是司马光。司马光学术上的最大贡献在于历史方面，他明确地提出了“以史为鉴”的理念。司马光说：“臣今所述，只欲叙国家之兴衰，著生民之休戚，使观者自择其善恶得失，以为劝诫。”[①]《战国策》中有一句成语——“前事之不忘，后事之师”[②]，意即通过了解、记住前人的经验、教训等，作为以后的借鉴。这也是司马光提出“以史为鉴”的内涵所在。

明代也有一场与“王安石变法”十分类似的变法改革行动，史书上称之为“万历新政”，人们一般称之为“张居正改革”。张居正改革的过程和王安石变法的过程很相似，早期受到皇帝的支持，改革很顺利地实行，在当时也的确起到了积极作用；同样，“张居正改革”也遭到不少人反对，在失去皇帝的支持后，新政最终被全部废除。历史上对于张居正的评价也毁誉参半，一般人在肯定他政治才能的基础上，往往会对他的道德修养提出严厉批评。

张居正与王安石的思想也有相似之处，主张要学习对治理国家有用的知识，反对空谈性言论。在张居正看来，学习就是要学经世济用之道，只有学习这方面的内容才是有意义的。至于其他词章训诂之学，都是一些雕虫小技，在他看来是不值得学习的。王安石和张居正所进行的改革都以失败而告终，他们也都是积劳成疾，因病去世。当然，他们死后的待遇却是截然不同的：王安石死后谥号“文”，曾一度配享孔庙；而张居正死后被抄家灭族，还差点被人从棺材里挖出来鞭尸。这也从侧面说明个人的道德修养比权位、才能更重要。

六

宋代，在文学上也取得了令人称道的成就。宋代诗词以及散文在中国文学史上有很高的地位。宋词与唐诗并列为中国古代文学史上两座难以逾越的高峰。词起源于唐代，在五代十国期间开始兴起，在宋代到达巅峰，所以也被称为宋词。宋词句子有长有短，便于歌唱。由于是合乐的歌词，故而又称曲子词、乐府、乐章、长短句、诗余和琴趣等。文学史按照宋词写作风格的不同，又将其分为婉约和豪放两派。

婉约派是宋词的主要流派，在影响力上，婉约派在当时远远超过豪放派。婉约派最具有代表性的词人就是柳永。柳永原名三变，又有“奉旨填词柳三变”之称。柳永是第一位对宋词进行全面革新的词人，也是两宋词坛上创用词调最多的词人。豪放派是宋代新创的词派，苏轼一般被认为是此派的创始人，也是最为杰出的代表人物。苏轼提出“以诗为词”的思想，这与他的“博观取约”理念有着密切关系。所谓“博观取约”，就是说长期积累之后，再从中挑选所需要的部分。苏轼能够“以诗为词”，是由于他在写诗、填词方面有丰富的经验和知识

---

① （宋）司马光编撰，沈志华、张宏儒主编：《资治通鉴·魏纪一》第69卷，中华书局2009年版，第2758页。

② 缪文远等译注：《战国策·赵策一》，中华书局2012年版，第498页。

积累,故而他能够打破诗词之间的界限,突破词原有的瓶颈,创立豪放词派,进而大大提高了词的地位。

除了诗词之外,宋代散文在中国古代文学史上也有很高的地位。明代开始标举“唐宋八大家”,其中宋代就占据了六位,前面已经提到的王安石、苏轼等人赫然在列。王安石和苏轼在散文上也有很高的造诣,但是他们突出的成就并不在此。宋代散文最具代表性的人物是欧阳修,他以散文创作而闻名于世,并领导了“北宋诗文革新运动”。

北宋的诗文革新运动继承了唐代的古文运动,它反对浮夸艳词,主张去掉文章中过多的雕饰,使之回归于质朴自然。当然,这与欧阳修提出的“缘文寻意”思想有着密切关系,即要顺着文本内容探寻其背后的本意,研究得越深入,探求到的内涵也就越丰富。欧阳修认为,学习经典要注意把握原文,不要过分专注于后人对经典的注释,由于注释大多是别人的看法,或对或错,而且繁杂冗长,往往阅读注释后,容易使人忘记或忽略正文,这就是舍本逐末了。在欧阳修看来,文章承载的是孔孟之道,如果用各种浮夸的言辞加以修饰,会给人不伦不类的感觉,好像一位绝色美女,偏要施以各种脂粉,反而把她自身的美掩盖了。

宋明时期,杰出人物灿如繁星,不可胜数。有明镜高悬的包龙图,有“先天下之忧而忧,后天下之乐而乐”的范文正,有“王师北定中原日,家祭无忘告乃翁”的陆放翁,有“人生自古谁无死,留取丹青照汗青”的文天祥,有“封侯非我意,但愿海波平”的戚少保,有“粉身碎骨浑不怕,要留清白在人间”的于忠肃……

这或许从侧面反映了这两个时期“理学”“心学”等思想的碰撞淬炼对塑造中国人精神世界的积极意义吧!

欧阳修

——践行孔孟之道的醉翁

欧阳修(1007—1072),字永叔,号醉翁、六一居士。吉州永丰(今江西永丰)人,吉州原属庐陵郡。所以,他常以"庐陵欧阳修"自居。北宋杰出的文学家、史学家,政治家。在文学方面,他领导了北宋诗文革新运动,与韩愈、柳宗元、苏轼、苏洵、苏辙、王安石、曾巩被合称为"唐宋八大家",并与韩愈、柳宗元、苏轼被后人合称为"千古文章四大家";在历史方面,他与宋祁、范镇、吕夏卿等人合撰了《新唐书》,被列入"二十四史",之后又独自撰写了《五代史记》,即《新五代史》,同样被列入"二十四史";在政治方面,他曾官拜翰林学士、枢密副使、参知政事,参与范仲淹等人主持的"庆历新政"。郭预衡认为:"(欧阳修)不仅是能开一代风气,有几代影响的大作家,也不仅于经学、史学、金石之学都有突出的成就,而且是很有胆识、难进而易退的光明磊落的政治家。"①

欧阳修四岁之时,父亲便去世了,他随着母亲寄居在他叔叔家中。据《宋史·欧阳修传》云:"母郑守节自誓,亲诲之学。家贫,至以荻画地学书。幼敏悟过人,读书辄成诵。及冠,嶷然有声。"②虽然家境贫困,但是欧阳修的母亲没有放弃对他的教育,她用荻秆在沙地上教欧阳修读书写字,在这样艰苦的环境中,欧阳修度过了少年时期。欧阳修在十六岁与十九岁之时,参与两次科举考试皆不中。直到二十三岁那年,他"连中三元",在即将到来的殿试中,他以为自己肯定也能夺得状元,没想到结果是十四名。时任主考官的晏殊后来对人说,欧阳修未能夺魁,主要是锋芒过于显露,众考官欲挫其锐气,促其成才。正是从那之后,欧阳修收起了骄傲之心,最终成为一代贤人。

欧阳修学养的核心在于"学以为道",这个"道"就是指孔孟之道。在欧阳修看来,学习的目的是为了践行孔孟之道,人们所学的种种知识都是为实践孔孟之道服务的。

一、道德涵养:文人之风骨,名士之风流

欧阳修有着文人之风骨,他从少年时起就不畏强权,敢于直言。他这种性

① 郭预衡:《中国散文史》,上海古籍出版社2000年版,第432页。

② (元)脱脱等撰:《宋史·欧阳修传》,中华书局1985年版,第8349页。

格并没有随着年龄和地位的变化而有所变化。他还有着名士之风流，不会因为政治上一时失意而自暴自弃，他寄情于山水之间，呼朋引伴，饮酒为乐，这并不是失意后的放纵，而是一种真正的洒脱与悠闲。

（一）忧以天下，乐以天下

青壮年时期的欧阳修怀有兼济天下之心，渴望能够施展胸中抱负，治国安民，用他自己的话说，就是“圣人忧以天下，乐以天下”[①]。

欧阳修个性鲜明，敢于直言“犯上”，他刚刚步入仕途时，就发生过这样一个故事，据《续资治通鉴长编》记载：

> 始，钱惟演留守西京，修及尹洙为官属，皆有时名，惟演待之甚厚。修等游饮无节。惟演去，曙续至，数加戒敕。尝厉色谓修等曰：“诸君知寇莱公晚年之祸乎？正以纵酒过度耳。”众客皆唯唯。修独起对曰：“以修闻之，寇公之祸，正以老而不知止耳。”曙默然，终不怒。[②]

当时，王曙是欧阳修的直属长官，但是，欧阳修却毫不在意，敢于直言。王曙以寇准之事劝诫他们，欧阳修也以寇准为例反驳王曙。王曙本意可能是好的，欧阳修却略显得有些年少轻狂，然而，他不避权贵、敢于直言的精神，从那时候就表现出来了。

“庆历新政”改革失败后，以夏竦为首的保守派官员攻击范仲淹、欧阳修是“党人”。范仲淹由于直言遭贬，欧阳修在朝廷上力争挽救他。但是，当时一位叫作高若讷的谏官认为范仲淹当贬，于是，欧阳修写下了著名的《与高司谏书》，其中说道：

> 昨日安道贬官，师鲁待罪，足下犹能以面目见士大夫，出入朝中称谏官，是足下不复知人间有羞耻事尔。所可惜者，圣朝有事，谏官不言，而使他人言之。书在史册，他日为朝廷羞者，足下也。[③]

他言辞犀利，毫不避讳。欧阳修甚至说：

> 愿足下直携此书于朝，使正予罪而诛之，使天下皆释然知希文之当逐，亦谏臣之一效也。[④]

---

① （宋）欧阳修撰，李逸安点校：《欧阳修全集·易童子问卷一》，中华书局2001年版，第1109页。

② （宋）李焘撰：《续资治通长编·仁宗景祐元年》，中华书局2004年版，第2684页。

③ （宋）欧阳修撰，李逸安点校：《欧阳修全集·与高司谏书》，中华书局2001年版，第990页。

④ 同上。

他直抒胸臆，奋笔而书，毫不在意会给自己招惹什么样的麻烦，胸中蕴含着一股浩然之气，无所畏惧。

后来，范仲淹与欧阳修再次被召回朝廷，并被委以重任，担任谏官。为了反驳政敌，也为了给自己辩护，欧阳修在庆历四年(1044)向宋仁宗上了一篇奏章，即著名的《朋党论》，给夏竦等人以有力回击。他说道：

> 臣闻朋党之说自古有之，惟幸人君辨其君子小人而已。大凡君子与君子以同道为朋，小人与小人以同利为朋，此自然之理也。①

欧阳修理直气壮地说，你们说我们是“朋党”，我不否认。但是，你们也是一群“朋党”，不同的是我们是“君子之朋”，你们是“小人之党”。

宋仁宗曾感慨道：

> 此中见人多矣，为小官时则有肯尽言，名位已高则多顾藉，如欧阳修者，何处得来！②

很多人在年少之时，年轻气盛，敢于仗义执言。可是，随着年龄增长，地位提高，往往便会爱惜“羽毛”，失去了原本的“风骨”。然而，欧阳修认为：

> 世途万态，善恶由己。所谓祸福，有非人力而致者，一一畏避，怎生过日月也？③

人世间千种情状、万种世态，为善与为恶都由自己决定。所谓的祸呀、福呀，不是个人能完全把握的，如果总是采取躲避的方式，怎么能够快乐地生活？

（二）醉翁之意不在酒，在乎山水之间也

欧阳修仗义执言、像古代仁人志士之风的一面，绝大多数人可能不太了解，在多数人眼中，欧阳修是一位洒脱悠闲的“醉翁”，幽默不羁的“六一居士”。

欧阳修《醉翁亭记》中的“醉翁之意不在酒，在乎山水之间也”是千古名句。他写《醉翁亭记》时，正在滁州任知州，当时只有三十八岁，正是仕途光明之时，一下被贬出了权力中枢，贬到偏远的滁州做知州，换成其他人，恐怕早就受不了了。欧阳修坦然地接受了这一切，将自己尽情地融入山水之中。就像他自己说的那样：“山水之乐，得之心而寓之酒也。”欧阳修还愿意与民同乐，就像人们常说的：“独乐乐，不如众乐乐”。欧阳修将这一点表现得淋漓尽致：“宴酣之乐，

① (宋)欧阳修撰，李逸安点校：《欧阳修全集·朋党论》，中华书局2001年版，第297页。

② (宋)欧阳修撰，李逸安点校：《欧阳修全集·前言》，中华书局2001年版，第10页。

③ (宋)欧阳修撰，李逸安点校：《欧阳修全集·与梅圣俞》，中华书局2001年版，第2452页。

非丝非竹，射者中，弈者胜，觥筹交错，起坐而喧哗者，众宾欢也。苍颜白发，颓然乎其间者，太守醉也。”①

人们常说：“人生苦短，须及时行乐。”什么是“乐”呢？只有实现自己的理想、抱负才算是“乐”吗？欧阳修告诉我们，并不是这样，寄情于山水之间，与众人同游同醉，享受着生活的美好，就足以为“乐”！请看他描绘的这幅如诗画卷：

> 已而夕阳在山，人影散乱，太守归而宾客从也。树林阴翳，鸣声上下，游人去而禽鸟乐也。然而禽鸟知山林之乐，而不知人之乐；人知从太守游而乐，而不知太守之乐其乐也。醉能同其乐，醒能述以文者，太守也。太守谓谁？庐陵欧阳修也。②

游国恩评价道：“《醉翁亭记》写滁州山间朝暮变化，四时不同的景色以及滁人和自己在山间的游乐，层次历落分明，语言自然流畅，表达了摆脱约束、从容委婉的情志。”③是啊，欧阳修多想摆脱约束，真正地寄情山水啊！

二、 治学理念：以道为心，文以为体

欧阳修提出学以为道的观点，强调学习的目的在于践行孔孟之道。欧阳修认为，仅仅践行孔孟之道是不够的，还应该把践行的过程用文章的形式呈现出来，这样可以影响更多人。同时，在学习过程中应学会大胆质疑，不能拘泥于前人的思想而不敢有所突破，也不能被前人传注所限制而忽视了经典的原意。正如当代学者方笑一所说：“欧阳修注重人情事理、注重探求本义的经学观念，令欧阳修在经学与文章之间建立了一座桥梁。因为好文章更需以人情事理为本，而欧阳修认为经书原本具有简易明白的特点，也对其文章写作产生了影响。”④我认为，这也形成了他独特的经学理念。

（一）缘文寻意

欧阳修说过，学习时要“缘文寻意，益究益深”⑤。也就是说，要顺着文本的内容探寻其背后的本意，研究得越深入，探求的内涵也就越深刻。欧阳修提出这一观点，主要还是与当时有些学者过分相信古人之说有关。

当时，一些人研究经典时过分地相信前人的传注，忽视了原文，同时也被传注限制了思想。欧阳修对孙复所治《春秋》十分推崇，我们读他的书信，知道他

---

① （宋）欧阳修撰，李逸安点校：《欧阳修全集·醉翁亭记》，中华书局2001年版，第576页。
② （宋）欧阳修著，洪本健校笺《欧阳修诗文集校笺中》，上海古籍出版社2009年版，第1021页。
③ 游国恩等主编：《中国文学史（修订本）》第3册，人民文学出版社2004年版，第25页。
④ 方笑一：《经学、科举与宋代古文》，浙江大学出版社2017年版，第78页。
⑤ （宋）欧阳修撰，李逸安点校：《欧阳修全集·与梅圣俞》，中华书局2001年版，第1445页。

曾多次向别人借阅此书。如《与梅圣俞》中提到孙书，说："日夕渴见，已经奏御，敢借示否？"①《与吴正肃公》中也说道："孙明复《春秋》文字，知在彼传录，欲告借一两册，或彼中已写了者，若或未写到者，皆得。"②为什么欧阳修如此推崇孙复所治的《春秋》呢？难道是孙复有特别突破性的研究吗？其实不然，请看欧阳修给孙复所写的墓志铭：

> 先生治《春秋》，不惑传注，不以曲说以乱经。其言简易，明于诸侯大夫功罪，以考时之盛衰，而推见王道之治乱，得于经之本义为多。③

欧阳修推崇孙复所治的《春秋》，其实就在于其"不惑传注"。也就是说，孙复研究《春秋》是直接研究《春秋》的原文，而不像其他人主要根据前人的传注来研究《春秋》。在欧阳修看来，前人的传注只是前人的思想，并不一定是经典的原意。一旦研究了前人的传注再来阅读经典，就很容易先入为主，也就可能无法通过阅读经典形成自己新的观点。长此以往，就可能局限于前人思想的藩篱之中而无法突破。当然，欧阳修并不是说不要传注，而是说应该重视先研究经典的原文，再和前人的注解进行对比，比较自己的认识和前人看法的异同、对错，这样，才能进一步加深对经典的理解，形成自己的思想。

另外，当时的学人过分相信已有结论，不能或者说不敢提出自己的看法。欧阳修认为，这样的做法本质上是禁锢了自己的思想，不利于学习，也不利于学术的发展。于是，他对一些经典进行辨伪，其中影响最大的就是对《周易》或者说《易传》的辨伪。

我们现在看到的《周易》由《经》和《传》两个部分组成。《经》记六十四卦辞和三百八十四爻的爻辞，是《易》的经文。《传》解释卦辞和爻辞并作补充发挥，共有十篇，这十篇犹如《经》的羽翼，故又称"十翼"，亦称《易传》。孔颖达《周易正义》说："其《彖》《象》等'十翼'之辞，以为孔子所作，先儒更无异论。"④

欧阳修在阅读文本，仔细比较、研究不同版本后，提出："何独《系辞》焉，《文言》《说卦》而下，皆非圣人之作，而众说淆乱，亦非一人之言也。"⑤欧阳修认为，《易传》中的《系辞》《文言》《说卦》都不是孔子所作，甚至不是一个人所作。为什么会出现这种情况？欧阳修提出了自己的猜测：

> 是讲师之传，谓之《大传》，其源盖出于孔子，而相传于易师也。其来也

---

① 周义敢、周雷编：《梅尧臣资料汇编·附录·宛陵先生年谱家世》，中华书局2007年版，第310页。

② （宋）欧阳修撰，李逸安点校：《欧阳修全集·与吴正肃公》，中华书局2001年版，第2373页。

③ （宋）欧阳修撰，李逸安点校：《欧阳修全集·孙复明先生墓志铭》，中华书局2001年版，第458页。

④ （清）阮元校刻：《十三经注疏·周易正义》，中华书局2009年版，第19页。

⑤ （宋）欧阳修撰，李逸安点校：《欧阳修全集·易童子问》，中华书局2001年版，第1119页。

远，其传也多，其间转失而增加者，不足怪也。故有圣人之言焉，有非圣人之言焉。[①]

最初，孔子可能是传了《十翼》，随着时间推移，一些篇章亡佚，有人进行了增补，同时，流传过程中，他人的一些注解也混杂其中，这就是人们后来看到的《十翼》。欧阳修对于《十翼》的看法，可以说突破了传统观点，现代学者证明，欧阳修的看法与《周易》成书情况的事实比较相符。

（二）学以为道

老子提出“以道为学”，欧阳修则提出“学以为道”，两者看上去类似，本质上却是截然不同的。老子所说的“以道为学”中的“道”，是“大道”，是宇宙万物的根源、本质。在老子看来，人们不应该学习后天经验性的知识，而要学习最为根本的“道”，所以才提出“以道为学”。而欧阳修的“学以为道”中的“道”，是“孔孟之道”，是仁义之道，是“修齐治平”之道。在欧阳修看来，学习的目的是为了实现“孔孟之道”，所以他才提出了“学以为道”的观点：

君子之于学也务为道，为道必求知古，知古明道，而后履之以身，施之以事，而后见于文章而发之，以信后世。[②]

欧阳修认为，人们学习的目的是为了实现孔孟之道，其前提是了解、掌握孔孟之道，这就需要学习经典，学习前人的思想。明白孔孟思想后，还要用它来约束自己，并运用到处理事务之中。同时，光践行孔孟之道还是不够的，还要将有关的言行记录下来，写成文章，传播开去，让更多人来了解、领悟。他还发现了一些问题：

夫学者未始不为道，而至者鲜，为非道之于人远也，学者有所溺焉尔。盖文之为言，难工而可喜，易悦而自足。世之学者往往溺之，一有工焉，则曰“吾学足矣。”甚者至弃百事不关于心；曰“吾文士也，职于文而已。”此其所以至之鲜也。[③]

欧阳修发现，大多数人开始都能践行孔孟之道，后来逐渐沉溺于其他事情，就忘记了践行孔孟之道，忘记了孔孟之道的本质在于仁政，在于爱人。能够一生朝着一个目标努力，本来就是一件很艰难的事情，孔门七十二贤中的绝大多

① （宋）欧阳修撰，李逸安点校：《欧阳修全集·易或问》，中华书局 2001 年版，第 879 页。
② （宋）欧阳修撰，李逸安点校：《欧阳修全集·与张秀才薛第二书》，中华书局 2001 年版，第 978 页。
③ （宋）欧阳修撰，李逸安点校：《欧阳修全集·答吴充秀才书》，中华书局 2001 年版，第 664 页。

数人也做不到。正如孔子所说："回也，其心三月不违仁，其余则日月至焉而已矣。"①

欧阳修一生努力践行着孔孟之道。作谏官时，每想到边防战事、旱灾水患，他经常是"中夜三起"。他的《通进司上书》一文，从三个方面谈御敌之策，立足事实，考虑深远，条理清晰。不仅公文，他的散文也呈现出不说空话的特点，《泗州先春亭记》重在叙写清河张侯建堤防洪，对他善治理政事进行褒扬。从《醉翁亭记》这篇表现其悠闲洒脱之心的散文中，也可以读出欧阳修在践行孔孟之道，文中写欧阳修与民同乐，正是孟子所赞赏的"今王与百姓同乐，则王矣"②。

欧阳修的学习思想主要有两点值得重视：第一，学习要有明确的目标；第二，要朝着既定目标坚持不懈地努力。对这两点，很多人明白，但真正能够做到的还是少数。

三、风骨长存：文笔成宗师，为人识大义

欧阳修一生成果丰硕，其中有两点最值得称道：一点体现在文学方面，一扫北宋初年浮华奢靡的文学风气，使文坛回归到一种自然、简易的文学创作中；另一点则是指他的为人，即他舍生取义、临难死节的气节。

（一）返璞归真

北宋初期，以华丽著称的"西昆体"是诗歌创作中最为流行的体例，同时，骈文也在这一时期再次兴起。但是，欧阳修不认为过于华丽、讲究对仗的"西昆体"、骈文在文学上有太多的用处，他主张文学创作要归于简易，回归自然。他在《斫雕为朴赋》一文中提出，文学"素以为贵，将抱朴而是思，焕乎有文，俾运斤而悉去"③，认为应该去掉文章中过多雕饰，使之回归质朴自然。

朱熹曾经对他的弟子说：

> 欧公文亦多是修改到妙处。顷有人买得他《醉翁亭记》稿，初说滁州四面有山，凡数十字，末后改定，只曰：'环滁皆山也'五字而已。④

可以想象，最初的数十字，必然是介绍滁州四面山上的风景，每座山有多高、多峻峭之类。许多人在描写景物时，往往会写许多废话，或者写没有多少价值的文字。欧阳修最初也是如此，一开始用数十字介绍滁州四面之山，这些文字对于他所写的文章主旨并没有多大用处，因此，他修改文章的时候将这些"废

---

① 杨伯峻译注：《论语译注·雍也》(典藏版)，中华书局 2015 年版，第 84 页。

② (宋)张栻著，杨世文点校：《南轩先生孟子说·梁惠王下》，中华书局 2015 年版，第 330 页。

③ (宋)欧阳修撰，李逸安点校：《欧阳修全集·斫雕为朴赋》，中华书局 2001 年版，第 855 页。

④ (宋)黎靖德编，王星贤点校：《朱子语类·论文上》，中华书局 1986 年版，第 3308 页。

话”或“无用之话”都删减掉了。如果换成骈体文，可能会将这些内容用各种华丽的辞藻加以表现，这是欧阳修特别反对的。华丽的辞藻初读起来会觉得精彩，可是，多读几遍，就可能觉得无聊、乏味，甚至感觉到烦躁。因此，欧阳修用“环滁皆山也”五个字，简洁而明快地概括了滁州四面有山的景致。欧阳修提倡文辞要简洁，但是，他反对为了简洁而简洁。

> 然著撰苟多，他日更自精择，少去其繁，则峻洁矣。然不必勉强，勉强简节之，则不流畅，须待自然之至，其如常宜在心也。[①]

在欧阳修看来，文章撰写完成之后必然有一个修改的过程，这个时候去其烦冗，自然会使文章显得“峻洁”。然而，如果为了“峻洁”而刻意修改，就容易使文章不太流畅，只有反复阅读文章，达到一种了然于心的状态，自然而然就知道怎么修改了。

欧阳修简洁、自然的文风，对于宋代文学发展产生了深远影响。游国恩评价说：“欧阳修在散文方面的成就，作为当时文学革新运动的领袖，是毫无愧色的。宋诗的特点，可以说是由他奠定的，他诗歌清新自然的风格，对扫除西昆派的浮艳诗风，亦有良好的作用。”[②]

（二）为人识大义

儒家思想中有着“杀身成仁”“舍生取义”的说法，这一思想也一直被后世所传承。欧阳修说：

> 信义行于君子，而刑戮施于小人。刑入于死者，乃罪大恶极，此又小人之尤甚者也。宁以义死，不苟幸生，而视死如归，此又君子之尤难者也。[③]

在欧阳修看来，即使是君子也很难做到“舍生取义”“视死如归”。尽管如此，当面临大义与生死之间的选择时，他认为还是应该做到“舍生取义”，他不仅以此要求自己，也以此教导子侄后人。

宋仁宗皇祐四年（1052），广东广西地区爆发了对侬智高的战事。当时，欧阳修兄长的儿子欧阳通理正在象州（今广西）任司理，战事爆发之后，欧阳通理就与家中失去了联系。欧阳修知道后十分着急，拜托好友梅尧臣一再打听消息，最终联系上了欧阳通理。许多人可能会想，欧阳修那么着急，肯定是心疼侄子，既然联系上了，就该托关系把侄子从战乱之地调回来吧？然而，欧阳修却给

---

① （宋）欧阳修撰，李逸安点校：《欧阳修全集·与渑池徐宰》，中华书局2001年版，第2474页。

② 游国恩等主编：《中国文学史（修订本）》第3册，人民文学出版社2004年版，第26页。

③ （宋）欧阳修撰，李逸安点校：《欧阳修全集·纵囚论》，中华书局2001年版，第287页。

自己的侄子写了这样一封信：

> 自南方多事以来，日夕忧汝。……欧阳氏自江南归明，累世蒙朝廷官禄，吾今又被荣显，致汝等并列官裳，当思报效。偶此多事，如有差使，尽心向前，不得避事。至于临难死节，亦是汝荣事。但存心尽心，神明亦自佑汝，慎不可思避事也。①

欧阳修告诫自己的侄子，这个时候正当是报国之时，如有差使，应该尽力完成，不能推卸躲避，就算是“临难死节”，也是一件很光荣的事情。这真称得上是当时的“红色家书”了！

欧阳修难道不疼爱自己的侄子吗？不是！欧阳修认为，当国家危难之时，就应该迎难而上，即使为国献身，也是一件光荣的事情。欧阳修这种面对国家危难舍生取义的精神，这种为国家利益勇于献身、乐于担当的品格，这种舍小家为大家、为国家的情操，都是值得后世传承与弘扬的。

当代著名文论家朱安群、徐奔认为：“欧阳修是按‘三不朽’（立德、立功、立言）的理想人格塑造自己的。”②欧阳修坚持“立德”，努力钻研先儒原创经典、结合社会现实进行了独立思考，把“切与事实”“本于人情”的道“履之以身”，以期达到“以道德为天下所望”的境界；他济时恤民、努力建立事功，也就是“立功”外，还让自己的“道”“见于文章而发之”，这就是“立言”。我认为，欧阳修所追求的这一崇高境界，正是欧阳修核心学养的充分体现，它深深地影响着后世，值得我们学习、传承。

---

① （宋）欧阳修撰，李逸安点校：《欧阳修全集·与十二侄》，中华书局 2001 年版，第 2528 页。

② 朱安群、徐奔：《欧阳修大传·前言》，中国文史出版社 2013 年版，第 10 页。

王安石

——经世致用的改革者

王安石(1021—1086),字介甫,号半山。江西临川人。北宋著名思想家、政治家、文学家和改革家。庆历二年(1042),王安石进士及第,历任扬州佥判、鄞县知县、舒州通判等职,政绩显著。熙宁二年(1069),任参知政事,次年拜相,主持变法。因守旧派反对,熙宁七年(1074)罢相。一年后,被宋神宗再次起用,旋又罢相,退居江宁。元祐元年(1086),保守派得势,新法皆废,郁然病逝于钟山,追赠太傅。绍圣元年(1094),获谥"文",故世称王文公。

王安石出身仕宦之家,祖上却非望族,其父王益,进士出身,一生长期在外府州县任职。王安石十九岁丧父,家中人口众多,生活十分艰难。少年时,王安石主要接受儒家教育,"故某自百家诸子之书,至于《难经》《素问》《本草》,诸小说无所不读,农夫、女工无所不问"①,因而,他养成博览群书的习惯,为其后来的学术和从政打下了坚实基础。

王安石学养的核心在于"经世应物"。他认为,学习的目的就是为了治理国家,对于治理国家无用的学问,就算学习了也没有多大价值。具体地说,王安石强调文武兼修,认为不仅要学会处理政事,也要懂得一些排兵布阵之道。这种务实思想在他推行的改革中有明确体现。他注意到,一个国家要富强,就要着重发展两个方面:一是教育,国家的发展离不开人才,人才的培养则依靠教育;二是经济,不会理财,不大力发展国家经济,国家就很难富强起来。

一、道德修养:死而后已,不亦远乎

王安石重视自身的道德修养,他强调,为人处世要学会"自治"。他的确做到了这一点,他在道德修养方面堪称"无懈可击",即使是反对他变法的政敌都没有办法在道德上攻击他。他的一生都奉献给了变法事业,这是他的政治追求,也是他的人生理想。为了人生理想,他早将生死荣辱抛在脑后。

(一)守道不苟,自重其身

王安石在道德修养方面,始终有着自己的坚守,让所有人佩服。他说:"方

① 王水照主编:《王安石全集·答曾子固书》,复旦大学出版社2016年版,第1314页。

今乱俗不在于佛，乃在于学士大夫沉没利欲，以言相尚，不知自治而已。”[1]也就是说，人要学会自己管好自己，外在的影响始终都是外在的，只要能管好自己，恪守自己的本心，外界变化再大，也可以做到“我自岿然不动”。如果做不到“自治”，即使读再多圣贤文章，也容易出问题。他说：

> 夫圣人之术，修其身，治天下国家，在于安危治乱，不在章句名数焉而已。而曰圣人之术单此，妄也。虽然，离章绝句，解名释数，遽然自以圣人之术单此者，皆守经而不苟世者也。守经而不苟世，其于道也几，其去蹈利者则缅然矣。[2]

圣人教导人们，首先要注重修养自身，而不仅仅是追求章句名数，苦读经书。王安石是这么说的，也是这么做的。他任知制诰时，夫人吴氏为他买来一妾。王安石在家中看到那女子并加以询问后，才知道是夫人将她买来侍奉自己的。女子讲述了她来到王府为妾的原委：她丈夫原是军中官员，因负责运米的船翻了，变卖家产赔偿还不够，于是把她卖给他人做妾来补足。王安石问夫人：“买那女子花了多少钱?”夫人回答说：“九十万。”王安石立即叫来女子的丈夫，让他把女子领回家去，使他们夫妻团圆，九十万的买身钱也不要了。在当时，三妻四妾是很常见的，但王安石反对将人作为物品买卖，王安石无法制止这样的行为，但他能做到“严以律己”，这在当时是难能可贵的。

正如他自己所说：“盖君子之动，必于义无所疑而后发，苟有疑焉，斯无动也。语曰‘多见阙殆，慎行其余，则寡悔’，言君子之行当慎处于义尔。”[3]王安石认为，无论做什么事情，先要思考一下是否合乎道义，如果不能确定，就不如不做，不做至少不会犯错误。

王安石始终坚守着自己的道义，即使像朱熹这样反对王安石变法的人，也不得不称赞王安石“以文章节行高一世，而尤以道德经济为己任”。王安石注重道德修养，然而，他实行变法时所任用的人中，有不少存在品德问题，这也为变法留下了隐患。

（二）何妨举世嫌迂阔，故有斯人慰寂寥

王安石有对自身道德修养的坚守，还有为实现自己的理想将生死荣辱抛之脑后的决绝。曾子说过：“士不可以不弘毅，任重而道远。仁以为己任，不亦重乎？死而后已，不亦远乎?”[4]在某种程度上，王安石已经做到了曾子所说的“死

---

① 王水照主编：《王安石全集·答曾子固书》，复旦大学出版社2016年版，第1314页。

② 王水照主编：《王安石全集·答姚辟书》，复旦大学出版社2016年版，第1347页。

③ （清）黄宗羲原撰：《宋元学案·临川文集》，中华书局1986年版，第3242页。

④ （宋）张栻著，杨世文点校：《南轩先生论语解·泰伯》，中华书局2015年版，第173页。

而后已”。

他把政治理想融入一生，用人生实践努力实现政治理想。他不怕任何流俗的反对，坚定不移地走下去，只要有利于天下、国家的利益，纵然不被世人理解，甚至遭到诟骂，也无怨无悔，只要“尽吾志也而不能至者，可以无悔矣，其孰能讥之乎？”①王安石认为，竭尽全力追求自己的理想，纵然没有成功，也无怨无悔，谁又能嘲笑自己呢？

王安石《孟子》一诗写道：“沉魄浮魂不可招，遗编一读想风标。何妨举世嫌迂阔，故有斯人慰寂寥。”王安石最崇拜孟子，在他看来，孟子有着与他一样的际遇。当年，孟子对齐宣王大谈“保民而王”的思想，被看成是迂阔的空论；所要推行的“王道政治”，被认为是不切实际的梦想。同样，王安石推行变法改革，也不被大多数人看好，受到很多人批判，这些他都不在乎，他在乎的是国家，是百姓，正如他自己所说的：“夫环顾其身无可忧，而忧者必在天下，忧天下亦仁也。”②除了天下、国家之外，又有什么值得忧愁呢？即使别人不懂我，想来孟夫子是懂我的，这样已经足够欣慰了。

王安石的后半生全都奉献给了变法事业，他一生三起三落，临死之前还在为新法努力。宋哲宗继位后，高太后听政，启用司马光，全盘否定了新法。在新法被全盘否定的第二年，王安石就去世了。长子病逝，他都承受了下来，可是，当新法被推翻之后，王安石接受不了这个事实，抱恨离世。

梁启超在《王荆公》中写道：“若乃于三代下求完人，惟公庶足以当之矣。悠悠千祀，间生伟人，此国史之光，而国民所当买丝以绣铸金以祀也。距公之后，垂千年矣，此千年中，国民之视公何如？吾每读《宋史》，未尝不废书而恸也。以不世出之杰，而蒙天下之诟，易世而未之湔者，在泰西则有克林威尔，而在吾国则荆公。”③这一评价可谓极高。

二、学习思想：文武兼备，经世致用

王安石学识的核心在于“经世应物”，即要求学习的内容对治理国家有用，如果没有任何用处的内容，就不要学习了。他要求人们要成为文武兼备的人才，既能处理朝政，也懂得一些行军打仗的事情。

（一）经世应物

王安石的学习、教育思想主要集中在学习内容方面。在他看来，学习什么内容，就能反映将来能够取得什么样的成就，他不强调应该怎样学习，而是强调

① 王水照主编：《王安石全集·游褒禅山记》，复旦大学出版社 2016 年版，第 1464 页。
② 王水照主编：《王安石全集·石门亭记》，复旦大学出版社 2016 年版，第 1470 页。
③ 梁启超：《梁启超全集·王荆公》第 6 卷，北京出版社 1999 年版，第 1740 页。

学习内容要经世致用。

他在《虔州学记》一文中曾经设想过尧舜时期的学习内容，他说：

> 盖其教法，德则异之以智、仁、圣、义、忠、和，行则同之以孝友、睦姻、任恤，艺则尽之以礼、乐、射、御、书、数。淫言诐行诡怪之术，不足以辅世，则无所容乎其时。①

王安石将当时的学习内容分为“德”“行”“艺”，这些学习内容的统一标准，就是“辅世”，如果不符合这个标准，在他看来，就不能被当时的社会所接受。所谓“辅世”，就是“经世应物”。

事实上，人们进行研究，撰写论文时，除了本着实事求是的原则，也要关注这个研究有多大的社会效用。工厂开发产品，国家制定政策法规，都要考虑价值何在。王安石认为，学习内容要和经世致用有关，即一个人在学习时要衡量是否会对社会、对国家产生积极作用。

王安石在《上仁宗皇帝言事书》（即著名的《万言书》）中写道：

> 朝廷礼乐刑政之事，皆在于学。士所观而习者，皆先王之法言德行治天下之意，其材亦可以为天下国家之用。苟不可以为天下国家之用，则不教也；苟可以为天下国家之用者，则无法在于学。②

在王安石看来，对于治理国家没有帮助的内容，就不用学，国家也不要提倡去学；对治理国家真正有用的学问，即使国家不提倡，甚至遭到了老师反对，还是要努力学习。王安石的这一观点，在于他看到了当时人们在学习方面存在的问题。宋代延续了唐代科举考试，并以此作为国家选拔人才的主要方式，然而，这种科举考试存在一些明显的问题。首先，考试内容主要包含诗、赋、论、策、帖经、墨义等，所谓的“诗”“赋”，就是给出韵脚、内容，要求写诗、写赋；所谓“帖经”，即要求默写《论语》等经典中的语句。这些考试内容对于国家治理并没有任何用处，然而，当时的学子们为了考上功名，却不得不死记硬背这些内容。其次，在当时有所谓的“程文”，就是有固定的行文格式和行文要求，甚至还有对于字体等方面的要求。无论你的文采有多好，都必须按照“程文”的样子来写，不然就很难中举，而所谓的“程文”，往往是些无病呻吟的文章，对社会也没有太多用处。然而，为了科举考试，学子们还不得不学习这些东西。正因为当时学习的内容存在这么多问题，王安石才特别强调学习内容的重要。所以，王安石执政

---

① 王水照主编：《王安石全集·虔州学记》，复旦大学出版社 2016 年版，第 1447 页。

② 王水照主编：《王安石全集·上仁宗皇帝言事书》，复旦大学出版社 2016 年版，第 753 页。

之后，他大胆改革了科举考试的内容，废除了诗赋的考试。

（二）文武兼备

王安石对于学习有什么具体要求呢？他指出：

> 先王之时，士之所学者，文武之道也。士之才，有可以为公卿大夫，有可以为士，其才之大小，宜不宜则有矣；至于武事，则随其才之大小，未有不学者也。故其大者，居则为六官之卿，出则为六军之将也；其次则比、闾、族、党之师，亦皆卒、两、师、旅之帅也。故边疆、宿卫，皆得士大夫为之，而小人不得奸其任。今之学者，以为文武异事，吾知治文事而已，至于边疆、宿卫之任，则推而属之于卒伍，往往天下奸悍无赖之人。①

在王安石看来，选择学习内容时最好做到文武兼备。“文”能够治理国家，管理百姓；“武”能够管理军队，能够行军打仗，排兵布阵。古代，不少人能够做到在朝为官，出征为将，文武两个方面都表现得恰到好处。然而，在王安石所处的时代，文官和武将是截然分裂开来的两个团体，文官向来看不起武将，认为武将是粗鄙之人。宋代开国皇帝赵匡胤原本是武将出身，后来，陈桥兵变，黄袍加身，才做了皇帝。赵匡胤害怕这样的事情重演，因此，宋代一直都打压武将的地位。

北宋在与大辽、西夏的征战中常年失利，文官调配军队应该是原因之一。北宋掌管调配军队，制订战略计划的职能部门是枢密院，长官都是通过科举考试晋升的文官，他们大多对军队中的具体事务不甚了解，在军事方面并无才能，这样，北宋军队就免不了会打败仗。

王安石注意到上述情况，但是，他无法提高武将的地位。于是，他要求学子要文武兼备，尽可能地了解军事方面的内容，不要做军事方面的外行。这样既保证了士人的地位，也在很大程度上能够避免外行领导内行的情况。

三、思想回响：提倡庠序之教，成就诗文双绝

王安石特别注重人才的培养，他在宋神宗年间推行的改革变法在教育方面卓有成效。王安石在各地设置学校，选派学官，推行“三舍法”，使当时的学习风气为之一变，“三舍法”至今仍有重要影响。王安石在诗文创作上也取得了较高成就，在北宋乃至整个中国文学史上都有一定的影响。

（一）庠序之教

王安石在变法中，特别注重改革人才的培养，而人才的培养主要依靠学校

---

① 王水照主编：《王安石全集·上仁宗皇帝言事书》，复旦大学出版社 2016 年版，第 757 页。

教育，所以，他在执政后就大力推行学校教育制度的改革。

王安石对于教育制度的改革主要体现在两个方面，分别是对于中央太学的改革和地方教育制度的改革。

中央太学改革，就是在当时国家的最高学府——太学中推行“三舍法”。所谓“三舍法”，就是按学生的程度、成绩分外舍、内舍、上舍三个等级，实行分舍分级教学，学制五年。三舍之间实行升舍制度：初入学者为外舍生，外舍生学习一年，每年公试一次，成绩优良者升为内舍生；内舍生两年一舍试，考试成绩与平时考察合格者即可升为上舍生；上舍生学习两年举行毕业考试，学官不参与考试工作，另派大员主考。三舍考试均用积分法，评定成绩分为三等：凡达到上等的，马上由主判、直讲荐其为中书，直接补官，不再经过科举考试；达到中等的，免除礼部考试；达到下等的则免解试。

其实，王安石的“三舍法”与现代教育制度是很接近的，相当于也是先读小学，然后小学升初中，再经历中考，升入高中，高考之后按照成绩高低进入不同的学校学习，成绩好的学生进入重点大学，中等成绩的学生进入一般的本科高校，成绩稍微差一点的学生则是进入大专或其他职业类学校。

在地方教育上，王安石首先在各路、州、县设置学校、选派学官。如宋神宗熙宁四年令京东、京西、河东、河北、陕西五路置学，征求各路“经术”，“行谊”之士为教授；各州学“给田十顷以赡士”，作为学校日常开支。熙宁五年，召各州学官至京师举行考试，检查他们是否称职。熙宁六年，朝廷委中书选人充各路学官，专门负责领导学校的教育工作。至元丰元年，全国州府共设有学官五十三名，其中的三十三名是新增设的，超过各朝所派学官半数以上。此后，又将“三舍法”推广到各个州县的“学校”。

王安石对于教育的改革是很有成效的，按照《宋史》记载：“熙宁以来，其法浸备，学校之设遍天下，而海内文治彬彬矣。”[1]这是对他教育改革成就的生动描绘。

（二）诗文双绝

王安石是杰出的政治家、改革家，还是杰出的文学家。他的散文语言简洁峻切，逻辑严密，有很强的说服力，名列“唐宋八大家”之一。他的诗歌，含蓄深沉，善于说理和修辞，在北宋年间自成一家，世称“王荆公体”。黄庭坚曾评价说：“荆公暮年作小诗，雅丽精绝，脱去流俗。”[2]

王安石勇于改革，力求务实的作风对于他的诗文也产生了很大影响。他曾说：“启封缓读，心目开涤。词简而精，义深而明。不候按图而尽越绝之形胜，不候入国而熟贤牧之爱民。非夫诚发乎文，文贯乎道，仁思义色，表里相济者，

---

① （元）脱脱等撰：《宋史·选举志》，中华书局1985年版，第3604页。

② （宋）胡仔：《苕溪渔隐丛话前集·卷三五》，人民文学出版社1962年版，第234页。

其孰能至于此哉?”[①]在他看来,文辞承载道义,将作者的理念、志向表露在其中,而不是用来无病呻吟。

王安石又说:“且自谓文者,务为有补于世而已矣。”[②]这一观点在他的诗歌中有很明显的体现。他的作品多揭露时弊、反映社会矛盾,具有较浓厚的政治色彩,如《河北民》《收盐》《兼并》等篇,都是描写社会时政的诗篇。王安石曾经编选过一部《唐百家诗选》,共收入唐代诗人一百零四人,其中多为中晚唐诗人,初唐、盛唐时期的诗人较少。就这一现象,有学者提出:“选录上以抒怀、征戍、旅况以及关心民瘼、揭露时弊等现实题材为主,对刻玉雕金,诗意晦涩,有饤饾堆垛之嫌的流连风月的作品则弃而不取。”[③]初唐、盛唐时期,诗歌多是辞藻华丽,描写唐朝盛世之诗,这和王安石的“有补于世”相违背,因此,《唐百家诗选》少取初唐、盛唐之诗也就不难理解了。

游国恩评价说:“王安石诗文的大量创作和独特的风格,对扫荡西昆体的残余影响有很大的功绩,对宋诗的发展也起到了一定的推动作用。”[④]现代学者对于王安石诗文的评价大体都以这一观点为主。

梁启超说:“国史氏说:了解一个人,评价一个时代实在太难了。以我所见,宋代王安石先生,他的胸襟像千顷大湖一样宽广,他的气节像万仞之山一样巍峨。他的学术集合了各家精华,他的文章扭转了八代的衰颓,他所建立的功业,顺应了时代的要求,革除了积弊……我每读《宋史》,都不能不把书放到一边而大哭。”[⑤]这是对王安石核心学养的高度概括。王安石是政治改革家、社会活动家,也是大学者、大文豪,他还是大教育家。他用心传授,以意传授,恳切求教,深刻思考,而将所学的东西施行于世间,真正是“经世致用的改革者”。

---

① 王水照主编:《王安石全集·临川先生文集·上人书》,复旦大学出版社2016年版,第1369页。

② 王水照主编:《王安石全集·临川先生文集·上邵学士书》,复旦大学出版社2016年版,第1349页。

③ 童岳敏:《〈唐百家诗选〉刍议—兼论王安石早期唐诗观》,载《中国典籍与文化》2006年第4期,第80页。

④ 游国恩等主编:《中国文学史(修订本)》第3册,人民文学出版社2004年版,第36页。

⑤ 梁启超:《王安石传·绪论》,武汉出版社2013年版,第2页。

苏轼

——诗词传千古、烟雨任平生的居士

苏轼(1037—1101),字子瞻,又字和仲,号铁冠道人、东坡居士,世称苏东坡、苏仙。眉州眉山(今四川眉山)人。北宋文学家、书法家、画家。苏轼是北宋中期的文坛领袖,在诗、词、散文、书法、绘画等方面,都取得了很高成就。其文纵横恣肆,其诗题材广阔,清新豪健,善用修辞,独具风格,与黄庭坚并称"苏黄";其词开豪放一派,与辛弃疾同是豪放派代表,并称"苏辛";其散文著述宏富,豪放自如,与欧阳修并称"欧苏",为"唐宋八大家"之一。苏轼亦善书,为"宋四家"之一。

苏轼从小就接受了良好的家庭教育。父亲苏洵是古文名家,也是"唐宋八大家"之一,苏轼从小接受父亲的悉心指导。苏轼母亲也有较好的文化修养,她曾教导苏轼读《汉书》,用汉末范滂怎样和误国的宦官做斗争的事迹来教育他、激励他。在这样良好的教育环境中,苏轼积累了丰富的知识,在后来的科举考试中一鸣惊人,最终成为一代大家。

苏轼学养的核心在于"博观约取",也就是人们常说的厚积薄发。广泛地吸收前人智慧,积累自身学识,等到积累到一定程度了,又明白了如何取舍,就能做出自己的成绩。

一、修养境界:奉儒家而出入佛老,谈世事而颇作玄思

苏轼既有儒生的风骨,努力追求经世济民的理想,也有佛老思想中的超脱、豁达。他的修养工夫体现在他的人生态度之中。

(一)儒者本色

人们印象中的苏轼,往往是那个高唱"大江东去,浪淘尽,千古风流人物"的豪迈人物。诚然,苏轼个性豁达、豪迈,更重要的是他有一颗坚定执着的心。

虽然儒、释、道三家皆通,苏轼本质上还是一名儒生,他始终追求儒家经世济民的政治理想。他有志于改革朝政,对于如何治理国家,制定政策有着自己的想法。王安石上台之后,推行新法,苏轼认为王安石的改革急于求成,于是他奋勇上书反对新法,最终被贬出京。苏轼在湖州任知州的时候,由于与新党之间的矛盾,引发了北宋著名的"乌台诗案",苏轼被捕入狱,后被贬为黄州团练副使。《赤壁赋》《后赤壁赋》和《念奴娇·赤壁怀古》等名作,就是苏轼被贬黄州之

后所写。

新党下台，旧党重新执政之后，苏轼因曾经反对新党而复出。这时，他又再次上书，反对旧党废除一切新法的举措，认为应该“校量利害，参用所长”[①]。于是，苏轼又受到了旧党的攻击，再次被贬出京。等到他五十九岁时，新党再次执政，苏轼又一次被贬。六十二岁之时，苏轼就像被流放似的，被贬到儋州（今海南）任地方官。

其弟苏辙对他的评价是：“其于人，见善称之，如恐不及；见不善斥之，如恐不尽；见义勇于敢为，而不顾其害。用此数困于世，然终不以为恨。”[②]苏轼上书言事，从来都是对事不对人，他只知道做自己认为应该做的事情，而不考虑自身的安危和后果。他在被贬黄州时，在给朋友王定国的书信中写道：“杜子美在困穷之中，一饮一食，未尝忘君，诗人以来，一人而已。”[③]苏轼渴望成为像杜甫那样不在乎自身荣辱、忠君爱国之人，在他的著作中，无处不体现着经世救民的理想：

> 夫君子有责于斯世，力能救则救之，六二之“用拯”是也；力能正则正之，九三之“南狩”是也；既不能救又不能正，则君子不敢辞其辱以私便其身，六五之“箕子”是也。君子居《明夷》之世，有责必有以塞之，无责必有以全其身而不失其正。[④]

在苏轼看来，人活在世上，对于国家、对于百姓是有责任的，要将自己的全部力量贡献给国家，贡献给百姓，即使起不到很大作用，也要做好自己应该做的事情。这是一个儒者的担当，也是一个文人的风骨。

（二）一蓑烟雨任平生

苏轼在政治上屡受挫折，但是从来没有体现出任何颓废之气。即使被贬海南之时，苏轼也依旧是那个豪迈的东坡居士，他弟弟苏辙曾评价他当时的诗作：“精深华妙，不见老人衰惫之气。”[⑤]知文而识人，足见苏轼当时的精神状态。

苏轼积极的人生态度，与其超脱旷达的胸怀是密不可分的。苏轼曾写过一首题为《定风波·三月七日沙湖道中遇雨》的词，将其人生之感悟都融汇到其中：

---

① （宋）苏轼著，李之亮笺注：《苏轼文集编年笺注·辨试馆职策问札子》，巴蜀书社2011年版，第782页。

② （宋）苏轼著，李之亮笺注：《苏轼文集编年笺注·亡兄子瞻端明墓志铭》，巴蜀书社2011年版，第597页。

③ 孔凡礼点校：《苏轼文集·与王定国四十一首》，中华书局1986年版，第1517页。

④ （宋）苏轼著，李之亮笺注：《苏轼文集编年笺注·东坡易传》，巴蜀书社2011年版，第189页。

⑤ 曾枣庄主编：《宋代序跋全编·子瞻〈和陶渊明诗集〉引》，齐鲁书社2015年版，第337页。

三月七日沙湖道中遇雨。雨具先去，同行皆狼狈，余独不觉。已而遂晴，故作此词。

莫听穿林打叶声，何妨吟啸且徐行。竹杖芒鞋轻胜马，谁怕？一蓑烟雨任平生。　　料峭春风吹酒醒，微冷，山头斜照却相迎。回首向来萧瑟处，归去，也无风雨也无晴。

这首词写于苏轼被贬黄州之后的第三年，记述的是他外出游玩、偶遇风雨这件小事，事情虽小而内涵深刻。

正文开始前，苏轼先介绍了这首词的创作背景，特意说明“同行皆狼狈，余独不觉”。苏轼为什么要强调这一点呢？因为这场突如其来的雨，就像那场突如其来的“乌台诗案”一样。苏轼当时只是例行公事向神宗上了一份奏章，却下狱一百零三日，险遭杀身之祸，还牵连了数十人，最终，经朋友多方营救才出狱，后被贬到黄州做了一个小小的团练副使，还要受当地官员的监视。可是，苏轼还是能坦然面对，正如他在词中所写：

莫听穿林打叶声，何妨吟啸且徐行。

你们闹的动静再大，也阻挡不了我坚定前行的脚步。

竹杖芒鞋轻胜马，谁怕？一蓑烟雨任平生。

就算丢官贬职又如何？就算付出生命又如何？我又何曾畏惧过？我就算拄着竹杖、穿着草鞋，照样胜过你们这些所谓的高官，我又何须用功名利禄来体现自己存在的价值？这是何等旷达超逸的胸襟！

回首向来萧瑟处，归去，也无风雨也无晴。

回头再看已经发生的事情，只不过是一件普普通通的事情罢了，何必放在心上呢？一种醒醉全无、无喜无悲、胜败两忘的人生哲学和处世态度跃然纸上。

刘永济《唐五代两宋词简析》指出：

东坡时在黄州，此词乃写途中遇雨之事。中途遇雨，事极寻常，东坡却能于此寻常事故中写出其平生学养……盖有学养之人，随时随地，皆能表现其精神。东坡一生在政治上之遭遇，极为波动。时而内召，时而外用，时而位置于清要之地，时而放逐于边远之区，然而思想行为不因此而有所改变，反而愈遭挫折，愈见刚强，挫折愈大，声誉愈高。此非可幸致者，必平日有修养，临事能坚定，然后可得此效果也。[①]

正如当代学者刘永济所评价的一样，苏轼就是这么一个洒脱豁达之人，才会在历史留下"苏仙"之美名。应该说，刘永济的评论是符合实际的。与欧阳修寄情山水的洒脱不同，苏轼更多的是一种豁达，一种超然。

二、 治学理念：明前人之道，取自然之法

在苏轼看来，学习的第一步是要学会积累，也就是通过"一意求之"的方法来"博观约取"。有了积累，才可以"取法自然"，从自然之中体会最真实的感受，从而写出最真实的文字。如果没有学习积累，就算领略了自然之美，也不知道如何下笔撰写。如果没有领略过自然之美，所撰写出来的可能只是照本宣科的文章而已。

（一）博观而约取，厚积而薄发

苏轼的学问不是天生的，他从来不认为自己是一个生而知之的人，在他看来，为学"实无捷径必得之术"[②]，只有通过学习积累，才能有所成就。他在《次韵孔毅父集古人句见赠五首》诗中说过：

> 诗人雕刻闲草木，搜抉肝肾神应哭。不如默诵千万首，左抽右取谈笑足。

有些人写诗，搜肠刮肚，想不到好的表达方式，即使写出来了，因雕琢之味过重，也不是一首好诗。还不如先去背它个千首、万首诗词，自然就知道如何用词、如何描绘了。用苏轼的话来说就是："博观而约取，厚积而薄发。"[③]

为学也好，创作也好，第一步还是重在积累。庄子说："吾生也有涯，而知也无涯，以有涯随无涯，殆已！"[④]这是一个很现实的问题，苏轼他们所知道的仅仅是从先秦到宋代的典籍，那些文献资料已经是浩如烟海了。现在，从古到今的典籍比苏轼所处的时代不知增加了多少，所以，我们要学会"博观而约取"。所谓"博观"，即广泛浏览和学习前人留下的经典，认真探究其思想内涵。"约取"，则是要在前人留下的丰富文化遗产中选取对自己有用的典籍，分类积累。

在《与张嘉父七首》中，苏轼曾说，读书"当且博观而约取，如富人之筑大第，储其材用，既足而后成之，然后为得也"[⑤]。苏轼以建房为比喻，说建房先要攒

① 刘永济编著：《唐五代两宋词简析》，人民文学出版社 2018 年版，第 68—69 页。
② 周先慎主编：《苏轼散文赏析集·又答王庠书》，巴蜀书社 1994 年版，第 238 页。
③ （宋）苏轼撰，孔凡礼点校：《苏轼文集·稼说送张琥》，中华书局 1986 年版，第 340 页。
④ （晋）郭象注，（唐）成玄英疏：《庄子注疏·养生主》，中华书局 2011 年版，第 63 页。
⑤ （宋）苏轼著，李之亮笺注：《苏轼文集编年笺注·与张嘉父七首之七》，巴蜀书社 2011 年版，第 50 页。

好足够用的材料，才能开始建造，不然，造到一半没有材料，那就是一件很尴尬的事情了。那么，如何“博观而约取”呢？苏轼指出：

但如君高才强力，积学数年，自有可得之道，而其实皆命也。但卑意欲少年为学者，每一书皆作数过尽之。书富如入海，百货皆有之，人之精力，不能兼收尽取，但得其所欲求者尔。故愿学者每次作一意求之。如欲求古人兴亡治乱、圣贤作用，但作此意求之，勿生余念。又别作一次，求事迹故实，典章文物之类亦如之，他皆仿此。此虽迂钝，而他日学成八面受敌，与涉猎者不可同日而语也。甚非速化之术，可笑可笑。[①]

关于“博观约取”，苏轼提出了“一意求之”的方法。即要在学习、阅读之前，先明确自己需要的内容，再根据自己需要的内容有针对性地阅读、学习。用“苏门六君子”之一的李方叔的话来说就是：

苏东坡教人读《战国策》学说厉害，读贾谊、晁错、赵充国章疏学论事；读《庄子》学论理性。又须熟读《论语》《孟子》《檀弓》，要志趣正当，读韩、柳令记得数百篇，要知作文体面。[②]

“一意求之”，的确可以做到在有限的时间内取得最大收获，学习之前目的明确，找到合适的内容，一般就能达到目的。但是，这样的学习方式也存在较大问题：过于机械，太过死板，学习的知识也较零碎，很难形成一个完整的知识体系。

因此，苏轼还总结了“八面受敌”读书法。书读百遍，每一遍都作“一意求之”，书读数遍后，就能从不同角度全面理解、掌握书中之意。用这样的方法学习，就能建立全面、系统的知识体系，这就是所谓“八面受敌”法。这种方法虽然费时费力，但铢积寸累，就能学有所成，达到一定阶段后，就可以纵横驰骋，对所学知识驾轻就熟，运用自如。

（二）师法自然

当代著名学者李泽厚评价说：“苏轼在美学上追求的是一种朴质无华、平淡自然的情趣韵味，一种退避社会、厌弃世间的人生理想和生活态度，反对矫揉造作和装饰雕琢，并把这一切提到某种透彻了悟的哲理高度。”[③]其实，不仅仅是在美学上追求自然，可以说，他的所有创作都是一种自然的流露，或是自然的

① 周先慎主编：《苏轼散文赏析集·又答王庠书》，巴蜀书社1994年版，第238页。
② （唐）韩愈撰：《韩昌黎文集校注·昌黎集叙说》，上海古籍出版社1986年版，第2页。
③ 李泽厚：《美的历程》，文物出版社2009年版，第166页。

风光，或是自然的情感。苏轼自己也说：

平生不学作诗，如风吹水，自成文理。[①]

苏轼这种自然流露与其取法天地自然有着密切的关系。他曾自言：“子瞻性好山水。”[②]他出生在山明水秀的四川眉山，从小便受到大自然的陶冶。长大之后，赴京参加科考时，又曾和父亲、弟弟饱览了大江两岸风光。步入仕途后，多年外任杭、密、徐、湖、黄、颍、定等州郡的官员，后又被远贬至惠州、儋州，其足迹踏遍了大半个中国。他认为“物无陋者”，“凡物皆有可观，苟有可观，皆有可乐”[③]。在苏轼看来，大自然的一切、千山万水，虽各有不同，但都有其可取的地方。

由于苏轼饱览了各地名山大川，为创作积累了丰富的素材。在《六一泉铭并序》中，苏轼说：“公麾斥八极，何所不至，虽江山之胜，莫适为主，而奇丽秀绝之气，常为能文者用，故吾以谓西湖盖公几案间一物耳。”[④]这一段话，虽然是苏轼用来评价欧阳修的，但是，我们从中也能感受到他那种欲把天地万物、自然之美汇聚于笔下、挥洒于纸上的想法。苏轼在《眉州远景楼记》中说：

若夫登临览观之乐，山川风物之美，轼将归老于故丘，布衣幅巾，从邦君于其上，酒酣乐作，援笔而赋之，以颂黎侯之遗爱，尚未晚也。[⑤]

在苏轼看来，“登临览观之乐，山川风物之美”必然“援笔”就能“赋之”，这是对于自然之美的感慨，也是取法自然的必然结果，《眉州远景楼记》不就是这样诞生的吗？苏轼在《前赤壁赋》中指出：

惟江上之清风，与山间之明月，耳得之而为声，目遇之而成色，取之无禁，用之不竭，是造物者之无尽藏也，而吾与子之所共适。[⑥]

天地万物自然之美，是大自然最大的宝藏，这个宝藏是无穷无尽的。在不同的时间看，有不同的风光；用不同的心态看，有不同的美感，人们总能从大自然中体会到不同内容。我们能够从大自然中学到的东西远比我们想象的丰富得多。

文学创作需要取法自然，科学发展同样离不开自然。人类为了实现飞翔的梦想，曾经模仿鸟儿做过很多飞行实验，虽然没有成功，但受到鸟的启发，最终

① (宋)苏轼撰，孔凡礼点校：《苏轼文集·书辩才次韵参廖诗》，中华书局1986年版，第2144页。

② (宋)苏轼撰，孔凡礼点校：《苏轼文集·再跋〈醉道士图〉》，中华书局1986年版，第2221页。

③ (宋)苏轼撰，孔凡礼点校：《苏轼文集·超然台记》，中华书局1986年版，第351页。

④ (宋)苏轼撰，孔凡礼点校：《苏轼文集·六一泉铭并序》，中华书局1986年版，第565页。

⑤ (宋)苏轼著，李之亮笺注：《苏轼文集编年笺注·眉州远景楼记》，巴蜀书社2011年版，第122页。

⑥ (宋)苏轼著，李之亮笺注：《苏轼文集编年笺注·赤壁赋》，巴蜀书社2011年版，第15页。

发明了飞机；蝙蝠的回声定位能力，启发人类发明了雷达；受到蜻蜓垂直起降的启发，人类发明了直升机；根据蜻蜓“复眼”的特殊结构，人类发明了相控阵雷达。大自然对于人类的启示和馈赠，远远超乎人们的想象！取法自然之道，永远不会过时！

三、智慧之光：文成一家，造福一方

苏轼的成就，在我看来，主要在于两个方面：一是在文学上，苏轼开创了豪放词派，一改词原本婉约细腻的面貌，使得其能够与诗并称，而这一成就的取得与他的为学理念有着密不可分的联系；二是在为政上，苏轼在各地任地方官吏时，都能造福一方，特别是晚年被贬到儋州之后，大大改变了当地的社会面貌，在文化教育方面的贡献最为突出。

（一）自成一家

宋词始于唐，兴于五代，盛于两宋，故称宋词。宋词又分为婉约和豪放两派，其中豪放派的创始人，人们一般都认为是苏轼。从晚唐以来，词一直是被视为“小道”的，文人墨客都只是以写诗的余力和游戏的态度来填词。所填之词，往往写男女之情、离愁别绪等，所以，当时词也被称为“艳科”，登不上大雅之堂。

直到苏轼提出“词为诗裔”的概念，首先在理论上打破了“诗尊词卑”的观念。在《祭张子野文》里，苏轼明确地提出：

> 清诗绝俗，甚典而丽，搜研物情，刮发幽翳。微词宛转，盖诗之裔。①

“举凡怀古、感旧、记游、说理等向来诗人所惯用的题材，他都可以用词来表达，这就是词摆脱了仅仅作为乐曲的歌词而存在的状态，成为可以独立发展的新诗体。”②

苏轼“以诗为词”的写法，使得他的词与当时以柳永为代表的婉约派风格截然不同。他自称：

> 近却颇作小词，虽无柳七郎风味，亦自是一家。③

这里所说自成的“一家”，便是人们说的豪放派词。苏轼在这里说的“小词”，是指《江城子·密州出猎》：

> 老夫聊发少年狂。左牵黄，右擎苍。锦帽貂裘，千骑卷平岗。为报倾

---

① （宋）苏轼撰，孔凡礼点校：《苏轼文集·祭张子野文》，中华书局1986年版，第1943页。

② 游国恩等主编：《中国文学史（修订本）》第3册，人民文学出版社2004年版，第63页。

③ （宋）苏轼撰，孔凡礼点校：《苏轼文集·与鲜于子骏书》，中华书局1986年版，第1560页。

城随太守，亲射虎，看孙郎。　　酒酣胸胆尚开张。鬓微霜，又何妨！持节云中、何日遣冯唐？会挽雕弓如满月，西北望，射天狼。

无须过多的言语，一眼望去，一股豪迈慷慨的气势扑面而来。可以说，苏轼开启了南宋辛派词人的先河，他的词中充满进取精神，彰显出他远大的理想、充沛的激情和蓬勃的生命力，改变了词作原有的柔软情调。

（二）造福一方

在为政方面，苏轼在各地担任地方官吏时，往往能造福一方，甚至有"东坡处处筑苏堤"的说法。其中影响最大的就是苏轼给儋州带来的改变，说得夸张一点，儋州正是从苏轼开始，才正式开始发展。

苏轼六十二岁时被贬儋州，当时，被贬海南其实相当于流放。当时，海南地理位置偏僻，经济、文化等各个方面相当落后，绝大部分人被贬海南之后，往往自暴自弃，郁郁而终。苏轼这样描述自己在海南的生活状况：

此间食无肉，病无药，居无室，出无友，冬无炭，夏无寒泉，然亦未易悉数大率皆无尔，惟有一幸，无甚瘴也。①

然而，就是这样艰苦的生活环境，苏轼也能从中获得乐趣，并帮助海南当地的百姓大大改善了生活条件、教育环境，等等。苏轼说："问汝平生功业，黄州惠州儋州。"②在苏轼看来，自己平生所取得的成就主要是在黄州、惠州、儋州三地。那么，苏轼到底给儋州带来了多大的影响呢？

在教育上，苏轼在当地开办学堂，并亲自在其中讲学。受到苏轼名声的影响，有许多人不远千里赶到海南听苏轼讲学，大大地改善了当地的文化教育风气。海南历史上第一位举人姜唐佐，就是师从苏轼。苏轼离开海南时，曾赠给姜唐佐一联诗："沧海何曾断地脉，白袍端合破天荒"。并对他说："异日登科，当为子成此篇。"不久，唐佐果然中举，成为海南历史上第一个举人，可惜的是，苏轼最终没有机会补全这首诗，离开海南的第二年，他不幸在回京的路上逝世了。据《儋县志》记载，苏轼之后，有宋一代，海南共中进士十二人，举人十三人。苏轼被贬儋州之前，数百年间，儋州无一人中举，足见苏轼在文化教育上对当地造成的影响。

在经济生产上，当地人原本以香料贸易为主要的收入来源，大量的田地空置荒废，许多百姓食不果腹，于是，苏轼劝说当地百姓开垦荒地，种植稻谷。他在《和陶劝农六首》的引言中写道：

① （宋）苏轼撰，孔凡礼点校：《苏轼文集·与鲜于子骏书》，中华书局1986年版，第1628页。
② （宋）苏轼撰，孔凡礼点校：《苏轼诗集·自题金山画像》，中华书局1982年版，第2641页。

海南多荒田，俗以留香为业，所产粳黍不足为食，乃以薯芋杂米作粥糜以取饱，予既哀之，乃和渊明《劝农》诗，以告其有知者。[①]

除此之外，现在，我们还能在儋州看到东坡村、东坡井、东坡田、东坡路、东坡桥、东坡帽等，足见苏轼当时给海南百姓的生活带来了多大的改变。

"他的生命就是诗"[②]，当代学者张毅在《苏轼与朱熹》一书中有这么一段精彩的描写："提到苏轼，我们会想到他那'乱石穿空，惊涛拍岸，卷起千堆雪'的豪放词，想到他那'出新意于法度之中，寄妙理于豪放之外'的瑰丽诗篇，想到他那清新神逸，蕴含丰富人生哲理的前后《赤壁赋》，以及'笔力跌宕于风烟无人之境'的文人画，和'刚健含婀娜'而无半点俗气的书法艺术等。无论从哪个方面衡量，他都堪称文艺天才，是宋代最杰出的大文豪。"[③]

林语堂在他精心撰写的《苏东坡传》里说："苏东坡是个秉性难改的乐天派，是悲天悯心的道德家，是黎民百姓的好朋友，是散文作家，是新派的画家，是伟大的书法家…… 他的作品中，流露出他的本性，亦庄亦谐，生动而有力，虽胥视情况之所宜而异其趣，然而莫不真笃而诚恳，完全发乎内心。"[④]

我认为，在历史长河中，苏轼确实堪称宋代思想文化史、文学发展史上的伟人，他像巨人般矗立于民族文化、文学发展的峰巅，引导着一代又一代人的精神追求、文化价值和文学发展的走向。

① （宋）苏轼著，李之亮等注：《苏轼文集编年笺注·和陶诗七十八首》，巴蜀书社 2011 年版，第 581 页。
② 张毅：《苏轼与朱熹》，中国友谊出版公司 2018 年版，第 245 页。
③ 张毅：《苏轼与朱熹》，中国友谊出版公司 2018 年版，第 3 页。
④ 林语堂：《苏东坡传》，长江文艺出版社 2015 年版，第 7—8 页。

程颢和程颐

——格物致知明天赋善性

程颢和程颐，世称“二程”。程颢字伯淳，又称明道先生；程颐字正叔，又称伊川先生。两兄弟为河南洛阳人，皆出生于黄州黄陂(今湖北武汉)。二人都曾就学于周敦颐，并同为宋明理学的奠基者，他们的学说也被称为“洛学”，南宋朱熹正是继承和发展了他们的学说。

“二程”两人是同胞兄弟，出身于一个官宦世家，从其高祖父程羽开始就在朝中为官，其祖父程遹赠开府仪同三司吏部尚书，其父程珦也曾官至知州，大理寺丞。虽然是官宦世家，但是其家风优良，家教严格。祖父程遹在湖北黄陂任县令时，除暴安良，当地人称之为“程青天”，他所得俸禄大都用来周济贫穷的百姓和亲戚。其父程珦也曾任高官，却奉养如寒士，生活十分俭朴。程颢和程颐二人继承家风，为官清廉，深受百姓爱戴；侍父至孝，对叔伯弟兄姊妹照顾备至。当时，人们经过程家门口，莫不对其孝廉家风肃然起敬。正是因为有这样优良的家风，所以才养育出程颢、程颐两位贤人。

“二程”学养的核心是“格物致知”，即要深入、全面地把握知识的本质，通过这样的方式逐渐积累知识，最终达到一种真知的境界。同时，他们十分强调学习的重要性，在他们看来，人在一生中始终处于学习状态，对知识的学习应该从孩童时候开始。

一、 修养之法：以诚敬之心显现天赋善性

“二程”继承了孟子的“性善论”，认为人性本来是善良的，这就是他们所说的“天命之性”。同时，人身上还存在“气禀之性”，人们后天看到的善恶不同就在于人的“气禀”不同。所以，要用“诚敬之心”来体“识仁”，来显现“天命之性”。

(一) 自性而行，皆善也

“二程”在人性论上继承了孟子的“性善论”，并进一步阐发了这一观点。首先，他们重新界定了“性”的概念，将其分成了两个部分：“天命之性”与“气禀之性”。程颐指出：

在天为命，在义为理，在人为性，主于身为心，其实一也。①

所谓“天命之性”，就是人诞生之时，上天赋予人的本性。这个本性在“二程”看来是合乎“天理”的，是得之于“道”的，所以，必然是善的。“‘一阴一阳之谓道’，自然之道也。‘继之者善也’，有道则有用，‘元者善之长’也。‘成之者’却只是性，‘各正性命’者也。”②人性是“天理”在人身上的显化，“天理”是纯善的，那么，人性也应当是纯善的。

所以，程颐说：“自性而行，皆善也。圣人因其善也，则为仁义礼智信以名之；以其施之不同也，故为五者以别之。”③人们顺应自己的本性而行，应当是在行善，“圣人”又根据不同的情况将善分为“仁、义、礼、智、信”五常。换言之，行善是人内在本性的要求，而不是出于外在的要求或者压迫。

既然人内心的本性是善的，为什么还会有恶的想法、行为呢？孟子对此解释道：人的善端被后天的情欲所蒙蔽了。这一说法有一定的解释力，但是并不完善。“二程”则提出了更为完备的说法，在他们看来，“天命之性”是善的，但是人性之中还包括了“气禀之性”：

生之谓性，性即气，气即性，生之谓也。人生气禀，理有善恶，然不是性中元有此两物相对而生也。有自幼而善，有自幼而恶，是气禀自然也。④

在“二程”看来，天地万物是由“气”而生，人同样也是禀“气”而生。人性虽然得之于“道”，是上天赋予的，但是由于“气”有清浊之分，体现在人身上就有善恶之分。“浊气”多，就会将“天性”遮蔽，也就会出现“自幼而恶”的情况；“清气”多，自然会将“天性”显现，也就会出现“自幼而善”的情况。“二程”拿水作为比喻，水最初的源头是干净的，有些水从源头出来之后流进了污浊的沟渠中，有些水则流进了清澈的小溪中，这样，就有了污浊之水与清净之水，但是，无论是污浊之水还是清澈之水，都是水。同理，无论是“天命之性”还是“气禀之性”，都是性，人们要做的就是将“天命之性”显现出来。如何才能显现“天命之性”呢？在“二程”看来，这就需要修养和学习。

（二）学者须先识仁

为了显现“天命之性”，就需要修养和学习。如何修养、学习呢？“二程”对此又有什么样的看法呢？

---

① （宋）程颢、程颐著，王孝鱼校：《二程集·二程遗书·刘元承手编》，中华书局2004年版，第204页。
② （宋）程颢、程颐著，王孝鱼校：《二程集·二程遗书·邹德元本》，中华书局2004年版，135页。
③ （宋）程颢、程颐著，王孝鱼校：《二程集·二程遗书·畅潜道录》，中华书局2004年版，318页。
④ （宋）程颢、程颐著，王孝鱼校：《二程集·二程遗书·端伯传师说》，中华书局2004年版，第10页。

程颢说："学者须先识仁。"[①]也就是说，学习、修养的第一步，应该是认识或者说体会"仁"。"仁"是善性的一部分，为什么是要"识仁"？为什么不是"识义""识礼"呢？

> 仁、义、礼、智、信五者，性也。仁者，全体；四者，四支。仁，体也。义，宜也。礼，别也。智，知也。信，实也。[②]

也就是说，"仁、义、礼、智、信"是善性的不同体现，五者之间还存在着主次的区别，其中"仁"像人的身体躯干，处于主体地位；"义、礼、智、信"则如人的四肢，一般是从属于躯干。既然"仁"的地位那么重要，修养的第一步是"识仁"，也就不难理解了。当然，"仁"之所以会处于那么重要的地位，与儒家一直以来的价值观念有关，从孔子开始，"仁"就成为儒家最高理想境界的代名词。

如何"识仁"呢？程颢指出：

> 仁者，浑然与物同体。义、礼、智、信皆仁也。识得此理，以诚敬存之而已，不须防检，不须穷索。[③]

也就是说，"识仁"的方法在于"诚敬"。那么，"诚敬"又是什么呢？程颢说：

> 学者不必远求，近取诸身，只明人理，敬而已矣，便是约处。[④]

意即体会"仁"的道理要依靠自身，追求外在的帮助是没有任何用的，只要你的内心对于"仁"保持"诚"就够了。那么，"诚"是什么意思呢？诚就是真实不虚，天理之当然。"诚是主体在识仁过程中的一种真实不妄，纯以天理为'默识'根据的修养功夫或心灵状态。在这种功夫或心灵状态中，天人一贯，内外相合，没有人我、道器、理事的区别，而纯任仁的流行、仁的朗现。"[⑤]

简单地说，在体会"仁"的时候要保持一颗纯正的心，不能抱着某种目的刻意地追求"仁"。人们常说："有心为善，虽善不赏；无心为恶，虽恶不罚。"如果抱着一种不纯的目的去体会"仁"，本身你的念头就是虚妄的，又怎么可能正确地体会到"仁"呢？

---

① （宋）程颢、程颐著，王孝鱼校：《二程集·二程遗书·元丰己未吕与叔东见二先生语》，中华书局2004年版，第16页。

② 同上书，第14页。

③ 同上书，第16—17页。

④ 同上书，第20页。

⑤ 冯达文、郭齐勇主编：《新编中国哲学史》下册，人民出版社2004年版，第56页。

二、为学理念：上智下愚，学而可移

“二程”提出“格物致知”的治学理念，要求人们在学习知识时要全面并且深入。他们十分强调学习的必要性，认为人一生都要学习。同时认为，既然学习是必须的事情，就要从小开始，这样，长大后才有可能取得一定的成就，而学习的最好方法就是“格物致知”。

（一）学而知之，亦是才

在“二程”看来，每个人都需要学习，人的一切知识都是需要通过学习才能得到。程颐说：

> 人初生，只有吃乳一事不是学，其他皆是学。①

的确是这样，人出生之后，除了最基本的生理需求，其他像说话、走路、穿衣、拿筷等，都是通过学习才掌握的。

就算是“生而知之”者，在“二程”看来，也需要学习。

> 生而知之，学而知之，亦是才。
> 问：“生而知之要学否？”
> 先生曰：“生而知之固不待学，然圣人必须学。”②

“二程”认为，“生而知之”是一种天赋才能，人们做不到“生而知之”，但可以做到“学而知之”，这也是一种才能。“圣人”或是“生而知之”者，他们可能不用像普通人那样，按部就班地学习，但他们也不是不用学习，毕竟他们也不是“全知全能”。程颐说：

> 纵使孔子是生知，亦何害于学？如问礼于老聃，访官名于郯子，何害于孔子？③

孔子很好学。他不在乎身份、年龄的差别，先后求学于多位老师，甚至在入鲁太庙的时候，无论做什么都要请教相应的礼官，我们不能因为孔子的好学就否定孔子的智慧。

孔子曰：“惟上智与下愚不移。”在“二程”看来，“上智”与“下愚”也是可以转变的。程颐说：

---

① （宋）程颢、程颐著，王孝鱼校：《二程集·二程遗书·杨遵道录》，中华书局2004年版，第256页。
② 同上书，第253页。
③ （宋）程颢、程颐著，王孝鱼校：《二程集·二程遗书·入关语录》，中华书局2004年版，第152页。

非谓不可移也，而有不移之理。所以不移者，只有两般，为自暴自弃，不肯学也。使其肯学，不自暴自弃，安不可移哉？[①]

“二程”认为，没有真正愚笨的人，关键看你愿意不愿意学习，只要你愿意学，就没有不能改变的人。可是，的确有些人无论怎么努力，都很难学好，而有些人，很轻松地就能学得较好，这么看来，似乎还是孔子说的有道理，“二程”说的有些问题啊。真的是这样吗？答案是否定的，不存在不学便“知之者”，天赋再好，还是需要学习的，只是天赋好的人学习起来更轻松一点，如果不学习，天赋再好也是“不知者”。感觉学得很辛苦却又不能取得好成绩的人，往往是学习方法或学习方向等方面有问题，明明适合学文科却偏偏要学理科。一个人跳舞很有天赋，却非要学自己不擅长的弹琴，这样的学习往往是事倍功半的。每个人都有“天赋潜能”，要善于发现并加以开发，只要不是生理上存在缺陷，世界上不存在绝对平庸的人。总而言之，人需要学习，必须学习，终身都离不开学习。

君子之学必日新，日新者日进也。不日新者必日退，未有不进而不退者。[②]

在程颐看来，一个人如果每天不能学习一点新东西，“每天进步一点点”，那就是止步不前，甚至是在倒退了。正如人们常说的，“学如逆水行舟，不进则退”。

（二）养正于蒙，学之至善

关于学习，“二程”有许多卓越的见解。第一条便是“养正于蒙”。

所谓“蒙”就是“蒙童”，也就是小孩。“养正于蒙”，顾名思义，就是说要从小培养孩子的学习意识，养成良好的习惯。程颐说：

未发之谓蒙，以纯一未发之蒙而养其正，乃作圣之功也。发而后禁，则扞格而难胜。养正于蒙，学之至善也。[③]

古人自幼学，耳目游处，所见皆善，至长而不见异物，故易以成就。今人自少所见皆不善，才能言，便习秽恶，日月消铄，更有甚天理？[④]

---

① （宋）程颢、程颐著，王孝鱼校：《二程集·二程遗书·杨遵道录》，中华书局2004年版，第252页。

② （宋）程颢、程颐著，王孝鱼校：《二程集·二程遗书·畅潜道录》，中华书局2004年版，第325页。

③ （宋）程颢、程颐著，王孝鱼校：《二程集·伊川易传·周易上经上》，中华书局2004年版，第720页。

④ （宋）程颢、程颐著，王孝鱼校：《二程集·二程遗书·元丰己未与叔东见二先生语》，中华书局2004年版，第35页。

程颢认为，古人从小接触的都是好的、善的东西，就会有良好的意识、良好的习惯，长大之后，就不会轻易地改变，这样就更容易有所成就；现在的人从小看到的、学到的都是不好的东西，日熏月污，受到腐蚀，这就很难变好了。

（三）格物致知

“二程”关于学习的方法，广为人知的论述便是“格物致知”了。“格物致知”出自《礼记·大学》的“八目”：“正心、诚意、格物、致知、修身、齐家、治国、平天下。”人们往往记住了后面四条，而忽视了“正心、诚意、格物、致知”这四条。其中“正心、诚意”是道德修养的方法，而“格物、致知”则是学习方法，什么是“格物致知”呢？

> 格，至也。事，物也。事皆有理，至其理，乃格物也。①
>
> 格犹穷也，物犹理也，犹曰穷其理而已也。穷其理，然后足以致之，不穷则不能致也。格物者适道之始，欲思格物，则固已近道矣。②

简而言之，“格物”就是穷尽事物之理，也就是说，观察一个事物，学习一种知识，就要把这个事物、这种知识所包含的内容彻底了解、掌握。那么，“致知”又是什么呢？

> 知者吾之所固有，然不致则不能得之，而致知必有道，故曰“致知在格物”。③

所谓“致知”，就是到达“知”的一个过程。在“二程”看来，“知”是人本来就有的。程颢也说过：

> 良能良知，皆无所由；乃出于天，不系于人。④

“知”虽然是人本来就具有的，可是人们往往不能正确地认识它，所以，需要通过“格物”的方法去认识“知”，而认识“知”的过程就是“致知”。

“格物致知”就是要求人用心体会外在的事物、知识，从而洞察、了解，明白其内在的道理，通过一点一滴积累，最后达到真知的境界。这一过程的关键在于，如何能够全面、透彻地了解一种事物或者一种知识，并把握其内涵，这是一

---

① （宋）程颢、程颐著，王孝鱼校：《二程集·二程外书·朱公掞问学拾遗》，中华书局2004年版，第365页。

② （宋）程颢、程颐著，王孝鱼校：《二程集·二程遗书·暢潜道录》，中华书局2004年版，第316页。

③ 同上。

④ （宋）程颢、程颐著，王孝鱼校：《二程集·二程遗书·元丰己未吕与叔东见二先生语》，中华书局2004年版，第20页。

种很难达到的状态。每个人的知识面和学习能力都是有限的，人们能够把握的都只是事物的一个部分，很难做到全面透彻地把握。从某种意义上说，“二程”的“格物致知”只是一种理想的学习方法，在实际运用中很难做到，所以王阳明就在“格物致知”不成之后，走向了“心学”的道路。

“二程”提出的这种学习理念，即先了解外在已有的事物、知识，再通过思考的方式将其吸收，转化为自身知识，这是值得我们继承和借鉴的。习近平总书记《在哲学社会科学工作座谈会上的讲话》中，引用了“二程”所说的“为学之道，必本于思”[①]，他强调，不能采取浅尝辄止、蜻蜓点水的学习态度，要掌握真谛，融会贯通。这不正是对“二程”“格物致知”学习方法的深刻阐释吗？

三、智慧之光：明辨公私，惩恶扬善

“二程”一方面继承了孟子的义利观，强调重义轻利，明辨公私；另一方面，他们又认识到传统儒家“礼治”思想的不完全，故而提出要重视“刑法”，发挥其惩恶扬善、震慑不法的作用。“二程”这些方面的成就是对于传统儒家学说的发扬。

（一）天下之事，唯义利而已

在“二程”那里，“义”和“利”两者是完全对立的：

> 大凡出义则入利，出利则入义。天下之事，唯义利而已。不独财利之利，凡有利心，便不可。如作一事，须寻自家稳便处，皆利心也。圣人以义为利，义安处便为利。[②]

在“二程”看来，天下所有的事情都可以用“义”和“利”来区分。这个“利”，不仅仅指金钱等利益，也包括了私心私欲在内。

那么，是不是完全不能讲“利”呢？其实也不是。程颐说：“凡字只有一个，用有不同，只看如何用。凡顺理无害处便是利，君子未尝不欲利。”[③]“二程”认为，有三种“利”可以讲：一是“圣人以义为利，义安处便为利”[④]，这实际上是以“义”代“利”，取消了义利之别；二是“和义”之利，即符合“义”的利，也就是孔子所说的“义然后取”的利；三是实行仁义以维护其亲与君的地位之利。程颐说：“不遗其亲，不后其君，便是利。仁义未尝不利。”[⑤]

---

① （宋）程颢、程颐著，王孝鱼校：《二程集·二程遗书·畅潜道录》，中华书局2004年版，第324页。
② （宋）程颢、程颐著，王孝鱼校：《二程集·二程遗书·师训》，中华书局2004年版，第124页。
③ （宋）程颢、程颐著，王孝鱼校：《二程集·二程遗书·杨遵道录》，中华书局2004年版，第249页。
④ （宋）程颢、程颐著，王孝鱼校：《二程集·二程遗书·己巳冬所闻》，中华书局2004年版，第173页。
⑤ （宋）程颢、程颐著，王孝鱼校：《二程集·二程遗书·杨遵道录》，中华书局2004年版，第249页。

所以，“二程”对于“义”和“利”的看法，还是看其目的是为公还是为私，这决定了其属于“义”还是属于“利”。为社会、为国家谋利，就是属于“义”的范畴；如果你损害他人的权益，即使你没有谋求具体的利益，也是属于“利”的范畴。

习近平总书记在十八届中央纪委第三次全体会议上的讲话中，引用了“二程”的一句话：“一心可以丧邦，一心可以兴邦，只在公私之间尔。”[①]“公私之间”其实就是“义利之间”的选择，这种“重义轻利”的价值观念，无论在什么时候都是不会过时的。

（二）惩恶扬善

“二程”关于“惩恶扬善”的思想，主要体现在他们对于刑罚的重视上，他们看到了传统儒家“礼治”思想在治理国家方面的不足，开始重视律法与刑罚。

“二程”说：“凡为政，须立善法，后人有所变易，则无可奈何。虽周公亦知立法而已，后人变之，则无可奈何也。”[②]“二程”认为，周公不仅仅是制礼作乐，也制定了律法。单纯依靠“礼治”或者“德治”是很不现实的，在治理国家方面，更多依靠的还是“法治”。

“二程”说：“圣王为治，修刑罚以齐众，明教化以善俗。刑罚立则教化行矣，教化行而刑措矣。虽曰尚德而不尚刑，顾岂偏废哉？”[③]在“二程”看来，刑罚虽然不像道德那样可以导人向善，但是，能够威慑百姓，使其不敢为恶或者不敢继续为恶。这样一来，从某种意义上看，刑罚也就成了推行教化的一种手段。

“二程”说：“既以刑禁率之，虽使心未能喻，亦当畏威以从，不敢肆其昏蒙之欲，然后渐能知善道而革其非心，则可以移风易俗矣。”[④]法律先强制性地约束百姓，时间一长，习惯成自然之后，“法”所体现的消极作用就会转化为让人遵守礼制道德的积极作用。

对于一些无法教化的冥顽不化之徒，刑罚的威慑就显得格外重要了。程颐说：“初以阴暗居下，下民之蒙也。爻言发之之道。发下民之蒙，当明刑禁以示之，使之知畏，然后从而教导之。”[⑤]强制性的法律能起到惩恶扬善、移风易俗的实际效果，对待“斗筲之性”者，加之以严刑惩处就再没有道德负担了。

因此，无论什么时候，我们都既要重视道德教育，也要注重法制教育，让人们知法、懂法、守法。这样一来，整个社会都遵守相应的法律法规，令行禁止，在进行法制教育的同时，推行道德教化，也就会真正实现“风清气正”，建立起真正

---

① （宋）程颢、程颐著，王孝鱼校：《二程集·二程遗书·师训》，中华书局2004年版，第134页。

② （宋）程颢、程颐著，王孝鱼校：《二程集·二程遗书·伊川先生语三》，中华书局2004年版，第179页。

③ （宋）程颢、程颐著，王孝鱼校：《二程集·二程粹言·论政篇》，中华书局2004年版，第1212页。

④ （宋）程颢、程颐著，王孝鱼校：《二程集·周易程氏传·周易上经上》，中华书局2004年版，第721页。

⑤ 同上。

的和谐社会。

“理学”的学习认识论和道德修养论往往是密不可分的，这一特点在“二程”这里表现得尤为明显，主要反映在“格物致知”和“克己复礼”这两个命题上。张岂之认为：“在‘二程’的‘格物致知’体系里，‘格物’就是‘穷理’，是要人认识到事事物物都是‘天理’的作用。”[①]从而“闻一知十”，体会到“万物皆是一理（即天理）”。“克己复礼”则是明确、更细致的道德修养论，“二程”认为，“礼”象征着人类社会永恒不变的等级秩序，人要克服己身之私欲，并通过自学恪守礼仪达到对内心之“道”（即这个社会中人人相处的适当位置等）的体认。他们认为：“人的一生最重要的事莫过于使自身在任何时候、任何条件下都不偏离‘礼’的轨道。”[②]这是“二程”理学思想的基本形态，勾勒出了程朱理学的基本轮廓，为朱熹思想的产生提供了理论基础。

① 张岂之主编：《中国思想史》（修订本），西北大学出版社2016年版，第366页。

② 同上书，第367页。

朱熹

——理学的集大成者

朱熹(1130—1200),字元晦,又字仲晦,号晦庵,晚称晦翁,谥文,世称朱文公,也被尊称为朱子。徽州婺源(今属江西)人,生于福建龙溪。宋朝著名的理学家、思想家、哲学家、教育家、诗人,闽学代表人物,理学集大成者。朱熹是唯一非孔子亲传弟子而享祀孔庙的人,位列大成殿十二哲者中,受儒教祭祀。朱熹是“二程”的三传弟子李侗的学生,与“二程”被合称为“程朱学派”。朱熹的理学思想对元、明、清三朝影响很大,成为三朝的官方正统思想。他是中国伟大的教育家,其编写的《四书章句集注》是三朝官方钦定的教科书和科举考试的标准答案。

朱熹自小就表现出异于常人的地方。据《宋史》记载:

> 熹幼颖悟,甫能言,父指天示之曰:“天也。”熹问曰:“天之上何物?”松异之。就傅,授以《孝经》,一阅,题其上曰:“不若是,非人也。”尝从群儿戏沙上,独端坐以指画沙,视之,八卦也。”①

朱熹刚刚学会说话的时候,他父亲指着天空说:“这是天。”朱熹并没有跟着父亲一起说“这是天”,而是反问:“天的上面是什么呢?”等到朱熹开始学习后,老师教授《孝经》,别的学生还只是会读会写而不懂其意时,朱熹却感慨道:“如果不这么做,就不算人了啊”!课余时间,别的孩子都在玩耍,只有朱熹在沙堆上画起了八卦,试图体悟其中的思想。

朱熹从小显现出的这种善于学习、乐于思考的精神,或许正是他后来能够取得巨大成就的原因之一。

朱熹思想的突出之处就是“立志成圣”。在朱熹看来,学习修养的第一要义就是要立志,并且志向要远大,要做“圣贤”。如何成为“圣贤”呢?朱熹提出了自己的方法:道德修养方面,要“居敬涵养”“省察力行”;读书学习方面,要“循序渐进”“熟读精思”“着紧用力”。在朱熹看来,如果这两个方面都能达到相应的要求,成为“圣贤”也只是水磨工夫,因为“圣贤”本来也不是超出一般人的

① (元)脱脱等撰:《宋史·朱熹传》,中华书局 1985 年版,第 12751 页。

存在。

一、道德修养：以敬畏之心行道德之事

朱熹在道德修养上提出了三点要求：首先，要有一颗敬畏之心，敬畏他人，敬畏自己，无论做什么事情都要小心谨慎、专心致志；其次，要及时地反省和检查自己，在朱熹看来，人会不自觉地倾向于恶的一面，只有及时地“省察”，才能避免这一情况；最后，要积极地进行道德实践，帮助他人，提高自己。

（一）居敬涵养

在道德修养上，朱熹继承了“二程”提出的“诚敬”思想，并进一步提高了“敬”在道德修养中的地位。朱熹说：

> 人之为学，千头万绪，岂可无本领？此程先生所以有“持敬”之语。
>
> “敬”字工夫，乃圣门第一义。彻头彻尾，不可顷刻间断。
>
> “敬”之一字，真圣门之纲领，存养之要法。一主乎此，更无内外精粗之间。[①]

那么，“敬”在朱熹口中又具有什么样的内涵呢？首先，从文字本身来理解。“居敬”，有一个“敬”字，含有敬畏的意思。朱熹说：“然敬有甚物？只如‘畏’字相似。不是块然兀坐，耳无闻，目无见，全不省事之谓。只收敛身心，整齐纯一，不恁地放纵，便是敬。”[②]在朱熹看来，“敬”是发自内心的情感，是一种为人处世的态度。人们在为学、做事的时候，要保持一颗敬畏之心，不能过于散漫、随意，正如《诗经·小雅·小旻》中所说，要“战战兢兢，如临深渊，如履薄冰”。“敬”的第二个内涵是收敛内心。朱熹说：“今人若能专一此心，便收敛紧密，都无些子空罅。若这事思量未了，又走做那边去，心便成两路。”[③]也就是说，人们为学、做事的时候，仅仅有敬畏之心还是不够的，还要收敛自己内心的种种念头，使内心保持专一、纯净。如果整天胡思乱想、焦躁不安，还能做成什么事情呢？

做到上述这两条，也就达到了朱熹所说的“主一无适”的境界了。朱熹说：

> 主一之谓敬，无适之谓一。[④]
>
> 遇事临深履薄而为之，不敢轻为，不敢妄为，乃是“主一无适”。[⑤]
>
> “主一之谓敬”，只是心专一，不以他念乱之。每遇事，与致诚专一做

① （宋）黎靖德编，王星贤点校：《朱子语类·持守》，中华书局1986年版，第209—210页。

② 同上书，第208页。

③ （宋）黎靖德编，王星贤点校：《朱子语类·大学四》，中华书局1986年版，第373页。

④ （宋）黎靖德编，王星贤点校：《朱子语类·坤》，中华书局1986年版，第1740页。

⑤ （宋）黎靖德编，王星贤点校：《朱子语类·论语三》，中华书局1986年版，第494页。

去，即是主一之义。[1]

所谓“主一”，就是专一，专心致志；所谓“无适”，就是心无杂念。也就是说，无论做什么事情，首先要有一个明确的目标，然后专心致志地朝着这个目标努力，不能“三天打鱼、两天晒网”，不能一边做着手上的事情，一边还想着别的事情。有些人立志要做一个好人，但是做了两天，就没有动力继续做好事了；或者说本来打算帮助他人，可是后来又因种种顾虑没有施行，这些行为在朱熹眼中是最要不得的。

（二）省察力行

“居敬”是道德修养应该持有的一种态度。关于道德修养的具体方法，朱熹提出了“省察”和“力行”两条。

所谓“省察”，与曾子所说的“三省吾身”是很接近的，即要求经常进行自我反省与检查。试看朱熹与其弟子程正思的一个学生的对话：

问“凡人之心，不存则亡，而无不存不亡之时；故一息之顷，不加提省之力，则沦于亡而不自觉。天下之事，不是则非，而无不是不非之处；故一事之微，不加精察之功，则陷于恶而不自知。”

曰：“道理固如是此，然初学后亦未能便如此也。”[2]

在朱熹看来，普通人的心中会不自觉地倾向于恶的一面，如果不经常反省和检查自己的内心，就容易沉沦于恶念之中而不自知。及时地“省察”有两个好处：一是心中的恶念刚刚产生的时候，检查与反省自己就可以将这一恶念扼杀在萌芽之中；二是心中的恶念形成之后，检查与反省自己就可以避免恶念的继续滋长，并及时地改正，及时弥补自己犯下的过错。习近平总书记在河南省兰考县委常委扩大会议上的讲话，就提到了朱熹论述这个观点的一句话：“惟知其不善则速改以从善。”[3]

所谓“力行”，是说要将学到的关于伦理道德的知识付之于实践。朱熹说：“欲知知之真不真，意之诚不诚，只看做不做如何。真个如此做底，便是知至、意诚。”[4]就像一些人成天喊着尊老爱幼、热爱祖国的口号，但是，口号永远都是口号，嘴上说得再怎么天花乱坠，没有具体的实际行动，也没有任何意义。说得再多，还不如在公交车上为有需要的老人、孩子让一次座，随手捡起路边的垃圾扔

① （宋）黎靖德编，王星贤点校：《朱子语类·坤》，中华书局 1986 年版，第 1740 页。
② （宋）黎靖德编，王星贤点校：《朱子语类·训门人五》，中华书局 1986 年版，第 2810—2811 页。
③ （宋）黎靖德编，王星贤点校：《朱子语类·论语三》，中华书局 1986 年版，第 506 页。
④ （宋）黎靖德编，王星贤点校：《朱子语类·大学二》，中华书局 1986 年版，第 302 页。

进垃圾箱里。实际的行动远比仅在口头讲道德修养要重要得多。

朱熹的一生就是“力行”的表率。“读万卷书,行万里路”也是朱熹的信念。朱熹的足迹曾经遍布福建、浙江、江西、湖南等省,几乎踏遍了中国的东南部。朱熹曾深有感触地说:“今也须如僧家行脚,接四方之贤士,察四方之事情,览山川之形势,观古今兴亡治乱得失之迹,这道理方见得周遍。‘士而怀居,不足以为士矣!’不是块然守定这事物在一室。关门独坐便了,便可以为圣贤。”①

“省察”和“力行”是道德实践的两个方面,“省察”主要强调对自我的要求,防止自己犯错;而“力行”则侧重于帮助他人,进而提高自身的道德修养。

(三)始明人伦

在朱熹看来,道德修养首先就要“明人伦”。那么,什么是“人伦”呢?朱熹说:“父子有亲,君臣有义,夫妇有别,长幼有序,朋友有信。右五教之目。”②简单来说,朱熹所说的“人伦”,其实就是儒家的“三纲五常”。

朱熹为什么认为道德修养首先要“明人伦”呢?这与孟子的思想有关系,孟子说过:“夏曰校,殷曰序,周曰庠,学则三代共之,皆所以明人伦也。人伦明于上,小民亲于下。”③也就是说,在孟子之前,学校的作用之一就是要使人“明人伦”。朱熹认为:

> 熹窃观古昔圣贤所以教人为学之意,莫非使之讲明义理,以修其身,然后推以及人,非徒欲其务记览为词章,以钓声名取利禄而已也。今人之为学者,则既反是矣。④

“明人伦”是学习首要之务,因为当时为学风气非常糟糕。在朱熹看来,当时大多数人学习都是为了功名利禄,忽视了治学的本质是修身做人,这是本末倒置的行为。如果每个人治学都抱着追求功名利禄的目的,暂且不说这类人的学问能否做好,至少这类人在为人方面就有很大缺陷。

朱熹在长期的书院教学活动中,以身作则,将“明人伦”写入《白鹿洞书院学规》中,后来在岳麓书院的《五院教条》中,也将“明人伦”作为主要内容。可以说,在南宋时期,在朱熹的号召和影响下,“明人伦”成了当时教育界所共同推崇的教育目标。

二、学习思想:循序渐进、熟读精思、着紧用力

朱熹认为,学习先要“明人伦”,就是要明白长幼尊卑之序,重视道德伦理修

---

① (宋)黎靖德编,王星贤点校:《朱子语类·训门人五》,中华书局1986年版,第2830页。
② 朱杰人、严佐之、刘永翔主编:《朱子全书·朱熹年谱》(修订本),上海古籍出版社2010年版,第253页。
③ 方勇译注:《孟子·滕文公》,中华书局2010年版,第91页。
④ 朱杰人、严佐之、刘永翔主编:《朱子全书·朱熹年谱》(修订本),上海古籍出版社2010年版,第254页。

养；然后要学会“循序渐进”的学习方式。当然“循序渐进”的过程中也要注意方法，那就是要“熟读精思”“着紧用力”，要学会抓住重点。

（一）循序渐进

前人将朱熹读书法归纳为六条，分别是：循序渐进、熟读精思、虚心涵泳、切己体察、着紧用力、居敬持志。其中“虚心涵泳、切己体察、居敬持志”更接近于道德修养之法，已在前面进行了阐述，下面，我们着重讨论“循序渐进、熟读精思、着紧用力”。

“循序渐进”在朱熹看来是读书的第一要义。朱熹说：“为学之道，莫先于穷理；穷理之要，必在于读书；读书之法，莫贵于循序而致精。”[①]如何“循序渐进”呢？首先，读书要按照一定的次序往下读。读一本书的时候，要按照章节次序一句一句往下读，朱熹说：

> 读书须是专一。读这一句，且理会这一句；读这一章，且理会这一章。须是见得此一章彻了，方可看别章，未要思量别章别句，只是平心定气在这边看，亦不可用心思索太过，少间却损了精神。[②]

其次，先读什么书，后读什么书，在朱熹看来也是有一定次序的。朱熹说：

> 某要人先读《大学》，以定其规模；次读《论语》，以立其根本；次读《孟子》以观其发越；次读《中庸》，以求古人之微妙处。[③]

所谓读书的次序，本质上就是要求读书要由浅入深。《大学》篇幅短，内容相对明确而集中，所以，朱熹认为要先读《大学》。《论语》《孟子》篇幅长，思想虽然不复杂，但是比较散乱，不容易理解。所以，应在读懂了《大学》之后再来学习。至于《中庸》，虽然篇幅比《论语》《孟子》略短，但思想较深奥，体现儒家思想最为微妙。所以，在“四书”中放在最后读。

另外，读书要量力而行，要根据自己的能力切实地安排读书计划。朱熹说：“读书不可贪多，常使自家力量有余。”[④]这是一个很实际的问题，很多人有好高骛远的毛病，做事一味求快，这就像造房子一样，基础不扎实，造得越高就越容易倒塌。朱熹说：

① 唐文治著，乐爱国点校：《紫阳学术发微·朱子政治学发微》第6卷，华东师范大学出版社2014年版，第154页。

② （宋）黎靖德编，王星贤点校：《朱子语类·学四》，中华书局1986年版，第168页。

③ （宋）黎靖德编，王星贤点校：《朱子语类·大学一·纲领》，中华书局1986年版，第249页。

④ （宋）黎靖德编，王星贤点校：《朱子语类·学四》，中华书局1986年版，第166页。

园夫灌园，善灌之夫，随其蔬果，株株而灌之。少间灌溉既足，则泥水相和，而物得其润，自然生长。不善灌者，忙急而治之。担一担之水，浇满园之蔬。人见其治园矣，而物未尝沾足也。[①]

朱熹拿给蔬菜瓜果浇水作为比喻，会浇水的人，对于浇多少、怎么浇都能把握得恰到好处，所以瓜果长得好；不会浇水的人乱浇一气，瓜果不是旱死就是涝死。道理不难理解，做起来却实属不易。

总而言之，“循序渐进”的学习方法就是说要打好基础。就像读一本书，要从一字一句看起，然后再学习、理解一段话、一个篇章，直至整本书的内容。不能好高骛远，人们常说“一口吃不成一个胖子”，讲的就是这个道理。

（二）熟读精思

“熟读精思”的方法可以分成两个层面：“熟读”与“精思”。其中“熟读”是“精思”的基础，“精思”则是“熟读”的升华。我们来看一下朱熹是怎么谈“熟读”的：

大凡读书，须是熟读。熟读了，自精熟；精熟后，理自见得。如吃果子一般，劈头方咬开，未见滋味，便吃了。须是细嚼嚼烂，则滋味自出，方始识得这个是甜是苦是甘是辛，始为知味。[②]

也就是说，读书就像吃水果一样，要先慢慢地把皮削掉，才能看到果肉，细嚼慢咽才能吃出滋味，才能品出甘甜还是苦辛。“熟读”的过程就像削皮一样，一遍遍地反复诵读，最终才能把“皮”削干净，才能看到里面的“果肉”。那么，怎么样算是“熟读”了呢？朱熹说：“大抵观书先须熟读，使其言皆若出于吾之口。”[③]等你读完一本书，感觉这本书好像就是你写的一样，随口就能说出其中的语句，那么，就算是熟读了。在朱熹看来，“熟读”的好处在于，你每读一遍都能从中体会出不同的东西，朱熹说：“书须熟读。所谓书，只是一般。然读十遍时，与读一遍时终别；读百遍时，与读十遍又自不同也。”[④]

“熟读”，看起来是很简单的事情，但是，很多人都不愿意做。现在所谓的流行文化，其实就是快餐文化，讲究快速阅读、碎片化阅读，看起来似乎提升了阅读效率，实际上很难取得什么效果。读完一本书，对书中的内容都难以做到很好的理解和掌握，更不用说领悟其中人物的境界、情境的韵味、写作的奥妙了。

---

① （宋）黎靖德编，王星贤点校：《朱子语类·学四》，中华书局 1986 年版，第 167 页。

② 同上。

③ 同上书，第 168 页。

④ 同上。

最基本的“熟读”都做不到，更遑论“精思”了。

再看“精思”。朱熹指出：“继之以精思，使其意皆若出于吾之心，然后可以有得尔。”[①]所谓“精思”，就是能够把别人的观点融会贯通，说出来的时候好像这个观点是你提出来的一样，这样就算是有所得了。至于如何达到“精思”，朱熹提出了“无疑—有疑—释疑”这样一个学习过程，朱熹说：

> 读书始读未知有疑，其次则渐渐有疑，中则节节是疑，过了这一番疑，渐渐释以至融贯会通，都无可疑，方始是学。[②]
>
> 读书无疑者，须教有疑；有疑者，却要无疑，到这里方是长进。[③]

也就是说，开始读书的时候，因为对文本不熟悉，发现不了问题，但是读的次数多了，对文本熟悉了，自然而然就会发现其中的问题，然后带着问题继续学习，就会找到解决问题的办法，通过发现问题、解决问题，自然就会对学习内容了然于胸，这就达到了“精思”的境界。

读书仅做到“熟读精思”还不够。唐代魏徵曾经说过：“兼听则明，偏信则暗。”孔子讲“不耻下问”，认为“三人行，必有我师”。所以，朱熹提出，在“熟读精思”的基础上还要多问，多请教他人，包括老师、同学等。《朱子语类》一书，便是朱熹的学生与朱熹问答的记录。朱熹对于学生的提问都是来者不拒，他们在互动交流中，教学相长，学术精进，智慧迭出。

（三）着紧用力

朱熹认为，学习如逆水行舟，不进则退。朱熹说：

> 为学极要求把篙处著力。到工夫要断绝处，又更增工夫，著力不放令倒，方是向进处。为学正如上水船，方平稳处，尽行不妨。及到滩脊急流之中，舟人来这上一篙，不可放缓。直须著力撑上，不一步不紧。放退一步，则此船不得上矣。[④]

这是告诫我们，读书学习要坚持不懈、持之以恒，也就像人们常说的“行百里者半九十”，千万不能半途而废。这也像打仗一样，要一鼓作气，一旦这股气势受到阻碍或者泄去，往往就会兵败如山倒。学习也是这样，刚读某本书的时候，总是兴致勃勃，读了一段时间之后就会感到厌烦，就会想做别的事情了，就

---

① （宋）黎靖德编，王星贤点校：《朱子语类·学四》，中华书局1986年版，第168页。

② （清）黄宗羲原撰，（清）全祖望补修，陈金生、梁运华点校：《宋元学案·文公朱晦庵先生熹》，中华书局1986年版，第1549页。

③ （宋）黎靖德编，王星贤点校：《朱子语类·学四》，中华书局1986年版，第186页。

④ （宋）黎靖德编，王星贤点校：《朱子语类·学二》，中华书局1986年版，第137页。

不想再继续读下去了。许多人都有这样的体会，一旦放下手中读着的书，就很难再拿起来了。

现在不少大学生，毕业没几年，随着工作、家庭等各方面的压力越来越大，时间越来越紧，心中继续学习的火焰就会熄灭。所以，朱熹说："读书如战阵厮杀，擂着鼓，只是向前去，有死无二，莫更回头始得。"[①]所谓"开弓没有回头箭"，就是这个道理。正如朱熹所说：

> 人言读书当从容玩味，此乃自怠之一说。若是读此书未晓道理，虽不可急迫，亦不放下，犹可也。若徜徉终日，谓之从容，却无做工夫处。譬之煎药，须是以大火煮滚，然后以慢火养之，却不妨。[②]

朱熹指出，读书做学问切记不能以"从容玩味"为借口，懈怠徜徉，必须时时抓紧，这一观点对现代人来说也十分有益。

三、智慧回响：天理人欲，立志成圣

朱熹提出了理学中最核心的思想，即"存天理，灭人欲"。它要求人克制自己内心过分的私欲，积极地向善良、仁义和公正靠拢。后世之人不明白朱熹的这一思想，将其理解为要克制所有欲望，这就将朱熹的本义扭曲了。同时，朱熹提出，我们在学习的时候要向着"圣人"这一方向去努力，每个人都有可能成为"圣人"，而社会风气也需要这样的人来改变。

（一）存天理，灭人欲

"存天理，灭人欲"是宋明理学中最为核心的观点。朱熹指出：

> 孔子所谓"克己复礼"，《中庸》所谓"致中和"，"尊德性"，"道学问"，《大学》所谓"明明德"，《书》曰"人心惟危，道心惟微，惟精惟一，允执厥中"；圣贤千言万语，只是教人明天理，灭人欲。[③]

什么是"天理"？什么是"人欲"呢？朱熹指出：

> 盖天理者，此心之本然，循之则其心公而且正；人欲者，此心之疾疢，循之则其心私且邪。[④]

---

① （宋）黎靖德编，王星贤点校：《朱子语类·训门人九》，中华书局1986年版，第2922页。

② （宋）黎靖德编，王星贤点校：《朱子语类·学四》，中华书局1986年版，第163页。

③ （宋）黎靖德编，王星贤点校：《朱子语类·持守》，中华书局1986年版，第207页。

④ 唐文治著，乐爱国点校：《紫阳学术发微·唐镜海先生朱子学案目録序·时事》，华东师范大学出版社2014年版，第335页。

朱熹在人性论上继承了“二程”的思想，他赞同孟子所说的“性善论”，认为人的本性是善的，这个善的本性的来源，就像“二程”说的那样是上天赋予人的。这个上天赋予人的善的本性，在朱熹看来，就是“天理”在人身上的体现。而“人欲”则像试图掩盖这种善的本性的灰尘。朱熹指出：

> 仁义根于人心之固有，天理之公也；利心生于物我之相形，人欲之私也。循天理，则不求利而自无不利；殉人欲，则求利未得而害已随之。①

也就是说，朱熹说的“存天理”，存的是孟子“性善论”中的“善”；“灭人欲”，要灭的是荀子所说“人之初，性本恶”中的“恶”。“存天理，灭人欲”，其实是一种道德修养的过程。“天理”是公，是大善，是人的仁爱之心；“人欲”是私，是小恶，是人的自私之心。“存天理”就是存善，追寻天理，循道而行；“灭人欲”就是去恶，克己省身，修身养性。

明清之后，人们对于“存天理，灭人欲”的理解发生了偏差，将其理解为一种扼杀人的本性的禁欲思想，这实际上就违背了朱熹的本义。朱熹说：“饮食者，天理也；要求美味，人欲也。”②“若是饥而欲食，渴而欲饮，则此欲亦岂能无？”③实际上，朱熹反对的是过分沉溺于人的私欲，忧虑人失去明辨善恶是非之心。

（二）立志为圣

朱熹的学习思想中，关于学习的最终目的，就是要通过学习成为“圣人”。“为学，须思所以超凡入圣。如何昨日为乡人，今日便为圣人！须是竦拔，方始有进！”④朱熹认为，为学第一条就是要立志，而且要立得远大，要“立志为圣”。他说：

> 凡人须以圣贤为己任。世人多以圣贤为高，而自视为卑，故不肯进。抑不知，使圣贤本自高，而己别是一样人，则早夜孜孜，别是分外事，不为亦可，为之亦可。然圣贤禀性与常人一同。既与常人一同，又安得不以圣贤为己任？自开辟以来，生多少人，求其尽己者，千万人中无一二，只是滚同枉过一世！⑤

“圣贤”其实同一般人并没有多大的区别，他们所做的事情也没有超出人们想象的范围，但是，一般人都自以为不能成为圣人，有一种自卑的情绪，所以才

---

① （宋）朱熹：《四书章句集注·孟子集注·梁惠王章句上》，中华书局2011年版，第188页。
② （宋）黎靖德编，王星贤点校：《朱子语类·学七》，中华书局1986年版，第224页。
③ （宋）黎靖德编，王星贤点校：《朱子语类·周子之书》，中华书局1986年版，第2414页。
④ （宋）黎靖德编，王星贤点校：《朱子语类·学二》，中华书局1986年版，第135页。
⑤ 同上书，第133页。

成为圣人。

如今，很多人对于“圣人之学”研究得很透彻，却始终只是一个普通人，成为不了真正的“圣人”。这是因为，大多数人只有学习“圣人”之心，却没有立成“圣人”之志向。他说：“今之朋友，固有乐闻圣贤之学，而终不能去世俗之陋者，无他，只是志不立尔。学者大要立志，才学，便要做圣人是也。”[①]他认为，立志成为圣人，并为之努力，才是最重要的。

朱熹为什么要将“为圣”作为学习的最高目标呢？这与南宋当时的社会环境有关，朱熹说：“妄以为国家所恃以为重，天下所赖以为安，风俗所以既漓而不可以复淳，纪纲所以既坏而不可以复理，无一不系乎人焉。”[②]在朱熹看来，南宋时期，世风日下、道德日衰，特别需要一批具有道德修养的人站出来，挽救当时的社会风气，这样的人，在朱熹看来就是立志要成为“圣贤”的人。

朱熹的核心学养可以用全祖望称赞他的“致广大，尽精微，综罗百代矣”[③]来概括。他“吸收儒家、道家、道教、佛教及当时自然科学思想，并解构了佛、道二教，而和合为理学，把中国哲学推向了一个新的高度”[④]。他对各个哲学范畴、思想命题作了比前人更为严密、系统和仔细的解释，对各种自然现象和社会现象的观察也更深入，也有更加细腻的理解，这是值得我们钦佩和学习的。

我想借用朱永新在《中国古代教育思想史》卷首诗中所写的“我聆听朱熹，《白鹿洞书院学规》是古代学校管理的条例，《朱子读书法》至今不减当年的风韵，著名的‘鹅湖之辩’仍然为知识分子们怀念”[⑤]，来概括朱熹的核心学养，朱熹道德修养渊广深邃，进学修业博大精深，是后辈学子仰视的高峰，光照千秋，影响至深。

① （宋）黎靖德编，王星贤点校：《朱子语类·学二》，中华书局1986年版，第134页。

② 朱杰人、严佐之、刘永翔主编：《朱子全书·与王龟龄》(修订本)，上海古籍出版社2010年版，第1611页。

③ （清）黄宗羲原撰，（清）全祖望补修，陈金生、梁运华点校：《宋元学案·晦翁学案序録》，中华书局1986年版，第1495页。

④ 张立文：《宋明理学研究》(增订版)，中国人民大学出版社2016年版，第349页。

⑤ 朱永新：《中国古代教育思想史》(第四版)，中国人民大学出版社2012年版，第2页。

陆九渊

——心学的开山之祖

陆九渊(1139—1193),字子静,抚州金溪(今属江西)人。因书斋名“存”,故世称存斋先生,又因讲学于象山书院,被称为“象山先生”,学者常称其为“陆象山”,著有《象山先生全集》。陆九渊为宋明两代“心学”的开山之祖,与朱熹齐名,但二人见解多不合。王守仁继承发展其学,成就“陆王学派”,对后世影响极大。

陆九渊从小就十分善于思考,在他三四岁的时候,他就问过父亲,天地的尽头在哪里?他的父亲笑了笑,没有回答。后来,他读古书时读到“宇宙”二字,有人将其注释为“四方上下曰宇,古往今来曰宙”,他才幡然醒悟:

> 宇宙内事乃己分内事,己分内事乃宇宙内事……东海有圣人出焉,此心同也,此理同也。至西海、南海、北海有圣人出,亦莫不然。千百世之上有圣人出焉,此心同也,此理同也。至于千百世之下有圣人出,此心此理,亦无不同也。①

这就是陆九渊心学思想的基础“宇宙即吾心,吾心即宇宙”的缘起。

陆九渊学养的核心在于“优游涵泳”,这是一种学习态度,讲究悠闲自得与认真深入并重。秉持这样的学习态度,积极与人切磋、交流,不盲从他人意见,就能收到“剥落”内心私欲与己见的效果,从而达到“发明本心”的境界。

一、 修养方法: 明心方能见性,养心终能存心

作为心学的创始人,陆九渊的道德修养工夫落在一个“心”上。他认为,人首先要“发明本心”。所谓“本心”,也就是“仁义之心”。由于私欲以及己见的存在,“本心”有时会被蒙蔽。所以,要用“剥落”的方式显现“本心”。但是,仅“发明本心”是不够的,还要学会“存心”“养心”,才能使“本心”不再被蒙蔽。

(一) 发明本心

在陆九渊那里,“本心”具有很重要的地位,陈来指出:“‘本心’的观念应当

① (元)脱脱等撰:《宋史·陆九渊传》,中华书局1985年版,第12879—12880页。

是陆学的,也是理解陆学最重要的观念。"[①]

陆九渊在继承了孟子"性善论"基础上提出了"本心"的说法。什么是"本心"呢?他说:

> 仁义者,人之本心也。孟子曰:"存乎人者,岂无仁义之心哉?"又曰:"我固有之,非由外铄我也。"愚不肖者不及焉,则蔽于物欲而失其本心;贤者智者过之,则蔽于意见而失其本心。[②]

在陆九渊看来,每个人都有其"本心",这个"本心"就是"仁义之心",这一"本心"是人所固有的,并不是别人给予的,也不是通过修养养成的。陆九渊还指出,绝大部分人的"本心"都是被蒙蔽的,一般人受到外在"物欲"的影响,沉迷于个人的私欲,从而蒙蔽了自己的"仁义之心";而那些贤人智者,他们虽然不会"蔽于物欲",但是,他们有自己的思想理念,这些思想理念也会蒙蔽他们的"本心",从而使"仁义之心"起不了作用。陆九渊说:"高下污洁虽不同,其为蔽理溺心而不得其正,则一也。"[③]两者看上去有高下的区别,但是,本质上还是一样的,都是蒙蔽了"本心"。

所以,在陆九渊看来,道德修养的第一要义就是"发明本心"。如何"发明本心"呢?就是要学会"剥落",陆九渊说:

> 人心有病,须是剥落。剥落得一番,即一番清明。后随起来,又剥落,又清明。须是剥落得净尽,才是。[④]

所谓"剥落",其实就是克制自己内心的私欲,要把蒙蔽在"本心"之上的私欲"剥落"。每除去一份私欲,就会得到一份"清明"。在此基础上,还要进一步去除内心的自我之见,把人内心已有的种种所谓"自得之见"统统除去。除去内心的私欲与己见之后,"本心"就会自然而然地显现出来。

当然,说起来容易做起来难。因为"剥落"了一份私欲和己见之后,还会出现新的私欲和己见,因此,这是一个漫长的修养过程。

(二)存养本心

剥落私欲与己见之后,就能使自己的"本心"显现出来,但是,显现了"本心"并不代表我们的道德修养就完备了。陆九渊认为,道德修养的最终目的是使"本心"活生生地显现于实践生活之中,为了达到这样的目的,就必须学会"存养

---

① 陈来:《宋明理学》,生活·读书·新知三联书店 2011 年版,第 206 页。

② (宋)陆九渊著,钟哲点校:《陆九渊集·与赵监》,中华书局 1980 年版,第 9 页。

③ (宋)陆九渊著,钟哲点校:《陆九渊集·与邓文范》,中华书局 1980 年版,第 11 页。

④ (宋)陆九渊著,钟哲点校:《陆九渊集·包扬显道所录》,中华书局 1980 年版,第 458 页。

本心”。陆九渊说：

> 古人教人，不过存心、养心、求放心。此心之良，人所固有，人惟不知保养而反戕贼放失之耳。[①]

人皆有“本心”，但是，为什么会被蒙蔽呢？因为许多人不会保养自己的“本心”，所以，“本心”才会被私欲和己见所蒙蔽。虽然通过“剥落”之法使自己“本心”显现出来了，但是，如果不会“存养”，还是会被私欲和己见蒙蔽。

我们先看一下“存心”。陆九渊说：

> 只“存”一字，自可使人明得此理。此理本天所以与我，非由外铄。明得此理，即是主宰。真能为主，则外物不能移，邪说不能惑。[②]

所谓“存心”，就是要明白“本心”内存于自身的道理。要通过内求的方式来修养道德，而不是通过外求的方式来明白“本心”。只要能明白这样的道理，就能坚持自己的“本心”，也就不容易受到外在欲望的诱惑，也就能够抵御各种异端邪说的侵扰。

只会“存心”还是不够的，还要学会“养心”。陆九渊说：

> 义理之在人心，实天之所与，而不可泯灭焉者也。彼其受蔽于物而至于悖理违义，盖亦弗思焉耳。诚能反而思之，则是非取舍盖有隐然而动，判然而明，决然而无疑者矣。[③]

所谓“反而思之”，就是说在面对日常的是是非非时，要学会以“本心”为标准，去权衡、去取舍。也就是说，所谓“养心”，就是要学会用“本心”，在以“本心”为标准判断日常是是非非的过程中，不断地明白自己的“本心”，使“本心”能够一直显现，从而起到“养心”的作用。

总之，我们不仅要学会发明自己的“本心”，还要学会如何“存心”“养心”。

二、为学之道：学习需悠闲与认真并重

陆九渊提出了“优游涵泳”的为学理念，认为人们既要持悠闲自得的学习态度，同时又不能草率随便。关于具体的学习方法，陆九渊认为，要学会质疑，学会与人切磋、交流，而做到这些的前提，是要有扎实的基础。

---

① （宋）陆九渊著，钟哲点校：《陆九渊集·与舒西美》，中华书局1980年版，第64页。
② （宋）陆九渊著，钟哲点校：《陆九渊集·与曾宅之》，中华书局1980年版，第4页。
③ （宋）陆九渊著，钟哲点校：《陆九渊集·思则得之》，中华书局1980年版，第376页。

（一）优游涵泳

“优游涵泳”是陆九渊学习思想的核心内容，他说：

所谓读书，须当明物理，揣事情，论事势。且如读史，须看他所以成，所以败，所以是，所以非处。优游涵泳，久自得力。①

“优游涵泳”主要包含了两个方面的内容。一是“优游”。是说学习的时候要有一种悠闲自得的态度。陆九渊极力反对“苦思”“苦读”的学习方式，他说：“苦思则方寸自乱，自蹶其本，失己滞物，终不明白。”②他认为，“苦思”“苦读”的学习方式不仅解决不了问题，还会陷入一种迷障。学习的时候遇到了难题，千万不能急于解决，这样只会适得其反，可以将这个难题暂且放下，等到日后有了更多的知识积累，这个难题自然就会涣然冰释。陆九渊说：

大抵读书，诂训既通之后，但平心读之，不必强加揣量，则无非浸灌、培益、鞭策、磨励之功。惑有未通晓处，姑缺之无害。且以其明白昭晰者日加涵泳，则自然日充日明。后日本原深厚，则向来未晓者将亦有涣然冰释者矣。③

二是“涵泳”。所谓“涵泳”，字面意思就是游泳要深入水中，这里也是指一种学习的态度，是说学习还是要认真深入。陆九渊说：

读书之法，须是平平淡淡去看，仔细玩味，不可草草。所谓优而柔之，厌而饫之，自然有涣然冰释，怡然理顺的道理。④

也就是说，学习要抱着一种悠闲自得的态度，但是，悠闲自得并不是随随便便，还是要认真、深入。只不过是遇到问题的时候，不要过分纠结，要将其暂且放下。

现在提倡快乐学习法，通过多种手段激发学生的学习兴趣，调动学生的学习积极性，开发学生的智力，培养学生的能力，提高课堂活动效率，这与陆九渊所说的“优游”学习理念有着相似之处。但是，无论是快乐学习法还是“优游”学习法，本质上都是为了更好地学习、有效地学习，都不能忽视学习的内容，不能过分注重快乐的形式。

---

① （宋）陆九渊著，钟哲点校：《陆九渊集·门人李伯敏敏求所录》，中华书局1980年版，第442页。
② （宋）陆九渊著，钟哲点校：《陆九渊集·与刘深父》，中华书局1980年版，第34—35页。
③ （宋）陆九渊著，钟哲点校：《陆九渊集·与邵中孚》，中华书局1980年版，第92页。
④ （宋）陆九渊著，钟哲点校：《陆九渊集·门人周清叟廉夫所录》，中华书局1980年版，第432页。

（二）得师友琢磨，知己之不美而改之

《礼记·学记》中说："独学而无友，则孤陋而寡闻。"也就是说，读书学习，如果一个人闭门苦读，孤芳自赏，必然眼界狭窄；只有广交朋友，多与朋友切磋，才可以避免孤陋寡闻。陆九渊也看到与良师益友切磋的重要性，他说："亲师友，去己之不美也。人资质有美恶，得师友琢磨，知己之不美而改之。"①意思是说，每个人的资质有好有坏，这是天生的，但是，可以通过后天的学习，通过与老师、朋友的交流发现自己的不足，打磨、提高自己的资质。

陆九渊说："人之精爽，负于血气，其发露于五官者安得皆正？不得明师良友剖剥，如何得去其浮伪而归于真实？又如何得能自省、自觉、自剥落？"②又说："今一旦以切磋而知其非，则弃前日之所习，势当如出陷井，如避荆棘。"③这个就是所谓的"当局者迷、旁观者清"，人往往很难发现自己身上存在的问题，通过与老师、朋友之间的交流，通过各种思想的碰撞，就很容易发现自己与他人不同的地方，自己的缺陷与不足也很容易看出来。

与人切磋、交流也是有前提的。陆九渊说："学问不实，与朋友切磋不能中的，每发一论，无非泛说。内无益于己，外无益于人，此皆己之不实，不知要领所在。"④想要与人切磋、交流，首先你自己得有扎实的学问功底。如果你自己本身学问做得不扎实，别人说什么你都不懂，你泛泛而谈、没有实质内容，那对自己和与你交流的人来说，都没有任何好处。别人说什么你听不懂，怎么能从别人的思想中汲取精华？又怎么能在与别人的比较中发现自己的缺点和不足呢？所以，要和别人切磋、交流，首先自己要有扎实的学习基础。

陆九渊提出的这种切磋、交流的学习方式，很值得我们学习与借鉴，用现代学习理念来说，就是"合作学习"。这是当前许多国家采用的课堂教学组织形式，也是我国新一轮基础教育课程改革积极倡导的学习方式。

（三）大胆质疑

学会质疑是陆九渊学习思想中很重要的一个内容，它主要包含两个含义：一是在与人切磋、交流的过程中能积极地提出不同意见；二是在学习前人思想的时候，学会质疑，注意分析前人思想的正确与否，而不是盲从。

先看第一个含义。陆九渊说："若雷同相从，一唱百和，莫知其非，此所甚可惧也。"⑤在同别人切磋、交流时，如果别人提出某个观点，你无法提出任何疑

① （宋）陆九渊著，钟哲点校：《陆九渊集·包扬显道所录》，中华书局1980年版，第470页。
② 同上书，第464页。
③ （宋）陆九渊著，钟哲点校：《陆九渊集·与朱元晦》，中华书局1980年版，第26页。
④ （宋）陆九渊著，钟哲点校：《陆九渊集·门人詹阜民子南所录》，中华书局1980年版，第477—478页。
⑤ （宋）陆九渊著，钟哲点校：《陆九渊集·与朱元晦》，中华书局1980年版，第26页。

问，这在陆九渊看来是一件十分可怕的事情。一般来说，切磋、交流的对象都是学习经历、学习内容相近的人，不然，一个学工科的和一个学文学的，交流起各自专业的难题，就可能“风马牛不相及”了。提不出问题，问题可能在自己身上。有可能是自身的学识积累不够，或没听明白别人在说什么；也有这种可能，你听懂了别人的话，也有一些疑问，因为你觉得自己的学识不够，害怕丢人，所以不敢提出疑问。前一种，需要认真学习，积累知识；后一种，则要学会大胆提问，无论对错与否，都能给你带来一些好处和帮助。

再看第二个含义。在学习、继承前人思想的时候，要学会大胆质疑，这一观点的来源，最早可追溯到孟子的“尽信《书》，不如无《书》”[①]，陆九渊将孟子这一观点进一步阐释与发挥：

> 苟当于理，虽妇人孺子之言所不弃也；……或乖理致，虽出古书，不敢尽信也。[②]
>
> 使书而皆合于理，虽非圣人之《经》，尽取之可也。……如皆不合于理，则虽二三策之寡，亦不可得而取之也，又可必信之乎？[③]

判断一本书或者一种思想是否值得学习，标准是看其是否正确，是否有学习的价值，而不是看它是不是“经典”，是不是“名人大家”所写。

陆九渊这种大胆质疑的精神是很值得我们学习的。现代教育常常会出现这样的情况，受应试教育的影响，人们过分地强调教材和教学大纲的重要性，过分迷信教材和教学大纲，不敢越雷池一步，即便发现教材中有不尽如人意的地方，也照本宣科，讲求“精准”，最终反而达不到教育的最终目的。

（四）省注减担

“省注减担”的学习思想是陆九渊针对当时精读传注的行为所提出来的。他说：“六经既作，传注日繁，其势然也。”[④]随着历史的发展，对于经典的注释越来越多，如果还继续采用精读传注的学习方式，可能会出现两种情况：一是所要阅读的东西过多，学习压力过大；二是大家容易沉迷于传注之中，忽视经典原文，这就是一叶障目，舍本逐末了。陆九渊指出：

> 某读书只看古注，圣人之言自明白。且如“弟子入则孝，出则弟”，是分明说与你入便孝，出便弟，何须得《传》《注》。学者疲精神于此，是以担子越

---

① （清）焦循撰，沈文倬点校《孟子正义》，中华书局 2017 年版，第 794 页。

② （宋）陆九渊著，钟哲点校：《陆九渊集·与朱元晦》，中华书局 1980 年版，第 22 页。

③ （宋）陆九渊著，钟哲点校：《陆九渊集·取二三策而已矣》，中华书局 1980 年版，第 381 页。

④ （宋）陆九渊著，钟哲点校：《陆九渊集·赠二赵》，中华书局 1980 年版，第 245 页。

重。到某这里，只是与他减担，只此便是格物。[1]

我国古代有些经典文本写得浅显易懂，不需要看传注就能够理解。然而，很多人喜欢给经典作注，可能一句很简单的话能注解出很多的内容，过于烦琐而复杂。后世许多学习的人不明白这个道理，精读传注，把宝贵的时间浪费在读烦琐的传注上，可能造成传注没有读好，原文又没有仔细体会涵泳了。

三、智慧之光：重视民本，实干躬行

陆九渊继承孟子的“民贵君轻”思想，并对其做了进一步发展，提出了“生民立君”的观点。他认为“君”是“民”选出来的管理者，是领导者而非统治者，“君”的权力来自“民”的赋予。同时，陆九渊提出的实干躬行观点，也为后来王阳明提出知行合一的思想做了铺垫。

（一）生民立君

陆九渊在继承了孟子“民贵君轻”思想的基础上，进一步提出了“生民立君”的民本思想。陆九渊指出：“天生民而立之君，使司牧之，张官置吏，所以为民也。‘民为大，社稷次之，君为轻’，‘民为邦本，得乎丘民为天子’，此大义正理也。”[2]陆九渊认为，上天先诞生了百姓万民，然后再从中选出了君主，君主为了方便治理百姓，于是设置了官职，出现了官吏。君主本质上还是万民的一部分，君主也是从百姓中诞生的，百姓先于君主而出现，所以，百姓才是国家的根本。陆九渊说：“岁之饥穰，百姓之命系焉，天下之事孰重于此。”[3]在其眼中，天下最重要的事情，莫过于百姓的温饱问题了。

既然“民”比“君”更重要，为什么还需要“君”的存在呢？陆九渊说：

> 民生不能无群，群不能无争，争则乱，乱则生不可以保。王者之作，盖天生聪明，使之统领人群，息其争，治其乱，而以保其生者也。夫争乱以戕其生，岂人情之所欲哉？彼其情驱势激而至于此，未有不思所以易之者也。当此之时，有能以息争治乱之道，拯斯民于水火之中，岂有不翕然而归往之者？保民而王，信乎其莫之能御也。[4]

人们以一种群居的方式生活在自然界中。但是，人多之后必然就会有不同的想法和欲望，于是就会产生纷争。而“君”的存在就可以缓解这种纷争，如果有人能够在纷争中站出来平息争斗，自然而然就会成为“君”。所以，在陆九渊

---

① （宋）陆九渊著，钟哲点校：《陆九渊集·门人李伯敏敏求所录》，中华书局1980年版，第441页。

② （宋）陆九渊著，钟哲点校：《陆九渊集·与徐子宜》，中华书局1980年版，第69页。

③ （宋）陆九渊著，钟哲点校：《陆九渊集·大学春秋讲义》，中华书局1980年版，第283页。

④ （宋）陆九渊著，钟哲点校：《陆九渊集·保民而王》，中华书局1980年版，第382页。

那里，“君”并不是特指君主，而是领导者的一个代名词，他否定了君权天授的传统看法，而改为君权民授。这是一种很超前的、很符合实际的民主思想。

（二）千虚不博一实

陆九渊也是一位十分注重实干的人。他曾经说过：“千虚不博一实，吾平生学问无他，只是一实。”[①]在陆九渊眼中，说得再多，也不如亲身去实践一番。所以，当有机会实践自己的思想时，陆九渊也是愿意积极去做的。

晚年的陆九渊在象山书院讲学著书，打算传道授业于山水之间，得天下英才而育之。宋光宗继位后，命其赴任荆门，陆九渊虽然内心有矛盾，最后还是接受了任命。“陆九渊嘱托傅季鲁（弟子）居山主持日常教学，自己准备单骑起行，轻车上任，表示‘固愿鞭其绵力，以自效于昌时’的赤诚之心。”[②]当时陆九渊身体状况不好，刚刚生完一场大病，还没有痊愈。即使是这样，他还是拖着病弱的身躯，颠簸两个月之久，赶到了荆门。到荆门的第二天，他就交接了有关事宜，开始处理公务，完全不顾自己的身体状况。

“陆九渊在任仅有短短的一年零三个月，由于他忠实地贯彻自己崇尚践履的心学准则，身先士卒，‘躬自劝督’，因而政绩斐然。”[③]《宋史》中专门记录了陆九渊在荆门的一些事迹，并总结说：“逾年，政行令修，民俗为变，诸司交荐。丞相周必大尝称荆门之政，以为躬行之效。”[④]这足见陆九渊实干之成效。

由于过度辛劳，陆九渊年仅五十四岁便病逝在任上。但他肯定不会后悔去了荆门，正是通过荆门的实践，他进一步完善了自己的学术理想——心学思想。祁润兴认为，陆九渊的“心学”，正是在荆门的临终时刻走向完善：“《荆门军上元设厅皇极讲义》，是陆九渊逝世前的最后讲演，也是其走向心学之路的最高成就。”[⑤]

“陆九渊心学形上学所强调的主体能动作用和注重思考精神，不啻为在笼罩着以程朱‘道学’为官方意识的、犹如一潭死水的思想界投了一块石子，‘一石击破水中天’，程朱‘道学’的一统局面在涟漪中荡漾着。”[⑥]张立文这段话，极其精彩地描绘了陆九渊“心学”的道德价值，充分彰显了陆九渊的核心学养，即“自主”“自有”“自享”的主体精神，“自作主宰”的能动精神，注重实理实事实学，躬行践履的求学、治学精神，这给予后世中国人纠正宋学空疏、汉学烦琐之风很大的启迪和动力，适应了经世致用的需要。

---

① （宋）陆九渊著，钟哲点校：《陆九渊集·门人傅子云季鲁编录》，中华书局1980年版，第399页。

② 祁润兴：《陆九渊评传》，南京大学出版社1998年版，第160页。

③ 同上书，第161页。

④ （元）脱脱等撰：《宋史·陆九渊传》，中华书局1985年版，第12882页。

⑤ 祁润兴：《陆九渊评传》，南京大学出版社1998年版，第165页。

⑥ 张立文：《宋明理学研究》（增订版），中国人民大学出版社2016年版，第395页。

王阳明

——集心学之大成者

王守仁(1472—1529),字伯安。浙江绍兴府余姚县(今浙江余姚)人。明代著名的思想家、文学家、哲学家和军事家,是心学之集大成者。他曾经在会稽山阳明洞居住,所以也自号阳明子,学者称之为阳明先生,亦称王阳明。王阳明建立的思想学说体系,被称为“王学”或“阳明学”,有明一代影响巨大,在日本、朝鲜半岛以及东南亚地区皆有流传。曾任日本海军元帅的东乡平八郎说:“一生伏首拜阳明。”钱穆在其《略论王学流变》中评价称:“阳明以不世出之天姿,演畅此愚夫愚妇与知与能之真理,其自身之道德、功业、文章均已冠绝当代,卓立千古,而所至又汲汲以聚徒讲学为性命,若饥渴之不能一刻耐,故其学风淹被之广,渐渍之深,在宋明学者中,乃莫与伦比。”①

王阳明从小生活在一个优越的家庭环境中,父亲王华是明宪宗成化十七年(1481)的状元,家庭环境给王阳明的成才提供了很大帮助。王阳明一生充满着各种传奇故事,从他出生开始,就显得与众不同。据《明史》记载:“守仁娠十四月而生。祖母梦神人自云中送儿下,因名云。五岁不能言,异人拊之,更名守仁,乃言。”②他十二岁时,与老师讨论什么是天下最要紧的事情,老师认为是好好读书,参加科举考试,金榜题名。王阳明却不这么认为,在他看来,天下最要紧的是读书、做圣贤。他从小就有这样远大的志向,最后也终于成为一代大贤,甚至有人称之为中国最后一位“圣人”。

王阳明学养的核心是“知行合一”。在他看来,日常生活的实践行为来源于认识的指导,人们先要对行为有所认识,才会去实践它,在实践的过程中,又能够进一步学到更多知识,从而指导下一步实践。这就形成了知识指导实践、实践产生新知识、新知识进一步指导实践的循环过程,这一过程就是王阳明所说的“知行合一”。

一、道德修养:烈火锻良知

“良知”是王阳明思想中最为重要的一点,所谓“良知”,就是人们内心的道

① 钱穆:《钱穆先生全集·中国学术思想史论丛七》,九州出版社2011年版,第181页。

② (清)张廷玉等撰:《明史·王守仁》,中华书局1974年版,第5159页。

德评价标准，而“致良知”，就是提升内心的道德评价标准，使其尽量往好的、善的一面靠近。如何判断是否达到了“致良知”的效果呢？这就要通过“事上磨练”的手段，通过事情来检验内心的道德标准。

（一）致良知

“良知”是王阳明思想中最为核心的内容，他说：“吾平生讲学，只是‘致良知’三字。”[①]

那么，什么是“良知”呢？“良知”一词最早出现在《孟子·尽心上》：“人之所不学而能者，其良能也。所不虑而知者，其良知也。”在孟子看来，不用思考就能知道的东西叫作“良知”，也就是孟子所说的“四端之心”。王阳明所说的“良知”，是在孟子所说“良知”的基础上做了进一步阐发。王阳明指出：“尔那一点良知，是尔自家底准则。尔意念着处，他是便知是，非便知非，更瞒他一些不得。”[②]在王阳明看来，“良知”就是人判断是非善恶的标准，是人内在的道德判断和道德评价的准则。只要人一念生起，“良知”便会知道并判断是非善恶，这种判断是人自身无法控制的，“良知”存在于人身上，但是它独立不改，不会受到人主观意识的控制和影响。王阳明认为，“良知”并不是后天养成的，而是先天就存在的：

> 心自然会知：见父自然知孝，见兄自然知弟，见孺子入井自然知恻隐，此便是良知，不假外求。[③]

这么看来，王阳明所说的“良知”并不存在善恶问题，用现代哲学术语来说：“良知是人的内在的道德判断和道德评价体系，良知作为意识结构中的一个独立部分，具有对意念活动的指导、监督、评价、判断作用。”[④]从这个角度来看，“良知”作为人的内在体系，人人都有，各人的“良知”虽不尽相同，却是趋同的。所以，王阳明说：“夫良知之于节目时变，犹规矩尺度之于方圆长短也。”[⑤]比如圣人的“良知”会告诉他，绝不能做损坏国家、民族利益的事情，即使对其个人有利，也是不能做的；而对于普通人来说，在不损害他人利益的情况下，获取一些利益也是可以的，这是因为每个人“良知”的高度不同。

因为“良知”的这种特性，王阳明才会在“良知”前面又加了一个“致”字。在我看来，所谓“致良知”，其实就是提高人的内在道德尺度，使“良知”能够时时刻

---

① （明）王守仁：《王阳明全集·寄正宪男手墨二卷》，上海古籍出版社 2012 年版，第 818 页。

② （明）王守仁：《王阳明全集·传习录下》，上海古籍出版社 2012 年版，第 81 页。

③ （明）王守仁：《王阳明全集·传习录上》，上海古籍出版社 2012 年版，第 6 页。

④ 陈来：《宋明理学》，生活·读书·新知三联书店 2011 年版，第 300 页。

⑤ （明）王守仁：《王阳明全集·传习录中》，上海古籍出版社 2012 年版，第 43 页。

刻发挥作用，达到“勿以善小而不为，勿以恶小而为之”的目的，这样，人的道德修养就提升了。

（二）事上磨练

如何去“致良知”呢？王阳明说：“人须在事上磨练，方立得住，方能‘静亦定，动亦定’。”[①]也就是说，要提高道德修养，提升内心的道德尺度，单纯依靠阅读一些讲伦理道德的书是不够的。“满嘴的仁义道德，满肚子的男盗女娼”，这样的人在当时是很常见的。所以，王阳明认为，只有经得起实践考验的人，才是真正有道德修养的人。王阳明指出：

> 譬之金之在冶，经烈焰，受钳锤，当此之时，为金者甚苦；然自他人视之，方喜金之益精炼，而惟恐火力锤锻之不至。既其出冶，金亦自喜其挫折锻炼之有成矣。[②]

在王阳明看来，实践中的磨练就像炼金一样，要能经受种种困难和考验，可能开始会感觉痛苦，等到真正通过后，你就会庆幸自己能够通过考验。很多人在平时表现很好，可是真的遇到事情时，却犹豫不决，甚至行差踏错，我们说“一念成佛，一念成魔”，就是在这样的时候。只有经得起实践的考验，才能真正体现出一个人的道德修养。

王阳明自己就经受了种种考验。他曾在会试中两度名落孙山，第二次会试放榜时，与他一同考试的考生中，有人因为落榜而号啕大哭，甚至晕厥。王阳明却无动于衷，同行好友以为王阳明是悲伤过度，都来安慰他。王阳明却说：“你们都以落第为耻，我却以落第动心为耻。”王阳明认为，别人觉得考上或者未考上很重要，对于自己来说，根本不是这样，在他看来，这只是人生的过程而已，为这样的过程而伤心是最不应该的事情，因为这与自己的“良知”相违背。王阳明在经历种种的挫折与磨难之时，始终坚守自己的“良知”，才能最终走上成为圣贤的道路。

二、治学之道：知行合一，心知万物

王阳明学说的核心在于“知行合一”。他认为，“知”与“行”不是截然分裂的两个部分，而是相辅相成的两个方面，“知”中有“行”，“行”中有“知”。但是，无论“知”也好，“行”也好，其实都是对“心”的认识，“心外无理”，“心外无物”。

（一）知行合一

“知行合一”是王阳明思想中最广为人知的，我们谈到墨子时，也常常认为

① （明）王守仁：《王阳明全集·传习录上》，上海古籍出版社2012年版，第11页。
② （明）王守仁：《王阳明全集·与王纯甫书》，上海古籍出版社2012年版，第133页。

他的思想带有“知行合一”的烙印，二者虽都是“知行合一”，但还是有所区别的。墨子所说的“知行合一”，强调用实践来证明知识，而王阳明的“知行合一”，更倾向于用知识来指导实践。王阳明说：

> 知是行的主意，行是知的工夫；知是行之始，行是知之成。若会得时，只说一个知，已自有行在；只说一个行，已自有知在。[①]

在王阳明看来，人们先要学习知识，然后再去实践。实践的过程中，必然要有知识做指导，如果没有知识，就谈不上实践。当然，并不是说实践不重要。王阳明指出：

> 夫学问思辨行皆所以为学，未有学而不行者也。如言学孝，则必服劳奉养，躬行孝道，然后谓之学。岂徒悬空口耳讲说，而遂可以谓之学孝乎？学射则必张弓挟矢，引满中的；学书则必伸纸执笔，操觚染翰。尽天下之学无有不行而可以言学者，则学之始固已即是行矣。[②]

王阳明认为，学习如何孝顺父母，不能只是在嘴上说说，也不能只是阅读或传播一些孝顺父母的文章而已，只有做到用行动赡养父母、服侍父母，才能说明你是在学习孝道。

其实，学习知识本身也是一种实践过程，实践之中也是在学习知识，两者之间并不是截然分裂的。正如王阳明所说：

> 知之真切笃实处，即是行；行之明觉精察处，即是知。知行功夫本不可离。只为后世学者分作两截用功，失却知行本体，故有合一并进之说。[③]

王阳明曾用吃东西这一简单行为来说明“知”与“行”的关系。他说，人吃东西，首先要有吃东西的想法，如果连吃东西的想法都没有，你又怎么会去吃东西呢？吃东西的想法其实就是“知”，吃东西的行为就是“行”，有了吃东西的想法，必然会去吃东西，有“知”必然就会“行”，“知”是“行”的开始。这个东西好不好吃，你要吃了之后才会有感觉，不吃就不知道了。在这里，“行”是吃东西，“知”则是东西的美味与否，这么看来，“行”又是“知”的基础了。所以，“知”与“行”是相辅相成的，从来不是截然分开的两个部分，只是有些学者将它们分为“两截”，或者过分地强调“知”，或者过分地强调“行”，所以才有“合一并进”的说法。但

---

① (明)王守仁：《王阳明全集·传习录上》，上海古籍出版社 2012 年版，第 4 页。
② (明)王守仁：《王阳明全集·传习录中》，上海古籍出版社 2012 年版，第 40 页。
③ 同上书，第 37 页。

是,“知”与“行”有没有先后呢?王阳明说过,两者应该并行,不应该强调先后。但是,他仅仅是说不应该强调先后顺序,而不是说没有先后顺序。其实在王阳明心中,恐怕是“先知后行”的吧,不然,他就不会说“知是行之始”了。

(二)心外无理、心外无物

王阳明的这一观点其实是针对当时理学提出的“格物致知”的方法所提出来的。据王阳明学生钱德洪所撰的《王文成公年谱》记载:

> 五年壬子,先生二十一岁,在越。……是年为宋儒格物之学。先生始侍龙山公于京师,遍求考亭遗书读之,一日思先儒谓“众物必有表里精粗,一草一木,皆涵至理。”官署中多竹,即取竹格之,深思其理不得,遂遇疾;先生自委圣贤有分,乃随世就辞章之学。①

王阳明试图通过“格竹”来体会先贤“格物致知”的道理,可惜“格”出病了,也没“致”出什么道理。正因为这件事情的影响,后来他在贵州龙场悟道之时,明白了“心外无理”“心外无物”的道理。

在王阳明那里,“理”不是人们通常所说的道理,而是指道德法则。他说:“心之体,性也,性即理也。”②又说:“至善者性也。”③所谓“心外无理”,其实是说道德法则是人们内心本有的,不是通过外在的方式所求来的。换一种说法更好理解,“心外无理”其实是说“良知”是内在于人心的。

至于“心外无物”,王阳明用一个有趣的事例解释了这一观点:

> 先生游南镇,一友指岩中花树问曰:“天下无心外之物,如此花树,在深山中自开自落,于我心亦何相关?”先生曰:“你未看此花时,此花与汝心同归于寂;你来看此花时,则此花颜色一时明白起来,便知此花不在你的心外。”④

在王阳明看来,你没有看见这朵花时,不代表你心中没有这朵花,只是这朵花在你心中并没有直接地显现而已。当你看到这朵花,这朵花瞬间就会在你心中浮现出来。难道是花跑到了你的心中?不是,是你心中原本就有这朵花,只是未曾显现罢了。

用现在的哲学术语来说,就是精神与客体之间的关系。从王阳明的角度来看,客体只是依附于精神的存在,只有精神在感知认识客体时,客体才存在,否

---

① (明)王守仁著,王晓昕、赵平略点校:《王文成公全书·年谱一》,中华书局2015年版,第1390页。

② (明)王守仁:《王阳明全集·传习录上》,上海古籍出版社2014年版,第37页。

③ 同上书,第22页。

④ (明)王守仁:《王阳明全集·传习录下》,上海古籍出版社2014年版,第94页。

则客体就不存在。正如法国大哲学家笛卡儿所说："Ego cogito，ergo sum sive cxisto（我思故我在）"[①]。

王阳明这一观点的提出，对于当时的理学思想造成了极大冲击，这也许是其思想学说被称为"心学"的重要原因。

三、千古一人：狂者之心，大同之治

王阳明鄙夷当时打着"中庸"名号却有着"乡愿"之行的"伪道学家"们，他宁愿做一个"狂者"，做一个积极进取、一个超脱世俗的"狂者"。王阳明有一颗"狂者"之心，但是，他并不是那种愤世嫉俗、桀骜不驯之辈，他追求儒家最高理想，也就是"大同社会"。他提出"致良知"的目的，就是为了实现"大同社会"。不过，在其他人看来，他的这种理想本身就是一种"狂妄"之行为吧？

（一）狂者胸次

王阳明有一种"狂者胸次"。《传习录》中记载了这么一件事：有一天，薛尚谦、邹谦之、马子莘、王汝止侍坐，大家慨叹先生功业势位日隆，天下谤议益众，众弟子分别陈述其缘由。王阳明说："我在南都以前，尚有些子乡愿的意思在。我今信得这良知真是真非，信手行去，更不着些覆藏。我今才做得个狂者的胸次，使天下之人都说我行不掩言也罢。"[②]尚谦出，曰："信得此过，方是圣人的真血脉。"[③]对于"狂者"的描述最早出现于《论语·子路》篇："子曰：不得中行而与之，必也狂狷乎！狂者进取，狷者有所不为也。"在孔子看来，"狂者"就是有积极进取之心的人，王阳明就想做这样的人。

在当时，"道学家"们都追求"中庸之道"，但是，他们又达不到那样的境界。所以，王阳明认为，这些"道学家们"其实都沦为了一群"乡愿"。孔子说："乡愿，德之贼也。"[④]王阳明评价乡愿，则说：

> 乡愿以忠信廉洁见取于君子，以同流合污无忤于小人，故非之无举，刺之无刺。然究其心，乃知忠信廉洁所以媚君子也，同流合污所以媚小人也，其心已破坏矣，故不可与入尧、舜之道。狂者志存古人，一切纷嚣俗染，举不足以累其心，真有凤凰千仞之意，一克念即圣人矣。惟不克念，故阔略事情，而行常不掩。惟行不掩，故心尚未坏而庶可与裁。[⑤]

---

① 〔法〕笛卡儿著，尚新建等译：《笛卡儿思辨哲学》，九州出版社2006年版，第32页。

② （明）王守仁：《王阳明全集·传习录下》，上海古籍出版社2012年版，第102页。

③ 同上。

④ 杨伯峻译注：《论语译注·阳货》（典藏版），中华书局2015年版，第269页。

⑤ （明）王守仁：《王阳明全集·年谱三》，上海古籍出版社2012年版，第1058页。

“乡愿”就是好好先生，即在君子面前大谈仁义道德，又与小人同流合污，这样的人真是可耻到了极点。当时的“道学家”们其实都是这个样子，还美其名曰“中庸之道”。王阳明就极度鄙夷这些人，他宁愿做一个别人眼中的“狂者”。

狂者毕竟“真有凤凰千仞之意，一克念即圣人矣”，也就是说，狂者还不是圣人。狂者好比凤凰立于千仞之上，远离了世俗的干扰，无须依靠，也无所依靠，达到了超脱世俗、独立不惧的境界。这样的境界也存在问题，即如果不时刻反省自身，很容易走向另一个极端，成为一个愤世嫉俗、狂傲不凡的人。因此，王阳明也时时警醒自己不要学孔子弟子琴张，而要学曾子，他说“琴张辈狂者之禀也，虽有所得，终止于狂。曾子中行之禀也，故能悟圣人之道”[①]。必须通过“为善去恶”，最终实现由狂入圣。

（二）仁者以天地万物为一体

王阳明不愿意与当时的所谓“道学家”们同流合污，追求超脱世俗的“狂者胸次”，但是，他同样有着儒家传统的“大同”精神。王阳明指出：

> 夫圣人之心，以天地万物为一体，其视天下之人，无外内远近，凡有血气，皆其昆弟赤子之亲，莫不欲安全而教养之，以遂其万物一体之念。[②]
>
> 大人者，以天地万物为一体者也，其视天下犹一家，中国犹一人焉。若夫间形骸而分尔我者，小人矣。[③]

在王阳明看来，真正的圣人可以做到不分你我，平等地看待所有人，将整个天下都看作一个家庭，把所有人都看作自己的亲人。就像《礼记·礼运》中所说：“故人不独亲其亲，不独子其子。”这一说法看上去很简单，但是，绝大部分人都做不到。王阳明说：“天下人之心，其始亦非有异于圣人也，特其间于有我之私，隔于物欲之蔽，大者以小，通者以塞，人各有心，至有视其父子兄弟如仇雠者。”[④]

为什么“大同社会”难以实现呢？在王阳明看来，就在于每个人都有自己的私心。人们常说“道不同，不相为谋”，每个人对于生活的需要，对于自身的要求都各不相同。社会的资源是有限的，每个人都想尽可能地满足自身需求，那么，除了自己之外的所有人（包括父母、妻子在内）都可能是竞争者，如此情况下，怎么可能实现“大同社会”呢？

那么，如何改变这种状况呢？王阳明提出了“致良知”的观点。他指出：

---

① （明）王守仁：《王阳明全集·年谱三》，上海古籍出版社2012年版，第1058页。

② （明）王守仁：《王阳明全集·传习录中》，上海古籍出版社2012年版，第47页。

③ （明）王守仁：《王阳明全集·大学问》，上海古籍出版社2012年版，第798页。

④ （明）王守仁：《王阳明全集·传习录中》，上海古籍出版社2012年版，第47页。

“世之君子惟务致其良知，则自能公是非，同好恶，视人犹己，视国犹家，而以天地万物为一体，求天下无治，不可得矣。”①简而言之，只有大家的道德判断标准在同一个层面，所有人对待事物的看法都一样，就没有是非争端了，这样，天下就能够大治了。

必须指出，王阳明追求“大同社会”的想法是好的，但有些过于单纯了。就算大家能够“公是非，同好恶”，但是，整个社会资源是有限的，在当时生产力条件下，很难满足所有人的生活需求。既然不能满足所有人的需求，就会有区别，出现阶层差异，人与人之间也将会再次出现差异，是非纷争也就会再次出现。

在王阳明的品行中，有一种“狂者”的性格，但他“良知”论的提出，在当时有振聋发聩的作用，正如其弟子邹守益所称道的：“良知一振，群寐咸醒。”②张立文说：“王守仁‘心学’哲学的出现，就是对人的价值的日益觉醒。”③王阳明强调的知行合一等学习理念，指明了作圣的道路，有继往圣之绝学的贡献。

① (明)王守仁：《王阳明全集·传习录中》，上海古籍出版社2012年版，第69页。

② (明)王守仁著，王晓昕、赵平略点校：《王文成公全书·诰命》，中华书局2015年版，第2页。

③ 张立文：《宋明理学研究》(增订版)，中国人民大学出版社2016年版，第473页。

王廷相

——经世致用的思想巨匠

王廷相(1474—1544),字子衡,号浚川,又别号河滨丈人,世称浚川先生。河南仪封(今河南兰考)人。明代著名文学家、思想家和哲学家。在文学上,王廷相与李梦阳等人并称明代“前七子”;在政治上,他是一位同权臣进行斗争、锐意改革的政治家;在思想上,他敢于批判当时作为主流思想的“程朱理学”和“阳明心学”。他提出的“元气论”“群变论”,具有浓厚的唯物主义色彩,是一位杰出的古典唯物主义者。

王廷相在主持都察院事务时,曾对初任御史的张瀚说了这样一件事:昨天雨后上街散步,看见有位轿夫穿了一双新鞋,一路小心翼翼地走着,生怕弄脏。进城后,泥泞的地方多了,一不小心溅上了泥污。从那之后,这位轿夫就不再顾惜脚下的鞋子了。立身之道也是这样,一旦失足,可能就无所顾忌了。所以,王廷相的一生,无论是面对宦官当政,还是奸相弄权,都未曾失去他的气节。

王廷相学养的核心,可以用“经世致用”四个字来概括。王廷相所处的时代,是理学与心学相抗衡的时代,但是,他既不完全赞同理学,也完全不赞同心学,而是兼容并收,逐渐形成了自己独特的思想。高令印、乐爱国认为:“在顾炎武等人之前,王廷相已明确提出‘为有用之学’与‘治己之学’,以成‘内圣外王之业’,已经有了明确的经世致用思想。”①

一、道德境界:在其位,谋其政

王廷相的道德境界可以用“在其位,谋其政”来概括。为政之时,他能够坚持自己的理想,不畏权贵,宁折不弯。罢官归家之后,他能够醉心学术,洒脱豁达。他在两者之间“奔忙”,而且能实现自然而然的“切换”。

(一)宁折不弯、舍生忘死

王廷相年少成名,二十九岁就考上了进士,被选为翰林庶吉士,与李梦阳、何大复等人齐名,时称“七子”,也就是人们所说的“前七子”之一。年少成名,正是志得意满之时,他有满腔的抱负要去施展。可惜当时宦官干政,刘瑾专权,他的抱负还来不及施展,就被贬到亳州做一个小小的判官。即便如此,他还是始

① 高令印、乐爱国:《王廷相传》,南京大学出版社1998年版,第295页。

终保持着昂扬的气势，小小的挫折怎么可能打倒他？据明代高拱在《浚川王公行状》中记载："戊辰，起服，以失领勘合谪亳州判……而公初无失志意。"[①]

王廷相在亳州兴办教育，培养出了像薛蕙这样的人才。被贬第二年，他升任高淳知县，"巡盐山东，抉奸剔蠹，权贵敛迹"[②]；第三年，被召为御史，巡按陕西，修理城池，缉拿嫌犯；第五年，督学北畿，惩治权奸，据明代张卤《少保王肃敏公传》记载："公督学北畿，权阉又有三王二刘者以纳贿干及学政，公引使者于庭，焚其书。"[③]正如他在《满江红·送林判官之泰州》中所写的：

> 物阜人和，大要在生全提挈。况斥海凋荒，赤子尤堪悲咽！稂莠败田当易治，牛羊求牧须肥茁。问前贤，唾手取功名，非空说。　　尚书裔，门阀阅；三山秀，人豪杰。信家传，自由文章风节。翔凤瑞时神彩见，游龙润世甘霖洩。看从今，异政起蜚声，弥金阙。

这首词是王廷相写给即将赴任泰州同僚的，表现出他非凡的自信与高昂的斗志。虽然时局不安，但是，在他看来，这个时候正需要人才，希望友人此去能够建功立业，如翔凤、游龙一般改变社会风貌，造福社会。但是，这首词与其说是在鼓励友人，还不如说是在告诫自己。他认为自己有能力改变当时的社会，改变整个国家的风貌。这种积极向上的精神，也铸就了他宁折不弯的气节。

王廷相六十六岁之时，官至太子少保，兵部尚书，已经是位极人臣，但是，他那种气节未曾因为年龄和地位的改变而改变。当时，严嵩专权，王廷相呈《天变自陈疏》，斥责严嵩等人的贪污腐败、公然受贿行贿。"朝士大夫皆噤声莫敢犯"，只有王廷相义正词严，他说："贪污之风大行。一得任事之权，便为营利之计，贿路大开，私门货积；但通关节，罔不如意。湿薪可以点火，白昼可以通神。是岂清平之世所宜有者乎？在先朝岂无贿者？"[④]又过一年，明世宗嘉靖帝沉迷神仙方术，欲求仙道，令太子监国。当时，满朝文武"愕不敢言"，只有王廷相呈上《议太子监国等事疏》，冒死相谏，最终阻止了嘉靖帝的这一想法。

王廷相的道德修养，不是表现在嘴上的"仁义礼智"，而是表现在他那宁折不弯、舍生忘死的风骨！明代曹学佺曾写过一副著名的对联："仗义每从屠狗辈，负心多是读书人。"这个观点有失偏颇，并不是所有读书人都是"负心人"，也有像王廷相这样挺直了脊梁、铮铮铁骨的名士。

---

① (明)王廷相著，王孝鱼点校：《王廷相集·浚川王公行状》，中华书局 1989 年版，第 1492 页。

② 同上书，第 1493 页。

③ (明)王廷相著，王孝鱼点校：《王廷相集·少保王肃敏公传》，中华书局 1989 年版，第 1497 页。

④ (明)王廷相著，王孝鱼点校：《王廷相集·天变自陈疏》，中华书局 1989 年版，第 1353 页。"

（二）独善其身、兼善天下

正是因为王廷相的这种气节，已经六十八岁高龄的他因郭勋之事被罢官归里。本来以他当时的年龄和身份，早就可以辞官回乡，荣归故里了。但是，他始终割舍不下，永怀"拳拳之心"，想为国家多奉献一分力量，没料到却落了这么一个下场。

王廷相没有怨天尤人，默默地回到了故乡。据《明名臣言行录》记载："罢归抵家，闭门读书，对亲友不言宦绩。时游东园会客，葛巾野服，䜣䜣焉。"[①]孟子曾说："穷则独善其身，达则兼善天下。"[②]王廷相追求"兼善天下"那么多年，晚年被罢官归乡，依然"独善其身"。正如他在《虞美人》词中所写：

小园过却清明了，日日闻啼鸟。一番春梦绕天涯，可惜云昏迷路不知家。　　恋头白发如知己，年去随流水。王侯富贵总消沉，何苦敝车罢马日劳心！[③]

孔子说："不在其位，不谋其政。"[④]在王廷相看来，自己这么大的年纪，风风雨雨都经历了，也曾几度起落，也曾位极人臣，何必再执着追求功名利禄呢？还不如忘掉功名利禄，把酒言欢，尽情地享受自己的余生：

盈盈花柳绕沧州，乘兴日登楼。从教花落垂杨暗，不妨门巷清幽。最好呢喃燕子，为人说破春愁。　　年华滚滚水东流，及早要知休。王侯钟鼎须臾事，都来红叶归秋。莫更从人问字，直须酒醒扶头。[⑤]

这是一种经历世事浮沉之后的豁达与解脱。只是夜深人静时，有时不免还会有些感慨和失落：

云淡雨疏寒食早。春到人间，何处无芳草？游遍西园复东道，漫夸蓬海三千岛。　　早遂山居人自好。只恐青山，不与人同老。门巷春闲尘事少，可令白发生烦恼？[⑥]

---

① （明）王廷相著，王孝鱼点校：《王廷相集·附录·三尚书王肃敏公廷相》，中华书局1989年版，第1510页。

② 方勇译注：《孟子·尽心上》，中华书局2010年版，第261页。

③ （明）王廷相著，王孝鱼点校：《王廷相集·内台集卷之三乐府长短句·虞美人》，中华书局1989年版，第949页。

④ 杨伯峻译注：《论语译注·泰伯》（典藏版），中华书局2015年版，第122页。

⑤ （明）王廷相著，王孝鱼点校：《王廷相集·风入松·春感》，中华书局1989年版，第951页。

⑥ （明）王廷相著，王孝鱼点校：《王廷相集·内台集卷之三乐府长短句·蝶恋花》，中华书局1989年版，第955页。

自己终归还是老了，可是后悔过吗？至少这首《蝶恋花》中没有流露出来。看王廷相这一生：为政时，不惧生死，敢于直言，为官一任，造福一方；罢官后，醉心学术，把酒言欢，洒脱而旷达。他的一生是充实的，有滋有味的，有情调、有格局的，值得我们景仰、敬畏和学习。

二、治学理念：反对流俗，经世致用

王廷相的“经世致用”是其治学理念的核心。当时，理学是社会的主流思想，心学开始与理学分庭抗礼，王廷相既不赞同理学，也不支持心学。理学突出“见闻”，心学注重“心思”，王廷相则强调“神”与“见闻”并重。理学家追求“博览”，心学家讲究“减担”，王廷相则强调“博”“约”并重。

（一）“神”与“见闻”并重

“学”与“思”一直是学习过程中特别重要的两个方面，孔子说：“学而不思则罔，思而不学则殆。”[①]王廷相对此也做了进一步的阐释。

> 心者栖神之舍，神者知识之本，思者神识之妙用也。自圣人以下，必待此而后知。故神者在内之灵，见闻者在外之资。物理不见不闻，虽圣哲亦不能索而知之。……夫神性虽灵，必借见闻思虑而知。积知之久，以类贯通，而上天下地，入于至细至精，而无不达矣，虽至圣莫不由此。……夫圣贤之所以为知者，不过思与见闻之会而已。世之儒者乃曰思虑见闻为有知，不足为知之至，别出德性之知为无知，以为大知。嗟乎！其禅乎！不思甚矣。殊不知思与见闻必由吾心之神，此内外相须之自然也。[②]

在王廷相看来，人们学习知识的过程是由“神”与“见闻”两个部分构成的。“神”是指人内在的思考活动，“见闻”则是指人通过外在的各种感觉器官所获取的知识，“神”对应孔子所说的“思”，“见闻”则对应“学”。

人们获取知识的第一步，一般来源于感觉器官，将感受到的外在刺激反馈到内心，从而形成种种经验性的知识。没有人可以越过这样的一种方式而直接获取知识，人们看到的、听到的，感受到的，都是“见闻”，这是获取知识的第一步。但是，光有“见闻”还是不够的，还要学会“思”，“思”的作用就是帮助人们对“见闻”进行甄别和分类。

这里以吃东西为喻来简单阐述一下。比如我们吃一块蛋糕，首先看见蛋糕的外形、色彩等，再闻到蛋糕的气味，这些信息通过感觉器官形成一个初步的印象并反映到大脑中，形成最原始的判断。然后，比对之前已经吃过的蛋糕信息，

---

① 杨伯峻译注：《论语译注·为政》(典藏版)，中华书局 2015 年版，第 25 页。

② (明)王廷相著，王孝鱼点校：《王廷相集·雅述上》，中华书局 1989 年版，第 836 页。

可得出这块蛋糕好不好吃的初步结论。这个过程就是“见闻”与“思”结合的过程。“见闻”只能告诉人们有什么，而不能给人们结论，只有通过“思”才能得出结论。

如果没有“见闻”，“思”就没有对象，像无源之水，很快就会干涸；如果没有“思”，“见闻”便无法升华，如无根之本，终究不会成长。因此，王廷相说，知识的获得，是“思与见闻之会”。

（二）“博”与“约”互动

“博”与“约”一直都是人们争论不休的问题，孔子最早提出了“博学于文，约之以礼”①的说法，后来，“博”与“约”逐渐演变成博通与专精之间的矛盾。在王廷相看来，当时的理学家们都追求“泛观博览”，也就是“博”；心学家们则追求“只求日减，不求日增”②，也就是“约”。王廷相认为，片面追求“博”或是片面追求“约”，都是不对的。

> 孔子曰：“博学于文，约之以礼。”孟子曰：“博学而详说之，将以反说约也。”盖博粗而约精，博无定而约执其要，博有过不及而约适中也。此为学为道，千古心法。世儒教人曰：“在约而不在博。”嗟乎！博恶乎杂者斯可矣，博而正，何害约？不自博而出，则单寡而不能以折中，执一而不能于时措，其不远于圣者几希！③

在王廷相看来，“博”与“约”是相辅相成的关系。“博”是“约”的基础，没有广博的知识作为基础，就像一座高楼没有牢固的地基一样，看上去是楼高百尺，极其壮观，但是，一阵风吹来，很容易便会倒塌。“约”是“博”的升华，没有“约”，就像一座房子只打了地基，就算打得再厚实，不在上面建房子，那又有什么用呢？所以，王廷相说：

> 学博而后可约，事历而后知要，性纯熟而后安礼。④

也就是说，学问广博到一定程度，自然会对某一方面的内容产生浓厚的兴趣，然后对其进行深入的研究，这就是从“博”到“约”的过程。王廷相虽然这么说，但是，我们还是可以感觉到他其实更倾向于“约”，虽说“博”和“约”都很重要，但“博”是基础，“约”是专精。做到“博”已属不易，但要做到“约”，做到专精，就更为艰难了。

---

① 杨伯峻译注：《论语译注·雍也》（典藏版），中华书局 2015 年版，第 93 页。

② （明）王守仁：《阳明先生集要·理学编·传习录三》，中华书局 2008 年版，第 76 页。

③ （明）王廷相著，王孝鱼点校：《王廷相集·雅述上》，中华书局 1989 年版，第 837 页。

④ （明）王廷相著，王孝鱼点校：《王廷相集·慎言》，中华书局 1989 年版，第 772 页。

（三）知行兼举

王阳明讲“知行合一”，王廷相讲“知行兼举”，两者是相同，还是有所差别呢？

首先，来看王廷相是怎么区分“知”与“行”的。他指出：

> 君子之学，博文强记，以为资藉也；审问明辩，以求会同也；精思研究，以致自得也，三者尽而致知之道得矣。深省密察，以审善恶之几也；笃行实践，以守义理之中也；改过徙义，以极道德之实也，三者尽而力行之道得矣。①

王廷相说，学习的方法有两种：一是理论学习，二是实践学习。理论学习又可以分为三类：“博文强记”“审问明辩”“精思研究”，这形成了一个循序渐进的学习过程。对于实践学习，王廷相也将其分为了三类：“深省密察”“笃行实践”“改过徙义”，这也是一个完整的实践过程，就是顺序稍微要改变一下，要先“笃行实践”，实践之后要学会“深省密察”，省察自己，如果发现自己做过的事情中存在问题，那就要“改过徙义”。

王阳明讲“知行合一”，往往是将“知”与“行”连起来讲，认为两者之间是相辅相成的。王廷相没有将两者联系起来讲，而是分别讲两者的特点。他指出：

> 学之术二：曰致知，曰履事，兼之者上也。察于圣途，谙于往范，博文之力也；练于群情，达于事几，体事之功也。然而师心独见，暗与道合，亦有不博文者也。虽然，精于仁义之术，优入尧舜之域，必知行兼举者能之矣。②

其次，王廷相虽然认为“知”与“行”都很重要，两者都需要重视，但是，他并不完全认可王阳明所说的“知行合一”，在他看来，“知”就是“知”，“行”就是“行”。有时候“行”甚至比“知”更为重要。王阳明强调“知行合一”，但其核心思想还是在于“良知”，本质还是“知”指导“行”。

三、思想成就：超前的唯物主义者

王廷相的思想是进步的，他的“元气论”肯定了物质的第一性，认为精神来源于物质。这一观点与现代唯物主义思想十分接近。他认为，万事万物都处于一个运动的过程，这一观点更是马克思主义运动观的核心内容，即运动是绝对的，静止是相对的。他的这些思想，为马克思主义中国化提供了很好的理论

---

① （明）王廷相著，王孝鱼点校：《王廷相集·慎言》，中华书局1989年版，第778页。

② 同上书，第788页。

依据。

（一）万理皆出于气

王廷相被侯外庐称为“中国杰出的古典唯物主义者”，因为他反对理学家所说的“理气论”，也不赞同心学家所说的“心性论”，而是继承了具有朴素唯物主义思想的“元气论”。在王廷相看来，天地万物都是由“气”所构成的：

天内外皆气，地中亦气，物虚实皆气，通极上下造化之实体也。是故虚受乎气，非能生气也；理载于气，非能始气也。世儒谓“理能生气”，即老氏道生天地矣。谓理可离气而论，是形性不相待而立，即佛氏以山河大地为病，而别有所谓真性矣，可乎？不可乎？由是，“本然之性超乎形气之外”，“太极为理，而生动静阴阳”，谬幽诬怪之论作矣。[①]

“气”是最高的实体，它孕育了天地万物，程朱理学讲“理在气先”“理能生气”，这与老子所说的“道生天地”一样，是虚妄的言论。王廷相认为，是“气”孕育了“理”，“气”在“理”先，“理”只是承载了一部分“气”而已。

老庄谓道生天地，宋儒谓天地之先只有此理，此乃改易面目立论耳，与老庄之旨何殊？愚谓天地未生，只有元气，元气具，则造化人物之道理即此而在，故元气之上无物、无道、无理。[②]

王廷相的“元气论”思想具有很大的进步意义。他肯定了物质先于精神的存在，精神来源于物质。这与现代唯物主义的观点，即认为物质为第一性、精神为第二性，世界的本源是物质，精神是物质的产物和反映，已经十分接近了。他的一些理论现在看来还存在问题，但是，在当时的社会环境下，能提出“元气论”这样的朴素唯物主义观点，已经难能可贵了。

（二）群然变而不常

王廷相提出了具有朴素唯物主义思想的“元气论”，他还认为，万事万物都处在运动变化之中。他说：

道莫大于天地之化，日月星辰有薄食慧孛，雷霆风雨有震击飘忽，山川海渎有崩亏竭溢，草木昆虫有枯荣生化，群然变而不常矣。[③]

王廷相发现，自然界的万事万物都处于运动变化之中，日月星辰的变化、风

① （明）王廷相著，王孝鱼点校：《王廷相集·慎言》，中华书局1989年版，第753页。
② （明）王廷相著，王孝鱼点校：《王廷相集·雅述上》，中华书局1989年版，第841页。
③ （明）王廷相著，王孝鱼点校：《王廷相集·雅述下》，中华书局1989年版，第848页。

雨雷电的产生，都是事物运动变化的结果。受时代的局限，他没能准确地描述这种运动变化是如何产生的，但他能提出事物的运动是绝对的、静止是相对的这一观点，已是十分难得了。

王廷相还将这种观点运用到对社会发展的认识中。他指出：

> 鸿荒之先，人与禽兽等，蚩蚩共居，丕丕并游……久而爱恶情盛，各利所生，人择其人相匹，遂与禽兽日远，而禽兽见之惊且疑矣。又久而人道日利，其类日广，禽兽日被其害，渐微而渐远矣。中古之时，犹有蛇龙犀象，遍于中国；今山泽开治，尽为民居，而毒虫猛兽之类灭其迹，岂非势所必至乎哉？[①]

人类社会是在不断发展进步的，开始时人与"禽兽"无异，后来逐步进化，最后"尽为民居"，而"毒虫猛兽"绝迹，这是历史发展的必然。自然界始终在运动变化，人类社会也不会一成不变，必然会随着时代不断向前发展。

既然如此，整个社会的规范就应该随着人类社会的发展而调整，没有永远适用的道理。他说：

> 儒者曰：天地间万形皆有敝，惟理独不朽，此殆类痴言也。理无形质，安得而朽？以其情实论之，揖让之后为放伐，放伐之后为篡夺，井田坏而阡陌成，封建罢而郡县设，行于前者不能行于后，宜于古者不能宜于今，理因时致宜，逝者皆刍狗矣，不亦朽敝乎哉？[②]

王廷相将整个自然界与人类社会看作是一条奔腾不息的大河，在这条河流中，一切都在运动，一切都在变化，不存在绝对静止的事或物。他的这一观点，仍然具有重要的进步意义。

"王廷相是一位具有科学精神的哲学家。他十分注意观察事物，对已有的理论敢于怀疑，并通过试验加以验证。"[③]平常人都说冬天的雪花六角形，春天的雪花是五角形，却从来没有亲自检验一下。只有王廷相，"每遇春雪，以袖承观之，并皆六出"，用自己的亲身经验证实了"春雪五出"说法的谬误。由此可见，王廷相具有鲜明的科学家态度、朴素的唯物主义思想。

---

① (明)王廷相著，王孝鱼点校：《王廷相集·雅述下》，中华书局1989年版，第864页。

② 同上书，第887页。

③ 张岱年：《中华的智慧·王廷相》，中华书局2017年版，第422页。

李贽

——"离经叛道"的狂士

李贽(1527—1602),字宏甫,号卓吾,别号温陵居士、百泉居士等。明末杰出的思想家。李贽先祖本姓林,元代时到福建定居。因三世叔祖在省城福州文庙前违禁骑马而被杀,所以,部分亲属逃往南安县榕桥乡,改姓为李。李贽早年随父亲姓林,名林载贽,考中秀才入泉州府学之后,李贽也随那些改姓的祖先改姓李。到了隆庆初年,因为避明穆宗朱载垕讳,于是,又去掉了"载"字改称李贽。

李贽六岁之时,母亲就去世了;七岁时他便随父亲在海上奔波,颠沛流离,勉强度日。回到岸上之后,李贽的父亲以教书为业,李贽也随之学习。也许是受到海洋文化的熏陶,养成了他强烈的自我意识和叛逆精神。李贽从小喜欢独立思考,决不迷信任何权威,用他自己的话来说,是"自幼倔强难化,不信学,不信道,不信仙释,故见道人则恶,见僧则恶,见道学先生则尤恶"[①]。正是因为他的这种个性与精神,才使他后来写下了《童心说》这样的传世名篇。

李贽学养的核心是"学无恒道",在心性上他追求赤子之心,提出"童心说";在学习上,他反对固定的标准,特别是反对儒家视孔子为圣人并以之为永恒标准的做法;在创作上,他反对固定的程式,反对为创作而创作。他追求个性的自由与解放,与当时的社会主流格格不入。

一、心性修养:以赤子之心追求个性解放

李贽的思想建立在对当时理学思想批驳的基础上,他认为,当时的理学家都是一群"假道学",打着"存天理,灭人欲"的口号,压制人的个性发展,满嘴仁义道德,实际上再虚伪不过。所以,李贽提出了"童心说",追求一颗纯真的赤子之心与个性的自由解放。

(一)率性而活

所谓"率性",暗含着对"自由"的追寻,"自由",这一令古今中外仁人志士趋之若鹜的理想状态,却是一种相对的精神理念。庄子早就看透了这样的一个事

① (明)李贽:《王阳明先生道学钞·附·王阳明年谱后语》,载侯外庐等:《宋明理学史》下卷,人民出版社1987年版,第366页。

实，于是，他放弃追寻现实的“自由”，而去探索精神上的“绝对自由”。到了明代，理学思想统治下的时代，“存天理，灭人欲”是当时最高的思想目标，它试图用“天理”这一概念，限制人们精神上的“自由”，将每一个人的“个性”变得统一、规矩。人们往往诅咒“吃人的礼教”，因为这样的“礼教”试图吞噬人的个性，麻痹人的精神，将人“塑造”成麻木的“行尸走肉”。

两百多年后，英国哲学家约翰·穆勒在他的《论自由》一书中这样评价中国：

> 我们要以中国为前车之鉴。那个国族乃是一个富有才能并且在某些方面甚至也富有智慧的国族……做到这个地步的人民已经发现了人类前进性的奥秘，必已保持自己稳稳站在世界运动的前列。可是相反，他们已经却已变成静止的了，他们几千年来原封未动；而他们如果还会有所改进，那必定要依靠外国人。[①]

西方人都已经发现了古代中国受到礼教束缚的弊端，难道中国人自己就没有发现这一问题吗？答案当然是否定的。李贽站了出来，他说：“夫道者，路也，不止一途；性者，心所生也，亦非止一种也。”[②]李贽认为，世界上从来都不是只有一条路，每个人都有自己的个性，凭什么一定要抹去自己的个性，沿着“道学家”们所谓的“天理”这条路走呢？那是你们“道学家”的路，不是所有人的路。李贽指出：“夫以率性之真，推而扩之，与天下为公，乃谓之道。”[③]又说：“道之在人，犹水之在地也。人之求道，犹之掘地而求水也。然则水无不在地，人无不载道也审矣。”[④]“道”从来都在自己身上，那就是每个人生来就具有的个性，而不是“道学家”所说的“天理”。李贽指出：

> 千万其人者，各得其千万人之心，千万其心者，各遂其千万人之欲，是谓物各付物，天地之所以因材并笃也，所谓万物并育而不相害也。今之不免相害者，皆始于使之不得并育耳。若肯听其并育，则大成大，小成小，天下更有一物不得所者哉？[⑤]

“万类霜天竞自由”，天地之间物种何其之多？他们照样可以和谐自然地生存下去。人同样可以依据自己的个性生活，“存天理，灭人欲”，那是“道学家”为

---

① 〔英〕约翰·穆勒：《论自由》，商务印书馆 1998 年版，第 85 页。

② (明)李贽著，张建业主编：《李贽全集注·为罗姚州作》，社会科学文献出版社 2010 年版，第 242 页。

③ (明)李贽著，张建业主编：《李贽全集注·答耿中丞》，社会科学文献出版社 2010 年版，第 40 页。

④ (明)李贽著，张建业主编：《李贽全集注·德业儒臣前论》，社会科学文献出版社 2010 年版，第 459 页。

⑤ (明)李贽著，张建业主编：《李贽全集注·明灯道古录卷上》，社会科学文献出版社 2010 年版，第 271 页。

了维护统治阶层正统地位编织的罗网。

李贽洞察了当时中国的弊端，可是，他无力解决。他的高呼、呐喊在当时产生了一些影响，死后却再次被淹没在理学的浪潮之下，直到现在，才重新被人认识。黄仁宇在《万历十五年》最后一章专论李贽说："李贽的悲剧不仅属于个人，也属于他所生活的时代。传统的政治已经凝固，类似宗教改革或者文艺复兴的新生命无法在这样的环境中孕育。社会环境把个人理智上的自由压缩在极小的限度之内，人的廉洁和诚信，也只能长为灌木，不能形成丛林。"①

（二）童心者，真心也

说起李贽，人们就会想到他的"童心说"。那么，什么是"童心"呢？也许你会回答："不就是赤子之心"吗？但什么才算是"赤子之心"呢？一般人恐怕很难说清楚。李贽专门写了一篇《童心说》来论说"童心"。文章的开篇直截了当地提出：

> 夫童心者，真心也。若以童心为不可，是以真心为不可也。夫童心者，绝假纯真，最初一念之本心也。若失却童心，便失却真心；失却真心，便失却真人。人而非真，全不复有初矣。童子者，人之初也；童心者，心之初也。夫心之初，曷可失也？然童心胡然而遽失也。②

所谓"童心"，就是人最根本的想法，是人最下意识的反应，它不受外在种种因素的影响，是人自己内心的选择，它类似王阳明所说的"良知"，但又有所不同。"良知"是人内在基础的判断标准，而"童心"则是以"良知"为准则的判断结果。就像一些坏人，刚开始做坏事的时候，内心都会有个声音告诉他这是不对的，他内心会挣扎、会愧疚，这个声音就是"童心"。但是，外在的种种因素终究会促使他走向一条错误的道路，久而久之，他做起坏事来便得心应手，不再挣扎、愧疚了，这便是丧失了"童心"。一个人失去了"童心"，就是失去了对是非善恶最本质的判断，就会用外在的利益、名望来权衡得失。这也正是李贽所说的：

> 其久也，道理闻见，日以益多，则所知所觉，日以益广，于是焉又知美名之可好也，而务欲以扬之，而童心失。知不美之名之可丑也，而务欲以掩之，而童心失。③

道学家们言必称孔孟，文必称"六经"，其实就是为了掩盖他们已经失去的

---

① 黄仁宇：《万历十五年》，生活·读书·新知三联书店1997年版，第211页。

② （明）李贽著，张建业主编：《李贽全集注·童心说》，社会科学文献出版社2010年版，第276页。

③ 同上。

那颗“童心”罢了。“然则‘六经’、《语》《孟》，乃道学之口实，假人之渊薮也，断断乎其不可以语于童心之言明矣。”[1]在李贽看来：

> 盖其人既假，则无所不假矣。由是而以假言与假人言，则假人喜；以假事与假人道，则假人喜；以假文与假人谈，则假人喜。无所不假，则无所不喜。满场是假，矮人何辩也。[2]

世上很多人其实都已经失去了“童心”，他们的一举一动都带有很强的目的性，而不是出于自己的真心。而对假人说假话，正是投其所好；跟假人讲假事，肯定信以为真；给假人谈假文章，必然赞赏备至。世上又有多少人能够分辨得清真假呢？屈原说：“举世皆浊我独清，众人皆醉我独醒。”如果李贽与屈原生活在同一时代，恐怕会有不少共同语言吧！

二、为学思想：学无恒道方能有感而发

李贽治学思想的核心可概括为“学无恒道”。也就是说，没有一个固定的标准，也没有一个永恒的标准，“天理”不是，孔子也不是，我们唯一应该遵从的就是自己的赤子之心。因此，李贽提出了“童心说”，反对按照一定的程式来写作，主张“绝假还真”、抒发己见。在他看来，为学、创作最重要的就是要做到有感而发，这样创作出来的作品，才能流传千年。

（一）自然有余

李贽在道德修养上追求纯真质朴的赤子之心，在为学与创作上则崇尚真实、自然，反对“为赋新词强说愁”的矫揉造作。李贽在《与友人论文》中谈道：

> 凡人作文，皆从外边攻进里去；我为文章，只就从里面攻打出来，就他城池，食他粮草，统率他兵马，直冲横撞，搅得他粉碎，故不费一毫气力而自然有余也。……只自各人有各人之事，各人题目不同，各人只就题目里滚出去，无不妙者。如该终养者只宜就终养作题目，便是切题，便就是得意好文字。若舍却正经题目不做，却去别寻题目做，人便理会不得，有识者却反生厌矣。[3]

在李贽看来，为学、创作都应该是有感而发，而不是刻意为了写什么而写。唐代以诗赋取士，可是，科举考试的诗赋极少有出彩的，一些文人墨客平时随口而作的诗词却往往能够流芳千古，其道理就在于此。随口而咏的诗句，有时在

---

① （明）李贽著，张建业主编：《李贽全集注·童心说》，社会科学文献出版社 2010 年版，第 276 页。
② 同上。
③ （明）李贽著，张建业主编：《李贽全集注·与友人论文》，社会科学文献出版社 2010 年版，第 21 页。

用词或者平仄上可能会存在问题，但可能最真实地表现了诗人的情感。科举考试中的诗赋，辞藻华丽，格律严谨。但它是为了应试而创作，作者并没有真正投入感情，在别人看来就是披着一张华丽的外皮，里面却是空洞无物的。李贽还认为，不能创作一些不合乎自己身份的作品，比如，不过是弱冠之年，却感慨年华易逝，壮志难酬。这在李贽看来，只会让人心生厌恶。他在《杂说》中写道：

> 且夫世之真能文者，比其初皆非有意于为文也。其胸中有如许无状可怪之事，其喉间有如许欲吐而不敢吐之物，其口头又时时有许多欲语而莫可所以语之处，蓄极积久，势不能遏。一旦见景生情，触目兴叹；夺他人之酒杯，浇自己之垒块；诉心中之不平，感数奇于千载。既已喷玉唾珠，昭回云汉，为章于天矣，遂亦自负，发狂大叫，流涕恸哭，不能自止。余揽斯记，想见其为人，当其时必有大不得意于君臣朋友之间者，故借夫妇离合因缘以发其端。[①]

李贽这种为学与创作的观念，在中国一直是占主流的。司马迁就提出过这种观点，他在《报任安书》中就讲道："此人皆意有所郁结，不得通其道，故述往事、思来者。"所以，李白"斗酒诗百篇"也就不值得奇怪了。可见，中国文学批评中向来就重视"有感而发"。

同时，我们还要注意一个问题，说创作要有感而发，并不是说，光有感而发就够了，还要注意修改作品、精心打磨。即使是李白的诗歌，也是经过修改、甚至是千锤百炼的。所以，李贽强调写作中情感流露的真实自然，并不是反对修改作品。

（二）不以孔子是非为是非

李贽对当时理学思想最大的威胁就在于，他挑战了孔子的权威，他反对所谓的儒家经典就是"恒久之至道，不刊之鸿教"的说法。简而言之，李贽反对学习有固定的标准。

李贽特别喜欢以孔子作为例子，他说："若必取足于孔子，则千古以前无孔子，终不得为人乎？"[②]李贽的话说得很直接，如果有了孔子才有现在的文明社会，那么，生活在孔子出世之前的人，都不能算作是人了吗？

李贽曾写过一篇题为《赞刘谐》的小品，以讽刺当时的理学家，他写道：

> 有一道学，高屐大履，长袖阔带，纲常之冠，人伦之衣，拾纸墨之一二，窃唇吻之三四，自谓真仲尼之徒焉。时遇刘谐。刘谐者，聪明士，见而哂

---

① （明）李贽著，张建业主编：《李贽全集注·杂说》，社会科学文献出版社 2010 年版，第 272 页。

② （明）李贽著，张建业主编：《李贽全集注·答耿中丞》，社会科学文献出版社 2010 年版，第 40 页。

曰："是未知我仲尼兄也。"其人勃然作色而起曰："'天不生仲尼，万古如长夜'。子何人者，敢呼仲尼而兄之？"刘谐曰："怪得羲皇以上圣人尽日燃纸烛而行也！"其人默然自止。然安知其言之至哉！[①]

短短百余字，读来让人可笑之余，也不禁让人深思。孔子的确是一位伟大的思想家，自从董仲舒"罢黜百家，独尊儒术"以来，孔子的地位不断拔高，到理学建立之后，更是被神化到至高无上的地位，孔子说的、做的都是对的，就算孔子说的有矛盾，那也是你理解不到位而已。这样的做法对吗？把孔子的理论作为唯一的标准合理吗？理学家们看来固然合理，在李贽看来，就是大错特错。他指出：

前三代，吾无论矣。后三代，汉唐宋是也。中间千百余年，而独无是非者，岂其人无是非哉？咸以孔子之是非为是非，故未尝有是非耳。然则予之是非人也，又安能已。夫是非之争也，如岁时然，昼夜更迭，不相一也。昨日是而今日非矣，今日非而后日又是矣。虽使孔夫子复生于今，又不知作何如非是也，而可遽以定本行罚赏哉。[②]

世界上本来就没有一个明确的判断是非的标准，同一件事情，你认为是对的，他认为是错的；从不同的角度看，会有不同的判断标准；从不同阶段看，也会得出不同的结论。为什么把孔子的理论作为唯一的标准呢？仅仅是因为现在儒学是官方思想、孔子是儒家圣人？在李贽看来，这样的行为是极其可笑的。

三、进步之光：追求自由平等，首开女子教育

在一般人的印象里，古代中国是一个讲尊卑阶级、专制的社会，没有自由平等思想。实际上，古代也有很多仁人志士提出过自由平等的口号，李贽便是其中之一。他在历史最为浓重的一笔，就在于他提出了女子教育的理念，认为要给女子求学的机会，这一思想在李贽之前是从未有人提出过的。

（一）追求自由平等

既然在为学上孔子理论不能作为一个永恒的标准，那么，凭什么在社会等级上要出现明显的分层呢？在李贽眼里，"庶人非下，王侯非高"，所有人的地位都是平等的。他指出：

侯王不知致一之理与庶人同等，故不免以贵自高。高者必厥下其基

---

① （明）李贽著，张建业主编：《李贽全集注·赞刘谐》，社会科学文献出版社 2010 年版，第 359 页。

② （明）李贽：《藏书·世纪列传总目前论》，中华书局 1959 年版，第 6 页。

也，贵者必厥贱其本也，何也致一之理，庶人非下，侯王非高，在庶人可言贵，在侯王可言贱。[①]

一个人再厉害，也是从幼年慢慢成长起来的；同理，君主的威势再高，也要依靠于百姓的支持，离开了百姓，君主就什么都不是了。既然如此，王侯又凭什么说自己比庶人更高贵呢？

为什么这样的社会分层却能得到大多数人的默认？为什么就是有人认定自己低人一等呢？李贽认为，这与很多人没有人身自由、或者说放弃了自己的人身自由有关。

今之人，皆庇于人者也，初不知有庇人事也。居家则庇于父母，居官则庇于官长，立朝则求庇于宰臣，为边帅则求庇于中官，为圣贤则求庇于孔、孟，为文章则求庇于班、马。种种自视，莫不皆自以为男儿，而其实则皆孩子而不知也。豪杰、凡民之分，只从庇人与庇于人处识取。[②]

在他看来，很多人没有勇气去追求自己的自由，是因为依附于他人之下。俗话说，"拿人的手短，吃人的嘴软"，既然依附于别人，寻求别人的庇护，自然就低人一等了。你的荣辱生死都掌握在别人的手中，你就算想反抗，也是无力的，而放弃平等和自由权力的人，本来就是你自己。李贽曾以自身情况为例说道：

缘我平生不爱属人管，夫人生出世，此身便属人管了。幼时不必言；从训蒙师时又不必言；既长而入学，即属师父与提学宗师管矣；入官，即为官管矣。弃官回家，即属本府本县公祖父母管矣。来而迎，去而送；出分屋，摆酒席；出轴金，贺寿旦。一毫不谨，失其欢心，则祸患立至，其为管束至入木埋下土未已也，管束得更苦矣！[③]

当然，李贽所追求的绝对的自由与平等，这在任何时候都是不可能实现的。人只要活在这个社会上，就不可避免地受到各种限制和束缚，甚至从生下来开始，社会分工就是不平等的。可以实现人格的平等，思想的自由，但是不可能实现绝对的平等与自由，因为它可能导致秩序丧失，引起混乱与纷争。从这一思想出发，李贽在某种程度上也是受到庄子思想的影响。

（二）首开女子教育

中国古代尤其是明代以后，受封建礼教的影响，社会上流行着"女子无才便

① （明）李贽著，张建业主编：《李贽全集注・老子解卷下》，社会科学文献出版社 2010 年版，第 61 页。
② （明）李贽著，张建业主编：《李贽全集注・别刘肖甫》，社会科学文献出版社 2010 年版，第 144 页。
③ （明）李贽著，张建业主编：《李贽全集注・豫约》，社会科学文献出版社 2010 年版，第 109 页。

是德”的思想，女子从此失去了接受教育的机会，女性的地位也降到了谷底。但是，李贽坚决反对社会上对受教育女性的歧视，他试图捍卫女子接受教育的权力。为此，他撰写了《答以女人学道为见短书》一文，观点异常鲜明，言辞也颇为激烈：

昨闻大教，谓妇人见短，不堪学道，诚然哉！诚然哉！夫妇人不出阃域，而男子则桑弧蓬矢以射四方，见有长短，不待言也。公所谓短见者，谓所见不出闺阁之间；而远见者，则深察乎昭旷之原也。……余窃谓欲论见之长短者当如此，不可止以妇人之见为见短也。故谓人有男女则可，谓见有男女岂可乎？谓见有长短则可，谓男子之见尽长，女人之见尽短，又岂可乎？设使女人其身而男子其见，乐闻正论而知俗语之不足听，乐学出世而知浮世之不足恋，则恐当世男子视之，皆当羞愧流汗，不敢出声矣。[①]

在李贽看来，女子和男子在才智上并没有任何的区别。批评女子短视，那是因为把女子圈养在闺房之中，而男子却可以外出游历求学，此消彼长之下，女子怎么可能不短视呢？如果给女子同样的机会，她们恐怕不会比男子做得差。

李贽不仅在理论上支持女子求学，他还亲自招收女弟子，他甚至将自己和女弟子之间的书信问答公之于众，在《焚书》一章中单列了《观音问》一篇。他的这种行为，与当时的社会主流是格格不入的，所以，有人污蔑他说：“寄居麻城，引士人妻女入庙讲法，至有携衾而宿者。”事实上，这种污蔑都是无稽之谈。女弟子们为李贽辩解，李贽自己却毫不在意。他说：

今我等既为出格丈夫之事，而欲世人知我信我，不亦惑乎！既不知我，不信我，又与之辩，其为惑益甚。若我则直为无可奈何，只为汝等欲学出世法者或为魔所挠乱，不得自在，故不得不出头作魔王以驱逐之，若汝等何足与辩耶！况此等皆非同住同食饮之辈。我为出世人，光彩不到他头上，我不为出世人，羞辱不到他头上，如何敢来与我理论！对面唾出，亦自不妨，愿始终坚心此件大事。[②]

李贽既然愿意招收女弟子，自然也想好了要面对这样的情况，所以，他对于别人的污蔑言辞是置之不理的。在他看来，只要自身行得正，坐得住，又何必在意别人的看法。

---

① （明）李贽著，张建业主编：《李贽全集注·答以女人学道为见短书》，社会科学文献出版社 2010 年版，第 144 页。

② （明）李贽著，张建业主编：《李贽全集注·与明因》，社会科学文献出版社 2010 年版，第 152 页。

“李贽富于个性意识的思想在晚明具有重要影响。”[①]在诗文和文学批评方面，他主张文学创作必须出自“真心”，抒发个人“情性”，这些思想直接影响了三袁“公安派”的文风，影响了戏剧大师汤显祖的“为情作使”的戏曲创作等，在中国文学发展史上有较大价值。

① 张岂之主编：《中国思想史》(修订本)，西北大学出版社 2016 年版，第 778 页。

第六篇

朴学发展的心路历程

清代先贤的核心学养概述

清朝，是中国历史上最后一个大一统的封建王朝，自1644年迁都北京至1911年彻底覆灭，前后共传十帝，享国二百六十八年。这一时期集封建文学创作之大成，是我国古代文学发展的总结时期，在诗、词、散文、小说、戏曲等方面都取得了重要成就。从学术发展的角度看，清代的学术研究以经史考证为主，兼采前代学术之长，达到了以往任何一个朝代都无法到达的学术高峰。正如郭绍虞先生所言：

> 清代学术有一特殊的现象，即是没有它自己一代的特点，而能兼有以前各代的特点。它没有汉人的经学而能有汉学之长，它也没有宋人的理学而能撷宋学之精。例如天算、地理、历史、金石、目录诸学都能在昔人成功的领域以内，自有它的成就。就拿“文学”来讲，周秦以子称，楚人以骚称，汉人以赋称，魏、晋六朝以骈文称，唐人以诗称，宋人以词称，元人以曲称，明人以小说或制艺称，至于清代的文学则于上述各种中间，没有一种足以称为清代的文学，却也没有一种不成为清代的文学。盖由清代文学而言，也是包罗万象兼有以前各代的特点的。[①]

一

明万历四十四年(1616)，努尔哈赤建国称汗，国号大金。明崇祯九年，清崇德元年(1636)，皇太极称帝，改国号为大清，史称清朝。自此，中国历史上最后一个大一统封建王朝的统治正式拉开了帷幕。清朝建立初年，政治动荡，百废待兴，统治者大肆镇压农民起义，消灭叛乱政权，对从事反抗斗争的汉人进行了残酷的屠杀，一时间民心惶惶，人人自危。为了稳固自身的统治，清王朝采取了一系列的政治文化措施。在政治上，他们仿照明朝组建中央政权机构，融入自己的特点，将明朝的内三院(内国史院、内秘书院、内弘文院)改为内阁，作为中央最高行政机关，又设六部为中央最高执行机关，主要负责内阁决策的具体实施。清代内阁的实际权力较之明朝，已经不可同日而语，它早已脱离了真正的权力中心。在看似平等的满汉分权制度下，最终的决策权力实际上掌握在满族议政王大臣之手，最后裁决于皇帝，在一定程度上形成了带有某种种族歧视色彩的封建专制体系，引起了广大汉族知识分子的强烈不满。在文化上，清朝统治者一方面大力提倡程朱理学和宗教，麻痹百姓斗志；一方面又严禁结社，大兴文字狱，严厉压制知识分子在思想上的反抗。他们承袭了明代以来八股取士的

① 郭绍虞：《中国文学批评史》，上海古籍出版社1979年版，第6页。

科举制度，对录取名额进行了扩充，同时增定捐纳制度，开设“博学鸿词科”，以功名利禄笼络知识分子，招纳“贤才”，罗致“名士”，力求更加广泛地羁縻汉族知识分子，削弱人们的反抗意识。

明清之际的社会变革加之文字狱的兴起，震撼了广大文人的心灵，间接地在学术界引发了一股思想转变的潮流。一大批思想敏锐的学者如黄宗羲、王夫之、顾炎武等人开始从单纯的学术研究中清醒过来，对社会历史进行反思。他们反对宋明理学，崇尚经世致用，在传统学术研究的基础上，更加趋向于朴实无华且以名物训诂为特色的治学风格。于是，以此为特征的朴学便在与宋明理学的对立和斗争中发展起来了。“一时才俊之士，痛矫时文之陋，薄今爱古，弃虚崇实，挽回风气，幡然一变。王夫之、顾炎武、黄宗羲皆负绝人之姿，为举世不为之学。于是毛奇龄、阎若璩等接踵继起，考订校勘，愈推愈密。”①。朴学汲取了晚明学术游谈心性、空疏误国的惨痛教训，一反宋明理学的为学方式，既不注重文采的发挥，也少有理论的阐述。它更偏重于资料的收集和证据的罗列，主张“无信不征”，以汉儒经说为宗，从语言文字训诂入手，主要从事审订文献、辨别真伪、校勘谬误、注疏文字等方面的研究。因而在其形成之后，迅速在清代学术思想中占据了主流地位。

二

明末清初，是朴学的发端时期。这一时期，以黄宗羲、顾炎武、王夫之、颜元为代表，正式确立了朴学发展的标准范式，奠定了清朝学术研究的基本格调。黄宗羲是我国明末清初时期著名的经学家、史学家和思想家。他在学术研究上不局限于科举考试的四书五经，偏重史家典籍，提倡广征博览，追求经世致用的求实之学。他学识渊博，一生著述颇丰，《明儒学案》《宋元学案》《明夷待访录》《孟子师说》等都是他的代表性著作。就道德观而言，黄宗羲的道德修养是建立在其人性观基础之上的。他指出，人生而为人，本身就会追求最基本的欲望，“人各自私，人各自利”，这是一种架构于理想道德之上的社会现实，应该得到尊重和保护。而理想的道德人格应当是“豪杰之士”，“学莫先于立志，立志则为豪杰”，他希望世人能够以“经世致用”“天下为利”作为目标，在求学为学的过程中培养出实事求是、建功立业的道德品性。另外，在黄宗羲的思想观念中，所谓的君主，不过是这一片江山短时期内的主宰，不应当以“主”自居，而是要尊重万民，平等相待。是以，他奉行“天下为主、君为客”的政治理念，试图通过学校的舆论作用来限制君主的权力，以期达到相对民主的政治统治。

① 皮锡瑞著，周予同注释：《经学历史》，中华书局1959年版，第299页。

紧随其后的颜元在清初的经世致用之学上亦颇有建树。颜元是清初儒家、思想家、教育家，颜李学派创始人。他一生以行医、教学为业，继承和发扬了孔子的教育思想，猛烈抨击宋明理学“穷理居敬”“静坐冥想”的做法，主张培养文武兼备、经世致用的人才。颜元的道德理念大致可以分为两个方面：一是“人性皆善”的人性论，二是“以义为利，义利兼重”的义利观。他认为，人的本性应当是纯善的，但在后天生存环境的影响下，会受到财、色等种种外物的诱惑，人性中的“善”会被“恶”所蒙蔽，从而改变纯善的本性。所以，每个人都需要接受后天的教育，重视自我德行的培养，并在此基础上树立正确的义利观念，将利益的谋取约束在“仁义礼智信”的伦理规范之下。颜元治学以求实为根本，提倡经世致用之学，强调实践的巨大作用。他指出，“身实学之，身实习之，终身不懈”，要求人们重视“实学”与“习行”之间的相互联系，在日常的学习与生活中努力做到躬行实践，言行一致，不断提高自我的学习能力与道德修养。不仅如此，颜元学术思想的精髓，还在于其以实文、实行、实体、实用为基本内容的实学思想。他极力批判自汉以来两千年来重文轻实的教育传统，主张以实学代替理学，提出“实才实德之士”的培养目标，具有鲜明的经世致用特性。很显然，颜元的思想在一定程度上冲破了理学教育的桎梏，反映了要求发展社会生产力的新兴市民阶层对于人才的新要求，这于当时的社会而言，无疑具有积极、进步的意义。

黄宗羲、顾炎武、王夫之、颜元作为清代朴学发展的先驱，其学术思想与文学观念，自然而然地引领了清初社会思潮的转变。虽然他们的道德观、治学观不尽相同，对文学问题的关注程度不一，但他们于文学社会功用的重视却是如出一辙。在抛弃了晚明文学自我表现、个性解放的观念之后，清初的文坛沿着朴学的道路逐渐深入发展。从康熙王朝到雍正、乾隆时代，清代朴学在众多学术名家的推动下，正式进入了全盛时期，各领域逐渐发展成熟，形成了以考据为主要治学方式的学术流派——“乾嘉学派”。

三

乾嘉学派，又称“乾嘉之学”。清代考据学，发轫于明末清初的大儒顾炎武，至乾隆、嘉庆两朝达到鼎盛，故名“乾嘉学派”。清王朝经历了初期的种种矛盾斗争之后，发展至雍正、乾隆时期，政治统治日趋稳定，然而，统治阶层仍旧对汉族文人保持严酷的思想禁锢政策，屡次禁毁书籍，大兴“文字狱”。使得当时的文人学子如履薄冰，有苦难言，只好将大量的时间和精力用在古代典籍的整理上，寻章摘句以逃避现实的灾祸。乾隆即位之后，一改先皇政策，大力提倡经学考据，广收旧籍，编纂《四库全书》，引起了知识分子的广泛关注与支持，考据之学大盛。乾嘉学派也在这样的一种背景之下迅速发展，引导了学术思潮的主流。乾嘉学人反对宋明理学空论无物的弊病，务求实证，着意从古书上寻找疑难问题，创造性地将当时的学术研究全部纳入了考据的范畴。他们强调认真读书，重实证，戒空谈，正如史学家范文澜所主张的“无一语无来历，无一事无根据”，这种治学态度、治学方法上的严谨踏实，开启了近代实证学风的先河。由于影响范围广阔，涉及人数众多，乾嘉学派在发展的过程中又分成了不同的支派，其中以惠氏父子开创的吴派和戴震创立的皖派最为著名。

吴派起源于惠氏家学，至惠栋方才发扬光大。惠栋，清代汉学家，汉学中吴派（苏州学派）的代表人物，祖上三世传经，被传为一代佳话。他早年曾随其父至广东提督学政任职，后失意回乡，开始了课徒著述的生活，终身未仕。其学承自顾炎武，一生治经以汉儒为宗，以昌明汉学为己任，尤精于汉代《易》学。受家学传承的影响，惠栋的核心学养主要集中于治经和治史两个方面。宋儒以“十六字心传”构建的形而上的理学思辨理念，一度成为儒学发展的又一高峰。但是，随着时间的流逝，理学演变成了禁锢人思想的封建理教，对社会发展产生了许多消极影响。因此，到了清初的时候，社会上对于理学的反对之声甚高。惠栋批判理学，注重实践，从治学经验出发，看重专门之学，由“一”而“精”，论证宋《易》“图书之学”为道家之学，否定宋代《易》学立说的理论依据，上承明末清初“弃虚蹈实”之学风，下启乾嘉时期“实事求是”的治学宗旨，对乾嘉汉学提出了颇具积极意义的指导意见。惠栋治史，不尚空谈，其考史以典制及史事为中心，重典制之沿革，明史事之始末，“承其家学，于经史诸子，稗官野乘，及七经谶纬之学，无不肄业及之。经取注疏，史兼裴、张、小司马、颜籀、章怀之注”[①]。他讲求“信史”，在史料考辨、史料取舍方面颇为严谨，充分体现了乾嘉史学“实事求是”的考订原则，为乾嘉考据史学思想的发展和完善树立了典范。

黄生和江永是皖派的奠基者，戴震则为其集大成者。戴震，清朝时期著名的语言文字学家、哲学家、思想家。他二十岁师从江永，学问大进，三十三岁之前即有著作十多种，批判程朱理学，求真务实，音韵、文字、历算、地理等无不精通，对晚清以来的学术思潮影响深远。在道德涵养方面，戴震似乎更偏向于一种理想主义的追求，他将“善”与“智”作为其道德体系的首要所在，在一定程度上体现了其对当时理学“存天理，灭人欲”思想的反抗与抨击。戴震一生精于治学，兴趣广泛，虽然科举之路不甚顺遂，但学术成就非凡。他强调学者独立思考、追本溯源的学习能力，要求人们在学习中善于发现问题，提出质疑。认为读书首先要识字，识字方能通辞，通辞才有能力去理解和掌握其中的“道”，循序渐进，讲求实学。

① （清）王昶：《惠先生墓铭》，载（清）钱仪吉：《清代传记丛刊·碑传集》第113册，明文书局1985年版，第556页。

此外，盛极一时的浙东学派亦是乾嘉学派的一个重要代表，它是以今绍兴、宁波、台州一带为中心而形成的学者群，由黄宗羲初创，全祖望、章学诚等人承袭发展。他们继承并发展了浙东学术史上的优良传统，不守门户之见，博纳兼容，将史料研究和通经致用结合起来，主张治学先穷经而求证于史，贯通文史，为社会服务，在史学理论、明代史、学术史、地方志编纂与研究等方面多有建树，乃是“宋学”及明清学术中的显学之一，对中国近现代的学术研究及海外学术研究影响很大。

章学诚，清代杰出史学家和思想家，中国古典史学的集大成者、方志学奠基人，素有“浙东史学殿军”之誉。他一生无缘仕途，四十一岁时方中进士，一生颠沛流离，穷困潦倒，却能够“撰著于车尘马足之间”，创立了一套完整的修志义例。章学诚总结、发展了中国古代史学理论，其《文史通义》与唐代刘知几的《史通》齐名，并称中国古代史学理论的“双璧”，对后世产生了深远影响。在治学理念上，他表现出了勤学好问的探索精神，“只有大疑，才有大学问”，求学之士只有不断地对所学知识提出质疑，才有可能在现有知识的基础上不断进步。在史学研究方面，章学诚这位史学巨擘一生提倡“六经皆史”之论，注重经史研究，治经治史，皆有特色，他从“六经”中吸取了大量的有益成分，尤其是从《易》学中所获颇多。他勤奋刻苦，历尽磨砺，最终形成了其独特的史学理论，以及与《易》学见解密切相关的学术体系，对后世学者影响颇深。

嘉庆之后，清王朝盛世不再，开始面临内忧外患的处境，统治者对于思想学术等方面的高压统治不得不逐步放缓。此时，学者们顺应潮流，开始改变只治经典而不问世事的为学态度，曾经盛极一时的乾嘉学派被迫分化，逐渐淡出了历史舞台。曾占据了主流思想地位的朴学也在经过了其全盛时期之后，踏入了衰亡没落的必经之途，但它将最后的光辉大都交付给了以龚自珍等人为代表的常州学派。

四

常州学派，亦称“公羊学派”，乃是清代的一个今文经学派，因创始人庄存与、刘逢禄均为常州人而得名。它始于乾嘉，盛于道光，最初根据今文《公羊》经说，发挥了维护封建统治的作用，后被龚自珍、魏源等人引用、创新和发展，应用于政治，抨击封建专制制度的腐朽，“托古改制”，成为鸦片战争时期变法改革的理论源头。常州学派的学者以龚自珍、魏源、康有为等为代表，他们推崇西汉今文经，将研究的主要精力放在《春秋公羊传》上，以公羊学的微言大义阐释五经经义，开辟了公羊学从经学向政治话语转进的新路径，推动了晚清社会的思想改革。

龚自珍，清代著名的思想家、诗人、文学家。他一生著述弘富，在经学、文学、哲学、史地等方面皆有突出的建树，尤以诗文最为时人推崇，作品多咏怀和讽喻之作，敢于揭露清朝统治者的腐朽，是其核心学养的集中展现。在道德理念上，龚自珍赞同明末清初思想家的"人性有私"，并在此基础上提出了"人性怀私，知耻尊心"的道德主张，他认为"怀私"是人之常情，也无所谓善恶，应当得到理解和尊重。同时，在道德主体问题的论辩上，他也指出，"天人合一，我造伦纪"，强调对天命的否定和对自我主体的发扬，认为人心道德堕落的根源是对天命、君权的迷信与畏惧。龚自珍深受其家学传承的影响，强调脚踏实地、实事求是的求实精神，在求学、为学的过程中重视"心力"的作用，注重发挥主观能动性，积极地获取知识，提升自我。

清朝发展到晚期，早已消弭了康乾盛世的繁华与骄傲，在各种学术流派中占有重要地位的朴学，也受到了反汉学运动的极大冲击。第一次鸦片战争成为晚清政权的分水岭，自此以后，清王朝的统治力量开始衰落，西方列强陆续进犯，泱泱中华被迫屈服于外界武力之下，默默承受了这段历史上最屈辱的时期。这一时期，西方资本主义的入侵步步深入，封建统治者赖以维持的农村自然经济开始解体，中国的资本主义发展面临了国内与国外的双重压力，各个阶级都开始反抗与探索，封建主义的束缚逐渐瓦解，学术思潮的发展也更加趋向于自由化。是以，在清代朴学的末期，也出现了诸如俞樾、孙诒让、章炳麟等大师级的殿军人物，俞樾的《群经平议》《诸子平议》，孙诒让的《古籀拾遗》以及章炳麟的《国故论衡》《文始》等传世著作，均展现了深厚的考据学功底，积淀深厚，考订详细，为后世学者树立了学习榜样。

黄宗羲

——力行民主的“浙学”之宗

黄宗羲(1610—1695),字太冲,号南雷,又号梨洲,亦称梨洲先生。祖籍浙江绍兴府余姚县(今浙江余姚)。明末清初时期著名的经学家、史学家、思想家、地理学家、天文历算学家和教育家。他出生于书香世家,乃是“东林七君子”黄尊素的长子,与弟弟黄宗炎、黄宗会号称“浙东三黄”,同时又与顾炎武、王夫之并称“明末清初三大思想家”,素有“中国思想启蒙之父”的美誉,其思想、学术的影响范围之广可见一斑。黄宗羲的祖父黄日中重视经学、饱读诗书,是当地享有盛名的教书先生,父亲黄尊素是东林学派重要的代表人物,精通经史之学,倡导济世救民。在这样一种家学思想的影响之下,黄宗羲自幼勤奋好学,聪颖非常,在学术上不局限于科举考试的“四书”“五经”,且偏重于史家典籍,提倡广征博览,经世致用的求实之学,“以开物成务为学,视天下之安危为安危”①。

天启六年(1626)黄尊素冤死于酷刑之下,对黄宗羲造成巨大打击,他肩负起养育两个弟弟的责任,时常“读书至夜分,伏枕呜呜哭”。十九岁,黄宗羲“袖长锥、草疏、入京颂冤”;二十岁时,他遵照父亲遗命,正式拜刘宗周为师。抗清斗争时,他过着颠沛流离的生活,多次被清朝政府逮捕。抗清失败后,感到复兴无望,便转而投身讲学事业,隐居著述。康熙三十四年(1695)七月初三,黄宗羲病危去世,享年八十五岁。他一生学识渊博,著述约有五十余种,三百多卷,其中《明儒学案》《宋元学案》《明夷待访录》《孟子师说》等最具代表性,是一代大师核心学养的重要体现,也是我们学习研究的重点。

一、道德修养:教而不以善,犹为不教也

黄宗羲的道德观建立在其人性观基础之上,他说:“爱其子而不教,犹为不爱也;教而不以善,犹为不教也。”意即疼爱自己的孩子,而不加以教育,这并非真正的疼爱;而如果教育孩子又不引导他向善,便与不教育没有什么区别。生而为人,本身就会追求最基本的欲望,“人各自私,人各自利”,这是一种建立在理想道德之上的社会现实,应该得到尊重和保护。但是,这种所谓的“私”和“利”也必然需要控制在一定的道德范围之内,这就需要人们自行修习和自我掌

① (清)黄宗羲著,吴光主编:《黄宗羲全集·明儒学案》第17册,浙江古籍出版社2012年版,第1625页。

控了。黄宗羲理想的道德人格便是“豪杰之士”，他提出“学莫先于立志，立志则为豪杰”，希望世人能够以“经世致用”“天下为利”作为目标，在求学为学的过程中培养出实事求是、建功立业的道德品性。

（一）人各自私，人各自利

黄宗羲在其著作《明夷待访录·原君》卷首中指出：

> 有生之初，人各自私也，人各自利也。天下有公利而莫或兴之，有公害而莫或除之。有人者出，不以一己之利为利，而使天下受其利；不以一己之害为害，而使天下释其害。此其人之勤劳必千万于天下之人。夫以千万倍之勤劳而己又不享其利，必非天下之人情所欲居也。①

意即在人类社会的初始阶段，每一个人都是自私且自利的，对天下公众有利的事情却无人兴办，对天下公众有害的事也无人消除。此时，有这样一个人出来，他不以个人利益为利益，而是让天下的人都获得利益；不以个人的祸患为祸患，而是让天下的人都免受祸患。那么，此人的勤苦辛劳，必定是天下之人的千万倍。他承受千万倍的勤苦辛劳，却又不享受由其所带来的利益，这必然不是天下常人之情所愿意的。

黄宗羲认为，人生之初的自私自利是正常的，只有付出而不求利益的情况是违背人之常情的。当然，我们不能以当下的道德标准去看待他讲的“私”和“利”。黄宗羲所谓的“自私自利”，是一种在道德标准尺度之下的利益获取，他的用意是在保障个人合理欲求的同时，将个人私利与社会公利联系起来，以“天下之利”作为最高道德标准，来培养个人道德品行。正如朱义禄所言，“在黄宗羲看来，利己是人的天性，人的一切行为方针与价值取向，都应当以利己为前提。”②“人各自私，人各自利”是黄宗羲道德观的基础和前提，而其更深层次的解读，则是个人功利与仁义道德之间的互补。个人对功利的追求需要限制在仁义道德的合理范围之内，而社会道德对个人的合理欲求也应当予以满足，唯有如此，才能真正保证国家社会的长治久安。

黄宗羲“人各自私，人各自利”的道德理念，是在一定的社会大背景之下产生的，将道德标准建立在个人生活利益的基础上。这一理念需要我们正确解读和鉴别，取其精华，去其糟粕，发掘其中的积极意蕴。事实上，肯定个人的合理私欲，体现出其道德理念的先进性，在新时代仍然有借鉴意义。当今社会，有人过度追求物质享受，为满足一己私欲不择手段，有的人欲望远远超越了合理欲

① （清）黄宗羲著，吴光主编：《黄宗羲全集·明夷待访录》第1册，浙江古籍出版社2012年版，第2页。
② 朱义禄：《黄宗羲与中国文化》，贵阳人民出版社2001年版，第50页。

求，甚至破坏整个社会的道德准则。我们肯定个人的合理利益，更坚决反对不符合道德标准的欲望追寻。只有将“私利”放之于“仁义”的束缚之下，获得的利益才是合理的。

（二）学莫先于立志，立志则为豪杰

培养“豪杰之士”是黄宗羲道德观的另一个方面，他说：“学莫先于立志，立志则为豪杰，不立志则为凡民。”[①]学生在学习之前要先确立自己的志向，确立了志向之后才会有目标，有目标才能成为豪杰，而那些没有确立志向的，最终只会沦为很普通的人。在黄宗羲看来，“豪杰之士”是人们道德修习的最终目标。他十分推崇屈原、司马迁、司马相如、董仲舒、扬雄等人，在《明夷待访录·取士篇》中称赞他们为“古豪杰之士”，给予了很高评价。

在黄宗羲的道德观中，“成为豪杰之士”是他始终秉承的思想理念，这种理念要求博学多才，经世致用，既具备建功立业的雄心壮志，又讲求实事求是的行为作风。这在一定程度上受到了陈亮“英雄”观的影响，并且在此基础上进行了自我创新。黄宗羲提出，真正的“豪杰之士”，无论是为人处世，还是安身立命，都是出于自己的“真性情”，毫不矫揉造作。这在他自己身上便有着很好的体现。黄宗羲十七岁时，父亲在奸人的迫害下惨死狱中，当时，黄宗羲一直在狱外守候，真实地见证了官场政治的黑暗和腐败，他痛不欲生，走投无路，最后只得愤然回乡，一心筹谋报仇策略。两年后，崇祯皇帝登基，下旨清除阉党余孽，为被害的东林党人平反。黄宗羲闻讯后，“袖长锥、草疏、入京颂冤”。他在朝堂之上出袖中锥刺许显纯，当众痛击崔应元，拔其须归祭父灵，发泄了自己埋藏两年的怨恨。这样直接痛快的报仇方式惊呆了旁观的众人，真实、生动地体现了黄宗羲“豪杰之士”的内在品性。他的这些言行发之于肺腑，是自我情感的真实流露，狂放耿直，快意恩仇。黄宗羲还提出，“从来豪杰之精神，不能无所寓，老、庄之道德，申、韩之刑名，左、迁之史，郑、服之经，韩、欧之文，李、杜之诗，下至师旷之音声，郭守敬之律历，王实甫、关汉卿之院本，皆其一生之精神所寓也。”[②]“豪杰精神”是一种需要寄托的道德情怀，而寄托的媒介就是诸位往圣先贤的杰出创造。从他们留存下来的种种作品之中，可以鲜明地感受到他们的精神理念及道德追求。

黄宗羲在道德上景仰“豪杰之士”，认为应当以先贤、豪杰为榜样，不断学习进步，提升自我道德修养，同时秉承实事求是、经世致用的学习理念，努力培养出“豪杰之士”的完美人格。

---

① （清）黄宗羲著，吴光主编：《黄宗羲全集·孟子师说》第1册，浙江古籍出版社2012年版，第141页。
② （清）黄宗羲著，吴光主编：《黄宗羲全集·南雷诗文集》第19册，浙江古籍出版社2012年版，第53页。

二、 学习理念：学问之道，自得为真

在治学观方面，黄宗羲的思想颇为明确，大致可以总括为“学问之道，自得为真”八个字，主要可以分为两个方面：一是“道无定体，学贵适用”；二是“深湛之思，博约相合”。“道无定体，学贵适用”，这是强调学习的实用性，在黄宗羲看来，学习的目的是为了应用，人们既要重视知识的获取，也要重视将学到的知识用于实践，与客观实际相结合，重在“适用”。“深湛之思，博约相合”，是说在学习时应当注重思考，思之愈深则得之愈广。与此同时，还要注意博学与约取的结合，由“博”致“约”，博是约的基础，约是博的提升，“博约相合”才是在学习中不断进步、创新。

（一）道无定体，学贵适用

明末清初时期，中国社会发展迎来了一个较大转折，但学术界却迟迟未有改变，仍旧是以心学理学为主流，“读书穷理”，执着于理论空谈。在这种思想指导下所教育出来的学生，只会空谈心性，早已严重脱离了社会现实。黄宗羲对此十分愤慨：“奈何今之人执一以为道，使学道与事功判为两途。事功而不出于道，则机智用事而流于伪，道不能达之事功，论其学则有，于适用则无，讲一身之行为则似是，救国家之危难则非也：岂真儒哉！”[①]他认为，当时世人崇尚的教育教学理念，已经严重背离了社会实际，将学道与事功划分为截然不同的两个途径，白白地讲究“一身之行为”，却对挽救国家的危难没有任何帮助。为了改变这一积弊已久的学术风气，他提出了“道无定体，学贵适用”的治学主张。

黄宗羲认为，“道无定体，学贵适用”[②]“学问之道，以各人自用得著者为真”[③]，学习贵在适用，知识贵在实用，学问之道，唯有获得自己的真知灼见方可称之为真。教育的目的是为了选拔具有真才实学的有志之士，培养经世致用的治国之才，而不是培养只懂得纸上谈兵、一无是处的迂腐之人。黄宗羲“学贵适用”思想的提出，为明末文坛注入了一股新的活力，在一定程度上矫正了当时社会上流行的虚浮学风。他注重实际，强调学习与社会现实的结合，追求一种学道与事功相互融合的积极状态，对推动社会发展、强国富民起到了较好的促进作用，被后世之人盛赞为“治世强国”之根本。

“道无定体，学贵适用”的治学思想，是黄宗羲治学观的重要组成部分，对当时学校教育的改革与发展起到了积极推动作用，对当今教育事业的改革与创新也具有重要的借鉴意义。当前，教育体制不断发展完善，国家和社会对人才的

---

① （清）黄宗羲著，吴光主编：《黄宗羲全集·南雷诗文集》第19册，浙江古籍出版社2012年版，第271页。

② （清）黄宗羲著，吴光主编：《黄宗羲全集·南雷诗文集》第19册，浙江古籍出版社2012年版，第271页。

③ （清）黄宗羲著，吴光主编：《黄宗羲全集·明儒学案》第13册，浙江古籍出版社2012年版，第6页。

培养也提出了更高要求，大学生失去了曾经“天之骄子”的光环，毕业人数不断增长，失业人口也在急剧增加。此时，“学贵适用”的观点自然而然地成了为学、治学的重要原则，也引起了国家的高度重视。党的二十大报告指出，我们要“统筹职业教育、高等教育、继续教育协同创新，推进职普融通、产教融合、科教融汇，优化职业教育类型定位。加强基础学科、新兴学科、交叉学科建设，加快建设中国特色、世界一流的大学和优势学科”。[①] 为大学生的发展就业提供更多的机遇，做到“物尽其用，人尽其才”。

（二）深湛之思，博约相合

在学习方法上，黄宗羲提倡“深湛之思，博约相合”，就是说，在学习过程中注重思考，对所接受的知识进行分析整合，才能真正地获得学识、提升自我。其次，要博学多闻，拓展知识，开阔视野，在获得一定知识的基础上，注意概括与总结，“由博返约”，不断探索，逐渐建立自己独有的知识体系，从而追求发展与创新的更高层次。

黄宗羲说，“无深湛之思，学之不成”[②]，人们需要深入思考，对于所获取的知识，做到知其然，再做到知其所以然。他要求人们求学、为学不拘泥于固定的书本知识，要努力掌握知识体系的内在脉络，看清事物的本质。在学习方法上，他认为，思考不是一个简单的过程，唯有“求之愈艰”，方能“得之愈真”。此外，黄宗羲还强调“学问博求，乃能有见”，认为博学是获取真知灼见的基础，“读书不多，无以证明斯理之变化”[③]，没有广博的学识，便不能看透事物的本质，自然也不会取得多大成就。因此，他嗜好藏书，喜抄书、借书，孜孜不倦地追求学问的精进。在读遍家中所有藏书之后，他内心犹觉不足，便想尽办法，借抄于范钦“天一阁”、曹溶“倦圃”、徐乾学“传是楼”、钱谦益“绛云楼”、祁氏“澹生堂”以及钮氏“世学楼”等天下闻名的藏书之楼，如饥似渴地学习前人所留存下来的经典之作。据传，他每次远行，便会带一书童携书共返，访求足迹几乎遍及大江以南所有著名的藏书之家，他的好学、博学由此可见一斑。黄宗羲还提出“多而不求于心，则为俗学”[④]，如果只注重博学而忽视“约取”，那么，仍旧逃脱不了“俗学”的宿命。所以，我们在博览百家的基础上，也需要精思熟虑，对学到的知识不断进行归纳与总结，使之最终转变为我们自身知识体系中的一部分，融汇诸家见解，提出创新之说。

“深湛之思，博约相合”，乐于思考，博学而约取，向来是儒家学派在学习方

① 《习近平著作选读（第一卷）》，人民出版社 2023 年版，第 28 页。

② （清）黄宗羲著，陈乃乾编：《黄梨洲文集 · 明文案序下》，中华书局 2009 年版，第 389 页。

③ 毛礼锐，沈灌群：《中国教育通史》第 3 卷，山东教育出版社 1995 年版，第 551 页。

④ （清）黄宗羲撰，郑万耕点校：《易学象数论 · 黄宗羲传》，中华书局 2010 年版，第 324 页。

法上提倡的重点，它是历代先贤学习智慧的结晶，也是后世学子宝贵的精神财富。

三、思想成就：天下之治乱，在于民之忧乐

黄宗羲是明末清初时期最重要的思想家之一，生逢乱世的他力倡民主，格外重视百姓在国家治理中的作用，他提出，“天下之治乱，不在一姓之兴亡，而在万民之忧乐”①，认为天下的安定与动荡，在于百姓的忧愁与喜乐，百姓忧则天下乱，百姓乐则天下治。他的思想核心主要表现为“公其非是于学校”与“天下为主、君为客”。“公其非是于学校”，即是将地方政治放之于学校，由在校求学的士子论证其公道是非，实际上是试图通过学校的舆论作用限制君主的权力，以期达到相对民主的政治目标。“天下为主、君为客”，即认为君主不过是社稷江山短时期内的主宰，不应当以“主”自居，而是要尊重万民，平等相待，争取通过合理的政治设计达到“兴天下之利，除天下之害”的理想目标。

（一）公其非是于学校

基于资本主义萌芽的时代背景和改朝换代的动荡社会，追求民主便成为黄宗羲思想的核心价值所在。他将学校看作一种监察机构，提出了改革学校的初步民主思想。他要求统治者“公其非是于学校”，认为学校的职能不应仅是教育学生，培养人才，也应该担负政权监察的使命，参与政事活动，评判君主是非。黄宗羲指出：

> 学校，所以养士也。然古之圣王，其意不仅此也，必使治天下之具皆出于学校，而后设学校之意始备。非谓班朝，布令，养老，恤孤，讯馘，大师旅则会将士，大狱讼则期吏民，大祭祀则享始祖，行之自辟雍也。盖使朝廷之上，闾阎之细，渐摩濡染，莫不有诗书宽大之气。天子之所是未必是，天子之所非未必非，天子亦遂不敢自为非是，而公其非是于学校。是故养士为学校之一事，而学校不仅为养士而设也。②

黄宗羲认为，学校是为国家培养人才的地方，“养士”是它的传统职能，但不是唯一职能。从古之圣王开始，就有意使学校具备“治天下”的职能，担负参与时政、针砭时弊的政治重任。这样的朝堂，必将四处充溢着“诗书宽大之气”。天子以为对的不一定对，天子以为错的也不一定错，而要公布于学校，让天下人评判。这样，天子就不敢自以为是、为所欲为了。黄宗羲的这种思想，惊世骇俗，可以说是对当时封建专制政权的极大挑战，表达了他要求国家决策民主化

---

① （清）黄宗羲著，吴光主编：《黄宗羲全集·明夷待访录》第1册，浙江古籍出版社2012年版，第4页。

② 同上书，第9页。

的强烈愿望。

更令人钦佩的是，黄宗羲主张的“公其非是于学校”，并非仅仅是局限于口头或者书面上的倡导，也有具体的举措设计。例如“祭酒南面讲学，天子亦就弟子之列”①，“若郡县官少年无实学，妄自压老儒而上之者，则士子哗而退之”②。他将民主思想融汇于学校教育之中，讲求天子与士子之间的一种相对平衡，试图将学校建设成为独立政治之外的决策机关，以制衡君主的权力。正如当代学者孙宝山所说，“黄宗羲并非是主张政教合一、以校代政，也不是要学校变成政教不分的辟雍那样，承揽政府机构诸如班朝、布政、诉设、恤孤、祭祀等职能，而是希望将它逐步建设成为政治机关和行政机关之外的，能够决定国家方针策略的独立部门。”③

（二）天下为主、君为客

黄宗羲具有非常强烈的反君主专制意识，他批判“君为臣纲”的封建礼教，痛斥为人君主的自私自利：

> 今也以君为主，天下为客，凡天下之无地而得安宁者，为君也。是以其未得之也，荼毒天下之肝脑，离散天下之子女，以博我一人之产业，曾不惨然！……然则为天下之大害者，君而已矣。④

他指出封建专制制度中的君主，乃是“天下之大害”，言辞犀利，字字珠玑。

黄宗羲认为，自秦汉以来的封建专制制度，为君主将天下作为一己之私财提供了政治上的保障。他们不断地“敲剥天下之骨髓，离散天下之子女，以奉我一人淫乐”⑤，丝毫不顾百姓的生死，这是一种残暴自私的统治观念，只会给天下带来祸患。他提出，“盖天下之治乱，不在一姓之兴亡，而在万民之忧乐”⑥，世间万民，才是天下治乱的根本所在，应当遵循“天下为主、君为客”的基本法则，提倡民本思想。这里的民本，不同于传统意义上的民本思想，是一种全新的政治理念。它不强调对君主政权的制衡，而是追求人民的权利。人民才是天下真正的主人，统治者不过是代为治理，需要对人民负责。因此，他说：“故我之出而仕也，为天下，非为君也，为万民，非为一姓也。”⑦正体现了这种民本思想。

---

① （清）黄宗羲著，吴光主编：《黄宗羲全集·明夷待访录》第1册，浙江古籍出版社2012年版，第10页。
② 同上书，第11页。
③ 孙宝山：《以制度制约权力——黄宗羲政治思想解析》，载《晋阳学报》2007年版，第72页。
④ （清）黄宗羲著，吴光主编：《黄宗羲全集·明夷待访录》第1册，浙江古籍出版社2012年版，第2页。
⑤ （清）黄宗羲著，陈乃乾编：《黄梨洲文集·序言》，中华书局2009年版，第3页。
⑥ （清）黄宗羲著，吴光主编：《黄宗羲全集·明夷待访录》第1册，浙江古籍出版社2012年版，第4页。
⑦ 同上书，第3页。

黄宗羲又认为，在治理国家这件事上，君与臣的关系是平等的，只是分工不同罢了："夫治天下犹曳大木然，前者唱邪，后者唱许。君与臣，共曳木之人也。"[①]所谓的"君"，也不过是出于"治天下"的目的，加诸"民"之上的特殊称号罢了，"君之去卿，犹卿、大夫、士之递相去。非独至于天子遂截然无等级也"[②]，他认为，君与卿、大夫、士是一样的，并不具备超越他们之外的特殊职能和权力。

黄宗羲将社会上的种种罪恶，归咎于封建君主专制制度，从而提出了"天下为主、君为客"的民主思想，相较于前人而言，这无疑是一种巨大的进步。他对于民主的尊重与倡导，代表了明末清初时期文人士子的思想觉醒，有力地推动了当时社会的发展，奠定了其作为明清之际伟大的启蒙思想家的历史地位。不可否认，黄宗羲在道德观、法治观等方面所提出的进步思想，即便是在当代中国，仍旧具有重要的现实意义。

黄宗羲抨击脱离实际的空疏学风，痛斥晚明理学"天崩地解，落然无与吾事"[③]的心态。他说："读书不多，无以正理之变化，多而不求于心，则为俗学。"[④]故，梁启超认为："大抵清代经学之祖推炎武，其史学之祖当推宗羲。所著《明儒学案》，中国之有'学术史'，自此始也。"[⑤]钱穆更是直抒胸臆，一语道出了梨洲经史之学的精髓，"其实梨洲平日讲学精神，早已创辟新局面，非复明人讲心性理气、讲诚意慎独之旧规。苟略其场面，求其底里，则梨洲固不失为新时代学风一先驱也"[⑥]。我认为，黄宗羲的核心学养亦诚如是。

① (清)黄宗羲著，吴光主编：《黄宗羲全集·明夷待访录》第1册，浙江古籍出版社2012年版，第4页。

② 同上书，第7页。

③ (清)黄宗羲著，陈乃乾编：《黄梨洲文集·留别海昌同学》，中华书局2009年版，第477页。

④ (清)黄宗羲撰，邓万耕点校：《易学象数论·黄宗羲传》，中华书局2010年版，第318页。

⑤ 梁启超撰：《清代学术概论》，上海古籍出版社2011年版，第17页。

⑥ 钱穆：《钱穆先生全集·中国近代三百年学术史(二)》，九州出版社2011年版，第29—30页。

顾炎武

——“明道救世”的君子人格

顾炎武(1613—1682),本名绛,后改名炎武,字忠清、宁人,学者多尊其为亭林先生。南直隶苏州府昆山(今江苏昆山)人。明末清初杰出的思想家、经学家和音韵学家。他出生于江东望族,原为顾同应之子,后过继给去世的堂伯顾同吉为嗣,寡母王氏乃王述之女,十六岁未婚守节,“昼则纺织,夜观书至二更乃息”①,独自抚养顾炎武成人,教以岳飞、文天祥、方孝孺忠义之节,使其受到了良好的家学影响。

十四岁时,顾炎武取得诸生资格,与同里挚友归庄共游复社,时人有“归奇顾怪”之说。成年之后,志在科举,但屡试不中,以为“八股之害,等于焚书;而败坏人材,有甚于咸阳之郊,所坑者,但四百六十余人也”②。于是,他自二十七岁起,断然弃绝科举,辗转各地求学。他遍览历代史乘、郡县志书,于国家典制、天文仪象、经史百家、音韵训诂均有研究,学问渊博,成为清初继往开来的一代宗师,被誉为清学的“开山始祖”。晚年治经重考证,开朴学之先河。顾炎武治学以经世致用为根本,其核心学养多集中于道德修养与学习理念方面,正如当代学者郭英德所言:“作为‘人师’的顾炎武,在道德理想和文化实践两方面,都为后代读书人树立了不朽的人格典型。”③

一、道德修养:生无一锥土,常有四海心

顾炎武出身书香门第,幼承家学,非常注重个人的道德修养,他秉承“生无一锥土,常有四海心”的宽广胸怀,认为人生在世,应当具备容纳天下和四海的心胸。他的道德修养主要表现在三个方面:一是“博学于文,行己有耻”,就是说为学做人,要博览群书,培养“知耻”的心性;二是“耿介刚方,中立守道”,在顾炎武看来,生而为人就应当有自己的原则与操守,无论他人如何看待,我自耿直守道;三是“天下兴亡,匹夫有责”,它代表了一代宗师的爱国情怀。顾炎武认为,天下兴衰灭亡并不只系于所谓的统治阶级抑或贵族阶层,每一位平民百姓都有义不容辞的责任。这是一种积极的人生态度,是中华民族优秀道德传统的

① (清)顾炎武撰,刘永翔校点:《亭林诗文集·先妣王硕人行状》,上海古籍出版社2012年版,第229页。

② (清)顾炎武著,黄汝成集释:《日知录集释》,上海古籍出版社2006年版,第946页。

③ 郭英德:《顾炎武在清代初年》,《人民政协报》2012年8月20日。

重要组成部分。

(一) 博学于文,行已有耻

顾炎武的道德观建立在其博学基础之上,他说:“愚所谓圣人之道者如之何?曰‘博学于文’,曰‘行己有耻’。”[①]他把“博学于文,行己有耻”作为理想的人格追求与道德境界,认为人们应当博学多才,建立广泛的知识背景,同时识大义,知廉耻,树立高尚的道德情操。

具体而言,所谓“博学于文”,即“自一身以至于天下国家,皆学之事也”[②],“自身而至于家、国、天下,制之为度数,发之为音容,莫非文也”[③]。在顾炎武看来,但凡与修已安身、家国天下相关的事情,都是需要学习的事情;但凡能够从自身而推延至国家的,包括行为规范、礼乐制度等,都可以归属于“文”的概念。他推崇博览群书,学贯今古式的学习方法,强调为学修德首先要追求知识上的积累,通过学习先人留存下来的典籍,达到古人的道德标准,然后再通过自我的修习与进取,得到道德上的一种提升,“先之以‘稽我古人之德’,而后进之以‘稽谋自天’”[④]。而所谓“行已有耻”,本出自孔子《论语·子路》篇,意为人对自身行为应当具备羞耻之心,要树立正确的道德修养观念。顾炎武继承和发展了孔子的这一思想,认为“耻”乃是立人之本,它在人们日常生活中无处不在,“自子臣弟友以至出入往来、辞受、取与之间,皆有耻之事也”[⑤]。他指出:“礼义,治人之大法;廉耻,立人之大节。盖不廉则无所不取,不耻则无所不为。”[⑥]礼和义是帝王统治万民的基本法则,廉与耻则是君子立足社会的根本气节,人若不廉洁,必然无所不取,如若不知耻,则必然无所不为,最终都将偏离君子的秉性,失去君子的气节。

“博学于文,行已有耻”的道德观,是对顾炎武自我道德修养的一个总结和归纳。他非常注重博学对人生秉性的影响,认为知礼义廉耻应当建立在学习的基础上,将“知耻”推向了一个全新的道德高度,而他的阐释与践行,也对后世产生了深远的影响。在日常的学习和工作中,我们应切实践行,塑造“博学于文,行已有耻”的君子人格,传播社会正能量。

(二) 耿介刚方,中立守道

“耿介刚方,中立守道”,这是顾炎武一生坚守的道德秉性,也是其思想的核

① (清)顾炎武撰,刘永翔校点:《亭林诗文集·与友人论学书》,上海古籍出版社2012年版,第93页。

② 同上。

③ (清)顾炎武著,黄汝成集释:《日知录集释》,上海古籍出版社2006年版,第403页。

④ 同上书,第96页。

⑤ (清)顾炎武撰,刘永翔校点:《亭林诗文集·与友人论学书》,上海古籍出版社2012年版,第93页。

⑥ (清)顾炎武著,黄汝成集释:《日知录集释》,上海古籍出版社2006年版,第772页。

心价值之一。他认为，立足于世间，要做到“终怀耿介心，不践脂韦径”[1]，“禀性特刚方，临难讵可改”[2]，“不同乎流俗”“不合乎污世”，要有底线，有原则，“中立守道”，敢于直言。

顾炎武指出：“读屈子《离骚》之篇，乃知尧舜所以行出乎人者，以其耿介。同乎流俗，合乎污世，则不可与入尧舜之道矣。”[3]只有读了屈原的《离骚》，才知道尧舜之所以能够超乎常人、出类拔萃，是因为他们的“耿介”，如果与世俗同流合污，那么永远也不能明白尧舜之道。在他看来，“耿介刚方”是为人要坚持的基本原则，“中立守道”则是这一原则的外在表现。顾炎武早年与挚友归庄兴趣相投，共入复社，因两人个性特立耿介，时人有“归奇顾怪”之说，他也自述，“自余所及见里中二三十年来号为文人者，无不以浮名苟得为务，而余与同邑归生，独喜为古文辞，砥行立节，落落不苟于世，人以为狂。”[4]可以说，这是对“归奇顾怪”最权威的解释。所谓“中立守道”“世人皆醉我独醒”大约也就是如此吧？顾炎武是清初继往开来的一代宗师，清学“开山始祖”，同时他也是明朝遗民，力主抗清。康熙十八年，同乡大学士叶方蔼欲荐其参修《明史》，顾炎武听闻，立即修书一封，说：“七十老翁何所求？正欠一死。若必相逼，则以身殉之矣。”[5]义正词严地拒绝了叶方蔼的举荐，体现了他为人的耿直，做人的气节。

“耿介刚方，中立守道”，这是顾炎武一生秉承的为人处事原则，无论遭遇何种境况，从未改变，正如他自己所说，“某虽学问浅陋，而胸中磊磊，绝无阉然媚世之习”[6]。因此，他于国于家都坦荡磊落，问心无愧。

二、学习理念：笃信好学，切实严谨

顾炎武一生精于治学，注重实践，将学习贯穿于生命的始终，他提出“君子之学，死而后已”，非常看重学习在日常生活中的作用，在为学的核心理念和主要方法上，相较于前人而言，也有许多的发展与创新。他认为，学习是一个漫长的积累过程，它需要学习者“笃信好学，至老不倦”，具备良好的心态和矢志不渝的决心。另外，在求学过程中要做到“切实严谨，举一反三”，顾炎武所提倡的学习方法，有勤奋与苦读，还有个人的思考和实践，“学者举一隅而以三隅反”，更

---

① (清)顾炎武撰，刘永翔校点：《亭林诗文集·诗律蒙告·谒夷齐庙》，上海古籍出版社2012年版，第400页。

② (清)顾炎武撰，刘永翔校点：《亭林诗文集·诗律蒙告·赴东》，上海古籍出版社2012年版，第445页。

③ (清)顾炎武著，黄汝成集释：《日知录集释·耿介》，上海古籍出版社2006年版，第779页。

④ (清)顾炎武撰，刘永翔校点：《亭林诗文集·诗律蒙告·吴同初行状》，上海古籍出版社2012年版，第173页。

⑤ (清)顾炎武撰，刘永翔校点：《亭林诗文集·诗律蒙告·与叶讱庵书》，上海古籍出版社2012年版，第105页。

⑥ (清)顾炎武撰，刘永翔校点：《亭林诗文集·与友人书十一》，上海古籍出版社2012年版，第142页。

强调思维上的触类旁通。

(一) 笃信好学,至老不倦

从古至今,学习都不是一件轻松的事情,它需要坚强的意志和坚定的信仰,需要学习者具有良好的心态和不懈的追求,在顾炎武看来,亦是如此。他说"天下之士,有能笃信好学,至老不倦,卓然可当方正有道之举者……"[①]天下的士人,只有"笃信好学,至老不倦",才可能担当正道,学习者必须抱有坚定的信念,勤奋刻苦,方能学有所成。

这是他的为学理念,是他实践经验的高度凝练。据《亭林先生神道表》中记载:

> 凡先生之游,以二马二骡载书自随。所至厄塞,即呼老兵退卒询其曲折;或与平日所闻不合,则即坊肆中发书而对勘之。或径行平原大野,无足留意,则于鞍上默诵诸经注疏;偶有遗忘,则即坊肆中发书而熟复之。[②]

这里讲顾炎武每逢外出游学,都必然要有两匹马三头骡子载书随行。到了险要的边塞之地,就一定要向退役的老兵详细询问当地的故事;听到有与平时听闻不同的地方,就会去附近街市的书店寻找书籍进行核对;有时行走于平原旷野,觉得没什么可值得留意的,就在马背上默默诵读对诸子百家的注解疏证;偶然有忘记的,就去附近街市的书店中寻找原文反复熟读。我们可以看出,他对学习的重视以及对知识的追求已经融入骨髓,真可谓"手不释卷""夙夜用功"。他认为,要特别重视人的意志和勤奋在学习中的重要作用,不怕苦、不怕累,不烦躁、不厌烦,对所学知识有强烈的渴望、执着的追求,锲而不舍,金石可镂,这样才能学有所得、学有所成、学有所为。

学习本应是人们生存和进步所必需的基本能力。然而,当前许多人走向社会后就放弃甚至厌烦了学习,这是值得关注的社会问题。我们要学习顾炎武的"为学精神",培养积极向上的心态和对学习的兴趣,把学习看作进步的阶梯,感受和体验学习带来的愉悦感、成就感,创造全社会崇尚学习的良好氛围。

(二) 切实严谨,举一反三

顾炎武治学,提倡"切实严谨,举一反三"。即要求人们在学习的过程中脚踏实地,小心谨慎,对所学知识小心求证,追本溯源,同时勤于思考,触类旁通,逐步建立自己的知识体系,以期在前人的基础上有所创新。

首先,来看一下"切实严谨"。顾炎武精于治学,勤奋刻苦,"自少至老,未尝一日废书",在为学过程中,他讲究实践,严肃认真,小心谨慎,只要稍有疑问,必

① (清)顾炎武著,黄汝成集释:《日知录集释》,上海古籍出版社 2006 年版,第 770 页。

② (清)顾炎武撰:《顾亭林诗笺释·附录·全祖望亭林先生神道表》,中华书局 1998 年版,第 1041 页。

然反复求证,旁征博引。这种治学态度,在他的著作中有鲜明的体现,如在《音学五书·诗本音》中,对《周南·关雎》篇“求之不得,寤寐思服”中“服”字的注解:“古音蒲北反,与‘匐’同。考‘服’字,《诗》凡一十七见,《易》三见,《仪礼》三见,《礼记》二见,《尔雅》一见,《楚辞》六见,并同。诸子先秦、两汉之书皆然,后人误入‘一屋’韵,详见《唐韵正》。后凡言‘古音’者仿此。”[①]顾炎武在此处详细统计了“服”字的古音在《诗经》《仪礼》《楚辞》等古籍中出现的具体次数,这是对宋代以来为人所诟病的“叶韵”的一次彻底清理,也是其严谨治学的生动体现。

再看“举一反三”。顾炎武指出:

> 尽天下之书皆可以注《易》,而尽天下注《易》之书不能以尽《易》,此圣人所以立象以尽意,而夫子作大象,多于卦爻之辞之外,别起一义以示学者,使之触类而通,此即举隅之说也。[②]

圣人立象尽意,而夫子作《大象》,在卦爻之辞之外,又另起一义来启发后世学者,使他们能够触类旁通,“举一隅而以三隅反”,通过研究某类事物中的个体特点推究关于此类事物的共性或一般性的规律,以便进一步做出研究,获得更加深入的认知。这实际上是从个别到一般、再由一般到个别的认识过程,它注重个人思考与实践的相互联系,与当今所讲的“理论联系实际”大致相当。

顾炎武在学习上强调“切实严谨,举一反三”,在著作中则是小心论述,反复求证。他阅读先贤的典籍时,时常会有独特的见解,其注疏往往能援古证今,使人获得更加确切的理解。顾炎武的治学方式启示我们,治学要秉承严谨的治学态度,脚踏实地,不能古板地拘泥于书本知识,遇到问题,要开动脑筋,勤于思考,要举一反三,善于发现,这样才能学有所成。

三、思想精髓:以天下为己任

顾炎武思想的核心价值主要表现为“以天下为己任”和“经世致用”。“以天下为己任”,这表现了顾炎武高尚的道德境界,也是其为人处事的重要原则。经世致用,即“君子为学,明道救世”,君子之所以学习的原因,就是为了明世间大道,济世救民。

(一)天下兴亡,匹夫有责

“天下兴亡,匹夫有责”,是顾炎武道德观的一个重要方面。这句话不是顾炎武的原话,而是后人对他所言的一种概括,最早出现于梁启超的《痛定罪言》

---

① (清)顾炎武撰:《顾炎武全集·音学五书》第2卷,上海古籍出版社2011年版,第75页。

② (清)顾炎武撰,刘永翔校点:《亭林诗文集·诗律蒙告·与友人论易书》,上海古籍出版社2012年版,第95页。

之中，是对顾炎武爱国思想的转述与引用，原文出自《日知录》：

> 有亡国，有亡天下。亡国与亡天下奚辨？曰，易姓改号，谓之亡国。仁义充塞，而至于率兽食人，人将相食，谓之亡天下。……保国者，其君其臣肉食者谋之，保天下者，匹夫之贱与有责焉耳矣。[①]

这里讲了亡国与亡天下之间的区分。所谓亡国，不过是统治者的改姓易号，而亡天下则是野兽食人，甚至人吃人。国家的兴亡，是帝王将相要操心的事；天下的兴亡，则与每个人息息相关，维护天下的安定，是每一个平民百姓都义不容辞的责任。

顾炎武生逢乱世，却有着以天下为己任的社会责任感。他提出：

> 天生豪杰，必有所任，如人主于其臣，授之官而与以职。今日者拯斯人于涂炭，为万世开太平，此吾辈之任也。仁以为己任，死而后已，故一病垂危，神思不乱。使遂溘焉长逝，而于此任已不可谓无尺寸之功，今既得生，是天以为稍能任事而不遽放归者也，又敢怠于其职乎？[②]

他认为，即使是一个普通百姓，也要心怀天下安危，要将“拯斯人于涂炭，为万世开太平”当作自身应尽的义务和责任。顾炎武这种心忧天下的胸怀，与其嗣母王氏的谆谆教诲有关。顾炎武很小就在母亲的指导下读书识字，接受爱国主义教育，屈原的怒沉汨罗，文天祥的誓死不屈，都对他的道德观形成产生了潜移默化的影响。明末，清军入关，王氏绝食殉国。在弥留之际叮嘱她顾炎武“勿忘先祖遗训”“勿更出仕”，用自己的实际行动为儿子上了最后一课。国破家亡，嗣母殉国，成了顾炎武永久无法忘怀的伤痛，他继承了母亲的道德观，坚守民族气节，对黑暗腐朽的社会现实进行了无情的鞭挞。

顾炎武胸怀大志，提出了“天下兴亡，匹夫有责”的爱国主义道德观。他认为，“天下兴亡”，系之于万民，系之于百姓。统治阶层所谋求的不过是一国的兴盛，而万民所追求的则是天下的安宁。“以天下为己任”，这是一种积极的人生观，是道德教育的至高境界，它在后世的不断完善和发展中，逐步成为中华民族优秀传统道德的重要组成部分，体现着中华儿女与生俱来的责任感和至高无上的道德信仰。

（二）君子为学，明道救世

“经世致用”也是顾炎武思想的精髓所在，他指出，“君子之为学，以明道也，

---

① （清）顾炎武著，黄汝成集释：《日知录集释·正始》，上海古籍出版社2016年版，第756页。

② （清）顾炎武撰，刘永翔校点：《亭林诗文集·病起与蓟门当事书》，上海古籍出版社2012年版，第102页。

以救世也”[①]，认为君子为学的根本目的就是明道救世。

明末清初乃朝代更迭的关键时期，社会动荡不安，学术界空谈之风盛行，文人士子多轻浮躁厉，急功近利。他们读书著述不为社会、不为学识，只为科举扬名，严重背离了一个学者应有的道德素养。

凡今之所以为学者，为利而已，科举是也。其进于此，而为文辞著书一切可传之事者，为名而已，有明三百年之文人是也。[②]

针对这样一种颓败的社会现实，顾炎武明确提出了“君子为学，明道救世”的主张。认为君子治学的根本目的，应当是经世致用、明道救世，要对国家对百姓有所作为，“明学术，正人心，拨乱世以兴太平之事”[③]。在他看来，一切脱离实际的空谈都是无用的，真正的学者应该通识经术，博通古今，淡泊名利，潜心学术，不断追求学问上的进步与超越；同时，又能积极入世，为挽救国家的危难竭尽全力。

顾炎武继承了儒家“内圣外王”的思想，希望能够在提升自我品性和修养的同时，为国家和社会作一些切实的贡献。他认为，治学的目的并非为了利己，而是要超越自身的利益，关注和指导社会实践。他专心学术，潜心研究经史、音律等不同领域的知识，勤奋著述，以图救国。他的《日知录》，上篇经术、中篇治道，下篇博闻，以明道、救世为宗旨，囊括了学术、政治思想等方面，经世、警世的内涵丰富，是其明道救世思想的重要代表作品之一。潘耒在《日知录序》中赞叹道：

综贯百家，上下千载，详考其得失之故，而断之于心，笔之于书，朝章国典，民风土俗，元元本本，无不洞悉，其术足以匡时，其言足以救世，是谓通儒之学。[④]

顾炎武一生为学，致力于明道救世，追求经世致用的远大目标，“他以‘明体适用’，‘引古筹今’的远见卓识，汇集三千年中国历史上志士仁人论道经帮的优秀智慧”[⑤]。注重实用，实事求是，这在对当今社会仍然具有重要的学习和借鉴意义。随着市场经济的发展，有人把学问当成纯粹的商品，竟然将治学仅仅当成追求个人功利的手段，空谈学识，不切实际，忘记了明道救世的大义与职责。为此，新时代更加需要弘扬顾炎武“君子为学，明道救世”的精神，在治学之路上，讲求经世致用，努力做有益于社会、有益于人民的人。

---

① (清)顾炎武撰，刘永翔校点：《亭林诗文集·与友人书二十五》，上海古籍出版社2012年版，第148页。
② (清)顾炎武撰，刘永翔校点：《亭林诗文集·与潘次耕札》，上海古籍出版社2012年版，第230页。
③ (清)顾炎武撰，刘永翔校点：《亭林诗文集·与刻日知录自序》，上海古籍出版社2012年版，第76页。
④ (清)顾炎武撰：《顾炎武全集·日知录序》第18册，上海古籍出版社2011年，第2页。
⑤ 许苏民：《顾炎武评传》，南京大学出版社2006年版，第748页。

王夫之

——博文约礼的圣贤学脉

王夫之(1619—1692),字而农,号姜斋。湖广衡州府衡阳县(今湖南衡阳)人。明末清初著名的思想家、史学家。与顾炎武、黄宗羲并称为明清之际三大思想家。晚年长期居于衡阳石船山,所以又称船山先生。王夫之出身书香世家,自幼聪颖,父亲王朝聘是一位德才兼备的饱学之士,早年受业于大学者伍定相、邹泗山等人,学习天文、数理、财赋、兵法等,无一不通。

天启二年(1622),年仅四岁的王夫之随长兄王介之入塾受教,表现出了对古典文化的浓厚兴趣,七岁时即可通读文字艰深的"十三经",为时人所称道。十岁时他父亲始做监生,教与他"五经"经义。长兄的悉心教诲、严格管束,父亲的言传身教、亲授经义,给了王夫之深远的影响,"在这样的一种儒素家风的陶冶下,父、叔及长兄的多方教养。使王夫之青少年时期在治学与为人、立志高远与变化气质诸方面都已奠下良好的基础"[①]。崇祯五年(1632),王夫之考取秀才,湖广提学佥事王志坚特别欣赏他的才能,遂荐其入衡阳县学。此后,他开始致力于诗文研究,用短短的两年时间,研读了《离骚》、汉魏《乐府》等数以万计的名篇佳作。王夫之一生勤于治学,著述颇丰,于文学、哲学等方面都有自己独到的见解。清代学者刘献廷评价王夫之"其学无所不窥,于《六经》皆有发明。洞庭之南,天地元气,圣贤学脉,仅此一线"[②]。

一、道德修养:人之所以异于禽者,唯志而已矣

王夫之的德行观建立在其人性论基础之上。他说,"人之所以异于禽者,唯志而已矣"[③],将"志"看作是人区别于禽兽的根本所在,认为它是道德修养的基础。在王夫之看来,唯有有"志"之人才能更好地接受道德教育,他提出"性、教原自一贯",将人性与教化看作不可分割的统一整体,强调人的德行是可以培养的,培养的目标就是"生可载义,义以立生"的义利观和"自强不息,止于至善"的理想人格。所谓"生可载义,义以立生",就是说人们的物质欲望和道德原则是密不可分、相互统一的,在生存的过程中产生物质欲望是完全符合道义的,存在

① 萧萐父,许苏民:《王夫之评传》,南京大学出版社2002年版,第47页。

② (清)刘献廷撰:《广阳杂记》,中华书局1957年版,第57页。

③ (清)王夫之著,王伯祥点校:《思问录·外篇》,中华书局2009年版,第57页。

着道德上的合理性,而只有坚守道德仁义,才能具备生存立足、获得物质享受的条件。“自强不息,止于至善”是一种积极的自我修习的目标,只有不断进取,自强不息,才有可能最大限度地接近“至善”的理想状态。

(一)生可载义,义以立生

关于“义利”关系,从古至今都是儒家伦理思想中的核心问题,孔子曰:“君子喻于义,小人喻于利。”[①]他以“义”“利”来区分君子与小人;孟子讲“生,亦我所欲也;义,亦我所欲也,二者不可得兼,舍生而取义者也”[②],将“义”作为一种理想人格,用来评判人们对于“利”的追求。王夫之在前人论述的基础之上继承创新,提出了“立人之道曰义,生人之用曰利。出义入利,人道不立;出利入害,人用不生”[③]的义利观,认为人的立身之道是“义”,而满足人生活需要的则是“利”,避开正义而追逐利益,人就会失去立身之道;抛开利益只讲正义,就难以满足正常生活的各项需求。因此,“义”“利”二者统一于一个整体之中,相互依存、缺一不可。

在王夫之看来,人对“利”的追逐与渴望是合理的,是符合基本道德与道义的,不能被禁止。“食色者,礼之所丽也;利者,民之依也。”[④]“利”是百姓生存与发展的基本需求,也是道德修习的根本前提。个人的物质利益是满足我们生存的基本条件,适度对追求个人的正当利益,有着积极的道德意义。它可以促使人们努力学习,积极上进,为了获得更好的物质享受而奋斗。与此同时,“义”的制约也是必不可少的,他要求人们为人处世要时刻遵循“道义”,培养和提升个人的道德修养,在“义”的范围内追求“利”的物质满足。王夫之继承并发展了儒家“舍生取义”的思想,但他反对宋明儒家把道义与个人利益绝对对立起来的观点,他强调:“生以载义,生可贵;义以立生,生可舍。”[⑤]认为生命是承载道义的本体,何其宝贵,特别值得珍视。但道义是人立足的根本,个人的道德修养比生命更为珍贵,当生命与道义发生冲突而不可兼得的时候,就要为实现理想的道德人格而牺牲生命,这是君子应有的觉悟和良知。

王夫之的义利观是其德行观的重要组成部分,它肯定了个人在道德修养基础上对利益的追求,在一定程度上提升了道德教育的高度。这种“生可载义,义以立生”的道德观,是对宋明理学后期发展的一次拨乱反正,为人们的“义利”取舍提供了理论支撑,集中表现了他对个人道德修养的高度重视与实践,影响深远。

---

① 程树德撰,程俊英、蒋见元点校:《论语集释 上·里仁》,中华书局 2013 年版,第 309 页。

② 方勇译注:《孟子·告子》,中华书局 2010 年版,第 225 页。

③ (清)王夫之:《船山全书·尚书引义》第 2 册,岳麓书社 2010 年版,第 277 页。

④ 同上书,第 242 页。

⑤ 同上书,第 363 页。

（二）自强不息，止于至善

“自强不息，止于至善”，这是王夫之个人道德修养的理想目标。他说：

> 学者无一私之不去，无一理之不存，以尽民物之性，以赞天地之化，乾乾夕惕，自强不息，乃以止于至善。[①]

学习之人，只有不存私心，通晓千般道理，才能充分体察万民的本性，促进世间万物的生发、变化与发展，勤奋谨慎，从不疏忽懈怠，自强不息，方能达到“至善”的境界。

为什么要追求“至善”之境呢？王夫之认为，对“至善”之境的追求，恰恰是践行道德标准的一种外在体现，是表现人之所以为人的道德行为：

> 何以谓之德？行焉而得之谓也。何以谓之善？处焉而宜之谓也。何以谓之至善？皆得咸宜之谓也。不行胡得？不处胡宜？则君子之所谓知者，吾心喜怒哀乐之节，万物是非得失之机，诚明于心而不昧之谓尔，非君子之有异教也。人之所以为人，不能离乎君民亲友以为道，则亦不能舍夫人官物曲以尽道，其固然也。[②]

行而得之谓之德，处而宜之谓之善，二者皆宜则为“至善”。人的道德品行，需要通过实践来培养和打磨，这个过程，就是塑造完美人格、追求“至善”之境的过程。

王夫之将“至善”之境作为道德追求的最终目标，认为对理想人格、也就是“至善”之境的追寻，是一个永无止境的过程。在这个过程中，人们的目标会随着时间的变化而变化，这就需要人们不断进取，始终保持谦逊谨慎的优良作风，坚持不懈，充分发挥人的主观能动性，促使自身的道德品质不断提升，“光辉发越，一倍日新”[③]。除此之外，还需要经常静下心来仔细体悟，感受自己内心对于理想人格的定义和“至善”之境的理解，其间不能掺杂任何私心杂念，一旦出现就要立刻反省，从而使自己的言谈举止乃至内心渴求都约束于道德的整体范围之内，“从心所欲而不逾矩”，所谓“静而存养者，必动而省察。君子之法天，唯是‘自强不息’，‘终日乾乾，夕惕若’”[④]，就是这个道理。

王夫之的德行观强调个人道德修养的永无止境，是一种积极的、上进的德行观，对于当代社会的道德教育也有着积极的指导意义。“自强不息”是中华民

---

① （清）王夫之：《船山全书·四书训义》第7册，岳麓书社2010年版，第654页。

② （清）王夫之：《船山全书·礼记章句》第4册，岳麓书社2010年版，第1483页。

③ （清）王夫之：《船山全书·读四书大全说》第6册，岳麓书社2010年版，第739页。

④ 同上书，第721页。

族始终秉承的优良传统。正如习近平总书记所言："中华民族是历史悠久、饱经沧桑的古老民族，更是自强不息、朝气蓬勃的青春民族。"[①]作为中国社会主义新时代的接班人，我们要以自强不息、奋斗不止的进取精神，在新的历史起点上，努力实现中华民族的伟大复兴。

二、治学方法：学愈博则思愈远

王夫之一生有志于学，勤奋刻苦，非常强调思考与博学在个人为学过程中的重要作用。他指出："学愈博则思愈远，思之困则学必勤。"学习的知识越广博，思考的问题就会越广泛、越深入，学习中遇到了困境，那么，就更要勤于学习，博学多闻。王夫之认为，在学习的过程中要善于思考，对所学知识有深入了解与体悟。"思而得之，不思不得"，他把思考看作学习的必经之路，有思即会有得，不思则一无所获，此外，博学也是治学的一个重要方面，他提倡"明人自明，博学详说"，这主要是针对为人师者的自我修养，要求老师在教授学生之前，自己要博览群书，通读百家，不断增长自身学识，这样，才能真正地提高学生的学习能力，培养出优秀的人才。

（一）思而得之，不思不得

在学习与思考二者的辩证关系方面，王夫之反对"生而知之"的先验论，继承并发展了孔子"学而不思则罔，思而不学则殆"的思想理念。他说：

> 耳有聪，目有明，心思有睿知。入天下之声色而研其理者，人之道也。聪必历于声而始辨，明必择于色而始晰，心出思而得之，不思则不得也。岂蓦然有闻，瞥然有见，心不待思，洞洞辉辉，如萤乍曜之得为生知哉？果尔，则天下之生知，无若禽兽。[②]

聪明的头脑和敏锐的眼光是洞察与研究世间万物的根本，灵敏的耳朵必然是先经历了声音才会开始具备辨别的能力，智慧的眼睛必然是对颜色进行了选择才会表现得如此清晰，人们只有通过思考才能获得学识，思而得之，不思不得。没有人生来就能够通晓一切，每个人的学识都是通过学习与思考逐渐积累起来的。王夫之认为，

> 致知之途有二：曰学，曰思。学则不恃己之聪明，而一惟先觉之是效；思则不循古人之陈迹，而任吾警悟之灵。乃二者不可偏废，而必相资以

---

① 《在庆祝中国共产主义青年团成立100周年大会上的讲话》(2022年5月10日)

② （清）王夫之：《船山全书·读四书大全说》第6册，岳麓书社2010年版，第852页。

为功。[1]

意即获得知识的途径有两种：一是学习，二是思考。学习，就不会自恃聪明而一概效法先知先觉的人；思考，则不至于因循古人的陈规，而能凭借、发挥自己的聪明智慧。学习与思考二者相互依存，不可偏废，它们相互促进，助力成功。学习是思考的基础，思考是促进学习的动力。他说：

学非有碍于思，而学愈博而思愈远；思正有功于学，而思之困则学必勤。[2]

学习不会妨碍思考的发展，学习的知识越广博，思考的内容就会越加深远。正确的思考有利于学习的进步，而思考中遇到的问题更会促使人们勤奋学习。

“思而得之，不思不得”是王夫之治学观的重要组成部分，学习与思考相辅相成，互动互生，共生共长，在学习中思考，在思考中学习，有效提升自我的学识，从而对万事万物进行更为深入的了解与探究。

（二）明人自明，博学详说

明朝灭亡之后，王夫之在家乡衡阳积极参与抗击清军，失败后隐居石船山，专心从事教育事业，发愤著述。在数年间，他积累了丰富的教育教学经验，表现出对教育事业的无限热爱。他认为“经纶草昧，太虚不贷于云雷。丽泽讲习，君子必恒其教事”[3]，教师培养学生，传授知识，如同园丁培育花卉、农民耕种土地，需要精心的准备和持之以恒的毅力。为此，王夫之对为人师者提出了严格要求。王夫之指出：“欲明人者先自明，博学详说之功，其可不自勉乎！”[4]“欲明人者”也就是“为人师者”，首先要“自明”，只有自己明白了，才能使别人明白，而自明的过程，就是“博学详说”，增长才干、提升素养的过程。“夫欲使人能悉知之，能决信之，能率行之，必昭昭然知其当然，知其所以然，由来不昧，而条理不迷。”[5]为人师者，对自己所教授的知识不仅要知其然，还要知其所以然，懂得它的由来，条分缕析而不迷乱，才能使学生“悉知之”“决信之”进而“率行之”。优秀的教师一定要具备渊博的学识，聪慧机敏，于所学者无不通晓，坚决杜绝“茫然未有所得，大义不知其纲，微言不知其隐，诵说而已矣，实则昏昏也”[6]的迷茫状态。王夫之把教师看作贤者，而“贤者于此，必先穷理格物以致其知，本末精

---

① （清）王夫之：《船山全书·四书训义·论语》，岳麓书社2010年版，第301页。

② 同上书，第302页。

③ （清）王夫之：《船山全书·姜斋文集·连珠》，岳麓书社2010年版，第98页。

④ （清）王夫之：《船山全书·四书训义·孟子》，岳麓书社2010年版，第925页。

⑤ 同上。

⑥ 同上。

粗，晓然具著于心目，然后垂之为教，随人之深浅而使之率喻于道”[1]，这就是要求教师具备探索精神，格物致知，对于事物的本末精髓，全都了然于心。唯有如此，才能担当起一个教师的责任，才能循序渐进，因材施教，培养出通晓道义的优秀人才。

王夫之的观点虽然是针对为人师者而言，也完全可以推而广之，适用于所有人。这样的一种为学方式具有积极意义。它启发我们，在日常的学习和工作中，要做到博学多闻，对事理了解透彻，这样才能真正地为他人解惑，传播知识，展现自我价值。

三、思想精髓：力行而后知之真

“力行而后知之真”，可以说，是对王夫之为学思想核心价值的一个归纳和总结，它强调了“行”的重要作用，体现了重视实践的积极心态。分而论之，它首先表现在“行可兼知，下学上达”的知行观。王夫之在继承前人思想的基础上对“知行”关系进行了不同程度的修正扬弃，提出了“知行相资，下学上达”的著名论点，对我国古代唯物主义认识论的发展做出了重要的贡献，肯定了实践在教育中的巨大作用。其次表现在“理欲合一，身任天下”的道德价值观，他在继承和发展儒家传统德育思想的同时，肯定人的正常欲望与理性追求，强调“理欲统一”的社会实践，追求“身任天下”的崇高理想和远大抱负，认为真正的君子人格要以天下为己任，力行真知，“救人道于乱世”。

（一）行可兼知，下学上达

对“知行”关系的论述是王夫之思想核心价值的重要组成部分，他对陆王心学的“知行合一”和程朱理学的“知先行后”进行了认真梳理与批判，认为他们的说法都存在一定程度上的不足，在此基础上提出了“行可兼知，下学上达”的知行观：

> 且夫知也者，固以行为功者也；行也者，不以知为功者也。行焉可以得知之效也，知焉未可以得行之效也。将为格物穷理之学，抑必勉勉孜孜而后择之精、语之祥，是知必以行为功也。行于君民、亲友、喜怒、哀乐之间，得而信，失而疑，道乃益明，是行可有知之效也。其力行也，得不以为歆，失不以为恤，志一动气，惟无审虑却顾而后德可据，是行不以知为功也。冥心而思，观物而辨，时未至。理未协，情未感，力未赡，俟之他日而行乃有功，是知不得有行之效也。行可兼知，而知不可兼行。下学而上达，岂达焉而

---

[1] （清）王夫之：《船山全书·四书训义·孟子》，岳麓书社 2010 年版，第 925 页。

始学乎?①

王夫之对“知行”二者之间的关系进行了深刻的论述。他说,“知以行为功”“行可有知之效”,只有将所学知识付诸实践,才能真正实现它的效用,“格物穷理”,追本溯源,在实践的过程中对原有的知识进行检验,去粗取精,从而获得真知,强调了实践的重要性。他还说,“行不以知为功”“知不得有行之效”,仅仅依靠知识去认识事物是远远不够的,人们“冥心而思”,即便观察得再仔细,不切实地落实到行动中,也不可能获得真正的才学。只有不断实践才能获得真知。由此,我们可以看出,王夫之在肯定“行先知后,知行互用”的同时,认为“行”相较于“知”来说是更为重要的存在。“知非先,行非后,行有余力而求知,圣言决矣。而孰与易之乎?”②

王夫之的“行可兼知,下学上达”,是一种注重实践的知行观,要求人们在学习知识时,通过实践对它进行检验,从而通晓更多的道理,进入“下学人事而上达天命”的崇高境界。人们需要在日常学习中,努力做到“知行相合”,用理论知识指导实践,充分发挥实践的作用,在实践中检验理论知识。

（二）理欲合一,身任天下

“理欲合一,身任天下”是王夫之关于人性论的基本观点,他从唯物主义元气本体论出发,对程朱理学“存天理、灭人欲”的禁欲主义和以李贽为代表的部分思想家所倡导的纵欲主义提出了批评。王夫之认为:“只理便谓之天,只欲便谓之人。饥则食、寒则衣,天也,食各有所甘,衣亦各有所好,人也。”③天理与人欲都是人生而所固有的东西,人性是两者的统一体。

在王夫之看来,天理与人欲作为相互补充的两个方面,共同构成了人之“性”,“性者,生之理也。均是人也,则此与生俱有之理,未尝或异。故仁义礼智之理,下愚所不能灭;而声色臭味之欲,上智所不能废,俱可谓之为性。”④天理同人欲二者并非是互相对立、势同水火的,而是相互贯通、优势互补的关系。天理之中会有人欲的方面,而人欲之中也必然存在天理的部分,“随处见人欲,即随处见天理”⑤,它们互相依存,你中有我,我中有你,一荣俱荣,一损俱损。他肯定人欲的合理性,“私欲之中,天理所寓”,认为人的生存和发展离不开对自我欲望的满足,这是天理存在的基础和前提,但他又强调“理”对“欲”的规范和约束作用,王夫之指出:

---

① (清)王夫之:《船山全书·尚书引义》,岳麓书社 2010 年版,第 314 页。
② 同上书,第 312 页。
③ (清)王夫之:《船山全书·读四书大全说·论语》,岳麓书社 2010 年版,第 641 页。
④ (清)王夫之:《船山全书·张子蒙注·诚明篇》,岳麓书社 2010 年版,第 108 页。
⑤ (清)王夫之:《船山全书·读四书大全说·孟子》,岳麓书社 2010 年版,第 520 页。

理，天也；意欲，人也。理不行于意欲之中，意欲有时而逾天理，天人异用。[①]

以理制欲者，天理即寓于人情之中。天理流行，而声色货利皆从之而正。[②]

当个人的欲望超过基本需求的界限之后，就需要借助天理的约束，以理制欲，引导个人遵循社会道德规范。

我们认为，王夫之的理欲观是一种具备了朴素辩证主义色彩的理欲观。他认识到了“天理”与“人欲”二者之间的相互关联，“无理则欲滥，无欲则理亦废”[③]。同时提出了自己的独特见解，认为应当“行天理于人欲之内，而欲皆从理，然后仁德归焉”[④]。在尊重个人基本欲望的同时，强调天理的制约和引导作用，以达到“理欲合一，身任天下”的道德境界，有利于促进社会秩序的稳定。

王夫之“抱刘越石之孤愤”[⑤]，坚持反民族压迫的政治情操，与“六经责我开生面”[⑥]，追求破旧立新的哲学创造。“以今天的眼光看，他的思想的历史地位，正表现在他的传统思想，特别是对宋明道学的批判总结和新的理论建树上。”[⑦]他的思想不容于当时，生前曾经叮嘱子孙藏其书，预言百年之后乃可出。他思想独特、视野超前，以张载、朱熹为宗。“独其论史，不随众好恶，要探人之情，若身处其时地，然后推论之，故其书久而盛行海内，才智聪明之士，以为发千古之晦昧，湔文士之弇陋。自夫之卒后二百年，名震天下矣。”[⑧]作为一位经天纬地的思想巨人，王夫之在哲学、史学、政治、经济、文艺、美学等方面，都做出了独树一帜的贡献，为中国思想史的发展矗立了一座不朽的丰碑。

① （清）王夫之：《船山全书·张子正蒙注·诚明篇》第12册，岳麓书社2010年版，第94页。

② （清）王夫之：《船山全书·周易内传》第1册，岳麓书社2010年版，第355页。

③ 同上书，第255页。

④ （清）王夫之：《船山全书·读四书大全说》第6册，岳麓书社2010年版，第801页。

⑤ （清）王夫之：《船山全书·传记之部》第16册，岳麓书社2010年版，第126页。

⑥ （清）王夫之：《船山全书·姜斋词集》第15册，岳麓书社2010年版，第717页。

⑦ 萧萐父，许苏民：《王夫之评传》，南京大学出版社2002年版，第603页。

⑧ （清）王夫之：《船山全书·传记之部》第16册，岳麓书社2010年版，第112页。

戴震

——明理以考据的泰斗

戴震(1724—1777),字东原,又字慎修,号杲溪。休宁隆阜(今安徽黄山屯溪)人。清代著名的语言文字学家、哲学家和思想家。他的祖先在唐朝时曾做过大官,但曾祖、祖父和父亲均为白衣,未曾出仕。戴震的父亲戴弁是贩布的行商,经营着勉强糊口的小本生意,一家人的生活并不富裕,却始终秉承着"读书明理,方为上品"的家学理念来教育儿子。据《清史稿》记载:"(戴震)读书好深湛之思,少时塾师授以《说文》,三年尽得其节目。年十六七,研精注疏,实事求是,不主一家。"[①]可见,戴震少时学习的刻苦。

乾隆五年(1740),十八岁的戴震跟随父亲南下经商,还曾在离南丰不远的福建邵武教学童读书。二十岁回到休宁后,受到了启蒙老师程恂的器重与栽培。乾隆七年(1742),戴震遇到了他一生中最重要的贵人——恩师江永。此时的江永虽然已是年过六旬的垂暮老人,但他学问极深,"精《礼经》及推步、钟律、音声、文字之学"[②],在徽州一带颇有名气。于是,在老师的悉心教导下,戴震学问大进,为此后的学术研究和创作奠定了坚实的根基。二十二岁时,戴震写成《筹算》二卷,两年后又完成了《考工记图注》的编纂,三十岁到三十三岁写就了《勾股割圜记》《周髀北极璇机四游解》等文,年纪轻轻就凭借扎实的文学功底成为名震京师的才子。"北方学者如献县纪昀、大兴朱筠,南方学者如嘉定钱大昕、王鸣盛,余姚卢文弨,青浦王昶,皆折节与交。"[③]戴震治学广博,于音韵、文字、历算、地理无不精通,著述繁多,核心学养亦涉及方方面面。他是中国十八世纪百科全书式的人物,被梁启超称为"前清学者第一人"。

一、道德涵养:道德之盛,欲遂而情达

戴震的道德观,可以说是一种理想主义的道德观,它建立在现实的基础上,又超脱于感性的理解之外,希望能够在满足个体发展欲望的同时,使社会达到

① (清)赵尔巽等撰:《清史稿·顾炎武列传》,中华书局1977年版,第13198页。

② 同上。

③ 同上。

一种至善至美的境界，“道德之盛，使人之欲无不遂，人之情无不达，斯已矣”①。他将“仁义礼”作为“善之大目”，认为它们是道德善性修习的基础。此外，他还指出，“德性始乎蒙昧，终乎圣智”②，人的道德秉性培养都开始于蒙昧时期，通过不断磨炼、培养，才能达到至善的智者境界。戴震将“善”与“智”作为其道德体系的重要内容，在一定程度上体现了他对当时理学“存天理，灭人欲”思想的不满与抨击。

（一）举仁义礼三者而善备

“善”是戴震道德观的重要内容，是在自然基础之上形成的道德准则。“仁义礼”则是“善”的具体组成部分，他说，“举仁义礼三者而善备”③，将“仁义礼”作为“善之大目”“天下之大衡”，赋予了它们极为重要的地位。

戴震所说的善又不同于程朱理学中所谓的“善”。具体而言：

> 天德者三：曰仁，曰礼，曰义，至善之目也，行之所节中也。其于人伦庶物，主一则兼乎三，一或阙焉，非至善也。④

天德由仁、义、礼三者组成，缺一不可，只有三者齐备，方能达到“至善”之境。那么，仁、义、礼的内涵是什么呢？戴震指出：

> 生生者，仁乎！生生而条理者，礼与义乎！何谓礼？条理之秩然有序，其著也：何谓义？条理之截然不可乱，其著也。⑤
>
> “人莫不饮食也，鲜能知味也。”饮食，喻人伦日用；知味，喻行之无失；使舍人伦日用以为道，是求知味于饮食之外矣。就人伦日用，举凡出于身者求其不易之则，斯仁至义尽而合于天。人伦日用，其物也；曰仁，曰义，曰礼，其则也。⑥

“生生”是“仁”的根本内涵，“礼”与“义”则是生生过程中所体现的条理与秩序。他以人类对于饮食“知味”的追求做比喻，认为“人伦日用”相当于“日常饮食”，而人们对于“仁义礼”的追求，与事物之外的味道辨别是一样的。人们在日常饮食中追求食物的美味，也就代表了在人伦日用中对于“仁义礼”的探寻，“就

---

① （清）戴震：《孟子字义疏证·才》，中华书局1961年版，第41页。
② （清）戴震：《孟子字义疏证·理》，中华书局1961年版，第15页。
③ （清）戴震：《孟子字义疏证·诚》，中华书局1961年版，第51页。
④ （清）戴震：《孟子字义疏证·原善卷下》，中华书局1961年版，第72页。
⑤ （清）戴震：《孟子字义疏证·原善卷上》，中华书局1961年版，第62页。
⑥ （清）戴震：《孟子字义疏证·道》，中华书局1961年版，第46页。

人伦日用而语于仁，语于礼义；舍人伦日用，无所谓仁，所谓义，所谓礼也”[①]。

戴震的“举仁义礼三者而善备”，可以看作是一种抽象的道德准则：

> 古圣贤之所谓道，人伦日用而已矣，于是而求其无失，则仁义礼之名因之而生。非仁义礼有加于道也，于人伦日用行之无失，如是之谓仁，如是之谓义，如是之谓礼而已矣。[②]

古代圣贤所追求的“道”，存在于人伦日用之中，“仁义礼”是评判其得失的固定标准，自然而然地成为我们现实生活中的行为准则。人们在日常学习和生活中，要时刻遵循“仁义礼”的道德规范，知书达理，心存善念，在涉及利益冲突时，以义为先，努力培养完美的道德品行，以期达到“至善”的崇高境界。

（二）德性始乎蒙昧，终乎圣智

戴震对于德性的理解，有着其特殊的一面，他认为：

> 试以人之形体与人之德性比而论之，形体始乎幼小，终乎长大；德性始乎蒙昧，终乎圣智。其形体之长大也，资于饮食之养，乃长日加益，非“复其初”；德性资于学问，进而圣智，非“复其初明”矣。[③]

如果将人的形体成长与德行作比较的话，那么，形体自幼小而至长大的过程，就如德行自蒙昧状态达到圣智的过程。形体的成长来源于饮食的滋养，德行的发展则归功于学识的进步。由此观之，人们的德行要到达“圣智”的境界，就需要不断地学习，“去私解蔽”，好好接受后天的道德教育。

在戴震看来，“天下古今之人，其大患，私与蔽二端而已。私生于欲之失，蔽生于知之失；欲生于血气，知生于心。”[④]天下古今之人的大患，无外乎是“私”与“蔽”两端而已。而“私”的存在是因为“欲”的不当，“蔽”的产生是由于“知”的缺失。因此，人们要追求崇高的道德品质，就要去私解蔽，最基本的方法就是“强恕去私，学以解蔽”。

首先是“强恕去私”，即通过“强恕”这样的方式去除自我的私心，“遂己之欲，亦思遂人之欲”，在考虑自己私欲的同时，也要顾及他人的感受及权益：

> 凡有所施于人，反躬而静思之：人以此施于我，能受之乎？凡有所责

① （清）戴震：《孟子字义疏证·诚》，中华书局1961年版，第50页。
② （清）戴震：《孟子字义疏证·道》，中华书局1961年版，第45页。
③ （清）戴震：《孟子字义疏证·理》，中华书局1961年版，第15页。
④ 同上书，第9页。

于人，反躬而静思之；人以此责于我，能尽之乎？[1]

凡事“以己推之则恕”，平等地待人处事，尽职尽责，处处推己及人，久而久之便可做到真正的“去私”。

其次是“学以解蔽”，就是通过学习解除因道德、学识等原因给人造成的蒙蔽。戴震指出：“自非圣人，未易语于意见不偏……圣人之言，无非使之求其至当以见之行；求其至当，即先务于知也。凡去私不先去蔽，重行不先重知，非圣学也。”[2]所以，“解蔽莫如学”。人非圣人，很少能够达到“无蔽”的程度，去私就要先去蔽，所以，“学以解蔽”也是道德修养的重要方法。

总之，戴震的道德观对现代社会道德教育具有重要的借鉴意义。我们要坚持“强恕去私，学以解蔽”的基本原则，树立正确的道德目标，不断提升道德品质，把精神文明建设推向新的阶段。

二、为学之道：凡真学者之态度，皆当为学问而治学问

戴震一生精于治学，兴趣广泛，虽然科举之路不甚顺遂，但因学术成就卓著，被乾隆皇帝特赐同进士出身。戴震在学术上有如此成就，与他对治学态度的重视有密切的关系。戴震的治学观主要包括两个方面：一是“巨细毕究，本末兼察”，二是“由字通词，由词通道”，先要识字，识字方能通词，通词才能理解和掌握“道”，这是一个循序渐进的过程。

（一）巨细毕究，本末兼察

戴震自从学时起，就对宋元以来理学家随意解释经传、歪曲孔孟学说感到不满，对他们提出的明心见性、明道穷性、主静主敬等求学方法极不赞同。他认为：

> 所谓十分之见，必征之古而靡不条贯，合诸道而不留余议，巨细毕究，本末兼察。若夫依于传闻以拟其是，择于众说以裁其优，出于空言以定其论，据于孤证以信其通，虽溯流可以知源，不目睹渊泉所导，循根可以达杪，不手披枝肆所歧，皆未至十分之见也。[3]

征引的古文要逐条连贯，合乎先人的道义而不给后世之人留下议论的祸端。“巨细毕究，本末兼察”，研究问题不仅要了解主要的、大的方面，一些细枝末节也不可以忽略，只有这样，追本溯源，才能解决问题，学习才有收获。

---

① （清）戴震：《孟子字义疏证·理》，中华书局 1961 年版，第 1—2 页。

② （清）戴震：《孟子字义疏证·权》，中华书局 1961 年版，第 56—57 页。

③ （清）戴震：《戴震集·与姚孝廉姬传书》上编，上海古籍出版社 2009 年版，第 185 页。

关于戴震"巨细毕究，本末兼察"的治学态度，段玉裁在其著作《戴东原先生年谱》中有这样一段记述：

> 先生是年乃能言，盖聪明蕴蓄者深矣。就傅读书，过目成诵，日数千言不肯休。授《大学》章句，至右经一章以下，问塾师："此何以知为孔子之言而曾子述之？又何以知为曾子之意而门人记之？"师应之曰："此朱文公所说。"即问："朱文公何时人？"曰："宋朝人。""孔子、曾子何时人？"曰："周朝人。""周朝、宋朝相去几何时矣？"曰："几二千年矣。""然则朱文公何以知然？"师无以应，曰："此非常儿也。"①

大体内容就是说戴震开蒙较晚，但聪明刻苦，对于所学知识勇于深究。他在课堂上学《大学》章句时，向老师提出了疑问，并且追根究底，步步深入，使得老师无言以对。老师对此颇为惊异，不仅没有生气，反而对敢于深究的求学精神颇为赞赏，并赞叹说："这不是一般的孩子！"

"巨细毕究，本末兼察"，提倡的是一种独立思考、敢于质疑、寻根溯源、追求真理的治学精神。我们在求学、治学的过程中，要秉承这种精神，"则知一字之义，当贯群经、本六书，然后为定"②，谦虚谨慎，旁征博引，勤于思考，这样才能获得真知。

（二）由字通词，由词通道

"由字通词，由词通道"，是戴震治学观的另一个重要方面，他说：

> 经之至者道也，所以明道者其词也，所以成词者字也。由字以通其词，由词以通其道，必有渐。③
>
> 经之至者道也；所以明道者其词也，所以成词者未有能外小学文字者也。由文字以通乎语言，由语言以通乎古圣贤之心志，譬之适堂坛之必循其阶，而不可躐等。④

戴震认为，由文到词，由词至道，由道推经，这是一个循序渐进、不断深入的学习过程，必须严格遵守相应顺序，步步深入，否则就容易导致"缘词生训"，"守讹传谬"的错误，最终达不到"欲求真知"的目的。

汉字是传承中华传统文化的重要载体，汉语的文词由汉字构成，语言又是由词语构成。因此，求学通经，必须由"由字通词"，再"由词通道"。戴震指出：

---

① （清）戴震：《戴震集·附录·戴东原先生年谱》，上海古籍出版社 1980 年版，第 454 页。

② （清）戴震撰，汤志钧校点：《戴震集·与是仲明论学书》，上海古籍出版社 2009 年版，第 183 页。

③ （清）戴震著，赵玉新点校：《戴震文集·与是仲明论学书》，中华书局 1980 年版，第 140 页。

④ （清）戴震著，赵玉新点校：《戴震文集·古经解钩沉序》，中华书局 1980 年版，第 146 页。

夫今人读书，尚未识字，辄目故训之学不足为其究也。文字之鲜能通，妄谓通其语言；语言之鲜能通，妄为通其心志，而曰傅合不谬，吾不敢知也。[①]

戴震的这一治学观点，正是针对宋明以来理学过于讲求构建理论体系，而不顾考求经典本身意蕴，甚至有曲解经典，来为解释自身理论服务的倾向。他指出，当时有些读书人，字词的意思尚不明便已经开始研究学问，这样的研究，文字尚不能通达，更遑论语言、思想了。他提出，想要获得真知，就要从一字一句学起，“有一字不准《六经》，一字解不通贯群经，即无稽者不信，不信者必反复参证而后即安”[②]，要反复考订，反复印证，确保所得知识的正确性。

戴震提出“由字通词，由词通道”，这是一种强调循序渐进、步步深入的治学观念，对后世产生了积极有益的影响。它要求人们在做学问时，要遵循一定顺序及事物发展规律，由易到难，由简而繁，脚踏实地，循序渐进，努力去挖掘和学习新知。

习近平总书记在《思政课是落实立德树人根本任务的关键课程》中说：“在大中小学循序渐进、螺旋上升地开设思政课非常必要，是培养一代又一代社会主义建设者和接班人的重要保障。人的成长、成熟、成才不是一蹴而就的，而是一个渐进的过程，就跟人的生理发育一样，所以要把这几个阶段都铺陈好。”

三、学术精髓：不以人蔽己，不以己自蔽

所谓“不以人蔽己，不以己自蔽”[③]，就是既不人云亦云、因为过于相信别人的观点而使自己蒙蔽，也不过于自负而被自我蒙蔽。强调要“去人蔽”“去自蔽”，实事求是才能发现真知。戴震治学广博，思想精深，这里仅选择两个主要方面来进行阐发他的学术精髓。“以情絜情，理在欲中”，即“己所不欲，勿施于人”，“理”的实现离不开“欲”，而同时“欲”的满足也需要“理”的制约，二者相辅相成，统一于现实社会之中。“汉字六书，四体二用”，则是戴震在分析“六书”之后得出的结论。此说形成于乾嘉时期，被“章黄”学派沿用，即便在当今的文字学领域，也具有重要影响。

（一）以情絜情，理在欲中

理欲之辩，是儒家学说中的一个重要论题，长期以来众说纷纭，未有定论。至宋代，儒家学说的集大成者朱熹在综合前人论述的基础上，提出了“存天理，

---

① （清）戴震著，赵玉新点校：《戴震文集·尔雅注疏笺补序》，中华书局1980年版，第45—46页。

② （清）戴震著，赵玉新点校：《戴震文集·附录》，中华书局1980年版，第270页。

③ （清）戴震：《戴震集·答郑丈用牧书》，上海古籍出版社2009年版，第186页。

灭人欲”的主导思想，学界推崇者有之，质疑者有之，而戴震就是质疑者中的代表人物。

戴震指出：“惟以情絜情，故其于事也，非心出一意见以处之，苟舍情求理，其所谓理，无非意见也。未有任其意见而不祸斯民者。”[①]人们在自我情感的指引下追求更为高洁的品性，真诚地做事并且毫无过失，方能称得上“得理”。

> 宋以来之言理也，其说为“不出于理则出于欲，不出于欲则出于理”，故辨乎理欲之界，以为君子小人于此焉分。今以情之不爽失为理，是理者存乎欲者也，然则无欲亦非欤？[②]

理和欲不是对立存在的两个方面，也不是君子小人之间的必然界限，它们之间是一种相互扶持、相互融合的关系，理依靠欲而生存，而欲也要受到理的约束，它们统一于人的思想精神之中，共同发展。

“理在欲中”，是戴震理欲观的核心。他的这一思想，打破了传统理学家“存天理，灭人欲”的思想格局，十分具有创新精神，在一定程度上推动了清代思想文化的变革。当代学者余英时称赞道：“东原的最后一部义理著作是《孟子字义疏证》……其中最新的观念即是理欲之分，所谓‘理存乎欲’是也。”[③]

（二）汉字六书，四体二用

戴震治学严谨，文学功底深厚，崇尚实事求是的治学精神，因而对所学书籍的研究相对而言也比较透彻。他发现，由于古代一些学者文字基础的欠缺，对于许慎《说文解字》中的转注、假借二原则往往不能正确理解，于是便出现了穿凿附会、妄造新字的不良现象，这就不能有效传达经典的原义，甚至破坏了象形与指事的造字原则，使得六书理论运用混乱，对后世学者也产生了许多误导。

在这种情况下，戴震根据自己的研究，提出了“四体二用”说，力图在一定程度上改变古人的误导情况。他指出：

> 大致造字之始，无所凭依，宇宙间事与形两大端而已：指其事之实曰指事，一二、上下是也；象其形之大体曰象形，日月、水火是也。文字既立，则声寄于字，而字有可调之声；意寄于字，而字有可通之意。是又文字之两大端也。因而博衍之，取乎声谐，曰谐声；声不谐而会合其意，曰会意。四者，书之体止此矣。由是之于用，数字其一用者，如初、哉、首、基之皆为始，

---

① （清）戴震：《孟子字义疏证》，中华书局1961年版，第5页。

② 同上书，第8页。

③ 余英时：《论戴震与章学诚——清代中期学术思想史研究》，生活·读书·新知三联书店2005年版，第104页。

印、吾、台、予之皆为我，其义转相为注，曰转注。一字具数用者，依于义以引伸，依于声而旁寄，假此以施于彼，曰假借。所以用文字者，斯两大端也。六者之次第出于自然，立法归于易简。震所以信许叔重论六书必有师承，而"考""老"二字，以《说文》证《说文》，可不复疑也。[①]

可以清楚地看到，戴震将汉字的"六书"，划分为"四体""二用"两个部分，并且提出了具体的例证。所谓"四体"，指的是汉字造字的四种方法，即象形、指事、会意、形声；"二用"则指用字的两种方法，即转注和假借。他的这种观点，在批判地吸收中国传统文字学理论的基础上，融汇了自己的研究和创见，对传统的"六书"理论大胆提出了异议与挑战，对促进中国文字学的发展起到了积极的推动作用。

戴震的"四体二用"学说，是他对前人思想的继承与创新，集中体现了他的博学多才。他的学生诸如段玉裁等人，在接受了先师学问教诲之后，继承了先师严谨治学、勇于创新的精神，对戴震"四体二用"学说不断进行补充与完善，并且提出新的想法与创见，在很大程度上推动了文字学的发展，为中国文字学研究的进步做出了重要贡献。

戴震的哲学思想以及治学方法在当时并不被人重视，当时的学术风气，凡是谈义理的著作都被视为空疏无用。"实际上，戴震正是因为没有株守博雅考订，训诂名物一途，才取得了学术思想上的成就。"[②]"他的新理学哲学思想成为绵延几个世纪的诸进步势力的合力中不可小看的一股力量。"[③]

① (清)戴震：《戴震集·答江慎修先生论小学书》，上海古籍出版社 2009 年版，第 75 页。

② 张岂之主编：《中国思想史(修订版)》，西北大学出版社 2016 年版，第 486 页。

③ 李开：《戴震评传》，南京大学出版社 1992 年版，第 421 页。

龚自珍

——国运衰微之际的个性解放

龚自珍(1792—1841),字瑟人,号定庵,晚年居住昆山羽琌山馆,又号羽琌山民。仁和(今浙江杭州)人。清代著名的思想家、诗人、文学家。他生于一个世代官宦的书香门第。祖父龚禔身,官至内阁中书军机处行走。父龚丽正,字至极,号学路,官至江南苏松太兵备道,署江苏按察使。母亲段驯,著名经学家段玉裁之女,工书善诗。龚自珍自幼由母亲段驯亲自教诲,勤奋刻苦,喜好诗文。八岁时开始研读《大学》等儒家经典著作,十二岁左右跟随外祖父段玉裁学习《许氏说文部目》,“以经说字,以字说经”,表现出极高的天赋,于经学、文字学、金石目录以及考订训诂等方面无所不精,在文学上也展现出了惊世的创作才华,深受段玉裁的喜爱。十三岁作《知觉辨》,十八岁便能倚声填词,应顺天府乡试,由监生中式副榜第二十八名。

成年之后,龚自珍的科举之路走得并不顺遂。自二十六岁中举之后,屡踬科场,三十七岁方中进士,于殿试对策中仿效王安石《上仁宗皇帝言事书》,撰《御试安边抚远疏》,语惊四座。后陆续由内阁中书至礼部祭司行走、主客司主事,“一生困厄下僚”且不断遭到权贵的排挤和打击。四十八岁辞官南归,五十岁暴卒于江苏丹阳云阳书院,一代大师就此陨落。龚自珍一生著述弘富,在经学、文学、哲学、史地等方面皆有突出的建树,尤以诗文最为时人推重。他的诗作以《己亥杂诗》为代表,多咏怀和讽喻之感,主张“更法”“改图”,敢于揭露清统治者的腐朽,洋溢着爱国热情,亦是其核心学养的集中展现,被柳亚子誉为“三百年来第一流”。

一、 道德理念: 众人自造,非圣人所造

龚自珍的道德观,是以其人性观作为基础的。他在《壬癸之际胎观第一》一文中明确提出:“天地,人所造,众人自造,非圣人所造。”[①]天地,是由人所创造的,是天下的百姓自己创造的,并不是什么圣人创造的。龚自珍赞同明末清初思想家“人性有私”的观点,并在此基础上提出了“人性怀私,知耻尊心”的道德主张。他认为“怀私”是人之常情,也无所谓善恶,应当得到理解和尊重,同时对

① (清)龚自珍著,王佩诤校:《龚自珍全集・壬癸之际胎观第一》上册,中华书局1959年版,第12页。

于个体本身而言，还应该自尊自爱，知耻有德，严格要求自我，提升道德修养。在道德主体问题的论辩上，他指出，“天人合一，我造伦纪”，强调对天命的否定和对自我主体的尊重，认为人心道德堕落的根源是对天命、君权的迷信与敬畏；必须认识到儒家的“天人合一”原本只是对人与自然关系的论述，同“君权神授”根本就是两种截然不同的观念。在龚自珍的道德观中，道德主体是独立存在的个人，人伦纲纪也是由“我”创造的，相较于前人而言，更加突出人性的自由与解放。

（一）人性怀私，知耻尊心

在人性论的公私之辩上，龚自珍传承并发扬了明末清初思想家的“人性有私”说，提出了“人性怀私，知耻尊心”的价值观。他说：“怀私者，古人之情也。”[①]人性“怀私”，自古以来就是人之常情，应该得到人们的理解和支持。而一些脱离了现实社会、满口“大公无私”“仁义道德”的人，真正到了涉及个人私利的时候，往往表现得“一毛不拔”，“若人则必有孰薄孰厚之气谊，因有过从宴游，相援相引，款曲燕私之事矣。今日大公无私，则人耶？则禽耶？”[②]龚自珍认为，“怀私”是人性的自然流露，无所谓善恶，也并不意味着人性的贪婪与道德败坏，相反，它恰恰是人类对生存欲望最本真的追求，是人们道德修养的基础。

理解“人性怀私”的观点之后，就需要进一步发展“知耻尊心”。

> 历览近代之士，自其敷奏之日，始进之年，而耻已存者寡矣。[③]
>
> 农工之人，肩荷背负之子无耻，则辱其身而已；富而无耻者，辱其家而已；士无耻，则名之曰辱国；卿大夫无耻，名之曰辱社稷。由庶人贵而为士，由士贵而为小官，为大官，则由始辱其身家，以延及于辱社稷也。[④]

在龚自珍看来，近代文人士子当中，能够“知耻尊心”的人已经很少了。农工之人的无耻，不过辱其自身，富贵之人的无耻，也不过辱其家庭，但是士大夫和卿大夫等为官之人的无耻，则会侮辱国家社稷。这些文人士子从庶人到士，再从士做到小官，到大官，一步一步，由辱其自身而至国家社稷，简直令人扼腕。正因为这样的情况真实地存在于社会生活之中，所以，才要“知耻尊心”。“知耻”，则知善恶，才会有道德意识的觉醒；“尊心”，则善律己，才会懂得自我教育，做一个对国家和社会有用的人才。龚自珍特别强调“士”这一阶层的道德修养，

① （清）龚自珍著，王佩诤校：《龚自珍全集·送广西巡抚梁公序三》上册，中华书局1959年版，第168页。

② （清）龚自珍著，王佩诤校：《龚自珍全集·论私》上册，中华书局1959年版，第92页。

③ （清）龚自珍著，王佩诤校：《龚自珍全集·明良论》上册，中华书局1959年版，第31页。

④ 同上书，第31—32页。

他说："士皆知有耻，则国家永无耻矣；士不知耻，为国之大耻。"[①]"心尊，则其官尊矣"，"其言尊矣"，"官尊言尊，则其人亦尊矣"。

龚自珍的"人性怀私，知耻尊心"，客观上强调了道德个体对自我本身的认知与培养，是一种积极进步的道德观。正所谓"仓廪实而知礼节，衣食足而知荣辱"，在经济社会不断发展、物质条件不断改善的今天，我们应该把"知耻尊心"的观念融入社会主义核心价值观的实践之中，培育明德有礼的道德风尚，切实提高公民的个人道德修养，为国家的思想道德建设贡献力量。

（二）天人合一，我造伦纪

龚自珍认为，要明确认识"我"在道德修养中的重要作用，就要对儒家一直尊崇的"天人合一"观进行追本溯源的复归。他指出："王者取天下，虽曰天与之，人归之，要必有阴谋焉。"[②]所谓"君权神授"，不过是一个阴谋，是为了将专制君主的权力神圣化，以便于统治百姓：

> 儒家之言，以天为宗，以命为极，以事父事君为践履。君有父之严，有天之威……君之言，唐虞谓之命，周亦谓之命。[③]

现今，儒家的言论，事事"以天为宗，以命为极"，将一切都归之于天命，并将此解释为"天人合一"，这其实是对"天人合一"观的错误理解和判断。"天人合一"观本来的含义是表现人与自然的和谐相处，后来出现的种种解释早已背离了它的初衷，歪曲了它的原意。天命既已推翻，那么道德修养的主体，也就自然而然地回归到了个体"我"。龚自珍说："众人之宰，非道非极，自名曰我。"[④]"我"是众人的主宰，是世间的主宰，同时也是自己的主宰。"天地，人所造，众人自造，非圣人所造"，"我光造日月，我力造山川，我变造羽毛肖翘，我理造文字言语，我气造天地，我天地又造人，我分别造伦纪"[⑤]。"我"是创造一切的主体，同时也是具体存在的个人。"我"创造人伦纲纪，确立道德规范，为了维护社会的长治久安，要不断提升自我，以达到更高层次的道德要求。

龚自珍"天人合一，我造伦纪"的道德理念，体现了其自我意识的觉醒，相较于前人而言，更加突出人性的自由与解放。他"把人的世界和人的关系还给了人自身"[⑥]，认为人性道德的养成并非天命，而在个人，对于后世学者启发颇深。

---

① （清）龚自珍著，王佩诤校：《龚自珍全集・明良论》上册，中华书局1959年版，第31页。

② （清）龚自珍著，王佩诤校：《龚自珍全集・曹伯仇饷解》上册，中华书局1959年版，第124页。

③ （清）龚自珍著，王佩诤校：《龚自珍全集・尊命》上册，中华书局1959年版，第83页。

④ （清）龚自珍著，王佩诤校：《龚自珍全集・壬癸之际胎观第一》上册，中华书局1959年版，第12页。

⑤ 同上书，第12—13页。

⑥ 〔德〕马克思、恩格斯：《马克思恩格斯全集》第1卷，人民出版社1956年版，第443页。

著名哲学家冯契在《中国近代哲学史》中这样评价龚自珍："他提出'众人之宰，非道非极，自名曰我'。所谓历史为众人自造，归根到底，也即是由'自我'所创造。他这里讲的'我'，指的是个人的主观精神。透露出一些人文主义思想，具有近代的意义。"[①]

二、 学习思想：一代之治，即一代之学也

龚自珍家学深厚，自幼便受到了良好的家庭教育，晚年又执教于江苏的丹阳书院，兼任杭州紫阳书院讲席，因此在为学治学方面多有独到见解。他认为"一代之治，即一代之学也"，每一个朝代的治乱兴亡，都与其文学的发展息息相关。龚自珍的治学观主要包括两个方面内容：一是"名事不正，万事失纪"，强调一种脚踏实地、实事求是的求实精神，他认为这是自古以来的读书人都应当具备的优秀品质，必须坚守和传承下去；二是"心无力者，谓之庸人"，就是说在学习中如若没有坚强的意志力作为支撑，迟早会放弃信仰，沦为平庸之人。这就要求人们在求学为学的过程中要重视"心力"的作用，充分发挥主观能动性，积极地获取知识，以认识世界和改造世界为目的，不断地增强学习能力，提升自我。

（一）名事不正，万事失纪

龚自珍一生严谨治学，提倡脚踏实地的精神，"夫读书者实事求是，千古同之"[②]，将实事求是看作自古以来的读书人都应当具备的基本品性。他指出，求实、求是乃是我们为学治学的基础，去伪存真，通晓世间万物的真理，才能获得真正的学识。所谓"名之不正，万事失纪"[③]大约也就是这个意思。

龚自珍反对一切"伪"的存在，不仅仅是在学习方面，任何方面都是如此。他说"言伪忠，禁伪教，德伪情，道伪圣，礼伪自然"[④]，认为这些违背了实事求是原则的行为，正是世间一切灾祸的根源。因此，在日常的学习和生活中，人们需要时刻警醒，脚踏实地，勤奋刻苦，为万事正名，为万物求实，不学虚伪之识，不做不实之事。据《与吴虹生书》记载，某官员提请辞官报告，告老还乡，为使报告迅速得到批准，他请求龚自珍帮他一同撒谎，并许以好处。哪知龚自珍严词拒绝了他，并说道："宁化异物做同知，而断不愿撒此谎也。只合瞑目，听其自然，听诸一定之数，使梦寐中无愧怍，不肯欺亲，又欺君，又欺子孙耳。"[⑤]意思是我宁肯变成异物化生化死，也不愿意去帮你说这个谎言，你只需要暂且等待听其

① 冯契主编：《中国近代哲学史》上册，生活·读书·新知三联书店 2014 年版，第 66—67 页。

② （清）龚自珍著，王佩诤校：《龚自珍全集·与江子屏笺》下册，中华书局 1959 年版，第 346—347 页。

③ （清）龚自珍著，王佩诤校：《龚自珍全集·大誓答问第五》上册，中华书局 1959 年版，第 67 页。

④ （清）龚自珍著，王佩诤校：《龚自珍全集·壬癸之际胎观第七》上册，中华书局 1959 年版，第 17 页。

⑤ （清）龚自珍著，王佩诤校：《龚自珍全集·与吴虹生书（二）》下册，中华书局 1959 年版，第 348 页。

自然就好，千万不要背上“欺亲”“欺君”“欺子孙”的骂名。一番话说得那名官员脸红耳赤，急匆匆地便告辞了。自此，龚自珍“实事求是”的声名便在同僚中逐渐传开了。

“名事不正，万事失纪”是龚自珍治学观的一个重要方面。他强调求学为学过程中的实事求是精神，反对一切虚伪假象，要求人们脚踏实地，去伪存真，勇于发现问题、解决问题。“实事求是”一词，最初出现于东汉史学家班固撰写的《汉书·河间献王传》，讲的是西汉景帝第三子河间献王刘德“修学好古，实事求是”。王阳明在朱熹“格物便是致知”“理在事中”的基础上，提出了“知行合一”的观点，倡导“实事求是”的学风。这原本指一种严谨的治学态度和方法，是一个经学和考据学的命题，也是中国古代学者治学治史的座右铭。

习近平总书记说：“实事求是，是马克思主义的根本观点，是中国共产党人认识世界、改造世界的根本要求，是我们党的基本思想方法、工作方法、领导方法。不论过去、现在和将来，我们都要坚持一切从实际出发，理论联系实际，在实践中检验真理和发展真理。”[①]这充分体现了新时代实事求是的思想价值，也是对龚自珍等先贤为学思想的有效传承与光大。

（二）心无力者，谓之庸人

现代教育对学生个体主观能动性的培养非常重视，它强调学生学习的主动性，在很大程度上激发学生的学习兴趣，从而达到事半功倍的效果。当然，在龚自珍所处的年代，并没有“主观能动性”之类的词汇，他所强调的是“心力”，即个人内心的力量，同“主观能动性”之间有着异曲同工之妙。

龚自珍指出：“心无力者，谓之庸人。”[②]没有“心力”的人，往往被称为庸人。为什么呢？因为在龚自珍看来，“我”是创造世界、创造一切的主体，“我”的主观能动性决定了“我”是否能够主动学习，磨炼成才。“报大仇，医大病，解大难，谋大事，学大道，皆以心之力”[③]，像报仇、解难、谋事、学道等诸如此类的事情，都需要人们发挥“心力”的作用，充分调动自己的主观能动性。龚自珍的“心力说”在学界产生了巨大的影响，备受后人推崇。如紧随其后的谭嗣同直接承袭了其“心力”说的基本观点，提出“心之力量，虽天地不能比拟，虽天地之大，可以由心成之、毁之、改造之，无不如意，即如射不能入石，此一定之理。理者何？即天也，然而至诚所感，可使饮羽，是理为心所致，亦即天为心所致矣”[④]，积极颂扬“心力”的重要作用，要求人们将“心力”作为促进学习进步的动力，激发学习兴

① 《习近平著作选读(第一卷)》，人民出版社 2023 年版，第 209 页。

② (清)龚自珍著，王佩诤校：《龚自珍全集·壬癸之际胎观第四》上册，中华书局 1959 年版，第 15 页。

③ (清)龚自珍著，王佩诤校：《龚自珍全集·壬癸之际胎观第七》上册，中华书局 1959 年版，第 15—16 页。

④ 蔡尚思、方行编：《谭嗣同全集》，中华书局 1998 年版，第 460 页。

趣，不断积累，提升自我。

迈入新时代，国家对人才素质的需求越来越高，既要有较高的思想觉悟，又要有健康的身心素质；既要有合理的知识结构，又要有多样的综合能力。这就要求我们在日常的学习与生活中重视“心力”的作用，积极发挥主观能动性，耐心观察，仔细推敲，努力掌握事物的发展规律，从而打破思维定式，进行创造性的研究和探索。

三、思想精髓：法无不改，势无不积

作为清代改良主义的先驱，龚自珍改革思想的提出有着其特定的历史背景，“九州生气恃风雷，万马齐喑究可哀”，龚自珍所处的时代，是中国近代封建社会逐渐解体，外国资本主义国家日益发展，帝国列强开始向中国发动侵略的历史大转折时期。当时，清朝渐趋末路，国力衰败，经济落后，政治腐败，军备废弛，国家陷入一种毫无生气的境地，改革社会弊端早已成为迫在眉睫的问题。或许只有狂雷炸响般的巨大力量才能促使其改变，使它重新焕发出勃勃的生机。龚自珍指出，“法无不改，势无不积”，从古至今，法度一直都是伴随着社会的发展而不断改革的，这是一个国家发展和强盛的关键所在。面对当时的社会困境，改革变通便成为唯一的出路。另外，在人性论思想的认识问题上，龚自珍也提出了自己的看法。他认为，人性“无善无不善，善恶皆后起”，人性在初生之际并没有真正的善与不善的区分，所谓的善恶之性，都是在各种后天因素的影响之下形成的，在本质上取决于后天的道德教育和培养，与天命无关。

（一）法无不改，势无不积

龚自珍说：“自古及今，法无不改，势无不积，事例无不变迁，风气无不移易。”[①]从古至今，法度没有不更改的，权势没有不堆积的，事例变迁、风俗移易都是经常发生的事情。

龚自珍提倡改革，认为只有改革才能变通，只有变通方能不亡国，希望统治阶级能够积极采取措施，革新除弊。他说：

> 天下无巨细，一束之于不可破之例，则虽以总督之尊，而实不能以行一谋、专一事。[②]

囿于陈规旧例，就会万事不可行，欲改革而不可得。因此，他认为“变”才是社会发展之道：

---

① （清）龚自珍，王佩诤校：《龚自珍全集·上大学士书》下册，中华书局 1959 年版，第 319 页。

② （清）龚自珍，王佩诤校：《龚自珍全集·明良论四》上册，中华书局 1959 年版，第 35 页。

春秋何以作？十八九为人伦之变而作。大哉变乎！父子不变，无以究慈孝之隐；君臣不变，无以穷忠孝之类；夫妇不变，无以发闺门之德。①

父子之间若是没有变通，慈孝观念就无法顺利延续；君臣之间若是没有变通，忠孝节义就无法真正施行；夫妻之间若是没有变通，闺门之德也就无从谈起了。生活中的一切人伦纲纪，都是在不断的改革变通中逐渐完善的，所以“一祖之法无不敝，千夫之议无不靡，与其赠来者以劲改革，孰若自改革？抑思我祖所以兴，岂非革前代之败耶？前代所以兴，又非革前代之败耶？”②“一祖之法”没有不产生流弊的，在众人的议论下也没有不消弭的，与其死守着“一祖之法”等待他人取而代之，何不自我改革、变通，以维持长久的统治呢？祖先历代的兴盛都是在改革前朝的基础上产生的，前代的兴盛也是在革新除弊之后才出现的。所以，龚自珍指出，要改革，要变通，要“所图者大，所议者远，所望者深，使天下后世，谓此盛世君臣之所有为，乃莫非盛德大业，而必非吏胥之私智所得而仰窥。则万万世屹立不败之谋，实定于此”③。

“法无不改，势无不积”的改革变通精神，是龚自珍在面对社会积弊时所提出的应对思想，它继承了中华文化中革新除弊的优良传统，为后世的改革、发展应变提供了榜样，也是我们需要传承的精神力量。站在新的历史起点，面向“两个一百年”奋斗目标，在习近平新时代中国特色社会主义思想指引下，全面深化改革，必将汇聚起磅礴之力，创造出美好未来。可以想见，在国际竞争日趋激烈的今天，更需要改革的动力来推动民族的进步与发展。

（二）无善无不善，善恶皆后起

龚自珍的“性善论”思想，是以告子的“生之谓性”“食色，性也”④为基础而建立起来的。“龚氏之言性也，则宗无善无不善而已矣，善恶皆后起者。”⑤龚自珍言“性”，信奉的是“无善无不善”的自然人性论，认为人性的善恶并非生而有之，而是因为后天的因素逐渐形成的。“善非固有，恶非固有，仁义、廉耻、诈贼、很（狠）忌非固有”⑥，善不是固有的，恶也不是固有的。那么，仁义、廉耻，奸贼、凶狠、猜忌也就不是人生来就有的了。他强调后天因素对个人道德品行形成的重要作用，认为后天环境、教育的影响是决定一个人善恶的主要原因：

① （清）龚自珍著，王佩净校：《龚自珍全集·春秋决事比答问第五》上册，中华书局1959年版，第63页。
② （清）龚自珍著，王佩净校：《龚自珍全集·乙丙之际著议第七》上册，中华书局1959年版，第6页。
③ （清）龚自珍著，王佩净校：《龚自珍全集·明良论四》上册，中华书局1959年版，36页。
④ 方勇译注：《孟子·告子上》，中华书局2010年版，第214—215页。
⑤ （清）龚自珍著，王佩净校：《龚自珍全集·阐告子》上册，中华书局1959年版，第129页。
⑥ （清）龚自珍著，王佩净校：《龚自珍全集·壬癸之际胎观第七》上册，中华书局1959年版，第18页。

夫无善也，则可以为桀矣；无不善也，则可以为尧矣……为尧矣，性之桀不亡走；为桀矣，性之尧不亡走；不加菀，不加枯，亦不亡以走。是故尧与桀互为主客，互相伏也，而莫相偏绝。[①]

每个人的性情中，都有善恶两个方面的潜在因素，如果在后天的培养中“无善”，人性就会如同桀一般暴戾；“无不善”，则会成为像尧一样的贤者。但是，因为人性中存在善恶两种潜在因素，人在表现善的一面时，恶的潜在因素依然存在；在宣扬恶之时，善的潜在因素也仍未消失。所以，善恶的泾渭之分，并无确切的范围，人性中潜在的善与恶是相互依存、相互转化的。人性的选择，主要取决于后天的教育和培养。这就要求我们注重后天环境（包括社会环境和家庭环境）的构建，注重后天教育（包括社会教育、学校教育和家庭教育），这样才能培养出德才兼备的人才。

“无善无不善，善恶皆后起”，它强调了注重后天因素的人性论观点，它否定了传统理学家的性理之说，是对我国古代的自然人性论进行的复归式延续。龚自珍的“无善无不善”，在本质上体现了对人性的认知，追求人心向善，在清末的思想领域闪烁着耀眼的光芒，至今仍然具有强大的生命力和影响力。

侯外庐曾将龚自珍誉为“时代的号筒”[②]，也就是时代的代言人。我们看到，“他一生的绝大部分时光，都是在鸦片战争以前，亦即中国行将发生‘三千年余年一大变局’（李鸿章语）的前夜度过的。正是在这样的历史背景下，龚自珍以他思想家独具的深沉与诗人特有的锐敏，紧扣时代的脉搏，发出了自己强有力的声音”[③]，具有承上启下、开一代风气的价值。这也就构成龚自珍核心素养的重要内涵，在中国近代产生过广泛而深远的影响。

① （清）龚自珍著，王佩诤校：《龚自珍全集·阐告子》上册，中华书局1959年版，第129页。
② 侯外庐：《侯外庐史学论文选集下·论龚自珍思想》，人民出版社1988年版，第244页。
③ 樊克政：《中国近代思想家文库·龚自珍卷导言》，中国人民大学出版社2015年版，第6页。

魏源

——放眼世界、革新图强的思想巨人

魏源(1794—1857),名远达,字默深,号良图,邵阳隆回(今属湖南)人,清代著名启蒙思想家、政治家、文学家。他出生于一个家道中落的官宦世家,曾祖魏太公为人刚直,乐善好施,曾被邑令授予"邵邑醇良"的匾额。祖父魏志顺承其家风,隐居未仕,修建"万谷仓",以体恤民情、乐善好施而远近闻名。父亲魏邦鲁曾担任小官,勤政爱民,刻苦求学。魏源自幼天赋禀异,好学用功,经常读书到深夜,"夜则燃豆秸,母绩子读,欣欣忘贫"①。

魏源七岁从塾师刘之纲、魏辅邦读经学史,九岁赴县城应童子试,考官指着画有"太极图"的茶杯提出"杯中含太极"嘱对,魏源摸着怀中二麦饼对曰:"腹内孕乾坤",考官大为惊异。嘉庆十五年(1810)中秀才,道光二年(1822)为举人,道光二十五年(1845)始成进士。后陆续出任过知州类的小官吏,未曾受过重用。其思想时有创新之见,具有强烈的爱国意识,著有《海国图志》《元史新编》等名作留存于世。晚年弃官归隐,潜心佛学,法名承贯。辑有《净土四经》。咸丰七年三月初一日,卒于杭州东园僧舍,享年六十三岁。

一、道德境界:兼取文采而审其德

受家庭环境影响,魏源站在道德观的高度,坚决反对"但取文采而不审其德"的教育理念,主张将品德与才能的教育结合起来,培养德才兼备的人才。他认为,道德教化是人才培养的根本,德行高尚的人才能成为国家和社会需要的有用之才。因此,在道德培养的过程中,要做到"防微杜渐,为善日益",还应当"淡泊无欲,寡言有耻"。所谓"防微杜渐,为善日益",就是说在日常生活中,对待不好的念头或行为应当及时制止,杜绝一切影响道德修养的可能,同时,还要注重善行善念的积累,不断提升自我修养。"淡泊无欲,寡言有耻",是要求在道德修养中追求淡泊宁静、无欲无求的境界,少说话、多做事、懂荣辱、知廉耻。

(一)防微杜渐,为善日益

魏源出生于一个家风优良的官宦世家,家中前辈多注重个人道德品性的修养,在乡里威望颇高,这对魏源道德观的养成影响较大。魏源认为,个人的道德

① (清)魏源:《魏源集·附录·邵阳魏府君事略》,中华书局2018年版,第930页。

品性的修养，并不是一蹴而就的事情，而是要经过长期的积累。

> 草木之长，不见其有予而日修，为善日益也似之；蘼磨之砥，不见其有夺而日薄，为不善日损也似之。[①]

善性的培养，就如同草木的生长一般，平日看不出它的变化，但它确实是在日复一日地生长。磨面的石头，表面上看不出它的磨损，看不出它一天天变薄。做不好的事、做坏事对人的道德品性一天天造成的影响和损害，也像磨面的石头一样。

这就是说，善与恶的积累，是潜移默化的漫长过程。人们对于生活中的小过错可能并不会留意，但每每等到发现之时，小过错可能就发展成大错了。因此，魏源认为，在培养个人道德时，一定要注重"防微杜渐，为善日益"，从小事小善做起，慢慢积累，终究会功德圆满，达到"至善"之境。

如何达到"至善"的目标？魏源提出，要用"三畏""三戒""九思"来对照要求，"三畏"即"畏天命，畏大人，畏圣人之言"。"三戒"即"少之时，血气未成，戒之在色；及其壮也，血气方刚，戒之在斗；及其老也，血气既衰，戒之在得"。"九思"即"视思明，色思温，貌思恭，言思忠，事思敬，疑思问，忿思难，见得思义"。他说：

> 无三畏，则无忌惮之心；无三戒，则无羞恶之心；无九思之思聪、思明、思问，则无是非之心；无九思之思温、思恭、思忠、思敬，则无戒惧之心；无九思之思义、思难，则无恻隐之心。此君子之所自治，而小人之所大戒而小惩。惟平日冰渊之永惕，庶得免乎临时之战兢。[②]

人没有"三畏"，就不会有忌惮之心，没有"三戒"，就不会有羞恶之心，没有"九思"，便不会有是非之心，恻隐之心。"三畏""三戒"和"九思"，是君子的自我约束，是对小人的小惩大诫，只有平日里如临深渊，如履薄冰，小心谨慎，才可能真正避免"临时之战兢"的祸端。

魏源"防微杜渐，为善日益"的道德观，在实质上与荀子的"积善成德，而神明自得，圣心备焉"的说法有异曲同工之处。二者都强调，良好品性的养成需要经过岁月磨砺的漫长过程。人们在日常生活和学习中，只有小心翼翼，秉承"三畏""三戒""九思"的道德理念，不断积累善念、善行，方能使自身的善性得到发展，良好品性得以养成，从而真正达到提升自我道德修养水平的目的。

---

① （清）魏源：《魏源集·默觚上》，中华书局2018年版，第8页。

② （清）魏源：《魏源集·论语三畏三戒九思箴》，中华书局2018年版，第316页。

（二）淡泊无欲，寡言有耻

魏源道德观的另一个重要方面是“淡泊无欲，寡言有耻”，这主要是针对个人性情的养成而言。他认为，我们要追求的道德境界，是一种淡泊宁静、无欲无求的状态。

不苦行险，不知居易之乐也；不苦嗜欲，不知淡泊之乐也；不苦驰骛，不知收敛之乐也；不苦争竞，不知恬退之乐也；不苦憧扰，不知宁静之乐也。①

只有经历了世间的纷繁忧愁之后，才能真正懂得淡泊无欲的可贵。人有欲望，就会千方百计地追寻，求而不得，只会愈加痛苦，求而得之，也会患得患失，“其未得之也，患得之。既得之，患失之，苟患失之，无所不至矣”②。从而影响心态的发展，不利于道德修养的提升。因此，在自我道德修习的过程中，首先要学会克制自己的欲望，“淡泊无欲”。魏源说：

“不忮不求，何用不臧”，寡欲之谓也；“无然畔援，无然歆羡，诞先登于岸”，无欲之谓也。彼以寡欲为足，无欲为非者，何足以臧乎？③

要做到“无欲”，首先就要“寡欲”，“寡欲”到了一定的程度，自然而然也就“无欲”了。这就如同圣人一样：

圣人以心为君，以身为城，以五官为臣，故外欲不入谓之关，内欲不出谓之扃，终身泰然而不知物之可营，未有天君不居其所而能基道凝道者也。④

将“心”作为支配自己言行的主宰，不受外物的干扰和欲望的迷惑，始终保持坚定的信仰与修养自我的道德品性。

其次，在“淡泊无欲”的基础之上，还需要做到“寡言有耻”。魏源指出：“《记》曰：‘物耻足以振之，国耻足以兴之。’”⑤“使人不暇顾廉耻，则国必衰；使人不敢顾家业，则国必亡”⑥。“知耻”，乃是振物兴国之所在，如若人们都不顾廉耻，那么这个国家必然会走向衰亡。魏源非常看重“知耻”在人的道德修养中的作用，甚至将它提升到了影响国家存亡的高度。那么，如何才能做到“知耻”呢？“是

① （清）魏源：《魏源集·默觚上》，中华书局2018年版，第27页。
② 杨伯峻译注：《论语译注》，中华书局2012年版，第260页。
③ （清）魏源：《魏源集·默觚上》，中华书局2018年版，第13页。
④ 同上书，第20页。
⑤ （清）魏源：《魏源集·圣武记叙》，中华书局2018年版，第166页。
⑥ （清）魏源：《魏源全集·默觚下》第12册，岳麓书社2004年版，第72页。

以但轻财色为有廉，并轻权势为有耻；辞受取予不苟为有廉，进退出处不苟为有耻。孔、孟之学，言耻不言廉，有以夫！《诗》曰：‘尚不愧于屋漏。’”[①]在魏源看来，廉耻是与财色权势密切相关的，一个人如果能够把财色看得很轻，那么他可以称之为“廉”。而一个人如果能够在把财色看得很轻的前提下，将权势也看得很轻，他就真的可以算得上是“有耻”了。

魏源所强调的“淡泊无欲，寡言有耻”的道德观，是其一生道德追求的总结，对当代社会的思想品德教育，也有着非常重要的启示作用。

二、学习理念：唯艰苦以得之者，斯能兢业以守之

魏源的治学观，强调一种实事求是的精神，这与其自身的学习经历息息相关。他说：“惟艰难以得之者，斯能兢业以守之。”[②]只有通过艰苦学习得到的知识，才能兢兢业业地恪守，学习需要脚踏实地，而不能弄虚作假。他的治学观主要可以从两个方面阐述：一是“及之而后知，履之而后艰”，通过学习才能获得知识，只有践行才知道其中的艰难，强调了具体的行动和实践的重要；二是“俛焉孳孳，毙而后已”，这提倡的是一种孜孜不倦、锲而不舍的求学精神，要求人们在求学为学的过程中勤学好问，善于思考，始终秉承“活到老学到老”的学习理念，勇于求知，不耻下问，积极拓宽研究领域，不断丰富和提升自我的知识储备。

（一）及之而后知，履之而后艰

在学习方法上，魏源非常强调实践的作用，他反对“生而知之”的唯心主义先验论，认为只有通过“习”与“行”的结合才能真正地获得新知。他指出：“及之而后知，履之而后艰，乌有不行而能知者乎？”[③]只有学习了方能获得知识，只有践行了才能通晓其中的艰难，这世上并不存在不行动就可以获得的学识。

在知行关系上，魏源明确主张先行后知。他说：

> 披五岳之图以为知山，不如樵夫之一足；谈沧溟之广以为知海，不如估客之一瞥；疏八珍之谱以为知味，不如庖丁之一啜。[④]

客观事物的真知需要通过人们的实践活动来获得，这就如同樵夫知山、估客懂海、庖丁知味一样，无数次的想象，终究比不上一次亲身的体验。学习是一个知行合一、不断实践的过程，需要联系现实存在的各种情况，他接着说：

> 古今异宜，南北异俗，自非设身处地，乌能随盂水为方圆也？自非众议

① （清）魏源：《魏源全集·默觚下》第12册，岳麓书社2004年版，第62页。
② （清）魏源：《魏源集·默觚上》，中华书局2018年版，第20页。
③ （清）魏源：《魏源全集·默觚下》第12册，岳麓书社2004年版，第7页。
④ 同上。

参同，乌能闭户造车，出门合辙也？历山川但壮游览而不考其形势，阅井疆但观市肆而不察其风俗，揽人材但取文采而不审其才德，一旦身预天下之事，利不知孰兴，害不知孰革，荐黜委任不知孰贤不肖，自非持方枘纳圆凿而何以哉？[①]

古今不同，南北异俗，只有设身处地实践考察，才能知道大自然的真实情况，闭门造车，不考虑社会实际，又怎么可能会合辙而动呢？他要求人们，游览山川时，注意考察其地形地势；观看市井风采时，不要忘记记录当地的风俗习气。同样，在招揽人才时，一定要注重德才兼备，对社会负责，先行而后知，勤学而好问。

（二）俛焉孳孳，毙而后已

魏源治学以勤学好问，孜孜不倦而著称。他刚完婚不久，就告别温柔贤淑的妻子，前往长沙岳麓书院，为报考国子监生员做准备。同年秋天，被主考的学正汤金钊取录为国子监生员。后汤金钊升任国子监祭酒，魏源也跟随他一同去北京学习。有一次，魏源为了注释《大学古本》，独自在书房中学习了50多日未曾露面。汤金钊担心他生病，便忐忑不安地赶到魏源的寓所来探望。魏源听说校长亲自来了，便慌慌张张地出来迎接。汤金钊看到魏源那副蓬头垢面、衣冠不整的样子，一开始，也是心中疑惑，当他发现魏源的书案上摆放的一大摞《大学古本》的注释底稿时，才恍然大悟，原来他是闭门注书，真正是废寝忘食，顿时百感交集，又是惊愕又是怜惜。由此，魏源的勤奋刻苦可见一斑。

魏源认为：“人有恒言曰：‘学问’，未有学而不资于问者也。土非土不高，水非水不流，人非人不济，马非马不走。”[②]学问是人永恒的追求，它的主要方法之一就是问，“学资于问”，就如同土资于土，水资于水一般，是其进步与壮大的基础所在。所以，人们在求学为学过程中，一定要博览群书，坚持刻苦求证，不耻下问。这样，才能增长自己的见识，拓展自己的视野，正所谓“绝世之资，必不如专门之夙习也；独得之见，必不如众议之参同也”[③]，即使是超凡的天才，一定比不上养成了专心读书治学习惯的人；个人独自的见解，一定比不上众人商议而得出的结论。如若我们在现实中真的能够坚持不懈，做到“俛焉孳孳，毙而后已”，那么，“何微之不入，何坚之不靡，何心光之不发乎”[④]？还有什么不能成功的呢？

---

① （清）魏源：《魏源全集·默觚下》第12册，岳麓书社2004年版，第36页。

② 同上书，第35页。

③ 同上。

④ 同上书，第6页。

三、 思想成就：创榛辟莽，前驱先路

作为清代著名的启蒙思想家，魏源亦是近代中国"睁眼看世界"的首批知识分子中的优秀代表。他"创榛辟莽，前驱先路"，以"经世致用"为宗旨，提出了"变古愈尽，便民愈甚"的变法主张，要求统治者废弃愚昧落后的科举制度，"广延天下之才"，倡导学习西方先进科学技术，注重培养脚踏实地敢作敢为的新式人才。此外，他还提出了"师夷长技以制夷"的主张，力求改革腐朽的封建政治，坚决主张抵御外国侵略，用行动一雪前耻。魏源希望人们能够摒弃成见，认清现实，放下天朝大国的虚幻梦想，引进并学习西方先进的科学技术，励精图治，奋发图强，将外国的技术和思想融会贯通，熟练运用，使国家富强，不受外侮。

（一）经世致用，广延其才

对于清政府推行的腐朽而落后的教育制度，魏源进行了大胆抨击。他一针见血地指出，清政府落后的教育制度培养出来的读书人，只会训诂考据，八股辞章，埋首于故纸堆自我陶醉，而对世界各国的进步发展却视而不见，故步自封。面对此种状况，魏源提出了他"经世致用，广延其才"的教育主张。

所谓"经世致用，广延其才"，就是讲要重能力、讲效用，为国家、社会广揽能够兴利除弊、建功立业的优秀人才。"文王之作人也，有造士之政焉，有求贤之政焉。"[①]他向往文王之政，造经世致用之才，求救国救民之贤。在学术研究方面，魏源认为，"今必本复古"，往圣先贤所留存下来的宝贵思想必须学习继承，但同时也要注意，"善言古者，必有节于今"。习古是为了治今，所以，绝对不可以脱离当前社会的实际情况，"时务莫切于当代"。与此同时，"广延其才"也是非常重要的一个方面。他认为，清政府落后的教育制度和选拔人才的方式，在面临外敌侵略的危难时刻，亟待变革。要选拔能够"睁眼看世界"、能认清世界潮流的新型人才。他在这里强调的也是一个知人善用的问题。魏源说："不知人之短，不知人之长，不知人长中之短，不知人短中之长，则不可以用人。"[②]用人贵在"识人之长短"，用其长避其短，量才为用，方能得到真正的贤士。

魏源以"经世致用"为宗旨，提出了"广延天下之才"的主张，表现了他渴望改革、求贤若渴的救国心态。魏源毕生从事著述，致力于政治、经济、文化，教育等方面的经世致用研究，始终走在引领思想潮流的最前端，代表了中国第一批先进知识分子的诉求，这对当代社会有着积极的借鉴意义。进入新时代，国家对人才的需求也跨入了一个新的阶段，培养和引进"经世致用"的高精尖人才已经成为迫在眉睫的问题。正如习近平总书记所言："我们要坚持教育优先发

---

① （清）魏源：《魏源全集·默觚下》第12册，岳麓书社2004年版，第57页。

② 同上书，第52页。

展、科技自立自强、人才引领驱动，加快建设教育强国、科技强国、人才强国，坚持为党育人、为国育才，全面提高人才自主培养质量，着力造就拔尖创新人才，聚天下英才而用之。”①

（二）师夷长技以制夷

“师夷长技以制夷”作为一个完整的思想主张，是魏源在《海国图志》一书中提出的。它是指通过学习和使用西方先进的科学技术来抗击西方侵略，“以子之矛攻子之盾”。这一观点，在中国的改革历史上占有重要的地位，一经提出，便成为当时晚清有识之士挽救封建王朝、实现国富民强的重要指导思想。

魏源的“师夷长技以制夷”，主要包含了相互联系的两个方面：“师夷长技”以及“制夷”。先是“师夷长技”，即要学习和引进西方先进的科学技术，不骄傲不自负，摒弃天朝大国的迂腐观念，正确认识当时的世界潮流。外国的所谓“长技”，即指“战舰、火器、养兵练兵之法”，这是魏源总结出来的关于西方先进技术的主要方面。“师夷长技”之后，就可“制夷”了。“制夷”就是抗击侵略、保家卫国，凭借自身强大的国力与兵力，痛击侵略者，保护国家领土与主权。魏源的这一主张，其实质就是希望统治者能够体察国情，认清现状，放弃闭关锁国的政策，学习和引进西方的先进技术，融会贯通，壮大国家实力，反抗外来侵略。魏源“师夷之长技以制夷”思想的提出，打破了传统的夷夏之辨的文化价值观，摒弃了“天圆地方”“天朝中心”的陈腐观念，为广大知识分子展示了一种全新的世界观。他的这一主张，不仅在当时具有进步意义，对于后来的资产阶级变法维新运动，也起到了积极的推动作用。他传播了近代自然科学知识以及别种文化样式、社会制度、风土人情，拓宽了国人的视野，开创了近代中国学习西方的先河，使近代的中国人从旧的传统思想中猛地惊醒过来。

“一个半世纪以前的魏源，毫不顽固保守，妄自尊大，主张学习和掌握人家的长技；毫不奴颜媚骨，妄自菲薄，这样一种坚定自若的民族自信心和自尊的思想，这样一种炽烈的爱国主义激情，正是我们民族的精魂所在。”②魏源强烈的民族自尊心和自信心是中华民族的精神追求，早已融入了中国儿女的血液。跨入新时代，各国信息的交流愈加频繁，科技创新日新月异，“师夷长技以制夷”依然可以为国家的发展战略定位提供借鉴。我们要辩证地看待他国文化，取其精华，去其糟粕，将其精髓部分融会贯通，为我所用。同时，坚守文化自信，大力推动中国文化走出去，为中国经济、外交和安全影响力的扩展提供更加有效的软保护、构筑更有利的软环境，为强国自信提供更基本、更深沉、更持久的力量。

---

① 《习近平著作选读（第一卷）》，人民出版社 2023 年版，第 28 页。

② 刘宏：《魏源爱国主义思想及其对当代中学生爱国主义教育的启示》，湖南科技大学报 2015 年，第 13 页。

“魏源的改革思想是同他深邃的发展变化哲学观相联系的，他能站在时代的高度观察问题，所提出的改革主张更能洞悉原委利弊，击中要害。”[①]这一评价可谓一语中的。魏源倡导冲破封闭状态，开眼看世界，向西方学习，以此实现御侮强国的根本策略，的确是把握了时代的课题。魏源提出经济改革主张，也是对封建专制、腐朽官僚体制的尖锐挑战。他提出的“人者，天地之仁也。天地之性人为贵”命题，更昭显了强烈的民本思想。这些思想对新时代的全面深化改革，推进强国战略都将有很好的借鉴意义。

① 陈其泰、刘兰肖：《魏源评传》，南京大学出版社2005年版，第634—635页。

第七篇

大家云集的璀璨时代

中国近现代先贤的核心学养概述

1840年，第一次鸦片战争的爆发拉开了中国近代史的帷幕，延续了数千年的封建社会逐步向半殖民地半封建社会过渡，中国历史的发展进入了一个崭新的纪元。这一时期，侵略者的坚船利炮轰开了中国的大门，中华民族五千年的文明惨遭蹂躏，一大批先进的知识分子和爱国人士开始从"天朝上国"的梦幻中惊醒，致力于救亡图存的思想解放运动。从"师夷长技以制夷"，到维新变法，追求民主共和，提倡科学民主，接受马克思主义；从器物的学习到制度的建设，再到西方科学、文化的提倡，中国近现代的有识之士在艰难的探索中寻求救国之路。

这是一个战乱不断、充满屈辱的时代，也是一个大师辈出、群英荟萃的年代，从社会科学到自然科学，从教育到实业，各个学术领域都涌现出了许多颇具代表性的名流。他们道德高尚、潜心改革，在传统文化根基扎实的基础上提倡学习和借鉴西方的科学、文化，大都形成了自身独特的求学治学经验，值得我们钦佩和学习。

一

清朝末年，经历了二次鸦片战争和太平天国运动的内忧外患之后，腐朽不堪的统治阶级早已摇摇欲坠，如同以往历史上任何一个王朝一样，曾经的天朝上国也终于在封建的樊笼中走向了末路。政治的腐朽和经济的衰败直接影响了知识分子的思想理念，"国之不存，民将焉附？"于是，在封建皇权的支持下，一场自上而下的改良运动轰轰烈烈地展开了。

咸丰十年十二月初一日（1861年1月11日），恭亲王奕䜣，会同桂良、文祥上奏《通筹夷务全局酌拟章程六条》，推行以富国强兵为目标的洋务运动，以此目标为中心的洋务派也正式登上了清朝的政治舞台。在李鸿章、张之洞等人的主持与筹谋之下，洋务派以"自强""求富"为旗号，采用西方先进生产技术，创办了一批近代军事工业，江南制造局、福州船政局等相继问世，北洋水师学堂、威海水师学堂、南洋水师学堂等也先后建成。这些军事工业的创办与发展，在很大程度上带动了国家经济与学术思潮的发展，"师夷制夷""中体西用"一跃而成为主流思潮，洋务运动取得了阶段性的成效。即便如此，洋务运动的改良仍未超脱出旧时代的范围，依然是封建朝代常规的自我转变，并未从根基上动摇封建社会的制度体系。失败，似乎在所难免。1894年，中日甲午战争爆发，北洋海军全军覆没，标志着清朝海军实力的完全丧失，辛苦维系了33年的洋务运动宣告破产。

洋务运动对中国教育近代化起了极大的推动作用，培养出了许多具备西学知识的新式人才，晚清名臣张之洞便是其中的代表人物之一。张之洞，字孝达，号香涛，出生于贵州兴义府官舍。自幼天赋异禀，聪慧非常，五岁入家塾，转益多师，接受了严格的儒家教育。他生活于洋务运动的大背景之下，核心学养表现为“兴学育才”的教育理念。张之洞注重经世致用，提倡“实学”，强调以通读史经为主的学习方法。在他看来，西方国家之所以能够强盛，并非是因为他们的兵将厉害，而是在于其教育的发展，学校的建设。“国势之强弱在人才，人才之消长在学校，环球各国竞长争雄，莫不以教育为兴邦之急务”[①]。国势的强弱决定于人才，而人才的成长则在于学校的培养。因此，教育的振兴才是当务之急，是一个国家救亡图存的根本所在。张之洞一直致力于培养知“新”知“本”及“中体西用”式的人才，所创办的书院和学堂，北起太原，南到广州，西起成都，东到金陵，遍布了大半个中国，收效甚好。此外，他在20世纪初主持中国教育改革时，所制定的“癸卯学制”，影响深远，对废除科举制度起到了关键性的作用。总体说来，张之洞“兴学育才”的教育思想，在中国学习思想史上有较大的影响，构成了其核心学养的关键部分，对中国教育的发展起到了巨大的促进作用，对后世教育理念的发展产生了积极的影响。

二

光绪二十一年(1895)，中日甲午战争中国战败，清政府迫于日本军国主义的军事压力，签订了《马关条约》，帝国主义又掀起了瓜分中国的狂潮。与此同时，空前严重的民族危机在一定程度上促进了国民性的觉醒，激起了波澜壮阔的爱国主义救亡高潮——戊戌变法。这一运动以康有为、梁启超为代表，作为维新派的关键人物，他们立足于晚清政坛，试图通过改良主义的道路来达到社会改革的目的，促使中国社会向近现代社会变革。他们创办京师大学堂，废八股、兴西学，引导了兼习中西的学术方向，使得更多的西方学说被翻译到国内，中国的思想界渐趋活跃。这一时期，人们逐渐地开始将目光投向西方的科学教育法，推崇者甚众，梁启超自然也不例外。他出身于士绅家庭，在学习方法上却尤为推崇西方的科学教育法。在梁启超看来，传统的经史教育太过于古板，缺乏一种循序渐进、由浅入深的学习过程，对于人的天赋发展而言，完全是一种倒行逆施的陈旧模式，既不符合学生的成长规律，也不利于近代教育体系的发展。学习，应当是一个循序渐进、由浅入深的过程，它需要自身的探索与外界的指引。在这一过程中，可以充分体会“柳暗花明又一村”的豁达境界，由易到难，逐渐挖掘学问本身的潜力与内在含义，愈深则愈广，愈广则愈精，是以“近各国教

① 吴剑杰编：《中国近代思想家文库·张之洞卷》，中国人民大学出版社2014年版，第394页。

育，必令学童先习《溥通学》，得有常识，然后使之专门学中自择一焉”[①]，“学问之功，贵乎循序渐进，经久不息”[②]。因此，要想在学习和研究中取得良好的成果，就要循序而渐进，由浅而入深，博学而精思，不断挖掘自身潜力。

好景不长，戊戌变法触动了以慈禧太后为首的守旧派权益，遭到了他们强烈的抵制与反对。1898 年 9 月 21 日，慈禧太后发动戊戌政变，光绪帝被囚，维新志士接连遇害，历时 103 天的变法改革终究还是败给了封建社会的残酷现实。

三

辛亥革命之后，民国政府建立，封建帝制被彻底推翻，近代中国社会半殖民地半封建的性质却没有改变，封建势力与反封建势力、复辟力量与反复辟力量之间的斗争也仍旧存在，社会矛盾激烈，各方势力此起彼伏。而此时的思想文化领域，则是另一派景象。在经历了辛亥革命的洗礼之后，大部分的知识分子开始冷静下来，思考现实，他们在寻求救亡图存的道路中对西方学说有了更加深入的了解，也对中国封建思想的顽固有了更高层次的认知，思想解放，势在必行。1915 年 9 月，陈独秀在《青年杂志》创刊号上，发表《敬告青年》一文，旗帜鲜明地提出“民主”与“科学”两大时代口号，锋芒所向直指维护封建政治统治的封建礼教，一场志在宣扬民主主义的反封建文化运动正式拉开了帷幕。在这一运动中，以陈独秀、李大钊、鲁迅等为代表的知识分子，大力宣传近代民主思想，同封建势力尊孔复古思想展开了激烈的论辩。

蔡元培于 1917 年聘请《新青年》主编陈独秀为北京大学文科学长，并聘请李大钊、钱玄同等“新派”人物在北大任教，采用“思想自由，兼容并包”的办学方针，实行“教授治校”的制度，提倡学术民主，支持新文化运动。作为我国近代时期著名的革命家、教育家、政治家，他提倡“教育平等”“个性发展”，认为教育是平等的，作为独立存在的个体，每个人都公平地享有教育资源，平等地具备接受教育的权利和发展个性的能力。

蔡元培的核心学养主要表现在两个方面：一是道德修养方面。他指出：“人格之发展，必与社会之发展相应”[③]，个人道德修养的养成与社会发展是相互协调、相互适应的。因此，“修德之道，先养良心”便成了最基本的准则与要

---

① 梁启超：《饮冰室合集·立志第二》(典藏版)第 26 卷，中华书局 2015 年版，第 21 页。

② 中国报纸副刊研究会编：《中外哲理名言 4》，中国文史出版社 2010 年版，第 50 页。

③ 欧阳哲主编：《中国近代思想家文库·蔡元培卷》，中国人民大学出版社 2014 年版，第 176 页。

求，人们对于道德义务的认知来源于自己的良心，“良心者，道德之源泉”，它可以促使人们对自身的道德行为有一个明确的认识与掌控，从而达到履行个人义务、追求道德良知的最终目的。在此基础之上，便是对道德的至高境界——“完全之人格”的追求，这需要做到“公私兼备”，强调日常的行为规范以及人格的完善与升华。蔡元培将公德与私德作为构成完全人格的必要条件，要求人们在日常的学习与生活中，主动积极地修养私德，同时尽心尽力地遵循公德，努力寻求公而忘私的完全人格。二是治学方法方面。他说：“修学者，务博而精也”①，认为学问的修习，重点在于“博”“精”二字，博学与精研是追求学识的重要方法。在蔡元培看来，“耐久”与“爱时”是修学过程中的两种重要方法，正所谓“修学之道，耐久爱时”，要求人们在求学为学的过程中能够秉承持久的耐心，专心致志、不厌不倦。同时，刻苦勤奋，爱惜时间，在有限的人生岁月中探索无限的知识。此外，蔡元培还强调，学习是一个自主实践的过程，需要“独立思考”和“实事求是”，脚踏实地、步步深入，敢于质疑反思，求其然并且求其所以然。

新文化运动，是中国近代史上一次空前的思想解放运动，它高举民主与科学的旗帜，对封建专制制度和封建思想文化进行了一次猛烈的扫荡，使中国的知识分子再一次受到了西方先进文化的洗礼，促进了中国人民特别是知识青年的觉醒，为新思潮的传播开辟了道路，为中国现代文化的普及与繁荣做出了不可磨灭的突出贡献。

四

1919年，在巴黎和会上中国政府的外交失败，直接引发了国内民众的强烈不满。5月1日，北京大学的一些学生获悉巴黎和会拒绝中国要求的消息。当天，学生代表就在北大西斋饭厅召开紧急会议。5月4日下午，北京三所高校的3000多名学生代表冲破军警阻挠，云集天安门，打出了“誓死力争，还我青岛”“外争主权，内除国贼”等口号，火烧曹宅，要求惩办相应人员，群情激奋，四方人士云集，以此为开端的“五四运动”轰轰烈烈地展开了。

文学研究会，是“五四运动”中成立最早、影响和贡献最大的文学社团之一，由周作人、郑振铎、叶圣陶等人发起成立，以“研究介绍世界文学，整理中国旧文学，创造新文学”为宗旨，共同扛起了“为人生”的现实主义文学旗帜。叶圣陶，是我国现代著名的教育家、作家，有着“优秀的语言艺术家”之称。他特别强调

① 同上书，第129页。

学习习惯的养成,“好习惯养成了,一辈子受用;坏习惯养成了,一辈子吃它的亏,想改也不容易”①。落实到具体实施方面,叶圣陶主要提出了三点意见,分别是重视基础、注重积累、自主学习与终身学习。在叶圣陶先生看来,学习都是从基础开始的,从一个字、一个词开始学习,多写多练,逐步地积累经验,然后才有所成就。而积累过程则要注重学习态度,在学习过程中要做到认真细致,阅读书籍、撰写文章不能马马虎虎、随随便便,只有打好了牢固的基础,房子才能建得又高又牢固。同时,要学会自主学习,而不是永远依靠老师的传授教导。在他看来,向老师学习的目的,即老师教育学生的目的,就是培养学生自主学习的能力,学生真正应该学习的是老师的学习经验,学习老师是如何去自主学习的,而不只是单纯地学知识。叶圣陶提出自主学习的出发点,就是为了提倡终身学习。每个人在学校的学习时间是有限的,离开学校的生活占据人一生绝大部分的时间,离开学校之后就要依靠自主学习了。社会在不断发展,人的能力需要不断增强,否则就会出现“本领恐慌”。叶圣陶自主学习与终身学习思想能引领我们提升本领,增强素质,为社会贡献智慧和力量。

在中国近现代的学术思潮之中,还有一位对中西文化交流做出了卓越贡献的特殊人物,就是林语堂。他是我国现代著名作家、翻译家、语言学家,早年因留学国外而很少参与国内的文化运动。他是西方世界公认的幽默文学大师,并以提倡幽默而闻名于民国文坛,他本人乐于以“现代第一位幽默思想鼓吹者”身份自许。林语堂展示的是他乐天知命的处世态度,追求的是陶渊明式的理想生活。在学习上,他强调自由式的学习态度。林语堂认为,要给予学习者充分的自由,使其能够不受拘束地、广泛地阅读,并从中找到自己感兴趣的学习内容。只有找到自己真正感兴趣、适合学习的内容,才能从中体会到读书、学习的乐趣,才会主动、深入地学习、钻研。强迫式的学习,可能就会事倍功半。一方面,学习者并不一定有学习这方面知识的才能、天赋;另一方面,强迫式的学习方式不能引起学习者的学习乐趣,甚至会让学习者反感,这样的情况下,怎么可能取得好的效果呢?事实上,林语堂追求自由学习的乐趣,和他父亲有很大的关系。林语堂的父亲没有上过学,全靠自学识字读书,最后在一座教堂中担任神父。他的父亲始终保持了一种乐观向上的态度,对于自己过去的经历也不忌讳,甚至把自己当小贩时候的事情编成故事讲给孩子听,用自己勤奋自学的经历来鼓励孩子们努力学习。在父亲的影响下,林语堂养成了乐天知命的生活态度,形成了自觉学习、自由学习的思想。

---

① 叶至善等编:《叶圣陶集·认真学习语文》,江苏教育出版社1992年版,第210页。

总体而言，清末之后的中国社会，在西方列强的入侵下由封闭到开放，从开放到自强，在经历了一百多年的荣辱沉浮之后，终于步入了现代民族复兴的历史征程。在这一段历史中，以张之洞、严复、蔡元培等为代表的一大批杰出学者，积极投身于救亡图存的改革运动，形成了他们自身独具特色的核心学养，在中华民族文化传承的长河中熠熠生辉。

严复

——教育救国的一代宗师

严复(1854—1921),初名传初,曾改名宗光,字又陵,后又改名复,字几道。福建侯官(今福建福州)人。近代著名的翻译家、教育家、新法家代表人。他出生在一个中医世家,父亲严振先,为人忠厚,早年"弃儒为医,以仁心精术有声州里间",医术颇高且具备一定的国学根底,家学渊源深厚。严复自幼在父亲的教导下学习《三字经》《百家姓》等蒙学读物,勤奋刻苦,聪慧非常,成效显著。十一岁时,已能自己阅读儒家经典。他小小年纪就承载了这个医学世家的荣耀与期望。

成年之后,在漫长的求学生涯中,严复先后就读于福州船政学堂和英国皇家海军学院,均表现突出,成绩优异。回国后陆续担任天津北洋水师学堂总办、上海复旦公学校长、安庆高等师范学堂校长、清朝学部名辞馆总编辑等职务,自中日甲午战争开始,思想逐渐倾向于变法维新。他在北洋水师学堂任教期间,培养了中国近代第一批海军人才,同时翻译了《天演论》《原富》等西学名著,大力宣传西方的哲学、经济思想,对西方国家的民主与科学进行了系统的介绍,在中国近代救亡运动中发挥了警世骇俗、振聋发聩的启蒙作用,集中体现了一代改革思想家的核心学养。1915年,严复作为"筹安会"的发起人参与了袁世凯的帝制运动,自此名声颇受影响,1921年10月27日殁于福建,享年六十八岁。他的一生,可称得上"传奇"二字,马勇在《盗火者严复传》开篇写道:"在中国近代思想史上,严复的作用与贡献都至为明显,不论是他以独特的方式翻译的西方近代学说,还是他那些具有批判性的犀利文字。"[①]正如国务院总理李克强所言,"严复学贯中西,是第一批'放眼看世界'的中国人"。严复向国人翻译介绍西学,却又能葆有一颗纯正的"中国心",提倡改革,启蒙后世,是每一位中国人都应当记住并且学习的。

一、道德涵养:自由为体,背苦向乐

严复的道德观,以崇尚自由、寻求善性为宗旨,主要包括两个观点:一是"民之自由,天之所畀",在严复看来,人民具有自由选择的权利,这是由上天所

---

① 马勇:《盗火者严复传》,东方出版社2015年版,第2页。

赋予的，是每个人与生俱来的，不需要他人的施舍与恩赐，男女平权，婚恋自由，腐朽愚昧的传统道德需要我们的批判与扬弃；二是“有乐无苦，有善无恶”。他将善恶类比为苦乐，重新定义了善恶标准的根据，认为人具有趋利避害、背苦向乐的本能，自然而然也就具备了追求善性的动力，而苦乐所占据的比例，就可以视为善恶二者之间的判断，需要我们在道德修养的过程中求乐扬善，远离苦恶。

（一）民之自由，天之所界

严复向往自由平等，所以，早期对中国传统道德的部分内容持批判态度，他认为“中文自繇（由），常含放诞、恣睢、无忌惮诸劣义”[①]，于是便从西方资产阶级启蒙思想的天赋人权论出发，在《辟韩》中提出了“民之自由，天之所界也”[②]的观点，否定“主权神授说”，宣扬自由与平等。

在严复看来，自由是个人道德追求的基本保障，是世人生而兼具的自然权益，“唯天生民，各具赋畀，得自由者乃为全受”[③]，只有获得了自由的人才算是完全接受了上天赋予的禀赋，才能称为一个完全意义上的人。而“侵人自由者，斯为逆天理，贼人道”[④]，侵犯他人自由的，就是逆天理而行，乃是败坏人道的行为，自然也不会得到真正意义上的拥护。当然，严复的自由也并非是全无限制的自由，“人得自繇（由），而必以他人之自繇（由）为界”[⑤]。他追求的是一种有边界的自由，一种限定在国家政府的条例之内的自由，“是故人生无完全十足之自由，假使有之，是无政府，即无国家”[⑥]，“政府自由而无制，则国民鞹首蹙额之日至矣”[⑦]，强调自由观念的界限性与合法性。

关于平等，严复在其道德观中着重宣扬男女之间的权利平等。几千年封建文化使“男尊女卑”的伦理观念根深蒂固，女性在男权主义的背景之下，长期处于被歧视和被压制的状态，她们“苦于政教之不明，虽有天资，无能为役。盖妇人之不见天日者久矣”[⑧]。面对这样的社会现实，严复大胆地提出了男女平权思想，认为在新的时代，应当抛弃旧有的封建观念，效仿西方的男女平权。他指出：

> 妇女之出门晋接，与自行择配二事，实为天理之所宜，而又为将来必至之俗。……然则此俗又何以行乎？仍不外向所言，读书阅世二者而已。大

① 严复：《严复集·〈群己权界论〉译凡例》，中华书局 1986 年版，第 132 页。
② 严复：《严复集·辟韩》，中华书局 1986 年版，第 35 页。
③ 严复：《严复集·论世变之亟》，中华书局 1986 年版，第 3 页。
④ 同上。
⑤ 严复：《严复集·〈群己权界论〉译凡例》，中华书局 1986 年版，第 132 页。
⑥ 严复：《严复集·政治讲义》，中华书局 1986 年版，第 1287 页。
⑦ 同上书，第 1290 页。
⑧ 严复：《严复集·论沪上创兴女学堂事》，中华书局 1986 年版，第 469 页。

家妇人非不知书，而所以不能与男子等者，不阅世也。娼家之女，日事宴游，而行事又若此其狼藉者，不读书也。二者兼全，则知天下之变，观古今之通，有美俗而无流弊矣。[①]

他认为，要做到男女平等，婚恋自由，女性也要有读书阅世的权利，她们需要突破传统道德的压制，自立自强，从人性的束缚中解放出来，成为独立存在的完整人。

严复的自由平等思想，是顺应当时社会潮流的，对于处于蒙昧时期的人性发展有着积极引导作用，奠定了国民道德人格培养的基调。即便是在当代社会，对于公民的基本道德建设也仍然具有借鉴意义。

（二）有乐无苦，有善无恶

严复对中国传统的人性论，尤其是宋明理学中的“存天理、灭人欲”思想，在很大程度上持批判态度。在他看来，这些学说的实质就是从根本上对人类的自然情感与道德品性进行对立的划分，试图将人类的诸多正常感情扼杀在萌芽状态，严重违背了自然伦理的内在规律，也不符合当今社会的发展规律。

在近代思想启蒙的社会大背景下，严复对传统善恶观念重新定义，“有乐无苦，有善无恶”，以苦乐作为善恶的标准，提倡自然情感的解放。他说：“夫背苦而向乐者，人情之大常也，好善而恶恶者，人性所同具也。”[②]如同背苦向乐是人之常情一般，好善恶恶也是人性中的共同特点，“世变无论如何，终当背苦而向乐。此如动植之变，必利其身事者而后存也”[③]。这是由自然界的内在规律所决定的，是一种本能的存在，无论世间如何变化，都不会有所更改。严复认为：“乐者为善，苦者为恶，苦乐者所视以定善恶者也。”[④]乐为善，苦为恶，趋利避害、背苦向乐就自然而然地成为人追求善性的强大动力。这明显是受到西方快乐主义伦理思潮的影响，试图在多变的社会现实中寻求道德上的解脱。落实到具体的实践中，在苦乐支配下的善恶观念就有了广义与狭义的区分，严复指出：

人度量相越远，所谓苦乐，至为不齐。故人或终身汲汲于封殖，或早夜遑遑于利济。当其得之，皆足自乐，此其一也。且夫为人之士，摩顶放踵以利天下，亦谓苦者吾身，而天下缘此而乐者众也。使无乐者，则摩放之为，无谓甚矣。慈母之于子也，劬劳顾恤，若忘其身，母苦而子乐也。至得其所求，母且即苦以为乐，不见苦也。即如婆罗旧教苦行熏修，亦谓大苦之余，

---

① 严复：《严复集·论沪上创兴女学堂事》，中华书局1986年版，第470页。

② 严复：《严复集·政治讲义》，中华书局1986年版，第1241—1242页。

③ 严复：《严复集·天演论·进微》，中华书局1986年版，第1355页。

④ 严复：《严复集·天演论·善群》，中华书局1986年版，第1359页。

偿我极乐，而后从之。然则人道所为，皆背苦而趋乐。必有所乐，始名为善，彰彰明矣。故曰善恶以苦乐之广狭分也。①

“乐”有不同的差别和定义，“善”的产生也因对“乐”的定义不同而产生了变化，比如圣人为了天下摩顶放踵、母亲为了孩子劳苦身心，都是出自内心之“乐”，如果脱离了“乐”，为善也没有意义了。

“有乐无苦，有善无恶”的道德主张，实际上肯定了个人的合理欲求，为行为主体对快乐的追求冠上了道德的“善性”，既约束了“恶性”的发展，又激励了人们对于欲的追求，对近代经济的发展起到了积极的推动作用。总之，严复的这一思想，从理论上解放了享乐主义的人性观，有利于国家财富的积累以及生活方式的转变，暗合了社会近代化发展潮流的主旨，影响深远。

二、治学理念：民智者，富强之源也

严复指出，人的教育与发展需要各方面的启发与诱导，“瀹其天明，练其天禀”，以期在外界力量的帮助下使各方面的能力得到锻炼与发展，对所获知识进行总结与积累，增长智慧，开发潜力。另外，还要严格遵循“实测内籀，演绎归纳”的实践方法，从实际出发，善于运用演绎与归纳的方法对事物进行科学的、全面的认识，从而发现事物发展的规律，并以此指导实践。

（一）瀹其天明，练其天禀

在教育过程中，严复对具有鼓励启发作用的诱导模式十分推崇。对求学者的天资并没有过分的要求，但也认为“耳目聪明，思虑精警”是需要具备的基本条件，“初不必天资过绝人，而耳目聪明，思虑精警，如西人所谓母慧者（Mother wit），则又不可无”②。事实上，大多数人都具备天资，但天资的高低有不同，每个独特的个体都有其自身的差距，需要教育的引导与点拨，正如严复所说的“瀹其天明，练其天禀”。

对于这种启发诱导的教育方法，严复是这样论述的：

是故教育者，非但曰学者有所不知，而为师者讲之使知；学者有所未能，而为师者示之使能也。果如此，则大宇长宙之间，其为事物亦已众矣，师又安能事事物物而教之。即使教者至勤，而学者又极强识，然而就傅数年，尽其师之能事，而去师之日，计其知能，亦有限已，何则？讲者虽博，而所未讲者固无由知；示者虽多，而所未示者固末由能也。嗟乎！此教鹦鹉沐猴之道耳，而非教人之道也。教人之道奈何？人固有所受于天之天明，

① 严复：《严复集·天演论·善群》，中华书局1986年版，第1359页。

② 严复：《严复集·实业教育》，中华书局1986年版，第207页。

又有所得于天之天禀。教育者，将以瀹其天明，使用之以自求知；将以练其天禀，使用之以自求能；此古今圣哲之师，所以为蒙养教育之至术也。孟子曰："引而不发，跃如也。"孔子曰："举一隅必以三隅反。"夫非是之谓乎？[①]

教育者，不是全能的，他们不应该只是为了让学生知晓自己的知识才进行教育，即便最勤奋的学生，用积极的态度去学习，从老师那里获得的知识也是有限的。老师虽然博学，也会有不通晓的方面，单纯的传授知识不是真正意义上的教育，这样的教法如同教鹦鹉学舌、沐猴衣冠，是一种机械重复的知识传递，并不是教人的方法。严复提倡的教育方法是"瀹其天明，练其天禀"，希望教师能够对于学生的学习起到激励诱导的作用，教会他们如何运用和挖掘自己的天赋，在恰当的引导下，不断增强自我的学习能力。

严复的"瀹其天明，练其天禀"，强调对学生天赋的启发与诱导，是一种科学的教育方法，它要求人们在求学为学的过程中，注重自身天资的培养，养成良好的学习习惯，这对新时代的教育改革具有积极的参考价值。

（二）实测内籀，演绎归纳

"实测内籀，演绎归纳"是严复治学的另一个重要方法。这种方法借鉴了英国著名哲学家培根的实验教学理论，强调从能观察的实际经验出发，对事物进行科学、全面地认知，在获得知识的基础上运用演绎、归纳的方法，去探寻事物的内在发展规律，以指导日后的学习。

严复在其著作《天演论·自序》中提出：

观西人名学，则见其于格物致知之事，有内籀之术焉，有外籀之术焉。内籀云者，察其曲而知其全者也，执其微以会其通者也。外籀云者，据公理以断众事者也，设定数以逆未然者也。……二者即物穷理之最要涂术也。[②]

西方的学习方法，有"内籀"与"外籀"之分。"内籀"是指考察事物中的个别性、特殊性以推知其全面的状态，大约就等同于形式逻辑中的归纳之法。"外籀"是指依据由众多事物所推知的公理，判断未知的存在，大约等同于形式逻辑中的演绎之法。严复在自己的推论中，将西学的精髓与我国文化进行了恰当的融合，从而得出了"实测内籀，演绎归纳"的学习方法，称得上是对教育科学的一大贡献。

在现实的教育过程中，严复对"演绎"与"归纳"二者之间的关系也颇为看重，他强调，演绎与归纳二者互为表里，相辅相成，不可割裂，共同作用于事物的

① 严复：《严复集·论小学教科书亟宜审定》，中华书局1986年版，第199—200页。

② 严复：《严复集·天演论·自叙》，中华书局1986年版，第1319—1320页。

学习与发展。虽说二者同等重要，但在实际运用中，严复还是对归纳一法更为偏爱。他认为，只有对自身所学进行“实测内籀”，才能获得真知，促进学业发展，推动社会进步，学问“始于实测，继以会通，而终于试验。三者阙一，不名学也。而三者之中，则试验为尤重”①。

从教育发展角度来讲，严复的“实测内籀，演绎归纳”，将人们从古书古训的思维模式中解放了出来，从根本上打破了传统思维模式的束缚，有助于理性思维的普及与发扬。它启示人们在生活和学习的过程中，寻求事物最本真的面貌和规律，演绎归纳，推出真理以指导社会实践。严复将科学方法论引入近代教育问题的研究之中，对中国近代教育学理论的发展做出了重大贡献。

三、智慧之光：进者存而传焉，不进者病而亡焉

1895 年，严复翻译《天演论》，宣扬“进者存而传焉，不进者病而亡焉”的积极进取思想，成为当时社会思潮的主流。在此基础之上，严复对自身的学术思想体系也提出了更为严格的要求。首先是在翻译方面，他提出了翻译西方典籍的三大原则，即“信、达、雅”，为翻译事业的发展做出了重要贡献。其次是在学校的教育体系方面，他要求“借鉴西方，完备体系”，即借鉴西方教育理论，改革传统教育理念，完善当时的教育制度，建立全面、系统、层次分明的学校教育体系。在重视学校教育体系的同时，兼顾实业、女子、家庭、留学与美育教育的发展。

（一）三大原则，翻译精髓

作为近代翻译西方学术名著的第一人，1898 年，严复在其译著《天演论》的《译例言》中，提出了他自己翻译的原则：

> 译事三难：信、达、雅。求其信已大难矣，顾信矣不达，虽译犹不译也，则达尚焉。……至原文辞理本深，难于共喻，则当前后引衬，以显其意。凡此经营，皆以为达；为达，即所以为信也。

“信”，指译文意思不悖原文，不过度夹杂译者个人的主观意识，要准确，不偏离，不遗漏；“达”，是指不拘泥于原文的语言形式与表达方式，追求译文的逻辑通顺；“雅”则是指在翻译时要选词得当，努力追求文章本身的古雅。

“信、达、雅”是严复在长期翻译生涯中总结出的理论，高度概括了翻译工作中需要遵循的基本原则，虽然只有简简单单的三个字，却是保证在最大程度上还原作者思想，复原文章本意的一道“铁律”。这三字箴言，看似简单，运用起来

① 严复：《严复集·天演论·新反》，中华书局 1986 年版，第 1358 页。

却非常艰难，尤其是对“雅”这一步的追求，往往力不从心，需要译者深厚的文化底蕴与文字功底。因此，后人也将“三原则”称为“三难说”，并奉之为经典之谈。可以说，严复的“信、达、雅”原则，自诞生之日起，便在翻译界产生了重大影响，它具有言简意赅、洗练含蓄的语言特点，又具有开放性和包容性，故在翻译界获得了极高的评价。同时，伴随着时间的推移，人们不断读解，对它产生新的认知，它也一次次被赋予新的解释，自然成了翻译界无可替代的圭臬，至今仍被视为翻译界的理论巅峰。正如周作人在其《谈翻译》中提及的那样，“信达雅三者为译书不刊的典则，至今悬之国门无人能损益一字，其权威是已经确定的了”。

严复的翻译三大原则，至今仍具有重要的指导作用。它不仅可以指导人们在外语方面的学习和翻译，也可以指导文言文的学习和翻译。当今社会，对文言文的解读，已经成了很多学生的短板，他们害怕古文，畏惧翻译，连带着对语文这门学科也厌烦起来。这种心态的形成，很大程度是解读或者说翻译方面的困难造成的。因此，我们要学习并应用好严复的翻译三原则，掌握并活用这三大原则，对文言文畏难的问题就可能化解。

（二）借鉴西方，完备体系

戊戌变法后，新式学校的建设成为教育界的一大亮点，在清朝政府的支持下，各地学堂纷纷建立，中西学知识并存，新旧兼有，各自为政，缺乏统一的规划和设计，一时间论争纷起，莫衷一是。针对这种状况，严复在传统教育理念的基础上，借鉴西方国家的教育制度，提出了一整套近代学校教育制度。

严复在1902年的《与〈外交报〉主人书》一文中，对自己所提倡的学校制度作了详细的阐述与规划，他将学校教育划分为大中小三阶段，在每个阶段都注重学习新学知识，并提出了较为具体的培养方案。

(1) 小学阶段。受教主体为16岁以下的少年儿童，教师配有中文教师，不配备西学教师，受教内容中国学知识占百分之九十左右，注重阐释讲解，尽量减少死记硬背，以粗通经义史事为基本目标。

(2) 中学阶段。受教主体为16—20岁左右的青年学生，教师兼备中西方教师，西学教师要求是可以熟练运用外文的中国人，受教内容以西方文化课为主体，占课时的三分之二左右，重在培养学生的西学功底，以文理兼修为基本目标。

(3) 大学阶段。受教主体无年龄限制，教师均为西文教师，此时分预备和专科学习两个方向，中文课程有校考，无明确受教内容，无功课要求，以自主学习为主，以培养观念先进的新式人才为基本目标。

另外，在整个学校教育体系的主干之下，尚有旁支教育作为辅佐，如实业教育，留学教育、美育教育等，全面系统、层次分明地涵盖了中国近代教育体系的各个方面。

教育是一个永恒的话题，它是国家发展的潜在动力，也是科技水平的重要标志之一，地位之高不言而喻。当前，教育体系建设愈来愈引起国家的重视，特别是高等教育的创新与发展体系建设。正如习近平总书记2018年9月10日在全国教育大会上所说："要深化教育体制改革，健全立德树人落实机制，扭转不科学的教育评价导向，坚决克服唯分数、唯升学、唯文凭、唯论文、唯帽子的顽瘴痼疾，从根本上解决教育评价指挥棒问题。要深化办学体制和教育管理改革，充分激发教育事业发展生机活力。要提升教育服务经济社会发展能力，调整优化高校区域布局、学科结构、专业设置，建立健全学科专业动态调整机制，加快一流大学和一流学科建设，推进产学研协同创新，积极投身实施创新驱动发展战略，着重培养创新型、复合型、应用型人才。要扩大教育开放，同世界一流资源开展高水平合作办学。"可以说，真正把教育的力量提到一个转化为国家进步的能量，增强国家核心竞争力的新高度。严复能够借鉴西方，完善教育制度体系，成功地引导了近代教育体系的发展方向，对于新时代我国教育改革与创新有着重大的指导意义。

严复的核心学养还集中体现在"会通"二字。正如他的好友陈宝琛在为他撰写墓志铭时曾说："君子学无所不窥，举中外治术学理，靡不究极原委，抉其失得，证明而会通之。"①他结合了中学与西学、传统与现代，以及科学、宗教与伦理等。当代学者黄克武说："他一生均以典雅的桐城古文释译西方新知，讨论古今学问，此举形象地展现其会通中西思想特征。"②我以为然。

① 陈宝琛：《清故资政大夫海军协都统严君墓志铭》，载严复：《严复集》，中华书局1986年版，第1542—1543页。

② 黄克武编：《中国近代思想家文库·严复卷·开启民智会通中西（代导言）》，中国人民大学出版社2014年版，第15页。

章太炎

——“回真向俗”的国学宗师

章太炎(1869—1936),原名学乘,字枚叔,后易名为炳麟,因反清意识浓厚,又慕顾绛(顾炎武)为人而改名为绛,号太炎,自认“民国遗民”。浙江余杭人。清末民初时期著名革命家、思想家、语言文学家。1869 年 1 月 12 日,他出生于一个没落的书香门第,六岁入私塾,九岁起跟从外祖父朱有虔(左卿)学习文字音韵,又在父亲章濬、表兄章镂指导下系统研究汉学,为此后的学术发展奠定了坚实基础。

1890 年,章濬去世,章太炎遵从父亲遗训,进诂经精舍学习。当时诂经精舍由经学大师俞樾主持,授学者有高学治、谭献等人。俞樾师承顾炎武、戴震、王念孙等一脉,系清代著名朴学大师,他治学方法缜密,在校正群经、诸子句读、审定文义等方面具有独到见解,章太炎从其门下,埋头研究学问达八年之久,收获颇丰。中日甲午战争打响后,章太炎毅然走出书斋,参加维新运动。后新政破灭,章太炎流亡日本,归国后因触怒朝廷而被捕入狱,一路坎坷。1904 年,与蔡元培等合作,发起光复会,两年后,他又在孙中山的引荐下加入同盟会,主编同盟会机关报《民报》,与改良派展开论战。后期受到多方影响,1917 年,辗转脱离国民党,在苏州设章氏国学讲习会,以讲学为业,组织国学会,志在“甄明学术,发扬国光”。因其人生历程复杂、曲折,章太炎的思想中多具独特见解,他在《菿汉微言》中将其总结为“始则转俗成真,终则回真向俗”十二字,可以说这是对其心路历程的高度概括,也是一代国学宗师核心学养的生动展现。1936 年 6 月 14 日,章太炎病逝于苏州,享年 68 岁,国民政府令以国葬,时人多以“革命元勋”“国学泰斗”誉之,梁启超亦在《清代学术概论》盛赞其为清学正统派的“殿军”。

一、道德精髓:无道德者不能革命

章太炎亲身参与了康有为、梁启超等人发起的“维新变法”运动。在道德观上,他提出“无道德者不能革命”,强调革命者道德观念的重要。章太炎认为,人初生,人性尚无善恶之分,所有的善恶因果、道德品性的养成,都是后天种种因素共同作用的结果。因此,他非常重视道德修养,并提出了道德修习的具体要求。他认为,在日常学习和生活中,要做到“知耻重厚,耿介必信”,懂廉耻、知荣辱,持重厚实,言必有信,树立正确的人生观、价值观和道德观。

（一）人之精神，本如白纸

章太炎的道德观，是以其人性观为基础的。他认为，个人道德观念的养成，并非是生而注定，也不是由神明启发的，而是接触后天社会环境后所形成的。章太炎指出：

> 就生理言，善恶种子，则亦祖父遗传之业识已。种子不能有善而无恶，故现行亦不能有善而无恶。生物之程度愈进而为善，为恶之力亦因以愈进，此最易了解者。①

人之初生，其精神本如白纸一般，无善恶定论。从人类生理角度来说，善恶的种子，则是遗传自先祖，它不可能只有善性而无恶意，人们在生活中的经历越广，为善为恶的道德感触就愈深。

> 若以道德言，则善亦进化，恶亦进化；若以生计言，则乐亦进化，苦亦进化。双方并进，如影之随形，如罔两之逐影，非有他也。②

如果从道德观念来说，善恶可以被视为进化；假如就人的生计而言，苦乐也都能够视作进化。善恶、苦乐，如影随形，不可能单一地出现于个人的道德情感之中。“善恶何以并进？一者由熏习性。生物本性，无善无恶，而其作用，可以为善为恶。”③善恶并进，主要受社会习性的熏陶影响，并且从中分化出了善恶之间的相对比例，能够对个人道德，乃至社会道德的善恶归属产生决定性影响。

道德观念养成的根本在于个人，在于种种外在因素的影响，人“非生而为恶，而必待种种观念集合而成”“一切世间善恶，悉由我见而起”④。“我”作为道德主体，对于世间一切事物的看法，便是善恶观念的形成过程。正如马克思主义理论所论述的，道德是社会关系的产物，它反映了人类社会之间特定的生产关系，人们处在这样的一种关系总和之中，汲取道德观念，规范自身行为。章太炎“人之精神，本如白纸”的人性善恶观，作为其道德观的一部分，在社会环境的大背景之下，鼓励善性的发展，肯定了后天因素在道德修养过程中的重要作用，在一定程度上，这一观念与唯物的社会道德起源论和后天的个人道德形成论相似，对中国近代社会道德建设产生了积极推动作用。

（二）知耻重厚，耿介必信

受当时社会大背景的影响，章太炎的道德标准似乎并没有完全摆脱封建观

---

① 章太炎：《章太炎全集·别录卷二·俱分进化论》，上海人民出版社 2014 年版，第 408 页。

② 同上书，第 405 页。

③ 同上书，第 408 页。

④ 章太炎著，马勇编：《章太炎书信集·与蓝公武》，河北人民出版社 2003 年版，第 126 页。

念的影响，他想树立一种民主革命者的道德行为规范，以满足其“光复”运动的需要。

章太炎对顾炎武思想极其推崇，为了鼓励民主革命者树立“重然诺，轻生死”的道德目标，他将顾炎武在《日知录》中所倡导的“知耻、重厚、耿介”加上“必信”，构成了其民主革命道德思想中的实践规范：

> 举此四者，一曰知耻，二曰重厚，三曰耿介，四曰必信。若能则而行之，率履不越，则所谓确故坚厉、重然诺、轻生死者，于是乎哉。①

具体而言，所谓“知耻重厚，耿介必信”的道德观念，分为“知耻”“重厚”“耿介”与“必信”四个方面。“知耻”是立人之节，救国之本。顾炎武《五代史·冯道传·论》中说：“礼义廉耻，国之四维，四维不张，国乃灭亡……廉耻，立人之大节。不廉不耻，则祸败乱亡，无所不至。然而四者之中，耻为尤要。故曰：行己有耻。”②“重厚”，即要求能够时时注意自身言行，坚定志向，谨慎忠厚。“子曰：君子不重，则不威。”③扬子《法言·修身》曰：“言轻则招忧，行轻则招辜，貌轻则招辱，好轻则招淫。”④“耿介”，即“非礼勿视，非礼勿听，非礼勿言，非礼勿动，是之谓耿介。”即谨守本分，不同流俗，保持革命党人纯洁高尚的道德情操。“必信”，也就是“重然诺，轻生死”，坚定革命志向，对革命事业坚贞不渝。“信者，向之所谓重然诺也。昔人以信为民宝，虽孔氏之权谲，而犹曰无信不立。又曰人而无信，不知其可。余以为知耻、重厚、耿介三者，皆束身自好之谓，而信周于世用。”⑤

章太炎的“知耻重厚，耿介必信”，对革命党人的道德行为提出了具体规范，希望他们能够始终秉持知耻、重厚、耿介、必信的道德修养，团结向敌，为民请命，安贫乐道，舍命报国，从而成长为一名真正的民主革命者。章太炎关于个人道德修养的观点，有其内在的社会现实背景，对道德主体有所针对，现在看来，仍符合新时代的道德评判。党的二十大报告提出：“实施公民道德建设工程，弘扬中华传统美德，加强家庭家教家风建设，加强和改进未成年人思想道德建设，推动明大德、守公德、严私德，提高人民道德水准和文明素养。统筹推动文明培育、文明实践、文明创建，推进城乡精神文明建设融合发展，在全社会弘扬劳动精神、奋斗精神、奉献精神、创造精神、勤俭节约精神，培育时代新风新貌。”⑥这

① 章太炎：《章太炎全集·革命道德说》，上海古籍出版社2014年版，第296页。
② （清）顾炎武著，黄汝成集释：《日知录集释·廉耻》（全校本），上海古籍出版社2013年版，第772页。
③ 杨伯峻译注：《论语·学而》，中华书局2015年版，第8页。
④ 韩敬译注：《法言·修身》，中华书局2012年版，第68页。
⑤ 章太炎：《章太炎全集·革命道德说》，上海人民出版社2014年版，第295—296页。
⑥ 《习近平著作选读（第一卷）》，人民出版社2023年版，第37页。

为新时代社会道德的建设指出了方向。可以说，这也是对章太炎道德修养观的大力弘扬。

二、为学之道：致用本来不靠学问，学问也不专为致用

在治学观上，章太炎并不赞同为“致用”而学习的观点，因为“致用本来不靠学问，学问也不专为致用”，人不能将自己的思维方式完全局限于“致用”之中，求学为学，学问也并不仅仅是为了“致用”。他认为，“学为智慧，不独致用”，学习主要是为了增长自己的智慧与才学，结合社会实际，寻求真理，才能够真正地做到学以致用，提高认识世界与改造世界的能力。同时，在学习过程中还应当做到“弘扬传统，兼采西学”，以中华民族传统文化为根基，兼采西方学说的精髓，努力使其与中国固有文化和国情相互融合，树立正确的民族自尊心和自信心。

（一）学为智慧，不独致用

章太炎是我国近代著名教育家，在治学过程中非常重视对学生智慧的培养。他说：“学问本来是求智慧，也不专为致用，中国古代的学问，都趋重致用一边；因为当时的人，只有看外边的眼光，没有看里边的眼光。”[①]求学问道本来就是为了开启智慧，并不是单为致用而存在的，奈何中国古代的人只看到外围的东西，因而都偏向于致用了。到近代社会，“分科越多，理解也越明，自己为自己求知识的心，比为世界求实用的心，要强几倍。就晓得学问的真际，不专为致用了”[②]。科目的划分愈加细致，学子对于自身所追求的知识也有了越来越明确的认知，求知的心便逐渐地强过了实用的心。再者，“致用的学问，未必真能合用；就使真能合用……机会不巧，讲致用的还是无用”[③]。学问也未必就真的能够适合于当前的社会，即便适用，没有机会施展，也终究没有什么用处，但学问未必就是为了合用于社会，它最大的作用，也许就在求智：

> 专求智慧，只要靠着自己，并不靠什么机会……见得几分真理，将来总不能泯灭。就有一点漏洞，总不会全局推翻。[④]

对于智慧的追求，主要是依靠自身的力量，所获得的真理，也不可能消失，即便有些许漏洞，也不至于到全盘皆输的地步。因此，求学治学，要树立正确的为学理念。所以，章太炎提倡：“学为智慧，不独致用。”

---

① 章炳麟：《章太炎的白话文》，辽宁教育出版社 2003 年版，第 1 页。

② 同上。

③ 同上书，第 2 页。

④ 同上书，第 1—2 页。

十六岁那年，章太炎受父命参加“童子试”，考题为“论灿烂之大清国”。整个考场鸦雀无声，许多考生绞尽脑汁，引经据典，在八股文的起、承、转、合中大做文章。章太炎坐在考场却感慨万千，他想起了鸦片战争后，外国军舰对中国沿海的欺辱，想起了清朝官僚对洋人的卑躬屈膝……这无论如何也不能算作是一个灿烂的大清国啊！于是，他挥毫疾书，将满腔积愤挥洒于字里行间，大声疾呼：“吾国民众当务之急乃光复中华也!”还没有一个钟点时间，章太炎便第一个交了卷。主考官见其才思敏捷，不由暗暗称奇。然而，当看到他的答卷，不由得拍案而起，责问其文中书写的清朝的罪过。章太炎不亢不卑，坦然自若：“我之所思，件件合乎当今国人之思；我之所论，桩桩合乎国情之实，何罪之有?”顿时，主考官无言以对，考场一片哗然。彼时的章太炎熟读经典、出口成章、下笔成文，可谓“少年英才”。写出“经世致用”的八股文以求取高官厚禄，对他来说并不难。然而，他却没有。在他看来，“求学不过开自己的智，施教不过开别人的智，是最大的坦途了”[①]。他认为，求学、施教，最终目标莫过于对智慧的追求，这才是坦途。那些违背自我智慧，局限个人发展的八股文，即便再具备致用的效果，也比不了“学为智慧”的正途。

（二）弘扬传统，兼采西学

章太炎治学观的另一个重要方面是“弘扬传统，兼采西学”。事实上，章太炎对当时社会上盲目学习西方学说的浪潮非常反感。他说：

> 要知道凡事不可弃己所长，也不可攘人之善。弃己所长，攘人之善，都是岛国人的陋见。我们泱泱大国，不该学他们小家模样！[②]
>
> 只佩服别国的学说，对本国的学说，不论精粗美恶，一概不采，这是第一种偏心。[③]

放弃中华民族的优秀传统文化，而看重他国学说，“弃己所长，攘人之善”，这本身就是一种错误的学习理念，因为“中国学说，历代也有盛衰，大势还是向前进步”[④]。中华优秀的传统文化需要弘扬，不能因为其存在问题就全盘否定。为了论证传统文化的优越性，章太炎简要地梳理了自周朝发展以来的文化脉络，对历代文学的传统与精髓做出了阐释。例如“宋朝有以沈括、陆佃、陆游、洪适、洪迈为代表的考据学，以苏轼、王安石、陈亮等人为代表的经世之学，以朱熹为代表的理学；明朝有王守仁的‘阳明学’，顾炎武的‘经世致用’之学，到了清朝

---

① 章炳麟：《章太炎的白话文》，辽宁教育出版社 2003 年版，第 4 页。

② 同上书，第 49 页。

③ 同上书，第 40 页。

④ 同上书，第 37 页。

‘书学、数学、礼学’，昏黑了长久，忽然大放光明。历史学也比得上宋朝。像钱大昕、梁玉绳、邵晋涵、洪亮吉，都着实可以名家”[①]。在他看来，中华民族传统文化博大精深，“盖凡百学术，如哲学、如政治、如科学，无不可与人相同，而中国之历史，断然为我华夏民族之历史，无可以与人相通之理”[②]。

当然，章太炎在提倡“弘扬传统”的同时，也没有忘记对“兼采西学”的主张。他说：“今之言国学者，不可不兼求新识。”这表现了他对传统文化抱有最深沉的爱意，也并不排斥“西学”的发展。他主张在学习传统文化过程中，吸收西方文化的精华，兼采“西学”之长，为我所用。章太炎在“兼采西学”方面，本着“中学为体、西学为用”的客观态度，身体力行，亲身实践，翻译并研究了诸多西方著作，并对其中的哲学、近代社会学、近代政治学等都产生了浓厚的兴趣。他希望通过与西方文化的融合来充实中国传统文化的内容，从而为中国近代教育的改革与发展增砖添瓦，在很大程度上推进了近代教育思想的进步，影响深远。

“弘扬传统，兼采西学”的治学理念，是章太炎治学观的重要组成部分，他强调将中华民族传统文化的精髓与西方学说的先进思想相结合，对近代教育进行改革，这是值得学习和借鉴的。在经济飞速发展、知识日新月异的新时代，章太炎“弘扬传统，兼采西学”的治学理念应该大力传播与弘扬。

三、学术成就：讲自国的学问，施自国的教育

在中国近代史中，章太炎素有“国学泰斗”的美誉。他崇尚中华民族的优秀文化，主张为学、施教应当“讲自国的学问，施自国的教育”，先领悟往圣先贤的学术精髓，再学习外域文化。章太炎指出，“人不习史，不成大器”，学习历史是终成大器的前提。此外，重视国学的发展与传承也是章太炎核心学养的价值所在。所谓“国学国粹，薪火相传”，就是提倡国粹教育，努力促进本国文化的延续与繁荣。章太炎认为，只有中华民族文化之火生生不息，中华优秀传统文化不断光大，民族复兴、国家强盛才指日可待。

（一）人不习史，不成大器

清末民初，外敌入侵。中华民族陷入生死存亡的紧要关头，众多有识之士开始致力于救亡图存的革新运动，章太炎便是其中之一。他提倡重视历史教育，“人不习史，不成大器”。希望能够以史育人，激发青年学生的爱国热忱。

在章太炎看来，“夫人不读经书，则不知自处之道；不读史书，则无从爱其国家……人不习史，爱国之念必薄，出而行事，犹冥索途也”[③]。不读经书，则不懂

① 章炳麟：《章太炎的白话文》，辽宁教育出版社2003年版，第39页。

② 章太炎：《章太炎全集·论经史儒之分合》，上海人民出版社2014年版，第599页。

③ 章太炎：《章太炎全集·历史之重要》，上海人民出版社2014年版，第490页。

自处之道，不修历史，则缺乏爱国观念。长此以往，行为作风多自我摸索，注定大事难成。因此，“欲成大器必先通史，不通史而不知古今，而不知古今，且不知经世致用……假使明了历史的演进，根据他以致用，这是无往不利的了”①。欲成大器就必须先通历史，通历史然后可知古今，经世致用，无往而不利。

章太炎说：“鄙人提倡读史之志，本为忧患而作。顷世学校授课，于史最疏，学者讳其伧陋，转作妄谈，以史为不足读，其祸遂中于国家也。”②既然历史学习如此重要，应该怎样读史呢？他认为：

> 昔人读史注意一代之兴亡，今日情势有异，目光亦须变换，当注意全国之兴亡，此读史之要义也。③

时代发生变化，读史也不能走过去的老路。关注朝代更替，把握整体趋势，审视整个民族的兴衰，这是读史的关键。另一方面，他提倡对本国历史予以重视：

> 自然晓得本国的历史，才算常识，不晓得本国的历史，就晓得别国的历史，总是常识不备。④

章太炎又说：

> 大概历史中间重要的几件，第一是制度的变迁；第二是形势的变迁；第三是生计的变迁；第四是礼俗的变迁；第五是学术的变迁；第六是文辞的变迁；都在志和杂传里头。⑤

这些都需要耐心地学习与解读，融会贯通，方能从中感悟，体会到往圣先贤的无穷智慧。章太炎又向青年们提出要了解本国历史，从而明白自己对国家应负的责任：

> 一国的历史正像一国的家谱，其中所载尽是以往的事实，这事实即历史。这一国的历史已没有了，就可知道这一民族的爱国心亦一定衰了。
>
> 现在的青年，应当明了是什么时代的人；现在的中国，是处在什么时期；自己对国家，应负有什么责任。这一切问题，在历史上，可以全部找到

---

① 汤志钧编：《章太炎年谱长编(增订本)》，中华书局2013年版，第919页。

② 章太炎著，马勇编：《章太炎书信集·与邓之诚》，河北人民出版社2003年版，第934页。

③ 章太炎：《章太炎全集·历史之重要》，上海人民出版社2014年版，第490页。

④ 章太炎：《章太炎全集·常识与教育》，上海人民出版社2014年版，第91页。

⑤ 章炳麟：《章太炎的白话文》，辽宁教育出版社2003年版，第27页。

明确的指示。[1]

章太炎"人不习史,不成大器"的观点,强调了历史学习与研究对个人成长的重要性,是其核心学养的重要组成部分。他指出:"夫读史之效,在发扬祖德,巩固国本,不读史则不知前人创业之艰难,后人守成之不易,爱国之心,何由而起?"[2]我们只有重视历史教育,大力普及史学常识,才能真正地培养国人的爱国情怀,培养以天下为己任的高尚情操。

(二)国学国粹,薪火相传

章太炎出身书香门第,家学渊源厚实,深受汉学流风的熏染,对中国传统民族文化怀有深厚感情。"上天以国粹付余"[3],他将"国粹"的学习与传承作为一份担当,一种责任,孜孜不倦,矢志不渝,终成一代大师,被奉为国粹派的领袖:

> 为什么提倡国粹?不是要人尊信孔教,只是要人爱惜我们汉种的历史。近来有一种欧化主义的人,总说中国人比西洋人,所差甚远,所以自暴自弃,说中国必定灭亡,黄种必定剿绝。因为他不晓得中国的长处,见得一无可爱,就把爱国爱种的心,一日衰薄一日。若能明了中国的历史文化,我想即使是全无心肝的人,那种爱国爱种的心,必定风发泉涌,不可遏抑的。[4]

提倡"国粹",是为了让国人对自己的民族文化有更多的了解,增强文化自信,增进爱国热情。在明确了具体原因目的后,章太炎引用黄节的话对"国粹"进行了简单阐释:

> 发现于国体,输入于国界,蕴藏于国民之原质,具有一种独立之思想,国粹也;有优美而无粗陋,有壮旺而无稚弱,有开通而无锢蔽,为人群进化之脑髓者,国粹也。[5]

"国粹"是一个国家民族特性的固化,它所包含的语言文字、典章制度和人物事物等方面,都是"特别的长处",是其他国家的民族文化所无法比拟的。

习近平总书记在二十大报告中指出:"全面建设社会主义现代化国家,必须坚持中国特色社会主义文化发展道路,增强文化自信,围绕举旗帜、聚民心、育新人、兴文化、展形象建设社会主义文化强国,发展面向现代化、面向世界、面向

---

① 汤志钧编:《章太炎年谱长编·1932年》(增订本),中华书局2013年版,第530页。

② 汤志钧编:《章太炎年谱长编·1935年》(增订本),中华书局2013年版,第549页。

③ 汤志钧编:《章太炎年谱长编·光绪二十九癸卯》(增订本),中华书局2013年版,第109页。

④ 章炳麟:《章太炎的白话文》,辽宁教育出版社2003年版,第72—73页。

⑤ 黄节:《国粹保存主义》,《政艺通报》第22期,1902年12月30日。

未来的，民族的科学的大众的社会主义文化，激发全民族文化创新创造活力，增强实现中华民族伟大复兴的精神力量。”[①]“国粹”教育的提出与发展，适应了中国近代化的文化潮流，增强了中华儿女的民族自尊心和自信心，是在当时严苛的社会环境下实现救亡图存的精神支柱。对于建设新时代中国特色社会主义文化强国也有较大的指导意义。

侯外庐在论章太炎思想贡献时，称他“在近代中国学术史上，是自成宗派的巨人”，“运用古今中外的学术，糅合而成一家言的哲学体系，在近世他是第一个博学深思的人”[②]。

章太炎在《自述学术次第》[③]一文中说：“余以人生行义，虽万有不同，要自有其中流成极，奇节至行，非可举以责人也。”治学者应关注百姓当家之事亦即“生民常道”，应当具备“沮溺、荷篠之隐，仲子之廉，武侯之德”的风骨，具备“见利思义，见危授命，久要不忘平生之言”的品格。同时，治学方面“要令旧术之繁乱者，引以成理。所谓提要钩玄，妙达神旨；而非略举大纲，为钞疏之业也”。他还在《菿汉微言》中说写道：“自揣平生学术，始则转俗成真，终乃回真向俗。”[④]其所自述，殆非溢美，这应当就是章太炎人生哲学的自我写照，也是其治学的真实感悟，充分体现了其核心学养，值得我们好好体会、学习。

① 《习近平著作选读(第一卷)》，人民出版社 2023 年版，第 35 页。

② 侯外庐：《近代中国思想学说》，生活书店 1947 年版，第 860—861 页。

③ 章太炎：《章太炎全集 · 自述学术次第》(第 2 辑)，上海人民出版社 2015 年版，第 494—508 页。

④ 章太炎：《章太炎全集 · 菿汉微言》(第 2 辑)，上海人民出版社 2015 年版，第 70 页。

梁启超

——更研哲理牖新知

梁启超(1873—1929),字卓如,号任公,又号饮冰室主人、中国之新民。祖籍广东新会。中国近代著名的思想家、政治家、教育家。清朝光绪年间举人,在戊戌变法时期崭露头角,此后活跃于历史舞台达三十年之久。他出生于一个士绅家庭,祖父梁维清,父亲梁宝瑛,都曾参与乡政,在当地具有一定的势力和影响。梁启超"四五岁就王父及母膝下授《四子书》《诗经》,夜则就睡王父榻。日与言古豪杰哲人嘉言懿行,而尤喜举亡宋、亡明国难之事津津道之"①。五岁时,在父亲与祖父的教授下,学习《论语》等儒家经典,六岁,始通《诗》《书》《礼》等五经,至七岁,即可作诗缀文,表现出了惊人的学识,小小年纪便被称为"神童",享誉乡里。

1885年,梁启超以秀才身份进入当时广州著名的学海堂,师从吕拔湖、陈梅坪、石星巢等旧学大家,勤奋刻苦,为日后的学术生涯奠定了坚实基础。1890年,他退出学海堂,师从康有为,求学于万木草堂。这一时期,梁启超接触并学习西方文学的相关知识,对于国外资本主义思想也有了初步的了解,在思想上产生了质的飞跃,从一位普通的封建士子,一跃而成为一位探索国家命运的资产阶级改良主义者、一位激情满怀的爱国者和改革志士。学成之后,他投身政坛,积极参与了各派政治力量之间的斗争,在不同的历史时期也发挥了不同的作用。晚年离开政界,讲学于清华研究院,较早地以新学眼光研究古代文化,引领了近代学术研究的新风气。总体而言,梁启超一生涉猎广泛,著述宏富,对后世产生了极为深远的影响,黄遵宪盛赞他的文章:"惊心动魄,一字千金。人人笔下所无,却为人人意中所有,虽铁石人亦应感动。从古至今,文字之力之大,无过于此者矣。"②

一、道德修养:道德为体,伦理为用

梁启超指出:"道德为体,伦理为用。"在新的形势下,人们应当打破传统思想的束缚,追求"更研哲理牖新知"的理想境界。因此,他在对中国旧道德进行

① 梁启超:《饮冰室合集·文集·三十自述》,中华书局1989年版,第15—16页。

② 黄遵宪:《黄遵宪集》下卷,天津人民出版社2003年版,第490页。

变革和重构的过程中，着重阐释了“淬厉其所本有而新之”与“采补其所本无而新之”两种不同的转变方式，一方面强调对传统道德的现代性转化，另一方面也注重对西方道德价值的批判性引进。梁启超追求传统道德观念与西方道德价值的有机融合，意在展现一种与当时社会状况相适应的道德观念，为近代中国的道德建设提供了理论指导和借鉴，对当代中国道德生活的建设具有深刻的启发意义。

（一）淬厉其所本有而新之

民国初年，是中国社会从封建传统向现代化过渡的重要时期，这一时期，阶级矛盾突出，民族危机深重。作为启蒙思想家的梁启超在经历了戊戌变法失败之后，对国民观念的变革有了新的认知。他指出，只有从根本上进行国民道德的变革，才能培养出真正的“新民”，为国家的发展和建设贡献力量，“淬厉其所本有而新之”，就是这一道德方式转变的重要方法。

所谓“淬厉其所本有而新之”，简言之，就是对中国传统道德观念批判地继承，使其形成适应当前社会建设的道德理念。梁启超认为：

> 凡一国之能立于世界，必有其国民独具之特质，上自法律道德，下至风俗习惯、文学美术，皆有一种独立之精神，祖父传之，子孙继之，然后群乃结，国乃成。①
>
> 我同胞能数千年立国于亚洲大陆，必其所具特质，有宏大高尚完美，厘然异于群族者，吾人所当保存之而勿失坠也。②

中华民族之所以能够屹立于世界而不倒，必然存在其独有的特质，而作为其中重要部分的道德建设，绵延数千年，仍然值得我们珍视与传承。梁启超十分重视中国传统文化，对其核心精神——儒家思想，他曾这样评论：

> 儒家哲学，不算中国文化全体；但是若把儒家抽去，中国文化，恐怕没有多少东西了。中国民族之所以存在，因为中国文化存在；而中国文化，离不开儒家。③

那么，我们如何发扬这种精神呢？梁启超认为，我们需要做的是：

> 濯之拭之，发其光晶；锻之炼之，成其体段；培之浚之，厚其本原；继长

① 梁启超：《梁启超全集·新民说》，北京出版社1999年版，第657页。
② 同上。
③ 梁启超：《儒家哲学》，中华书局2015年版，第8页。

增高，日征月迈，国民之精神，于是乎保存，于是乎发达。①

当然，这不是传统意义上的抱残守缺、故步自封，“世或以‘守旧’二字为一极可厌之名词，其然岂其然哉？吾所患不在守旧，而患无真能守旧者。真能守旧者何？即吾所谓淬厉其固有而已。”②中华民族道德文化传承千年，在面对近代化改革的社会现实时，要严格遵循保守与进取两大基本原则，相互调和，在“守旧”的基础上进行传统道德思想的创新：

> 世界上万事之现象，不外两大主义，一曰保守，二曰进取。人之运用此两主义者，或偏取甲，或偏取乙，或两者并起而相冲突，或两者并存而相调和。偏取其一，未有能立者也。有冲突则必有调和，冲突者，调和之先驱也。③

在对待中华传统文化道德价值观方面，我们不能有“懒汉思维”，要对传统进行创造性的转化。今日中国社会的文化、价值、道德，需要在“再中国化”的过程中，从“中国传统文化”走向“中华文化”。这就凸显了梁启超“淬厉其所本有而新之”道德观建设的重要意义，为新时代社会道德建设与发展提供了思想基础。

（二）采补其所本无而新之

“采补其所本无而新之”，是梁启超道德观建设的第二个重要方面，即针对中国道德传统中固有的弊端，借鉴和学习西方资产阶级道德思想，推陈出新，完善近代化道德体系。

梁启超指出：“今之世非昔之世，今之人非昔之人。昔者吾中国有部民而无国民，非不能为国民也，势使然也。”④当今的世界已非昔日的世界，当今的世人，也并非昔日的世人了。昔日中国有民而没有国民，乃是国势使然，今日需要成为国民，亦是国势使然。面对当前近代化改革的社会背景，“欲强吾国，则不可不博考各国民族所以自立之道，汇择其长者而取之，以补我之所未及”⑤。要使国家强盛，就要广泛地学习其他民族的自立自强之道，汇总他们的长处，以补充自己的短处。是以，梁启超秉承着“采补其所本无而新之”的基本理念，对西方的道德学说和思想进行了选择性的引进，主要包括边沁的功利论、康德的义

---

① 梁启超：《梁启超全集・新民说》，北京出版社 1999 年版，第 657 页。

② 梁启超：《饮冰室文集点校》第 1 册，云南教育出版社 2001 年版，第 550 页。

③ 夏晓红编：《梁启超文选》上册，中国广播电视出版社 1992 年版，第 109 页。

④ 梁启超著，陈漱渝、宋娜选编：《梁启超论教育・释新民之义》，福建教育出版社 2016 年版，第 3 页。

⑤ 夏晓红编：《梁启超文选》上册，中国广播电视出版社 1992 年版，第 109 页。

务论，以及从达尔文、斯宾塞到颉德的进化主义伦理学说。他将边沁的伦理学说阐述为乐利主义，明确了公德、私德，公益和私益的主体概念。在康德义务论的基础上，同中国固有的道德思想联系，认为"道德之责任，生于良心之自由。而良心之自由，实超空间越时间，举百千万亿大千世界，无一物可与其价值者也"①，第一次将西方"自由说"与明代王阳明的"致良知"放在同等位置，突出强调了良知在道德修习中的关键作用。对于达尔文、斯宾塞以及颉德的进化主义伦理学说，梁启超则通过学案、学说的形式进行了介绍与阐释，在很大程度上扩大了进化论思想在中国伦理道德系统中的影响。

梁启超在"淬厉其所本有而新之"的同时，提出了"采补其所本无而新之"。意在通过对西方资产阶级道德思想的引进与阐释，弥补中国传统道德中的固有弊端，为传承千年的伦理道德注入新鲜的血液，增添全新的活力，是传统道德思想现代性转化的关键所在。他创造出一种融合中西思想且能适应近代中国救亡图存需求的新型伦理观念，对近代中国道德伦理系统的重新建构产生了积极影响。

二、治学方法：逆乎常纬，独辟新路

在治学观上，梁启超追求"逆乎常纬，独辟新路"的为学理念，他与其师康有为一样，在讲学内容和教学方法上都与传统观念有所不同。梁启超的治学观主要包括两个方面：其一是"立志善观，持敬明理"，这是他在教学过程中逐步总结出来的学习方法，立志方有目标，善观才能了悟，持敬所以专心，明理方可受用，这四点都是读书学习的重要方式，只有融会贯通，领会运用，方能在学术研究上真正地有所进步；其二是"循序渐进，由浅入深"，强调的是一种过程性学习方式，梁启超主张采用西方科学的教育方法，由浅入深，由易及难，逐步深入，循序渐进，要求人们在基础扎实的前提下，在各门学科之中选择自己感兴趣或者擅长的一项或几项来深入研究，以期得到更大的收获。

（一）立志善观，持敬明理

梁启超一生有志于学，又参与创办了时务学堂，在现代化的教育方法与实践上有着自己独到的见解。他认为，为人师者最重要的不是传授现有的知识，而是传授学习的方法，他在《教授传》一文中写道："教员不是拿所得的结果教人，最要紧的是拿怎样得着结果的方法教人。"②"真正做学问，乃易找着方法去自求，不是仅看人家研究所得的结果。因为人家研究所得的结果，终是人家

① 梁启超：《饮冰室文集点校》第1册，云南教育出版社2001年版，第445页。

② 孙培青，李国军：《中国教育思想史》第3卷，华东师范大学出版社1995年版，第107页。

的。”[①]因此，梁启超在传承儒家教育思想的基础之上，提出了自己的学习方法，即“立志善观，持敬明理”。“立志”，是为学求学的开端：

学或进或不进，或成或不成，则视其志之所以帅之者何如？[②]

立志起着统领全局的作用，是学习的动力所在。

立志之功课，有数端：必须广其识见。所见日大，则所志亦日大……志既立，必养之使勿少衰。……必求学问以敷之，否则皆成虚语，久之亦必堕落也，此又一端也。[③]

梁启超将个人志向的树立分为“广其识见”“使勿少衰”两个过程，与学问的获得相互照应，便成为其学习方法的首要之功课。善观，即善于观察，主要表现在对所学对象的细致了解，“学莫要于善观。善观者观滴水而知大海，观一指而知全身，不以其所已知蔽其所未知，而常以其所已知推其所未知，是之谓慧观”[④]。只有对事物的细枝末节有所掌握，才能“观一指而知全身”，获得普遍规律，用以指导日后实践。持敬，意为专心致志，在读书学习的过程中集中精神，努力克服外界诱惑：

启超“学问欲”极炽，其所嗜之种类亦繁杂，每置一业，则沉溺焉，集中精力，尽抛其他；历若干时日，移于他业，则又抛其前所治者。[⑤]

盖我辈德业之所以不进，其原因虽多端，然总不出为外境界之所牵。外境界之所能牵者，眼耳鼻舌身也。孟子所谓‘物交物也’。而眼耳鼻舌身既被牵，则意根随而动摇。……敬也者，即检制客贼而杀其力者也。客力杀然后主力乃得增长也。故曰内外交养也，古哲所以重提主敬之功者，其理由不外是。[⑥]

学问之道，未知门径者以为甚难，其实则易易耳。所难者莫如立身，学者不求义理之学以植其根柢，虽读尽古今书，只益其为小人之具而已。……故入学之始，必惟义理是务。……凡读义理之书，总以自己心得能切实受用为主，既有受用之处，则奉拳服膺，勿使偶失，已足自治其身，不必以

① 李华兴，吴嘉勋编：《梁启超选集》，上海人民出版社 1984 年版，第 816 页。
② 梁启超：《饮冰室合集・专集・德育鉴》，中华书局 1989 年版，第 14 页。
③ 梁启超：《梁启超合集・文集・湖南时务学堂学约》，中华书局 1989 年版，第 24 页。
④ 梁启超：《梁启超选集・自由书・慧观》，上海人民出版社 1984 年版，第 107 页。
⑤ 梁启超撰：《清代学术概论》，上海古籍出版社 2011 年版，第 90 页。
⑥ 梁启超：《饮冰室合集・专集・德育鉴》，中华书局 1989 年版，第 59 页。

贪多为贵也。”[①]

他要求人们循学问之道,求义理之学,从书籍中感悟先贤的智慧,吸收借鉴,为己所用。

梁启超“立志善观,持敬明理”的学习方法,对教育者与学习者的个人素质都提出了较高的要求,不仅适用于当今社会的教育工作,于人们的学习而言,也具有积极的指导作用。

(二)循序渐进,由浅入深

在学习方法上,梁启超特别推崇西方的科学教育法。他认为,传统的经史教育过于古板,不符合学生的成长规律,对于人的天赋发展而言完全是一种倒行逆施的陈旧模式。在现代化进程迅猛发展的今天,我们更应当摒弃成见,提倡“循序渐进,由浅入深”的学习方法。梁启超指出:

> 趣味总是慢慢的来,越引越多……趣味总是藏在深处,你想得着,便要入去,这个门穿一穿,那个窗户张一张,再不会看见“宗庙之美,百官之富”。如何能有趣味?我方才说:“研究你所嗜好的学问。”……不怕范围窄。越窄越便于聚精神;不怕问题难,越难越便于鼓勇气。你只要肯一层一层的往里面追,我保你一定被他引到‘欲罢不能’的地步。[②]

学习,就是对兴趣的追寻,它是一个循序渐进的过程,指引人们去追寻未知、有趣的知识。在由浅入深的过程中,可以充分体会“柳暗花明又一村”的豁达境界;由易到难,逐渐挖掘学问本身的潜力与内在含义,愈深则愈广,愈广则愈精,是以“近今各国教育,必令学僮先习普通学,得有常识,然后使于专门学中自择一焉”[③]。

梁启超提倡“循序渐进,由浅入深”的学习方法,不仅对自身及学生是这样要求,在教育子女时也是如此。他的次女梁思庄留学加拿大,初入校园时,因为英文方面的困难,在考试时排在班上第十六名,她为此极为伤心。梁启超得知后便写信鼓励女儿说:“庄庄,成绩如此,我很满足了。因为你原是提高一年,和那按级递升的洋孩子们竞争,能在三十七人中考到第十六,真亏你了。好乖乖不必着急,学习是一个循序渐进的过程,英文也不例外,你只需用相当努力便好了。”收到父亲来信,梁思庄很受鼓舞,开始由浅入深,逐步学习,渐渐地掌握了英文的规律,成绩也一跃而成为班上前几名,顺利升入大学。梁启超非常高

---

① 梁启超:《饮冰室合集·专集·读书分月课程》,中华书局1989年版,第717页。

② 梁启超:《饮冰室合集·文集·学问之趣味》,中华书局1989年版,第15页。

③ 梁启超:《饮冰室合集·专集·德育鉴》,中华书局1989年版,第21页。

兴，特意写信嘱咐她，在以后的学习生涯中，也应当秉承这样的学习方法，即便功课不及格也是不要紧的，千万不能着急，只要学习方法得当，勤奋努力，就一定能够学有所成。

“学问之功，贵乎循序渐进，经久不息”，梁启超循序渐进的学习方法，是对西方科学教育法的阐释与提倡，有利于近代教育观念的革新，在很大程度上展现了一代教育大家的治学风范。

三、智慧之光：中西兼举，政艺并进

梁启超思想的核心价值首先体现在其变法改革的精神，他与老师康有为共同发起、组织了轰动一时的维新变法，虽然以失败告终，仍然具有不可磨灭的进步意义。梁启超提倡“中西兼举，政艺并进”，强调对现实社会及人格思想的改革。他非常重视教育的改革，认为“变法之本，在兴学校、育人才”，改革的根本在于兴办学校培育人才，要达到这一目的，就必然要改变传统的封建科举制度，建立起以学校教育为主体的新型现代化教育制度。其次表现为“新民”思想的提出，梁启超积极变革的主要目的就是为了开启民智，救亡图存，“新民”思想的建设也就自然而然地成了社会改革的有力支撑。他希望国人能够在屈辱的社会现实中觉醒，敢作敢为，团结起来，尽力寻求救国之道，挽救国家危亡。

（一）变法之本，在兴学校、育人才

梁启超将教育改革作为维新变法的一部分，认为救亡图强的根本途径在于变法，变法的根本动力，在育人才，人才的兴盛，靠开办学校。“变法之本，在育人才；人才之兴，在开学校。”[①]是以“亡而存之，废而举之，愚而智之，弱而强之，条理万端，皆归本于学校”[②]。

在维新变法的改革过程中，梁启超对于教育制度的现代化有了全新的想法，他尝试改变传统的封建科举制度，提出了废除科举制度的上中下三策，逐步建立起了以学校教育为主体的新型的现代化教育制度。在这一教育体系中，他设计出了从幼稚园到大学的整套教育内容，根据儿童、青少年的身心特点，把教育体系划分为了四个阶段：5 岁以下为幼儿期，以家庭教育和幼稚园教育为主；6—13 岁为儿童期，入小学开始接受系统的启蒙教育；14—21 岁属少年期，体格渐成，需入中学接受师范教育或实业教育，为以后的工作学习奠定基础；22—25 岁，受大学教育时期，对自身学识进行深入的研究与巩固，努力成长为栋梁之材，为国家的救亡图存贡献一己之力。梁启超的教育体系，对于各个阶段学校的主要培养目标与分工，都有明确的规定，设有不同类别的专门教育，如海陆军

---

① 梁启超：《梁启超全集·变法通之义》第 1 卷，北京出版社 1999 年版，第 15 页。

② 同上书，第 19 页。

学校、政治法律学校、美术学校等，在大学中亦有理、工、农、商、文、法、医等不同学科的划分，在很大程度上满足了学生的学习需求，促进了他们的全面发展，与国家的改革建设相互照应，基本确定了近代学校的教育体系规范。

梁启超对于教育制度现代化的改革，顺应了当时社会发展的潮流，具有时代性和先进性。进入新时代以来，我国提出了“建设教育强国”的伟大战略，这是中华民族伟大复兴的基础工程。然而，毋庸置疑，为建设教育强国，我们仍然要不断推进教育改革与创新。梁启超先生“变法之本，在兴学校、育人才”的观点，依然是当前教育事业改革、发展的重心所在，其影响之深远不可小觑。

（二）自新之谓也，新民之谓也

“自新之谓也，新民之谓也”，即新民思想，这是体现梁启超思想的核心价值的关键内容，它在一定程度上批判了当时国民的劣根性，在中国近代思想史上首次系统地阐述了人格近代化的启蒙主题，对后世国民性的建设与培育有着积极的意义。那么，什么是“新民”呢？在梁启超指出：

> 使其民备有人格，享有人权，能自动而非木偶，能自主而非傀儡，能自治而非土蛮，能自立而非附庸，为本国之民，而非他国之民……此则普天下文明国教育宗旨之所同。①
>
> 我责人，人亦责我；我望人，人亦望我，是四万万人，遂互消于相责、相望之中，而国将谁与立也？新民云者，非新者一人，而新之者又一人也，则在吾民之各自新而已。②

新民是动词，是使民新。“新民”即让本国人民享有人格人权，具备积极进取的思想观念，成为一个独立自主的个体。他们坚强勇敢，全面发展，既能够掌握经世致用之学问，又能够对世界形势有所了解，对国家和民族负有责任感。梁启超的“新民”思想，在中国传统价值观念的基础上融合了西方近代民主、自由、平等、博爱等思想，在一定意义上对中国人民的国民性进行了重铸，为变法改革培养了一大批现代化的新新人类。

“自新之谓也，新民之谓也”，是梁启超新民思想的集中体现，亦是其核心学养的重要组成部分，他提倡变革，追求现代化的新型教育，重视对学生人格品性的培养，对当今的国民教育具有重要的借鉴意义。萧公权先生在其《中国政治思想史》一书中评价梁启超“以‘善变’闻名于世。从戊戌年的变法开始，到庚子勤王，再到创办《新民丛报》，宣传‘新民’思想，为开启民智鼓与呼。他继承了晚

① 梁启超：《饮冰室合集·文集》，中华书局1989年版，第61页。

② 梁启超：《梁启超全集·新民说》第3卷，北京出版社1999年版，第656页。

清思想中儒家经世致用的传统，并将这一传统转变成新的人格和社会理想，在不断的‘变’里，唯有其爱国的宗旨和目的始终不变。”①

梁启超对新事物，新思想感觉敏锐，“笔锋常带感情”，写的文章极富感染力，说理明白晓畅，因此，他的宣传活动在当时曾起过很大的作用。梁启超自我评价：“启超之在思想界，其破坏力确不少”，“梁启超可谓新思想界之陈涉”②。“他倡导新民说，强调个性的自由解放”，“提出‘道德革命’的口号，主张以资产阶级的新道德取代封建旧道德”“鼓吹通过革命破坏，求得中国社会的进化发展”，“他还把近代的一些科学方法应用于历史研究，提出一套新的历史研究法。”③这些都是其核心学养的要素，梁启超的确堪称是“维新派的主要代表人物”④。

① 萧公权：《中国政治思想史》，辽宁教育出版社1998年版，第685页。

② 梁启超撰：《清代学术概论》，上海古籍出版社2011年版，第89页。

③ 冯契主编：《中国近代哲学史》，生活·读书·新知三联书店2014年版，第225—326页。

④ 张岂之主编：《中国思想史(修订本)》，西北大学出版社2016年版，第559页。

王国维

——独立个性的巨儒宿学

王国维(1877—1927),初名国桢,字静安,号观堂,谥忠悫。浙江海宁人。近现代相交时期一位享有国际声誉的著名学者。他出生于一个学人辈出的书香门第,父亲王乃誉,是宋安化郡王三十二世裔孙,曾为溧阳县(今江苏常州溧阳)幕僚十年,后弃儒业商,于贸易之暇,颇工书画篆刻及诗赋文辞,尤以画最工,为时人所称。王国维四岁丧母,受父亲的影响较大,自幼时起,便随其父读书习字,在良好的家学氛围中,涉猎了传统文化的许多领域,并初步接触到了近代的先进科学文化知识与维新思想,夯实了基础,开阔了视野。

1883年,年仅七岁的王国维首次进入私塾读书,先后从师于潘紫贵、陈寿田等人,接受了传统塾师的启蒙教育。十六岁时入州学,参加海宁州岁试,以第二十一名高中秀才。1898年正月,王国维在父亲王乃誉的陪同下,踏上了赴上海求学的航程,由水路抵沪,入《时务报》馆。1900年,在罗振玉的资助及藤田、田岗两位日本教师的帮助下,于12月赴日本东京物理学校学习。后因病于次年回国,痊愈后即赴武昌农学校任译授,开始从事翻译西方新学的工作。辛亥革命之后,东渡日本,"此四年中生活,在一生中最为简单,惟学问则变化滋甚"[①],成书之多,为一生冠。1916年回国,受到了各方的招揽和聘请,始终坚持自我,随心讲学。1927,他自沉于颐和园昆明湖鱼藻轩,留有十六字遗书,"五十之年,只欠一死。经此世变,义无再辱",引发了后世之人的多方揣测。无论如何,王国维都是中国近代文学史上一颗璀璨耀眼的明珠,郭沫若评价他"留给我们的是他知识的产物,那好像一座崔巍的楼阁,在几千年的旧学城垒上,灿然放出了一段异样的光辉"[②]。

一、道德境界:道德者,为人间一切之规矩

王国维对康德美学思想有所继承与发扬,追求一种道德修养的磨炼与提升。在王国维看来,"道德者,为人间一切之规矩",道德是维持世间万物正常秩序的规矩所在,只有严格遵循道德要求,才能在众多条条框框中获得自由,真正

① 谢维扬、房鑫亮主编:《王国维全集·书信日记》第15卷,浙江教育出版社2010年版,第911页。

② 郭沫若出版委员会编:《郭沫若全集·历史编》第1卷,人民出版社1982年版,第8页。

地做到“从心所欲而不逾矩”。王国维指出：“人格修养，道德为上。”强调了道德是人格修养的根基。

王国维出身名门，家学渊源深厚，受儒家正统思想影响，对于个人道德品性的修习非常看重。他认为，在整体的人格修养之中，道德是至关重要的部分，它是人生而为人的根本，是一切知识获取的前提，也是人一生之福祉的内在保障。

> 盖人人至高之要求，在于福祉，而道德与福祉实有不可离之关系。然有知识而无道德，则无以得一生之福祉，而保社会之安宁，未得为完全之人物也。夫人之生也，为动作也，非为知识也。古今中外之哲人无不以道德为重于知识者，故古今中外之教育无不以道德为中心点。①

人，并非是为知识而生的，知识也不是人生的全部，古今中外的哲人均以道德为重，追求生活的幸福与社会的安定。

王国维性情淡泊，专心学术，对道德品性的修习极为看重，他不喜与人亲近，在为学生授课完毕后，便会很快离去，不过多停留。然而，只要有学生上门请教，无论是任何学术问题，他都知无不言，言无不尽，竭尽自己所知所能帮助学生理解，释疑问难。在王国维的心目中，个人道德的修养远比学术的修习更加重要，他始终秉承着淡泊谦虚的性情品格，为学生树立了良好的师德榜样。王国维辫子的故事在民间流传很广，他一生忠于清廷，即便皇帝溥仪都剪了短发，他也不肯将自己的辫子剪掉，甚至将它看得比生命更重要。这个故事从一定程度上表现了王国维迂腐顽固的一面，从另一个角度看，那一截辫子，也表明了王国维刚直不阿的气节，表现了他对清王朝的一片忠心。王国维在道德观上对自身提出了很高要求，他认为“爱人者人恒爱之；敬人者人恒敬之。不爱敬人者反是。如影之随形，响之随声，其效不可得而诬也”②，只有自身的德行修习好了，才能为他人做出榜样。

王国维对道德修养的重视与践行，代表了其道德观的价值走向，“故无高尚伟大之人格，而有高尚伟大之文学者，殆未之有也”③，即便是天才，也“须济之以学问，帅之以德性，始能产真正之大文学”④。他的这一观点对于新时代倡导道德教育具有积极的借鉴意义，有利于促进社会主义精神文明的建设。

二、为学精粹：皆有裨于人类之生存福祉

王国维认为，求学治学，就要以人类的福祉为根本指向，做有益于人类的生

① 姚淦铭、王燕编：《王国维文集·论教育之宗旨》第3卷，中国文史出版社1997年版，第58页。
② 同上。
③ 周锡山编校：《王国维集·文学小言》第1册，中国社会科学出版社2008年版，第24页。
④ 姚淦铭、王燕编：《王国维文集·文学散论》第1卷，中国文史出版社1997年版，第26页。

存与发展的学问。其核心学养主要包括“二重证据法”和“三种之境界”。“二重证据法”，就是用“纸上之史料”与“地下之材料”两者互相印证，用地下的材料来证明纸上之材料，从而“补正纸上之材料”，以考证文献上的有关记录。“三种之境界”，就是指学者在学术研究中所经历的漫长过程，它分为三个不同阶段，每个阶段都是一次创新，每次创新都是一次飞跃，完成整个过程需要持续不懈的努力。

（一）二重证据法

王国维治学力求创新，他在求学为学的过程中，创造性地运用了现代考古学的成果，结合《史记》《汉书》等文献史籍资料，对其中所涉及的一系列相关问题，逐一做了详尽的考释，成就斐然。1917 年，以“二重证据法”为代表的学术成果正式刊发：

> 吾辈生于今日，幸于纸上之材料外，更得地下之新材料。由此种材料，我辈固得据以此正纸上之材料，亦得证明古书之某部分全为实录，即百家不雅驯之言，亦不无表示一面之事实。此二重证据法，惟在今日始得为之。[①]

参考王国维先生的多方讲义，我们大约可以认为，在最初提出问题之时，他的“纸上之材料”是指《尚书》《诗》《易》《五帝德》《帝繫姓》《春秋》《左氏传》《国语》《世本》《竹书纪年》《战国策》《史记》及周秦诸子等十几项；“地下之材料”则指甲骨文字和金文两种。而这样的一种研究方法，实际上也就是“纸上之材料”与“地下之新材料”的相互印证，就是要求将发现的史料与古籍记载结合起来以考证古史，厘定正误。

王国维“二重证据法”的关键在于既重视“纸上之史料”，即已有的文献典籍，又重视“地下之材料”，即新出土的考古材料，二者相互印证，从而达到使考证结果更精确的最终目的。它是一种复杂的历史考证方法，对 20 世纪中国学术研究产生了重要的影响。一方面，“二重证据法”的提出，超越了传统的考据方法，增添了历史研究的方法、技能，对国内史学研究的发展产生了积极推动力；另一方面，虽然王国维本人并不赞同疑古学派的思想学说，但其“二重证据法”的研究方法及意义却是在很大程度上间接地助推了清末民初疑古学派的发展，对包括顾颉刚在内的一批先进知识分子具有很大的启发作用。总而言之，王国维的史学研究之所以能够开新史学之先河，“二重证据法”的提出与建立功不可没。

① 刘梦溪主编：《中国现代学术经典·总序》，河北教育出版社 1996 年版，第 26 页。

王国维倡导的“二重证据法”，在史学界产生了巨大反响，受到后世学者的赞赏与推崇，例如陈寅恪的诗文史互证法、傅斯年的史料比较法等都是对它的继承与发展。时至今日，历史学研究的趋势仍然承袭了王国维的“二重证据法”，将现代考古学与历史文献学相结合，厘正出新。正如刘梦溪所言：“此一新理念的提出，学术界响应者甚众，不仅对疑古之偏颇有所是正，对二十世纪的学术行程也自有其影响，同时也是对中国现代学术何以史学一门最富实绩的原因。”①

（二）三种之境界

在王国维的学说中，“三种之境界”更是为学者响彻耳畔的著名观点了：

> 古今之成大事业、大学问者，必经过三种之境界：“昨夜西风凋碧树。独上高楼，望尽天涯路”，此第一境界也；“衣带渐宽终不悔，为伊消得人憔悴”，此第二境界也；“众里寻他千百度，蓦然回首，那人却在灯火阑珊处”，此第三境界也。②

第一种境界，“昨夜西风凋碧树。独上高楼，望尽天涯路”，出自晏殊的《蝶恋花》，代表求学为学的初期。这一时期，学业或所研究的问题方才起步，面对浩如烟海的书籍和资料，难免手足无措，迷茫彷徨，“独上高楼，望尽天涯路”，找不到正确的方向。

第二种境界，“衣带渐宽终不悔，为伊消得人憔悴”，出自柳永的《凤栖梧》，代表求学为学的探索积累阶段。有第一境界的铺垫，治学就有了一定的目标和定位，接下来就是漫长的研究积累过程了。这一过程，费心费力，需要实实在在、脚踏实地的努力，或许有人经历无数个不眠之夜后才略有进步，有人殚精竭虑很长时间才有所突破，更有人倾其一生都未能得到自己想要的结果。这是一个探索求知的重要阶段，只有在量的积累达到一定程度或超过一定限度时，才可能产生质的飞跃。

第三种境界，“众里寻他千百度，蓦然回首，那人却在灯火阑珊处”，出自辛弃疾的《青玉案》，代表求学为学的成功阶段。“众里寻他千百度”，芸芸众生，大千世界，这是一个漫长而曲折的过程，有寂寞、有痛苦，甚至有无数次想要放弃的念头。这条路似乎太过煎熬了，然而，只要踽踽前行，刻苦追寻，不放弃不妥协，终有一天，会在“灯火阑珊处”看到成功的希望。

王国维的“三种之境界”，以宋词妙语作比，生动形象地描述了求学为学的

① 刘梦溪主编：《中国现代学术经典·总序》，河北教育出版社 1996 年版，第 26 页。

② 谢维扬、房鑫亮主编：《王国维全集·人间词话》第 1 卷，浙江教育出版社 2010 年版，第 485 页。

心路历程，揭示了治学阶段的基本规律。学问的获得本身就是一场漫长而艰难的修行，人们需要树立正确的学习目标，通过长期的积累与研究，追求知识结构的量化，以及量化之后的质变，坚定信仰，寻求创新。当今社会，物欲横流，我们面对太多形形色色的诱惑，在求学过程中也容易失却本心。因此，对王国维“三种之境界”的提倡与修习显得尤为迫切。高瞻远瞩，找准目标，不畏艰难，刻苦追寻，忍受为学的寂寞与痛苦，都是不能逃避的重要过程，唯有如此，方能学有所成，昂首挺胸立足于天地之间。

三、教育理念：培养完全之人物

王国维一生志在治学，在教育理念与方法上多有创新。他提出，治学的根本目的在于“培养完全之人物”，倡导新式教育，培养德智体美四育并举的“完全之人物”。其治学观主要可以概括为两个方面：一是“学无中西，亦无新旧”，意为学问的获得并无中西、新旧之分，而以正确有效为基本准则。王国维指出，传统的“中学”与外入的“西学”是相辅相成、互相补充的，所谓的“新旧”观念也并非是一个确切概念，这需要人们注意分析判断，以追求精通中西、学贯古今的为学目标；二是“教育之事，以明教育者为之”[①]，这是他对学校管理制度改革的观点。王国维在教学治学过程中发现学校改革中存在诸多弊端，针对这些问题，他提出了一些积极的改良建议，认为学校管理应该秉承人、法、物相结合的基本原则，“教育之事，以明教育者为之”，主张选用真正懂得教育之人管理学校，以解决教育界存在的诸多问题。

（一）学无中西，亦无新旧

作为中国近代史上卓越的大师级学者，王国维一生专攻学术，嗜好钻研，在治学观上秉承“学无中西，亦无新旧”的思想，教书育人、著书立说。他指出：

> 学之义，不明于天下久矣！今之言学者，有新旧之争，有中西之争，有有用之学与无用之学之争。余正告天下曰学无新旧也，无中西也，无有用无用也。凡立此名者，均不学之徒，即学焉而未尝知学者也。[②]

他认为，学习的真正含义，天下的人弄不明白已经很久了。如今所谓的学者，但凡提倡什么新旧之争、中西之争、有用无用之争的，都不是真正有才学的人，知识本就无中西、新旧之分，世界学术，乃为一家。

> 世界学问，不出科学、史学、文学。故中国之学，西国类皆有之，西国之

① 姚淦铭、王燕编：《王国维文集·教育小言十二则》，中国文史出版社1997年版，第79页。
② 周锡山编校：《王国维集·〈国学丛刊〉序》第2册，中国社会科学出版社2008年版，第324页。

学,我国亦类皆有之;所异者,广狭疏密耳。即从俗说,而姑存中学西学之名,则夫虑西学之盛之妨中学,与虑中学之盛之妨西学者,均不根之说也。[①]

王国维在其著作《国学丛刊序》中明确强调:

余谓中西二学,盛则俱盛,衰则俱衰,风气既开,互相推助。……特余所谓中学,非世之君子所谓中学;所谓西学,非今日学校所授之西学而已。……故一学既兴,他学自从之,此由学问之事,本无中西。[②]

在他看来,中学和西学之间应当是一种“互相推助”的关系,一荣俱荣,一损俱损。因此,在求学为学的过程中,应当注重二者之间的平衡发展,努力成为“兼通世界学术之才”。王国维指出,“今日之时代,已进入研究自由之时代”[③],自然也需要破除此前的一些偏见,追求一种平等自由的学习氛围,“夫尊孔孟之道,莫若发明光大之,而发明光大之道,又莫若兼究外国之学说”[④]。“吾国今日之学术界,一面当破中外之见,而一面毋以为政论之手段,则庶可有发达之日欤!”[⑤]学术发展不可能仅仅依靠旧时的历史积累,视野也不能局限于本国,它需要各种文化、各种学说所碰撞出来的火花,要求研究者博学多才、学贯中西。

学习,是一个丰富知识、提升自我的漫长过程,本质上并无国家、民族之分,“学无中西,亦无新旧”。当今社会,科学、文化的发展日新月异,文化交流频繁,我们更需要摒弃所有成见,努力学习和吸收各种优秀的文化成果,树立文化自信,在中国共产党的坚强领导下,“发展面向现代化、面向世界、面向未来的,民族的科学的大众的社会主义文化,推动社会主义精神文明和物质文明协调发展。”[⑥]。

(二)教育之事,以明教育者为之

“教育之事,以明教育者为之”,这是王国维在20世纪初针对清政府的学校教育改革而提出的积极建议,与教学治学的实践活动相联系,是其治学观的重要组成部分。

王国维对清政府改革后的教育管理制度进行了批判,“教育之事,以明教育者为之则可耳,官可也,绅亦可也。苟一为绅士,而即可以任教育之事,吾不能

① 周锡山编校:《王国维集·〈国学丛刊〉序》第2册,中国社会科学出版社2008年版,第325页。

② 同上书,第325—326页。

③ 周锡山编校:《王国维集·奏定经学科大学文学科大学章程书后》,中国社会科学出版社2008年版,第13页。

④ 同上书,第15页。

⑤ 周锡山编校:《王国维集·论近年之学术界》,中国社会科学出版社2008年版,第304页。

⑥ 《习近平著作选读(第二卷)》,人民出版社2023年版,第34页。

知绅之有异于官否也。以绅士之不知教育之无异于官也"[①]。表现出他对各地均由士绅掌管教育体系极度不满。他认为,"教育之事",需要专门的贤能之士来管理,而绝非任意充任的"官员""乡绅"之流可以胜任:

> 凡用人之事,一国之中专任一职之人多,而坐论大局之人少,则一国之事鲜不举矣。一校之中实行教授之人多,而名为管理之人少,则一校之成绩必可观矣。今日中学以上之监督、庶务、斋务等员,小学之堂长、董事等员,犹苦其冗,而复继之以劝学总董、劝学员,是以冗员为未足,而又益之也。[②]

但凡涉及用人的事情,都有其自身的规律与要求。在学校,教书育人的老师一般要多些,而管理人员要少些。而在当时,学校制度尚有欠缺,管理阶层人员冗杂。另外,"学术卤(鲁)莽,教授拙劣,断不足胜教员之任,况人数亦属无几。今吾邑已有之校,教员称职者十不得一二"[③]。因此,王国维在对比分析当时社会的教育状况后,提出"教育之事,以明教育者为之"的办学方针,明确强调启用真正有才学的圣贤之士来管理学校教育,希望有更多的有志之士加入教育行列之中,一同推进教育改革,挽救国家危亡。他这种唯才是举的办学观念,对于我们现有的教育制度,尤其是高等教育制度的改革,也有着积极借鉴作用。

王国维是20世纪的文化巨人。他富有创造性,在艺术、历史和科学等广阔的领域,都展现出卓越的才华。刘烜在《王国维评传》中说:"他的冷静、求实、跨学科运用知识的智慧,使他的学术文章形成了独特的睿智而丰实风格。"[④]这一评价客观地概括了王国维的为学特点。同时,他还指出:"王国维的想法之一是,将学术研究看成系国家民族命运的大事。"[⑤]王国维说:"国家与学术为存亡。天下未厌中国也,必不亡其学术;天下欲亡中国之学术,则于学术所寄之人,必因而笃之。世变愈亟,则所以笃之者愈至。"[⑥]这段话可谓振聋发聩,给当时中国学术敲响了警钟,当时的中国积贫积弱,内忧外患,国家命悬一刻,在这种情况下,能潜心钻研,发掘学术之光,传播中华学术思想,实是难能可贵。这也正是王国维核心学养的生动体现,他的人格精神和学术思想影响着一代又一代学子为中华民族伟大复兴而孜孜以求,奋发向上,负重前行。

① 姚淦铭、王燕编:《王国维文集·教育小言十二则》,中国文史出版社1997年版,第79页。

② 姚淦铭、王燕编:《王国维文集·教育小言十则》,中国文史出版社1997年版,第81页。

③ 姚淦铭、王燕编:《王国维文集·纪言》,中国文史出版社1997年版,第76页。

④ 刘烜:《王国维评传》,百花洲文艺出版社2014年版,第329页。

⑤ 同上书,第334页。

⑥ 谢维扬、房鑫亮主编:《王国维全集·观堂集林》第8卷,浙江教育出版社2010年版,第620页。

鲁迅

——中国文化革命的巨匠

鲁迅(1881—1936),原名周樟寿,后改为周树人,字豫才,笔名鲁迅。浙江绍兴人。现代伟大的文学家、思想家和革命家。他出生于一个封建官僚家庭,祖父周介孚,翰林出身,曾外放江西金溪任知县,崇尚“自由读书的主张与实践”。父亲周伯宜思想开明,是洋务运动的同情者,对儿子的教育亦是非常重视,但身体状况不佳,鲁迅自幼年时期,就目睹了父亲受疾病折磨时的痛苦,感受了家道因病致贫、逐渐衰落的困境,饱尝了生活的困顿艰辛,因而养成了沉郁的性情和不屈不挠的顽强意志。

1898 年 4 月,鲁迅改名周树人,入南京水师学堂求学,次年转入江南陆师学堂附设矿务铁路学堂,毕业后即公费赴日本留学。1904 年,入日本仙台医学专门学校学医。为了从根本上挽救国民的劣根性,两年后弃医从文,把所有的精力都投入文学创作。1906 年 6 月,鲁迅将学籍列入“东京独逸语协会”所设的德语学校,不再入学读书,开始专门从事文艺译著工作。此后几年,通过不同方式学习了德语、俄语,学成回国之后,师从章太炎先生,为“光复会”成员。1918 年 5 月首次用笔名“鲁迅”发表中国现代文学史上第一篇白话小说——《狂人日记》,成为中国文学现代化的先声,后期陆续创作了众多作品,以民主战士、左联盟主的身份活跃于中国现代文坛。鲁迅是中国无产阶级文学的奠基人,中国现代文学的一面旗帜,其核心学养集中体现于他的作品中,他的作品幽默和讽刺兼具。鲁迅堪称中国近代历史上最具有民族特色的作家之一。

一、道德理念:养成勇敢而明白的斗士

鲁迅是中国文化革命的主将,以不屈不挠的顽强精神而著称,始终在中华民族的文化战线上摇旗呐喊。他认为,道德教育最终目的是为了“养成勇敢而明白的斗士”,为了新中国的建设和繁荣而奋斗。因此在道德观上,一方面,坚持否定封建礼教。鲁迅指出“封建道德,荒谬虚伪”,对当时坚守的封建道德进行了深入批判,无情地揭露了它吃人的本质。在他看来,“忠孝节义”的封建信条,是一种蔑视人情的虚伪道德,也是对女性身心的无情残害,必须否定,将它最真实的一面揭露给世人。另一方面,坚持“诚实勇敢,提倡野性”。鲁迅在论及道德教育问题时,多次公开提倡“野性”,鼓励广大青少年诚实勇敢地面对封

建信条的压迫与束缚，敢于释放“野性”，奋起反抗，努力做回最真实的自我。

(一) 封建道德，荒谬虚伪

鲁迅早年丧父，少年时艰难困苦的处境和人生际遇，使他更容易看清现实社会的艰难与黑暗。正如《呐喊·自序》中所写：“有谁从小康人家而坠入困境的么，我以为，在这途中，大概可以看见世人的真面目！”[①]

鲁迅认为，在延续数千年的封建社会中，对封建礼教的提倡，是统治阶级愚弄百姓的手段，他甚至说：“孔夫子之在中国，是权势们捧起来的，是那些权势者或想做权势者的圣人……”[②]他犀利地指出，身居高位的统治者提倡和发扬封建道德，无非就是为了束缚平民百姓的思想行为，使他们心甘情愿地屈从于统治。“鲁迅发表了他的第一篇白话小说《狂人日记》中，这是鲁迅在《新青年》上所放的第一炮，目标是古来的封建道德，以后的攻击便一直集中在那上面。”[③]借狂人之口，深刻地揭露了中国几千年封建社会的“吃人”历史：

> 我翻开这历史一查，这历史没有年代，歪歪斜斜的每页上都写着“仁义道德”几个字。我横竖睡不着，仔细看了半夜，才从字缝里看出字来，满本都写着两个字是“吃人”！

写满了“仁义道德”的封建历史，竟然从字里行间透露出“吃人”的本质。鲁迅认为，封建道德其实是禁锢人民的精神枷锁。不仅如此，他还对刘师培主张的“保存国粹”思想进行了批判，他直言：

> 中国国粹，虽然等于放屁，而一群坏种，要刊丛编，却也毫不足怪。该坏种等，不过还想吃人……
>
> 然则既将刊之，则听其刊之。
>
> 无论如何复古，如何国粹，都已不怕。
>
> (我们暂且)看其如何国法，如何粹法，如何发昏，如何放屁，如何做梦。[④]
>
> 向来，我总不相信国粹家、道德家之类的痛哭流涕是真心，即使眼角上确有珠泪横流，也须检查他手巾上可浸着辣椒水或生姜汁。什么保存国故，什么振兴道德，什么维护公理，什么整顿学风……心里可真是这样想。[⑤]

---

① 鲁迅：《鲁迅全集·呐喊》第1卷，人民文学出版社2005年版，第437页。
② 鲁迅：《鲁迅全集·在现代中国的孔夫子》第6卷，人民文学出版社2005年版，第327页。
③ 曹聚仁：《鲁迅评传》，生活·读书·新知三联书店2011年版，第53页。
④ 鲁迅：《鲁迅全集·致钱玄同》第11卷，人民文学出版社2005年版，第363—364页。
⑤ 鲁迅：《鲁迅杂文全编·马上支日记》，人民文学出版社2005年版，第345页。

“封建道德，荒谬虚伪”，这是鲁迅直面当时社会现实的奋力呐喊，他无情地戳穿了封建道德的“吃人”本质，对所谓的“国粹思想”进行了有力的批判。他强调，想要得到解放，就必须彻底地打破禁锢，推翻封建社会荒谬虚伪的道德统治，建立真正自由平等的道德规范。鲁迅对封建道德的批判，充满了对人性解放的渴望，对我们当今社会的道德观建设有着积极的指导意义。

（二）诚实勇敢，提倡野性

在道德观上，鲁迅认为“封建道德，荒谬虚伪”，他对封建礼教进行了严厉批判，但并非是对旧有道德的全盘否定。正如鲁迅所说：

> 我也不是说——如他们攻击者所意想的，孙子理应终日痛打他的祖父，女儿必须时时咒骂他的亲娘。是说，此后觉醒的人，应该先洗净了东方古传的谬误思想……以准备改作幼者本位的道德。[①]

他所批判的是传统封建道德中愚昧腐朽的部分，对其中好的道德品性仍持肯定态度，如诚实勇敢、野性自由。鲁迅认为，国民的道德教育尤其重要：

> 中国的社会，虽说“道德好”，实际上却太缺乏相爱相助的心思。便是“孝”“烈”这类道德，也都是旁人毫不负责，一味收拾幼者、弱者的方法。[②]
>
> 勇者愤怒，抽刀向更强者；怯者愤怒，却抽刀向更弱者，不可救药的民族中，一定有许多英雄，专向孩子们瞪眼……孩子们在瞪眼中长大了，又向别的孩子们瞪眼。[③]
>
> （人们）屏息低头，毫不敢轻举妄动。两眼下视黄泉，看天就是傲慢，满脸装出死相，说笑就是放肆。[④]

鲁迅对此很是愤慨，他指出，国民的道德教育尤其重要，要鼓励学生培养诚实勇敢，甚至兼具“野性”的道德理念。他说，人们在封建道德的环境下熏染了太长的时间，这就好比“野牛成为家牛，野猪成为猪，狼成为狗，野性是消失了，但只是使牧人喜欢，于本身并无好处。人不过是人，不再夹杂着别的东西，当然再好没有了。倘不得已我以为还不如带些兽性”[⑤]。被驯化了的动物与被驯化的人是一样的，其好处不过是针对驯化者而言的，于被驯化者并无任何益处。

---

① 鲁迅：《鲁迅全集·我们现在怎样做父亲》第1卷，人民文学出版社2005年版，第137页。

② 同上书，第142—143页。

③ 鲁迅：《鲁迅全集·杂感》第3卷，人民文学出版社2005年版，第52页。

④ 同上书，第44页。

⑤ 鲁迅：《鲁迅全集·略论中国人的脸》第3卷，人民文学出版社2005年版，第433页。

> 在动物界，虽然并不如古人所幻想的那样舒适自由，可是噜苏做作的事总比人间少。它们适性任情，对就对，错就错，不说一句分辩话。虫蛆也许是不干净的，但它们并没有自命清高；鸷禽猛兽以较弱的动物为饵，不妨说是凶残的罢，但它们从来就没有竖过"公理"，"正义"的旗子，使牺牲者直到被吃的时候为止，还是一味佩服赞叹它们。[①]

因此，在鲁迅看来：

> 要使中国得救，也不必添什么东西进去，只要青年们将这种性质的古传用法，反过来一用就够了：对手如凶兽时就如凶兽，对手如羊就是羊。[②]

他提倡青年人应该勇敢地面对这个时代：

> 世上如果还有真要活下去的人们，就先该敢说，敢笑，敢哭，敢骂，敢怒，敢打，在这可诅咒的地方击退了可诅咒的时代！[③]

广大青少年应当拿出勇气，直面旧思想、旧观念对人的压迫与束缚，敢于释放"野性"，奋起反抗，做一个诚实、勇敢、自由乃至独立的人。

二、治学方法：道而弗牵，强而弗抑

"道而弗牵，强而弗抑"，意思就是说学习需要适时引导，而不是强行要求，需要恰当鼓励而不是个性压抑，这是对鲁迅治学观的总体表述。分而论之，则表现为两个方面：一是"循循善诱，解放天性"，这一点主要是针对儿童教育而言的；二是"崇尚科学，注重实践"，这是鲁迅在长期教育实践过程中总结出来的学习方法。

（一）循循善诱，解放天性

"循循善诱，解放天性"，这是鲁迅鲜明的儿童教育观，要求人们以儿童的眼光去看待和教育儿童，充分了解他们的不同特性，根据实际情况加以引导，循循善诱。同时，不要用固定的思维和方式给孩子施加压力，要引导他们自然发展，从而达到解放其固有天性的最终目的。

鲁迅将儿童看作是民族的未来，国家的希望：

> 后起的生命，总比以前的更有意义，更近完全，因此也更有价值，更可

---

① 鲁迅：《鲁迅全集·狗、猫、鼠》第2卷，人民文学出版社2005年版，第239页。
② 鲁迅：《鲁迅全集·忽然想到　七》第3卷，人民文学出版社2005年版，第64页。
③ 鲁迅：《鲁迅全集·忽然想到　五》第3卷，人民文学出版社2005年版，第45页。

宝贵;前者的生命,应该牺牲于他。[①]

因此,他在儿童教育方面多有重视,逐渐地就形成了自己独特的见解和主张。他认为,“父母对于子女,应该健全的产生,尽力的教育,完全的解放。”[②]开明的父母在子女的教育方面,应该在尽心尽力的基础上,给予相对完全的解放。“从觉醒的人开手,各自解放了自己的孩子。自己背着因袭的重担,肩住了黑暗的闸门,放他们到宽阔光明的地方去;此后幸福的度日,合理的做人。”[③]哪怕自己承担因袭的重担和黑暗的过去,也要给孩子提供最光明的未来,“时势既有改变,生活也必须进化;所以后起的人物,一定尤异于前,决不能用同一模型,无理嵌定”[④]。这些话语体现了鲁迅作为父亲的博大胸襟和责任担当,他对孩子的拳拳之心和深切期望令人感动。

在鲁迅看来,对于儿童的教育不同于平常,他们天性活泼,有着无穷的想象力和求知欲,需要耐心地引导与教育,循循善诱。他说:

> 孩子是可以敬服的,他常常想到星月以上的境界,想到地面以下的情形,想到花卉的用处,想到昆虫的言语,他想飞上天空,他想潜入蚁穴……[⑤]

孩子的想象天马行空,理解能力也往往超出人们的正常思维。这是其天性的自然解放,万万不能扼杀,只需加以适当的引导,或者不厌其烦地解答即可。当然,鲁迅对于孩子的理解和教育不仅仅体现在理论上,在现实生活的实践中更是处处可见。有一天,海婴问鲁迅:“爸爸,侬是谁养出来的?”“是爸爸妈妈的爸爸妈妈养出来的。”“爸爸妈妈的爸爸妈妈,一直到从前,最早的时候,人是哪里来的?”这是追溯到物种起源的问题,鲁迅便告诉他是从子——单细胞——来的。但是,海婴还是刨根问底:“没有子的时候,所有的东西又是从什么地方来的?”鲁迅觉着这个问题太过深奥,也不是孩子能够理解的,但是为了不使孩子失望,鲁迅还是耐心地告诉他:“等你大一点读书了,先生会告诉你的。”这个家教小插曲生动反映了鲁迅在教育儿童的过程中所秉承的“循循善诱、解放天性”原则。

(二)崇尚科学,注重实践

在学习方法上,鲁迅提倡“崇尚科学,注重实践”。他指出,科学是思想解放的源头,“能教道理明白,能教人思路清楚,不许鬼混”[⑥]。实践则是人们获得真

---

① 鲁迅:《鲁迅全集·我们现在怎样做父亲》第1卷,人民文学出版社2005年版,第137页。

② 同上书,第141页。

③ 同上书,第135页。

④ 同上书,第141页。

⑤ 鲁迅:《鲁迅全集·看图识字》第6卷,人民文学出版社2005年版,第37页。

⑥ 鲁迅:《鲁迅全集·热风三十三》第1卷,人民文学出版社2005年版,第314页。

正学识的唯一途径，是求学为学的重要方式。

鲁迅说："现在发明了六百零六，肉体上的病，既可医治；我希望也有一种七百零七的药，可以医治思想上的病。这药原来也已发明，就是'科学'一味。"[①]科学，如同药物一般，是医治愚昧国人的良方。它自西方传入中国，代表了近代世界发展的最新成果，有助于青年学生破除封建迷信，增长现实见闻，是教育学界理应推崇与提倡的重点所在。

鲁迅回国任教之后，以身作则，积极普及科学知识，为学生讲授自然科学的奥秘，激发他们的学习兴趣，培养学生实事求是的科学态度和积极进取的求知精神。"注重实践"是鲁迅在对旧有教育反思中所提出的为学方法。他认为当时的教育存在着很多问题，比如众多学生对自身所学毫无兴趣，即便有兴趣学习也未真正获得过有价值的知识。因而，许多学生毕业之后毫无头绪，茫然而不知所措，不知路在何方。"毕业，自然大家都盼望的，但一到毕业，却又爽然若失，爬了几次桅，不消说不配做半个水兵；听了几年讲，下了几回矿洞，就能掘出金银铜铁锡出来么？实在连自己也茫无把握。"[②]面对这种教育困境，鲁迅鲜明地提出"注重实践"的观点，在一定意义上引导了教育方式的走向，缩小了学校教育与社会实际之间的鸿沟，有利于学生转变思维，开阔视野，提高解决现实问题的基本能力。

鲁迅"崇尚科学，注重实践"的观点，是其一生为学的经验总结，引导了中国近代教育理念发展的潮流。当今社会，科技发展的重要性愈加突出，实践创新的教育方式也成了教育改革的重点。"崇尚科学，注重实践"，始终都是教育乃至国家发展的重要手段。习近平总书记在党的二十大报中说："实践没有止境，理论创新也没有止境。不断谱写马克思主义中国化时代化新篇章，是当代中国共产党人的庄严历史责任。继续推进实践基础上的理论创新，首先要把握好新时代中国特色社会主义思想的世界观和方法论，坚持好、运用好贯穿其中的立场观点方法。"[③]在这方面，鲁迅先生"崇尚科学，注重实践"的为学思想给我们提供了非常丰富的营养。

三、思想传承：必须和社会现实接触，使所读的书活起来

在鲁迅的认知中，个人的学习和思想"必须和社会现实接触，使所读的书活起来"，才能真正地获得有用的知识，提升自我，他思想的核心价值也是围绕社会现实和创作实践而展开的。首先，是对白话文运动的提倡，他要求学者"将文字交给大众"，对传统的语言文字进行改革，提倡白话文，推行大众语。其次，是对作者写作主体地位的肯定，他提出，文学作品的创作需要"尊重主体，求实求

① 鲁迅：《鲁迅全集·热风三十三》第1卷，人民文学出版社2005年版，第329页。

② 鲁迅：《鲁迅全集·锁记》第2卷，人民文学出版社2005年版，第307页。

③ 《习近平著作选读（第一卷）》，人民出版社2023年版，第15页。

真”，写不出来的时候不硬写，不强迫自己创作违背本心的作品，能写什么就写什么，实事求是，尊重客观现实。

（一）将文字交给大众

鲁迅在《门外文谈》中提出，要“将文字交给大众”，就是说要对现有的文字进行改革，针对平民大众的阅读方式，提倡白话文写作。

在鲁迅看来，新文化运动的改革不应当局限于知识分子的层面，还需要考虑到在中国社会上占主要成分的平民大众。他们的文化水平大都不高，对于文字的认知也比较困难，更不用说理解文章了。况且，当时的文章大多以文言文为主，晦涩难懂，而新文化运动的主要阵地又是各大报刊，如若一直沿用古代留存下来的文言文写作，根本无法在平民百姓中产生影响，更遑论让他们加入改革的大军了。因此，鲁迅积极提倡白话文运动，写了很多战斗的檄文，在一定程度上打破了文言文一统天下的局面。一方面，他明确提出，在最大范围内进行语言文字的改革，将现有的文字拉丁化，与中国的基本国情相结合，进行一些适当调整，既有益于学习，也有益于理解，方便百姓的接受和普及。另一方面，从文学创作方面看，也需要提倡白话文。文学启蒙时期，可以先用方言土语创作，拉近与百姓之间的距离，然后慢慢地转变，逐渐向白话文靠近，这样一个渐进的过渡，更容易被大家所接受。一旦白话文的创作得到了普及，文章也就会变得更加容易理解了，对平民大众的教育效率自然会有所提升。平民大众受教育的水平提高了，新文化运动自然而然地会得到更多支持。

鲁迅在白话文运动中提出“将文字交给大众”的主张，顺应了中国近代化的发展潮流，促进了各种白话文读物的涌现，使白话文在文学作品和一般学术著作的范围内逐步取得了合法的、正统的地位。“将文字交给大众”之后，越来越多的作家开始用白话文宣扬科学知识，极大地开阔百姓的视野，为中国文化事业的发展注入了新的活力。

（二）尊重主体，求实求真

作为中国现代文学的奠基人，鲁迅在写作方面的重要技巧，也值得人们学习和研究。

在写作过程中，鲁迅非常强调创作者的主体地位，他认为，文章是写作者个人情感的表达，是以自身为主体的行为活动，它可能是一个漫长的过程，需要生活的沉淀与创作的灵感。因此，想要创作出优秀的文学作品，就要努力做到“尊重主体，求实求真”。在日常的生活和学习过程中，“要留心各样的事情，多看看，不看到一点就写”“写不出来的时候不硬写”[①]，“做不出的时候，我也决不硬

① 金隐铭：《鲁迅杂文精编·答北斗杂志社问》，漓江出版社 1998 年版，第 124 页。

做”[①]，遵从自我内心的意愿，多实践多思考，生活的阅历有了，文化的沉淀厚了，艺术的修养深了，自然就能够创作出好的作品。

除了对创作者主体地位的认可，鲁迅还要求把生活中最本真的东西作为文学创作的素材，也就是“求实求真”。他说：“作者写出创作来，对于其中的事情，虽然不必亲历过，最好是经历过……天才们无论怎样说大话，归根结蒂，还是不能凭空创造。”[②]即便如天才，也不可能凭空捏造出虚幻的事件，因此，但凡作者的独立创作，多多少少都应该与自身的经历有关。在写作时，一定注意所叙内容的真实性，从自己最熟悉最感兴趣的话题入手，逐渐培养文学创作的能力。这是求学为学的必经阶段，是一个优秀作家的基本素养。

蔡元培为《鲁迅全集》作序说：“他的感情之丰富，观察之深刻，意境之隽永，字句之正确，他人所苦思力学而不以得当的，他就很自然的写出来，这是何等天才！又是何等学力！”[③]这段话生动地概括了鲁迅作为伟大作家的基本素养。

“尊重主体，求实求真”，是鲁迅为我们提供的写作指导，代表了一代著名文学家的创作理念。他希望我们能够在写作文章的过程中尊重自我主体，充分发挥主观能动性，从身边的小事写起，逐步锻炼自己的写作才能。现代社会，伴随着教育环境的不断改善，教育的水平也有了显著的提高，人们享受着越来越便捷的阅读体验，却普遍对文章创作的兴趣不大。这也许是因为，应试教育的写作教学让越来越多的学生害怕甚至厌恶写作，往往在老师和家长逼迫下草草了事。或许，我们应该再次将鲁迅“尊重主体，求实求真”的写作观念引入课堂，以指导学生的创作实践，循序渐进，让他们真正地学习写作，爱上写作。

鲁迅的核心学养还表现在他伟大的人格中。许寿裳在谈到鲁迅时说：“他的学问的幅员极其广博的，不但于说明科学研究有素，于规范科学也涵养甚深，他学医的时候，伦理学的成绩有八十三分。他的日常生活是朴素的，始终维持着学生时代的生活。他的政治识见是特别优越，因为他观察社会实在来得深刻。”[④]他真诚，无论是求学、做事或是写文章，都是处处认真，字字忠实，不肯有丝毫的苟且，不肯有一点马马虎虎。他忠于祖国，挚爱亲友；他坚韧不拔，执着而坚定，每每废寝忘食，真正践行了他自己的诗句——“俯首甘为孺子牛”。我们每次读到鲁迅的作品，总是被里面的人物故事吸引，被人物的精神感动，最让人钦佩的则是鲁迅崇高的品格。鲁迅，是中华民族伟大精神的脊梁，是我们学习的标杆！过去是，现在是，将来还是！

---

① 鲁迅：《鲁迅全集·南腔北调集》第4卷，人民文学出版社2005年版，第528页。

② 金隐铭：《鲁迅杂文精编·叶紫作〈丰收〉序》，漓江出版社1998年版，第458页。

③ 欧阳哲生编：《中国近代思想家文库 蔡元培卷》，中国人民大学出版社2014年版，第596页。

④ 许寿裳：《鲁迅传》，北京时代华文书局2015年版，第142页。

陈寅恪

——博学严谨的“公子教授”

陈寅恪(1890—1969),江西义宁(今江西修水)人。现代著名的历史学家、古典文学研究家、语言学家、诗人。他与叶企荪、潘光旦、梅贻琦被并列为“清华大学百年历史上四大哲人”,与梁启超、王国维、赵元任并称为清华“国学四大导师”,又与吕思勉、陈垣、钱穆并称为“前辈史学四大家”,人称“公子的公子,教授之教授”。他早年曾在德国柏林大学、瑞士苏黎世大学、法国巴黎高等政治学校、美国哈佛大学等世界级名校留学。回国后,他先后任职任教于清华大学、西南联大、广西大学、燕京大学、中山大学等名校。中华人民共和国成立后,陈寅恪先后任中国科学院哲学社会科学部学部委员、中国文史研究馆副馆长等职。

陈寅恪出身于官宦世家。祖父陈宝箴曾被曾国藩称赞为“海内奇士”,父亲陈三立与谭延闿、谭嗣同并称“湖湘三公子”,与谭嗣同、徐仁铸、陶菊存并称“维新四公子”,有“中国最后一位传统诗人”之誉。陈宝箴和陈三立思想开放,兼容中西,曾在湖南主持变法新政,影响巨大。陈三立曾赞助柳诒徵创办思益小学堂,并让出住宅作为课堂,聘请外国教师,开设英语及数、理、化新科目,还同聘请来的老师约法三章,规定不背书、不体罚学生等。他还鼓励自家的孩子出国留学,当时,年仅十三岁的陈寅恪就在父亲的鼓励下随大哥陈衡恪远赴日本留学。陈寅恪共有兄弟五人,其中仅一人未曾出国留学,同时陈氏兄弟皆是著名的诗人、画家等,足可见其家风家学之深厚。陈寅恪也正是在父亲的支持下,留学海外十六年,为他后来的学术思想奠定了稳固的基础。

陈寅恪学养的核心在于“博考慎取”。所谓“博考”,就是有充分的积累,能够多层面多角度地看待、考察问题。而“慎取”,则是指在得出结论的时候要谨慎小心,因为“博考”的过程中可能会出现多种结论,但是众多结论并不一定都正确,“慎取”就是要将其中最为正确的结论挑选出来,作为这个问题的最后答案。

一、道德修养:独立之精神,自由之思想

陈寅恪坚持“独立之精神,自由之思想”,这不仅是其学术研究的标准,更是他为人的准则。他能够坚持自己独特的看法,不为外界的权势而动摇;也能够自如地表达自己鲜明的情感,不为他人的非议而改变。

(一) 坚持自我之狂

在常人看来，陈寅恪是一个很“狂傲”的人。他在清华大学教书之时曾明确表示：“前人讲过的，我不讲；近人讲过的，我不讲；外国人讲过的，我不讲；我自己过去讲过的，也不讲。现在只讲未曾有人讲过的。”这种教学风采，作为美谈至今被人津津乐道，人们感慨他学识之渊博，也赞叹他这种中国文人充满骨气之“狂”。

然而，陈寅恪之“狂”，可能正是中国知识分子特有的品格。孔子说：“不得中行而与之，必也狂狷乎！狂者进取，狷者有所不为也。”[①]王阳明也说：“狂者志存古人，一切纷嚣俗染不足以累其心，真有凤凰于千仞之意，一克念，即圣人矣。”[②]所以，“狂”不一定是贬义词，不少人只是单纯地“傲”，而不是“狂”。陈寅恪的这种“狂”，却伴随了其一生。

中华人民共和国成立后，中国科学院成立历史研究所，又以上古、中古、近代为时间节点划分一、二、三所，其中拟任陈寅恪为二所即中古史研究所所长。陈寅恪没有答应，也没有直接拒绝，而是提出了两个当时的国人不敢想象的条件：一是允许研究所不宗奉马列主义，并不学习政治；二是请毛公或刘公(即毛泽东或刘少奇)给一允许证明书，以作挡箭牌。这两个条件在当时掀起了轩然大波，陈寅恪的好友曾劝他不要这样，陈寅恪却这样回答：“我要为学术争自由。我自从作王国维纪念碑文时，即持学术自由之宗旨，历二十余年而不变。”[③]他在《对科学院的答复》中说：“我认为研究学术，最主要的是要具有自由的意志和独立的精神，所以我说：‘士之读书治学，盖将以脱心志于俗谛之桎梏。’‘俗谛’在当时即指三民主义而言。必须脱掉‘俗谛之桎梏’，真理才能发挥，受‘俗谛之桎梏’，没有自由思想，没有独立精神，既不能发挥真理，也不能研究学术。”[④]这一事件是时任北大历史系副教授、陈寅恪的学生汪篯亲眼所见并记录下来的。

陈寅恪“狂”吗？他很“狂”，然而，这是他作为一个知识分子，作为一个学者的坚持与操守。正如王阳明所说，“狂者”就像凤凰一样，而凤凰就是“非梧桐不止，非练实不食，非醴泉不饮”。陈寅恪并不反对政治，也不反对政党，他追求的只是“独立之精神，自由之思想”，他认为，如果连这一点都保证不了，那么，这样的学术不搞也罢。

(二) 尊重前辈之恭

“狂”是陈寅恪个性的全部吗？不！陈寅恪对待真正有学问的学术前辈却

① 杨伯峻译注：《论语译注》，中华书局2012年版，第195页。

② 陈荣捷：《王阳明传习录详注集评》，重庆出版社2017年版，第316页。

③ 陆键东：《陈寅恪的最后二十年》，生活·读书·新知三联书店2013年版，第97页。

④ 陈寅恪：《陈寅恪集·讲义及杂稿》，生活·读书·新知三联书店2015年版，第463页。

是非常之恭敬。

当时，四川大学有位老教授林思进，名望很高，陈寅恪对其很敬佩。林老有一个怪癖，就是会在每年农历正月初七时接待自己的“粉丝”。陈寅恪知道林老的这个“喜好”后，对他愈发敬重，他提前很久就给林老写信，预约那日登门求教。

到了那一天，林老正在家门口接待客人。只见陈寅恪从车上下来后，小步快走，来到林老面前，“扑通”一声跪下，口中喊“伯父好！”并念叨着几句祝林老健康长寿之类的话语。这一举动让周围的人颇感惊讶和感动，要知道，当时已是民国时期，早已废除了清朝跪拜那一套礼仪。师生之间，最多就是鞠躬敬礼，平辈之间则多是握手或点头示意罢了，陈寅恪那样名气远远比林老大的著名学者，却对林老行如此大礼，实在令人始料未及。

然而，陈寅恪却不在意众人诧异的目光，说完祝词之后，便恭敬地站起身来，从随身携带的小挎包中取出他准备好的贺礼。这是他自己亲手撰写的一副对联：“天下文章莫大乎是，一时贤士皆与之游”，深深地表达了陈寅恪对林老先生的敬仰之情。

“此后一两年，陈寅恪已有双目失明迹象，遂意志颓废，辑古诗得一联自况‘今日不为明日计，他生未卜此生休’，求林思进书写，预备悬之厅堂。林婉拒，并劝慰道：‘君有千秋功业，何得言此生休矣？’陈寅恪为之一震，如醍醐灌顶，在此后的二十多年里，陈寅恪一直感激这句话。从林老先生对于陈寅恪的影响力上，我们就足以看出陈寅恪对他的恭敬之心。”①

陈寅恪那一日在林老先生家门口的“一跪”，突显了他的独立精神、自由思想。他在国外留学十六年，回国之后又在各大高校任教，不可能不知道跪拜之礼已过时。然而，他觉得不跪不足以表达他的恭敬之情，于是，他一见面便跪拜。细细想来，这也算是一种“狂”吧？然而，这种“狂”却蕴含着他对前辈学者的敬仰之情，更蕴含了他对真知真识的尊重。

二、治学理念：博取众长，融汇百家

陈寅恪治学理念的核心是“博考慎取”，在他看来，学习研究切忌拘泥于一派一家之见，而要博采众长，融汇百家。“众长”“百家”不是随意学习，陈寅恪特别强调学习原典，这样，才不会被别人的意见所误导。他认为，一旦被别人的意见误导，就会有先入为主之见，那么，得出的结论就会存在偏差，就违背了“慎取”的理念。

① 查一路：《陈寅恪的倨与恭》，《未央文学》2012 年 03 期，第 36 页。

（一）博考慎取

“博考慎取”是陈寅恪做学术研究中恪守的规范，这一点从他现存的一些文章中就可深深地体会出来。下面以《桃花源记旁证》为例。

《桃花源记》是晋代陶渊明的代表作，讲述了一个渔夫误入桃花源，走进了一个从秦代开始与世隔绝的小山村，然而，当他出来后，却再也找不到那个地方的故事。就此还衍生出一个成语——“世外桃源”。绝大部分人都将《桃花源记》当作寓言故事来看，对于它的研究也往往从它寓意或者文学性等角度出发。陈寅恪不是这样，他认为《桃花源记》是一篇“纪实之文”，也就是说《桃花源记》中的这个故事是真实存在的。那么，陈寅恪是怎么证明呢？这里他就运用了“博考慎取”的治学理念。

陈寅恪首先从各种史籍资料中寻找证明，在当时有很多人因为躲避战乱跑进了深山之中，他说：“西晋末年戎狄盗贼并起，当时中原避难之人民其能远离本土迁至他乡者，北则托庇于慕容之政权，南则侨寄于孙吴之故域。不独前燕东晋之建国中兴与此中原之流民有关，即后来南北朝之士族亦承其系统者也。史籍所载，本末甚明。”[①]为了求证这一说法，他从《晋书》《艺文类聚》《太平御览》等书中找出了六条记载。然后，他又通过《水经注》《元和郡县图志》《新唐书》《资治通鉴》等书证实有“桃源”这个地方存在。之后，他又在《搜神后记》中发现有一篇《桃花源》，与常见的《桃花源记》有细微差别。《桃花源记》中有“刘子骥”这个人，但是，《桃花源》中却只有一个叫“刘歆”的人，然后，陈寅恪又遍翻《搜神后记》，发现其中有一篇《刘驎之入衡山采药》的故事，而“南阳刘驎之，字子骥”，《搜神后记》的作者又据传是陶潜，陶潜就是陶渊明。接着，陈寅恪又从陶渊明的《诗集》中找到两首拟古诗与《桃花源记》互相印证。在这一系列证据下，陈寅恪得出了最后的结论，他说：“陶公之作《桃花源记》，殆取桃花源事与刘驎之二事牵连混合为一。桃花源虽本在北方之弘农或上洛。但以牵连混合刘驎之入衡山采药事之故，不得不移之于南方之武陵。遂使后世之论桃花源者皆纷纷堕入迷误之途，历千载而不之觉，亦太可怜矣！”[②]

仅仅为了求证《桃花源记》是否属于纪实文章，陈寅恪的研究就涉及了《晋书》《艺文类聚》《太平御览》《水经注》《元和郡县图志》《新唐书》《资治通鉴》以及《陶渊明全集》等著作。其中像《艺文类聚》《太平御览》《资治通鉴》都是部头特别大的书，陈寅恪却要从其中准确找到所需要的资料，其中搜集材料之精细、推理之缜密、钩稽爬梳之艰辛，恐怕是我们难以想象的。

陈寅恪这样严谨的治学态度，很多学者都难以做到，现在不少所谓的学者

---

① 陈寅恪：《陈寅恪先生全集》，里仁书局 1980 年版，第 1169 页。

② 同上书，第 1174 页。

整篇文论文只有两三本参考文献，或者只是列举两条或者三条材料，整篇论文缺乏严谨性。也有一些学者学会了搜集材料，却不知道如何分辨材料的真伪以及可用度，最后也得不出什么结论，罗列了一大堆材料，也不知道自己到底想要论证什么？这些学者就是没有真正掌握“博考慎取”的治学理念。

（二）注重原典

陈寅恪能够取得如此丰富而卓越的成就，与他从小酷爱读书有着密切的关系。陈家是书香门第，家中藏书众多，恰好满足了陈寅恪喜爱读书的欲望，据说陈寅恪“十几岁以及后来自日本回国期间，终日埋头于浩如烟海的古籍以及佛书等等，无不浏览”[①]。

他不仅仅看书，还能把看过的书背下来。他后来与陈垣一起共事的时候，两人就经常以背诵《十三经注疏》为乐。后来，据俞大维回忆时曾说道：“我们这一代人的普通念书的人，不过能背诵‘四书’《诗经》《左传》等书。寅恪先生则不然，他对‘十三经’不但大部分能背诵，而且对每字必求正解。”[②]

陈寅恪读书有他自己的独特方法，他将书分为三类：最低限度的读物，进一步学习的读物，深入研究的读物。其中最低限度的读物被他称为必读书，他说：

> 无论你的爱憎好恶如何，《诗经》《尚书》是我们先民智慧的结晶，乃人人必读之书。[③]
>
> 中国真正的原籍经典（原典）也只不过一百多部，其余的书都是在这些书的基础上互为引述参照而已。[④]

在他看来，只要将这些“原典”都看过弄懂，对于中国的文化就没有什么读不懂的了。因为，中国几千年来的学术无非就是解释这些“原典”而已。现在，大中小学都在加强中华传统文化教育，我们认为应特别增加“原典”在教材中的比例，把这些国学经典作为必读书或选读书。

三、人生成就：一代宗师，桃李满门

谈到陈寅恪，不得不提到他独创的“以诗证史”研究方法，这一研究方法开创了中国历史研究的新篇章。陈寅恪是民国众多大家中对教育特别重视的学者之一，甚至可以说将教育视作生命，在他看来，身为一个教师，做好教学工作

---

① 汪荣祖：《陈寅恪评传》，百花洲文艺出版社 1997 年版，第 28 页。

② 张杰、杨燕丽选编：《追忆陈寅恪》，社会科学文献出版社 1999 年版，第 5—6 页。

③ 同上书，第 4 页。

④ 《陈寅恪：读“老书”、读“原典”》，载《内蒙古教育》2017 年 07 期，第 66 页。

是他的责任，必须要以教学为先。

（一）以诗证史

陈寅恪精通多门语言，在众多领域中也都有所建树，但是，他最被人认可的还是作为一个历史学家的身份，特别是他独创的"以诗证史"历史研究方法，给中国历史研究开创了新的思路，其中最为著名的就是他所撰写的《元白诗笺证稿》。"元白"是指唐代的元稹和白居易，他们二人开创了唐代比较著名的"元白诗派"，其风格以写实、通俗为主。陈寅恪认为，他们的诗歌既然是写实的，那么，就可以作为证据来证实一些历史事实。下面以他所撰写的《元白诗中俸料钱问题》一文为例。

陈寅恪在开篇就讲道："唐代官俸随时随地互不相同，今存史料殊不完具，不易知其详实之数额。故所依据以推测者，亦不敢自信以为定说。"[①]也就是说对于唐代各级官员俸禄的多少，一直是唐代史研究中的一个难题，现存的史料都只有零星的记载，不同资料之间不能互相证明，学者也只能提出一种猜测而不能确信。

然而，陈寅恪发现白居易诗歌中存在许多关于自己俸禄的描写，他敏锐地觉察到：白居易的诗歌以写实为主，那么，他对于自己俸禄的描述是否真实呢？如果是真实的，是不是就可将白居易对自己俸禄的描述来填补这一块历史研究的空白呢？

白居易《常乐里闲居偶题十六韵兼寄刘十五公》中有一句："俸钱万六千，月给亦有余。"当时，白居易担任校书郎一职，陈寅恪又去翻阅史料，《册府元龟》一书中恰好有关于唐代校书郎俸禄的记载，"校书正字（等）各十六贯文"，而"十六贯文"恰好就是"一万六千文"，与白居易所说的吻合。此后，陈寅恪又在白居易的诗歌中核查到了与现有史料吻合的五六处俸禄描写。于是，他得出结论："凡关于中央政府官吏之俸料史籍所载额数与乐天诗文所言者，皆无不相合。"[②]这也说明白居易诗歌的确是按照实际情况来描述的，他的诗歌可以作为一种证据来论证唐代官员的俸禄。

从这一篇文章开始，陈寅恪认识到，一些写实的诗歌是可以作为依据来证明一些历史问题的。而后，他深入研究白居易、元稹的诗歌，最终完成了《元白诗笺证稿》一书。当然，对于陈寅恪"以诗证史"的研究方法，有些学者是颇有微词，因为在他们看来，就算是再写实的诗歌也是文学创作，也存在虚构的成分，不能作为证据来证实历史问题。不过必须承认，运用"以诗证史"的研究方法，陈寅恪的确解决了不少历史疑点。

---

① 陈寅恪：《陈寅恪先生全集》，里仁书局 1980 年版，第 409 页。

② 同上书，第 416 页。

（二）教学为先

陈寅恪在众多学术领域中都有建树，同时，他还是一位桃李满天下的老师，季羡林、蒋天枢、周一良等著名大家都是陈寅恪的学生，甚至像朱自清、冯友兰、吴宓等名气不下于陈寅恪的大师也经常去旁听他的课。

陈寅恪除了学识渊博，课讲得好之外，最让人敬佩的还是他对教学的重视。1929 年，当时刚迁到北京的中央研究院历史语言研究所想聘请陈寅恪担任研究员、历史组主任兼《历史语言研究所明清史料编刊会》编委，按照规定，研究所内所有成员都必须专职，不得兼职其他工作。但是，当时陈寅恪已担任清华大学国学院导师，如果想去研究所任职，就必须辞去清华大学的职务。在那种情况下，大部分人都会选择去研究院吧？毕竟研究院待遇高、平台好，没有繁重的教学任务。然而，陈寅恪却选择留在清华大学，没有去研究院，他挚爱教育，将教书育人视为“天职”，乐意以“教书匠”自居。后来，研究院不得不为陈寅恪开了特例，允许他边教书边做研究。

一个学者的大气不仅仅表现为学问的渊博，更体现在他对专业的执着和对后辈的倾力付出。在西南联大工作期间，正是“七七事变”之后，北平沦陷之时，他颠沛流离，有时饥肠辘辘，忍饥挨饿，朝不保夕。然而，在这种环境下，他依然执着于教学事业。“同学们经常可以看到陈寅恪抱着用黑布包裹着的一大包书，沉重而缓慢地行在昆华路上。之所以每次上课要带这么多的书，因为他在上课的时候要引证很多史料。有时候饿得没有力气，就在出门前喝一大茶缸茶水。进入教室后，即打开所携带的包袱拿出书来，他把需要的主要史料一条条，一字不落地写在黑板上，供学生抄录。总是写满整个黑板，然后坐下来开始讲解，声音不高，又往往闭目授课。如果不集中精神注意听他所讲的内容，自然感觉不出其中的精彩来。”①

“据称从 1931 年‘九一八事变’到 1940 年 2 月在昆明西南联大的这 10 年时间里，除 1932 年去庐山为父亲陈三立 80 大寿‘祝寿一次’外，他竟未请一次假。”②在 1944 年 12 月 12 日早上，陈寅恪“突然发现眼前一片漆黑，失去光明，看不见任何东西。面对突然发作的病情，他首先想到的是等他上课的学生，因为从教二十年，从未缺过课。于是立即叫长女流求去学校请假”③。陈寅恪那下意识的反应真的让人肃然起敬，换成普通人可能是惊慌失措，他却还惦记着等他上课的学生们。“教授之教授”这一称谓，陈寅恪确实当之无愧！

陈寅恪珍视中华历史文化传统，以淑世为怀，笃信“文章合为时而著，诗歌

① 陶方宣：《历史的辫子：陈寅恪与王国维》，新华出版社 2016 年版，第 179 页。

② 吕素珍：《论陈寅恪的大学教师之道》，载《武汉商业服务学院学报》2013 年 02 期，第 49 页。

③ 王川：《学界泰斗——陈寅恪》，广东人民出版社 2006 年版，第 105 页。

合为事而作”，勇于探索自由之义谛，真正如蒋天枢所说：“先生于学，既渊且广阔，先生之思，即敏且锐：犀利烛牛渚之间，闳通照一代之后。”①

美国弗吉尼亚州立大学汪祖荣先生在“纪念陈寅恪教授国际学术研讨会”上说：“很多人称陈先生为教授，为一爱国主义者等等，在我的心目中，他是一通儒，通儒有别于专家学者。今日环顾中外，专家学者比比皆是，而通儒鲜绝。他也是一个伟大的人文主义者(a great humanist)。这包含了他所具有的人文品质和人文素养，他在人文学中已达通儒的境界，而其人品，尤其表现出高贵的书生风骨，令人有‘心向往之而不能至’的感慨。”②我认为，这是对陈寅恪先生核心学养的最生动、最精当的诠释。

① 张杰、杨燕丽选编，《追忆陈寅恪》，社会科学文献出版社 1999 年版，第 469 页。

② 汪祖荣：《国学大师丛书陈寅恪评传》，百花洲文化出版社 2014 年版，第 215 页。

梁漱溟

——继承传统、倡导自觉学习的现代儒者

梁漱溟(1893—1988)，原名焕鼎，字寿铭，漱溟是其笔名。现代著名的思想家、哲学家、教育家，也是现代新儒家的早期代表人物之一，有“中国最后一位大儒家”之称。他中学毕业后，便进入报社当编辑和记者。他早年研究佛学思想，曾一度想出家为僧，可是未能如愿。后又从佛学进入儒学，成为现代新儒家的代表人物。除在学术上的成就之外，他在政治上也有所建树，他是中国民主同盟会的创始人之一，中华人民共和国成立之后一直担任全国政协委员，还担任过全国政协常委。

梁漱溟取得的成就与其父亲的教育密不可分。他的父亲梁济是一个非常开明的人，早年受到西方思想的影响，支持过曾国藩等人主持的洋务运动，对康有为等人提出的戊戌变法也表示赞同。废除八股取士、提倡新式教育之后，梁济果断放弃让梁漱溟继续接受传统教育的做法，仅让儿子读完《三字经》《百家姓》后，便让梁漱溟接受西式教育。梁漱溟正式学习的一部重要著作是介绍世界各国历史、地理的《地球韵言》，这使梁漱溟第一次认识到世界上还有“欧罗巴、亚细亚、英吉利、法兰西”等国家。后来，陈铼在北京创办了中国第一所新式学堂“中西小学堂”，梁济又马上将梁漱溟送入其中学习。父亲对梁漱溟在学业上的支持，为梁漱溟之后的学习与思考提供了极大的帮助，开阔了梁漱溟在学术思想上的视野。

梁漱溟学养的核心在于自觉学习，他认为，自己的学问就是靠自觉学习得来的。他的自觉学习理念包含两个方面：一个是道德学习层面的自觉，就是要注重家庭伦理道德，积极承担社会义务，保持一种乐观向上的人生态度；另一个则是知识学习层面的自觉，他认为知识的学习都是要靠自觉得来，并且要从生活中去发现问题、解决问题，学习知识并不能脱离生活。

一、价值观念：重视家庭基础，追求人生向上

梁漱溟在一定程度上继承了传统的儒家道德观念，从家庭伦理出发，重视社会道德义务，追求积极向上的人生理念。

(一) 重视家庭道德教育

与传统儒家学者一样，梁漱溟十分注重社会的道德意识，在他看来，所谓

"道德"就是人能够尽自己的义务,为社会做贡献。他说:"情谊亦云情义;义是义务。人在社会中能尽其各种伦理上的义务,斯于社会贡献莫大焉;斯即为道德,否则,于道德有欠。"[①]这与传统儒家中济世救民的思想是一脉相承的。

那么,如何培养人的道德意识、自觉承担社会责任呢?梁漱溟认为,应当从家庭伦理教育出发。对于"伦理",梁漱溟有不同的解释,他认为:"伦理关系,即是情谊关系,亦即是其相互间的一种义务关系。"[②]也就是说,伦理就是人与人之间的互相尊重,互相照顾。梁漱溟说的这种伦理关系不同于墨子所说的平等兼爱,而是像儒家一样,从"亲亲"出发再到"爱人"。梁漱溟说:

> 伦理关系本始于家庭,乃更推广于社会生活国家生活。君与臣,官与民,比于父母儿女之关系,东家伙计,师傅徒弟,社会上一切朋友同侪,比于兄弟或父子之关系。伦理上任何一方皆有其应尽之义;伦理关系即表示一种义务关系。[③]

长期以来,在中国人心中,家庭都有特别重要的地位和意义。人一出生,最先跟父母产生联系,然后有了兄弟姐妹(此外,还有祖父祖母等长辈)。随着年龄的增长,会接触到更多的人与事,然后会组成自己的家庭,有自己的孩子,形成新的家庭关系。宗族戚党由此产生,四面八方若近若远数说不尽的关系也接踵而至。所以说,家庭伦理关系是所有社会关系的基础和根本。"吾人亲切相关之情,几乎天伦骨肉,以至一切相与之人,随其相与之深浅久暂,而莫不自然有其情分。"[④]从家庭伦理关系出发,再进一步延伸到亲族,然后再顺延到整个社会,这是一个很自然的发展过程。

在梁漱溟看来,对人的道德意识培养,应该从家庭教育出发,先学会爱自己的父母兄弟,然后再尊重长辈,友善他人。如果缺乏了应有的家庭道德教育,那么,个人的道德修养、甚至整个社会的道德风尚都可能受到影响。一个连自己父母都不爱的人,难道还能指望他友善地对待他人吗?如果社会成员都缺乏相应的家庭道德教育,那么,人与人之间怎么可能互相尊重、彼此照顾呢?

(二)人生向上

梁漱溟认为,除家庭道德教育之外,还需要有积极向上的人生态度。在梁漱溟看来:

---

① 梁漱溟:《梁漱溟全集·人心与人生》第3卷,山东人民出版社2005年版,第738页。

② 梁漱溟:《梁漱溟全集·中国文化要义》第3卷,山东人民出版社2005年版,第82页。

③ 梁漱溟:《梁漱溟全集·中国民族自救运动之最后觉悟》第5卷,山东人民出版社2005年版,第94页。

④ 梁漱溟:《梁漱溟全集·中国文化要义》第3卷,山东人民出版社2005年版,第82页。

"生命本性就是莫知其所以然的无止境的向上奋进，不断翻新"，人在生活中能实践乎此生命本性便是道德。[①]

也就是说，我们生命的本性中就有一种向上奋进、不断翻新的欲望。每个人都想追求更美好的生活，实践此本性，这就是道德。然而，事实上并不全然如此，也有一些人只是随波逐流，缺乏奋进的激情与动力。梁漱溟说：

心为身用，自觉昏昏不明，殆为人类生活常态。此时若无违其社会礼俗，即无不道德之讥评。然而既有失其向上奋进之生命本性，那便落于失道而不德。[②]

人的本性有奋进向上的一面，但却很容易因心的"昏昏不明"而失却，这时候，虽然没有违反社会礼俗，世人不会认为你违反了道德，但实际上还是失德了。

从整个社会或者说从整个人类的族群来说，积极向上的精神态度始终是占据了主流的。梁漱溟说：

远从生物进化史看去，在进化途程中唯独后来有人类出现的脊椎动物那一脉路，始终在争取自由，争取灵活，层层上进不稍停歇，乃得有至今犹代表宇宙生命本性的人类奔向前程；其他物种所由千差万别者正为其各自歇止于所进达之度，遂落于盘旋中了。何为而有歇止有不歇止？歇止者在个体图存种族繁衍两大问题之得解决上自安自足，从而亡失其向上不断争取自由争取灵活之生命本性也。不歇止者反之，不自安足于现前的存活传种，从乎生命本性赓续奋进也。问题只在一则懈（松劲）一则不懈（不松劲）。一息之懈便失道而不德。[③]

现代社会能够发展到如此的地步，就是依靠不断进取、积极向上的精神，一个人如果失去了积极向上的精神，就失去了前进的动力，如果整个人类社会失去了积极向上的态度，那么人类也迟早会被别的生物所淘汰。

二、治学方法：贴近生活的自觉学习方式

梁漱溟学养的核心是自觉学习，自觉学习的根本在于贴近生活，在生活中学习，在实践中学习，在生命的全过程中学习，而学习的方式则在于自觉。

---

① 梁漱溟：《梁漱溟全集・人心与人生》第3卷，山东人民出版社2005年版，第731页。

② 同上书，第732—733页。

③ 同上书，第735—736页。

（一）着眼全部

梁漱溟在学习上提出了“着眼于生命的全过程”的说法，主要包含两个方面。一方面是从时间的角度来讲的。他认为，现代社会需要终身学习的模式，一个人在学校学习的时间是很短暂的，所以，学习过程应该贯穿人的一生。就此，他提出了三个重要理由：

一是现代生活日益繁复，人生所需要学习者，遂以倍增，卒非集中童年一期所得尽学，由此而教育延及成年之趋势，日益重迫。二是社会生活既繁密复杂，而儿童较远于社会生活，未及参加，在此种学习上以缺少直接经验，效率转低，或至于不可能，势必延至成年而后可。又唯需要为能启学习之机；而唯成人乃感需要。借令集中此种学习于童年，亦徒费精力与时间，势必待成年需要，卒以成人教育行之。三是以现代文化进步社会变迁之速，若学习于早，俟后过时即不适用；其势非时时不断以学之不可。①

另一方面则是从内容的角度来讲的。他看到当时人们学习的东西主要是知识、技能，他认为，在知识、技能之外，更应该学习如何愉快地生活，如何保持一种活泼的心态。梁漱溟说：

我的意思，教育应当是着眼一个人的全生活而领着他去走人生大路，于身体的活泼、心理的活泼两点，实为根本重要；至于知识的讲习，原自重要，然固后于此。②

学会如何在生活中保持正确的心态，相对于学习知识、技能来说，是更为根本的东西。梁漱溟说：

工具弄不好，固然生活弄不好。生活本身（即情志方面）没有弄得妥帖（贴）恰好，则工具虽利将无所用之，或转自贻戚；所以情志教育更是根本的。③

国际21世纪教育委员会在向联合国教科文组织提交的报告中指出：“终身学习是21世纪人的通行证。”其中终身学习又特指“学会求知，学会做事，学会共处，学会做人。”可以说，这是梁漱溟“着眼全部”的新发展，是梁漱溟学习理念的现实价值。

---

① 梁漱溟：《梁漱溟全集·社会本位的教育系统草案》第5卷，山东人民出版社2005年版，第396页。
② 梁漱溟：《梁漱溟全集·办学意见述略》第4卷，山东人民出版社2005年版，第784页。
③ 梁漱溟：《梁漱溟全集·东西人的教育之不同》第4卷，山东人民出版社2005年版，第663页。

（二）自觉学习

梁漱溟非常反对传统的填鸭式、灌输式的教育模式，希望每个人都能够自主学习。他认为，只有经过自己学习、探索得来的知识，才是切实有用的。别人灌输的东西再多，也只是别人的东西，很难有效掌握。梁漱溟在《我的自学小史》的开篇就说："学问必经自己求得来者，方才切实有受用。反之，未曾自求者就不切实，就不会受用。"在他看来，自己的一生就是"自觉学习"的最好实例。

按照现在的学历评判标准看，梁漱溟只是一名"高中生"，可是，他后来却在北大任教，并成为一代大家。他的思想并不是从学校里学来的，主要是靠自学得来的。他在《我的自学小史·序言》中写道：

> 我们相信，任何一个人的学问成就，都是出于自学。学校教育不过给学生开一个端，使他更容易自学而已。青年于此，不可不勉。①

那么，如何"自觉学习"呢？梁漱溟说：

> 自学最要紧的是在生活中有自觉。读书不是第一件事，第一件事却是照顾自己身体而如何善用它。——用它来做种种事，读书则是其一种。②

在学习过程中，要学会发现问题，只有发现了问题，才会试图去解决问题，在解决问题的过程中，就可以学到很多东西了。梁漱溟在《我是怎样一个人?》一文中写道："我实在没有旁的，我只是好发生问题——尤其易从实际人事上感触发生问题，有问题就要用心思；用心思，就有自己的主见；有主见就从而有行动出发来……追根寻源，全在有问题，全在问题之实际性。"③如果自己能发现问题，并自己去解决问题，那么，一方面自己可以得到一定程度的满足感，另一方面，通过这样的方式所获得的知识，印象也会更加深刻，并且也更为实用，因为本来解决的就是生活中发现的问题。

由于应试教育的影响，不少学校还是采取填鸭式的教育模式，不少老师简单地把知识灌输给学生，而不是引导学生自己去发现问题，解决问题。当然，这也同现代的教育环境有一定的关系，首先是教育资源有限，每一个老师要带至少二三十个学生，老师没有那么多的精力去引导学生；另一方面，课时压力很

---

① 梁漱溟：《梁漱溟全集·我的自学小史》第2卷，山东人民出版社2005年版，第661页。

② 同上书，第675页。

③ 梁漱溟：《梁漱溟全集·主编本刊〈村治〉之自白》第2卷，山东人民出版社2005年版，第7页。

重，要教授的知识点非常多，不允许用那么多时间慢慢去引导学生。不过，随着社会的不断发展，优质教育资源会越来越丰富，这些问题也会逐步被解决。

（三）在生活中学习

在梁漱溟看来，学习知识最重要的还是要贴近生活。学习不是为了学习而学习，而是为了解决生活中实际的问题。

梁漱溟始终强调在生活实践中学习，力行“教学做合一”，他自称自己不是一个学问家而是一个实践家。因此，他所得到的知识“不是书本上的知识，不是学究式的研究，而是从活的问题和活材料寤寐以求之一点心得。其中有整个生命在，而非偏于头脑一面之活动，其中有整整 40 年生活体验在，并不是一些空名词，假概念”[①]。

那么，如何贴近生活学习呢？梁漱溟先生指出：“譬如种田是一种生活，我们就应该在田里做，就在田里学，也就在田里教。做饭吃饭是一种生活，我们便应该在厨房饭厅里做，就在那里学，就在那里教。教育要本于生活，教育必须教学做合一。”[②]

梁漱溟就是看到了当时学校教育的弊端，他说：“我们啊！无能力又不平民化，不能做事又要享贵族生活。——社会的病痛，是学校制度给与社会的病痛！”[③]所以，他特别强调学习要贴近生活：

> 我的根本的主张，是要学生拿出他们的心思、耳、目、手、足的力量，来实做他们自己的生活。不一定是他们个人的，就是团体的，也要由他们自己去管理，去亲身经历。我们很不满意于现代手足不勤、心思不用的教育。[④]

现在也存在着这样的问题，很多学生只会学习，对于其他事情一概不会，人们常用“高分低能”来描述这一现象。有些学生学习很好，可是一点生活自理能力都没有，学习期间需要父母陪读，甚至有些人连鞋带都不会系，需要父母帮他，这样的人即使学习成绩很好，将来离开父母，进入社会，也很可能不适应，甚至根本无法生存。

可以说，梁漱溟强调学习要贴近生活、在生活中学习的理念对当今教育有很大指导作用。随着义务教育课程改革及高中新课程改革的不断推进，学校愈

---

① 万永光：《梁漱溟先生及其在山东从事乡村建设的活动》，山东人民出版社 1991 年版，第 22 页。

② 梁漱溟：《梁漱溟全集·抱歉——苦痛——一件有兴味的事》第 4 卷，山东人民出版社 2005 年版，第 846 页。

③ 同上书，第 851 页。

④ 梁漱溟：《梁漱溟全集·今后一中改造的方向》第 4 卷，山东人民出版社 2005 年版，第 868 页。

来愈重视实践课程、体验课程，不断丰富学生的学习内容，引导学生从课内走向课外，走到生活中去。比如，在学习过程中增加一些情景模拟，这是现代教育十分提倡的，如数学、物理学科，可以联系生活实际，这样，既满足了学习理论的需求，又和实际生活联系了起来。英语、语文等课程，则可模拟有关情景进行对话等，这也是贴近生活的学习方式。

三、智慧之光：重拾文化自信，重开书院教育

梁漱溟最早从西方化的浪潮中清醒过来，提出未来文化的中心不在西方而在东方。同时，他开创了新的书院式教育模式，恢复传统的“讲学”方式。

（一）文化自信

在梁漱溟看来，人类文化发展有三个阶段，根据不同阶段的需求，对于文化的追求也不相同，但是分别对应了西方思想、中国思想和印度思想。

梁漱溟指出：“初指古代的西洋及在近世之复兴，次指古代的中国及其将在最近未来之复兴，再次指古代的印度及其将在较远未来之复兴。而此刻正是从近世转入最近未来的阶段的一过渡时代也。现在的哲学采色不但是东方的，直截了当就是中国的。”[①]也就是说，梁漱溟在当时已经预感到，未来文化中心将在东方、在中国。他坚信，尽管当时东方文化受到了前所未有的压迫，但这一情况只是暂时的，中国文化不应该断绝，也不会断绝；中国文化不仅会在中国复兴，更会走向世界。

中国正逐渐迈向梁漱溟当年所说的“未来”，进入了新时代。在二十大报告中，习近平总书记指出：“我们必须坚定历史自信、文化自信，坚持古为今用、推陈出新，把马克思主义思想精髓同中华优秀传统文化精华贯通起来、同人民群众日用而不觉的共同价值观念融通起来，不断赋予科学理论鲜明的中国特色，不断夯实马克思主义中国化时代化的历史基础和群众基础，让马克思主义在中国牢牢扎根。”[②]随着中国在国际上影响力的进一步扩大，中国文化对于世界的影响力也会越来越大。这时候，我们更需要进一步深入挖掘、研究中国的传统文化，并将其发扬光大。

（二）书院教育

书院教育最早起源于中国先秦时期，随着时代的变迁，中国在 20 世纪初引进了西式教育制度，使书院式教育变为学校式教育。学校教育以知识传授为主，不再承担道德责任，从而远离了中国的教育传统。

---

① 梁漱溟：《梁漱溟全集·东西文化及其哲学》第 1 卷，山东人民出版社 2005 年版，第 504 页。

② 《习近平著作选读（第一卷）》，人民出版社 2023 年版，第 15 页。

梁漱溟发现西式的学校教育模式在中国存在很大的问题，他说："学校制度自从欧美流入中国社会以来，始终未见何等的成功，倒贻给社会许多的病痛。"[①]在梁漱溟看来，西方的学校教育制度引进中国之后就像"橘生淮北则为枳"一样，并没有带来任何好处，反而造成了很多不好的影响。他认为，"数十年来与此乡村社会全不切合的西式学校教育是专门诱致乡村人于都市，提高他的欲望而毁灭他的能力"[②]，沦为"多不复营农工商业之劳作"的"高等乞丐"。梁漱溟对西方教育的看法，虽然有偏见的成分，但也未尝没有道理。针对西方教育的弊端，他提出恢复传统的"讲学"教育方式，开创新的书院式的教育模式。所谓"讲学"，即指"学生们学习生活在一起，在教师身边形成一个小团体的习惯。这种关系密切的小团体是增加道德和知识的基本单位；师生关系是组织形式"[③]。

书院教育模式是以"讲学"为中心，让师生在这种组织关系中互相影响、促进和批评，将道德和知识上的成长结合起来，以谋求对整个人进行全面的教育，即感情和道德的指导与知识的丰富。同时，为防止成为与大众生活相脱离的"高等乞丐"，学生还要从事日常的手工劳动。由于没有日常杂役人员的帮助，他们还要负责学校的体力性维修保养工作。梁漱溟办学以"感情"为基础，而不是靠固定法律化的章程。入学是根据投考者两次考试的成绩来定，初试是考察智力和学习成绩，面试考察初选生的"资质和态度"，能否入学的最重要的尺度是品行和道德，而不是智力和学习成绩。

现代教育模式在实质上主要是学习西方的学校教育，重视传授知识和实际技能，相对较为轻视道德意识的培养。同时，在现代教育过程中，习惯用各种固定的、法律化的条文来约束学生，而忽视了对学生的情感教育，造成了人与人之间的疏离和隔膜。"书院式教育"将德、知、体并重，对现代教育改革与创新有很重要的参考意义，可以作为现代教育模式的一种补充。我认为，这种"书院式教育"的"讲学"方式，不能仅仅看作是中国传统教育的简单"回归"，它随着时间不断地演进，就有了"小班化""团队合作""小组讨论"等现代教学方式的意味，可见梁漱溟眼光之深邃、超越。

《中国儒学史》这样评价梁漱溟："在新文化运动的热潮中，我们可以看见梁漱溟当时的那种孤军奋战的身影，逆流而上，顶着全盘西化的狂澜，竭力提倡

① 梁漱溟：《梁漱溟全集·抱歉——苦痛——一件有兴味的事》第4卷，山东人民出版社2005年版，第842页。

② 梁漱溟：《梁漱溟全集·山东乡村建设研究院设立旨趣及办法概要》第5卷，山东人民出版社2005年版，第224页。

③ 〔美〕艾恺著，王宗昱、冀建中译：《最后的儒家——梁漱溟与中国现代化的两难》，江苏人民出版社2013年版，第120页。

儒家文化的真精神，他不愧为现代儒学思想的第一人，是现代新儒家的源头活水。”[①]梁漱溟践履笃实，在学问路径上博涉东西方，归宗孔儒，膺服陆王，且浸润于佛典。他“主张以传统文化为本位，吸收西方文化之精要，以实现中西文化的融会贯通，为此而作出了巨大的贡献”[②]。这充分展现了梁漱溟独特的思想品格、丰厚的文化底蕴以及深邃的理论思辨，是其核心学养的鲜明体现，值得传承与弘扬。

① 汤一介、李中华主编：《中国儒学史·现代卷·梁漱溟的儒学思想》，北京大学出版社2011年版，第117页。

② 胡小林，袁伯诚主编：《中国学习思想通史（下）·文化保守主义的代表人物》，人民出版社2007年版，第1520页。

叶圣陶

——以自觉的意识塑造良好的学习习惯

叶圣陶(1894—1988),原名叶绍钧、字秉臣、圣陶。江苏苏州人。现代著名的作家、教育家、文学出版家和社会活动家,有“优秀的语言艺术家”之称。1949年后,先后出任教育部副部长、人民教育出版社社长和总编辑、中华全国文学艺术界联合委员会委员、中国作家协会顾问、中央文史研究馆馆长、中华人民共和国全国政协副主席,第一、二、三、四、五届全国人民代表大会常务委员会委员,民进中央主席。

家庭环境对于人的成长与发展十分重要,父母对叶圣陶的一生产生了巨大的影响。叶圣陶的父亲是一位十分传统的读书人,在叶圣陶三岁时就教导他识字、写字。叶圣陶六岁进私塾时,已经能够认识三千多字,字也写得秀丽,还喜爱唱歌谣。在私塾学习期间,父亲经常在他下课回家之后,督促他温习功课、背书,甚至还定下背不熟不许吃饭的规矩。在敦促叶圣陶学习知识的同时,父亲还经常带他走出去,熟悉社会、认识社会,教导他待人接物。叶圣陶对于文学的兴趣,则来自他母亲的影响。他母亲虽然识字不多,但是知道很多谜语、山歌,叶圣陶就跟着母亲学唱山歌,学猜字谜,诱发了他对文学尤其是对诗歌的浓厚兴趣,叶圣陶的文学创作也正是从诗歌开始起步的。

叶圣陶学养的核心在于培养良好的学习习惯,他认为,学习要特别重视养成良好的学习习惯。首先,要注重夯实基础,要注重平时的积累,多学多练。其次,要学会自主学习,不能只依靠老师在学校的讲授,应该在平时自主阅读,以扩展自己的知识面。最后,在学会自主学习之后,还要确立终身学习的观念。

一、 道德修养:诚于中而形于外

叶圣陶认为,人的修养分成两个部分,一部分是自身道德意识的确立,另一部分是外在礼貌得体的行为表现。他说:“所谓礼貌语言决非虚文俗套,人与人相处,盖本当如此。所谓诚于中而形于外,果能认真待人接物,出言吐语自当力求其适当,使对方闻而愉悦舒服。”[①]

① 叶至善等编:《叶圣陶集·答教师书》第25卷,江苏教育出版社1994年版,第70页。

（一）一切知识的根本就是道德

在叶圣陶看来，教师首先要重视培养学生良好的道德习惯，同理，学生学习的第一步就是要明白什么是道德，怎样去实践道德。他说："受教育的意义和目的是做人，做社会的够格的成员，做国家的够格的公民。"①

叶圣陶认为，学习的根本和最高目标就是"学会做人"，如果不能朝着这么一个方向去努力，那么，学到的知识再多也是没有用的。在他看来："一切知识的根本就是道德，若不在德行上扎根，纵有知识，并无是处。"②

对于道德修养的要求，无论在什么时候都应该是放在第一位的。叶圣陶曾经说过："合格的公民首先应该是个诚实正直的人，然后才谈得上是什么家，才能成为有益于别人的什么家。"③如果一个人不具有最起码的做人的素质，没有廉耻感、规范意识、同情心和合理的畏惧感，那么，无论他学再多的知识，也不会得到别人的认可、尊重。甚至因为缺乏道德基础，他所学的知识越多，对社会造成危害的可能性就越大。正如台湾现代教育家高震东所说：

> 智育没有德育做基础，智育就是犯罪的帮凶。体育没有德育做基础，体育就是暴力的前卫。群育没有德育做基础，群育就是社会动乱的根源。美育没有德育做基础，美育就是腐败的催化剂。

注重道德修养，这是学习知识的前提与基础，也是为人的基本要求。2021年4月19日，习近平总书记在清华大学考察时强调，广大青年"要锤炼品德，自觉树立和践行社会主义核心价值观，自觉用中华优秀传统文化、革命文化、社会主义先进文化培根铸魂、启智润心，加强道德修养，明辨是非曲直，增强自我定力，矢志追求更有高度、更有境界、更有品位的人生"。充分体现了新时代对于道德修养的追求。

（二）"文品"即"人品"

对于道德修养的追求，如果只是嘴上说说、流于口号等形式，那就没什么作用，具体该怎么去践行呢？叶圣陶用自己的文学创作、教育和出版实践彰显了其道德修养。著名诗人臧克家曾经说过："温、良、恭、俭、让这五个大字是做人的一种美德，我觉得叶老先生身上兼而有之。"

著名作家茅盾在《祝圣陶五十寿》中写道："凡是认识他的朋友们都不能不感到，和圣陶相对，虽然他无一语，可是令人消释鄙俗之心，读他的作品亦然。……二十多年的交谊，使我从圣陶的'为人'与其作品看到了最重要的一点，即

---

① 叶至善等编：《叶圣陶集·读书和受教育》第11卷，江苏教育出版社1991年版，第293页。
② 任苏民：《教育与人生——叶圣陶教育论著选读》，上海教育出版社2004年版，第118页。
③ 叶至善等编：《叶圣陶集·读书和受教育》第11卷，江苏教育出版社1991年版，第293页。

两者的统一与调和。作品乃人格之表现:这句话于圣陶而益信。”①

他的为人与性格,平和冲淡,自然平易,表里如一。他没有鲁迅的深刻与峻急,也没有鲁迅的深广忧愤与深沉苦痛;他的《一生》显然不具备鲁迅《祝福》那样的深邃,同样是写人与人之间的隔膜,叶圣陶的《隔膜》,完全不像鲁迅的《药》《故乡》,尤其是《孤独者》那样冷峭得让人灵魂震颤,起立彷徨!他不像闻一多那么热情奔放、慷慨激昂,也不像郭沫若那样阿从时尚、苦心应变。他的作品鲜明地体现了其精神世界的自然和谐、个性气质的恬淡平易、人格建树的稳定完美。

叶圣陶很少用日记体、书简体、第一人称这类适于直抒胸臆倾吐情怀的文体形态,既不像郁达夫那样亲自介入作品或借人物之口“夫子自道”,也不像鲁迅那样体味万难忍受的苦痛与创伤,而往往是有意和人物、和故事拉开距离,自觉地保持客观、冷静、平和的特色,把感情多寄托在不著文字的处所。他所使用的文学语言,既讲究上口,又注重入耳。写作时他总是反复揣摩和修改,比如:文气顺不顺,词句准不准。叙述描写是否流于奇巧夸饰?他的文章少有当头棒喝式的格言警句,遣词与造句注重平实准确,因此他的作品总是既特别规范,又特别流畅。品之方觉隽永深刻,吟之才能悟出其自然和谐的境界。

叶圣陶热爱生活,讲究家庭和和美美。最有趣味的故事是全家编辑出版《十三经索引》。这是全家投入的“集体工程”,白天叶圣陶在商务组稿、阅稿、编排、校对,晚间则挑灯断句,将十三种传统的儒家经典著作分拆为一个个单句;断句之后,叶老太太与胡墨林夫人则依句剪贴、编排,内姑母铮子女士等亲眷,也一起帮助。寒夜一灯,指僵若失,炎夏罢扇,汗湿衣衫,乐此不疲,日复一日。经过一年有半的“集体”劳动,全书编成,1934 年 8 月该书由开明书店印行。从此,读书人一编在手,便可以遍知某句出于某经,按图索骥,索引即得,把终生记诵也无法完全背熟的典籍,化解为极易掌握的文句库,有功士林多多。令人惊叹的是,这一被友人戏称为“家庭手工业”的文化工场,与上海这灯红酒绿、喧嚣躁动的十里洋场相对,嘈杂的背景与恬淡的内心,利欲熏心的社会机制与潜心文化的道德建树,形成何等鲜明强烈的反差!“叶圣陶凭借着他独特的人格追求和价值观念,朴素恬淡地生活于自己心以为然的世界中,并不勉强、毫无苦痛地摒弃了外间世界那些声光影动的强烈诱惑。”②这种举家共创、其乐融融的精神境界值得钦羡,这种甘于劳作、忘却繁华的人生格局,更值得敬佩。

二、 为学理念:自主学习、重视基础

叶圣陶对于语文教育研究极深,他既是从幼稚班、小学、中学一直教到名牌

① 茅盾:《祝圣陶五十寿》,《华西晚报》,1943 年 12 月 5 日。

② 刘增人:《叶圣陶传》,江苏文艺出版社 1995 年版,第 91 页。

大学的国文教师，也是长期从事创作，编写国语、国文教科书的编辑，所以能把实用主义教育理论与中国语言文学实践融为一体。我国中小学语文教学体系，最初都是叶圣陶主持规划设计的，每一个环节都凝聚着他的心血和经验，堪称"语文教学的一代宗师"。

叶圣陶学习思想的核心学养在于重视良好习惯的养成，他说："好习惯养成了，一辈子受用；坏习惯养成了，一辈子吃它的亏，想改也不容易。"[①]在叶圣陶看来，好的习惯是从小养成的，所以要从儿童开始注重好习惯的培养。好的习惯主要包括三个方面：重视基础、注重积累，自主学习，终身学习。

（一）学习语文要练基本功

叶圣陶认为，学习的时候要特别注重基础，要练好"基本功"。他说：

> 学习语文要练基本功。写一篇文章，就语文方面说，用一个字，用一个词，写一个句子，打一个标点，以及全篇的结构组织，全篇的加工修改，这些方面都要做到家才算好。这些方面都得下功夫，都得养成好的习惯。这样，写起文章来就很自由，没有障碍，能够从心所欲。培养这些方面的能力，养成好的习惯，就叫练基本功。[②]

在叶圣陶看来，学习都是从基础开始的，从一个字，一个词开始学习，慢慢多写多练，逐步地积累经验，然后才能有所成就。叶圣陶说：

> 要学好语文就得下功夫。开头不免有点勉强，不断练，练的功夫到家了，才能得心应手，心里明白，手头纯熟。离开多练，想得到什么秘诀，一下子把语文学好，是办不到的。想靠看一封回信，听一回演讲，就解决问题，是办不到的。[③]

世界上从来没有一蹴而就的事，你一步跳得再远，也没有别人十步走得远，先秦时期荀子说"不积跬步，无以致千里"，强调了积累的重要性，后来杜甫也提出"读书破万卷，下笔如有神"，突出了多读书、重积淀的好处。

同时，这个积累过程也要讲究方法、态度，在学习过程中要做到认真细致，阅读书籍、撰写文章不能马马虎虎、随随便便。他说：

> 有些人甚至认为语文是雕虫小技，细枝末节，不必多注意。既然这样，看书无妨随随便便，写文章无妨随随便便。文章写出来半通不通，不认为

---

① 叶至善等编：《叶圣陶集·认真学习语文》第13卷，江苏教育出版社1991年版，第210页。

② 同上。

③ 同上。

不对，反而认为只要思想内容好，写得差些没有关系。实际上，看书，马马虎虎地看，书上的语言还不甚了然，怎么能真正理解书的内容？写文章，马马虎虎地写，用词不当，语句不通，怎么能说思想内容好？文章写不通，主要由于没想通，半通不通的文章就反映半通不通的思想。①

认不认真，是学得好不好的关键。②

叶圣陶在这里强调了语文学习要重视基础的问题。实际上，不仅仅在语文学习的过程中需要重视基础，在其他方方面面都要重视基础。老子说："合抱之木，生于毫末；九层之台，起于累土；千里之行，始于足下。"学习任何专业都要重视夯实基础、注重积累。只有这样，才能在学习的道路上走得更稳，走得更远。

（二）教是为了达到不需要教

叶圣陶多次提到"凡为教，目的在于达到不需要教"，所谓"不需要教""用不着讲"，指的是学生经过训练，达到这样一种境界：能够自己去探索、去辨析、去历练，从而获得正确的知识和熟练的能力。

现代教育特别强调自主学习，必须从教转到学。教育的根本目的在于"教人自立"，教会学生"自己学习""自己去生活，自己去工作，自己去做人"。1979年，《教育研究》杂志连续三期发表了叶圣陶的《语文教育书简》，它凝集了叶圣陶几十年的教育工作实践经验，在语文教育的目的、性质、教学原则和方法，以及教材编选和师资的提高等方面，都提出了自己精辟的见解，引起了全国广大语文教师的注意和兴趣。

叶圣陶指出总的教育必须贯穿着一个"导"字。教师"相机诱导，必令学生运其才智，勤其练习，领悟之源广开，纯熟之功弥深，乃为善教者也"③，这就需要教师自然而然地站在学生一边，让学生处于主动的地位，教会学生以教材和范例去举一反三，触类旁通；去求规律，从而能真正做到"自能读书，自能作文，自为研索，自求解决"。这才是"读书"和"授业"的根本目的。叶圣陶这些熠熠生辉的教育理念，堪称当代教育宝库中的精髓。

我想，教任何功课，最终目的都在于达到不需要教。假如学生进入这一境界，能够自己去探索，自己去辨析，自己去历练，从而获得正确的知识和熟练的能力，岂不是就不需要教了吗？而学生所以要学要练，就为要进入这样的境界。④

---

① 叶至善等编：《叶圣陶集·认真学习语文》第13卷，江苏教育出版社1991年版，第208页。

② 同上书，第215页。

③ 叶至善等编：《叶圣陶集·答林适存》第25卷，江苏教育出版社1994年版，第20页。

④ 叶至善等编：《叶圣陶集·教师怎样尽责任》第11卷，江苏教育出版社1991年版，第227页。

在叶圣陶看来，老师的知识不论怎么渊博，教授的东西无论多么丰富，总是有其局限性的。即使一个学生将某一位老师的知识全部学到家，至多称得上是传承了他的衣钵。同理，教材里的内容更是极其有限的，所以，课外学习也十分重要。

> 同学们一定要努力学会自学的本领，养成自学的习惯。只知道捧着课本死记硬背是没有用处的，至多只能应付考试。学会了自学的本领，养成自学的习惯，将来离开了学校，才能在工作和生活中不断地自我充实，自我修养，成为有益于人民的人，有益于社会的人。①

叶圣陶认为，在学校里读书的时候，需要自主学习；离开学校之后，更需要自主学习。因为学会自学的本领，目的不在于学到多少知识，而在于培养自己发现问题和解决问题的能力。

（三）倡导终身学习

终身学习是自主学习的进一步延伸，或者说，叶圣陶提出自主学习的出发点就是为了提倡终身学习。因为在学校的学习时间是有限的，离开学校的生活占据了我们人生的大部分时间，而离开学校之后，就要依靠我们自主的学习了。

叶圣陶提出的“终身学习”与梁漱溟的“着眼全部”还是有所区别，梁漱溟的“着眼全部”是“终身学习”，他更多地将为学和为人都包含了进去，而叶圣陶则侧重于为学方面的内容。

叶圣陶有一句箴言：“教育的最终目的在于使学生能自学自励，出了学校，担任了工作，一直能自学自励，一辈子做主动有为的人。”②在他看来，能够自主学习的人，就有可能终身学习，因为他能体会到学习的乐趣；同时打定主意终身学习的人，也必然会自主学习，因为学校不可能为人的一生打好所有的基础，只有能够做到自主学习的人，才能够终身学习。

叶圣陶在《高等教育所要养成的好习惯》中论述道：“大学教育的时间只有四年……若说四年终了便能成为专门人才，那未免不合情理。一个人攻研某一专门，达到真足以称为专门人才的境界，怎能用时间来规定呢？……得有‘终身以之’的精神。”③

在学校学习的时间非常有限，所学到的知识也十分有限，离开学校后，我们要面对的问题比在学校里复杂得多，仅仅凭借在学校所学到的知识是远远不够的。这时，就必须继续自主学习，不断学习新的知识，使自己适应社会的需要，

---

① 叶至善等编：《叶圣陶集·自学》第 11 卷，江苏教育出版社 1991 年版，第 288 页。

② 叶圣陶：《叶圣陶答教师的 100 封信》，北京开明出版社 1989 年版，第 156 页。

③ 叶圣陶：《叶圣陶集》第 11 卷，江苏教育出版社 2004 年版，第 115—116 页。

适应时代的不断变革。

当前,国家大力提倡“终身学习”,也出台了一些具体举措。如在 2001 年,高考取消考生“未婚、年龄不超过 25 岁”的限制,这使得曾经因超龄无法参加高考的人又有了一次上大学的机会,所以有的大学出现了父子一起上学的情境;而成人高考这一政策,方便了步入社会的成年人继续深造;针对老年人,开办了“老年大学”,针对居民开办“社区大学”,面向农村开设“农民夜校”,等等。这些举措使各种人都有继续学习的场所和机会。可以说,终身学习在快速发展的新时代尤其必要,现代人常感“本领恐慌”,担心自己跟不上时代的脚步,被时代淘汰,而避免被淘汰的最好方法就是保持终身学习的习惯。

三、思想回响:注重教育公平,提出素质教育

作为主管教科书编辑出版的出版总署副署长、教育部副部长,从中华人民共和国成立一直到“文化大革命”前夕的十七年间,叶圣陶潜心研究教育。他经常深入各类学校调研,与广大师生员工座谈,不断推进教育制度、教育结构和教学方法的完善;他亲自拟定各科教学大纲,编辑教学参考书籍等,具体指导教育改革和教学实践,为教育改革与发展做出了巨大的贡献。尤其值得敬佩的是,他以一位教书者的情怀和教育家的远见卓识,全力推行教育的公平性,积极推动中小学素质教育实施。

(一)注重教育公平

叶圣陶特别注重教育公平,他认为,义务教育必须坚持面向全体国民,面向全体适龄儿童、少年,并且要努力实现均衡发展,充分体现教育的公益性、公平性。他说:“教育的本质的改革尤其紧要。教育要为全社会而设计,要为训练成对社会做点事的人而设计;教育决不能为挑选少数选手而设计,结果使这些选手光荣显耀,站在众人的头顶上,伸出手来,收受众人的供养。”[①]他提出,义务教育要为每一个儿童、少年提供平等的受教育机会,而决不能走热衷于通过考试让少数“尖子”出人头地的贵族化教育的老路。

1980 年,鉴于当时国内教育发展情况,我国实行了划分“重点中学”“重点小学”的政策。叶圣陶通过一些具体事例,敏锐地洞察到,小学、初中分“重点”与“非重点”学校的做法会给孩子以至社会带来很大的负面影响。于是,他明确提出,希望在“确定适合国民经济发展需要的教育计划和教育体制”时候,能够就‘重点’‘非重点’的区别重新考虑。1988 年元月底,叶圣陶病危住院,有关部门召开会议讨论普及义务教育问题时,他特地让大儿子叶至善到会上转达他的意见:“普及义务教育要多研究在农村如何实施,怎样才符合农村的实际。目前应

① 叶圣陶:《教育为人生》,《中国教育报》第 4 版,2013 年 4 月 20 日。

照顾到两个大多数，一是农村学生大多数，一是不能上大学的学生这个大多数。”

2017 年 4 月，全国高中阶段教育普及攻坚工作会议召开。会议强调，要全面实施《高中阶段教育普及攻坚计划（2017—2020 年）》，该计划提出——到 2020 年，我国将普及高中阶段教育；全国各省份高中阶段教育毛入学率都要达到 90%以上。对于义务教育的公平与均衡发展，更是党和政府十分关注并取得了显著改善的问题，这也是对叶老所深切关心问题的“最好答卷”。

（二）提出素质教育

1977 年，我国恢复了高考制度，不少学校以高考录取率作为考核的主要标准，叶圣陶非常敏锐地发现了刚刚露头的片面追求升学率倾向，他在《当前教育工作中的几个问题》一文中尖锐地指出：“抓教育是应该的，但是怎么抓，要好好研究。一味加重学生的负担，不是办法。”他坚决反对偏离教育方针，忽视德育和体育等，来提高学科成绩，片面追求升学率，强调“要重视德、智、体全面发展。”

后来，片面追求升学率愈演愈烈，1981 年 11 月 26 日，他又在《人民日报》发表《我呼吁》一文，他说“题海战术”“统考统测”，使得学生晚上“加班加点”“秉烛夜读”，是严重损害学生身心健康的做法，要求教育界和社会各界一同来纠正这种背离党的教育方针的不良风气。他认为，片面追求升学率不仅忽视了德育、体育，也忽视了智育；德、智、体三个方面是相互作用、相辅相成的，忽视其中任何一种教育都会导致学生的畸形发展。片面追求升学率，其实是以“智”害德，以“智”害体，以“题”害智。叶圣陶大声疾呼：“爱护后代就是爱护祖国的未来。中学生在高考的重压下已经喘不过气来了，解救他们已经是当前急不容缓的事，恳请大家切勿等闲视之。”这之后，叶圣陶继续“呼吁”。1981 年 11 月 30 日，在五届人大四次会议政府工作报告《当前的经济形势和今后经济建设的方针》中，高度评价了叶圣陶的“呼吁”。

叶圣陶的核心学养主要体现在文学、教育和出版等方面。“叶圣陶文学、教育、出版等方面涵养极深。茅盾说他的《隔膜》《火灾》等短篇集‘实为中国新小说坚固的基石’，鲁迅说其《童话集》‘给中国童话开了一条自己创作的路’；在教育方面，他认为‘教’就是‘为了达到不需要教’，教育就是‘养成好习惯’，‘教育’的生命是‘爱’等理念深入人心；最值得称道的是：他‘俯首甘为孺子牛’，不惜牺牲自己的学术研究和专著创作，年复一年地编辑书刊，编写教材，调查研究，诲人不倦。”[①]无论是在教育界还是出版界，他都是乐意“为他人作嫁衣”的劳模和伯乐。当代学者商金林评价他“朴素无华一生，却有着令人高山仰止的人格风范”[②]。他的影响至深至广，真可谓：先生之风，山高水长。

① 商金林：《叶圣陶全传》，人民教育出版社 2014 年版，第 7 页。

② 同上。

钱穆

——求学与做人并重的通学之才

钱穆(1895—1990),字宾四,晚号素书老人、七房桥人。江苏无锡人。现代著名历史学家、思想家、教育家。中国学术界尊之为“一代宗师”,更有学者谓其为中国最后一位士大夫,与吕思勉、陈垣、陈寅恪三人并称为“史学四大家”。1930年因发表《刘向歆父子年谱》成名,被顾颉刚推荐,聘为燕京大学国文讲师,后历任北京大学、北平师范大学(西北师范大学前身)等校教授。1949年南赴香港,创办了新亚书院,也就是现在著名的香港中文大学的前身。

钱穆自小就十分聪慧,启蒙的时候,私塾里别的孩子一天只能认识二三十个字,钱穆却能认识七八十个字,远远超过同龄人。正因为如此,钱穆心中滋生了一些骄傲之气,可以说“少年得志,其实难副”。有一次,他的父亲去烟馆吸烟,因为不放心钱穆一人在家,就将当时只有九岁的钱穆也带去了。父亲的烟友要钱穆背诵《三国演义》中“诸葛亮舌战群儒”一段,钱穆从容不迫、一字不漏地背了出来,深得众人夸赞,但是,他父亲却一言不发。等到第二天晚上再出门,路过一座桥的时候,父亲问他,“桥”字的木字旁换成马字旁是什么字?钱穆回答说:“是骄字”。于是,父亲对他说:“你昨天晚上背书时的神态,正像那字,你知道吗?”这一经历,可以说影响了钱穆的一生。等到钱穆晚年之时,他曾说道:“我先父对我此一番教训,直至如今,已过了六十年,快近七十年,而当时情景,牢记在我心头,常忆不忘,恍如目前。”①纵观钱穆一生,他始终坚持一种笃实自得的学习态度,也许正是来源于父亲严格的教诲与要求。

钱穆学养的核心在于倡导做“通学之才”。他倡导的“通学之才”主要包含两方面的内容:一方面,要求为学与做人并重,他认为,为学是做人的基础,做人是为学的目标,学问应该附属于人,而不是人附属于学问;另一方面,则要求学问要贯通多门学科,不能仅做单一学科的“专门之才”,社会虽然需要专家,但更需要“通学之才”。

一、 修养理念:为学的目的在于做人

余英时先生说:“熟知或与钱穆共事的人都谈及他是一位感情十分丰富的

① 钱穆:《历史与文化论丛》,九州出版社2012年版,第409页。

人。他感情丰富、情谊深厚、而又有尊严、朴实无华。”①

钱穆认为，为学只是做人的基础，为学的最高目标是做人，单纯为了学习而学习，或者沦为学问、知识的附属品，都是不可取的。关于做人，钱穆分了三个阶段：首先是追求“生活”，也就是解决衣食住行；其次是追求“事业”，也就是突破“生活”的束缚，自由追求自己的理想；最后则是“德性性命”，这是人性的圆满，也就是人们常说的“圣人”的境界或者说“天人合一”的境界。

（一）求学之最高旨趣在做人

求学与做人本来是并重的两个方面，现代教育却往往过分地重视学习、忽视做人。钱穆注意到了这一问题，他明确提出，为学与做人要齐头并进。

钱穆在《新亚学院学规》中明确规定：“一、求学与做人，贵能齐头并进，更贵能融通合一；二、做人的最高基础在求学，求学之最高旨趣在做人。”②在他看来：

> 一个活的完整的人，应该具有多方面的知识，但多方面的知识，不能成为一个活的完整的人。你须在寻找知识中来完成你自己的人格，你莫忘失了自己的人格来专为知识而求知识。③

为学的目的是为了做人，如果忽视了做人，仅为了学习而学习，这种学习就毫无意义。首先，如果为学没有目的，就会使学习变得枯燥乏味，不知道为什么要学习，就不会有兴趣学习了。其次，如果单纯只会学习，而不学会做人，连最基本的人际关系都不会处理，人格也不完整，这样的人在社会上也难以生存。

所以，无论是为学还是做事，首先就是确定人的主体性地位，我们无论做什么，最终目的都是为了学会做人，而不是为了别的什么。正如钱穆所说的，为学是为了更好地学会做人，而不应该是做人只为了追求某种学问。

当代学者陈勇说：“钱穆所推崇的儒家内圣心性之学，实为一种为己之学，它注重人的生命本身及其内在德性的自我完成，强调道德人格、道德主体性的培养和建构。”④我认为，这恰好高度提炼了钱穆注重内在修为的本质。

（二）生活、事业、归宿

钱穆的《人生十论》一书从中国传统的文化观念出发，将人的生命过程划分为三个层次。

第一个层次是“生活”。钱穆指出：“人的生活如衣食住行，它的意义与价

① 余英时：《犹记风吹水上鳞》，台北三民书局 1991 年版，第 427 页。

② 钱穆：《钱宾四先生全集·新亚遗铎》，生活·读书·新知三联书店 2004 年版，第 1 页。

③ 同上书，第 2 页。

④ 陈勇：《钱穆传》，人民出版社 2001 年版，第 330 页。

值是来维持和保养我们人的生命存在的。也可以说生活是生命存在一种必须要的手段或条件。"[①]正如钱穆所说，衣食住行是每个人都必需的，无论他是高贵还是低贱、富有还是贫穷，每个人都离不开"生活"二字，从人的生命的价值和意义上来讲都是一样的，都是为了活下去而已。现在社会进步了，各种物质条件也好了，但是，本质上和古人还是一样的，只是在生活形式有所不同罢了。

第二个层次是"事业"。钱穆所说的"事业"与我们现在通常说的内涵有所不同，我们通常说的"事业"是指我们的工作、职业之类，这些在钱穆看来还是属于"生活"的范畴，因为工作、职业都是为了维持我们的生活的手段。钱穆指出："举中国古人所讲，则是修身、齐家、治国、平天下，这才算是我们的行为。"[②]钱穆又具体将"修身、齐家"归为"生活"，把"治国、平天下"归为"事业"。其内涵其实在于，"修身、齐家"与"事业"无关，是我们理性的一种要求，做与不做都是我们行为的自由；而"治国、平天下"则是对于理想的追求，并不是别人要求的，也不是生活所逼迫，只是自己想要去做，想要去追求。人生的第二个阶段在于摆脱"生活"的束缚，是自由追求的能力，表现了人文精神。

第三个层次，钱穆称之为"归宿"或者是"人性"，而后又将这种"归宿"归纳为"德性性命"。"德性性命是个人的，而同时亦是古今人类大群共同的。人生一切应归宿在此。"[③]所谓的"德性"，是人性的一种圆满，钱穆认为，到达第三个层次的人就可以称之为"圣人"或者"天人"，这一类人的喜怒哀乐都能做到恰到好处，达到我们常讲的"天人合一"境界。

通过功利教育模式培养出的人才或专家，追求物质生活可能绰绰有余，但在"德性性命"上却很难圆满，因为他们局限于专门的学问之中，往往被自己研究的学问所束缚，故只可达到人生的第一个阶段；而通过中国传统教育培养的道德通识的人才，因为不偏守一隅，也不为职业所限，所以才有可能完成这三个层次。

二、为学观念：以笃实自得的态度做通学之才

钱穆倡导做"通学之才"。也就是说，他提出要突破现有的专门人才培养方式，贯通各个学科。这就要求从基础做起，从师授业，笃实自得。具备了一个好的基础，才能成为一个"通学之才"。

（一）从师授业

钱穆认为，做学问第一步要从师授业。在《关于学问方面之智慧与功力》一

---

① 钱穆：《人生十论》，九州出版社 2016 年版，第 125 页。

② 同上书，第 127 页。

③ 同上书，第 138 页。

文中，他将为学分为三个阶段，六个项目。其中第一个阶段是“入门”，也就是“从师授业”。钱穆说：“第一阶段做学问要先求能‘入门’，不致成为一门外汉。于此则必先要能从师与受业。如诸位进入学校读书，此亦是从师受业。”①这里只着重谈“入门”问题。

为学最艰难的就是“入门”。古时候读书人很少，一方面，是由于大部分人没有经济实力去读书，另一方面，是由于很多人没有老师引导入门。如果没有老师引导，终其一生，可能都只是在真正的学问门口徘徊。这就像上一座高山一样，因为自己从没上过这座高山，所以只能自己一点点摸索着往上爬。这时，如果有位向导告诉你上山的捷径，那么便可以省下很多时间和气力，就可能更快地欣赏山顶的风景。

当然，钱穆这里说的“从师”，包含两个方面：一是指拜现实生活中传授知识的老师；二是指以书本为师，即以古人为师，因为书本总结了很多前人为学的方法经验，读书就可学习古人的智慧，就可帮助自己学习。

> 因此我之所谓从师，亦非必当面觌对之师。诸位从事学问，要能自得师，要能上师古人。当知读书即就如从师。
>
> 诸位应懂得，“由前人之智慧来指导自己之功力”。因学问必有一传统，每一项学问皆是从古到今，不断承续而来。断不能说此项学问由我开始。诸位当知，从前人在此项学问上，早加上不少功力了。从前人既已成学成业，即可证其有可信之智慧。正为如此，所以从前人之智慧，可以来指导我自己之功力。②

现实中老师能教授的东西是有限的，他本身的学问就是有限的。古往今来，无数的文人学者通过著述留下了自己的为学经验和方法，读这些书，能让我们从先贤身上学到无穷无尽的东西。所以，钱穆总结道：

> 从事学问，第一步应先自己具有一子弟之心情来从师受业，来亲师向学。此师即是在学问传统上已证明为一有智慧之前人。自己则犹如一盲者，犹如一不能特立独行之婴孩，我们定得跟随人，定得依墙附壁，一步步来锻炼我们自己的智慧。我们的功力之最先一步，则应自此处用。③

（二）笃实自得

为学第一步的入门需要老师引导，但是，入门之后如何学习全要依靠自身。

---

① 钱穆：《中国学术通义》（新校本），九州出版社 2012 年版，第 280 页。

② 同上书，第 285 页。

③ 同上。

人们常说"师傅领进门，修行看个人"就是这个道理。

钱穆说："纵有名师，仍需自得，做学问永远不能舍弃自得。"那么如何"自得"地学习呢？就是要踏踏实实地学习，"做学问要重基础，要沉下心来，扎扎实实、认认真真的读书、读许多书，这样才能在学问上有所入门。"①

学习是没有捷径可以走的，现在能够从书本中学习古人总结归纳的经验，就是在走捷径了，还想寻找更多的捷径是不可能的事情。就像小孩子才刚刚学会了走路，你就让他跑起来，只会摔得头破血流。现在有一些家长，本来孩子在学校里所学的东西就还没有掌握，又给孩子在课外报各种补习班。他们可能忘了：学习是一个长期的过程，是一个比较缓慢的过程，急躁是不能取得好效果的。

除了学习，在别的方面也是如此。很多刚刚毕业的大学生自视甚高，工作没多久就想着升职加薪，稍不满意就跳槽走人，可是你工作没多久，既没有业绩，也没体现出自身的能力，人家凭什么给你升职加薪呢？这个公司不行，换个公司就可以了吗？无非是跳来跳去，一事无成罢了。只能一步一步地干，一点一点发展，最终才能实现这一目标。国家建设也是这样，不可能一下子"赶英超美"，须一步一个脚印，脚踏实地地完成一个个阶段目标，最后才能达成更大的目标。

学习过程中，要注意从前人的思想中突破出来，不能单纯只是沿着前人的道路走，要"自成一家"。钱穆说："学问始真为我有，我已为主而不为客，学问成为我之安宅，我可以自立门户，自成一家。于学问中到此才是自有地位，自有创造。"②在学习初期，可以学习、借鉴别人的思想，但是，学到一定程度之后，就要敢于突破前人思想的束缚，创造出新的思想。单纯只是学习前人的思想，学得再好也只不过是重复前人而已，甚至还不如前人，因为已经有前人的珠玉在前，何必还要一个"仿制品"呢？

科技的发展也是如此，一开始与发达国家差距比较大的时候，可以学习、模仿他们的技术，但是一直模仿下去是永远也超越不了其他国家的。只有在已有技术基础上进行突破创新，才能与发达国家并驾齐驱，甚至超越他们。

（三）通学之才

钱穆认为，现代教育模式存在不少问题，特别是大学教育中有一个很明显的问题，那就是学科建制体系导致的学科与学科之间的独立性太强，这样培养出来的学生大都是专门人才，而不是通学之才。

① 中国人民政治协商会议江苏省无锡县委员会编：《钱穆纪念文集》，上海人民出版社1992年版，第166页。

② 钱穆：《中国学术通义》（新校本），九州出版社2012年版，第297—298页。

钱穆以文科专业为例：

> 若者习文学，若者习历史，若者习哲学，若者习政治、经济、教育。各筑垣墙，自为疆境。学者不察，以谓治文学者可以不修历史；治历史者可以不知哲学；治哲学者可以不问政治。如此以往，在彼自以为专门之绝业，而在世则实增一不通之愚人。[①]

各个学科之间划分了绝对的区域，学文学的不懂历史，学历史的不懂哲学，学科与学科没有交融贯通的地方。划分学科，本来是为了显示学科的独立性，但是，在面对一份工作的时候，单纯只懂一门学科是远远不够的。许多刚毕业的学生发现，自己所学专业在社会上并没有那么多需求，但是，毕业生的数量却远远超过需求量，这个时候又不得不选择别的专业方向的工作，从头开始学习，抛弃已经学习到的专业知识。现在社会上有这么一种现象，高考的时候老师家长都会说，考什么专业不重要，关键是考一个好的大学，专业不好没有关系，将来就业的时候也不一定会根据专业就业。这都反映了大学的专业设置及教育存在的问题。

钱穆指出："概括言之，今日国家社会所需者，'通人'尤重于专家。而今日大学教育之智识传授，则只望人为专家，而不望人为通人。夫'通方'之与'专门'，为智识之两途，本难轩轾。"[②]在钱穆看来，现在的社会更需要一些"通学之才"，而不是"专门人才"，现代社会"专门人才"已经足够多了，却非常缺乏"通学之才"。钱穆认为：

> 一门学术之发皇滋长，固贵有专家，而尤贵有大师。大师者，仍是通方之学，超乎各部专门之上而会通其全部之大义者是也。一部门学术之有大师，如网之在纲，裘之有领，一提挈而全体举。[③]

人们常叹惜，现在中国缺少大师，原因何在？在钱穆看来，大师是在某一方面的专门人才，同时也是能够贯通多个学科的"通学之才"。当前大学教育中，各个学科之间独立性太强，甚至很多是刻意与其他学科分割开来，以显示自己独立的地位，这样的情况下，自然很难培养"通学之才"。国家教育行政部门已经注意到这个问题并展开了积极的探索：启动了新一轮高中新课程实验改革，逐步取消文理分科制度，旨在扭转过分专业化的趋势，促进高中阶段学生文理互通互融，协调发展；大学阶段则启动了创新型人才培养计划，建立文科理科交

---

① 钱穆：《文化与教育》，九州出版社2012年版，第182—183页。

② 同上书，第184页。

③ 同上。

融的实验基地，开设了综合实验班，这都是培养“通学之才”的有益探索。

三、思想之光：正视历史，教育强国

钱穆一直认为，每个人都必须学习历史、正视历史，只有正视历史，才能正确学习中国的传统文化、传统精神。同时，他也认为，教育是立国之本，因为国家的治理、建设需要大量的人才，这些人才的培养就依赖于教育。

（一）教育为立国之本

钱穆认为，教育是立国之本。他曾说过：“教育尤为我传统立国之本。”他不赞成当时所谓的“教育救国论”，但是，他认为，过去国家的种种失败同教育有着密不可分的关系。

钱穆认为，一个国家发展，固然需要众多人才来治理，但更需要的是以一种立国精神作为支柱，而立国精神的树立要依靠教育。他指出：“任何一个国家所以能存在而达于兴盛，必然有它一段立国精神。那一种立国精神之培养保持与宣传，则必待于国家之教育。”[①]钱穆就此提出了发展两大教育的口号：“一曰文化教育，一曰人才教育，此两口号亦互为表里。乃主以国家民族传统文化来陶冶真切爱护国家民族及能真切为国家民族服务之人才。”[②]在钱穆看来，教育的目的是为了培养治理国家的人才，然而，如何保证培养出来的人才能为国所用呢？这就要依靠文化教育，要以民族文化为核心教育学生，从小培养学生的爱国主义思想。

教育是立国之本。习近平总书记在二十大报告中指出：“办好人民满意的教育。教育是国之大计、党之大计。培养什么人、怎样培养人、为谁培养人是教育的根本问题。育人的根本在于立德。全面贯彻党的教育方针，落实立德树人根本任务，培养德智体美劳全面发展的社会主义建设者和接班人。”[③]这也是钱穆等思想家们所期盼的，更是人民大众的福音。

（二）以史为学

钱穆特别重视历史的学习，特别是民族历史的学习。钱穆说：“当知无文化便无历史；无历史便无民族；无民族便无力量；无力量便无存在。”[④]

一个学生如果连自己国家的历史都不了解，这不是很可悲的事情吗？不了解自己国家的历史，又怎么会对这个国家有认同感呢？如果对自己的国家没有认同感，又怎么会热爱自己的国家、热爱自己的民族呢？钱穆说：

---

① 钱穆：《文化与教育》，九州出版社 2012 年版，第 203 页。

② 同上书，第 241 页。

③ 《习近平著作选读（第一卷）》，人民出版社 2023 年版，第 28 页。

④ 钱穆：《中国历史研究法》，九州出版社 2011 年版，第 177 页。

> 今日史地教育更重要的责任，却不尽在于国史知识之推广与普及，而尤要的则更在于国史知识之提高与加深。易辞言之，不在于对依然知道爱好国家民族的民众作宣传，而在于对近百年来知识界一般空洞浅薄乃至于荒谬的国史观念作纠弹。更重要的，尤在于对全国民众依然寝馈于斯的传统文化，能重新加以一番认识与新发挥。①

只有正视历史，才能面向未来。历史不是一堆故纸堆，是岁月流逝之后保留的智慧结晶，我们从中可以学习到很多知识；“以史为鉴，可以知兴替”，我们可以通过对历史事件的分析、研判，增进智慧，提升能力；从国家的层面来讲，迈向未来，也要正视历史，从历史中获取经验教训，才能在未来发展的道路上少走弯路。

钱穆的核心学养是丰富的、深邃的。他的学术思想犹如一座巨型宝库，对于宗教、哲学、历史、政治、文学、经济、教育等方面都有所涉及，而且研究颇深。这位享年 96 岁的世纪老人以其博学精思、著作等身而享誉世界。我翻阅了《钱宾四先生全集》，洋洋 54 巨册，约 1700 万言，每每读起，让人振奋，让人慨叹：渊哉，斯人也！更让人震撼的是他对“立德、立功、立言”之“三不朽”的不懈追求。

郭齐勇、汪学群说：“钱穆一生把为学与做人密切地结合起来，更强调如何做人，首先是如何做一个堂堂正正的中国人。”②他一生表现出了强烈的爱国主义精神和“以天下兴亡为己任”的文化担当精神，“他不辞辛劳地讲学、办校、教书育人、著书立说，把全部的爱心、情感、智慧、生命都奉献给了中华民族的文化伟业”③。他一生以教育为业，执教 75 年，培养了大批弟子，弟子们又各自培养了自己的学生……代代相传，虽然钱穆先生弦歌已止，但其余音未了。钱穆一生追求的中国精神必将生生不息，薪火相传；其丰蕴而深刻的学术思想也将有无数的接棒者，绵绵流传……

---

① 钱穆：《中国历史研究法》，九州出版社 2011 年版，第 177 页。

② 郭齐勇、汪学群：《钱穆评传》，百花洲文艺出版社 2014 年版，第 3 页。

③ 杨明辉：《钱穆》，江苏人民出版社 2016 年版，第 226 页。

后　　记

2018年10月27日，又是一个天气晴朗的周六。早上6时，我漫步在南昌最好的风光所在——赣江之畔，亲近江水，吸纳大自然的营养，感受夏日清晨的一段清爽，快乐而惬意。7时，我回到临近赣江的家中，再次眺望赣江，江面涌动着金色的波光，那是夏日金灿灿的阳光反射。临江而居，视野开阔，心胸开朗，这是上天馈赠给我们的最美好的礼物。面对这奔流不息的滔滔赣江，我思绪万千……

古往今来，是这条河流滋润着赣鄱大地，哺育着世世代代生活在赣江两岸的人民，他们勤劳勇敢，他们聪明智慧。早在一千多年前，著名诗人王勃到此并登临滕王阁，发出了"物华天宝，人杰地灵"的感慨，写下了"落霞与孤鹜齐飞，秋水共长天一色"的千古绝句。想到这里，我不禁为自己生活在这片土地上而感到自豪！

《为学之道——中国先贤的核心学养》这部书稿，经过近六年时间的夙兴夜寐，笔耕不辍，已于近日杀青。此时此刻，我如释重负，感到从未有过的欣慰与兴奋。

从2012年12月开始，我拟定提纲，准备撰写一部"立德树人之道"方面的书，于是开始搜集材料，大量研读。这几年，我读张世欣的《中国古代思想道德教育史》，读李建华、夏建文等的《立德树人之道》，读黄钊的《中国古代德育思想史论》(上下卷)，读朱永新的《中国古代教育思想史》，读郑福田的《中国古代思想家赞述》等书籍，开始了对夏、商、周以来中国古代"立德树人"思想的研究与写作。我边读边学边写，一路过来，搜集了大量资料，撰写了近20万字的草稿，同时还应邀去各地同省内外专家研讨。随着写作的逐步深入，我更加感觉笔头沉重，恐怕自己在这一领域学识太浅，功力不济。

2013年，我开始转向，试图从"中国优秀传统文化的核心价值"角度着手，重点研究"仁爱、民本、和合、大同、公平、诚信"等问题。我认真研读陈来的《古代思想文化的世界》、张岂之的《中华文化的会通精神》、许嘉璐的《中华文化前途和使命》，读牟钟鉴的《中国文化的当下精神》，读牟复礼的《中国思想之渊源》，读李泽厚的《中国古代思想史论》、余秋雨的《君子之道》等书，书读得多了，得到的启迪自然更深。在不断的探索中，又是一年春草绿，斗换星移几度秋。艰辛的一年时间过去了，书稿完成了近一半，在这个过程中，我又一次感觉到力不从心，凭着自己曾在华东师范大学做文学研究的基础，还远远不能达到自己期望的高度，确确实实觉得自己眼高手低，于是，再度陷入茫然和困境。2014年6月的一天深夜，为了换一换感觉，我随手翻开牟宗三的一部作品，扑入眼帘的是这样一段文字：

> 我们经过这几十年来艰苦的磨练，我以前觉得我知道了很多，我可以涉猎好多，好像一切学问都一起跑进来了。但是现在已一件件都被摔掉了，那一些就如秋风扫落叶一样，根本没有沾到我的身上来，沾到我的生命上来。我现在所知的只有一点点，很少很少。就是这一点点，我到底有多少成就，有多少把握，我也不敢有一个确定的判定。这就是所谓"为学实难"，作学问的艰难。当年朱夫子也说他一生只看得《大学》一篇文字透。试想《大学》一共多少字呢？而朱子竟这样说，这不是量的问题，这是他的生命所在的问题。
>
> 假定你把这个学问吸收到你的生命上来，转成德性，那么更困难。所以我想大家假如都能在这个地方，在为人上想作一个真人，为学上要把自己生命的核心地方展露出来，来成学问，常常这样检定反省一下，那么你就知道无论是为人，或者是为学，皆是相当艰难，相当不容易的。所以我们老师的那一句话："为人不易，为学实难。"实在是慨乎言之。这里面有无限的感慨！[①]

这段话深深地震撼了我，顾炎武说："人之为学，不日进则日退。"如果我还想为社会、为国家更多地做一点贡献的话，学问还是应该继续做下去，中国传统文化中"立德、立功、立言""三不朽"的念想又一次在我脑中闪现，"亦余心之所善兮，虽九死其犹未悔"[②]，屈原的遗训再次回响在我耳边，关于"中国传统文化的核心价值"的书稿还要继续撰写。

2014年12月，我同江西高校出版社李建民主任、北京大学出版社教学服务中心刘宗彦主任一起讨论其他书稿出版事宜，我第一次向他们透露，我自己也正在撰写一部关于"中华传统文化的核心价值"方面的书，刘主任非常热心，表示欢迎在他们社里出版，还指定了教育学博士刘军对接书稿。可是，我虽然

---

① 王兴国编：《中国近代思想家文库·牟宗三卷》，中国人民大学出版社2015年版，第587页。

② 林家骊译注：《楚辞》，中华书局2010年版，第10页。

写出了大部分草稿，却没有“拿得出手”的定稿，并且，随着自己学习、探究的深入，课题本身的困难也就暴露得日益明显。我原以为自己能力尚可，毕竟本科阶段师从江西师大中文系刘松来教授时，就撰写并发表过《庄子对中国古代文艺美学的影响》等古代文学研究论文。硕士阶段又师从华东师范大学中文系刘大为教授（后调入复旦大学中文系），在他和华东师范大学诸多专家的教导下，我圆满地完成学业，获得文艺学硕士学位。特别是毕业以后，我还经常得到刘大为、巢宗祺、方智范等恩师的悉心指导，收获颇丰。然而，在本书的写作过程中，我渐渐发现，有些自以为熟悉的东西，写起来却往往难以深入，达不到自己想要的效果。因此，我必须静下心来，更认真地钻研古籍，研读原典，必要时还要读全集。这样，写作的进度自然就更慢了，当初写好的草稿，也不堪卒读。

2016年1月，我调入江西高校出版社工作。因为工作的原因，我专程去山东曲阜，拜访中国孔子研究院院长杨朝明教授。2013年11月，习近平总书记到山东曲阜考察并来到中国孔子研究院，曾拿起他主编的《孔子家语通解》《论语诠解》，表示要仔细看看。杨院长绘声绘色地向我讲述了习近平总书记考察孔子研究院的情景，谈起近年来党中央对于弘扬中国优秀传统文化的重视，谈起他正在主编的“中国传统八德诠解丛书”等系列选题，我很受启发和鼓舞，再次感到自己书稿出版的迫切性。故此，我开始加紧补充、修改初稿。

2016年5月17日，习近平总书记在哲学社会科学工作座谈会上发表重要讲话，并在讲话中引用了程颢的“为学之道，必本于思”“不深思则不能造于道，不深思而得者，其得易失”来说明：做研究，不下大气力、不下苦功夫是难以掌握真谛、融会贯通的。

我赞叹不已，激动万分，受到了巨大的鼓舞！我觉得自己的写作是很有价值的。

那天晚上，蛙声时起时伏，微风从窗口吹进来，我一看时间，已经是凌晨2时。我像平常一样，展开书卷，正好读到梁启超先生《国学要籍研读法四种》。书中关于如何做学问的探讨，总在我大脑里盘旋，我再次拿起梁启超的《中国历史研究法》《中国近三百年学术史》等有关书籍，细细品读。突然，我眼睛一亮，灵感迸发，为什么不可以“扬己之长，补己之短”？15岁时，自己以全乡第一名中考成绩考入南昌师范学校，系恢复高考制度以后首届师范普师生，师从我省著名语文教育专家、高级讲师蔡美珍，1984年，还获得过全省师范生“文选与写作”“中师数学”双学科竞赛第一名的成绩，毕业后担任过小学语文教师，然后从事过近20年的语文教学研究。后来又在江西教育期刊社从事了10年教育传媒事业，对教育理念有较好的感悟，也接触了许多教育专家，研读过不少教育理论专著，撰写过《有效的语文教学》等多部专著，对语文教育，包括语文学习等方面有较多的探究与实践。是否可以将这几年的研究与写作同自己原有的优势结合起来，对前面的选题进行调整完善，撰写一部《为学之道——中国学习思想阐释》？一时间，我心潮澎湃，以为找到了“新大陆”——新的写作空间。我开始研读林尹的《中国学术思想大纲》，林启彦的《中国学术思想史》，步近智、张安奇的《中国学术思想史稿》，邝士元的《中国学术思想史》，胡小林、袁伯诚主编的《中国学习思想通史》，乔炳臣、潘莉娟的《中国古代学习思想史》，申国昌、史降云的《中国学习思想史》，等等。然而，随着修改、撰写的深入，我又遇到了新的“瓶颈”。

“中国学习思想史”方面的研究也是繁花似锦，已出版过许多专著，而蕴含在“中国教育史”或者“中国教育思想史”中的“学习思想研究”更为丰富，要写得出新出彩也是难乎其难！

又是一个注定有所谓“灵感”的日子，一个夙夜辛劳，奋笔疾书，难以忘怀的周六，我随手翻阅放在案头上的几本杂志，其中，有几期《课程·教材·教法》中，关于“核心素养”的文章格外醒目，有一期竟然安排了一个专题版面，连篇累牍，读后我感触万千。我以为新时代中国教育注重探究“核心素养”，可谓抓住了“牛鼻子”！

那天深夜，万籁俱寂，我在床上辗转反侧，最后，索性起床，再次细读了那几期《课程·教材·教法》，又找来了朱永新的《中国古代教育思想史》，对照思考，猛然惊叹：我为什么不借鉴当前大家关注的“核心素养”这一概念，从“中国先贤的核心学养”这一视角将前面的写作进行大调整、大修改，以期形成一部关于“中国先贤核心学养的简史”？我窃窃的笑声惊醒了熟睡中的妻子，她问我：“都已经是凌晨3点啦！怎么还不睡觉?”我索性把她叫起来，把我的“宏伟构想”告诉她，得到了她的完全赞同。自结婚以来，几十年的学习、生活和写作等，都得到了妻子的鼎力相助，她真可以称得上是我的“人生的伴侣、事业的知己、写作的助理”。此时，晨曦微露，东方既白，我却睡意全无。

第二天上午9时，我拨通了北京大学出版社编辑高桂芳的电话，同他沟通了选题，他大为赞赏，当即向编辑部主任姚成龙进行了汇报，得到了姚主任的认可。又过了一周，我接到了高老师打来的电话，说是选题通过了。我如获至宝，这么多年的努力终于要“梦想成真”了！我曾经在2004年专门去北京大学拜师学艺，想攻读北京大学教育哲学博士，因为竞聘上岗，我走上了新的岗位，一时间公务繁忙，失去了这个机缘。现在因缘际会，能够在北京大学出版社出版学术专著，我从心底涌出一种难以抑制的激动。

接下来，就是集中精力调整、撰写以及完善书稿了。手上有了上百万字的初稿，有“立德树人”方面的，有“文化价值”方面的，有“学习思想”方面的，如何通过“为学之道——中国先贤的核心学养”这条线索重新“建构”，进行资料的整合、删减，提炼出有价值的素材，补充完善新的资料，特别是融入现代学习的新思想、新观点，融合传统文化的核心价值与影响，这是颇费心力的。然而，出版合同已经签订，时间紧，任务重，再也不能耽搁。

为了节省搜索、整理素材的时间，我运用了荀子“君子生非异也，善假于物也”①的思想——求助于年轻人。在本书的写作过程中，我得到了南昌大学国学院哲学专业硕士研究生陈耿锞、冯学敏、郑叶波的大力协助，他们帮助检索素材，整理初稿，做了非常多艰苦、细致的工作。还有南昌大学国学院哲学专业硕士研究生郑苗苗、南昌大学附小语文教师钟文彬、南昌市育新学校语文教师徐菁，他们也在繁忙的学习、生活、工作之余，协助查找、整理了许多有价值的资料。我向他们表示由衷的感谢！

在本书的写作过程中，我还得到了很多领导、师长、同学、朋友和同事的大力支持和悉心帮助。

民进中央的领导和民进江西省委会的领导和同志们，特别是朱永新副主席，他在百忙当中，挤出宝贵的时间审读全书，并作序言相赠。

中国编辑学会会长、中国新闻出版研究院首席研究员郝振省，中国孔子研究院院长杨朝明教授，在读过此书稿后慨然赠序。清华大学刘书林教授、人民教育出版社语文专家顾之川教授、上海师范大学研究员吴立岗、华东师范大学巢宗祺教授及方智范教授、北京师范大学赵忠心教授、复旦大学刘大为教授先后给我寄来(发来)诚挚寄语，给了我很多的鼓励和厚爱。为了将这份深情镌刻心底，我向各位专家讨要了亲笔签名并印在书的正文之前，与读者们共享这份勉励。

华东师范大学古籍研究所研究员、思勉人文高等研究院副院长、央视《中国诗词大会》命题专家方笑一，也在百忙之中审校了书稿，他不吝鼓励，评价说：“这是一本非常好的传统文化通识性图书……书稿立意甚好，相信在在传统文化备受关注的当下定会产生一定的影响！”

江西赣南师范大学文学院教授钟志平，他在工作之余用了整整半年的时间，帮助审校全书，使书稿更加脉络分明、思路清晰、论据充分。

上海古籍出版社编辑戎默博士，编辑、写作任务都十分繁重，他出于诚挚的友情，帮我精心修订并打磨了全部书稿，因为他的帮助，书稿质量有了较大的提升。

华东师范大学文学院副教授徐燕婷，湖北省武汉市教育科学研究院、华中师范大学道德教育研究所研究员付辉博士，江西九江瑞昌市教育局教研室语文教研员、资深编辑罗贤良老师都用心修订、审校了全书，查漏补缺，推敲词句，完

---

① 方勇、李波译注：《荀子·劝学》，中华书局2011年版，第3页。

善了书稿。

江西师范大学教育学院副教授徐永文博士，江西科技师范大学艺术学院副教授王子文博士，北京师范大学教育史博士生王晓璇也对部分书稿进行了审校。

江西现代职业技术学院马克思主义学院国学教研室主任罗燕教授看完书稿后，写下了真挚的评语："不可不学，学必有道，为学之道，岂可不察？该书不定于一尊，不主于一言，条分缕析，甚有力焉！揆诸中国传统为学之道，首重知道，继而学道，终于行道。试观今日，多注重知识与技能的精进而忽视道德的修养，学而不知其养，岂能致远？职业教育之道，在于培育学生之工匠精神，而培育学生之工匠精神，必先培育学生之器识。欲有器识，请读《为学之道》，见贤而思齐焉。"

江西省教育厅教研室思想政治教研员、中学高级教师周自兴，江西省教育厅教研室语文教研员、特级教师徐承云，江西抚州市教育局教研室语文教研员、中学高级教师潘博，南昌市十二中校长、中学高级教师邓世平，南昌县教育局人事科科长、中学高级教师丁小省等也都在我写作此书时给予了精神鼓励和大力帮助，提出了许多有价值的建议。

我在华东师范大学读研期间的两位同学——湖北师范大学文学院教授王守雪教授和哈尔滨学院教授刘自匪，也非常关心本书的写作，并拨冗审读过书稿。

我的恩师、著名特级教师张敏，已经是八十高龄，虽然眼睛做了手术，不宜看书，还是坚持审读了部分书稿，激动得泪眼婆娑，当即为我写下点评："我觉得选题真好，切中时代所需！明华见识较广、思考较深，于繁忙杂乱的日常工作中，梳理出一条长线，积累至此……甚是欣慰愉悦并骄傲！"

我省著名统战理论专家、江西省社会主义学院教授徐佩瑛，是我参政议政的导师，她一直怀着对中华优秀传统文化的浓郁感情.多次在省政协会议上呼吁加强中华优秀传统文化的教育，我这本书稿的诞生也凝聚着她的热切关心、大力帮助和悉心指导。

还有广西学者万明旭，他和我是因书结缘。我们互加微信后"一触钟情""相见恨晚"，感觉是"千里知音"！他是一位学养丰厚的长者，对文史哲涉猎甚广。他在身体抱恙的情况下，还悉心帮助我润色书稿、推敲文字。

以上各位的大力支持和悉心帮助让我感动不已，使我终生难忘。在此，我一并向他们致以深深的谢意！

本书能够出版，我还要特别感谢中共江西省委教育工委、江西省教育厅的领导和同志们，是他们给了我这样一个学习、工作以及与人相处的平台，使我有机会广结善缘。

特别感谢我曾经工作过的江西省教育厅教研室的同志们，感谢江西教育传媒集团的同志们，他们热情的鼓励、默默的支持，给了我满满的正能量。

特别感谢我们江西高校出版社的同志们。在本书的编辑出版过程中，得到了大家的热情鼓励、大力支持和真诚帮助！有的同志还在工作之余帮助编校了部分书稿，谨表示由衷的谢意！

非常感谢本书特约责任编辑万小芳老师，她自2018年2月接触书稿，就进入了编校状态，牺牲了无数周末和晚上，付出了艰辛的努力，才使书稿能够如期交给北京大学出版社。感谢美术编辑曾宇、邓家珏老师，他们几易封面和章节的插图方案，同北京大学出版社的美术编辑经常研讨，才使本书的装帧如此赏心悦目。

著名书法家、河北师范大学书法艺术研究所所长寇学臣教授，在中国民主促进会中央委员会出版和传媒委员会成立大会上，我们有缘坐在一起。他看到这本书的审校稿后，出于对弘扬中国优秀传统文化的炽热感情，欣然题写书名，为本书增添了翰墨之彩。

我的妻子肖罗兰、儿子万恂达，计算机专业大学生万景涛、易益平两位贤侄，在搜集资料和校稿等方面也都付出了大量艰苦、细致的努力。在此，向他们表示炽热的情意和谢忱！

最后，我要由衷地感谢北京大学出版社的领导及同志们，是他们的大力帮助和支持才使本书能够正式出版。

现在已经是中午时分，我从早上7时开始，撰写这份后记，总是感到言不及义，“言有尽而意无穷”。外面烈日当空，我的内心更是“热浪高涨”，十月，又是一个收获的季节，拙作《为学之道——中国先贤的核心学养》终于要出版了！本书稿凝聚着许许多多关心、帮助和支持我的领导和同志们、朋友们、家人们的信任和期待，也饱含了大家的深情厚意，因篇幅有限，恕我不再一一鸣谢。

谁说前路无知己，书稿读完是知音！希望所有读到此书的“好友”能够在学习、生活和工作的道路上，携手前行。本人学养太浅，要整理、撰写出这样一部“大书”，实属艰难。我虽然尽力了，但是，“《诗》有之：‘高山仰止，景行行止。’虽不能至，然心向往之”[1]，切盼得到各位“亲”的指导和帮助！我亦先此致谢！

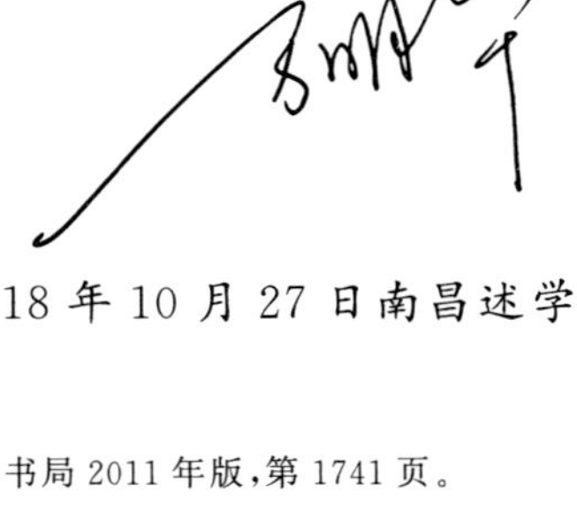

2018年10月27日南昌述学阁

① （汉）司马迁撰，韩兆琦主译：《史记·孔子世家》，中华书局2011年版，第1741页。

修订说明

2019年1月，历经六年时间撰写的《为学之道——中国先贤的核心学养》出版后，承蒙大家的关心和指导，我收获了许多鼓励和鞭策。《中国出版传媒商报》发表了华东师范大学徐燕婷教授的评论《中国先贤的核心学养是什么?》(2018年12月18日)；《出版参考》发表了中国孔子研究院杨朝明院长的书评《掘文化自知，挥文化自信》(2018年12月)，中国编辑学会郝振省会长的书评《文化自信的一个重要标本》(2019年3月)；《光明日报》发表了郝振省会长的《研学养志行大道》(2019年8月3日)；《新京报》发表了评论家何安安的评论《什么是现代社会的“为学之道”?》(2019年9月25日)；《江西日报》读书栏目发表了记者张衔的评论《述智者先贤，传优秀文化》(2019年12月20日)；《中国纪检监察报》则向广大党员干部重点推荐了本书(2020年4月28日)。

我也应邀赴各地参加了一些文化交流活动。如：在北大博雅讲坛195期，分享《修炼之境——探寻中国先贤的核心学养》(2019年8月12日)；在民进中央“开明讲堂——我身边的先进”宣讲报告会，分享《练就“四力”，做新时代出版传媒人》(2019年11月1日)；在江西省出版集团举办的“新华大讲坛”(第十九期)，分享《青年学子成长之路——探寻中国先贤的核心学养》(2019年12月14日)；在北大博雅讲坛250期，分享《中华传统价值观的演变与传承——从中国先贤的核心学养谈起》(2020年4月16日)；在民进江西省委会赴贵州省金沙县开展“牢记历史 感恩奋进”主题教育活动暨“1%工程”助力同心彩虹行动中，分享《青年教师成长之路——观照中国先贤核心学养的启迪》(2020年7月6日)；在教育部教育装备研究与发展中心、北京师范大学首期书香校园研修班上，分享《新时代教师读书与写作》(2020年11月28日)；等等。这几年，我还应邀前往河南、浙江、武汉、广东以及江西等省市进行过相关专题的讲座。

在全面贯彻党的二十大精神的开局之年，全党全国正在深入开展学习贯彻习近平新时代中国特色社会主义思想主题教育。2023年6月2日，习近平总书记在北京出席文化传承发展座谈会并发表重要讲话。习近平总书记强调，在新的历史起点上继续推动文化繁荣、建设文化强国、建设中华民族现代文明，要坚定文化自信，坚持走自己的路，立足中华民族伟大历史实践和当代实践，用中国道理总结好中国经验，把中国经验提升为中国理论，实现精神上的独立自主。要秉持开放包容，坚持马克思主义中国化时代化，传承发展中华优秀传统文化，促进外来文化本土化，不断培育和创造新时代中国特色社会主义文化。要坚持守正创新，以守正创新的正气和锐气，赓续历史文脉、谱写当代华章。

感恩二十大，奋写新篇章。借此书修订之机会，我又对本书进行了全面审读，对其中的一些细节，特别有关新时代精神的内容，结合《习近平著作选读》第一、二卷等资料进行了调整与修订。

一部凝结众人智慧的著作，需要在学习和实践中不断被检验，才能与时代共振共鸣。恳请各位专家不吝赐教，以臻更加完善。

2023年6月23日于明澜轩